Lars A. Fischinger

Götter der Sterne

Bibel, Mythen und kosmische Besucher

Mit einem Vorwort von Walter-Jörg Langbein
und einem Nachwort von Dr. Johannes Fiebag

G. Reichel Verlag

Reifenberg 85, D-91365 Weilersbach
Tel. 09194-8900, Fax 09194-4262

Umschlagentwurf mit einem Foto der NASA (© NASA/JPL/RPIF/DLR)

ISBN 3-926388-41-2

„Wenn einer die Bücher der Heiligen Schrift, vollständig mit all ihren Teilen (...) als heilig und kanonisch nicht annimmt oder wenn er leugnet, daß sie göttlich inspiriert sind (divinitus inspiratos esse), so sei er im Banne!"

(Beschluß des ersten vatikanischen Konzils vom 24. April 1870, EB 79)

„Die Texte sind da, und die Zeit ist reif. Der moderne Mensch hat es allmählich satt, an religiös verbrämte Märchen glauben zu müssen, während eine neue Betrachtung der alten Überlieferungen den Sinn der umstrittenen Texte schlagartig aufhellt."

(Erich von Däniken, Schriftsteller und "Feindbild" der Theologie,
in "Der Jüngste Tag hat längst begonnen", 1. Auflage, S. 85)

Der Autor legt in diesem Buch eine detaillierte Analyse der alttestamentarischen Schriften und anderer, uralter Mythen vor. Der Autor untersucht kritisch die Aussagen und Rätsel der Bibel und der Apokryphen von der Schöpfung bis zu den Propheten. Erstaunliche Entdeckungen werden offenbar und liefern uns ein neues, phantastisches Bild der Bibel und der frühen Menschheit. Fremde Götter, Besucher des Alls, kamen zur Erde, schufen den Menschen und vollbrachten hier Dinge, die uns bis heute überliefert worden sind!

Die Bibel enthält erstaunliche Berichte, die bei näherer Betrachtung deutliche Hinweise auf diese Außerirdischen und ihre Technologie liefern. Globale Mythen der Erde haben bis zum heutigen Tag die Ankunft und Taten der "Götter" geschildert...

Der Autor Lars A. Fischinger, geboren 1974 im münsterländischen Coesfeld-Lette, beschäftigt sich seit seiner frühesten Kindheit mit archäologischen Fragen, UFO-Forschung, der Paläo-SETI-These und den Hintergründen der globalen Religionen und deren Mythologien. Fischinger publizierte seine Ergebnisse und Gedanken in zahlreichen Artikeln für verschiedene Fachzeitschriften und Zeitungen. Er ist schreibender Mitarbeiter des Fachmagazins *OMICRON* und redaktioneller Mitarbeiter der *Prisma Sky International*, ebenso Mitglied einiger Forschungsorganisationen wie der bekannten *Ancient Astronaut Society*. Das vorliegende Werk ist sein zweites Buch. Sein erstes Buch „Göttliche Zeiten" ist ein klassisches Prä-Astronautikbuch und erschien 1996 beim Tebbert Verlag. Es wird derzeit in mehrere Fremdsprachen übersetzt.

Walter-Jörg Langbein, erfolgreicher Schriftsteller und Theologe, über "Götter der Sterne": *"Es bietet verblüffende, aber immer logisch begründete Antworten auf Fragen, die wohl schon gestellt wurden, seit es denkende Menschen gibt. Ich bin sehr froh darüber, daß es dieses Buch gibt. Es war überfällig, mußte einfach geschrieben werden."*

In Liebe für Marion

Dieses Buch wurde in Gedenken an den 18. Februar 1991
und den 11. Juli 1992 geschrieben

Inhalt

Bilderverzeichnis

Abbildungen im Text

Bilder im Bildteil

Vorwort

Bereits das erste Buch des Autors Lars A. Fischinger, das umfangreiche Sachbuch "Göttliche Zeiten...Die vergangene Zukunft der Erde", verdeutlicht die Stärken des sauber recherchierenden Autors. Mit seinem neuen Werk setzt er seine Arbeit fort, stets auf den Spuren der prähistorischen Astronautengötter.

Er ist in der Lage, umfangreiche Informationsmengen in prägnanter, streng gegliederter Übersicht darzubieten, schier unüberblickbare Fluten wissenschaftlicher Erkenntnisse gut verständlich darzustellen - und das spannend und informativ zugleich. Dabei erweist er sich als profunder Kenner der großen Rätsel der Vergangenheit unseres Planeten. Komplizierte Sachverhalte werden gut nachvollziehbar aufbereitet.

In seinem neuen Werk hat sich Lars A. Fischinger das "Buch der Bücher", die Bibel, vorgenommen. Wieder stößt er auf eine Fülle von Hinweisen auf außerirdische Besucher, die in "grauer Vorzeit" unseren Planeten besucht haben müssen.

Mit Recht weist er darauf hin, daß die Bibel zwar jedem bekannt, aber kaum jemandem wirklich vertraut ist. Tatsächlich liest nur ein kleiner Teil der Deutschen, die zwar eine Bibel im Bücherregal stehen haben, auch tatsächlich in jenem Werk der Weltliteratur, das der Auflage nach das erfolgreichste Buch aller Zeiten ist. Man kann die Bibel mit Fug und Recht als einen Bestseller ohne Leser bezeichnen. Und wenn schon nur so wenige Menschen die biblischen Schriften überhaupt studieren, so ist die Zahl jener, die sich ernsthaft mit der Frage auseinandersetzen, ob denn etwa das Alte Testament Hinweise auf Besuche Außerirdischer enthält, höchst bescheiden.

Es hat in den vergangenen Jahren einige Sachbücher gegeben, die sich der Thematik "Bibel und Außerirdische" zugewendet haben. Es handelte sich dabei meistens um durchaus beeindruckende Ausführungen über Detailprobleme. Was aber seit langer Zeit fehlt, das ist ein umfassendes Werk zum Fragenkomplex "Bibel" insgesamt.

Lars A. Fischinger hat nun das längst überfällige Buch geschrieben: "Götter der Sterne". Es hat das Zeug dazu, zu einem Standardwerk zu werden, das für sehr viele Jahre Gültigkeit besitzen wird.

Es würde den Rahmen eines Vorworts sprengen, wollte ich die zahlreichen unbestreitbaren "Pluspunkte" von "Götter der Sterne" auflisten. Die für mich wichtigsten positiven Merkmale dieses Buches, welches von der Qualität her verdient hat, ein Bestseller zu werden, seien genannt:

Autor Fischinger gewährt einen Überblick auf biblische Schriften und beschreibt in faszinierender Klarheit die bis heute ungelösten Rätsel von der Schöpfung bis zur Apokalypse. Er macht klar, daß die erstaunlichen Fakten, die im Alten Testament für Besuche Außerirdischer in "grauer Vergangenheit" sprechen, nicht isoliert betrachtet werden dürfen. Erstaunliche Parallelen werden offenbar. Ganz offensichtlich decken sich die Berichte des Alten Testaments über die Frage der Menschheitsentstehung mit anderen Texten mythologischer Art aus weit voneinander entfernt liegenden Regionen unseres Planeten.

Wie kaum ein Autor vor ihm verdeutlicht Fischinger, daß apokryphe Schriften, also Texte, die aus willkürlichen Gründen nicht in die Bibel aufgenommen wurden, wertvolle Ergänzungen darstellen zu den klassischen Schriften des Alten und Neuen Testaments. Er weist nach, daß sowohl Altes wie Neues Testament re lich Material enthalten, das zwar auf den ersten Blick dem uninformierten Le zu phantastisch anmutenden Überlegungen Anlaß gibt, die sich aber als gut gründet erweisen. Er zwingt seine Gedanken nie den Leserinnen und Lesern a er veranlaßt sie zum eigenen Nachdenken.

"Götter der Sterne" ist jedem Zeitgenossen dringend zur Lektüre empfohlen, de sich für das Woher und Wohin des Menschen interessiert. Es bietet verblüffende aber immer logisch begründete Antworten auf Fragen, die wohl schon gestell wurden, seit es denkende Menschen gibt.

Ich bin sehr froh darüber, daß es dieses Buch gibt. Es war überfällig, mußte einfach geschrieben werden. Es wird heftige Diskussionen entfachen. Es bietet plausible Antworten auf Fragen, die endlich einmal gestellt werden mußten. Es wird sich als ein wichtiger Meilenstein auf dem Weg ins dritte Jahrtausend erweisen.

"Keine Angst vor kühnen Gedanken!" pflegt Erich von Däniken zu sagen. "Götter der Sterne" läßt erkennen, daß so manche Gedanken nur deshalb vielen Menschen unserer Tage als kühn erscheinen müssen, weil ihnen das entsprechende Hintergrundwissen fehlt. In Wirklichkeit sind sie viel nüchterner, viel vernünftiger als das, was heute noch die diversen Schulwissenschaften lehren und behaupten. Selbst Fischingers kühnste Spekulationen sind logischer als so manches theologische Traktat.

Jacques Bergier sagte einmal, daß das dritte Jahrtausend n. Chr. von der "phantastischen Vernunft" geprägt sein werde. Das neue Werk von Lars A. Fischinger ist dazu geeignet, das Tor zum neuen Denken des dritten Jahrtausends aufzustoßen. Es liegt an uns, ob wir uns als wirklich intelligente Lebewesen erweisen werden, die unvoreingenommen versuchen, die Wirklichkeit der spannendsten Phänomene unserer Welt zu erfassen....oder nicht.

"Die Antwort liegt irgendwo da draußen..." ist zu einem viel zitierten Slogan aus der Fernsehserie "X-Files" geworden. Wir müssen nicht erst in die Tiefen des Alls vordringen - es genügt, wenn wir unvoreingenommen die Bibel lesen. Sie bietet ein Bild von der Vergangenheit des Menschen, das nur so lange phantastisch zu sein scheint, so lange wir uns weigern, die knallharten Fakten wahrzunehmen.

In grauer Vorzeit waren Wesen aus dem All auf der Erde. Sie gingen als "Götter" in mythologische Überlieferungen und heilige Bücher ein. Jene Wesen haben immer wieder versprochen, sie würden einst zur Erde zurückkehren. Nach langjährigem Forschen bin ich persönlich zu der Überzeugung gelangt, daß die Rückkehr der Besucher aus dem All bereits erfolgt ist. Sie sind wieder da, hier, jetzt und heute. Es ist nur noch eine Frage der Zeit, bis sie sich - weltweit - zu erkennen gegeben werden. Davon ist der Verfasser dieses Vorworts überzeugt.

Wie wird die Menschheit dann reagieren? Das hängt davon ab, ob sie von den Ereignissen vollkommen überrascht sein wird oder ob sie informiert dem Kommen entgegensieht. Wissen hat noch nie geschadet. Auf eventuell morgen ein...ende Ereignisse, die unser aller Leben verändern könnten, sollten wir heute al... gut wie möglich vorbereitet sein. Vorbereitet sein, das heißt auch hier: So fr...itig wie möglich so viele Informationen wie möglich ansammeln. Und wer ...aft Wissen über "das Wort Gottes" sucht, dem kann ich nur raten, das neue ... von Lars A. Fischinger zu lesen.

... "Warnung" sei noch vorab ausgesprochen: Wer abends gern zu einem Buch ...t, um möglichst rasch vor Langeweile einzuschlafen, der verzichte lieber auf ... Lektüre von "Götter der Sterne". Denn wer zu diesem Buch greift und mit ... Lesen beginnt, der mag es wahrscheinlich nicht mehr aus der Hand legen, ...d es förmlich verschlingen. Mir erging es jedenfalls so mit dem Manuskript ... "Götter der Sterne".

Walter-Jörg Langbein

Prolog

Die Bibel, das "Buch der Bücher", kennt jeder mindestens aus dem Unterricht seiner Schulzeit. Damals wurden uns die Dogmen der Kirche beigebracht, und keiner der jungen Schüler widersprach seinem Religionslehrer. Die Bibel und die Lehren der Kirche sind in der öffentlichen Diskussion ein Tabuthema (wenn es nicht wieder einmal um Verhütung geht). Zwar kennt jeder die "wichtigsten" Textstellen aus der heiligen Schrift, oder hat sie zumindest einmal gehört, aber auch wenn eine Bibelausgabe im häuslichen Bücherschrank steht, so hat sich kaum einer näher mit ihr befaßt. Der größte Teil der gläubigen Christen, die Sonntag für Sonntag in die Kirchen pilgern, haben meist nicht das Alte Testament gelesen oder sich gar intensiv mit dem Grundstein ihrer Religion befaßt.

Uns wurde vor mehr oder weniger langer Zeit in der Schule und in den Gottesdiensten etwas erzählt über Adam und Eva und ihre schlimme Versündigung "Gott" gegenüber, die bösen Menschen, die durch ihr Verhalten letztlich die Sintflut verschuldeten, den Propheten "Gottes" oder von den "Stammvätern" Moses und Abraham, die alle "Wunder" vollbringen konnten und erlebten. Oder auch von den verschiedenen Propheten Jahwes haben wir schon einmal etwas gehört. Dabei blieb es auch, und der christliche Dogmatismus, der uns damals erreichte oder erreichen sollte, ist entweder schnell wieder vergessen, oder aber als "Wort Gottes" verinnerlicht worden.

Es ist an der Zeit, in der Bibel, und vor allem im Alten Testament, einiges neu auszulegen, denn die Kirche bleibt mit ihren alteingefahrenen Lehren von der *Allmacht* des biblischen "Gottes" viele Antworten auf biblische Rätsel schuldig. Alleine die widersprüchlichen Deutungen und Interpretationen der Bibelexegeten belegen, daß sich nicht einmal die allgemeine Theologie einig ist, was das Buch der Bücher überhaupt enthält. Aber auch die Tatsache, daß selbst heute noch in der Machtorgansisation Kirche an nachweisbar "heidnischen" Religionsansichten festgehalten wird, etwa die Jungfrauengeburt oder Symbole aus dem Hinduismus und Buddhismus (zum Beispiel der Kuppelbau), zeigen, daß die Kirche nicht bereit ist, neue Ansichten zu überdenken.

Die Bibel, deren Inhalt und auch die Religionen allgemein, sind vielen Menschen unserer Gesellschaft gleichgültig. Dadurch werden keine neuen Arbeitsplätze geschaffen, die wieder fällige Autoversicherung gezahlt oder die Miete gesenkt. Dennoch "glauben" zahllose Menschen seit der Kindheit bis zum heutigen Tag an die Lehren der Kirche. Wer aber hat sich jemals die Mühe gemacht, das "Buch mit sieben Siegeln" aufzuschlagen, um nachzulesen, was Adam und Eva im Garten Eden so trieben, wie der Prophet Hezechiel (Ezechiel) und andere Propheten tatsächlich ihren "Gott" sahen und was die Menschen in "Gottes" Augen verbrochen haben, daß er gleich eine gewaltige Flut schickte, um seine Kinder vom Erdboden zu vernichten? Oder hat je einer versucht zu ergründen, warum der "Herr" im Alten Testament in seinem Zorn immer wieder tödliche Strafen über die Menschen kommen ließ? Welcher Christ hat seinen Glauben kritisch hinterfragt, bevor er die Kirche betritt? Wer setzt sich hin, um auch in den nicht-kanonisierten Bibeltexten zu lesen - sofern sie bekannt sind?

Lesen wir die Bibel aufmerksam durch, durchforsten ältere Texte aus Mesopotamien (von denen viele von den Genesisautoren übernommen wurden), werfen dabei einen Blick in die verborgenen, apokryphen Bücher der Bibel und hören uns kurz die Überlieferungen einiger anderer Völker an, so fällt die schöne Welt der biblischen Geschichte zusammen wie ein Kartenhaus. Gleichzeitig eröffnet sich aber auch eine neue, phantastische Vergangenheit unserer Vorfahren.

Wir können und dürfen nicht einfach die verbreitete theologische "Deutung" der biblischen und apokryphen Texte hinnehmen, wie sie heute gelehrt wird. Als gläubiger Christ kann niemand die Augen vor alttestamentarischen Geschehnissen verschließen. Denn bereits ein etwas genaueres Anschauen der Texte, die uns moderne Exegeten als inspiriertes "Gotteswort" verkaufen wollen, lassen Zweifel aufkommen, daß der "Gott" des Alten Testamentes tatsächlich *Gott* ist. Unabhängig davon, wie die Bibelkundler die Heilige Schrift auslegen, immer ist es in ihrem Sinn, und alles Unverständliche und Undeutbare wird zu Symbolismen, Visionen oder Gleichnissen erklärt. Das "Wort Gottes" ist in der Theologie sehr dehnbar.

Die Bezeichnung "Wort Gottes" wird äußerst weitreichend interpretiert. Theologen sehen darin entweder das *direkte* Wort aus "Gottes" Mund an den Menschen, oder aber inspirierte Worte Gottes, die von Menschen niedergeschrieben wurden. Beiden Auslegungen liegt jedoch zugrunde, daß der Bibelinhalt auf die eine oder andere Weise *von* "Gott" stammt.

Gott, um hier das gebräuchliche Wort zu verwenden, soll ein Wesen oder *Geist* sein, der allgegenwärtig, zeitlos und von vollendeter Weisheit ist. Er wird als Schöpfer des Universums, der Galaxien, Sonnen, Planeten, Atome und aller lebenden Geschöpfe angesehen. Der Kosmos entstand nach der Urknalltheorie aus einem stark verdichteten Körper, der die gesamte Materie der Welt in sich barg. Zuvor existierte nichts, es gab nur *Gott*, der weder zu fassen, zu begreifen noch in irgendwelche Dimensionen zu zwängen ist.

Genauso ist es! *Gott ist* das allmächtige "Wesen", mit dem alles begann und alles enden wird.

Aber dieser Gott steht im krassen Widerspruch zu dem "Gott" in der Bibel, dessen Worte und Taten sich in den heiligen Büchern wiederfinden und den die Religionslehrer und Priester als wahren Schöpfer bezeichnen. Ist dies *nicht* Blasphemie? Keineswegs, denn ich glaube an diesen allmächtigen *Gott,* der sämtliches Leben, egal wo auch immer, im All schuf, aber ich kann ihn beim besten Willen nicht in den Schriften der Bibel wiederfinden! Der biblische "Gott" erlaubt sich Fehler, ist nicht "allwissend", er lügt, mordet oder läßt morden, ist zornig, reumütig und bedient sich sonderbarer "Thronen" als Hilfsmittel zur

Fortbewegung etc. Sollten derartige Eigenschaften dem multidimensionalen Erschaffer von Geist und Materie zu eigen sein? Ich bezweifele es energisch.

Wer aber war Jahwe (bzw. "die Götter") des Alten Testamentes, wer seine Söhne oder Engel ("Gottessöhne"), denen es nach Sex mit den Menschen lüstete, wie es unter anderem das Buch Genesis beschreibt? Wer oder was waren die himmlischen Wesen anderer Völker und Kulturen, und woher kamen sie zu unseren Urahnen? Die Hinweise führen uns tatsächlich in den Himmel, sie kamen von dort, denn in den Überlieferungen der religiösen Schriften stechen immer wieder technische Beschreibungen ins Auge. Andere Berichte über Jahwe enthalten Taten dieses angeblichen "Gottes", die nicht mit unserem liebgewonnenen "Gottesbild" zusammenpassen: "Gottes" Reich ist nicht von dieser Welt - da hat die Bibel recht.

Begleiten Sie mich nun auf eine Reise in die phantastische Welt der religiösen Überlieferungen unser Vorfahren. Eine Welt, voller rätselhafter Begegnungen, Erscheinungen und Berichte, voll von unglaublichen Aussagen und sensationellen Hinterlassenschaften der "Götter der Sterne"...

Teil I

Mythen der Schöpfung, Überlieferungen der Urzeit

Das Alte Testament ist das Schwerpunktthema des vorliegenden Buches. Zu Beginn der Bibel finden wir Schöpfungsberichte oder besser Überlieferungen, die bei näherer Betrachtung eines der interessantesten Kapitel der ganzen Heiligen Schrift sind. Die biblischen Berichte wimmeln von symbolischen Darstellungen und vieldeutigen Ereignissen, die selbst in der Theologie immer wieder diskutiert werden. Mythen über unseren Ursprung finden wir praktisch überall, in allen Teilen der Welt. Sie ähneln einander und helfen, die alttestamentarische Schöpfungsgeschichte des Menschen besser zu verstehen. Auch untermauert die Ähnlichkeit des biblischen Schöpfungsberichts mit Mythen anderer Völker den Wahrheitsgehalt des Alten Testaments. So, wie die Schöpfungsgeschichten in der Bibel niedergeschrieben sind und wie es die Kirche seit Jahrhunderten lehrt, kann sie niemand glauben, der nicht den biblischen "Gott" für die sonderbaren Ereignisse verantwortlich macht.

Wir bezeichnen uns heute als aufgeklärte Gesellschaft - was immer das sein mag. Selbst für einen gläubigen Christen erscheinen die Schöpfungsberichte der Genesis mit Blick auf die modernen Denkmodelle der Naturwissenschaft und Evolutionstheorie außerordentlich phantasievoll. Um aber zu erkennen, daß vieles davon heute aus einem anderen und logischen Blickwinkel gesehen werden muß, ist ein Ausflug zu anderen Überlieferungen der Welt erforderlich, denn die Schöpfungslegenden vergangener Zeiten und Völker sind eines der wertvollsten Mythenschätze der Menschheit überhaupt.

So will ich mich nicht allein auf die Berichte des Alten Testamentes konzentrieren, sondern in diesem Teil auch immer wieder andere Überlieferungen kurz zu Wort kommen lassen.

Kapitel I

Genesis: Das Buch der Ursprünge

I.1 Im Anfang war *etwas*

Die Schöpfung der Welt, der Anfang alles Seins, ist das erste, über das die Bibel im ersten Buch Mose, der Genesis (griechisch = "Buch der Ursprünge"), berichtet. Auch als "Mythen der Urzeit" betitelt, findet sich hier ein siebentägiger Schöpfungsbericht, der uns in religiöser Form zu erklären versucht, wie "Gott" angeblich Himmel, Erde und Menschen erschuf, bevor er sich am siebten Tag zur Ruhe begab, da ihm dieser Akt scheinbar einiges an Kraft gekostet hat.

Das Buch Genesis, das Mose als Autor zugeschrieben wird (aber nur aufgrund der Bezeichnung "Erstes Buch Mose"), gehört zu dem sogenannten "Pentateuch", den "fünf Rollen" (*Tora*), die heute als Mosebücher geführt werden. Mose selber hat diese Bücher kaum selber niedergeschrieben, jedoch gehen heutige Experten (vergl. Fox, S. 228ff.) davon aus, daß der oder die Autoren der Moseschriften ursprünglich auf vier Urquellen unbekannten Alters und Herkunft zurückgegriffen haben, die in diesen Texten mehr oder minder scharf umrissen zu erkennen sein sollen.

Die Bibel öffnet ihre Welt mit bekannten, aber dennoch nicht immer verstandenen Worten, die wahrscheinlich nach dem Ende des babylonischen Exils um 430 v. Chr. von Priestern niedergeschrieben wurden:

"*Im Anfang schuf Gott die Himmel und das Erdreich. Und das Erdreich war wirr und wüst, ein Abgrund bedeckt von Dunkel, und über den Wassern schwebte Gottes Geist.*" (Gen. 1,1-2)

Diese Bibelworte werden je nach Ausgabe erheblich unterschiedlich wiedergegeben. Scheinbar sind die Theologen nicht in der Lage, die ersten Zeilen der Heiligen Schrift einheitlich und vor allem richtig zu übersetzen. Modernsprachige Bibeln (sprich Schulbibeln) geben die Beschreibung der Welt vor dem großen Schöpfungsakt recht verzerrt wieder, so daß es dem Leser überlassen ist, was nun am/im Anfang war:

"*Am Anfang schuf Gott Himmel und Erde, die ganze Welt. Auf der Erde war es noch wüst und unheimlich; es war finster und Wasserfluten bedeckten alles. Über dem Wasser schwebte der Geist Gottes.*"

Die oben zitierte Textstelle ist eine "modernsprachige" Übersetzung, bei der "die Himmel" in einen schlichten "Himmel" geändert wurden. Warum in den allermeisten Bibelausgaben nur von einem Himmel zu lesen ist, der von "Gott" geschaffen worden sein soll, ist fraglich. Der hebräische Originaltext besagt aber eindeutig, daß mindestens ein zweiter Himmel erschaffen wurde. Auch nichtbiblisches Schriftgut jüdischen Ursprungs, das wir im Verlauf dieses Buches noch kennenlernen werden, betont deutlich die Existenz zahlreicher "Himmel". Wo mögen diese gelegen haben, oder besser, wo liegen sie? Auch, daß die Erde anfangs "wirr und wüst" bzw. "wüst und unheimlich" war, ist eine nachträgliche Änderung der Schreiber. Noch in Martin Luthers "Merian-Bibel" von 1545 ist von "wüst und leer" die Rede, doch nun ist die Erde nicht mehr "leer", sondern "wüst" oder "unheimlich". Im hebräischen Text stehen an dieser Stelle die Worte "*tohu*" und "*bohu*", welche bei den Israeliten bis zum heutigen Tag "öde" und "leer" bedeuten. Können die modernen Übersetzer nicht einfach schreiben, was dort steht?

Ferner weisen die ersten Zeilen der Genesis noch zwei weitere, ungleich wichtigere Übersetzungsfehler auf. Auf hebräisch besagen diese Zeilen etwas ganz anderes. Die Worte "Am/Im Anfang", wie in den üblichen Übersetzungen, sind völlig aus dem Zusammenhang gerissen worden. Diese Stelle des ersten Verses müßte richtig "Aus dem, was am Anfang war" lauten. Dieser eindeutige Hinweis auf eine Schöpfung aus bereits vorhandenem Material (Materie) wurde hier einfach weggelassen!

Wie oft haben wir diese bekannten Worte des Genesis schon in unserem Leben gehört, und doch sind sie falsch oder fehlerhaft übersetzt. Der biblische "Gott" schuf seine Schöpfung nicht einfach aus dem *Nichts*, wie es die Lehre des "allmächtigen Gottes" will, sondern bediente sich bereits eines existierenden "Etwas". Schon allein diese Tatsache macht das Festhalten an diesen Überlieferungen unverständlich.

Interessanterweise dokumentiert die griechische Mythologie ebenfalls das Vorhandensein eines "Etwas", das da war, bevor ihre "Götter" die Bildfläche der Schöpfung betraten. So beschreibt der griechische Dichter *Hesiod* aus Askara in Böotien (ältester Dichter nach *Homer,* ca. 700 a.D.), daß am Anfang nur qualmartiger Nebel, Finsternis und ein riesiger Abgrund die gesamte Welt bildeten. Hier wird angeblich vom *Chaos* gesprochen, welches sich noch nicht in seiner endgültigen Vollendung befand. Erst dann, so *Hesiod*, kamen die "Götter in die Welt" (Nack, S. 43ff). Auch chinesische Überlieferungen (um 200 a. D.) überliefern uns: "Im Anfang war das Chaos" (Sproul, östlich, S. 242) - obwohl zwischen diesen Mythen Jahrhunderte liegen.

Diese mythische Überlieferung ist heute sehr bemerkenswert, weil sie in gewisser Weise den aktuellen Erkenntnissen der Astronomie gegenübergestellt werden kann: Die Entstehung eines Sonnensystem aus einem "Spiralnebel", der sich in einem scheinbaren Zustand des Chaos befand. Auch andere Überlieferungen haben einen ähnlichen Inhalt (s. II.3). Irgendwer muß dieses Wissen jemandem vermittelt haben.

Das Alte Testament und die griechischen Überlieferungen stehen aber inhaltlich nicht alleine da. Zahlreiche Schöpfungsmythen kennen ähnliche Schöpfungsanfänge. Als Beispiel sei hier noch auf die Weltwerdung der Germanen, Inder und Ägypter hingewiesen. Die germanische Dichtung *Völuspa* ("Der Seherin Gesicht") überliefert, daß zu Beginn zwar alles existierte, aber nur in einem *ungeordnetem Zustand*; eben im Chaos. Nur ein Riese namens *Ymir* lebte dort:

"*Urzeit war es, da Ymir hauste: nicht war Sand noch See, noch Salzwogen, nicht Erde unten noch Himmel, Gährung grundlos und Gras nirgends.*" (Nack, S. 215)

Und die Ägypter? Sie halten in ihren Mythen aus Heliopolis fest, daß die Welt aus einer vorhandenen, materiellen Substanz entstand, die lediglich aus dem Chaos getrennt werden mußte (Nack, S. 15)!

Auch Indien besitzt einen uralten Mythos, *Rig-Veda* genannt (um 1200 v. Chr.), der die Öde am Anfang der Welt beschreibt:

"*Nur dunkel war, verhüllt von Dunkel, anfangs und unverkennbar wogte dieses alles; Vom leeren Raum war zugedeckt die Öde, das eine ward durch die Macht der Glut geboren.*" (Sproul, östlich, S. 213)

Bei einem Blick in das Buch Genesis stellen wir fest, daß sich dessen Schöpfung zwar auf eine Ordnung des *vorhandenen* Chaos bezieht, daß aber dieser Akt von "Gott" *alleine* gemeistert wurde. Frappierend ist aber nicht nur der "kleine" Übersetzungsfehler, daß am Anfang kein Nichts war. Wer machte sich daran, dieses vorhandene Material zu einer "Welt" zusammen zu fügen? "Gott" alleine?

I.2 Monotheismus oder Polytheismus in der Genesis?

Der erste Vers der Genesis dokumentiert, wie ein "Geist Gottes" ("*ruah elohim*") über den Wassern (oder Urmeer/Urflut, "*tehom*") schwebte, was von den Kirchenvätern sogar als Vorausweisung auf die Taufe verstanden wurde (wie die Flut und das mosiatische Meerwunder). Hier bieten sich erneut einige sinngleiche Möglichkeiten an, denn diesen schwebenden Geist kann man gleichfalls als "Ein gewaltiger Sturm brauste über dem Wasser" übersetzen. Auch nach dem hebräischen Wort für "schweben", "*rhp*" in konstantinischer Diktion, könnte hier synonym von einem "Wehen" gesprochen werden. Ugaritisch-syrische Schriften verwenden "*rhp*" auch als Vergleich mit einem brütenden Vogel, wodurch dieses "Wehen" meist in Beziehung zu einem Vogel verwendet wurde (Lurker, Symbole, S. 179).

Somit erhält dieser Vers eine völlig neue Sichtweise, denn ein Sturm - und nicht *ein* "Gott" - schwebte über der Urflut. Ob aber dieses "Schöpfungswesen" tatsächlich als ein Geist umherschwebte, ist demnach erneut dem Auslegungswillen des Übersetzers überlassen, denn bedeutungsgleich zu diesem "Geist" können wir wiederum "Schnauben", "Brausen" bzw. "Braus" oder das oben erwähnte "Wehen" verwenden. Auch in dem analytischen Werk der Theologin Dr. Edeltraut Staimer (Universität Köln), das sich ausschließlich mit der Interpretation der Schöpfungsberichte befaßt, heißt es an einer Stelle (Staimer, S. 35): "Über der Urflut, über dem Chaos schwingt der Braus Gottes". Die hebräische Fassung der Genesis läßt also diese Übersetzungen ebenso gut zu, wie einen schwebenden Geist.

Erstaunlicherweise stellte ich beim Studium der biblischen Texte fest, daß eine Ausgabe "im heutigen Deutsch" (Katholisches Bibelwerk 1982) als Anmerkung zu diesen Versen tatsächlich die zweite Möglichkeit nannte, daß auch ein Sturm getobt haben könnte. Was nun um alles in der Welt geschah dann am ersten Schöpfungstag? Schwebte der Geist "Gottes" über dem Urwasser, tobte ein gewaltiger Sturm oder schwebte ein "göttliches" Brausen umher - alles ist möglich und richtig!?

Ein weiteres Übersetzungsproblem und zugleich das schwerwiegendste in bezug auf die ersten Worte der Schöpfung ist, daß sich nicht nur "Gott" an diesem Meer aufhielt, sondern mehrere "Götter"! Wir haben es genau genommen bei der Erschaffung der Welt mit einem Werk von mindestens zwei Wesen zu tun, die bereits vorhandenes Material für ihre Zwecke nutzten. So lassen sich die zwei ersten Verse in etwa auch wie folgt übersetzen:

"*Im Anfang* (oder: "Aus dem was, am Anfang war") *schufen Elohim die Himmel und das Erdreich. Und das Erdreich war wirr und leer* (öde), *ein Abgrund bedeckt von Dunkel, und über den Wassern schwebte das Brausen Elohim* ("*ruah elohim*", L.A.F.)."

Elohim, so das Wort, welches im Hebräischen an Stelle von "Gott" steht (eine Bezeichnung der sogenannten *Elohisten*), ist ein kleines Wort von äußerst interessanter Bedeutung. Es stammt aus dem Semitischen und bedeutet in der Übersetzung "Götter", "Gottheiten" oder "Götterwesen". Der Singular lautet (semitisch) *El*, "Gott" (akkadisch "*ilu*", arabisch "*ilah*" - vielleicht eine ethymologische Ableitung von "*'wl*", "stark sein"/"vorne sein", Haag, S. 374), aber eindeutig findet sich an verschiedenen Stellen der Genesis der Ausdruck *Elohim* in der Schöpfungsgeschichte 66 Mal! Im gesamten Alten Testament taucht der "Göttername" *Elohim* sogar mehr als 2000 Mal auf (Haag, S. 384). Hier wird uns von "Göttern", von einer Mehrzahl von Schöpferwesen, berichtet, sowie auch der "Braus Gottes", also "*ruah elohim*", als "Braus/Wind/Wehen der *Götter*" verstanden werden kann.

Unter dem Stichwort "Elohim" findet sich sogar in Band III des angesehenen "Lexikon für Theologie und Kirche" (katholisch) der Hinweis, daß *Elohim* auch allgemein "göttliche Wesen oder Menschen mit göttlicher Vollmacht" bedeuten könnte! In dem Plural, *Elohim* ("Gottheiten"), sieht Michael Buchberger, der Autor des Lexikons, "Gott als Träger der ganzen Fülle göttlicher Kräfte, Eigenschaften und Vollkommenheit...". Oder in Haags "Bibel Lexikon" (S. 348) erfahren wir, daß *Elohim* im Alten Testament eine "Erhebung der betreffenden Person zum generellen Repräsentanten" bedeuten soll. Dies sind reine, nichtssagende "Deutungen", um dem Monotheismus, die Lehre des einzigen "Gottes", aufrecht zu erhalten. In einer Bibelanmerkung (Lainen-Bibel 1938) ist zu lesen, daß "der

Gottesname, den die Schrift in diesem ganzen Bericht gebraucht, Elohim ein in der Mehrzahl stehender Ausdruck ist." Also ganz klar wird hier eingestanden, daß es "Götter" waren. Aber dennoch steht auch in dem Bibeltext der Laien-Bibel der Singular "Gott", und das, obwohl die entsprechenden Anmerkungen aussagen, daß es sich hier um einen pluralischen Ausdruck handelt.

In einem Buch, das dem ungeübten Bibelinteressierten "Einführungen-Texte-Kommentare" des Alten Testamentes verständlich machen will (Lutz, S. 23), wird *Elohim* schlicht als "Gottheit" übersetzt. Von der ebenso möglichen Pluralform keine Spur. "Dabei hat das Wort Singular- *und* Pluralbedeutung, also auch Götter", hält der bekannte Experte Manfred Lurker fest (Lexikon, S. 125).

Der biblische Text unterscheidet sich von anderen religiösen Schriften dieses Kulturraums durch die Überzeugung, es gibt nur einen Schöpfer, nämlich den einen "Gott" *Jahwe*. Eifrige Übersetzer und Schreiber der Vergangenheit haben in ihrem festen Glauben an den einzigen "Gott" emsig die alten Bibeltexte verändert und "umübersetzt". Zwar wenden Theologen ein, der sogenannte "Urtext" der heiligen Schrift berichtet uns von diesem einen "Gott", aber interessanterweise existiert eine derartige Schrift überhaupt nicht.

Die ältesten Versionen, die uns heute noch vorliegen, sind und bleiben Abschriften von Abschriften von weiteren Abschriften, die allesamt zwischen dem vierten und zehnten Jahrhundert *n. Chr.* entstanden sind. Veränderungen und Neuübersetzungen von Neuübersetzungen sind in diesen Texten keine Seltenheit. Alle der rund 1500 Kopien unterscheiden sich inhaltlich; keine ist wie die andere. Der *Codex Siniaiticus*, der bekannteste der Texte, der uns als "ursprüngliche Fassung" angeboten wird, stammt aus dem vierten Jahrhundert n. Chr. Entdeckt wurde er von Konstantin von Tischendorf im Jahr 1844 in einer Abfalltonne des Katharinenklosters am Sinai. Sieben verschiedene Übersetzer und Autoren schmierten in dem Codex herum, so daß einige Stellen dreifach geändert wurden und der gesamte Text etwa 16.000(!) Korrekturen und 3.000 Abschreibfehler enthält (Langbein, Urtexte, S. 70). Insgesamt sind in den "Urtexten" sogar mehr als 80.000(!!) Abweichungen zu finden (Langbein, Urtexte, S. 71). Und wenn wir auf Bibel-Umschlägen Titel wie "Bibel in heutigem Deutsch" oder "Einheitsübersetzung", oder auch "Übersetzung von XY" lesen, dann sollte jedem klar sein, daß auch die Bibeln aus dem Buchladen (geringfügig) unterschiedlichen Inhaltes sind. Einen "Urtext", den wir als unbestreitbares Original der Bibel betrachten können, ist eine theologische Erfindung. Es gibt ihn nicht.

Auch ist der Pentateuch - die "fünf Bücher Mose" - (oder *Tora*) nicht von Moses geschrieben worden, sondern fußt auf vier älteren, unbekannten Schriften (Fox, S. 228ff.). Diese These ist bis heute nicht widerlegt - auch wenn Jesus Christus und seine Apostel im Neuen Testament konkret Moses als Schreiber nennen (etwa Joh. 1,45 und Joh. 5,45-47 oder Röm. 10,5).

Das pluralische Wort *Elohim* wurde, um der Ein-Gott-Überlieferung gerecht zu werden, schlicht als "Gott" übersetzt. Eindeutig aber berichtet auch das Alte Testament von mehreren "Göttern". Auch wenn die Schreiber der Vergangenheit sich dazu veranlaßt fühlten, die Genesis als das Werk (und Wort) einer "Gottheit" zu betrachten, so haben sich doch textliche Beispiele erhalten, die in der Pluralform abgefaßt sind. Der bekannteste hiervon ist natürlich:

"*Nun sprach Gott: Laßt uns den Menschen machen als unser Bild und uns zum Gleichnis.*" (Gen. 1,26)

Der einzige "Gott", der alleinige Erschaffer der Welt, sprach im Plural. Natürlich hält die Theologie eine einfache Antwort auf derartige Verse (oben nur ein Beispiel) für den fragenden Bibelleser bereit: Es handele sich eindeutig um die *Trinität* des Herrn ("Gott, Sohn und heiliger Geist"). In diesem "lasset uns", sah die Kirche "von jeher eine geheimnisvolle Vorverkündigung der göttlichen Dreifaltigkeit", so zum Beispiel die Herder-Lainen-Bibel (1938). Dagegen bemerkt die Theologin Frau Dr. Edeltraut Staimer ganz konkret:

"*Doch das Alte Testament ist aus sich heraus zu interpretieren, dies vom Neuen Testament her zu tun, verbietet sich.*" (Staimer, S. 43)

Dies zeigt deutlich, daß selbst in den Reihen der Theologen Zweifel an der Interpretation dieser Bibelaussage als Dreifaltigkeit bestehen. Die Lehre von der *Trinität*, oder besser Dreieinigkeit, wobei selbst das Christuskreuz derart interpretiert wird, ist aber eine nachträgliche Verschönung des Christentums selbst. Die Bibel, und vor allem das Alte Testament, liefern keine Hinweise für eine solche Glaubensrichtung. Spätere Übersetzer der Bibel meinten, die Dreifaltigkeitslehre "erfinden" zu müssen, um unliebsame Textstellen wie den Vers Gen. 1,26 deuten zu können.

Im Jahr 325 *n. Chr.* lösten die Bischöfe auf dem Konzil von Nikäa diese Schwierigkeit, indem sie die Dreieinigkeitslehre verkündeten. So glaubten sie auch, eine Lösung für das Problem gefunden zu haben, daß Jesus Christus teilweise als wiederauferstandener "Gott" verehrt wurde. Jede andere Lehre wurde von diesem Moment an als Blasphemie angesehen und durch den Ausschluß aus der Kirchengemeinde bestraft. Wie gesagt, das Alte Testament kennt keine *Trinität*.

Auch sagt die Lehre der Dreifaltigkeit unmißverständlich, daß "Gott" nicht *entweder* Sohn, Vater oder Heiliger Geist ist, also nur in der entsprechenden Maske erscheint, sondern er alle drei "Zustände" gleichzeitig ist bzw. repräsentiert. "Gott" ist nach der *Trinität* nicht in drei Personen vorhanden, was dann wiederum drei "Göttern" entsprechen würde, sondern ein "Gott" in drei Personen (Deutsche Bischofskonferenz, S. 84). Da er demnach so oder so einmalig ist, braucht er sich auch nicht pluralistischer Ausdrucksweisen zu bedienen, um mit seinem "Sohn", zum Beispiel, zu sprechen, da er dieser selbst ist.

Die Annahme, der "Herr" hätte mit seinen Engeln gesprochen bzw. diese um Rat gefragt, ist ebenfalls sehr zweifelhaft. Der wahre *Gott* wird kaum irgendwelche Helfer benötigen. Sollte dies aber dennoch der Fall gewesen sein, und wir werden im Verlaufe dieses Buches mehrfach mit Engel - "Gotteshelfern" - konfrontiert, was waren dann diese Engel? Laut theologischen Interpretationen sind Engel lediglich Helfer, Gesandte oder Boten Jahwes; was nach meinem Verständnis untergeordneten Himmelsgeschöpfen entspricht - "Untergötter", wenn man so will.

In Ps 82,6 haben wir sogar einen Beweis vorliegen, daß die "Söhne Gottes" bzw. "Göttersöhne", die laut Gen. 6 vom Himmel kamen und landläufig als Engel gedeutet werden, einst tatsächlich "Götter" waren:

"*Ihr seit Götter, / ihr alle seid Söhne des Höchsten.*" (Ps 82,6)

Es ist interessant zu erfahren, daß auch die Engel, jenen "Mitgliedern des himmlischen Hofstaates" - laut dem entsprechenden Bibelkommentar - als "Götter" betrachtet wurden.

In der Offenbarung des Johannes (Off. 4,4-5), aber auch in 1. Kön. 22,19ff, wird selbst eine Art "Ältestenrat" beschrieben, der sich um "Gott" gesellte und mit dem der "Herr" Zwiesprache zu halten scheint. Hat Jahwe etwa mit diesen Beratern etwas besprochen; in Gen. 1,26 die Erschaffung des Menschen? Und was sollen die in der Offenbarung erwähnten "Ältesten" an "Gottes" Seite? Dies Bild erinnert stark an eine straff organisierte "Regierung", und ist nicht mit einem Monotheismus - wenn Jahwe der wirkliche Schöpfer ist - zu vereinbaren. Jedoch sind die Engel Jahwes, des Befehlshabers, schlicht seine Untergebenen, die mit ihm im All lebten und bestimmte Missionen erfüllten.

Noch eine Lösung der Exegeten sei erwähnt: "Gott" hält hier eine Art Selbstberatung (Steimer, S. 43). Er befragt also sein eigenes Ich. Hat *Gott* das nötig? Zumal liegt Gen. 1,26 nicht in Form einer Frage vor, sondern dieser Vers drückt ganz klar eine Feststellung aus, denn "*Sollen* wir" und "*Laßt* uns" - wie es deutlich der Vers besagt - sind völlig unterschiedliche Aussagen. "Laßt uns" kann nicht einfach als eine Frage oder "innerliche Zwiesprache" ausgelegt werden.

Aber gehen wir weiter im Buch Genesis, wo die "Götter" den Menschen schufen:

"*Und Gott (Elohim) schuf den Menschen nach seinem Bilde, nach dem Bilde Gottes (Elohim) schuf er ihn, als Mann und Frau schuf er sie.*" (Gen. 1,27)

Hier wurde der Plural *Elohim* ("Götter"), dem Tätigkeitswort "schuf" angepaßt: "Und (die) Götter *schuf* den Menschen..." Es ist aber ebenso zulässig - niemand wird es bestreiten wollen -, "schuf" den "Göttern" anzupassen, also "die Götter *schufen* den Menschen...". Dies wird durch den studierten Theologen Walter-Jörg Langbein, der persönlich die hebräische Bibel übersetzte, bestätigt. Dennoch hat hier die Idee des Monotheismus gesiegt, und nur eine "Gottheit" soll hier am Werk gewesen sein.

Eine andere Erklärung für die ungebetenen Pluralverse wie Gen. 1,26 ist auch der "*plural majestatis*" oder "*Majestätsplural*", eine Ausdrucksform, der sich Könige, Kaiser und sonstwie Adelige der vergangenen Tage gerne bedienten, um sich so auch sprachlich vom "niederen" Volk zu unterscheiden. Diese Redeweise war aber zur Zeit des Alten Testamentes - zumindest aber vor dem babylonischen Exil (Staimer, S. 43) - nicht bekannt, auch sie ist eine nachträgliche Interpretation. Und warum sollte sich auch der "Allmächtige" durch seinen Sprachgebrauch irgendwie erheben oder unterscheiden wollen? Und von wem, da es noch keine Menschen gab? Er hatte es bestimmt nicht nötig.

Vielmehr weist der Plural uns auf die *Elohim*, die "Götter" hin, so wie es zahllose Völker berichten, die den "Göttern" die Erschaffung des Menschen zusprechen. Es wird selbst in der Bibelforschung durchaus in Betracht gezogen, daß hier ein *polytheistischer* ("Gott" und "Mutter Erde") Schöpfungsakt beschrieben wird, der seine Parallelen in der Mythologie der Nachbarvölker Israels hat (Staimer, S. 43f.)!

Wenn im Alten Testament verschiedentlich von "Göttern" berichtet wird, woher stammen dann diese? Die biblischen Schöpfungsmythen, wenn es denn tatsächlich nur reine "Mythen" sind, weisen einige sehr deutliche Parallelen zum Glauben der älteren Völker Mesopotamiens auf. Es scheint außer Frage zu stehen, daß etwa die Sumerer aus Untermesopotamien die Autoren der Bibel stark beeinflußt haben. Allerdings fand diese Beeinflussung nur *indirekt* statt, da das großartige Volk der Sumerer schon von der Bildfläche der Geschichte verschwunden war, als die biblischen Schreiber sich an die Arbeit machten. Aber klar zu erkennende Parallelen weisen eine Verbindung auf. Später jedoch dazu ausführlicher.

I.3 Die Schöpfung der Himmel

Nachdem die "göttlichen" Wesen verschiedene Himmel von der Erde trennten, wobei aus der Bibel nicht zu erfahren ist, wie "die Himmel" konkret verstanden werden soll, war der erste Tag beendet. Am zweiten Tag des biblischen Schöpfungsberichtes "bauten" die "Götter" irgend etwas im Wasser. Man muß die entsprechenden Zeilen mehrmals, besser noch in unterschiedlichen Übersetzungen oder Fassungen lesen, um den Inhalt einigermaßen zu verstehen. Auch hier variieren die Bibeln aus dem Buchladen erheblich, was den ohnehin schwierigen Inhalt des Textes nicht gerade erhellt:

"*Und Elohim sprachen: Ein Gewölbe werde inmitten der Wasser und scheide Wasser von Wassern! - So machten Elohim das Gewölbe und schieden das Wasser unter dem Gewölbe von dem Wasser über dem Gewölbe.*" (Gen. 1,6-7)

Im Wasser, im Urmeer, wurde ein "Gewölbe" gesetzt. Meist finden wir kein derartiges Gewölbe in der Bibel, denn zum besseren Verständnis(?) wird hier auch das "Firmament" genannt. Laut Vers 8 nannte der "Herr" dieses Gewölbe "Himmel" - das bekannte "Himmelsgewölbe". Weiter erfahren wir, daß nun die Wasser unterhalb des Gewölbes zu einem "Flutbett" oder einer "Ansammlung" zusammen liefen, so daß das trockene Land unter der Kuppel (dem "Himmel") sichtbar wurde.

In der Tat ist diese Stelle der "göttlichen Schöpfung" nur schwer zu verstehen. Der apokryphe Text "*Schatzhöhle*" (entspricht "Scha."), eine Schrift, die nicht in den Kanon der Bibel eingegliedert wurde, da er scheinbar zu "unheilig" ist, liefert in dem ersten Kapitel ("Erschaffung der Welt") einige weitere Erklärungen. Vers 8 berichtet:

"*Am zweiten Tag schuf Gott den unteren Himmel und nannte ihn Firmament; dies zeigt, daß das Firmament nicht die Natur des oberen Himmels hat und in seinem Aussehen von dem Himmel über ihm, das heißt vom oberen, feurigen Himmel, verschieden ist.*" (Schatzhöhle, Scha. 1,8)

Und weiter in Vers 9: "*Jener zweite Himmel ist aus Licht und dieser untere von fester Substanz; er heißt Firmament* (...)" (Scha. 1,9)

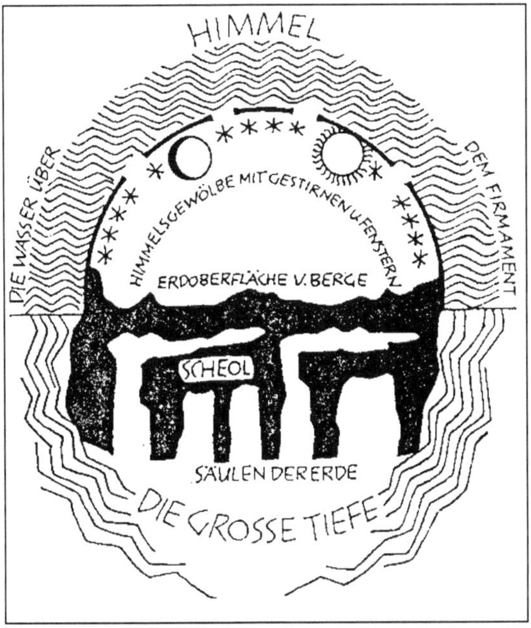

Abbildung 1: Himmelskuppel

Der zweite Himmel, der über dem "Kuppelfirmament" liegt, unterscheidet sich offensichtlich vom ersten. Er besitzt ein anderes Aussehen, eine andere "Natur", und sei außerdem noch "feurig" und aus "Licht" geschaffen. Der "Bürger auf der Straße" würde überrascht sein, etwas über einen zweiten Himmel in der biblischen Schöpfungsgeschichte zu erfahren. Auch die lapidare Erläuterung einiger Fußnoten in der Bibel, es handele sich bei der "Kuppel" ("Gewölbe") nur um die "Himmelskuppel", da sich die Schreiber der Genesis die Welt als eine Art "Käseglocke" vorstellten (siehe Abb. 1), ist nicht befriedigend. Auch wenn wir diese Deutung annehmen, so bleibt doch die Frage, wo lag der zweite, feurige Lichthimmel? War es der Himmel der *Elohim*? Bezeichnenderweise ist es sogar mehr als fraglich, ob sich unsere Vorfahren jener Epoche nicht bewußt waren, daß sie auf einer Kugel lebten. Für diese Annahme werden wir noch einige konkrete Hinweise kennenlernen.

Auch im nichtkanonisierten "*Jubiläenbuch*" (entspricht "Jubi") oder auch "*Kleine Genesis*" (vermutlich von den Essenern, einer jüdischen Sekte, im 2. Jahrhundert v. Chr. niedergeschrieben) erfahren wir etwas über einen weiteren "Himmel". Diese Schrift umfaßt die Geschehnisse von der Schöpfung bis zum Exodus aus Ägypten und ist dabei in sogenannte "Jubeljahre" unterteilt, wobei jeweils 49 Jahre (7 x 7) zwischen den einzelnen Jubeljahren liegen. Und auch hier schuf "Gott" mehr als einen Himmel:

"*Am ersten Tag schuf er* ("Gott", L.A.F.) *die Himmel droben, die Erde und die Gewässer, ebenso alle Geister, die vor ihm dienen.*" (Jubi. 2,2)

Im weiteren Verlauf des Textes ist von der Erschaffung verschiedener “Engel-“ und “Geisterwesen” die Rede. Dann beginnt der zweite und dritte Tag, ab Vers 4, an dem, wie in der Genesis, der untere Himmel (oder Firmament) von “den Gewässern” getrennt wurde:

“*Am zweiten Tag schuf er das Firmament zwischen den Gewässern, und die Gewässer teilten sich an diesem Tag; ihre eine Hälfte stieg nach oben und ihre andere Hälfte stieg unter das Firmament hinab, das in der Mitte über der Oberfläche der ganzen Erde war.* (...) *Am dritten Tag befahl er, die Gewässer sollten von der Oberfläche der ganzen Erde an einen Ort fließen und das trockene Land erscheinen. Und die Gewässer taten so, wie er es hieß, und sie wichen von der Oberfläche der ganzen Erde an einen Ort außerhalb des Firmaments, so erschien das trockene Land.*” (Jubi. 2,4-5, nach Weidinger)

Der evangelische Theologe und Paläo-SETI-Autor Walter-Jörg Langbein glaubt Hinweise gefunden zu haben, die die Annahme stützen, daß der erste Himmel (die Kuppel) eine Art *Station* unter dem Meer war. Diese unterseeische *Biosphäre One* war seiner Vermutung nach ein “Labor” der *Elohim*, in dem letzlich der Mensch erschaffen wurde. Eine provokante These, für die allerdings einiges spricht.

So zum Beispiel erfahren wir, daß oberhalb und unterhalb der “Kuppel” die Wasser getrennt wurden. Auch nimmt Langbein an, daß mit “der ganzen Erde” nicht der gesamte Globus gemeint sein könne, sondern ein Teil des Meeresbodens. So erhält der Vers aus dem “Jubiläenbuch” einen völlig anderen, jedoch vollkommen logischen Sinn:

“(...) *und sie wichen von der Oberfläche des Meeresbodens an einem Ort außerhalb der Kuppel* (= Firmament, L.A.F.), *so erschien das trockene Land.*”

Nehmen wir das außerbiblische Buch des Propheten Henoch zur Hand, so ist dort zu entnehmen, wie er in den Himmel der Engel entrückt wurde. Seine Eindrücke beschreibt er immer wieder mit Worten wie “Feuer”, “Feuersäulen” und “feurigen Zungen”, da er keine Worte für das fand, was er auf seiner Reise mit einem Engel (angeblich in die Unterwelt) gesehen hat.

Einen Hinweis, daß unterhalb des Meeres vom “Herrn”, den “Elohim-Göttern” etwas gebaut wurde, findet sich auch im 28. Kapitel der “*slawischen Henochschrift*” (entspricht “Hen/s”). So ist dort zu lesen (Hen/s. 28,4), wie “Gott” die Flüsse schuf und wie er “der Erde und dem Meer eine ewige Grenze” gab. Erst *nachdem* dies geschehen war, “machte ich (“Gott”, L.A.F.) die Feste und legte das Wasser darüber”!

Die Schriften, ob nun biblisch oder apokryph, trennen strikt das Reich der Menschen (erster Himmel) und das Reich der Engel und *Elohim* (zweiter Himmel). Am 6. Tag der siebentägigen Schöpfung, wobei die Sieben mit Sicherheit symbolischen Charakter besitzt, da sie seit ewigen Zeiten von vielen Völkern des Alten Orient vergöttlicht wurde (warum, ist eine gute Frage), machten sich die “Götter” daran, der Schöpfung “die Krone aufzusetzen”: den Menschen. Der Tag sieben gilt seit jeher als heilig, denn "Gott" bewunderte seine Werke, und ruhte sich nun aus. War er etwa ermüdet, entkräftet von seinem schöpferischen Tun? Kann aber der wahrhaftige *Gott* überhaupt Ruhe nötig haben? In der Theologie (Staimer, S. 29) wird dieser Tag ausdrücklich mit dem Sabbat identifiziert, obwohl dies der Genesis-Schöpfung nicht konkret zu entnehmen ist. Da aber die heutige Form des ersten Schöpfungstextes aus dem 6./7. Jahrhundert v. Chr. stammt (babylonisches Exil), liegt diese Vermutung durchaus nahe (Staimer, S. 22).

Das wunderbare slawische Henochbuch bestätigt eindrucksvoll, daß es mehr als einen Himmel gab. Der Prophet berichtet uns sogar von insgesamt sieben verschiedenen (s. Kapitel VII)! Auch die zweite Sure des islamischen *Korans* (Vers 30) dokumentiert, daß Allah "sieben Himmel bildete". Und in Sure 71, *Noah*, "Nuh", genannt, heißt es:

"*Seht ihr nicht, wie Allah sieben Himmel erschuf, einen über dem anderen* (...)" (71.Sure, Noah, Vers 16)

Und etwas früher in Sure 41, *Die deutliche Erklärung*, "Ha-Mim-Sadschdah", Vers 13:

"*Und er* (Allah, L.A.F.) *bildete in zwei Tagen zu sieben Himmel und teilte jedem Himmel seine Aufgabe zu, und wir schmückten den untersten Himmel mit Leuchten aus und stellten eine Wache hin.*"

Zu diesen sieben Himmeln stieg Henoch nach und nach mit "Engeln", die er oftmals schlicht als "Männer" bezeichnete, hinauf. Dort wurde ihm das Wissen der Welt offenbart. Es waren die Gebiete, die Bezirke der "göttlichen" Wesen. Und wie sollte es anders sein, im obersten traf er auf "Gott". Der zweite Brief an die Korinther (2. Kor. 12,2+) erwähnt drei Himmel, wobei der dritte sogar das Paradies beherbergt haben soll. Es gab also offensichtlich nicht nur einen Himmel der Schöpfung, auch wenn es weiterhin fraglich bleiben muß, was mit der Aussage "die Himmel" gemeint ist.

Interessant ist vielleicht auch, daß verschiedene andere Kulturen und Religionen mehrere Himmel kannten; nicht aber unbedingt sieben. So etwa die Azteken, die ebenfalls ihren obersten "Gott" namens *Tonacatecutli* "in den obersten Himmel" ansiedelten, wie es Walter Krickenberg in seinem vielbeachteten Werk über "Altmexikanische Kulturen" (S. 184) beschreibt. Ich werde später ausführlich auf die Himmelsreisen Henochs und anderer Propheten eingehen, denn in diesen Schriften erfahren wir erstaunliches - auch über die verschiedenen Himmel.

I.4 "Lasset uns den Menschen machen..." Die zweite Schöpfung

Der sechste Tag war der wichtigste der gesamten biblischen Weltschöpfung, denn der Mensch betrat die Bildfläche. Die niedliche Geschichte unserer Erschaffung kennt jeder seit dem Kindergarten. Heute können wir sie selber in der Bibel nachlesen und mit kritischen Überlegungen versuchen, die Geschichte zu verstehen, um uns so selber ein Bild zu machen.

Auffallend ist sofort, daß sich in der Genesis offensichtlich zwei unterschiedliche und zugleich widersprüchliche Schöpfungsberichte finden, die die Gelehrtenköpfe über Jahrhunderte hinweg strapazierten und immer noch strapazieren. Fand sie etwa zweimal statt? Der nichtsahnende Bibelleser wird gleich in den ersten zwei Kapiteln des 1. Buches Mose verwirrt. Der "Herr" läßt alles entstehen: Himmel, Erde, Licht und Dunkelheit, Tiere und Pflanzen. Und zum Schluß uns, als "Krone" und "Herrscher" des vorangegangenen Tuns; gemäß seines Ebenbildes:

"*Und Gott sprach: Lasset uns den Menschen machen als unser Bild und uns zum Gleichnis* (...) *Und Gott schuf den Menschen sich zum Bilde, zum Bilde Gottes schuf er ihn; männlich und weiblich schuf er sie.*" (Gen. 1,26-27)

Warum der Vers 26 im Plural abgefaßt wurde, sollte nicht weiter verwundern, denn es waren "Götter", wie weiter oben erklärt, die hier gemeint sind. Mann und Frau schufen die *Elohim*, nach ihrem Bilde. Eine Seite weiter, im 2. Kapitel, kommt es dann ganz überraschend, denn hier findet sich der "Zweite Schöpfungsbericht". Eingeleitet wird dieser Bericht mit der Feststellung, daß es "an dem Tage, da Gott der Herr Erde und Himmel gemacht hat" (Gen. 2,4) noch keine Vegetation auf Erden gab. Interessanterweise kann der Vers dahingehen verstanden werden, daß die Welt an einem Tag ("an dem Tage") erschaffen wurde. Was mag nun stimmen, sieben bzw. sechs oder einer? Noch erstaunlicher ist die Schilderung des siebenten Verses, in dem es heißt:

"*Da formte Gott der Herr den Adam (Menschen) aus dem Staube* (oder: Erde, Lehm, Schlamm, L.A.F.) *des Ackers* (oder: Feld, Erdboden, L.A.F.) *und hauchte ihn in die Nase den Lebensatem, und Adam ward zum lebendigen Wesen.*" (Gen. 2,7)

Hier läßt sich eine interessante Parallele zur nordischen Mythologie der Germanen erkennen. Diese (Nack, S. 219) berichten, daß die "Götter" ein erstes Menschenpaar im *Midgard* erschufen. *Midgard* war ein umzäunter Bereich mit allerlei Pflanzen, in dem die Menschen lebten, und der uns wahrscheinlich nicht umsonst an den Garten Eden des Genesis erinnert. Gemäß der germanischen Sagen schufen die Götter das erste Menschenpaar, *Ask* und *Embla* genannt, aus einer Esche und einer Ulme, indem sie ihnen Leben einhauchten! Im *Midgard* gab es interessanterweise sogar eine Schlange, die gegen den "Gott" *Donar* kämpfte...

Der oben zitierte Vers ist aber auch in anderer Hinsicht interessant, aber vielleicht erst beim zweiten Lesen ersichtlich. Die Genesis besagt ganz klar, wobei es hier nicht auf die benutzte Bibelausgabe ankommt, daß der Mensch "den Lebensatem" oder "einen Lebenshauch" eingeblasen bekam. Dieser "Atem" aber ist *nicht* "göttlich" - zwar "göttlichen" Ursprungs -, sondern schlicht "ein" Hauch oder Atem. Der erste Mensch erhielt bei seiner Erschaffung *nichts* "Göttliches", sondern lediglich etwas "Lebendiges". Seine Seele darf demnach nicht als "göttlich" verstanden werden. Dieses Privileg wollte man ihm in der Vergangenheit gerne andichten.

Auch die Kirche erkannte das Problem und distanzierte sich zum Beispiel auf dem Konzil von Toledo im Jahr 400 n. Chr. von diesem Glauben, der aus der griechischen Philosophie in das Alte Testament eingedrungen ist (Staimer, S. 118). Meiner Meinung nach erhielt er jedoch später, im Zusammenhang mit dem Sündenfall, etwas "Göttliches", oder zumindest etwas, wodurch er "Göttergleich" wurde (s. I.6).

Aber selbst die Entstehung des Menschen aus Erde oder Schlamm, wie oben in Gen. 2,7 erwähnt, ist fester Bestandteil in der *globalen* Mythologie. Die Menschen scheinen in der Vergangenheit instinktiv (oder *tatsächlich*?) gewußt zu haben, daß die Erde die Elemente enthält, aus denen der menschliche Körper besteht. Zum Beispiel heißt es bei den Okanagon-Indianern aus dem Nordwesten der USA:

"*So wurden die ersten Indianer von ihm* (dem Schöpferhäuptling, L.A.F.) *aus roten Erd- oder Schlammklumpen gemacht, und das ist der Grund, weshalb wir rotfarbig sind.*" (Sproul, westlich, S. 159)

Gemäß des ersten Schöpfungsberichts der Bibel wurde der Mensch nach "Gottes" Bilde entworfen, und in dem weiter oben wiedergegebenen Vers (Gen. 2,7) erfahren wir, daß er aus Erde, Lehm oder Staub gemacht wurde. Ein "Gott" aus Erde?!

Die Lösung könnte auf der Hand liegen: Hebräisch bedeutet "Schlamm" "*tit*", und laut uralten, sumerischen Schöpfungsmythen wurde der Mensch von "*Ninti*" ("Herrin des Lebens/Rippe") und "*Enki*" ("Herr der Erde") aus "*ti.it*" geschaffen. *Tiit* bedeutet etwa "Das, was Leben hat", und zum hebräischen Wort "*tit*" ist "*bos*", eine Ableitung von "*besa*" (= "Ei"!), ein sinnverwandter Ausdruck. Liegt da die Vermutung nicht nahe, daß der Adam aus einem "Ei" ("*bos*"), und nicht aus "Erde", geschaffen wurde?

Mesopotamische Ursprünge finden sich in der Genesis zweifelsohne - auch bei Adam? Was den zweiten Bericht ebenfalls besonders bemerkenswert macht, ist die Tatsache, daß Adam (vom hebräischen *adama*, "Erde") alleine erschaffen wurde. Von Eva ist hier keine Rede! Kapitel 1, Vers 27, berichtet aber eindeutig von einem gleichzeitigen Erscheinen von Mann und Frau. Erst 15 Verse später, nachdem der Garten Eden gepflanzt wurde und Adam Tiere und Pflanzen mit Namen versehen hatte, erscheint Eva auf der Bühne des zweiten Schöpfungsaktes.

Der Grund dafür, daß es definitiv zwei sich unterscheidende Überlieferungen einer "Weltwerdung" in der Genesis gibt, ist aller Wahrscheinlichkeit nach, daß hier zwei vollkommen verschiedene Autoren am Werk waren. Auch der Schreibstil der zwei Kapitel weist darauf hin. Wider Erwarten ist die erste Geschichte aber nicht auch die ältere, denn der deutsche Bibelforscher und Sprachexperte Julius Wellhausen belegte bereits 1880, daß dieser aus dem 6. Jahrhundert v. Chr. stammt. Der zweite hingegen kann um die Zeit des 9. vorchristlichen Jahrhunderts datiert werden. Runde 300 Jahre liegen zwischen ihnen, und in einer derart langen Zeit kann viel auf der Welt geschehen.

Da nur der ältere Bericht über die Menschwerdung und das mythische Paradies detailliert zu erzählen weiß, ist dieser ein wertvoller Schlüssel zum Verständnis des Alten Testaments. Ich bin auch der Überzeugung, daß weite Teile des textlichen Inhalts aus ungleich älteren Quellen und Überlieferungen aus dem Zweistromland stammen. Denn wollen wir die Geschichte von zwei frisch erschaffenen Menschen, die in einem Garten lebten, "glauben", so kann die Bibel alleine wenig dazu beitragen. Wenn wir nicht aus religiöser Überzeugung "Gott" oder vieldeutbare Symbolismen für diese märchenhaft erscheinende Geschichte verantwortlich machen wollen, sondern versuchen, sie durch eine moderne "Brille" zu interpretieren, reicht die Genesis alleine nicht aus.

Aber die Erschaffung des Menschen ist nicht allein in der Genesis überliefert. Deshalb komme ich in Kapitel II darauf zurück...

I.5 Adam und seine "Rippe" Eva

Adam wurde durch "Gottes" Hand aus schlichtem "Erdboden" geformt und bekam Leben eingehaucht - er wurde lebendig. Eine kurze, jedoch bei näheren Analysen äußerst interessante Geschichte der Genesis. Gehen wir aber vorerst weiter durch die Verse, denn der erste Mensch bekam nun einen "Garten" angepflanzt:

"*Elohim pflanzte einen Garten in Eden, im Osten, und setzte dahinein den Menschen, den er gebildet hatte. Und Elohim ließ aus dem Erdboden allerlei Bäume hervorwachsen, lieblich anzusehen und gut zu essen.*" (Gen. 2,8-9)

Der Ort, wo die *Elohim*-Wesen den Adam erschufen, wird in der Genesis leider überhaupt nicht näher lokalisiert. Aber der Garten Eden lag "im Osten" von diesem Ort der Schöpfung. (Andere Überlieferungen wissen ebenfalls von einem ersten Wohnort der Menschen zu erzählen.) Im Laufe der Geschichte wurde schon unzählige Male versucht, das göttliche Paradies, den Ort ohne Sorge und Kummer, geographisch festzunageln. Auf der ganzen Welt wurde nach möglichen Standorten gesucht, wobei man sich hauptsächlich auf Mesopotamien konzentrierte, denn zwei Flüsse dieser Gegend werden deutlich im Zusammenhang mit dem Garten Eden in der Genesis erwähnt: Tigris und Euphrat (Vers 14). Vorerst aber wollen wir uns die Erschaffung des Menschen etwas genauer ansehen.

Die Überlieferung, daß die *Elohim* einen Garten pflanzten und allerlei Bäume oder Pflanzen gedeihen ließen, weist deutliche Parallelen zu mesopotamischen Mythen auf. So erfahren wir dort interessante Einzelheiten:

"*Nachdem Anu, Enlil, Enki und Sud die Schwarzköpfe* (Menschen, L.A.F., s. II.7) *erschaffen haben, vervielfältigten sie blühende Vegetation im ganzen Land, kunstvoll erschufen sie vierbeinige Tiere. In den E.DIN setzten sie sie.*"

Klar erkennen wir hier die Ähnlichkeit zum biblischen Text. Jedoch schreibt diese Überlieferung die Erschaffung von *E.DIN* - das zweifellos mit dem Eden der Bibel gleichgesetzt werden kann - einer Reihe von einst hoch verehrten Göttern zu: "*An*", den Himmelsgott der Sumerer, seine Söhne "*Enlil*" (= "Herr über das Wort"), ein "Gott" der Luft und *Enki* (= "Herr der Erde", "Herr des Unteren" oder "Herr des festen Bodens"), der als "Gott" des Urwassers, der Erde und der Weisheit verehrt wurde und deren Halbschwester *Sud/Ninmah* ("größte Herrin"), die Muttergottheit der sumerischen Schöpfungsmythen, die auch *Mah* bzw. *Mami* (Mutter?) genannt wurde.

Die sumerische Mythe von "Enki und der Weltwerdung" (König, 68f.) enthält übrigens den unbestreitbaren Hinweis, daß *Enki* nicht von der Erde kam:

"*Als ich mich der Erde näherte*(!), *war dort Wasser im Überfluß.*"

Eine neu-babylonische Mythe (Sproul, östlich, S. 140ff.), um 600 v. Chr., die in Sippar gefunden wurde, berichtet sehr deutlich, daß es in vergangenen Zeiten keine Vegetation gab. Erst als die himmlischen Wesen (zum Beispiel *Marduk* und die *Anunnaki*) das Land kultivierten, Kanäle zogen und Städte errichten, wurde der Mensch und die Vegetation erschaffen. Und zwar an einem Ort, der bei Euphrat und Tigris lag! Dort wurde auch eine Stadt erbaut und mit "Menschgewimmel" bevölkert.

Aber auch die nordische Mythologie der Germanen enthält in der Dichtung *Völuspa* einen möglichen Hinweis auf dies Ereignis der Schöpfung:

"*Da hoben Burs Söhne* (= *Odin*, *Wili* und *We*, L.A.F.) *die Lande empor und erschufen den schönen Midgard, von Süden beschien die Sonne den Boden, da wuchs auf dem Grunde grünes Gras.*" (Nack, S. 215)

Auch hier errichteten die "Götter" einen Lebensraum, den *Midgard*, und die Vegetation für die Menschen. Dort hauchten sie, wie wir gesehen haben, dem ersten Menschenpaar *Ask* und *Embla* einst Leben ein - wie es auch die Bibel kennt. Sumerisch/babylonischen Texten ist gleichfalls zu entnehmen, daß der "Gott" Enki bei seiner Ankunft auf der Erde das Land trockenlegt, was die Germanen als "hoben (...) die Lande empor" beschrieben.

In der Genesis ist diese mesopotamische "Götterfamilie" oder die "Götter" der Germanen in einem "Gott" oder besser in den *Elohim* enthalten, aber dies sollte an dieser Stelle nicht interessieren. Jedoch ist es heute offensichtlich, daß die germanische Überlieferung jünger als die Genesis ist. Eine gegenseitige Beeinflussung ist also ausgeschlossen, aber die Ähnlichkeit erhärtet den Wahrheitsgehalt des Alten Testamentes.

Der biblische Adam lebte einsam und alleine in seinem Paradies, wobei die Bezeichnung Paradies im Alten Testament überhaupt nicht vorkommt. Es ist eine Ableitung vom persischen "*Pardes*", was "Park" oder "Garten" bedeutet. Und das biblische Wort *Eden*, stammt aus dem sumerischen und kann als "Steppe" oder "Ebene" übersetzt werden.

Der erste Mensch (Adam) wurde an diesen vielgesuchten Ort gebracht, damit er dort arbeitet. Zumindest kann dem biblischen Text deutlich ein solcher "Auftrag" entnommen werden. So berichtet uns die Genesis wörtlich:

"*Und so nahm Gott der Herr den Adam und setzte ihn in den Garten Eden, damit er ihn anbaue und pflege.*" (Gen. 2,15)

Eigentlich doch ein klarer Widerspruch zu der üblichen Auslegung des Paradieses, wo es nur wunderbar und schön gewesen sein soll. Adam wurde eindeutig als ein Arbeiter, ein *Ackersmann*, wie verschiedene Bibeln auch Adam übersetzen, nach Eden, im Osten, gebracht. Interessant sind bei der Schöpfung des Menschen als "Arbeiter" auch die Überlieferungen der mesopotamischen Völker, die diese einem "göttlichen Rat" zusprechen, der billige Hilfe für die irdischen "Götter" suchte, die höchstpersönlich schuften mußten.

Der erste Mensch der Erde kam in Eden zum Einsatz. Von "paradiesischer Glückseligkeit", ist hier eigentlich nicht viel zu merken, denn gleich zu Anfang wurden Adam strikte Verbote erteilt. In der Genesis erfahren wir, daß "Gott" einiges an Bäumen pflanzte (wie weiter oben schon erwähnt), und dann Adam dort "hineinstellte". Zwei Bäume werden hier ganz besonders hervorgehoben (Gen. 2,9): Der "Baum des Lebens" und der "Baum der Erkenntnis des Guten und Bösen", die in der Mitte von Eden wuchsen. Vielleicht verwirrt es den einen oder anderen Leser, etwas über einen "Lebensbaum" zu erfahren, denn dieser wird oftmals kaum erwähnt. Auch im Religionsunterricht unserer Kindertage wurde meist nur vom „Erkenntnisbaum" geredet, dem die Menschheit indirekt die schlimme „Erbsünde" zu verdanken hat. Wahrscheinlich wird die Mehrzahl der heutigen Christen von dem Baum des Lebens gar nichts wissen, denn das andere Gewächs wurde zum beliebten Vorzeigesymbol für die Bosheit und Verwerflichkeit der Menscheit: *„Sehr her, Adam und Eva sündigten, und ihr alle tragt deren Sünde bis zum Tode in euch!"* So etwa will es die christliche Lehre.

Adam erhielt bei seinem Einzug in Eden ein eindeutiges und unmißverständliches Gebot des "Höchsten":

"*Und Gott der Herr gebot dem Adam und sprach: Nähren magst du dich mit Nahrung von allen Bäumen des Gartens. Aber vom Baum der Erkenntnis des Guten und Bösen sollst du nicht essen; denn wann du von ihm issest, wirst du des Todes sterben.*" (Gen. 2,16-17) Klare Worte, die Adam zu hören bekam. Ein Vergehen gegen diese Auflage im Garten Eden wird unbarmherzig mit dem Tode bestraft! Der aufmerksame Bibelleser sollte wissen, daß diese Worte des "Herrn" gelogen waren, denn bekanntlich nahmen Eva und ihr Mann von der verbotenen Frucht - und lebten weiter. Dazu aber unten mehr.

Adam weilte einsam und allein in Eden - ohne Eva, wobei sich die Genesis in der zweiten Schöpfungsgeschichte völlig darüber ausschweigt, wie lange er den Garten für sich hatte. Nachdem jedoch "Gott" dem Adam sein Gebot verdeutlichte, entschied dieser, daß er nicht alleine bleiben soll. Die "Götter" von Eden beschlossen, eine Frau für ihn zu erschaffen, denn

"(...) *es ist nicht gut, daß der Adam allein sei; ich will ihm eine Gehilfin (Hilfe) machen.*" (Gen. 2,18)

Auch dieser Vers blieb von der "theologischen Korrekturwut" nicht gänzlich verschont, da das Wort "Gehilfin"/"Hilfe" oftmals durch "Gefährtin" ersetzt wurde. Warum? Die ursprüngliche Aussage, daß Adam eine Hilfe erhalten soll, scheint mir, mit Blick auf den Vers "damit er ihn anbaue und pflege" weitaus sinnvoller, als eine schlichte Gefährtin. Scheinbar war es nicht im Sinne einiger Übersetzer, daß Adam eine Hilfe im Garten der Glückseligkeit benötigte.

Wie aber wurde Eva "in die Welt gesetzt"? Die eigentliche Erschaffung von Eva wird uns knapp - aber dennoch sehr aufschlußreich - in zwei Versen überliefert:

"*Da ließ Gott der Herr einen tiefen Schlaf über Adam kommen und nahm, während er schlief, eine seiner Rippen und füllte ihre Stelle mit Fleisch aus. Und Gott der Herr baute das Weib aus der Rippe, die er von Adam genommen hatte, und ließ es vor Adam kommen.*" (Gen. 2,21-22)

Dieser "Schlaf" des ersten Mannes wird aus kirchlicher Sicht nicht unbedingt als solcher angesehen. Vielmehr soll Adam die Erschaffung "in übernatürlicher Verzückung visionär schauen" (Laien-Bibel 1938). Gleichfalls heißt es, daß Adam diese "göttliche" Tat überhaupt nicht sehen sollte, dann wieder, daß durch diesen Schlaf "Gottes" Allmacht gegenüber dem Menschen hervorgehoben werden sollte...wer die Wahl hat, hat die Qual. In II.3 lernen wir eine interessante Mythe der Osterinsel kennen, die die Erschaffung der Frau fast identisch mit der in Gen. 2,21-22 beschreibt.

Wie dem auch sei, nun betrat Eva die Bühne der Schöpfung - Adam hatte seine Gehilfin bekommen. Aber gleich der folgende Vers (23) des zweiten Kapitels bringt wieder Verwirrung in die Geschichte: "*Und Adam sprach: Das ist nun Bein von meinem Bein und Fleisch von meinem Fleisch; sie soll Weib heißen, weil sie vom Mann gekommen ist.*" (Gen. 2,23)

So, wie der Vers in der Bibel zu finden ist, ist er schwer zu deuten. Teilweise sind sogar einige Angaben (zum Beispiel Deutsche Bibelgesellschaft 1982) überhaupt nicht zu finden! Um den gläubigen Leser nicht unnötig zu irritieren, findet sich dort:

"*(...) endlich jemand wie ich! Sie gehört zu mir, weil sie von mir gekommen ist.*"

In der Bibelübersetzung von Martin Luther (1545) ist nicht von einem "Weib" die Rede. Luther übersetzte es wörtlich, denn eigentlich muß die erste Frau "Männin" heißen. Der Grund dafür ist die recht ähnliche Schreibweise in Hebräisch von Mann (= "*isch*") und Frau (= "*ischáh*").

Wie auch immer das erste Weib hieß, wer glaubt die Legende der Erschaffung Evas wörtlich? Wer meint, daß sie tatsächlich von einer schlichten "Rippe" des ersten Mannes abstammte? Hebräisch steht an dieser Stelle das Wort "*szelá*" bzw. auch "*zela*", dessen "wirklichen Sinn" wir bis heute überhaupt nicht kennen (Mertens, S. 126). Wertvolle Hinweise, die einiges zur Klärung dieser Frage beisteuern könnten, finden sich wiedermal in älteren Schriften. Schon der Name Eva (*Heua* bei Luther) in der hebräischen Bibelversion führt uns auf eine interessante Spur: "*Cheva*", sumerisch "*Chawa*"/"*Chawwa*", "Die aus Leben" oder "Die Leben schafft"! Eva wurde also aus "Leben" gemacht. Eigentlich vollkommen logisch, denn sie stammte von Adam ab, und der lebte ja bekanntlich bereits. (Der Name Eva taucht aber erst später in der Genesis auf.)

Aber, da vieles der Genesis in den heiligen Texten der mesopotamischen Bevölkerung fußt, bietet sich hier ein weitaus interessanterer Vergleich an: Die vermeintliche "Rippe" des Adam (sumerisch auch "*adamah*") könnte durch eine Reihe weitere Wörter/Übersetzungen ersetzt werden, die die Entstehung der Frau durchweg logischer erscheinen lassen. Das Wort Rippe wird im Sumerischen "*ti*" geschrieben. Dieser vieldeutige Ausdruck "*ti*" wiederum ist ein Begriff, der gleichfalls mit "Leben" oder "Lebenskraft" (auch "Pfeil") übersetzt werden kann. *Cheva* (= Eva) wurde von den *Elohim* aus der "Lebenskraft" des Adam erschaffen, denn der besagte Vers könnte ebenso - und sinnvoller - "Und Elohim nahmen von Adams Lebenskraft" lauten. Auch Mertens hält fest:

"*Die Doppeldeutigkeit des sumerischen Wortes könnte übrigens die Erzählung von der Erschaffung aus der Rippe veranlaßt haben.*" (Mertens, S. 126)

Mertens streitet noch dazu keineswegs ab, daß die Bibel mythische Berichte enthält: "*Es läßt sich aber dennoch nicht leugnen, daß es auch in der Bibel ‚mythische Reste' gibt.*" (S. 59)

Wer aber nahm von Adams Kraft, und was war diese? Ist hier ein Fingerzeig verborgen, daß in unbekannten Zeiten Außerirdische an den Genen der Menschen (des Menschen) herummanipulierten?

Folgen wir den biblischen Versen weiter, denn es wird in der Genesis immer spannender! Adam lebte - mit der Auflage von einem bestimmten Baum nicht zu essen - in Eden. Nachdem er seine Arbeit als "Ackersmann" (Gärtner) über einen unbekannten Zeitraum hinweg nachging, schufen die *Elohim* seine Gehilfin Eva aus seiner Lebensessenz (s. auch II.1). Glauben wir den christlichen Auslegungen des ersten Buch Mose, war die erste Frau Schuld daran, daß alle heutigen Christen mit der "Erbsünde", die sie ein Leben lang verfolgen wird, belastet sind. Können wir aber Eva *tatsächlich* "schuldig sprechen", ein striktes Gebot des "Herrn" mißachtet zu haben? Ist sie "schuld", daß der Mensch Gutes und Böses zu unterscheiden versteht und wie ein "Gott" geworden ist, wie es die Bibel schildert?

I.6 Als der Mensch wie "Götter" wurde

Die in der Genesis nun folgende Überlieferung ist sehr beliebt und oft nacherzählt worden. Sie bildet, neben dem Buch Exodus, eine der bekanntesten - wenn nicht sogar die bekannteste - Überlieferungen des Alten Testaments: "Der Fall des Menschen", auch als "Sündenfall" betitelt, obwohl dies Wort in der Bibel nicht zu finden ist.

Die dogmatische Auslegung dieser äußerst interessanten Überlieferung hört sich etwa so an: "Gott" stellte Adam und Eva in Eden auf die Probe. Entweder sie halten sich an sein Gebot, den Baum nicht anzurühren, oder aber sie übertreten es. So weiß der Herr, daß der Mensch schwach ist und die nur ihm zukommenden Eigenschaften (die "symbolischen Bäume") begehrt. Die gesamte Edengeschichte inklusive Sündenfall wird von der Kirche als reine Symbolik gesehen. Kaum einer betrachtet die Legende als geschichtlichen Tatsachenbericht von Ereignissen, die in längst vergessenen Zeiten wirklich einmal stattfanden. In religiösen Büchern, die versuchen, den unerfahrenen Leser in die Geheimnisse des "richtigen Lesens" (was immer man darunter verstehen mag) der Bibel (Altes Testament) einzuweihen, finden sich zahllose Auslegungen, was denn nun in Eden geschah. Alles wird zu "Gottessymbolen" oder zu Symbolen der unterschiedlichsten Eigenschaften. Ganz Eden ist ein symbolischer Ort, und die Geschehnisse reine "Zeichen".

Wer aber eine Bibel zur Hand nimmt, sollte sich selber ein Bild der Ereignisse machen, nicht aber krampfhaft versuchen, theologische Sichtweisen in sie hineinzuzwängen. Die Geschichte hat mit Sicherheit symbolische Charaktereigenschaften, aber dennoch ist nicht alles an ihr als reine Symbolik zu deuten.

Im dritten Kapitel der Genesis findet sich die sündige Geschichte der bösen Schlange und der "bösen" Eva. Hierbei stellt man problemlos fest, daß sich die Schlange mit listigen, zweideutigen und halbwahren Worten an die Menschenfrau heranmachte, um sie in ein Gespräch zu verwickeln:

"Die Schlange war arglistiger unter allen Tieren des Feldes, die Gott der Herr gemacht hatte, und sie sprach zum Weib: Sollte Gott wirklich gesagt haben, daß ihr nicht von allen Bäumen im Garten essen dürft? - Da sprach das Weib zur Schlange: Von der Frucht der Bäume im Garten dürfen wir essen; aber von der Frucht des Baumes mitten im Garten hat Gott gesagt: Ihr dürft nicht davon essen und daran rühren, sonst müßt ihr sterben! Und die Schlange sprach zum Weibe: Mitnichten werdet ihr des Todes sterben: sondern Gott weiß, daß an dem Tag, da ihr davon eßt, eure Augen aufgehen werden, und ihr werdet sein wie Götter, erkennend das Gute und das Böse." (Gen. 3,1-5)

Mit dieser "verdrehten" Frage der Schlange gegenüber der Eva gewann sie das Interesse der ersten Frau. Nachdem das Reptil die Menschen darüber aufklärte, daß sie nicht sterben werden, war Evas Neugier selbstverständlich geweckt. Die Worte der listigen Schlange "verführen" natürlich, doch von der verbotenen Frucht zu naschen. Interesssant ist auch, daß selbst uralte Darstellungen aus Mesopotamien eine Schlange an einem vermeintlichen "Baum der Erkenntnis" mit Früchten zeigen (s. Abb. 2).

Diese "Frucht" wird immer und immer wieder als ein knackiger Apfel dargestellt, sei es auf religiösen Gemälden oder Fresken des Mittelalters oder gar in einigen Büchern. Selbst eine Bekannte von mir, die sich als Nonne berufen fühlte, glaubte, die sündige Frucht sei ein Apfel gewesen - sie hatte die entsprechenden Verse scheinbar nie selber gelesen, sondern ihren "Lehrern" vertraut. Die schier unauslöschbare Vorstellung der Apfelfrucht, die Eva einst vom Baum pflückte, geht wahrscheinlich vom Lateinischen aus. Dort heißt "Des Guten und Bösen" "*bonum el malum*", wobei "*malus*" auch mit "Apfel" übersetzt werden kann. Ein reines Mißverständnis! Apfel hin, Apfel her - es ändert nichts an der Tatsache, daß Eva nicht widerstehen konnte, die Frucht zu nehmen, denn, so der sechste Vers, sie sah, "daß von dem Baum gut zu essen und er eine wahre Augenweide war".

Abbildung 2: Der Baum der Erkenntnis

Eva, die im übrigen nicht persönlich vom "Herrn" dies Verbot bekam, entschied sich nicht aus freien Stücken dazu, "Gottes" Gebot an Adam zu übertreten! Die listige Schlange und das Aussehen jener Früchte "verführten" sie zu dieser Tat. Erst als Eva mit dem Reptil gesprochen hatte, sah sie, wie schön und unwiderstehlich die Früchte des Baumes waren (Gen. 3,6). Ein apokrypher Text, "*Leben Adams und Evas*" (entspricht "AuE"), ein hebräisches Werk jüdischen Ursprungs, dessen älteste Version uns heute in lateinisch vorliegt, weiß von einer zusätzlichen Einzelheit zu berichten. Denn wir erfahren dort (nach E. Weidinger: Teil "Adams Krankheit und Erzählung vom Sündenfall. Aussendung Seths und Evas zum Paradies. Ihre Begegnung mit einem wilden Tier. Gottes Bescheid und Rückkehr beider" - AuE. 33 -, dieses Buch besitzt keine Kapitel), daß "Gott" im Paradies "zwei Engel zu unserer (Adam soll hier gesprochen haben) Bewachung" stationierte. Als die zwei Wächter dann "hinaufgingen, vor Gottes Angesicht zu beten" oder "anzutreten", verführte der "Widersacher" gegen "Gott" - bekannt als "Teufel" - die unschuldige Eva. Von einer Probe kann hier keine Rede sein! Klipp und klar, laut Apokryph, wurden die ersten Menschen sogar in Eden von "Engeln" bewacht, damit sie nichts Unrechtes oder Falsches tun.

Theologen sehen in der Schlange natürlich keine Schlange, sondern den symbolischen Satan - den Teufel Luzifer, der einst von den Himmlischen verstoßen wurde. Interessanterweise lautet das hebräische Wort "*ha-Satan*" schlicht "Widersacher"; er war demzufolge offensichtlich ein unbeliebter Zeitgenosse "Gottes". Aber das Alte Testament kennt keine abtrünnigen Engel, sondern diese Überlieferung findet sich erst im Neuen Testament. Solche Engel-Überlieferungen sind vor allem in den "ketzerischen" Schriften Henochs enthalten (s. Kapitel VII), die vor Zeiten "heimlichen" Einzug in das Neue Testament hielten (Thompson, S. 221).

Laut Drechsels "Bibel Lexikon" (S. 372) steht die Schlange im Matthäus-Evangelium (Mt. 23,33) angeblich auch als "Symbol für Betrug" bzw., daß "sich Christen nach ihrer Klugheit ausstrecken sollen" (Mt. 10,16, nach Drechsel). Die Schlange in Eden aber soll eine Symbolisme des Satans sein. Warum nicht, wie bei Matthäus, ein "Symbol für Betrug", da sie ja auch "Gott" hintergangen hat?

Man muß nicht in die Tiefen der biblischen Theologie hinabsteigen, um zu ahnen, daß Eva kaum mit einer Schlange, wie wir sie uns vorstellen, gesprochen hat. Mit wem dann? Bibelfußnoten bezeichnen dieses arme Reptil zum Beispiel als ein "Sinnbild für die gefährliche Macht des Bösen und für die Hinterhältigkeit". Eine wenig aufschlußreiche Deutung. Sie als Luzifer, den aufrührerischen Engel des "Herrn" zu sehen, oder gar als "Symbol für Betrug", scheint mir da wesentlich interessanter zu sein. Diesen Luzifer, den verstoßenden Engel aus "Gottes" Himmelreich, als das personifizierte "Böse" und "Schlechte" zu betrachten, ist aber falsch (s. auch Kapitel über Henoch).

Von einer hinterhältigen Schlange, und sei sie auch von Luzifer, der sich einst gegen „Gott" auflehnte und den Himmel verlassen mußte (lateinisch = „Lichtbringer", was eher gegen böse Absichten steht), „besessen" gewesen zu, davon kann demnach keine Rede sein. Apokryphen wissen im übrigen davon zu berichten, daß Satan in der Schlange "wohnte" und mit ihr "durch die Luft" flog (Scha. 4,5). Etwa eine Art von *Fahrzeug*, mit dem Luzifer umherreiste, und von dem aus er zu Eva sprach!? Auch Abraham sah im Himmel (AA. 23,5) eine Schlange mit "Flügeln", "Beinen" und "Armen", die in Eden gewesen sein soll (s. IV.7).

Die "Schlange" (belassen wir es bei diesem Wort) war ein gut unterrichtetes Geschöpf und bestens über die Pläne des "Höchsten" informiert. Schließlich sprach sie Eva auf "Gottes" Verbot an, kannte also folgerichtig seine Worte.

In Hebräisch steht für Schlange "*nahasch*", welches aus dem Sumerischen ("*nhsch*"= "herausfinden"/"entziffern") abgeleitet worden sein soll. Und dies "*nahasch*" (Mertens, S. 58: "*nachásch*") bedeutet in etwa soviel wie: "der, der entziffern/herausfinden kann". Somit bestätigt auch der ursprüngliche Ausdruck, daß die Schlange ein gut informierter, jedoch vom Himmel ausgeschlossener Engel war. Etwas anderes sei noch erwähnt: Nehmen wir für jeden hebräischen Buchstaben von "*nachásch*" einen fortlaufenden Zahlenwert (s. hierzu VI.5) erhalten wir 358. Diese 358 ergeben sich aber *auch*, wenn wir dasselbe System auf das ähnlich klingende Wort "*maschiách*" anwenden. "*Maschiásch*" bedeutet "Messias"...!

Eva wurde von dieser Schlange keineswegs hinterhältig belogen. Sie offenbarte ihr die Wahrheit, denn "mitnichten werdet ihr des Todes sterben" (oder so ähnlich). Nur ein Griff in den Baum, nur eine Frucht des Guten und Bösen, und Eva und ihr Mann werden wie "Götter" sein. Kein Wunder, daß diesen Aussagen der Schlange niemand widerstehen konnte. Adam wurde vom „Herrn" gesagt, er werde sterben, sobald er sich an den Früchten vergreifen würde. Dies war eine Lüge, denn Adam und Eva lebten noch viele Jahre nach ihrer Schandtat, bis sie starben.

Sie starben aber doch? Ja, denn für die Unsterblichkeit gab es einen zweiten Baum in Eden. Erst wenn der Mensch von diesem nahm, würde er unsterblich werden. Der Mensch war - so wie auch die Bibel in Gen. 3,19 berichtet - von Anfang an sterblich. Aber Adam wurde der Zugang zu diesem Gewächs, dem Baum des Lebens, durch die "Cherube und das ständig zuckende Flammenschwert" (Gen. 3,24) versperrt. Nur durch diesen Baum konnte der Mensch die ersehnte Unsterblichkeit erlangen, die "Gott" ihnen nicht gönnte:

"*Und der Herr sprach: Siehe, Adam ist geworden wie einer von uns, erkennend das Gute und Böse; daß er nur nicht seine Hand ausstrecke und vom Baum des Lebens nimmt und ißt und ewig lebe!*" (Gen. 3,22)

Der Mensch ist geworden wie "einer von uns", klagte der "Herr"; genau gesagt die *Elohim*, die "Götterwesen"! Aber genau dieses hatte die Schlange Eva auch prophezeit: "sie werden sein wie Götter" ... und wurden es! Bevor der Mensch durch seine Sünde den Garten Eden verlassen mußte, geschah noch einiges im Zusammenhang mit dem menschlichen "Fall", das an dieser Stelle natürlich nicht übergangen werden soll:

"*Und sie nahm von seiner Frucht und aß und gab davon auch ihrem Manne, der bei ihr war, und er aß. Nun gingen beiden die Augen auf, und sie erkannten, daß sie nackt waren. Deshalb flochten sie sich Feigenblätter zusammen und machten sich Schurze.*" (Gen. 3,6-7)

Der Mensch hat die Erkenntnis der himmlischen Wesen erlangt. Adam und Eva wurden sich bewußt, daß sie splitternackt waren und fertigten sich deshalb Schurze aus Feigenblättern, um ihr Geschlecht zu verbergen. Hier könnte man fragen, woher das erste Menschenpaar wußte, wie man derartige Kleidung fertigt, denn bekanntlich waren beide nackt, "aber sie schämten sich nicht voreinander" (Gen. 2,25). Kleidung war für sie überhaupt kein vorstellbarer Begriff. Auch könnte man *vermuten*, daß die zwei von einem "Feigenbaum" aßen, da sie auch seine Blätter als Schurze nutzten, nachdem sie gegessen hatten. Diese Vermutung ist aber völlig belanglos, da weder ein Apfelbaum noch irgendein anderer Baum als reales "Tatobjekt" in Eden betrachtet werden kann und darf. Bäume wurden sehr häufig in den unterschiedlichsten Kulturen als Metapher der verschiedenartigsten Eigenschaften und Vorgänge benutzt.

Interessant ist meiner Meinung nach die mythische Assoziation der vergangenen Völker des Nahen Ostens und anderswo zwischen Baum, der weiblichen Erde (= Mutter Erde) - somit auch der Frau -, und der biologischen Fruchtbarkeit! Da - siehe nächstes Thema - auch im Zusammenhang mit dem Sündenfall durchaus eine symbolische Fruchtbarkeitsdarstellung herausgelesen werden kann, sollten wir diese Auslegung, wie sie die Theologin Dr. Edeltraut Staimer in ihrem Buch erläutert, im Hinterkopf behalten. So wie verschiedene Bäume mit der (*weiblichen*) Fruchtbarkeit assoziiert wurden (Abb. 3), wurde aber auch die Schlange als ein derartiges Symbol verstanden.

Abbildung 3: Darstellung der „Mutter Erde“

Der Glaube an einen "Baum" als Symbol für große Fruchtbarkeit zeigte sich in der Vergangenheit zum Beispiel bei nordamerikanischen Indianern, deren Frauen ihre Kinder unter Bäumen entbanden. Auch skandinavische Völker meinten, dadurch, daß eine werdende Mutter einen Schutzbaum umschlang, sie eine leichtere Niederkunft haben würde. So, wie ein großer Baum seine Kraft aus dem Schoße der Mutter Erde erhält, versuchten derartige Bräuche möglicherweise diese Attribute auch auf die werdenden Mütter zu übertragen. Das lateinische Wort für "Mutter", "*mater*", bedeutet sogar "Baumstumpf" oder "Wurzelstock" (Lurker, Symbole, S. 164).

Zurück zum biblischen Geschehen: Die zwei "Sünder" waren irritiert, sie hatten "Gottes" Verbot eindeutig mißachtet und fürchteten seine Strafe. Kaum anders, als erwartet, erschien nun "Gott" persönlich in Eden, um nach seinen Menschen zu sehen. Bis zu diesem Zeitpunkt wußte der "allwissende Schöpfer" noch nichts von Adams und Evas böse Verschulden:

"*Und sie hörten die Stimme (Schritte) Gottes des Herrn, der im Mittagswind (Tagwind) durch den Garten fuhr, da versteckten sich Adam und sein Weib vor Gott dem Herrn zwischen den Bäumen des Gartens. Und Gott der Herr rief nach Adam und sprach zu ihm: Wo bist du? - Und er antwortete ihm: Ich habe deine Stimme (Schritte) gehört im Garten und fürchtete mich, weil ich nackt bin, und verstecke mich. - Er aber sprach: Wer hat denn dir gesagt, daß du nackt bist? Hast du etwa von dem Baum gegessen, von dem zu essen ich dir verbot?*" (Gen. 3,8-11)

Hier geschah etwas Sonderbares: "Gott" bemühte sich höchstpersönlich nach Eden, kann aber nirgends seine Geschöpfe finden. Er wußte nicht, wo sich Adam und seine Frau aufhielten! Als Adam ihn dann aufklärte, daß er sich verstecken würde, da er sich seiner Nacktheit bewußt ist, wurde der "Herr" stutzig. Er fragte ihn, woher er sein Wissen habe, ob er möglicherweise den verbotenen Baum angetastet habe. "Gott" selber scheint über die vorangegangenen Geschehnisse mit der "Schlange" tatsächlich nicht unterrichtet gewesen zu sein! Sollen wir diese

"Unwissenheit" dem wirklichen, multi- und interdimensionalen Schöpfer des Universums zusprechen!?

Die Genesis schweigt sich weitestgehend aus, wie und unter welchen Umständen der "Herr" sich in Eden zeigte. Es ist dem Alten Testament lediglich zu entnehmen, daß er irgendwie durch den Garten "fuhr".

Weit aufschlußreicher sind da die sogenannten "apokryphen Bücher der Bibel". Diese Schriften sind nicht in den Kanon der Bibel aufgenommen worden, obwohl sie in der Vergangenheit als ebenso "heilig" angesehen wurden wie die heutigen, immer noch umstrittenen Bibeltexte (vergl. VII.1). Alles in allem wurden zum Beispiel von rund achtzig Evangelien nur vier in das Neue Testament genommen.

In der Schrift "*Apokalypse des Mose*" oder "*Moseapokalypse*" (entspricht "AM.") findet sich ein interessanter und erstaunlicher Hinweis, wie der "Herr" in das Paradies reiste:

"*Als wir* (Der Texter legte Eva diese Worte in den Mund, L.A.F.) *den Erzengel trompeten hörten, da dachen wir: Gott kommt ins Paradies, um uns* (Adam und Eva, L.A.F.) *zu richten; deswegen fürchteten wir uns und suchten ein Versteck. Gott aber fuhr zum Paradies in einem Cherubwagen*(!)*; die Engel priesen ihn. Als Gott das Paradies betrat, da schlugen alle Bäume wieder aus dem Bezirke Adams, wie in meinem, und Gottes Thron ward aufgestellt beim Lebensbaum.*" (Apokalypse des Mose, AM. 22)

Eindeutig wird uns hier überliefert, wie "Gott" einen sonderbaren Wagen, einen Cherubwagen, zur Fortbewegung benötigte, mit dem er am Lebensbaum landet. Wir werden im weiteren Verlauf dieses Buches noch einige Male mit diesem ominösen Vehikel konfrontiert werden, mit dem „Gott" umherflog. Der Prophet Jesaja, zum Beispiel, weiß einiges über derartige Gefährte zu berichten.

Bemerkenswert an der Erzählung Evas ist auch, daß der Garten Eden offenbar in "Bezirke" unterteilt war. Adam wurde einem zugeteilt, und Eva einem anderen. Auch die der oben zitierten Beschreibung vorangegangenen Verse der Moseapokalypse weisen auf eine Unterteilung des Paradieses hin. Wurden Mann und Weib vielleicht unterschiedlich eingesetzt?

Adam offenbarte aus seinem Versteck heraus "Gott" die Wahrheit über seine Schandtat. Er weist aber energisch jede Schuld an seinem Tun von sich und schiebt sie auf sein Weib. Eva fühlt sich ebenfalls völlig unschuldig und weist ihren "Gott" darauf hin, daß die Schlange sie dazu verleitet habe. Eben typisch menschlich.

I.7 Die Vertreibung aus dem Garten der "Götter"

Die Schlange, die "entziffern" kann, wollte den Menschen keineswegs in irgendeiner Art schaden. Vielmehr war sie es, die Adam und Eva die "Augen öffnete", sie schenkte dem Menschen die Erkenntnis, zwischen Gut und Böse zu unterscheiden. Trotzdem wird sie bis heute als listiges, teuflisches oder abtrünniges

Tier angesehen. Zahlreiche andere Völker der Geschichte sahen in ihr ein "göttliches Wesen", dem große Verehrung zuteil wurde. Aufgrund der biblischen Überlieferung ist sie im Christentum nichts weiter als ein bösartiges Reptil des Satans oder sogar der Teufel in Person. Ganz zu Unrecht...

Nachdem nun Adam und Eva ihrem "Gott" erklärten, was in Eden während seiner Abwesenheit geschah, war der "Herr" äußerst ungehalten. So verfluchte er die Schlange. Bis an das Ende ihrer Tage muß sie fortan auf dem Bauch "kriechen und Staub fressen", und ihre "Nachkommen" werden auf ewig Feinde der "Nachkommen" der Frau sein (Gen. 3,14-15). Wörtlich genommen könnte man diesen Versen entnehmen, daß die Schlange erst seit ihrer Tat im Paradies über die Erde kriecht.

Das Hebräische Wort für "Nachkommen" steht hier eigentlich im Singular: "Same"/"Nachkommenschaft". Die alten Kirchväter deuteten diesen "Samen" als die Nachkommen der Menschen, die in Feindschaft mit der Schlange, dem symbolischen "Bösen", leben werden, bis Jesus Christus aus diesen Nachkommen entsteht und die Schlange zertritt (Trutwin, S. 59). Nach dieser Auslegung soll die erteilte Strafe gleichzeitig die Hoffnung symbolisieren, daß der Messias das Böse bekämpfen wird. Und dazu wird diese Überlieferung als ein "Protoevangelium" angesehen, also als ein erstes Evangelium...Wie man auf derartige Symbole kommt, ist mir schleierhaft.

Eva trägt nach üblicher Exegetenmeinung die Hauptschuld an der "Erbsünde". Nur durch ihre "labile" Psyche soll jeder Mensch, der von Adam abstammt, bis ans Ende seiner Zeit eine unauslöschliche Sünde in sich tragen. Für mich ist diese "Lehre" völliger Quatsch. Die Bibel kennt keine sogenannte Erbsünde. Wohl finden wir im Paulus-Brief an die Römer, Neues Testament (Röm. 5,12-21), den Hinweis, daß durch Adam die Sünde in die Welt gekommen sein soll, aber das war es dann auch. Lesen wir jedoch in der Genesis, stellen wir fest, daß die *Sünde* genaugenommen durch Eva geboren wurde. Oder noch konkreter durch die Schlange, die so oder so das Böse repräsentiert. Erst *Augustinus* (354 bis 430 n. Chr.) formulierte das Dogma der vererblichen Sünde, und die eigentliche Lehre wurde erst "vor kurzen" auf der fünften Sitzung des Konzils von Trient (1545 bis 1563) im Jahr 1546 amtlich ausgesprochen.

Die Interpretationen von *Augustinus* gingen auch noch von einer im Lateinischen falsch übersetzten Bibeltextstelle des Paulusbrief an die Römer aus (s.o.). Die hebräische Überlieferung des "Sündenfalls" kennt weder Worte wie "Sünde" oder "Sündhaftigkeit", noch den eigentlichen "Sündenfall" an sich (Fox, S. 30). Professor Robin Lane Fox, einer der herausragenden Experten für die Schriften der Bibel, dessen geschichtliche Arbeiten mehrfach preisgekrönt wurden, beschreibt diese Tatsache sehr deutlich:

"Augustinus' Interpretation basierte auf einem Text, der fälschlicherweise lautet: ‚Der Tod gelangte zu allen Menschen wegen Adam, durch den alle sündigten.' Die Erbsünde wurde also in die Genesis hineingelesen(!) *und dann infolge eines*

Übersetzungsfehlers mit dem Paulusbrief in Zusammenhang gebracht." (Fox. S. 30)

Trotzdem, auch wenn die erste Frau keine "Erbsünde" verursachte, sollte Eva ihre Strafe erhalten. Sie wurde zwar nicht verflucht, aber in ihrer tiefen Persönlichkeit bestraft:

"*Zum Weibe sprach er: Mehr und mehr Mühsal will ich häufen auf deine Mutterschaft (Schwangerschaft); mit Schmerzen sollst du Kinder gebären; nach deinem Manne soll dein Verlangen gehn, und er soll dir gebieten!*" (Gen. 3,16)

Dieser Vers ist einer der vieldeutigsten, aber auch interessantesten des Alten Testamentes überhaupt. Wort für Wort gelesen könnten wir vermuten, daß Eva durch die "Erkenntnis" der Frucht von nun an imstande war, Kinder zu bekommen. Das erste Menschenpaar wurde sich ja bekanntlich nach dem Verzehr der Frucht ihrer Nacktheit erst bewußt, und die Bilder "Baum" und "Schlange" waren unbestreitbar Attribute der weiblichen Gebärkraft bzw. es lagen sogar *phallische* Vergleiche nahe, wie etwa in Indien steinerne Schlangenidole, die die weibliche Fruchtbarkeit fördern sollen. Aus anderen, indischen Gebieten ist auch bekannt, daß Frauen, die sich konkret ein Kind wünschten, zu einer Kobra beteten (Lurker, Symbole, S. 187).

Manfred Lurker, ein bekannter Autor und Experte für "Symbolik", bemerkt in seinem Wörterbuch zur biblischen Bildersprache (S. 218), daß die Nacktheit Adams und Evas "der Unschuld entspricht". Erst durch den Sündenfall "entstand das Schamgefühl".

Nehmen wir den obigen Vers wörtlich, dann war das Gebären für Eva entweder vor dem "Sündenfall" völlig *schmerzlos*, oder aber sie war erst durch ihre Tat in der Lage, Nachwuchs zu bekommen... Daß die Geburt vor dem Fall des Menschen ohne Wehen vonstatten gegangen sein soll, ist mehr als nur unwahrscheinlich.

Die "Gottesstrafe" der schmerzhaften Schwangerschaft ist aber nicht isoliert, sondern im Zusammenhang mit der nun folgenden "Strafe" für den Mann in Gen. 3,17-19 zu betrachten. Denn sollte die Schwangerschaft und Geburt vor dem Sündenfall schmerzlos gewesen sein, dann muß sich unter diesem Aspekt auch der Ackerboden durch die "Sünde" verschlechtert haben, denn "Dornen und Disteln läßt er dir wachsen", weiß Gen. 3,18.

Die aus der Feder der Jahwisten stammende Bestrafung der Frau sagt also nicht aus, daß Eva zuvor eine "angenehme" Schwangerschaft durchleben konnte. Schließlich bedeutet der in Gen. 3,14 ausgesprochene Fluch gegenüber der Schlange auch nicht, daß sie vor ihrer Tat nicht über den Boden kroch, sondern Beine hatte.

Ich nehme eher an, daß Mann und Frau grundsätzlich keine Kinder bekommen konnten, auch wenn "Gott" im ersten, jedoch viel jüngeren(!) Schöpfungsbericht (Gen. 1,28) dem Menschen die Fruchtbarkeit verkündete. Daß Adam und Eva bis zur Vertreibung aus Eden keine Kinder hatten, sollte jeder wissen. Konnten sie daher keine bekommen, bis sie durch die Schlange die neue "Erkenntnis" erlangten und wurden "wie Götter"? Auch gab Adam nach diesem Ereignis seinem Weib "den Namen Eva (*Cheva/Chawwa* = "Die aus Leben"/"Die Leben schafft", L.A.F.); denn sie wurde die "Mutter aller Lebendigen". (Gen. 3,20). Hier taucht der Name "Eva" zum ersten Male in der hebräischen Bibel auf! Erst von nun an kann sie Leben schaffen, erst jetzt heißt Adams Frau "Die Leben schafft" und nicht mehr "Weib". Wurden sie (Mann, Weib) von der "Schlange" *genetisch* umprogrammiert, um so erst die Zeugungsfähigkeit zu erlangen, die von den *Elohim* ihnen nicht bestimmt war?

Der "Gott" des Alten Testamentes offenbarte seinem Menschen unmißverständlich, daß ihnen der Erkenntnisbaum, somit das symbolische Wissen dieses Gewächses, nicht bestimmt ist, was durch ein entsprechendes Verbot untermauert wurde. "*Ha-Satan*", der "Widersacher", ignorierte dieses Aussage und verhalf Adam und Eva dennoch zu diesem Wissen, wodurch sich der Mensch nun auch fortpflanzen konnte. In der Gnosis, einer antiken Religionsgemeinschaft aus iranischen, jüdisch-christlichen und hellenistischen Gedanken, wurde die Schlange selber zum "Gott" erhoben. Die Naasener glaubten an die Schlange des Sündenfalls als "Herrn", da durch sie der Mensch reich an Erkenntnis wurde, die wiederum "der Schöpfer (ihm) vorenthalten wollte" (Lurker, Symbole, S. 188). Die Naasener interpretierten den vermeintlichen Sündenfall demnach als eine "Wohltat" bzw. eine Art "göttliche" Offenbarung, die der Mensch der Schlange, nicht aber dem Schöpfer zu verdanken hat!

Das Buch *Mormon*, eine Art Bibel der Religionsgemeinschaft "Kirche Jesu Christi der Heiligen der Letzten Tage", die der Gründer Joseph Smith (1805 bis 1844 n. Chr.) von einem Engel namens *Moroni* überbracht bekommen haben will, enthält ebenfalls zahllose Textstellen über Adam und sein Weib. In Teil zwei des zweiten Buches "*Nephi*" (2Ne.) erfahren wir eindeutig, daß die ersten Menschen nur durch den Sündenfall die Zeugungskraft erhielten. Nichts anderes besagt folgendes Beispiel:

"*Und nun siehe, wenn Adam nicht übertreten hätte, dann wäre er nicht gefallen, sondern er wäre im Garten von Eden geblieben.* (...) *Und sie hätten keine Kinder gehabt, darum wären sie in einem Zustand der Unschuld verblieben* (!!) (...) *Adam fiel, damit Menschen sein können, und Menschen sind, damit sie Freude haben können.*" (2Ne. 2,22-25)

An dieser Aussage ist nichts mißzuverstehen!

Die Genesisautoren könnten vielleicht auch aus älteren mündlichen oder schriftlichen Quellenmaterial des Zweistromlandes ihre Informationen bezogen haben. Denn dort (aber auch andere Religion enthalten derartige Informationen) erfahren wir von der einst hoch verehrten "Gottheit" *Enki*, der primitive Arbeiter oder Diener (den Menschen) für die "Götter" erschaffen sollte, um diese zu entlasten. Wie wir bereits gesehen haben, deutet auch die Genesis (Gen. 2,15) an, daß der Mensch als Arbeiter für den "Garten des Herrn" geschaffen wurde. Über *Enki* heißt es weiter, daß er dem Menschen "Weisheit" verlieh, indem er ihn mit "Großem Verständnis" vervollkommnete. Auch soll er dem Menschen "Wissen gegeben" haben, aber das ewige Leben bekam er *nicht*. Dieser *Enki* ist interessanterweise sogar als "Schlangengott" bekannt, denn sein Symbol war oftmals eine Schlange, und die Weisheit wurde ebenfalls mit ihm in Verbindung gebracht, so daß er als eine Art "Weisheitsgott" verehrt wurde!

Zweifellos lassen sich deutliche Parallelen zum Bibelgeschehen erkennen, denn bekanntlich wurde der Weg zum "Lebensbaum", der ewiges Leben verspricht, von "Gott" versperrt, so daß der Mensch dieses *nicht* erhielt. Er bekam zwar "Wissen" oder "Erkenntnis", indem er mit Hilfe der "Schlange" die vermeintliche Frucht aß, obwohl der "Herr" ihm diese ebenfalls vorenthalten wollte, aber "Gott" verwehrte ihm die Gunst des unendlichen Lebens - wie bei *Enki*.

Auch tausende Kilometer entfernt, bei den Tschuktschen Eskimos in Nordsibirien, erzählt man sich einen interessantes Mythos (Sproul, westlich, S. 133 bis 138), wie der Mensch die Zeugungsfähigkeit erhielt, nämlich von einem "Gott", der ihnen den Sex zeigte:

"*Der Schöpfer hatte inzwischen die Geduld verloren und ging nun selbst. Er kam zu den Menschen und faßte den Mann an der Schulter. Setz dich! Dann befahl er der Frau, sich dicht neben dem Mann niederzulassen. Er sagte zu beiden: Legt euch nun hin! Und dann zu der Frau: Dreh dich auf den Rücken, das Gesicht nach oben. Sie tat es. Jetzt spreize die Beine. Sie tat es. Noch weiter! Dann nahm er den Mann und legte ihn auf die Frau. So vereinigten sie sich, vermehrten sich und wurden zur Menschheit.*" (Sproul, westlich, S. 137)

Auch die Tschuktschen verdanken ihre Fortpflanzungsgabe einer "Gottheit". Wenn sie also zuvor nicht Kinder bekommen konnten, stützt dies die Vermutung, daß sie "Hybriden" waren, die sich nicht vermehren konnten (s. auch II.1). Warum aber der "Herr" seinen Geschöpfen nicht das ewige Leben gönnte, ist der Genesis leider nicht zu entnehmen.

Daraufhin kleidete der "Herr" Adam und Eva mit "Fell" ein. (Apokryphen nennen hier teilweise Baumrinde aus Eden, da sie wie Seide gewesen sein soll). Theologische Auslegungen (Trutwin, S. 59) sehen in dieser Ankleidung schlicht, daß sich "Gott" noch einmal "hilfreich und gnädig" zeigte. Davon kann natürlich keine Rede sein, denn die eigentliche Bestrafung für die sündigen Menschen folgte noch: Sie wurden aus Eden vertrieben. In diesem Moment erfahren wir auch den wirklichen Grund für die Vertreibung des Menschen aus Eden, denn die Schlange hatte tatsächlich recht:

"*Siehe, der Mensch ist geworden wie einer von uns, so daß er Gutes und Böses erkennt. Daß er nun aber nicht seine Hand ausstrecke und auch von dem Baum des Lebens nehme und esse und ewig lebe!*" (Gen. 3,22)

Sehr klar wird uns der Grund geschildert, warum der Mensch Eden verlassen mußte: Er ist wie ein "Gott" geworden, wie "einer von uns". Adam war von nun an in der Lage wie weiter oben erwähnt, "Gutes und Böses" zu unterscheiden.

Eigentlich ist dies ein Vorteil, den der Mensch erlangt hat, er kann nun selber Schlechtes von Gutem unterscheiden. Ihre Schöpfer aber gönnten es ihnen nicht. Sie wollten verhindern, daß Adam und Eva sich jetzt am "Lebensbaum" zu schaffen machen, der bekanntlich ewiges Leben versprach. So wie es im Buch *Mormon* geschrieben steht, wenn der Mensch "vom Baum des Lebens genossen hätte, hätte er für immer gelebt" (*Alma*, Al. 42,5).

In dieser Mormonen-Bibel ist ebenfalls zu erfahren, daß der Mensch wie "Götter" wurde und *deshalb* aus Eden vertrieben wurde (Al. 42,3 oder auch Al. 12,31).

Als der Mensch endgültig Eden den Rücken kehren mußte, wurde der östliche Eingang, der Weg zum Lebensbaum, von *Cherube* (Zwitterwesen, die einst mit "Gott" in enger Verbindung standen) und (nicht mit) einem "zuckenden Flammenschwert" versperrt. Adam und seine Frau sollte es auf keinen Fall gelingen, doch noch von dem Baume zu nehmen.

Es ist verwirrend. Wir erfahren in der Genesis (Gen. 2,16-17), daß Adam verboten wurde, vom "Baum der Erkenntnis" zu essen, aber von einem Verbot vom "Baum des Lebens" zu nehmen, ist nirgends etwas zu erfahren. Offensichtlich durfte er von ihm essen! Nun aber wird Adam der "Weg zum Baum des Lebens" verwehrt, da er "geworden ist wie einer von uns", wie sich der alleinige "Herr" äußerte. An dieser Stelle könnte man meinen, der erste Mensch habe bereits von dem Baume genommen, da er ja die indirekte Erlaubnis erhielt.

Hat er? Diese Frage klärt der apokryphe Text "Leben Adams und Evas" in dem Teil "Evas Erzählung vom Sündenfall". Diese Schrift lieferte wertvolle Details, was bei der Vertreibung der Menschen alles geschah. So erfahren wir ab AuE.27, daß "Gottes" Engel damit beauftragt wurden, Adam und Eva aus Eden zu verjagen. Adam war derart traurig über seinen Rausschmiß, daß er die Engel um einen Aufschub bat, um "Gottes" Verzeihung zu erflehen. Die Engel zeigten sich gnädig, und Adam flehte den "Herrn" an, seinen Befehl rückgängig zu machen. "Gott" wies daraufhin seine "Engel" erneut an, endlich seinen Auftrag auszuführen, denn er habe richtig entschieden. Der "Herr" betonte wiederholt, daß er Adam "nicht länger im Paradies" sehen will. Adam hingegen antwortete ihm darauf mit einer Bitte:

"*Herr, gib mir vom Baume des Lebens zu essen, ehe ich hinausgetrieben werde.*"

Ohne Zweifel: Der Mensch nahm in Eden *nicht* vom Lebensbaum!

Adams Flehen hatte keinen Sinn, weinend trieben ihn die Engel zum Ausgang. Sie erklärten sich jedoch bereit, "Gott" zu bitten, Adam "Räucherwerk" aus Eden zu überlassen, damit er später seinem "Herrn" Rauchopfer darbringen kann. Die Bitte des ersten Menschen wurde erfüllt, und der "Herr" überließ ihm nicht nur Räucherwerk, sondern sogar "Sämereien zu seinem Unterhalt".

Die Geschehnisse in Eden sind in Verbindung mit außerbiblischem Schriftgut vielleicht die spannendsten der Bibel. Der "Baum des Lebens", der ein wichtiger Bestandteil der Vertreibung aus Eden ist, wird aus kirchlicher Sicht nicht wörtlich als ein Gewächs betrachtet, das dem Menschen ewiges Leben schenken konnte. Obwohl auch der *Sohar* (hebräisch = "Lichtglanz"), das heilige Buch der jüdischen *Kabbala*, aussagt (I. fol. 26b), daß er jeden, "der davon genießt, ewiges Leben verleiht" (Müller, S. 64).

Die Exegeten (Trutwin, S. 56) deuten diesen Baum, oder besser dieses "Leben", das er verleihen konnte, als "Gottesnähe", also als eine innige Beziehung zum Himmlischen ("Gott" nahe sein). Eine solche Interpretation widerspricht sich aber selbst, zumal im alttestamentarischen Text eindeutig Leben, und nicht "Gottesnähe", steht. Der "Herr" wollte überhaupt nicht, daß Adam von ihm nimmt und er somit (laut Exegeten) seinem "Gott" nahe ist! Der Tod, vor dem es für den Menschen kein Entrinnen gibt, da er von dem Baum nicht essen durfte, wird wiederum als "Gottesferne" gedeutet. Somit hatte der biblische "Schöpfer" kein Interesse daran, seinen Geschöpfen nahe zu sein, da er ihnen die Frucht verweigerte, als Adam darum bat! Ein vollkommener Widerspruch zur priesterlichen Lehre.

Wenn ich aber noch einmal das umstrittene Buch *Mormon* aufschlage, um etwas über den Baum des Lebens und seine "Kraft" zu erfahren, so sind hier die Aussagen unmißverständlich. So heißt es im Buch *Alma* (Al. 12,21), daß es für den Menschen "gar keine Möglichkeit gab, immerdar zu leben" - denn "Gott" versperrte ihm den Weg zum Lebensbaum. Auch einige Verse weiter, in Al. 12,23, wird überliefert, wenn der Mensch von "der verbotenen Frucht des Baumes des Lebens genossen hätte, so hätte es keinen Tod gegeben". "Und wir sehen, daß der Tod über die Menschheit kommt", sagt Al. 12,24.

Ich lehne die Interpretation als "Gottesnähe" und "Gottesferne" kategorisch ab, da allein die biblische Überlieferung dieser widerspricht. Auch wenn das Buch *Mormon* als Bibel einer (christlichen) "Sekte", die in den USA hohes Ansehen genießt, betrachtet wird, sind dessen Aussagen interessant. Zumal sich das Buch *eindeutig* auf die Bibel und in diesem Fall auf das Buch Genesis bezieht, was auch die Versverweise bestätigen...

I.8 Lag das Paradies in Südmesopotamien?

Adam und Eva wurden von ihrem "Herrn" aus Eden vertrieben. Offensichtlich befürchtete er, daß die ersten Menschen ihm seine (der *Elohim*) Vormachtstellung abstreiten könnten, denn Gen. 3,22 sagt deutlich: "Adam ist geworden wie einer von uns". Die biblischen *Elohim* sahen sich zwangsläufig dazu veranlaßt, ihre Geschöpfe aus Eden zu verbannen, denn sie erkannten, daß der Mensch nach dem Lebensbaum strebte, und wollten mit seiner Verbannung verhindern, daß er "vom Baum des Lebens nimmt und ißt und ewig lebe". Wie ich oben bereits schilderte, kann mit diesem "Leben" nicht die religiöse Auslegung als "Gottesnähe" (ihm nahe sein) zutreffen. Hier ist das Leben im physikalischen Sinne gemeint: Die Überwindung des körperlichen Todes. Adam und Eva starben ja auch später.

Wie die moderne, sich immer rasanter entwickelnde Genforschung schon lange weiß, ist es nicht völlig auszuschließen, daß der Mensch eines Tages tatsächlich "ewig" leben kann. Das Gen, welches für die Zellalterung und somit für den körperlichen Tod verantwortlich ist, haben unsere Wissenschaftler bereits entdeckt. In Versuchen gelang es sogar, (primitiven) Tieren eine bis zu 50 prozentige Verlängerung ihres Lebens zu schenken. Eine Forschung mit ungeahnten Möglichkeiten...

Aber zurück zur Genesis: Wir erfahren leider nur sehr spärliche Hinweise, wo der erste Mensch geschaffen wurde, wo Eden lag, und wo er hinging, als er den Garten verlassen mußte. Wir können aber anhand des vierundzwanzigsten Verses (Kapitel drei) erahnen, daß sich der gestrafte Arbeiter "östlich von Eden" ansiedelte. Zwar ist der biblische Garten Eden nie das gewesen, was wir vielleicht noch aus unserer Kindheit in Erinnerung haben - ein Garten der Glückseligkeit -, aber ein geographischer Ort oder ein Landstrich war es gewiß. Der Mensch verließ seine einstige Heimat wahrscheinlich in Richtung Osten, da sonst keine Angabe darüber zu finden ist:

"*Und als er den Menschen vertrieben hatte, stellte er östlich von dem Garten Eden die Kerube auf und das zuckende Flammenschwert* (...)" (Gen, 3,24)

Östlich von Eden wurden Wächter aufgestellt, um Adam und seinem Geschlecht den Weg zu versperren. Wieder eine recht sonderbare Tat des biblischen "Herrn", denn man sollte eigentlich erwarten können, daß er, der "Herrscher" von/über allem, keine "Wärter" oder "Wächter" zu seiner Unterstützung benötigt.

Natürlich kann mit dieser reichlich kurzen Angabe nicht sonderlich viel angefangen werden. Die Genesis berichtet uns zu Anfang des zweiten Schöpfungsberichtes (Gen. 2,8), daß Eden "im Osten" von den "Göttern" erbaut wurde. "Im Osten", von wo gesehen? Lesen wir aufmerksam in der Bibel, so erfahren wir dort eine Tatsache, die vielleicht nicht einmal jedem christlichen Priester bewußt ist. Zumindest ignorieren sie diese zum Teil. Ab dem siebten Vers (Kapitel 2) lesen wir bekanntlich, wie "Gott" den Adam aus "Erde" formte. Bereits einen Vers später ist dokumentiert, daß der Mensch bereits lebte, *bevor* es das Paradies gab:

"*Und Gott der Herr pflanzte einen Garten in Eden, im Osten* (auch: "gen Aufgang", L.A.F.), *und setzte dahinein den Menschen, den er gebildete hatte.*" (Gen. 2,7)

Auch wenn diese Bibelstelle möglicherweise oft unterschätzt wird, so bleibt doch deren Aussage interessant: Adam, Eva nicht, wurde nicht in Eden geschaffen. Wo aber Adam das Licht der Welt erblickte, ist in der Genesis leider überhaupt nicht lokalisiert. Aber von seiner Geburtsstätte aus gesehen lag Eden in Richtung Osten. Im zweiten Genesiskapitel sind einige geographische Hinweise angeführt, wo der Garten zu finden sein könnte.

Die Spekulationen, wo der Garten der Glückseligkeit gepflanzt wurde, reichen praktisch um die ganze Welt. In der Paläo-SETI sogar bis ins Weltall. Bereits im frühen Mittelalter versuchten bibeltreue "Abenteurer" den Garten exakt zu lokalisieren. Karten wurden gezeichnet, und eines der heiligsten Ziele der brutalen

Kreuzzüge vergangener Jahrhunderte war es, Eden wiederzufinden, um den Garten der christlichen Welt zu übergeben (und natürlich auch Jerusalem).

Aufgrund der Beschreibung aus der Genesis, in der einige bekannte geographische Punkte, sowie die Flüsse Euphrat und Tigris genannt werden (Gen. 2,14), glaubte man meist, Eden sei in Mesopotamien gelegen. Tatsächlich spricht einiges dafür, daß die Überlieferung vom "göttlichen" Garten aus dieser Gegend stammt; ähnlich wie die Sintflutberichte.

Selbst babylonische Mythen schildern, daß die "Götter" einst das Land kultivierten, um daraufhin die Menschen zu erschaffen (Sproul, östlich, S. 140ff.), siehe Kapitel I.5. Ihr neues Wesen wurde von ihnen dann "an einen Ort" gesetzt, der zuvor trockengelegt worden war, was wiederum auch an den germanischen *Midgard* erinnert. Interessanterweise finden sich in derselben Zeile dieses Berichtes unsere bekannten Flüsse Euphrat und Tigris und einige Zeilen später die Behauptung, daß eine Stadt mit "Menschengewimmel" bevölkert wurde. Jener Ort war aller Wahrscheinlichkeit nach die süd-mesopotamische Stadt Eridu, die in der Tat in weitläufigen Sumpfgebieten lag.

Auch ältere Mythen der Sumerer, etwa dem von "Enki und die Weltordnung" (König, S. 68f.), dessen Kultur sich bekanntlich in Untermesopotamien entfaltete, preisen den "Gott" *Enki*, wie er das Land bestellte, Dämme aufschüttete und Pflanzen wachsen ließ.

Aber nach biblischer Beschreibung - falls sie in dieser Form stimmt -, ist der Lageplan Edens falsch - vorausgesetzt, daß Süd-Mesopotamien korrekt ist:

"*Ein Strom ging von Eden aus, um den Garten zu bewässern, und von dort teilte es sich in vier Arme.*" (Gen. 2,10)

Zwei der von Eden verlaufenden Gewässer, die nicht so einfach dingfest gemacht werden können, sind der "Pischon" ("er umfließt das ganze Land Hawila", Gen. 2,11) und der "Gichon" ("er umfließt das ganze Land Kusch", Gen. 2,13); auch wenn wir in Trutwins Buch (S. 57) fälschlicherweise lesen: "Vom Paradies gingen vier Ströme aus: Indus, Nil, Euphrat, Tigris". Vom Nil und dem Indus weiß diese Überlieferung nichts. Euphrat und Tigris hingegen sind bekannte Gewässer, die im heutigen Irak fließen, und dem Land einst den Namen "Zweistromland" gaben.

Seltsam scheint mir eine der kirchlichen Deutungen zu sein, die in den vier Flüssen grundsätzlich keine Gewässer sieht, sondern die vier Evangelien des Neuen Testamentes! Mir leuchtet eine derartige Auslegung der Paradiesbeschreibung nicht ein. Dieser sonderbare Ort der Wonne existiert in vielen Kulturen der Geschichte, aber die Flüsse als Evangelien anzusehen, ist falsch. Der Leser wird sich erinnern: Von insgesamt rund achtzig (bekannten) Evangelien, sind nur vier in den Kanon der Bibel übernommen worden. Und von achtzig Flüssen spricht die Genesis nicht. Auch ist dieser Edenbericht um das neunte Jahrhundert *v. Chr.* niedergeschrieben worden, was 1880 von Julius Wellhausen belegt wurde. In dieser Zeit gab es weder unseren "akzeptierten" Kanon mit den vier Evangelien, noch die Evangelien an sich. Jesus Christus, auf den sich die Evangelisten beziehen, lebte zu einer Zeit, als diese Überlieferung bereits 1.000 Jahre in schriftlicher Form bestand!

Sollten diese Flüsse dennoch Symbolismen der vier kanonisierten Evangelien sein, welchen Zweck würde diese Eden-Überlieferung dann haben? *Ein* Strom ging von Eden aus, der sich dann in vier Evangelien *teilte*!? Was war der "Urstrom", ein "Ur-Evangelium"...?

Übrigens, dies sei nur am Rande bemerkt, stellte *Hieronymus* (347 bis 420 n. Chr.) die These auf, daß die vier menschlichen Gestalten, die der Prophet Ezechiel beschreibt (Ez. 1,4+), und die alle wie Löwe, Mensch, Stier und Adler ausgesehen haben sollen, ebenfalls ein Sinnbild der vier Evangelien darstellen könnten (Mertens, S. 266). In Kapitel IX werde ich die "Vision" des Propheten genauer analysieren.

Natürlich mangelt es nicht an Versuchen, auch die anderen beiden Ströme Edens zu finden. Selbst der Nil und der Indus wurden bereits als Favoriten betrachtet, da im Quellgebiet von Tigris und Euphrat (anatolisches Gebirge) keine weiteren Flüsse entspringen, die mit den bekannten zwei zusammenlaufen, wie es der Bibelvers beschreibt.

Denken wir aber andersherum, daß die vier Ströme *nicht* im einstigen Paradies entspringen, sondern dort *zusammenlaufen*, gibt es in der Tat einige Hinweise, wo Eden lag. Der Garten der Bibel befand sich bekanntlich in der Landschaft Eden, wie es der achte Vers, Kapitel zwei, der Genesis beschreibt. Eden ist, und das bezweifelt heute kaum einer mehr, eine Ableitung vom sumerischen *E.DIN* ("Ebene"/"Steppe"), und die Sumerer lebten in Unter-Mesopotamien, dort wo Euphrat und Tigris zusammenlaufen...

Der Orientalist, Sprachexperte, Bibelkenner und begeisterter Paläo-SETI-Autor Zecharia Sitchin, bietet in seinem Buch "...und die Anunnaki schufen den Menschen" (S. 24ff.) einen Lösungsvorschlag an, was die Flüsse Pischon und Gichon einst gewesen sein könnten. Der biblische Fluß Pischon, könnte, so vermutet Sitchin, einst die arabische Halbinsel durchflossen haben. Farouk El-Baz von der Universität Boston, gab im März 1993 bekannt, daß es tatsächlich gelungen sei, einen vertrockneten Fluß von 530 Meilen Länge, einer teilweisen Breite von über drei Meilen und einer Tiefe von 50 Fuß im Sand der arabischen Halbinsel zu lokalisieren. Vom Quellgebiet in den westarabischen Bergen zog er sich bis ins heutige Kuwait und floß dort mit Euphrat und Tigris zusammen. Laut der Universität Bosten war zwischen 11.000 und 6.000 v. Chr. (zum Ende der letzten Eiszeit) das arabische Klima sehr viel feuchter, bis um 3.000 v. Chr. der Fluß vertrocknete und von Sanddünen verschluckt wurde. Da Adam und Eva aber vor einigen Zehntausend Jahren lebten - es sollen ja die *ersten richtigen Menschen* gewesen sein -, ist diese Datierung nicht sehr hilfreich.

Aufnahmen des Satelliten "Landsat" zeigen, daß sich die Form der Sanddünen am einstigen Flußverlauf änderten, und am Ende der Linie in Kuwait (bei Basra) finden sich Schotter aus dem Gestein des westarabischen Gebirges. Der Orientalist

Sitchin vermutet nun, das ist, oder besser war, einer der zwei vergessenen Edenströme.

Den Fluß Gichon will der Autor im Osten von Süd-Mesopotamien gefunden haben. In der Genesis wird berichtet, daß dieser Strom "sich durch das ganze Land von Kush windet." (Gen. 2,13). Im Zargos-Bergmassiv, östlich vom einstigen Sumer, lebte das Volk *Kushshu* (akkadisch), die auch als *Kassiten* bekannt sind (sie besetzten im zweiten Jahrtausend v. Chr. Babylon). Perser und Römer nannten dieses Land - nach dem antiken Namen - *Kushan*, und der Hauptstrom des einstigen Landes ist der Fluß *Karun*, der sich tatsächlich mit den anderen zwei Flüssen (Euphrat/Tigris) und dem versandeten Strom Pischon im Delta an der Nordspitze des Persischen Golfs trifft.

Es ist in der Tat interessant, daß sich in der Landschaft *E.DIN* (= Eden), dem einstigen Sumererreich, vier Flüsse trafen. Würden wir also die verzwickten Eden-Beschreibungen der Genesis so deuten, daß nicht vier Gewässer in Eden entspringen, sondern diese sich in Eden vereinigen, so ist Süd-Mesopotamien Edenfavorit numero uno. Dennoch, und das räumt Sitchin selber ein, ist es nicht sicher, daß die zwei Ströme tatsächlich die gesuchten Paradiesgewässer sind. Aber der Autor - immer bereit, Mythen wörtlich zu nehmen - hat uns einen überlegenswerten Hinweis geliefert.

Mit der Beschreibung von den vier paradiesischen Flußläufen in der Genesis sind aber nicht alle Hinweise auf das Paradies erschöpft. Schlagen wir die apokryphen Bibelschriften auf, so finden sich dort eindeutige Beschreibungen, die nur einen Schluß zulassen: Das, oder zumindest ein zweites, Paradies lag im All (Himmel).

I.9 Das himmlische Paradies und weitere Paradiesschriften

Wie vorher besprochen, liegen deutliche Indizien vor, die das Paradies (auf Erden) in Unter-Mesopotamien vermuten lassen. Aber wir wollen uns beim Studium der Bibel nicht alleine auf deren Inhalt beschränken. Denn auch die apokryphen Bücher haben Anspruch darauf, als ebenso "heilig" angesehen zu werden, wie der Kanon der Heiligen Schrift. Die nicht kanonisierten Werke sind in der Vergangenheit nicht weniger und nicht mehr "religiös" gelesen worden, wie die biblischen Bücher selbst.

Es mag sein, daß der verlorene Garten am Unterlauf von Euphrat und Tigris lag. Dennoch muß es einstmals einen zweiten "Garten Eden" gegeben haben, denn wir finden Beschreibungen (selbst im *Koran*), die ihn in den "Himmel" (All) verlegen, was nicht mit dem Zweistromland übereinstimmen kann.

Nehmen wir zum Beispiel den *Koran* - das heilige Buch des Islams -, so erfahren wir auch dort von Adam und Eva. Die siebte Sure, "Die Zwischenmauer", "Wall" oder "Die Scheidewand" ("Al-Araf"), berichtet uns, wie Adam (der Mensch) geschaffen wurde, auf die Erde kam und von den "Göttern" (im *Koran* ist von "wir" die Rede, 7. Sure, Verse 11-12) Nahrung erhielt. Dann folgt eine kurze Beschreibung des Sündenfalls durch die Verführung des "Satans". Nun wird auch im *Koran* (vom Hebräischen "*kara*" = lesen) der Mensch aus dem Paradies vertrieben, jedoch mit einem kleinen, aber interessanten Unterschied:

"*Hinab mit euch!* ("Aus dem Paradies hinab auf die Erde", so die Fußnote, L.A.F.) *Einer sei des anderen Feind. Auf der Erde sei von nun an euere Wohnung und Nahrung auf unbestimmte Zeit.*" (7. Sure, *Die Zwischenmauer*, Vers 25)

Laut dieser Schrift fand der Sündenfall irgendwo im Himmel, der Gegend Allahs und seiner Gehilfen statt. Von hier wurde der erste Mensch verjagt und gelangte so zur Erde. Zwar ist der koranische Hinweis recht spärlich, aber er ist letztendlich nicht der einzige in den heiligen Schriften.

Durchforsten wir die religiösen Texte weiter, stoßen wir in den nichtkanonisierten Büchern ebenfalls auf Hinweise, daß das Paradies im All gelegen haben muß. Zwar beschreibt die Genesis die Lage Edens auf der Erde, aber anderes Schriftgut berichtet von einem Paradies im Himmel.

In der bereits erwähnten apokryphen Schrift "Leben Adams und Evas" findet sich eine Erzählung vom Paradies, und zwar im Teil "Evas Erzählung vom Sündenfall" (nach Weidinger). Der Apokryph gleicht im Wortlaut fast völlig dem ebenfalls nichtkanonisierten Buch Apokalypse des Moses, was anscheinend in Erich Weidingers Apokryphensammlung etwas vermischt wurde.

Dennoch ist dort Bemerkenswertes zu erfahren: Nachdem die zwei Menschen die sündige Frucht aßen, wurden sie - nach einigen Umwegen - durch zwei Engel des "Herrn" verbannt. Adam sammelte Gewürze und "Sämereien" (s. I.7), die er aus dem Paradiese mitnehmen durfte, und...

"(...) *mit diesen ging er aus dem Paradies. Und wir* (Adam und Eva, L.A.F.) *kamen auf die Erde.*" (AuE. 29, nach Weidinger)

Woher kamen Adam und Eva auf die Erde? Aus dem zweiten, feurigen Himmel der Schöpfung, der irgendwo oberhalb des sichtbaren Himmels lag? Das ebenfalls nicht in der Bibel zu findende Buch Schatzhöhle, eine Mischung aus jüdischem und christlichen Glaubensgut (verwandt mit "Leben Adams und Evas"), überliefert uns von Adam Überdeutliches: Im zweiten Teil ("Erschaffung des Menschen") wird uns die Schöpfung des Menschen geschildert. Sie ist der Bibel ähnlich, weist jedoch auch einige große Unterschiede auf. So soll zum Beispiel Adam als ein "König, Priester und Prophet" in Jerusalem erschaffen worden sein (Scha. 2,18). Jerusalem ist bekanntlich das Zentrum christlicher und jüdischer Glaubensgemeinschaft, so sollte es nicht verwundern, daß Adam hier gelebt haben soll.

Im dritten Kapitel lesen wir Erstaunliches: Es wird dort der Fall "Satanas" und seiner "Schar" (*Anhänger*) geschildert (Scha. 3,1+), da er sich weigerte, den Adam zu verehren. Dies konnte dem ersten Menschen nur recht sein, denn, so das Apokryph:

"Als der Satan vom Himmel gestoßen wurde, ward Adam erhöht, so daß er zum Paradies in einem feurigen Wagen hinauffuhr(!). *Während nun die Engel vor ihm lossangen, die Seraphe ihn heiligten und die Kerube ihn segneten, fuhr Adam unter Jubel und Lobgesang zu Paradiese empor. Als er hinaufkam, ward ihm vorgeschrieben, von welchem Baum er nicht essen dürfe."* (Scha. 3,8-9)

Adam flog mit einen "feurigen" Fahrzeug - einem Shuttle - seines "Herrn" in den Himmel, zum Paradies! "Feurige Wagen" sind in biblischen Texten nicht selten zu finden. Wir können auch kaum annehmen, daß diese Beschreibungen irgendwie "göttlich" sind, denn es handelt sich um reale Gerätschaften der "Himmlischen". Oder sollte der tatsächliche *Gott* Fluggefährte brauchen, die feurig umherziehen?

Als der erste Mensch emporstieg, begleiteten ihn "*Seraphe*" (auch "*Seraphim*" oder "*Serafim*") und die schon bekannten *Kerube* (*Cherube*). *Seraph* ist Hebräisch, und kann mit "brennen", dann auch als feurige "Schlange" übersetzt werden (Lurker, Lexikon, S. 368), was darauf zurückgeht, daß sie von einem "brennenden, strahlenden Lichtglanz" umgeben gewesen sein sollen (Schüler Duden, S. 390). Es waren, wie die *Cherube*, Wesen mit Flügelpaaren, und werden im Alten Testament als eine Art "Feuerengel" (auch als "Geisteswesen" bezeichnet) angesehen, die mit einer Erscheinung des "Gottesthrons" zusammenhingen.

Der Prophet Jesaja (Jes. 6,1+, s. auch Teil III.1), hat uns eine eindrucksvolle Schilderung überliefert, wie und unter welchen Begleiterscheinungen ein solcher Thron "Gottes" auf der Erde landete. Und das zweite Buch Samuel (2. Sam. 22,11) läßt keinen Zweifel mehr daran, daß Jahwe "auf einem Cherub saß (...) und flog".

In der Tat ist die Beschreibung des "verborgenen Bibelbuches" sehr aufschlußreich. Sehr technisch wird Adam in den Himmel, ins *Paradies* gehoben. Die Apokalypse des Mose weiß noch von weiteren Geschehnissen in jenen vergangenen Zeiten zu berichten.

Wie geschildert, fuhr Adam "feurig" in den Himmel, dort geschah der Sündenfall, so daß er dem himmlischen Paradies den Rücken kehren mußte. Adam kam nun erneut hinab auf die Erde, wie es auch der *Koran* berichtet (s. oben). Weiter erfahren wir, was nach Adams Tod mit seinem Leichnam geschah. "Gott" verzieh ihm seine angebliche Sünde, und einer "der sechsflügeligen Seraphe" kam, "nahm Adam auf und führte ihn" zu einem See (AM. 37). Dort wurden die sterblichen Überreste des ersten Menschen gewaschen und vor "Gottes Angesicht" gebracht. Dann, so der Vers 37 weiter:

"(...) *streckte der Vater des Alls* (oder "Allvater", L.A.F.) *seine Hand aus, auf seinem Throne sitzend, hob Adam auf und übergab ihn dem Erzengel Michael mit den Worten: Erhebe ihn ins Paradies bis zum dritten*(!) *Himmel und laß ihn dort* (...)" (AM. 37)

Lesen wir in diesem Text weiter, so erfahren wir, daß der Erzengel Adam tatsächlich "erhob", und zu einem Ort brachte, "wo Gott es ihm geboten hatte". Dort trat Michael vor den "Vater der Lichter", wie er genannt wird, und bat ihn "um die Beschickung der Überreste Adams" ("Bitte der Engel um die Bestattung der Leiche Adams", ab AuE. 38, Weidinger). Der "Vater der Lichter" ließ offenbar mit sich reden, denn er organisierte eine Versammlung, auf der jeder seiner Diener nach Rangordnung gegliedert ("jeden nach seiner Ordnung"/"nach seiner Ordnung einen jeden") erschien. Dann machte sich der "Herr" auf, um den Leichnam des ersten Menschen zu bergen:

"Und siehe, der Herr, der Starke, stieg ein in den Wagen; vier Winde zogen ihn, die Kerube lenkten die Winde, und die Engel vom Himmel gingen ihm voran. Und sie kamen auf die Erde, dahin, wo Adams Leib lag, und nahmen ihn mit. Als sie nun ins Paradies kamen, bewegten sich alle Blätter des Paradieses, und alle Menschen, von Adam geboren, schlummerten vom Wohlgeruch ein (...)"

Hier findet sich eine Wiederholung der Geschehnisse. Bekanntlich soll der "Herr" Adam bereits in das himmlische Paradies erhoben haben, aber einen Vers weiter geschieht dieses noch einmal. Jedoch weist der oben wiedergegebene Vers interessante Details auf. So soll der "Herr" wieder mit einem Wagen, der von "vier Winden" gezogen, und diese wiederum durch *Kerube* gesteuert, ins Paradies gelangt sein. Die Beschreibung des "göttlichen" Fluggefährtes erinnert stark an die Ezechiel-Schauung des "Thronwagen Gottes" (s. Kapitel IX). Bemerkenswert ist auch, daß durch "Gottes" Erscheinen in/auf diesem Himmelswagen sich die Blätter des Paradieses bewegt haben sollen. Die Auswirkungen der vier Winde (durch die Kerubeflügel erzeugt) sind uns also ebenfalls überliefert worden.

Unverständlich ist die Aussage, daß alle Menschen bei der Herniederkunft "Gottes" angeblich eingeschlafen sind. Der Grund für diesen merkwürdigen Nebeneffekt der Ankunft des "Wagens" könnte sein, daß die "Engel" "Räucherfässer, Trompeten und Schalen" mitnahmen, als sie Adams Leib bergen wollten (ebenfalls Vers 38). Vorausgesetzt, die Ereignisse der Schrift sind tatsächlich so (oder ähnlich) geschehen, was mag dann dieses Räucherwerk gewesen sein, das Menschen durch seinen "Wohlgeruch" einschlummern ließ? Betäubungsgase fremder Wesen, um die Bevölkerung - Adams Nachkommen - "ruhig zu stellen"?

Suchen wir in den außerbiblischen Schriften weiter nach sonderbaren Hinweisen, die "Gott" als ein materielles Wesen, sprich ein Geschöpf, das Wagen zur Fortbewegung benötigt, beschreiben, so finden wir hier Eva als erste Zeugin dieses Fluggerätes. Wie ich oben schon schrieb, ist das Buch Apokalypse des Mose gut geeignet, um hier auf "himmlische Spurensuche" zu gehen.

Der Schrift sind interessante Beschreibungen der Umstände nach Adams Ableben zu entnehmen. Aber bereits vor - oder während - seines Todes wurde Eva Zeugin sonderbarer Aktivitäten des "Höchsten". AM. 31-32 entnehmen wir, daß Eva aus Trauer um ihren Gatten sich bestürzt zu Boden warf und um Verzeihung ihrer (und Adams) Sünden betete.

Kaum kniete sie verbittert auf der Erde, erschien ihr aus heiterem Himmel "der Engel der Menschheit". Dabei verdeckte Eva "mit der Hand ihr Gesicht". Der sonderbare Engel aber sprach zu ihr, daß sie sich erheben möge (AM. 33), und Eva sah etwas Erstaunliches:

"*Da blickte Eva zum Himmel und sah einen Lichtwagen kommen, gezogen von vier glänzenden Adlern, deren Herrlichkeit kein von Mutterleib Geborener auszusprechen noch ihr Antlitz anzusehen vermochte, und Engel gingen dem Wagen voran. Als sie an den Ort kamen, wo euer Vater* (Adam, L.A.F.) *lag, hielt der Wagen und die Seraphe zwischen dem Vater und dem Wagen.*" (AM. 33)

Die Urmutter Eva wurde Augenzeuge der Landung eines "Lichtwagens", den sie nicht beschreiben konnte - ihr fehlten im wahrsten Sinne des Wortes die passenden Ausdrücke. Der "Herr" setzte in der Nähe von Adams Leiche auf, und weiter:

"*Da sah ich goldene Räucherfässer und drei Schalen; und siehe, alle Engel kamen mit dem Weihrauch, den Räucherfässern und den Schalen zum Opferaltar und bliesen sie an, daß der Dampf des Räucherwerks die Festen des Himmels verhüllte.*" (AM. 33)

Die weitere Beschreibung der Niederkunft könnte man so auslegen, daß durch den "Lichtwagen" - der ja auch von "Winden" gezogen worden sein soll - erheblich Staub aufgewirbelt wurde. Oder dieser "Dampf" war die Kühlung des Antriebsaggregates. Oder es waren die Betäubungsgase des "Herrn"...

Es muß hier aber von vornherein gesagt werden, daß die Schriften, die ich oben wiedergab, kaum aus Evas eigener Feder stammen. Sie sind vielmehr auf sehr viel spätere Autoren zurückzuführen, die möglicherweise einst mündliche Überlieferungen niederschrieben oder sich unbekannten Quellenmaterials bedienten. Auch weisen die Texte zahlreiche religiöse "Verschönerungen" auf und somit die Bücher in der Vergangenheit auch als eine Art "religiöse Unterhaltunslektüre" klassifizieren. Die Frage jedoch ist nicht die, wann dies alles geschah, sondern ob es geschah. Denn Jahreszahlen, gerade bei Adam und Eva, sind recht belanglos.

Wie ich bereits ausführte, soll der Erzengel Michael Adams Leichnam "bis zum dritten Himmel" emporheben, um ihn dort im Paradies zu lassen. Der außerbiblische Prophet Henoch, einer der neun (von Seth bis Noah) vorsintflutlichen Patriarchen der Genesis (Gen. 5,19-24), der einst "Wunder" über "Wunder" schaute (siehe Kapitel VII), weiß ebenfalls davon zu erzählen, daß das Paradies im dritten Himmel lag.

So erfahren wir in der slawischen Henochschrift detaillierte Angaben über seine "Himmelsreisen". Als er in den *dritten Himmel* emporgehoben wurde (Hen/s. 8,1+), so berichtet der Prophet, sah er das himmlische *Paradies*:

"*Da nahmen mich die beiden* (Engel, L.A.F.), *trugen mich in den dritten Himmel und setzten mich hier mitten im Paradiese ab, an einem wunderschönen Ort.*" (Hen/s. 8,1)

Aber auch im Neuen Testament stoßen wir auf eine Aussage, daß der Garten Eden irgendwo im dritten Himmel lag:

"Ich kenne jemand, einen Diener Christi, der vor vierzehn Jahren bis in den dritten Himmel entrückt wurde (...) Und ich weiß, daß dieser Mensch in das Paradies entrückt wurde (...) Er hörte unsagbare Worte, die ein Mensch nicht aussprechen kann." (2. Kor. 12,2-4)

Etwas weiter oben war bereits davon die Rede, daß "der Vater des Alls" dem Engel Michael den Auftag gab, Adam ins Paradies zu heben - in den "dritten Himmel", wie es nun auch das Henoch-Buch und der zweite Brief an die Korinther bestätigen!

In den nun folgenden Versen bei Henoch (Hen/s. 8,2-7) beschreibt er die Bäume des Gartens und daß "Gott ruht, wenn er ins Paradies geht". Scheinbar, wie nach der Erschaffung der Welt im ersten Kapitel der Genesis, mußte "Gott" tatsächlich dann und wann einmal ausruhen. Bewacht wurde er dabei auch, da das Paradies, so Henoch in Hen/s. 8,8, von Engel behütet wurde, die er als "hellglänzend" beschreibt.

Solche Beschreibungen können offensichtlich nicht mit dem Zweistromland übereinstimmen. Wo nun lag Eden? Im Himmel oder auf der Erde, oder aber beides. Ich werde in II.9 dieses Problem noch einmal aufgreifen, da diese Berichte nicht widersprüchlicher sein können.

Kapitel II

Schöpfungsmythen anderer Völker

II.1 Mesopotamische Überlieferungen wissen mehr

Wir haben im vorherigen Kapitel bereits gesehen, daß Mesopotamien (Sumer) die Autoren der Bibel indirekt beeinflußt hat. Zumindest liegen heute Funde aus diesem Landstrich vor, die eindeutige Parallelen zur biblischen Paradieslegende aufzeigen. Auch sind die Schöpfungsmythen der Babylonier oder Sumerer sehr aufschlußreich, da sie Details über die Menschheitserschaffung schildern.

Abbildung 4: „Rollsiegel der Versuchung" aus dem Land der Sumerer

Besonders bemerkenswert ist eine unter dem Namen "Rollsiegel der Versuchung" (Britisches Museum, London, Abb. 4) bekannte Siegelabrollung (Barthel, S. 42/Willms, S. 132), welche bei Ausgrabungen vor rund 80 Jahren im einstigen Land der Sumerer entdeckt wurde. Der Name der Darstellung sagt eigentlich schon alles über dessen Motiv: Sie *scheint* - mit etwas gutem Willen - die biblische Verführung von Eva durch die Schlange in Eden zu zeigen. Dies ist besonders aufschlußreich, da Mythen keine bildlichen Berichte sind, eine Siegelabrollung hingegen als bildliche Mythe betrachtet werden kann.

Dieses 4000 Jahre alte Relikt des sumerischen Volkes zeigt eine Frau, die links neben einem Baum sitzt, dessen herunterragende Äste "Früchte" tragen. Hinter der Frau findet sich eine symbolische Schlange mit klar zu erkennenden Kopf (nicht bloß ein "Strich"), und der Mensch ist gerade dabei, eine Frucht vom Baume zu nehmen, denn er streckt den Arm in seine Richtung aus.

Sollten wir diese Darstellung konkret mit dem biblischen Geschehen in Verbindung bringen, was in gewisser Hinsicht durchaus legitim ist, so darf aber auf keinen Fall ignoriert werden, daß die abgebildeten Personen *bekleidet* sind. Nach alttestamentarischen Berichten waren die ersten Menschen jedoch zur Zeit ihrer vermeintlichen Übertretung nackt, was zugleich eine der Kernaussagen dieser Überlieferung darstellt! Auch kann anhand der "Hörner" der rechten Person diese aller Wahrscheinlichkeit nach als eine "Gottheit" identifiziert werden.

Es bleibt dennoch eine interessante Darstellung - wie praktisch alle Siegel Mesopotamiens. Rollsiegel wurden und werden zu Tausenden aus dem mesopotamischen Boden gegraben; sie sind nichts Besonderes. Einige von ihnen zeigen immer wieder, wie der Mensch nackt auf Feldern arbeitet. Daneben sind "Götter" abgebildet, die jedoch stets bekleidet sind. Diese ungewöhnlichen Siegel sind bildliche Legenden der Völker des Zweistromlandes. Denn einst, so berichten es zahlreiche Tontafeln, haben die "Götter" den Menschen als Diener, Arbeiter oder Sklaven erschaffen, da "die Götter gleich den Menschen die Arbeit verrichteten und sich abplagten". Diese Überlieferungen decken sich teilweise mit der Genesis, wie ich bereits in I.5 kurz erläuterte. In Drechsels "Bibel Lexikon" wird dies in knappen Worten geschildert:

"*Um die Götter von lästigen Aufgaben zu befreien, erschuf er* (der "Gott" *Marduk*, L.A.F.) *die Menschheit aus Lehm und dem Blut des aufständigen Gottes Kingu.*" (S. 375)

Was die mesopotamischen Schöpfungsmythen ebenfalls so interessant macht, ist die Tatsache, daß sie teils überdeutliche Übereinstimmungen zum hebräischen Bericht aufweisen. Die Genesis-Schöpfung (Gen. 1,1-2) berichtet davon, daß die "Götter" irgendwie vorhandenes "Baumaterial" nutzen, um damit die Welt (oder die *Kuppel* im Meer) zu errichten. Den Menschen erschufen sie aus Schlamm, Lehm, Erde oder dem *Ei* - je nachdem, welches Wort wir nehmen möchten - nach ihrem Bilde.

In dem Jahrtausende alten *Gilgamesch-Epos* (Papke, S. 312 bis 377) der Sumerer und Babylonier stoßen wir ebenfalls auf eine Schöpfung aus Lehm. Der Eposheld *Gilgamesch* - ein "göttliches" Mischwesen (s. II.5) - sollte einen Gefährten erhalten, der von den "Göttern" künstlich erschaffen wurde:

"*Die Hände wusch Aruru sich, kniff Lehm ab und legt' ihn in die Steppe. [...] schuf Enkidu, den Helden, den Sproß [...], ein Abbild Ninurtas.*" (I. Tafel, assyrisch, 2,34-35)

Betrachten wir uns morgens verschlafen im Spiegel, so sehen wir, laut Genesis, ein Wesen, das im prinzipiellen Aufbau den "Göttern" gleicht. Die sumerische Schöpfungsmythologie betrachtet ebenfalls den Menschen als ein Abbild der "Götter". Denn sumerische Schriften wissen von einem "göttlichen Rat" oder einer Versammlung zu berichten, auf der die Erschaffung des Menschen beschlossen wurde. Auch das "*Popol Vuh*"/"*Popul Vuh*" der Maya - um 1600 n. Chr. - (Sproul, östlich, S. 47 und auch Sproul, westlich, S. 249ff.), ferner Legenden der afrikanischen Suaheli-Völker (Sproul, westlich, S. 303, s. II.3) und der Islam beschreiben, daß die Schöpfung der Menschen auf einer Versammlung verschiedener "Gottheiten" und Engel beschlossen wurde.

Laut den Sumerern meuterten die arbeitenden "Götter", so daß dieses Treffen nötig wurde, um den Streit zu schlichten. Der "Gott" *Enki* (*Ea*), dessen häufiges Symbol die Schlange ist, teilte dabei den anwesenden "Gottheiten" mit, daß auf der Erde ein Geschöpf existiert, das sich für ihr Vorhaben eignen würde. "Wir müssen es nur mit dem Bild der Götter verbinden".

Daß hier von einer Erschaffung nach dem Bild der "Götter" berichtet wird, ist sicherlich - mit Blick auf die Genesis - sehr interessant. Das mesopotamische "Epos der Schöpfung" (das bekannte *Enuma Elisch*), wahrscheinlich das bekannteste Epos des Nahen Ostens, weist ausdrücklich darauf hin, daß der erste Mensch als ein "Primitiver" ("*Lullu*"), ein Arbeiter ("*Lulu Amelu*", "primitiver Arbeiter") geschaffen wurde, was sich scheinbar auch - zumindest versteckt - in der Genesis niedergeschlagen hat. Dies geschah in der sumerisch/babylonischen Schöpfungsmythologie nur, um "den Göttern ihre schwere Arbeit abzunehmen" (Staimer, S. 73). Folgen wir dem *Enuma Elisch-Epos* weiter, so erfahren wir auf der VI. Tafel deutlich, was auf dem "göttlichen" Treffen Wichtiges beschlossen wurde: Eine Mensch als Sklave muß her:

"*Blut will ich binden an Blut, Blut an Gebein, Aufstellen will ich Lullu, Mensch sei sein Name. Erschaffen will ich Lullu, den Menschen! Es sollen ihm auferlegt werden die Götterdienste, sie sollen ausgeführt sein!*" (Sproul, östlich, S. 119)

Und unmißverständlich an späterer Stelle im *Enuma Elisch*:

"*Die Schwarzköpfigen sollen den Göttern auf Erden dienen, bedingungslos.*" (Sproul, östlich, S. 124)

Oder in einem ähnlichen, altbabylonischen Mythos:

"*Erschaffe den Lullu und laß ihn das Joch tragen! Das Joch wird er tragen [...] Die Last der Schöpfung wird tragen der Mensch!*" (Sproul, östlich, S. 132)

Die uralte *Enuma Elisch*-Überlieferung, die in den Ruinen der Stadt Ninive entdeckt wurde (Sproul, östlich, S. 94), schildert weiter, daß der "Gott" *Marduk*, der hier gesprochen hatte, mit der "Muttergöttin" in einem Haus verschwunden sein soll, um dort mit der schweren Arbeit der Menschheitserschaffung zu beginnen. Dieses "Haus" wird "*Schimti*" ("das Haus, wo Schicksale bestimmt werden") genannt, welches vom sumerischen "*Schi.im.ti*" abgleitet sein könnte (Sitchin, Planet, S. 348). "Schi.im.ti" bedeutet in der Übersetzung "Atem-Wind-Leben", wobei wir "Leben" (= "*ti*") ebenfalls mit "Rippe" oder "Lebenskraft" ("*ti*" bedeutet auch "Pfeil") übersetzen können. "*Bit Schimti*" lautet sogar "Das Haus, in dem der Wind des Lebens eingeatmet wird", was sich zweifellos mit der biblischen Schöpfung deckt:

"(...) *und hauchte ihm in die Nase den Lebensatem, und Adam ward zum lebendigen Wesen.*" (Gen. 2,7)

Die "Göttin" *Nin-ti*, eine wichtige Persönlichkeit in dieser Mythologie, sollte nicht übergangen werden. Allein ihr Name sagt viel über ihre einstige Funktion in dem mesopotamischen Götterpantheon als "Muttergöttin" oder "Göttin der Geburt" aus: "Herrin/Dame der Rippe/Lebenskraft"...

Nach einer anderen Schrift erkrankte einst der "Gott" *Enki* sehr schwer, als er von verschiedenen Kräutern aß. Acht Organe oder Körperteile von ihm gaben den Geist auf und schmerzten, so daß der "Gott" dem Tode nah war. Wehmütig klagte er "Meine Rippe (oder "Lebenskraft") tut mir weh". Erst als die "Göttin" *Ninti* eine seiner Rippen nimmt, um mit dieser *Enki* wieder zu heilen, erlangt der "Gott" seine Kräfte zurück und überlebte sein Leiden.

Ninti/Nintu, die Frau von *Ea* (*Enki*), ist laut den Texten, wie etwa einem altbabylonischen Mythos, neben zahlreichen weiteren "Muttergöttinen" aktiv an der Schöpfung des *Gottesdieners* beteiligt gewesen, denn eine Hymne, ein Anruf an sie, macht es sehr deutlich:

"*Die Götter riefen sie an, [...] die Mutter, die gnädigste der Gottheiten, die weise Mama: ‚Du bist der Mutterleib, der die Menschheit erschafft. Erschaffe den Lullu* (Arbeiter, L.A.F.) *und laß ihn das Joch tragen! Das Joch wird er tragen [...], Die Last der Schöpfung wird tragen der Mensch!*'" (Sproul, östlich, S. 132)

Der Mensch als arbeitender Diener der Himmlischen? In der Religion der *Bhil* (Indien) könnten diese Hinweis ebenfalls enthalten sein (sie kennen auch die Sintflut). Ihre Schöpfung erzählt von einem "Gott" mit Namen *Bhagwan*, der diverse Helfer erschuf. Diese jedoch verrichteten ihre aufgetragenen Arbeiten nicht, so daß er sie schlug und prügelte, um sie letztlich auf die Erde zu verbannen (*gefallene Engel*?). Dann entschied er sich, die Menschheit als Diener zu erschaffen und trug ihnen auf, seine Arbeiten zu erledigen und sich dabei auf keinen Fall an die vorherigen Helfer zu richten (König, S. 30).

Die Mythen über den bereits erwähnten Ort *Midgard*, in dem der Mensch entstanden sein soll, haben wir bereits kennengelernt. Aber auch hier ist der Mensch offenbar ein Arbeiter gewesen. Die folgenden Aussagen ähneln biblischen Texten sehr:

"*Aus diesen Bäumen laßt uns Menschen* (*Ask* und *Embla*, L.A.F.) *machen, auf daß Midgard, die schöne, fruchtbare Erde, von ihnen und ihren Nachkommen bewohnt und angebaut werde*(!) (...) *Seht!* (sprach *Wodan* zu den Menschen, L.A.F.) *Das ist eure Heimat! Da sollt ihr fortan wohnen, Tiere zähmen und züchten, das Land bebauen und essen die Früchte der Bäume und des Feldes* (...)" (Pinos, S. 17)

Zurück zur Genesis. Hier heißt es, daß "Gott" uns Menschen nach seinem Bilde erschuf. Die Schriften aus Mesopotamien wissen das gleiche zu erzählen, denn die "Götter" sollen einen aus ihren Reihen erwählt haben, um ihn als "Muster" für den Menschen zu benutzen:

"*Nach seinem Muster sollen die Primitiven gemacht werden. Aus seinem Blut*(!) *machten sie die Menschheit, auferlegten ihr den Dienst, die Götter zu befreien* (...)" (Fischinger, Zeiten, S. 63)

Nach den Zitaten der Religionswissenschaftlerin Barbara C. Sproul (USA), berichtet der obige altbabylonische/assyrische Mythos von der Erschaffung des Menschen aus Lehm und dem Blut eines geopferten "Gottes". Aber auch in ihrem Zitat (östlich, S. 138f.) heißt es, daß "der Dienst der Götter" für den Menschen bestimmt ist. Und Drechsel (S. 375) gibt dies in seinem Lexikon ebenfalls wieder. Manfred Lurker, Experte symbolischer und mythologischer Überlieferungen, bemerkt ebenfalls, (Symbole, S. 299f.) daß der Mensch in den mesopotamischen Berichten "manchmal mit dem Blut eines getöteten Gottes" und aus Lehm erschaffen wurde.

Konkretes ist der assyrischen Schöpfungsüberlieferung (um 800 v. Chr.) zu entnehmen. Die *Anunnaki*, "die großen Götter", wurden gefragt "was sollen wir erschaffen", worauf beschlossen wurde, eine "Gottheit" zu töten, um aus ihm die Menschen zu erschaffen:

"*Wollen wir Lamga, den Doppelgott schlachten, von seinem Blut wollen wir die Menschheit erschaffen. Der Dienst der Götter sei ihr Teil* (...)" (Sproul, östlich, S. 139)

Die biblische Schöpfung der Genesis geht lediglich in Vers sieben (Kapitel zwei) auf die Erschaffung Adams ein (s. I.4). Irgendwie soll er aus Lehm, Schlamm oder schlichtem Boden hervorgekommen sein - mehr ist leider nicht zu erfahren. Bei Eva ist es etwas anders, denn sie entstammte Adams "Lebenskraft" ("*ti*"), die der "Herr" ihm im Schlaf entnahm.

In akkadischer Sprache bedeutet "*ti*" auch "Lehm", die "Formerde". In Hebräisch, die Sprache der Bibel, ist "*ti*" der "Schlamm", und "*bos*" ist das entsprechende Synonym dafür. Es wurde von "*bisa*" ("Sumpf") und von "*besa*" ("Ei") abgeleitet. Wir könnten also die Erschaffung Adams auch so verstehen, daß sich der "Herr" eines "Eis" bediente, um daraus den Adam zu formen.

Angenommen, die biblische Schöpfungsgeschichte stimmt (in etwa), so ist die Tatsache, daß die "Götter" aus Mesopotamien "göttliches" Blut nahmen, recht bedeutsam. Altbabylonische Mythen überliefern dies sehr deutlich. (Sproul, östlich, S. 133ff.: "Er werde geformt aus Lehm, werde belebt durch Blut!)

Die Erbfaktoren des Menschen, die Gene, könnten auf diese Weise manipuliert worden sein. Daß die Menschheit durch "göttliches" Blut entstanden sein soll, hören wir immer wieder in den Mythen. Die Schöpfung des Adam aus "Lehm" oder ähnlichem, wie es die Genesis schildert, findet auch in sumerischen Überlieferungen ein Gegenstück. Wir erfahren dort, daß die Aufgabe, einen Diener der "Götter" zu erschaffen, genau geplant war:

"*Im Lehm* (oder "Ei", L.A.F.) *sollen Gott und Mensch zu einer zusammengeführten Einheit verbunden sein; auf daß bis zum Ende der Tage das Fleisch und die Seele, die in einem Gott gereift ist - diese Seele an eine Blutsverwandtschaft ge-*

bunden sei; als ihr Zeichen sei Leben verkündet. Damit dies nicht vergessen werde, sei die Seele an eine Blutsverwandtschaft gebunden." (Sitchin, Planet, S. 349)

Die Aussage ist deutlich: Die menschliche "Seele" ist verwandt mit der der "Götter". Auch die etwas anders klingenden Epos-Übersetzungen von B. C. Sproul (östlich, S. 132f.) bestätigen die Sitchin-Übersetzung (die in der Paläo-SETI stark angezweifelt wird). Auch hier lesen wir von diesem "göttlichen" Schöpfungsakt. Können wir uns aber vorstellen, daß die "Seele", der "Geist" oder die "Persönlichkeit" - etwas *nicht Greifbares* - des Menschen "an eine Blutsverwandtschaft gebunden" sein kann? Wie schon beschrieben, suchten die "göttlichen" Mediziner einen "Gott" aus ihren Reihen aus, um "mit seinem Fleisch und Blut" "Lehm" zu vermischen (Sproul, östlich, S. 133), um so die Menschheit zu erschaffen.

Das Wort, das von den Gelehrten als "Seele" oder "Persönlichkeit" übersetzt wurde, ist "*Te.e.ma.*". Die buchstäbliche Übersetzung ist zwar verwirrend, aber dennoch interessant: "Das, dem das innewohnt, was die Erinnerung bindet".

Betrachten wir diese "Erinnerung" als Erbfaktoren - tatsächlich die "Erinnerung" an verschiedene biologische Eigenschaften -, so rückt der Mythos in ein völlig anderes Licht. Denn nicht die "Seele" des Menschen ist mit "Gott" verwandt, sondern die "Gene", die Träger des Erbgutes. Die Gene liegen aneinandergereiht zu der sogenannten *Doppelhelix* der DNS (*Desoxyiribonukleinsäure*). Diese winzigste DNS-Kette bestimmt alles in und an jedem Lebewesen. Nur vier verschiedene "Buchstaben", sie stehen in der Natur für vier unterschiedliche chemische Verbindungen, den sogenannten "Basen" (*Adenyl-*, *Guanyl-*, *Cytidyl-* und *Thynidylsäure*), verlaufen in unterschiedlicher Reihenfolge, so daß hier vom "genetischen Code" gesprochen wird. Diese zwei winzigen, in sich verschlungenen DNS-Ketten, die "Erinnerung", findet sich in jedem Zellkern, so daß "*Te.e.ma.*" als "Zelle" oder "Zellkern" verstanden werden könnte. Völlig verständlich heißt es dann: "Die Zelle, dem das DNS innewohnt, das die Erinnerung bindet."!

Bei der Suche nach weiteren Hinweisen stoßen wir im islamischen *Koran* auf einige bemerkenswerte Verse über die Entstehung des Menschen, die vielleicht mit mesopotamischen Legenden etwas gemeinsam haben. Zumindest können wir auch im *Koran* eine genetische, sprich künstliche Schöpfung (aus "Samentropfen") erkennen, wie sie uns ähnlich von den mesopotamischen Völkern überliefert wurde. So sagt der *Koran*:

"*Wir schufen den Menschen aus den im Samentropfen vermischten Geschlechtern, um ihn zu prüfen, und haben ihm Gehör und Gesicht gegeben.*" (76. Sure, *Der Mensch*, Vers 3)

Oder in der 16. Sure, *Die Bienen*, "Al-Nahl", Vers 5:

"*Den Menschen schafft er aus Samentropfen* (...)"

Und ganz deutlich in der 40. Sure, *Der Gläubige*, Verse 68:

"Er ist es, der euch zuerst aus Staub geschaffen hat, dann aus einem Samentropfen, dann aus geronnenem Blut und euch als Kinder aus dem Mutterleib werden (...) ließ."

Die Religionswissenschaftlerin B. C. Sproul hat in einem ihrer Bücher (östlich, S. 203) sogar dieses "geronnene Blut" als "Embryo" wiedergegeben.

Die Vermutung, einst hätten die "Götter" das Blut - und daraus die Erbfaktoren - eines "Gottes" benötigt, um die Menschheit zu erschaffen, wie es die Legenden in Mesopotamien erzählen, findet im *Koran* noch eine weitere Bestätigung:

"*Lies im Namen deines Herrn, der alles geschaffen hat und den Menschen aus geronnenem Blut erschuf.*" (96. Sure, *Das geronnene Blut*, Verse 2-3)

Eine Mythe aus der neubabylonischen Epoche (ca. 600 v. Chr.), die in Sippar gefunden wurde und Teil eines Gesanges zur Tempelreichung war, kennt ebenfalls eine Zeit, in der es keine Menschen gab (vergl. I.5). Auch in dieser Überlieferung (Sproul, östlich, S. 140ff.) ist der Hinweis zu finden, daß die "Muttergottheit" *Aruru* (die auch *Enkidu* im *Gilgamesch-Epos* das Leben geschenkt haben soll) und der babylonische "Gott" *Marduk* "Menschensamen" machten.

Daß die alten Überlieferungen in der Tat einiges an sonderbaren Berichten über die Menschwerdung enthalten, ist sehr interessant. Ob nun Samen/Sperma oder Blut die Substanz der Schöpfung war, ist belanglos, denn die Genkette findet sich in jedem Zellkern des Körpers.

Ninti (*Ninki*), so lassen es die Schöpfungslegenden vermuten, war die wichtigste Person, die an der Erschaffung des Arbeiters "Mensch" beteiligt gewesen ist. Sie soll es gewesen sein, die den Menschen mit "dem Abbild der Götter" behaftete. Die sumerischen Schriften berichten uns auch, daß nicht nur eine "Geburtengöttin" an diesem Projekt arbeitete, sondern *Ninti* vierzehn ("sieben und sieben") "Geburtengöttinen" zur Seite standen. Diese "Göttinnen" waren, so ein etwas beschädigter assyrischer Mythos, "weise Frauen"und wurden in zwei Gruppen zu je sieben aufgeteilt:

"*(Von den) [sieben] und sieben Mutterleibern, brachten sieben männliche Wesen, [sieben] brachten weibliche Wesen hervor. (...) Paarweise vollendete er sie, paarweise vollendete sie vor ihr.*" (Sproul, östlich, S. 234)

Der intelligente Mensch betrat durch künstliche "Verfeinerung", indem ein existierendes Wesen mit dem Bilde der "Götter" verbunden wurde, die Erde. Ein Arbeiter (*Lullu*) der "Götter" war geschaffen worden, und er konnte seinen Dienst antreten. Auch wenn babylonische oder sumerische Schöpfungslegenden die Erschaffung des Menschen detaillierter überliefern als der biblische Bericht, so sind doch klare Parallelen zu erkennen, was auch kaum von der Wissenschaft bestritten wird. Der Unterschied, daß die Genesis ihre überlieferten Geschehnisse als Machwerk eines "Gottes" ansieht, ändert an dieser Tatsache nichts. Auch wies ich bereits darauf hin, daß das Wort *Elohim*, welches in der Genesis verwendet wurde, "Gottheiten", eine Vielzahl von "göttlichen" Wesen beschreibt. Wenn man so will, ein Sammelbegriff für die mesopotamischen "Gottheiten".

Wo der Mensch das Licht der Welt erblickte, erfahren wir weder in der Genesis, noch in anderen Zweistromlandlegenden. Nach apokryphen Hinweisen lag das Paradies - wo Eva erschaffen wurde - nicht auf der Erde (s. I.9), sondern irgendwo im All. Von dort soll der erste Mensch auf die Erde gekommen sein. Auch die alten Sumerer oder andere Völker der Welt lokalisierten den Ort der ursprünglichen Menschheit in den unerfindlichen Weiten des Himmels. Stammen wir alle also nicht von der Erde?

II.2 Der Mensch aus dem Himmel

Im *Koran* ist zu lesen, daß Adam und Eva den Himmel verlassen mußten, nachdem sie die verbotene Frucht aßen. Bereits zitierte Textstellen apokrypher Schriften (s. I.9) sagen das gleiche aus, und die Sumerer nennen zusätzlich eine "Schöpfungskammer" ("*Duku*") hoch oben über den Wolken als Ursprungsort des ersten "Menschenpaares". Legenden von der Elfenbeinküste in Südwest-Afrika, der Eskimos am Noatak-Strom (Alaska) und nordamerikanischer Indianerstämme klingen erstaunlicherweise im Kern recht ähnlich. Auch hier wird von den ersten Menschen erzählt, die irgendwie vom Himmel auf die Erde gelangten.

Die Erschaffung des ("göttlichen") Menschen als Diener oder Arbeiter der "Götter" wurde uns in mesopotamischen Texten, wie sie zum Beispiel der Sumerologe Professor Samuel Noah Kramer übersetzte, recht bemerkenswert wiedergegeben. Ein wichtiger Schöpfungsakt soll in der himmlischen "*Duku*" geschehen sein, dort formten die "Götter" die "menschlichen Götter" "*Aschnan*" (Getreidegöttin, sumerisch auch "*Emmer*") und "*Lahar*" (Rinder- und/oder Schafsgottheit):

"*In jenen Tagen, in der Schöpfungskammer der Götter, in ihrem Hause Duku wurden Lahar und Aschnan geformt. In jenen Tagen sagt Enki zu Enlil: Vater Enlil, Lahar und Aschnan, sie, die im Duku erschaffen wurden, lassen wir sie aus dem Duku hinabsteigen.*" (Krassa, Gott, S. 239)

Das erschaffene Paar *Lahar* und *Aschnan* wurde irgendwo oberhalb der Erde geschaffen. Dies geht aus dem Text eindeutig hervor, da sie zur Erde hinabstiegen! Aber folgen wir der Übersetzung weiter, so wird diese Tatsache weiter hervorgehoben:

"*Auf das reine Wort Enlils und Enkis hin stiegen Lahar und Aschnan aus dem Duku hinab. Für Lahar errichteten sie die Schafhürde, Pflanzen und Kräuter in Fülle schenkten sie ihm. Für Aschnan errichteten sie ein Haus, Pflug und Joch schenkten sie ihr.*" (Krassa, Gott, S. 239f.)

Die zwei sonderbaren Wesen, die aus der "Himmelskammer" herniederstiegen, werden in der Moderne als "Götter" angesehen. *Aschnan,* zum Beispiel, war die Tochter der "Gottheit" *Enki*, die für die Lebensmittelversorgung der Menschen zuständig war. Dennoch weiß der sumerische Mythos davon zu berichten, daß diese "Kulturheroen" nur indirekte Nachkommen *Enkis* gewesen sein können, da er sie im *Duku* "formte", nicht "zeugte".

Vielleicht können wir annehmen, bei dieser Legende handelt es sich um "Adam und Eva", die bekanntlich aus dem Himmel vertrieben wurden und fortan auf der Erde arbeiten mußten.

Hinweise, daß das erste Menschenpaar als "göttlich" verehrt wurde, zumindest von den "Engeln" verehrt werden sollte, finden sich auch in apokryphen Büchern. So etwa im Buch Schatzhöhle, in dem steht, daß der "Herr" Adam einiges an Privilegien gönnte und er wunderschön anzusehen war (Priester, König und Prophet sollte er sein):

"*Als die Engel dies Wort hörten, beugten sie alle die Knie und verehrten ihn* (Adam)." (Scha. 2,25)

Oder die bereits erwähnte siebte Sure (*Zwischenmauer*) des *Koran*, Vers 12:

"*Wir haben euch* (den Menschen, L.A.F.) *erschaffen, dann euch gestaltet, und darauf zu dem Engel gesagt: Verehrt den Adam; und sie taten also, mit Ausnahme des Iblis, des Satans, der nicht mit den Verehrenden sein wollte.*"

Oder an anderer Stelle im *Koran*:

"*Darauf sagten wir zu den Engeln: Fallt vor Adam nieder! Und sie taten es* (...)" (2. Sure, *Die Kuh*, Vers 35)

Eva und Adam sollten von den "Engeln" verehrt werden - schließlich waren sie Produkt der *Elohim*, also "göttliche" Geschöpfe. Mit Blick auf die mesopotamischen Schöpfungslegenden, in denen es über die Erschaffung heißt: "Es war eine unfaßbare Arbeit", scheint die Verehrung des Menschen auch gerechtfertigt. Können die *Duku*-Wesen, *Aschnan* und *Lahar*, tatsächlich als "Adam und Eva" angesehen werden? Oder waren sie eine andere Art von Geschöpfen?

Erstaunlicherweise berichtet auch das Neue Testament etwas über einen "irdischen" und einen "himmlischen" Adam:

"*Der erste Mensch ist aus Erde, ist Staub; der zweite Mensch stammt aus dem Himmel.*" (1. Kor., 15,47)

Es soll demnach einen zweiten Adam ("Der zweite Adam kam vom Himmel", so eine moderne Übersetzung, Deutsche Bibelgesellschaft 1982) gegeben haben. Auch andere Mythen der Welt, wie etwa der *Popol Vuh*, das Buch der Quiché Maya, berichten von einem Menschen aus Lehm (Sproul, westlich, S. 242), wobei diese Schöpfung nicht auf Anhieb gelang. Einige "Exemplare" mußten wieder vernichtet werden, was uns wiederum an die Sintflut erinnert. Warum also gab es einen zweiten Menschen?

Nach der Weltanschauung der im Regenwald von Zaire lebenden Ngombe-Indianer gab es am Anfang der Zeit keine Menschen auf der Erde. Alle lebten im Himmel:

"*Am Anfang gab es keine Menschen auf der Erde. Sie lebten im Himmel mit Akongo* (der Schöpfer, L.A.F.) *und waren glücklich.*" (Sproul, westlich, S. 311)

Die Ngombe erzählen weiter, daß eine Frau mit ihren Kindern aus dem himmlischen Paradies (!) vertrieben wurde und fortan auf der Erde lebte.

Vielleicht würde die einstige Existenz eines "himmlischen Adams" (und/oder Eva) die Berichte über ein irdisches sowie ein himmlisches Paradies erklären (siehe I.8/9). Der *Koran* verlegt bekanntlich den ganzen Garten Eden (Paradies) in den Himmel. Von hier soll Adam auf die Erde gekommen sein, und er durfte nie wieder zum Ort seiner Schöpfung zurückkehren. Im Buch der Jubiläen erfahren wir sogar (Jubi. 3,9), daß "Adam vierzig Tage in dem Land, wo er erschaffen ward, zugebracht hatte", und dann erst in den Garten Eden kam. Eva soll erst "am achtzigsten Tag" das Paradies betreten haben (gleicher Vers).

II.3 Parallelen in globalen Schöpfungslegenden!

Es ist faszinierend zu erfahren, daß weltweite Legenden davon zu berichten wissen, wie in unbekannten Zeiten einmal die ersten Menschen oder Menschenpaare vom Himmel auf die Erde kamen! Nicht nur die Mythen der Bibel oder die Überlieferungen aus Mesopotamien haben einen gemeinsamen Kern, sondern dieser ist global zu finden. Überall auf der Welt existieren mythische Überlieferungen, die teilweise starke Parallelen besitzen. Zum Beispiel kennen wir den bekannten Spruch der Bibel: "Es werde Licht, und es ward Licht" (Gen. 1,3). Im pazifischen Raum (etwa bei den Maois) finden sich zahllose Mythen mit ähnlichen Aussagen.

Auch in Theologenkreisen wird nicht bestritten, daß Schöpfungsmythen anderer Völker (nicht aber global!) der Bibel einst als Vorlage dienten:

"*Die Elemente der Erzählungen stammen zum größten Teil aus dem Erzählgut des Volkes Israel, das er zum Teil aus den Mythen und Sagen anderer Völker entlehnt hat. Seit wann* (...) *wissen wir nicht.*" (Mertens, S. 108)

Wir haben bis jetzt nur einige "Mythen"-Teile aus den Weltreligionen betrachtet, die Ähnlichkeiten zur Genesis aufweisen, aber von diesen gibt es zahllose. Werfen wir also einen Blick auf diese Überlieferungen. Der Autor Niederhäuser ("Fremde Länder - Fremde Völker") hat zum Beispiel einige davon in einem Buch veröffentlicht, die wir uns kurz ansehen wollen.

So erzählt eine Legende der Eskimos vom Noatak-Fluß in Alaska, USA, nennenswerte Einzelheiten über die Erschaffung der Welt (Niederhäuser, S. 38 bis 45): Am Anfang der Weltschöpfung wird ein Wesen namens *Tulungersaq* erwähnt, das die Eskimos auch als "Vater Rabe" bezeichnen. Er soll (zuerst) ein anatomisch normaler Mensch gewesen sein, der zu Beginn der Zeit über die dunkle, lehmige "Erde" kroch. Es war finster, öde und leblos, so die Legende weiter, und da er sich einsam fühlte, "formte er aus Lehm eine Gestalt, die ihm gleich war"! Dieser Mensch aber gefiel dem "Vater Rabe" nicht, so daß er ihn in einen Abgrund warf, wo er zum bösen Geist wurde, von dem alle schlechten Geistwesen abstammen sollen.

Tulungersaq irrte weiter über die trostlose Erde, bis er sich für den schier bodenlosen Abgrund zu interessieren begann, in den er seinen ersten Menschen geworfen hatte. Deshalb schickte er einen kleinen "Sperling" hernieder, der ihm die Lage schildern sollte. Der Vogel kam mit der Nachricht zurück, daß dort unten ein neues Land liegen würde, "das gerade begonnen hatte, eine feste Kruste zu bilden"... So wie es die heutige Forschung über die Entstehung unserer Erde bestätigt.

Neugierig geworden, was dies für ein Land sein könnte, beschloß *Tulungersaq*, selber niederzusteigen. Er verwandelte sich in einen Raben - deshalb sein Zweitname "Vater Rabe" - und gelangte so auf die Erde. Das Land, von dem er kam, nannte er fortan "Himmel", und das Land in der Tiefe "Erde". Und die Legende beschreibt die Erde ähnlich wie die Genesis: als "öde und kahl".

Nun machte er sich daran, die Erde "in gleicher Weise wie das Land im Himmel" zu bepflanzen. Als er dies Werk vollendet hatte, begann er erneut, den Menschen zu erschaffen - diesmal aus Lehm!

Die Legende weiß außerdem noch von einer weiteren Menschenrasse zu berichten, die aus einer "Schote" geboren wurde. Diese sollen die Vorfahren der "stärksten Geschlechter der Erde" gewesen sein.

Am Anfang, so die Mythe der Eskimos, bestand "kein großer Unterschied zwischen Mensch und Tieren". Die Menschen konnten "zu Tieren werden" und Tiere sogar zu Menschen.

Um der neuen Menschheit ausreichend Nahrung zu beschaffen, schuf "Vater Rabe" zahllose Tiere aus "Lehm" und führte sie dem Menschen zu. Ähnlich wie auch Adam in der Genesis von seinem "Herrn" den Auftrag bekam, allen Tieren Namen zu geben. Weiter dokumentiert die Schöpfungslegende, daß der "Rabe" seinen Geschöpfen alle Dinge des täglichen Lebens, wie Hüttenbau, Jagdkunst oder Schiffs- und Bootsbau lehrte.

Es ist nicht von der Hand zu weisen, daß die Legende der Eskimos - hier nur das Wichtigste wiedergegeben - deutliche Parallelen zur biblischen Schöpfung enthält. Die Eskimos, Tausende Kilometer vom Nahem Ostern entfernt, kennen ein "Schöpfungswesen" (der "Rabe"), der im "Himmel" einen Menschen erschuf, den er aber letztendlich auf die "Erde" verbannte. Dieser "Rabe" bepflanzt die kahle und leblose Erde mit allerlei Pflanzen und erschuf neue Lebewesen, denen er verschiedene Dinge lehrte. Wir werden noch sehr klar sehen (Kapitel VII), daß das Buch Henoch tatsächlich davon berichtet, wie "Engel" oder "gefallene Engel" den vorsintflutlichen Menschen auf Erden in zahllosen Wissenschaften unterrichteten.

Eine Schöpfungslegende der Schwarzafrikaner von der Elfenbeinküste in Südwest-Afrika ist nicht minder aufschlußreich (Niederhäuser, S. 216 bis 220). So glauben diese, daß zu Beginn der Welt eine "Götter-Mutter" im Himmel lebte, die *Niamye* und *Anangama*, die ersten und höchsten "Götter"(Brüder), gebar.

Nun wird die Legende spannend: Denn, wörtlich, "durch Gottes Hand" wurde der Mensch im Himmel erschaffen, ebenso wie Tiere und Geisterwesen. Nach ihrer Schöpfung lebten sie hoch im Himmel "und vermehrten sich (...), bis es im Himmel zu eng wurde". Der höchste "Gott" sah sich gezwungen, gegen die Übervölkerung seines himmlischen Reiches etwas zu unternehmen, also beschloß er, die Erde aus "Staub" und "Wasser" zu formen. Zu Anfang, so die Überlieferung, in altbekannter Form:

"(...) *war die Erde nur ein Schlammbrei, und erst allmählich trennten sich Wasser und Erde.*" (Niederhäuser, S. 216)

Stichwort Schlamm: Die animistische Religion der *Ainu*, die Ureinwohner Japans, kennt ein solches Szenario ebenfalls:

"*Am Anfang war die Welt nur Schlamm, denn die Wasser und der Schlick waren ganz durcheinandergemischt. Alles war stumm, kein Ton zu hören, es war kalt, keine Vögel in der Luft, nirgends ein lebendes Wesen.*" (Sproul, östlich, S. 270)

Es sah zu Beginn der Welt bei den *Ainu* also ähnlich aus wie in der afrikanischen Legende - gleicher Inhalt, gleiche Quellen?! Diese Vermutung erhärtet sich, wenn wir einen Blick in das *Popol Vuh* der Quiche-Mayas werfen. Dort beginnt die Schöpfung mit den Worten:

"*Alles schwebte in Schweigen, alles war in tiefer Ruhe, bewegungslos, still und leer war der Himmel.* (...) *Es gab noch keinen Menschen, kein Tier; es gab nicht Vogel, Fisch, Krebs, Baum, Stein, Höhle, Schlucht, Gras oder Wald.* (...) *Noch war das Antlitz der Erde nicht zu sehen. Nur das Meer staute sich, und der Himmel war da.*" (König, S,. 148)

Bereits hier sind biblische Elemente unverkennbar. Als sich jedoch der Schöpfer aufmachte, die Welt zu ordnen, werden diese Ähnlichkeiten noch klarer:

"*Es geschehe! Dieses Wasser weiche und schaffe Platz. Es entstehe die Erde, sie ebene sich.*" (König, S. 148)

Und wie sollte es anders sein, die Schöpfer aus dem *Popol Vuh* stellten nach getan Arbeit fest: "Gut war es".

Aber zurück zur Elfenbeinküste: Nach einiger Zeit trocknete die Erde, und "Gott" schickte seine Frau *Assie* hinunter, damit sie dort herrsche. Dabei brachte sie auch Bäume mit, um mit ihnen die Erde zu bepflanzen. Die Tasache, daß einst "Götter" die Erde oder ein lokal begrenztes Gebiet (Garten Eden) kultivierten, ist uns bereits im Zusammenhang mit der "Gottheit" *Enki* und auch *Marduk*, sowie natürlich den biblischen *Elohim* begegnet. Gleichfalls ist auch eine Parallele zu zum germanischen *Midgard* zu erkennen, der später ebenfalls künstlich bepflanzt wurde.

Dann war es an der Zeit, die Menschen und Tiere dort anzusiedeln. An einer langen, starken Kette verließen sie den Himmel in Richtung Erde:

"(...) *erst einen Mann, dann eine Frau, und so machte er es bei jedem Menschenvolk, das er im Himmel hatte*(!), *ein jedes an seinem Platz. Und jedem Menschenvolk gab er ein Paar von allen Tieren* (...)" (Niederhäuser, S. 217)

Wie kaum anders zu erwarten, waren die ersten Menschen unwissend - ja dumm, wenn man so will. Erst als der "Gott" *Anangama* vom Himmel kam, um den Menschen zu zeigen, "wie dieses und jenes gemacht wird", waren sie in der Lage, wenigstens teilweise selbständig zu leben.

Anangama hatte seine Mission erfüllt und fuhr wieder in den Himmel auf. Von dort schickte er seine Frau zur Erde, damit sie sein Projekt beende. Diese jedoch bekam große Probleme, "denn sie wußte über ganz natürliche Dinge nicht Bescheid", so die Erzählung. Als Hilfe sandte *Niamye* nun einen "Geist" zu ihr, der mächtig und gut gewesen sein soll. Zahlreiche weitere Geistwesen folgten diesem. Aber mehr unabsichtlich, denn der "Gott" *Niamye* warf diese aus dem Himmel, da sich die Geister "im Himmel schlecht aufgeführt" hatten. Hier erkennen wir sehr deutlich, was schon in biblischen und außerbiblischen Schriften steht: Der Fall der Engel, angeführt vom Oberbösewicht Satan!

Und so wie die "gefallenen Engel" der biblischen Texte der Welt Unheil brachten, so geschah es auch in dieser Erzählung:

"*Nach einiger Zeit sah Gott, wie die Menschen da unten auf der Erde miteinander Krieg zu führen begannen, und überhaupt viel Schlimmes geschah.*" (Niederhäuser, S. 218)

Sicherlich zeigt sich hier deutlich eine Verwandtschaft zur Genesis! Wie in der Bibel (Sintflut-Bericht), so kennt auch die schwarzafrikanische Legende eine Art Vernichtung oder Umgestaltung der Menschheit. Da viel Bosheit auf Erden regierte, wurden die "göttlichen Abfälle" und "Schmutz" vom Regen auf die Erde geschwemmt. Fortan soll, so die Legende, auch ein anderer "Gott" die Herrschaft über die Erde übernommen haben, da er es scheinbar besser machen konnte als der "Gott" *Niamyes*.

Selbst die Griechen wissen von derartigen Katastrophen (Nack, S. 51). Ihre mythischen Überlieferungen sagen, daß die ersten Menschen in perfekter Harmonie auf der Erde lebten. Doch dann wurden sie immer lasterhafter, ihr Glaube an die "Götter" schwand und die Erde wurde von Verbrechen und Unheil überschwemmt. Und wie anders sollte es kommen, der "Gottvater" geriet in "großen Zorn über die Untaten" und vernichtete die Menschen durch eine gewaltige Flut!

Nicht nur die Griechen kannten die Sintflut, sondern auch Indianerstämme in weit voneinander entfernten Ländern. So berichten etwa die Chiricahua-Apachen (Sproul, östlich, S. 68), daß die Menschen einst falsche "Götter" anbeteten:

"*Deshalb erhob sich der Ozean und überflutete die Erde. So ertranken diese Menschen der alten Zeiten. Nur einige von ihnen wurden gerettet* (...)" (Sproul, östlich, S. 68)

Wir sehen also deutlich: Schöpfungsmythen, selbst in den entlegendsten Winkeln unseres Globus, weisen teilweise die gleichen Kerne auf. Natürlich, und niemand will es bestreiten, existieren auch Schöpfungslegenden, die vollkommen anders gestaltet sind und selbst mit größter Kraft nicht mit dem Alten Testament übereinstimmen.

Eine knappe Legende über den Ursprung der Welt und des Menschen von der Osterinsel im südlichen Pazifik ist uns dank des Autors Francis Mazière ("Insel des Schweigens") erhalten geblieben. Sie hat auffallende Ähnlichkeiten mit der Genesis, die kaum mit dem lapidaren Wort Zufall erklärt werden können.

Auf der viel diskutierten und in Paläo-SETI-Kreisen gut bekannten Osterinsel beherrschte einst der "Gott" *Make Make* die Religion. Er war "Hauptgott" einer Gruppe von Wesen, die aber auch als vergöttlichte Urkönige angesehen wurden. Wie dem auch sei, *Make Make* galt vor Zeiten als Schöpfer der Welt und des Menschen als Mann und Frau. Wenn man so will, ein monotheistischer Ursprungsglaube.

So liest sich der Mythos "Die Erschaffung der Welt" wie eine komprimierte Fassung des ersten Schöpfungsberichtes der Genesis:

"*Die Lüfte, die Dämpfe, die Leere. Das Nichts rundherum, die Meere, die Finsternis. Das erste Beben, das erste Wort, das Licht gebar, Kuihi-Kuaha* (Eine Art Zauberformel, L.A.F.). *Die Erde entstehe! Das Meer vergehe! Es komme die Sonne, das große Licht! Es komme der Mond, das kleine Licht! Es mögen die Sterne kommen, Kuihi-Kuaha! Es komme Make Make, der erste Mensch.*" (Mazière, S. 65)

Auch die Osterinsel-Legende berichtet uns in stark mythischer Form von einer ursprünglichen Welt ohne Licht und Leben. Hier werden ebenfalls Wasser und Land getrennt, und die Sonne als großes Licht, sowie der Mond als kleines Licht erschaffen.

Dann kam *Make Make* irgendwie in die Welt. *Make Make* wird als erster Mensch bezeichnet, obwohl außer Frage stehen dürfte, daß er auf der Osterinsel als "Gottheit" verehrt wurde. Wie auch die Legende der Eskimos vom Noatak-Fluß, die das Schöpferwesen "Vater Rabe" als einen Menschen, zumindest vom Aussehen her, bezeichnet, wird hier *Make Make* als Mensch betrachtet.

Daß *Make Make* nicht der erste Mensch war, weiß ein zweiter Mythos der Insel zu berichten. "Die Erschaffung des Menschen", so der Name der Legende, ist außerordentlich wertvoll, wenn wir nach vermeintlichen Überlieferungen mit gleichen oder ähnlichen Inhalten suchen:

"*Make Make nahm eine Kalebasse, erblickte sich darin, sah sein Gesicht und rief: Make Makes erstgeborener Sohn! Ein weißer Vogel kam, setzte sich auf seine rechte Schulter und rief: Kuihi-Kuaha te anga a makemake!* (Wiederum ein Zauberspruch, L.A.F.) *Make Make tat Erde in eine runde Form, legte die Hand mitten hinein, um ein Loch zu machen, blies dann hinein in das Loch. Hervor kam daraus ein junger Mann, He repa. Sagte Make Make: Das ist nicht gut. Er schläferte He repa ein. Make Make nahm einen Bananentrieb. Er öffnete den Brustkorb He repas auf der linken Seite. Das Blut floß auf den Bananentrieb. Da hauchte Make Make den blutigen Bananentrieb an. Geboren wurde Uka, die junge Frau.*" (Mazière, S. 65f.)

Anhand der beiden Überlieferungen können wir erkennen, daß es scheinbar zwei *Make Make* gab. Zum einen den Schöpfer *Make Make*, und zum anderen sein erstgeborener Sohn *Make Make*. Der Make Make-Sohn, so ist es deutlich zu erkennen, schuf den Menschen, den ersten Mann, aus Erde, die er anblies. In vollkommener Übereinstimmung zu sumerischen bzw. biblischen Mythen gefiel es *Make Make* nicht, daß der junge Mensch alleine ohne Weib lebte. Also schläferte er ihn ein(!), nahm Blut aus seinem Brustkorb und formte daraus seine Gefährtin *Uka*.

Die Ähnlichkeiten zur Genesis springen geradezu ins Auge. Dennoch sei angemerkt, daß die Osterinsel und der Nahe Osten, die Gebiete des Alten Testamentes zigtausende Kilometer über Land und Meer voneinander getrennt liegen. Wie also ist diese Parallele zu erklären, wenn wir die mythischen Inhalte nicht als einstige Realität betrachten?

Gehen wir von der einsamen Osterinsel zu den Indianerstämmen am Missouri, USA. Verschiedene Volksgruppen dieser Gegend erzählen die Legende vom Schöpfer *Tirawa*, dem Herrn über "*Triwawahut*" ("Ausdehnung"), dem Universum (Niederhäuser, S. 242 bis 248). In sumerischen und anderen Texten erfahren wir von einer Versammlung der "Götter", auf der die Erschaffung des Menschen beschlossen wurde. Nichts anderes weiß auch die Missouri-Legende, in der es heißt, daß der Schöpfer alle anderen "Götter" um sich versammelte. *Tirawa* plante, seinen untergebenen "Göttern" eine wichtige Mitteilung zu machen:

"*Jedem von euch werde ich seinen Platz am Himmel geben; einem jeglichen will ich Macht verleihen, denn ich will Menschen schaffen nach meinem Bilde*(!), *und diese sollen unter eurer Obhut stehen. Ich will ihnen euer Land geben, damit sie darauf leben können, und mit eurer Beihilfe soll für sie gesorgt werden.*" (Niederhäuser, S. 242f.)

Nach dieser Überlieferung, sollen die "Götter" allesamt zu Sonne, Mond und Sterne geworden sein, denen *Tirawa* ihre Plätze am Firmament zuwies. Dann machte er sich an die große Aufgabe, die Menschheit zu erschaffen. Die ersten Wesen, die "der Vater im Himmel" schuf, waren Menschen aus Stein, die ungeheuer schwer und groß wurden. Diese respektierten ihn nicht, so daß er sie in einer gewaltigen Sintflut ("großen Regen") vernichtete! Da sich diese Riesen wegen ihres Gewichtes und ihrer Größe nur schwer bewegen konnten, starben sie alle in der *Flut*, denn sie erreichten die Berggipfel nicht rechtzeitig.

Der Schöpfer beschloß, eine zweite Menschheit zu erschaffen. Aber auch diese entwickelte sich unkontrolliert und wurde so mächtig, daß er gar vor ihnen erschrack. Laut der Legende, "machte er sie sich allzu ähnlich", so daß der Schöpfer nur einen Ausweg sah: Er vernichtete sie allesamt wieder.

Der dritte Versuch brachte dann die gewünschten Resultate. *Tirawa* formte einen ersten Mann, dem es aber alleine auf der Welt "nicht ganz behaglich zumute" gewesen sein soll. Deshalb bekam er von seinem Schöpfer ein Weib geschenkt, mit dem er bestens zufrieden war.

Tirawa betrachtete sein erstes Menschenpaar und die von ihm erschaffenen Tierarten mit Wohlwollen. Die Legende weist ausdrücklich darauf hin, daß alles Leben im Himmel, dort wo ihr "Gott" wohnte, geformt wurde. Der Schöpfer rief nun einen "Blitz", mit dem Mensch und Tier mit einer "Wolke" und einem "gewaltigen Schlag" zur Erde niederfuhren.

Hier lebte der Mensch als Nomade und zog durch die Lande. Interessant ist auch, daß angeblich alle Menschen eine Sprache sprachen. Nach einem Krieg oder kriegerischen Zwischenfall, "sprachen die Menschen nicht länger eine Sprache". Sie teilten sich in acht Stämme auf, die sich untereinander nicht verständigen konnten, und so gingen alle ihre eigenen Wege. Die gleichen Geschehnisse finden sich auch in der Genesis. Auch hier sollen alle Menschen die gleichen Worte benutzen, bis sie schließlich durch eine große "Sprachverwirrung" durch "Gott" in alle Winde zerstreut wurden (ab Gen. 11,1).

Die Suaheli-Stämme aus Afrika, deren Religion vom Islam beeinflußt wurde, kennen eine Schöpfung, die ebenfalls sehr starke Ähnlichkeit zur Bibel zeigt. So überliefert ihre Mythologie, daß die Welt nach und nach erschaffen wurde, um sie zum Schluß mit Menschen zu bevölkern:

"*Eines Tages rief er* ("Gott", L.A.F.) *seine Engel zusammen. Alle erschienen sie von seinem Thron und beteten das rituelle Morgengebet. Dann sprach der Herr: Es hat mir gefallen, den Entschluß zu fassen, ein Wesen zu erschaffen - mit einem Geist, wie ihr ihn habt, aber es soll aus Lehm bestehen. Ich werde es aus Erde formen, und auf der Erde soll es leben.*" (Sproul, westlich, S. 303)

Auch von der ägyptischen Hochkultur sind uns Schöpfungsmythen erhalten geblieben (Große Mysterien, S. 24ff.). In den Pyramidentexten (um 2400 v. Chr.), den Schriften der Sonnenpriester aus Heliopolis, dem einstigen Zentrum des ägyptischen Reiches, ist auch die Schöpfungslegende zu finden. Dort ist von einer grenzenlosen Finsternis, Einöde und Urflut die Rede, die am Anfang der Welt existierten. Dann erschuf der Himmelsgott *Atum* die ersten "Götter" *Schu*, "Gott" der Luft und *Tefnut*, "Göttin" der Feuchtigkeit.

Auf einem 1805 gefundenen Basaltstein, dessen Inschrift eine Kopie älterer Texte ist und dessen neue Niederschrift von Pharao Sabakos in Auftrag gegeben wurde, wird vom "Gott" *Path* gesprochen, der alles erschuf. Wie in der biblischen Genesis, war *Path* "zufrieden, als er alle Dinge und alle göttlichen Worte geschaffen hatte." Aber weder dieser Stein, noch die bekannten Pyramidentexte enthalten konkrete Hinweise, wie der Mensch entstanden sein könnte.

Der Herrscher Amenophis III. (Ägypten, 1402 bis 1364 v. Chr.) ließ einst ein Relief anfertigen, auf dem ein Abbild des widdergestaltigen "Gottes" *Chnum* wiedergegeben wurde. Dieser formt mit seinen eigenen Händen den Menschen auf einer Art "Töpferscheibe" (Abb. 5). Als Gehilfin dieser großen Aufgabe ist auch die "Göttin" *Hathor* - die "Göttin" des Himmels und scheinbar auch eine "Muttergottheit" - teilweise zu sehen (Abb. 6), die in der Hand das *Ankh*, das Symbol des Lebens, hält. Offenbar treibt sie damit *Chnum* (auch *Chnumu*) irgendwie an (Große Mysterien, S. 27/Lurker, Symbole, S. 299).

Abbildung 5: Menschen werden auf einer „Töpferscheibe" geformt

Wider Erwarten hat das Volk der Ägypter, das alles mit Schriften und Reliefs schmückte, nur diesen spärlichen Hinweis auf die Erschaffung der Menschheit hinterlassen. Zwar haben die alten Schreiber der Ägypter wunderbare Hymnen und Huldigungen an unterschiedliche "Götter" hinterlassen (sie gehören teilweise zu den Meisterwerken der Weltliteratur!), aber eine reine, umfangreiche Überlieferung der Menschwerdung fehlt. Zumindest sind bislang keine weiteren gefunden worden. Dennoch hat es den Anschein, daß auch hier der Glaube entstand, der Mensch sei als Diener der "Götter" geformt worden, um ihnen Tempel zu errichten. Gleichfalls lassen sich Anspielungen erkennen, die vermuten lassen, daß auch die Ägypter an eine Erschaffung des Menschen aus Lehm glaubten. Die Abbildung des *Chnum* als "Menschentöpfer" rechtfertigt zumindest diese Annahme.

Ein ganz besonders erstaunlicher Schöpfungsbericht ist uns in einer Mythensammlung von *Ovid* (41 vor bis 18 n. Chr.) erhalten geblieben. Genau genommen lesen wir hier bereits moderne Erkenntnisse der Astronomie. Die Erzählung (Sproul, westlich, S. 97 bis 101) beginnt wie viele Schöpfungsberichte:

"*Ehe das Meer und die Erde bestand und der Himmel, der alles deckt, da besaß die Natur im All nur ein Antlitz, Chaos genannt, eine rohe und ungegliederte Masse, nichts als träges Gewicht. Und geballt am nämlichen Ort disharmonierende Samen nur lose vereinigter Dinge.*" (Sproul, westlich, S. 97)

Abbildung 6: „Muttergottheit", Göttin Hathor aus Ägypten mit einer „Töpferscheibe"

Hier begegnen wir dem in I.1 mehrfach erwähnten Chaos erneut. Der einstige Urheber der Mythe muß irgendwo erfahren haben, daß es vor der Erde nur die "rohe und ungegliederte Masse" gab. Wir wissen aber auch, daß andere Schöpfungen dies Chaos ebenfalls beschreiben!

Die Mythe aus der Hinterlassenschaft des *Ovid* erläutert nun die Trennung und Ordnung dieser Substanz, bis es an der Zeit war, die Erde zu erschaffen. Und hier sollten wir aufhorchen:

"*Als so der Gott, wer immer es war, die Materie geordnet, so sie zerteilt und die Teile zu wirklichen Gliedern gestaltet, ballte er gleich zu Beginn die Erde, damit sie auf jeder Seite sich gänzlich gleiche, zur Form einer riesigen Kugel* (!!)." (Sproul, westlich, S. 99)

Noch klarer geht es wirklich nicht! Der Schreiber wußte klipp und klar, daß die Erde ein Kugel ist, aus einer "ungegliederten Masse" entstand, und all dies von *Gott* erschaffen wurde. Diesen *Gott* kannte der Urheber dieses Mythos nicht, und es ist nur verständlich, da es der *reale Gott* war, der diese Schöpfung vollbrachte. Erst später werden die anderen "Götter" erschaffen. Und der Mensch betrat noch später die Erde, und zwar "nach dem Bilde der alles regierenden Götter" (Sproul, westlich, S. 101). Wie in der Genesis. Unglaublich.

Die Bambuti-Pygmäen aus Afrika besitzen eine Mythe über den Anfang der Menschen, der sogar von einem friedlichen Paradies berichtet (König, S 33f.)! Der "Gott" *Mugasa* "schuf die Menschen und lebte (...) im Paradies", bis sich die menschliche Frau (!) gegenüber ihrem Herrscher versündigte. Voller Zorn vertrieb *Mugasa* seine Menschen aus dem Paradies, die fortan von "Tod und Not" geplagt werden sollen. Noch interessanter ist die Feststellung, daß "Wild und alle Nahrungsmittel (...) vor ihnen fliehen würden". Dieses Ereignis ist uns auch in Gen. 3,1-19 beschrieben, wo es heißt, daß nach dem Sündenfall dem Adam "Dornen und Disteln" wachsen würden, und er im "Schweiße seines Angesichts" Nahrung beschaffen müßte! "Ewiges Leben" erhielt er auch nicht.

Eins sollte nach diesem kurzen Ausflug in die Mythologie unserer Ahnen deutlich geworden sein: Schöpfungsmythen der ganzen Welt weisen teilweise merkliche Ähnlichkeiten untereinander auf. Auch die Bibel, der Kern der Betrachtungen in diesem Buch, zeigt diese Parallelen. Durch irgendeine "Eingebung" hielten es die Menschen der Vergangenheit für nötig, recht ähnliche Sichtweisen über ihren Ursprung zu entwickeln. Daß naturverbundene Völker, wie etwa nordamerikanische Indianerstämme, ihre Schöpfung aus irdischem Material (Lehm, Erde etc.) annehmen, sollte nicht verwundern. Aber daß *global* zahlreiche Völker oder Volksgruppen praktisch das Gleiche zu berichten wissen, müßte eigentlich jeden stutzig machen. Die Bibel darf also nicht für sich allein betrachtet werden.

II.4 Adams Kinder und erste Frau

Kommen wir nun zurück zur Genesis und den zwei ersten Menschen: Jeder weiß, daß die alttestamentarischen Schöpfungsberichte von einem Mann - Adam - und seiner Frau - Eva - sprechen. Von diesen zwei Menschen sollen, glauben wir der Bibel, alle sechs bis sieben Milliarden Menschen der heutigen Erde abstammen. Folgerichtig ist die Erde ein Planet, auf dem *Inzucht* selbstverständlich ist - wir alle sind Brüder und Schwestern. Hier erheben Theologen den Finger: Nein, beide sind Symbolismen, Bildnisse für die gesamte Menschheit. Dies stimmt sicherlich, aber sehen wir uns dennoch die Überlieferungen genauer an. In II.7 rücken diese theologischen Symbolismen in ein völlig anderes Licht.

Eva schenkte nach der Vertreibung aus Eden zwei Knaben das Leben: Kain, der "Ackersmann" und Abel, der "Schafhirte" kamen auf die Welt. Abel wurde, so steht es in jeder Bibel, von seinem Bruder heimtückisch und hinterhältig ermordet (Gen. 4,1+), da "Gott" seine Opfergabe annahm, die des Kain aber schlicht ignorierte.

Dieser feige Brudermord, den "Gott" leicht hätte verhindern können, sollte natürlich nicht ungestraft bleiben, denn der Himmlische entschied, Kain in die unbekannte Wildnis zu verbannen. Hier sollte er "rastlos und ruhelos" umherziehen. Hätte der "Herr" denn nicht schon vor der Tat wissen müssen, daß Kain zum Mörder wird, wenn *er* sein Opfer nicht anschaut? Offenbar nicht.

In der Genesis erfahren wir, daß der "Herr" Kain nach seiner Tat aufsuchte, und ihn nach seinem jüngeren Bruder fragte:

"*Da sprach der Herr zu Kain: Wo ist dein Bruder Abel? Er antwortete: Ich weiß nicht. Soll ich meines Bruders Hüter sein?*" (Gen. 4,9) Der "Herr" vermißte Abel und fragte deshalb Kain, wo er sich aufhalte. Kains Antwort an "Gott" persönlich klingt frech, schlicht "gottlos". Er belog seinen "Herrn" schamlos und fragte ihn dann auch noch, ob er etwa ständig auf ihn aufpassen soll.

Seine fadenscheinigen Antworten halfen ihm nicht, die Tat zu verschleiern, denn "Gott" wußte längst darüber Bescheid:

"*Aber er sprach: Was hast du getan! Höre, deines Bruders Blut schreit auf zu mir aus dem Acker. So sei verflucht, verbannt von dem Acker, der seinen Schlund auftat, deines Bruders Blut zu schlürfen, das deine Hand vergoß! Wenn du den Acker anbaust, so soll er dir hinfort seine Fruchtbarkeit versagen; unstet sollst du durchs Land streichen.*" (Gen. 4,10-12)

Kain wurde daraufhin verbannt. Ruhelos mußte er durch das Land ziehen, und der Ackerboden würde ihm fortan keine Erträge mehr bringen. Er wurde zum ersten Nomaden der Geschichte. Nach dieser Strafe sah auch er seine Schuld ein und klagte darüber, daß sie ihm zu groß sei, um damit zu leben (Gen. 4,13). Nun bekam Kain selber Angst:

"*Sieh, du verbannst mich heute vom Angesicht der Ackererde, vor deinem Antlitz muß ich mich verbergen; unstet muß ich durch das Land streichen! Mir wird es so gehn: Wer mich trifft, schlägt mich tot.*" (Gen. 4,14)

Es wird spannend! Kain wußte, daß er von nun an ruhelos durch das Land ziehen würde und fürchtete, daß ihn jeder, auf den er trifft, umbringt. *Wer* aber sollte

Kain etwas antun wollen? Laut der Genesis lebten nach dem Brudermord nur Adam, Eva und Kain selber. An keiner Stelle wird irgend etwas von weiteren Menschen berichtet, die für Kain hätten zur Gefahr werden können. Kain aber kannte offensichtlich andere Menschen auf Erden, und er fürchtete sich vor ihnen. Auch "Gott" ist sich im Klaren, daß "Familie Adam" die Erde nicht für sich alleine besitzt:

"*Der Herr aber sprach zu ihm: Keineswegs! Jeder, der Kain tötet, an dem soll man es siebenfach rächen.*" (Gen. 4,15)

Kein Zweifel, "Gott" wußte, daß es noch andere Menschen gibt. Trotzdem ist der Vers sehr unverständlich. Denn jeder, der Kain tötet, soll siebenfach ermordete werden. Kain kann aber nur *einmal* sterben, und der vermeintliche Mörder wird kaum siebenfach von "Gott" erschlagen werden können.

Um sicherzugehen, daß auch wirklich niemand Kain ein Haar krümmt, gab der "Herr" ihm ein Zeichen. Jeder, der Kain oder seinen Nachkommen in Zukunft begegnen würde, soll daran erkennen, daß er unter "Gottes" Schutz steht:

"*Darauf machte der Herr dem Kain ein Zeichen, damit ihn nicht jeder töte, der ihn fände. Kain aber ging von dem Angesicht des Herrn hinweg und ließ sich im Lande Nod östlich von Eden nieder.*" (Gen. 4,15-16)

Dieses Zeichen, das Kain gegeben wurde, sehen moderne Exegeten oder Theologen als *Tätowierung*. Zecharia Sitchin vermutet in dieser Deutung eine kirchliche Ausrede. Er weist darauf hin, daß ein Tatoo nicht über Generationen hinweg vererbt werden kann; jedoch sind *genetische* Eigenschaften sehr wohl dazu in der Lage. Sitchin spekuliert, daß sich dieses Kainszeichen mindestens bis in die siebente Generation vererbt hat, was sicherlich nicht mit einer Tätowierung erklärt werden kann. Ich halte dieses Zeichen ebenfalls nicht für einen derartigen Schmuck. Wenn es aber doch eine Tätowierung war, so hat "Gott" gegen seine *eigenen* (späteren) Gesetze verstoßen (etwa Lev. 21,5), die wir im Buch Levitikus finden:

"*(...) ihr dürft euch keine Zeichen einritzen lassen. Ich bin der Herr.* (Lev. 19,28)

Ob er nun an der Stirn ein Tatoo bekam oder nicht, ändert nichts an den nun folgenden Ereignisse in der Genesis.

Kain war verbannt und zog durch die Lande. Dann plötzlich, ohne eine Vorwarnung, schlief er mit seiner Frau - wo aber kam diese her? Sein unbekanntes Weib aus dem Nirgendwo wurde schwanger und gebar Kains Sohn Henoch (Gen. 4,17). Und als wenn das plötzliche Auftauchen von Kains Frau nicht sonderbar genug wäre, wurde Kain nun auch noch Bürgermeister einer Stadt, die er seinem Sohn Henoch widmete:

"*Kain erkannte seine Frau; sie empfing und gebar den Henoch. Kain wurde der Erbauer einer Stadt und gab der Stadt den Namen seines Sohnes Henoch.*" (Gen. 4,17) Es ist kaum vorstellbar, daß Kain alleine eine ganze Stadt errichtete, um mit seiner Frau und seinem Sohn Henoch dort zu leben. Zu einer Stadtgründung gehören zahlreiche Menschen, über deren Abstammung und Herkunft in der Genesis *nichts* zu erfahren ist. Sie kommen, wie Kains Weib, aus dem *Nichts*.

Natürlich mangelt es nicht an theologischen Erklärungsversuchen, um aus dieser Sackgasse wieder herauszukommen. Vielleicht, so wendet die Kirche ein, hatten Adam und Eva noch zahllose weitere Kinder, die nicht in der biblischen Schrift erwähnt werden, da sie zweitrangig waren.

Hatten die ersten Menschen also mehr als drei Knaben das Leben geschenkt (Kain, Abel und später Seth)? Die alttestamentarische Überlieferung ist ein reiner Widerspruch, denn niemand wird tatsächlich glauben, daß Eva drei Söhne geboren wurden, von denen zwei (Kain und Seth) die Welt besiedelten - ohne Frauen. Jedoch findet sich in der Schrift "Leben Adams und Evas" tatsächlich ein Hinweis, daß Adam und Eva zahlreiche direkte Nachkommen hatten.

Hier, in AuE. 23, heißt es, daß Adam zur Zeit des Brudermordes 130 Jahre alt gewesen sein soll. Abel hingegen wurde 122 Jahre alt, bis er der Tat seines Bruders zum Opfer viel. Adam lebte also acht Jahre kinderlos, und mit acht zeugte er seinen ersten Sproß...(?)

Kain wurde von "Gott" in das Land Nod (von "nad", "ruhelos") verbannt, Abel war ermordet worden, und das erste Paar lebte wieder alleine. Später wurde Seth auf sehr merkwürdige Art und Weise der Eva geboren. Dazu jedoch später mehr (s. II.5).

In der außerbiblischen Adam und Eva-Schrift ist sogar davon die Rede, daß Adam insgesamt 63 Kinder hatte:

"*Als Adam Seth erzeugte, lebte er noch 800 Jahre und zeugte dreißig Söhne sowie dreißig Töchter, 63 insgesamt. Und sie verbreiteten sich auf der Erde hin in ihren Völkern.*" (AuE. 24)

Dieser Vers weiß also, daß die Brüder Kain, Abel und Seth noch 60 weitere Geschwister hatten, von denen aber in der Genesis keine Rede ist. Die Vermutung, Kains Frau war seine eigene Schwester, die mit ihm in das Land Nod zog, findet seine Bestätigung ebenfalls in dem nichtkanonisierten Schriftgut. Vor mir liegt nun das Buch Schatzhöhle, in dem eindeutig von zwei Töchtern Adams und Evas berichtet wird, die mit Kain und Abel zusammen geboren wurden:

"*Sie ward schwanger und gebar den Kain samt seiner Schwester Lebuda. Dann ward sie abermals schwanger und gebar den Abel samt seiner Schwester Kelimat.*" (Scha. 5,19-20)

Kain und Abel hatten demzufolge Zwillingsschwestern. Der Text überliefert weiter, wie Adam seinen inzwischen erwachsenen Söhnen sagte, daß Kain die Schwester Abels und Abel die Schwester Kains heiraten soll. Kain hingegen war damit nicht einverstanden, denn er wollte seine eigene Zwillingsschwester ehelichen, denn "Lebuda war nämlich schön", so Scha. 5,22. Diese Streitigkeiten werden in dem Buch u.a. als Hauptgrund für den hinterhältigen Brudermord genannt.

Kain nahm seine Schwester mit in die Verbannung nach Nod. Welche, ob Kelimat oder Lebuda, wird aber nicht erwähnt:

"*Und so war er* (Kain, L.A.F.) *alle seine Lebenstage in Bedrängnis, und Gott vertrieb ihn ins Gefilde von Nod. Da nahm er seine Schwester mit und wohnte daselbst.*" (Scha. 5,31-32)

Anhand dieser Aussagen ist es durchaus gerechtfertigt, zu behaupten, daß Kains Frau seine eigene Schwester war. Übrigens war es zur Zeit des Alten Testamentes (Genesis) völlig normal, die eigene Schwester zu ehelichen. Möglicherweise wurden die entsprechenden Textstellen auch nicht in die Bibel aufgenommen, da sie nicht mit den Vorstellungen von Moral und geregeltem Familienleben vergangener Schreiber oder Kirchenväter übereinstimmten. Bekanntlich, so lehrt es jeder Religionslehrer, war Eva Adams Weib. Sie stammte von ihm selber ab, und war die Erste Frau auf Erden überhaupt. Aber auch diese biblische Behauptung wird durch anderes Schriftgut widerlegt.

Uralte Überlieferungen der Sumerer wissen von einem dämonischen Geschöpf namens *Kiskil-lilla* zu berichten. Das babylonische Volk aus Mesopotamien übernahm später dieses weibliche Wesen als *Lilitu* oder auch *Ardat-lili.* Und nun wird es interessant, denn die Hebräer kannten diese Dämonin unter dem Namen *Lilith*, die nach dem heiligen *Talmud* (hebräisch = "Belehrung"/"Studium"), einer nachbiblisch/jüdischen Sammlung von religiösen Gesetzen, die erste Frau Adams war! In dieser Schrift, von der uns heute eine babylonische (*Talmud Babli*, 5./6. Jahrhundert n. Ch.) und eine israelische Version (*Talmud Erez Jisrael*, 4. Jahrhundert n. Chr.) vorliegt, erfahren wir, daß *Lilith* genau wie Adam entstanden sein soll, aus "Erde". Sie war von unglaublicher Weisheit und Kraft und soll riesengroß - eine Titanin - gewesen sein.

Die unmittelbar von "Gott" erschaffene Frau Adams lebte mit ihm in Eden - Eva gab es zu diesem Zeitpunkt noch nicht. *Lilith* war ein dämonisches Weib und besaß die Macht über "geheime, todbringende Zaubersprüche" und einen ominösen Vogel namens "Zu". Da sie von ihrem "Herrn" in gleicher Weise wie Adam erschaffen wurde - also aus "Lehm" -, weigerte sie sich, Adam zu gehorchen oder ihm zu dienen. Erst Eva, die aus Adams eigener "Lebenskraft" geformt wurde, war dem Mann "hörig".

Irgendwann hatte sie scheinbar das Zusammenleben mit ihrem Adam satt, so daß sie durch den Zauberspruch "Schem ammeforasch" in die Luft aufstieg. Adam klagte über den Verlust seiner Frau derart, daß "Gott" eine Gruppe seiner Engel aussandte, um sie wieder nach Eden zurückzubringen. Keiner der Engel, so die Überlieferung, war in der Lage, *Lilith* wieder einzuholen - sie entschwand im Himmel. "Gott" sah sich nun dazu veranlaßt, *Lilith* zu bestrafen; schließlich hatte er sie *zusammen* mit Adam geschaffen, und sie gehörte zu ihm. Also mußten von nun an täglich 300 (auch 100 werden genannt, s. Vollmer, S. 314) ihrer Kinder sterben.

Erst an dieser Stelle setzt die Überlieferung der Genesis wieder ein, denn nun schuf "Gott" Eva aus Adams "Rippe". Vielleicht klärt die Überlieferung über diese Lilith den Vers Gen. 1,27, in dem eindeutig von einem *gleichzeitigen* Erscheinen von Mann und Frau berichtet wird. Später hingegen lesen wir in der Bibel, daß Eva lange Zeit nach Adam das Licht der Welt erblickte.

Als dann Eva einst vom Baum der Erkenntnis naschte, vertrieb sie der "Herr" aus dem Paradiese. Die Geschehnisse nach dem Sündenfall und der anschließenden Vertreibung sind weitgefächert. In der Bibel erfahren wir nicht sonderlich viel über das Leben des ersten Menschenpaares außerhalb von Eden, obwohl - wie ich bereits weiter oben gezeigt habe - noch einiges an Überlieferungen existiert.

Nach der rabbinischen Legende über Adams erstes Weib *Lilith* erhielt der Stammvater noch eine weitere Strafe für seine Sünde in Eden: Er wurde gezwungen, sich nun 130 Jahre lang mit *Lilith* zu vereinigen, wodurch zahlreiche dämonische Menschen und Riesen in die Welt gesetzt wurden, heißt es.

Ob er tatsächlich 130 Jahre mit seiner Exfrau verkehren mußte, ist zweifelhaft. In den außerbiblischen Schriften finden sich einige verwirrende Zahlen- und Zeitangaben. So soll Adam zum Beispiel nach dem Buch Leben Adams und Evas (s. oben) acht Jahre gewesen sein, als er seinen ersten Sohn zeugte (AuE. 23). Glauben wir einem anderen außerbiblischen Buch (Apokalypse des Mose, AM.1) vergingen nach der Vertreibung aus Eden "achtzehn Jahre und zwei Monate. Dann empfing Eva und gebar zwei Söhne."

Wie dem auch sei, es ist belanglos, wie lange nun Adam und *Lilith* zwangsweise wieder zusammen waren (während Eva *schon* existierte!). Dennoch zeugten sie eine andere Rasse von "Menschen".

Warum die Kirche derartige Überlieferungen, die nun einmal vorhanden sind und von Adam berichten, nicht erwähnt, und sie schon gar nicht in der Bibel zu finden sind, ist recht deutlich: "Gott" erschuf Adam und *Lilith* - das Weib widersetzte sich ihrem Mann *und* ihrem Schöpfer - floh gar vor "Gott", so daß er sie nicht einmal trotz Unterstützung seiner Engel zurückholen konnte - dann erschuf "Gott" die neue Frau Eva - *Lilith* und Adam mußten (nach der Vertreibung) zusammen Kinder zeugen - diese waren böse Dämonen bzw. Riesen...

Sollte so *Gott* handeln?! Unvoreingenommen, mit "wissenschaftlicher Brille" betrachtet, scheint die gesamte Überlieferung eher ein Experiment der *Elohim* zu sein. So wurden ein Mann und ein Weib mit überlegendem Wissen, wie es die Legende berichtet, erschaffen. Die Frau widersetzte sich Adam und floh. Der "Herr" sah sich gezwungen, eine zweite Frau zu formen, dieses Mal jedoch aus dem "Leben" des Mannes. Eva und Adam aßen (durch die "Schlange") vom Baum der Erkenntnis, wurden wissend und scheinbar auch zeugungsfähig (*Lilith* und Adam waren bis zur Vertreibung aus Eden ebenfalls ohne Nachwuchs geblieben). Auch daß die Schlange in der Vergangenheit unbestreitbar mit phallischen Assoziationen belegt wurde und sich zuerst an die *Frau* Eva wandte, könnte durchaus auf einen verborgenen Fruchbarkeitsglauben hindeuten. Nach all diesen Ereignissen betrat *Lilith* erneut die Bildfläche, denn sie mußte 130 Jahre mit Adam nichtmenschliche Wesen - eine fremde Rasse - zeugen. Erst *dann* gründeten Adam und Eva eine Familie.

Versuchslabor Erde? Auch andere Überlieferungen scheinen auf genetische Experimente hinzuweisen...

II.5 Himmlische Schwangerschaften - sonderbare Abstammungen

Adam und Eva hatten laut Genesis nach der Ermordung Abels keine weiteren Kinder mehr. Kain wurde von "Gott" vertrieben, stand jedoch weiterhin unter seinem "Zeichen" (Schutz), und das erste Menschenpaar lebte alleine. Nun betrat der dritte Sohn des ersten Menschenpaares die Bühne der Schöpfung. Es war der fromme Seth (oder Set, Schet).

Die Bibelübersetzungen nennen Adam als leiblichen Vater von Seth, was nach unserem bisherigen Verständnis natürlich auch nicht anders sein konnte, da er der einzige Mann auf Erde (plus Kain) war. Die Geburt des dritten Sohnes wurde von Adam und Eva mit Freuden erwartet - endlich sollten sie nicht länger alleine sein. In der biblischen Textstelle über die Geburt Seths erfahren wir bei genauer Betrachtung von einer bemerkenswerten Tat der *Elohim*:

"*Adam erkannte abermals sein Weib, sie gebar einen Sohn und rief ihn mit Namen Seth (das ist: Setzling); denn, sagte sie, Gott hat mir einen anderen Sproß gesetzt anstatt Abels, weil ihn Kain erschlug.*" (Gen. 4,25)

Die Aussage dieses Verses, der sich aus zwei verschiedenen Versen zusammensetzt, ist sehr deutlich: Adam "erkannte" seine Eva und sie wurde schwanger. Ihren Sohn nannte Eva "Seth" ("Setzling" bzw. "Eingesetzter"), denn, und hier sollten wir aufhorchen, "Gott" (im hebräischen Text steht hier *Elohim*, "Götter") setzte ihr einen Sprößling ein! Zwar erfahren wir, daß Adam selber Geschlechtsverkehr mit seiner Frau hatte, aber noch im gleichen Vers wird das Kind "Gottes" Wirken zugesprochen.

Gen. 4,25 klingt je nach Bibel recht unterschiedlich, was sicherlich auch darauf zurückzuführen ist, daß hier zwei Verse miteinander verschmolzen wurden. Der evangelische Theologe und Autor Walter-Jörg Langbein übersetzte den entsprechenden Vers selber aus dem Hebräischen ins Deutsche, und seine wörtliche Übersetzung ist inhaltlich zwar sehr ähnlich, weist jedoch beachtenswerte Unterschiede auf:

"*Und Adam schwängerte nochmals seine Frau, und die gebar einen Sohn, den nannte sie Setzling (auch Eingepflanzter), denn gesetzt haben mir die Götter (Elohim,* L.A.F.) *fremden Samen für Abel, welchen der Kain erschlug.*" (Langbein, Syndrom, S. 22)

Nach dieser Version wurde der ersten Frau nicht ein Sproß oder Nachwuchs eingesetzt, sondern fremder *Samen*! Wer aber gab Adams Weib diesen Samen oder das Sperma? Die Antwort ist eindeutig: Die himmlischen "Götter", die *Elohim* der Genesis, die Wesen des Himmels! Zwar ist aus diesen "göttlichen" Wesen -

dank des Monotheismus - ein einzelner “Gott” geworden, aber die hebräische Schrift nennt diesen nicht.

Wurde Seth demnach durch eine *künstliche Befruchtung* geboren, wie sie heute unlängst machbar ist? Weitere Hinweise, die ebenfalls einen derartigen Schluß zulassen, finden sich auch in anderen Schriften und Überlieferungen unserer Ahnen.

Das 5. Kapitel der Genesis (“Die Patriachen vor der Sintflut”, oder ähnlich) dokumentiert uns die “Nachkommen Adams” (Gen. 5,1+). Und am Ende dieser Ahnreihe findet sich der Held der biblischen Sintflut Noe oder Noah (= “Ruhe”?), dem die Söhne Sem, Cham und Japhet zugesprochen werden.

Dieser Noah ist uns bestens bekannt, denn er und seine Familie wurden von “Gott” auserwählt, als einzige die große Flut auf einem Schiff zu überleben. Alle anderen Menschen sollten jämmerlich ertrinken.

Noahs Vater war Lamech, der Sohn des Methusalem, der laut Altem Testament (Gen. 5,27) stattliche 969 Jahre alt geworden sein soll - der älteste Patriarch der Bibel. Den Bericht über die eigentliche Geburt des Helden Noah finden wir im 5. Kapitel der Genesis beschrieben:

“*Lamech war hunderzweiundachzig Jahre alt, da zeugte er einen Sohn. Er gab ihm den Namen Noach; denn, sagte er, dieser wird uns Trost verschaffen in unserer Arbeit und der Mühsal unserer Hände aus dem Ackerboden, den Gott verflucht hat.*” (Gen. 5,28-29)

Lamech, der im wahrhaft biblischen Alter von 777 Jahren das Zeitliche segnete, wird uns in diesen Versen unmißverständlich als Vater Noahs genannt. Über die Identität von Lamechs Frau, der Mutter Noahs, schweigt die Genesis sich aus. Wir können aber dem 4. Kapitel entnehmen, daß Noahs Vater zu den Nachkommen Kains gehörte und sich zwei Frauen nahm. Die erste war Ada und die zweite Zilla. Ada bekam zwei Söhne, einen namens Jabel, der - wie Kain - der Stammvater der Nomaden geworden sein soll (Gen. 4,20) und seinen Bruder Jubal. Der Knabe von Zilla war *Tubal-Kaijn* (Kain), der “Stammvater” der Schmiede, der eine Schwester mit Namen Naama hatte (Gen 4,22). Von Noah leider keine Spur, obwohl er gleichfalls Lamechs Nachkomme war...

Wie sollte es anders sein, die apokryphen Schriften des Alten Testamentes liefern wertvolle Hinweise über Noahs Abstammung. Auch seine Mutter wird namentlich genannt, sie hieß Bat-Enoch.

Im “*äthiopischen Henochbuch*” (entspricht “Hen.”) lesen wir ab Hen. 106,1+ eine interessante Geschichte über Noah und seinen Menschentyp, die wir uns beide an dieser Stelle näher ansehen wollen. Glauben wir den Versen in der Henochschrift, war Noah ein völlig fremdartiger Mensch, der den Engeln des Himmels ähnlich war. Selbst Lamech - laut Genesis sein Vater - fürchtete sich vor ihm und hatte Bedenken, Noah als eigenen Sohn zu akzeptieren. Aber lassen wir die alten Texte, die erstaunlicherweise in der Ichform geschrieben sind, selber sprechen:

"*Nach einigen Tagen nahm mein* (Henochs, L.A.F.) *Sohn Metusala ein Weib für seinen Sohn Lamech; sie ward von ihm guter Hoffnung und gebar einen Sohn.*" (Henoch, Hen. 106,1)

Dieser Sproß war Noe (Noah), der Überlebende der verheerenden Flut, dem die Henochschrift bemerkenswerte Eigenschaften zuschreibt:

"*Sein Leib war weiß wie Schnee und rot wie eine Rose, sein Haupthaar weiß wie Wolle und seine Augen wie Sonnenstrahlen. Wenn er seine Augen öffnet, dann erleuchtet er gleich der Sonne das ganze Haus, und das ganze Haus ward sehr hell.*" (Hen. 106,2)

Eine sonderbare Beschreibung, die uns hier erzählt wird! Noah, der erste Albino der Geschichte? Vielleicht... aber wir stoßen zum Beispiel in der Offenbarung (Apokalypse) des Johannes auf eine ähnliche Beschreibung. Dort erfahren wir, wie ein sonderbarer "Thron" mit viel Lärm vom Himmel niederstieg, indem sich ebenfalls ein solcher "Mensch" befand (s. auch Teil III.7):

"*Sein Haupt und seine Haare waren weiß wie Wolle, leuchtend weiß wie Schnee, und seine Augen wie Feuerflammen.*" (Off. 1,14)

Bei Noahs Geburt geschah noch etwas ganz Außergewöhnliches, denn kein Kind der Welt kann in den Armen seiner Hebamme sprechen. Noah durchaus:

"*Darauf richtete er sich in den Händen der Hebamme auf, öffnete seinen Mund und redete mit dem Herrn der Gerechtigkeit.*" (Hen. 106,3)

Lamech wußte nicht, was geschah, wie konnte sein Junge so einfach sprechen? Er bekam es mit der Angst zu tun und floh zu seinem Vater Metusala (Hen. 106,4). Ihm offenbarte er seine Sorgen - vielleicht wußte der weise Metusala ja Rat? Sicherlich sehr erregt sprach Lamech zu seinem Vater:

"*Ich habe einen merkwürdigen Sohn; er gleicht nicht einem Menschen* (!), *sondern den Gottessöhnen des Himmels*(!!) *und seine Natur ist verschieden; er ist nicht wie wir; seine Augen gleichen Sonnenstrahlen und sein Antlitz ist majestätisch.*" (Hen. 106,5)

Lamech zweifelt, und wer würde es ihm übelnehmen, an seiner Vaterschaft. Er unterbreitete seinem Vater, daß er mit Sicherheit nicht der tatsächliche Erzeuger dieses Kindes sein kann, und daß "in seinen Tagen auf Erden ein Wunder geschieht".

Nun bat er Metusala, seinen Vater, er möge zu Henoch gehen, "er wohnt ja bei den Engeln."

Metusala wandte sich ratsuchend an Henoch, seinen Vater, und berichtete ihm von der "beunruhigenden Erscheinung" und "beängstigenden Sache" über Noahs Geburt. Noch einmal lesen wir im Henochbuch, daß Noahs "Gestalt und Natur nicht der eines Menschen gleicht" (Hen. 106,10), sondern "ein Abbild der Engel des Himmels sei" (Hen. 106,12), so wie es u. a. die Beschreibung aus Off. 1,14 vermuten läßt.

An anderer Stelle im Buch Henoch (Hen. 71,1) werden Engel (= *Wächter*) des Himmels beschrieben, deren Antlitz "leuchten wie Schnee". Ob auch Noah diese Eigenschaft besaß, da er den Engeln geglichen haben soll?

Der Prophet Henoch, der zu seiner Zeit ein Mann von unermeßlichem Wissen war (s. Kapitel VII), prophezeite seinem Sohn Matusala die kommende Sintflut. Er berichtete ihm auch, daß Gottessöhne des Himmels Kinder mit Menschenfrauen zeugten (Hen. 106,14) und "Gott" sie durch die große Flut vernichten würde (vergl. Gen. 6). Metusala sollte seinen Sohn Lamech beruhigen, denn sein Kind ist auserwählt, die Katastrophe zu überleben und "die Erde nach all der Vernichtung (zu) trösten". (Hen. 107,3)

Henoch, und das ist interessant, erzählte Metusala, daß die Sünde durch die Flut vertilgt werden würde. Aber "danach wird die Gottlosigkeit noch weit größer werden als die, die zuerst auf Erden begangen ward". Folgerichtig war die Flut völlig überflüssig, da sie nichts nutzte.

Noah - dies läßt sich zweifelsfrei aus den Versen entnehmen - war ein Mensch mit ganz außergewöhnlichen Eigenschaften, die ihn eigentlich nicht als richtigen Menschen erscheinen lassen. Er soll den himmlischen Engeln geglichen haben. Dennoch wies Henoch seinen Sohn an, dem Lamech zu sagen, daß Noah "wirklich sein Sohn ist". Wie konnten aber Lamech und sein Weib ein derart fremdes Kind bekommen?

Das Rätsels Lösung ist ähnlich gelagert wie bei der Geburt Seths, bei der Eva den fremden Samen eingesetzt bekam.

Die sogenannte *Lamech-Rolle*, ein fragmentarisches Schriftstück aus den Höhlen von Qumran, enthält ebenfalls einen Bericht über Noahs sonderbare Geburt, ziemlich ähnlich wie im Henochbuch. Nach der zweiten Kolumne dieser Qumran-Rolle kann Lamech gar nicht der Vater Noahs gewesen sein, denn er kehrte nach einer über neun Monate langen Reise zurück zu seiner Frau Bat-Enoch, wo er den ominösen Knaben vorfand. Sofort beschuldigte er seine Frau, sie sei ihm untreu gewesen und das Kind in seinem Haus nicht seines - wie sollte es auch? Verbittert kam er zu dem Schluß, daß Bat-Enoch ein Kind der "Wächter" ("*Nefilim*", "Die Hinabgeworfenen") sein müsse und stellte seine Frau zu Rede:

"*Ich möchte, daß du schwörst, beim Allerhöchsten, beim obersten Herrn, dem König aller Welten, dem Führer der Söhne des Himmels, daß du mir die Wahrheit sagst* (...)"

Bat-Enoch wich Lamechs Fragen aus und appellierte an sein Herz, er möge sich an ihre "empfindliche Gefühlslage erinnern". Nach eingehender Bedrängung durch ihren Mann antwortete sie ihm schließlich:

"(...) *ich lasse alle meine zarten Gefühle außer acht und schwöre dir beim Heiligen und Großen, dem Herrn des Himmels und der Erde, daß dieser Samen von dir kam, die Empfängnis durch dich geschah und diese Frucht von dir gepflanzt wurde und nicht von irgendeinem Fremden oder von irgendeinem der Wächter oder himmlischen Wesen* (!)."

Immer wieder wird es deutlich, Noah war ein Abkömmling der Himmelssöhne, auch wenn Bat-Enoch dies bestritt. Die Bestätigung dieser Behauptung findet sich ebenfalls in der Qumran-Rolle, denn, wie auch im Buch Henoch, geht Metusala zu seinem Vater Henoch, dem Großvater Lamechs und unterbreitet ihm das Problem. Henoch aber gab Metusala den Auftrag, seinem Sohn auszurichten, daß der Same von den "Wächtern des Himmels" in den Schoß von Bat-Enoch gelegt wurde!

Noah, der von "Gott" auserwählt wurde, eine neue Menschheit zu begründen, soll künstlich von den "Wächtern" oder besser *Nefilim* erschaffen worden sein. Die Umstände, die zu der Geburt des Sintfluthelden führten, finden sich leider nicht in der alttestamentarischen Überlieferung. Aber anhand der außerbiblischen Quellen und der Qumran-Rollen zeichnet sich hier ein deutliches Szenario ab: Eine *künstliche Befruchtung*, wie bei Seth.

Wir haben bereits die Bhil aus Indien kennengelernt, die offenbar den Menschen als einen Arbeiter des "Gottes" *Bhagwan* betrachten. Auch nennt der Schöpfungsbericht dieser Religion eine Vertreibung von diversen "Untergöttern" auf die Erde, die wiederum an Gen. 6 erinnert. Erstaunlich ist aber ihre Erzählung über eine große Flut (König, S. 30), die einen klaren Kern zum biblischen Geschehen enthält. Denn, als die Flut hereinbrach, wurde ein Geschwisterpaar von *Bhagwan* gerettet, welches er nach Rückgang des Wassers anwies, wie es sich zu vermehren hatte. Und so wie Noah künstlich erschaffen wurde, formte auch *Bhagwan* dieses Paar künstlich! Diese Schöpfung soll sogar, so sagt es die Legende, mit "Lehm" geschehen sein, was auch mesopotamische Mythen der Menschwerdung deutlichst betonen (s. II.1)!

Vielleicht wurde auch lange, lange Zeit später der Enkel Abrahams auf diese Art geboren. Abrahams Sohn war Isaak, dessen aramäische Mutter Rebekka, die Tochter von Betuel aus Paddan-Aram gewesen sein soll (Gen. 25,19-20). Als Isaak sechzig Jahre als war (Gen. 25,26), bekamen er und Rebekka Zwillinge, obwohl das Paar zuerst kinderlos blieb (Gen. 25,21).

Bekanntermaßen wünschten sich die beiden aber Kinder, da Isaak den "Herrn" anbetete, damit seine Frau ihm Erben schenkt. Das Gebet wurde erhört und Rebekka wurde mit zwei besonderen Kindern schwanger. Denn als sie sich an "Gott" wandte, gab er ihr zur Antwort:

"Zwei Völker sind in deinem Leib, zwei Stämme trennen sich schon in deinem Schoß. Ein Stamm ist dem anderen überlegen; der ältere muß dem jüngeren dienen." (Gen. 25,23)

Als Rebekka schließlich gebar, erhielt sie einen sonderbaren Sproß, den sie Esau nannte. Er soll rötlich und "über und über mit Haaren bedeckt" gewesen sein, "wie ein Fell", so Gen. 25,25. Sein Zwillingsbruder war der bekannte Jakob, von denen die Israeliten abstammen sollen. Von diesem sonderbaren Esau stammen angeblich alle Edomiten ab, die von dem israelitischen König David (ca. 1010 bis 970 v. Chr.) unterdrückt wurden (2. Sam. 8,13-14). Erst unter König Joram (ca.

848 bis 841 v. Chr.) konnten sie sich aus der Hand der Israeliten befreien (2. Kön. 8,20-22).

Da aber beide Kinder bzw. Völker von derselben Mutter geboren wurden und diese erst mit "Gottes" Hilfe gebären konnte, ist es natürlich verwunderlich, daß Jahwe Rebekka diese einsetzte, obwohl es nach Gen. 25,23 auf der Hand liegt, daß er wußte, daß sich die Völker in Zukunft unterdrücken würden. Vielleicht war der sonderbare Esau - dessen hebräischer Name ("*Esaw*") übrigens "Behaarter" bedeutet (Mertens, S. 156) - nicht geplant, als Jahwe Rebekka künstlich befruchtete. Denn im Buch Maleachi erfahren wir sogar, daß "Gott" "seinen" Sohn Esau haßte:

"*Ist nicht Esau Jakobs Bruder? - Spruch des Herrn -, / und doch liebe ich Jakob, Esau aber hasse ich. / Darum mache ich seine Berge zur Öde/und überlasse sein Erbland den Schakalen der Wüste.*"(Mal. 1,2-3)

Jakob (Kurzform von "*Ja´aqob-El*" = "Gott möge schützen"), war ebenfalls etwas Besonderes in der Genesis. In Gen. 28,10+ ist uns ein Traum von ihm überliefert, den wir uns aber in Teil III.2 ansehen wollen.

Nehmen wir an, die fellartige Behaarung Esaus wäre eine tatsächliche Mißbildung gewesen, so könnte auch die Feststellung der Genesis, daß Jakob bei seiner Geburt die *Ferse* Esaus hielt, eine solche sein, etwa wie bei siamesischen Zwillingen. Jakob schreibt sich "*Ja´aqob(-El)*", was eine Anspielung auf diese Mißbildung sein könnte, da "*aqeb*" "Ferse" bedeutet. Es ist aber nicht auszuschließen, daß hier rein symbolische Eigenschaften beschrieben werden.

Die biblischen sowie die nichtkanonisierten Schriften sind zwar Hauptthema des vorliegenden Buches, aber dennoch ist im Zusammenhang mit sonderbaren Schwangerschaften ein indischer Mythos nicht zu unterschätzen (C. Däniken).

In Indien - dem "Land der tausend Götter" - treffen wir auf die rund 2.500 Jahre alte Jaina-Religion. Trauen wir der Aussage dieser Religion, geht ihr Ursprung auf ein sehr bemerkenswertes Ereignis zurück.

Laut Überlieferung wurde von den "Göttern" beschlossen, daß es an der Zeit sei, auf Erden eine neue Religion zu gründen. Der "Gott" *Mahavira* wurde mit diesem Projekt beauftragt. Deshalb nahm er die Gestalt eines menschlichen Embryos an, und wurde von dem "Gott" *Harinaigamesin*, der mit einem "Pfau" zur Erde herniederstieg, in die Gebärmutter der Brahmanin *Devanda* aus der Stadt *Kundagrama* gelegt.

Auch in dieser Mythe sehen wir eine Verbindung zu biblischen Schwangerschaften: Die *unbefleckte Befruchtung*. Der himmlische "Gott" wurde in eine Menschenfrau gepflanzt, damit diese ihn gebärt und er so eine neue Religion begründen kann:

"*Er legte sie in tiefen Schlaf, aber ihre Augen waren offen, er tat es ihr ohne Schmerzen, sie war in einem Zustand des Traumes.*" (C. Däniken)

So besagt es die alte Legende. Auf diese Art gelangte der "Gott" *Mahavira* in eine irdische Frau. Die Leihmutter, die nun den jungen "Gott" trug, war allerdings bereits schwanger, was von den Himmlischen auf bemerkenswerte Weise gelöst wurde! Ihren eigenen Embryo nahm der "Gott" *Harinaigamesion* mit den Worten "Möge die Erhabene mir erlauben" einfach heraus.

Nun kehrte er wieder zurück zu den "Göttern" im Himmel und teilte den anderen himmlischen Wesen mit, daß er seinen Auftrag ausgeführt habe. Dann aber sahen die "Götter" ein, daß sie einen Fehler gemacht hatten. Die Priesterin *Devanada* sei nicht würdig genug, einem "Gott" das Leben zu schenken, - hierzu bedarf es einer Königin.

Also macht sich der "Gott" ein weiteres Mal auf, um mit seinem "Pfau" vom Himmel zu steigen und fand die schwangere Königin *Trisala* vor. Ihr entnahm er den Embryo und tauschte ihn mit dem der Priesterin *Devanada* - dem "göttlichen" Embryo - aus. Im Jahr 599 v. Chr. brachte die Königin *Trishala* ihren Sohn zu Welt - er hieß *Mahavira* und gründete die Jaina-Religion!

Sonderbare Schwangerschaften sind nicht nur eine Idee der Bibel, sondern wir finden sie in vielen Religionen. Alle Abkömmlinge, die sich brüsten konnten, von einer solch himmlischen Schwangerschaft abzustammen, waren in irgendeiner Art besonders priviligierte Menschen. Waren derartige Geschehnisse tatsächlich nur Ausgeburt der Phantasie unserer Vorfahren? Wenn ja, wenn sie also nichts als Erfindungen sind, warum erfahren wir dann von der Kirchenkanzel aus die Geschichte über Marias unbefleckte Befruchtung, durch die sie Jesus Christus das Leben schenkte?

Die Überlieferungen, die uns von Menschen berichten, die von Wesen aus dem Himmel abstammen sollen, wissen auch, daß diese *immer* etwas besonderes waren. So war Noah bekanntlich der Überlebende der Sintflut, dem die Wiederbevölkerung der Erde zugeschrieben wird.

Ich möchte noch einen Helden, der von sich behaupten konnte, in seinen Adern fließe "göttliches" Blut, an dieser Stelle erwähnen. Es ist der mesopotamische König, Held und Abenteurer *Gilgamesch*.

Heute liegt uns dank des großartigen Einsatzes der Archäologie ein zwölftäfeliges Epos vor, welches uns die Geschichte dieses mythischen Helden überliefert. Die Ursprünge des *Gilgamesch-Epos* (Papke, S. 312 bis 377) gehen bis auf Dichtungen der Sumerer zurück, und somit gehört das Epos zu den ältesten Schriften der Menschheit überhaupt - ein unschätzbares Kulturgut.

Der mesopotamische Heros *Gilgamesch*, der um 2600 v. Chr. in Uruk (südlicher Euphrat) lebte, war, so das Epos aus der Bibliothek des assyrischen Herrschers Assurbanipal (ab 669 König v. Chr.), kein gewöhnlicher Mensch. Er wird als Herrscher mit unglaublicher Weisheit beschrieben, der "alles wußte, jedes Ding erforschte (...) der das Verborgene geschaut hat, das Geheimnis offenbarte" (I. Tafel, assyrisch, 1,2-5).

Gilgamesch war, wenn man so will, ein Zwitter zwischen "Göttern" und Menschen - so wie Seth und Noah:

"Zu zwei Dritteln ist er Gott, Mensch zu einem Drittel nur. Die erhabene Göttin hat sein Lebensbild entworfen." (I. Tafel, assyrisch, 2,1-2)

Nicht nur, daß der Held "göttliche" Substanz in sich trug, sondern er war auch ein Riese:

"Schamasch gab vom Himmel her ihm..., Heldenmut verlieh ihm Adad. Herrlich schufen ihn die großen Götter: Elf Ellen ist er lang, die Brust neun...breit." (Hethitische Fassung, Papke, S. 313)

Leider können wir heute nicht mehr sagen, wie groß er gewesen sein mag, denn es gibt zahllose Ellenlängen, die uns im Zusammenhang mit der Lade Jahwes in VI.9 noch Kopferzerbrechen bereiten werden. Wenn wir die sogenannte "königliche" Elle annehmen würden (= 52½ Zentimeter), wäre der Held rund 2,63 Meter groß gewesen - also nicht sehr übertrieben. Allerdings besaß er dann eine breitere Brust als Körpergröße... Dennoch: Riesen werden auch im Alten Testament und bei Henoch als direkte Nachkommen von Mischehen zwischen "Söhnen Gottes" und den Töchtern der Menschen erwähnt! Doch dazu später detaillierter.

Der sumerische Heros stammte, laut dem Keilschriftepos, von "Göttern" ab. Von *Schamasch* (akkadisch = "Sonne"), dem babylonischen "Gott" der Sonne und des Rechts, und von *Adad*, einem altorientalischen "Wettergott". Auch er war eine "Mischung" aus irdischen und himmlischen Genen.

Natürlich finden sich in vielen Teilen der Welt ähnliche oder identische Berichte. Etwa auch in China, Japan, Griechenland oder auch in den vermeintlichen Chronologien der ägyptischen Herrscher, nach denen zuerst "Götter", dann "Halbgötter" und später Pharaonen das Land regierten. Warum aber schufen die *Elohim* - die "Götter" - derartige Wesen - Mischungen aus ihrem Erbgut und dem der Menschen? Der Leser wird sich daran erinnern, daß in den sumerischen Schöpfungsmythen der Mensch dadurch erschaffen worden sein soll, daß einem bereits auf der Erde existierenden Lebewesen das "Bild der Götter" aufgelegt wurde. Folgerichtig sind nach diesen Überlieferungen alle Menschen so oder so gemischte Geschöpfe, Zwitter zwischen "Göttern" und unseren Vorfahren aus dem Stamm der Homos. Aber aus den Reihen dieser Wesen, persönlich von himmlischen "Göttern" erschaffen, wurden einzelne Exemplare *auserwählt*, um weitere Mischwesen zu gebären. Eva und ihr Sohn Seth, der "Eingesetzte", machten da den Anfang. Diese Menschen hatten immer besondere Aufgaben zu erfüllen, sei es die Menschen vor der Flut zu bewahren, oder, wie in der Jaina-Religion, einen neuen Glauben zu begründen. Scheinbar experimentierten die "Götter" mit dem Menschen, und vielleicht tun sie es heute noch. In meinem Buch "Göttliche Zeiten" (Tebbert 1996) habe ich mich ausführlicher mit dieser Thematik befaßt.

II.6 "Monster" - genetische Fehlversuche?

Wir Menschen sind nach religiösen Überlieferungen das Abbild der "Götter" des Himmels. Biblische Berichte und die weltweiten Schöpfungsmythen anderer Völker und Gegenden erzählen bis heute davon.

Versetzen wir uns einmal in die Lage der hypothetischen außerirdischen Gen-Experimantatoren, die uns Menschen schufen, dann stellt sich die Frage: Gelang es ihnen auf Anhieb, den richtigen Diener, den Arbeiter für den Garten Eden zu bilden, oder sind wir das Endprodukt einer ganzen Versuchsreihe?

Anhand außerbiblischer Quellentexte wissen wir, daß Adam einst mit einer sonderbaren Frau namens *Lilith* in Eden lebte. Sie verließ irgendwann ihren Mann und widersetzte sich ihrem Schöpfer. Den Überlieferungen über dieses Weib ist ebenfalls zu entnehmen, daß sie kein normaler Mensch, zumindest aber nicht von Adams Art war. Auch wenn der "Herr" sie wie den ersten Manne aus "Lehm" geformt haben soll, so war sie doch eine Titanin.

Auch im *Gilgamesch-Epos* wird die Hauptfigur *Gilgamesch* als Riese angesehen, und Schöpfungsmythen weiterer Völker wissen von einer fremdartigen Menschheit zu erzählen, die vor dem ersten Menschen lebte. Haben wir es hier quasi mit einem gigantischen Experiment der *Elohim* zu tun?

Heute staunen wir immer wieder über diverse Zeitungsartikel, in denen von den aktuellen Fortschritten in der modernen Gentechnologie berichtet wird. Unsere Wissenschaftler kreuzen Tiere wie etwa Schafe und Ziegen und schaffen so Lebewesen, die es nicht in der Natur gibt. Sie nehmen sich milchreiche Kühe und klonen davon exakte Duplikate. Gemüse, das in einigen Landstrichen nicht sonderlich gut gedeihen kann, wird einfach genetisch manipuliert, damit es halt die gewünschten Resultate wie Wetterfestigkeit, Immunität gegen verschiedene Schädlinge oder abnorme Größen liefert. Alles in allem greift der Mensch in die Schöpfung (Evolution) ein - er spielt "Gott".

Auch "Gott" und die "Götter" werden den Menschen nicht nach dem ersten Versuch "marktfertig" erschaffen haben. Denn in den Überlieferungen unserer Urahnen kursieren Berichte über fremdartige Zwitterwesen, gemischte Geschöpfe aus den unterschiedlichsten Tieren und sogar Verbindungen von Tier und Mensch. Auch heute noch findet sich ein "moderner" Mythos über derartige Wesen in einigen Teilen der Welt wie China, USA, Tibet, Rußland oder Nepal. In den USA soll der sogenannte *Bigfoot* ("Großfuß"), der indianische *Sasquatsch*, durch die Wälder schleichen und in Asien lebt der weltbekannte *Yeti* oder Schneemensch.

Nach Zeugenaussagen sind beide "Tiermensch-Rassen" mehr als zwei Meter groß, sehr kräftig und völlig behaart - eben wie Affenmenschen. Auch wenn dieses legendäre Tier heutzutage eine gewisse Popularität erlangt hat (selbst Filme wurden über ihn gedreht), ist es bereits in uralten Mythen zu finden. Und ernstzunehmende Wissenschaftler schließen seine reale Existenz nicht unbedingt aus.

Andere Berichte über "Zwittermonster" reichen viel weiter in die Vergangenheit zurück. Für das uralte Volk der Sumerer, welches uns eine interessante Schöpfungsgeschichte überliefert hat, die sich mit der Bibel teilweise deckt, waren die Menschen zwar "göttlich", aber ihre Bestimmung war es, den "Göttern" zu dienen. Weiter oben haben wir uns bereits mit den Mythen dieses Volkes befaßt. Aber auch sie glaubten, daß der "Gott" *Enki*, einer der Hauptbeteiligten an der Menschheitserschaffung, sich mit Fehlschöpfungen herumplagte. Erst nach diesen Rückschlägen gelang es den Himmlischen, den endgültigen Arbeiter der "Götter" zu formen (Schmökel, S. 208).

Bei den alten Ägyptern waren "Mischwesen" allgegenwärtig. Überall in ihrem Land und den Museen der Welt finden sich auch heute noch Sphingen, Kreuzungen von Mensch und Tier. Die bekannteste dieser Spezies ist natürlich die von Gizeh, die angeblich den Kopf Pharao Chephren oder "Re-chaf" (ca. 2522 bis 2469 v. Chr.) aus der IV. Dynastie (ca. 2580 bis 2465 v. Chr.) auf einen Löwenkörper zeigen soll (Mendelssohn, S. 62).

Der altägyptische Geschichtsschreiber *Manetho* verfaßte einst eine Chronik über Ägyptens "Götter" und Pharaonen. Er berichtet uns, daß die "Götter" 13.900 Jahre über Ägypten regierten, und nach ihnen ihre Kinder, "Halbgötter", weitere 11.000 Jahre an der Macht waren. Auch will *Manetho* etwas über die sonderbaren Mischgeschöpfe zu erzählen wissen, die einst *reale* Lebewesen gewesen sein sollen, die von den "Göttern" persönlich erschaffen wurden!

Der Chronist *Eusebius* (✝ 339 n. Chr.) notierte eine ganze Reihe von Zwittern, die ihre Existenz "göttlicher" Launen zu verdanken hätten. Er berichtet von:

"*Menschen mit Schenkeln von Ziegen und Hörnern am Kopfe, noch andere, pferdefüßige, und andere von Pferdegestalt an der Hinterseite und Menschengestalt an der Vorderseite. Erzeugt hätten sie* (die "Götter", L.A.F.) *auch Stiere, menschenköpfige, und Hunde, vierleibige, deren Schweif nach Art der Fischschwänze rückseits an den Hinterteilen hervorliefen, auch Pferde mit Hundeköpfen* (...)" (Däniken, Jüngster Tag, S. 55)

Bizarre, grausige Kreaturen als Produkt "göttlicher" Schöpfungskraft? "Eine Menge von Wunderwesen", so *Eusebius*, sollen die "Götter" im Lande des Nils geformt haben. Auch der Prophet Baruch (= "gesegnet", Drechsel, S. 58) sah bei einer Reise in den Himmel einen Bezirk, indem *ausschließlich* Zwitter existierten. Wesen mit "Hörnern wie Hirsche und Füßen wie die Ziegen und Hüften wie die Lämmer" (AB. 2,3, s. Teil III.3) will er dort gesehen haben.

Auch der in I.1 bereits erwähnte Grieche *Hesiod* hält in seiner "Theogonie" fest, daß es einst schreckliche Monster gab, die den "Göttern" entstammten (Sproul, westlich, S. 75 bis 90).

In Mesopotamien sind bis heute Tausende von Rollsiegeln gefunden worden, von denen viele Monster - *Zwitter* - zeigen, oft auch geflügelte Menschen oder geflügelte Löwen oder die von *Eusebius* beschriebenen Kreaturen mit Ziegenbeinen. Selbst meine Dorfkirche ist mit einer Scheibe über einem Marienaltar geschmückt, die einen typischen geflügelten Löwen des "heidnischen" Kulturraums Mesopotamiens zeigt. Siegelabrollungen mit diesen Wesen wurden etwa in den Ruinen von Ur, der Stadt Abrahams, in Südmesopotamien gefunden. In Gräbern aus der I. Dynastie, die zum großen Teil von Leonard Woolley zwischen 1926 und 1928 freigelegt wurden (Fox, S. 284ff.), lagen bis zu 5.000 Jahre alte Darstellungen dieser grausigen Zwitter (etwa in Schacht PG 789, s. Bildteil). Und dem typisch ägyptischen Motiv der Sphinx begegnen wir auf assyrischen Siegeln aus dem 20. Jahrhundert v. Chr.. Alles Erinnerungen an vergangene Zeiten!? Woolley war es übrigens auch, der im Frühjahr 1929 unter dem Friedhof von Ur eine fast drei Meter dicke Schicht von lehmigen Schwemmablagerungen fand, die aber nicht von der globalen Sintflut stammten, wie zuvor angenommen, sondern von einem lokalen Ereignis.

Mit Blick auf die mesopotamischen Mischwesen aus Ur ist es bezeichnend, zu erfahren, daß der *Sohar* überliefert, daß Abraham, der laut Genesis (Gen. 11,31) tatsächlich in Ur lebte, einst mit einer "Kebsfrau" ein Kind zeugte. Im *Sohar* (II. fol. 147a-148b) heißt es, "daß Abraham mit seiner Kebsfrau einen Sohn zeugte, den er Tachasch nannte (...)". *Tachasch* wiederum sollen, so diese Soharstelle, etwas mit himmlischen Wesen gemein haben. Könnten dies Hinweise sein, die belegen, daß auch der Stammvater Abraham Kontakt zu Zwittern hatte?

Die im Alten Ägypten bekannten Sphinx-Wesen wurden nicht unbedingt als eigentliche "Götter" verehrt, wohl aber als "göttlich" angesehen, da sie bekanntlich von ihnen erschaffen worden sein sollen. So berichtet uns *Plinius* (23 bis 79 v. Chr.) über die Gizeh-Sphinx, daß von den Einwohnern "das rote Gesicht dieses Ungeheuers (...) als göttlich verehrt" wird. Er betrachtete dieses Monument als eine Art Lokalgottheit der dortigen Bewohner (Langbein, Syndrom, S. 41).

Die berühmte Stele des assyrischen Herrschers Salamasa III. (858 bis 824 v. Chr., Bray, S. 344), heute im Britischen Museum, London, darf natürlich nicht vergessen werden. Sie zeigt, wie die Soldaten des Königs von einem beutereichen Feldzug wiederkkehren. Neben Kamelen, Elefanten und diverser anderer Kriegsbeute werden auch "Affenmenschen" oder ähnlich unnatürliche Tiere abgebildet. Soldaten des Assyrerkönigs führen diese Menschenaffen an einer Leine und einer der Krieger trägt eines auf den Schultern. Die übliche Deutung sieht in diesen Zwittern schlichte *Affen*, da sie eindeutig mit realen Menschen zusammen abgebildet wurden, folgerichtig auch tatsächlich existiert haben müssen. Affen waren es aber mit Sicherheit nicht, denn diese Tiere ähneln denen auf der Stele nur entfernt. Der Begleittext des Obelisken spricht noch dazu von "gefangenen Menschentieren" - nicht aber von Affen.

Derartige Wesen aus "göttlicher" Hand sind in den Mythen praktisch aller Völker zu finden. Kaum eine Ecke des Globus kennt nicht eine Zeit, in der die "Götter" solche Kreaturen erschufen, die wir heute als Monster betrachten würden.

In der Schöpfung des Alten Testamentes fand ich keine Hinweise, daß die *Elohim* mit derartigen Kreaturen die Erde "bevölkerten". Wohl aber sind Riesen fester Bestandteil der alttestamentarischen Überlieferungen. Vielleicht beginnend mit dem 6. Kapitel der Genesis, wo diese Giganten oder Tyrannen als Abkömmlinge der "Gottessöhne" angesehen werden, treffen wir an verschiedenen Stellen des Textes auf diese Riesen. Riesen waren auch bei den Germanen und vor allem in der griechischen Mythologie ein fester Teil der Schöpfung.

So berichtet zum Beispiel das Mosebuch Numeri: Als die Kundschafter des Mose und Aaron im Land Kaanan weilten, erzählten sie nach ihrer Rückkehr folgendes:

"*Auch sahen wir dort die Riesen , die Söhne Enaks, aus dem Geschlecht der Riesen, und wir kamen uns vor wie die Heuschrecken, und genau so mußten wir ihnen vorkommen.*" (Num. 13,33)

Und im ersten Buch Samuel (1. Sam. 17,4+) findet sich die bekannte Geschichte des Riesen Goliath, der "sechs Ellen und eine Spanne" groß gewesen sein soll.

Nach der bekannten Sintflutgeschichte in der Genesis (Gen. 6), ließ "Gott" die Flut kommen, um die bösen Menschen zu vernichten, mit ihnen auch die Riesen, die auf Erden lebten (dazu später ausführlicher).

Wie dem auch sei, heute experimentieren unsere Genetiker damit, verschiedene Tiere zu kreuzen, um so neue Rassen zu erschaffen. Und wer weiß, was sich in geheimen Versuchsanstalten zum Beispiel in den USA abspielt. *Vielleicht* - unter Vorbehalt - machen sich dort Gentechniker bereits an uns Menschen zu schaffen, und züchten so widernatürliche Wesen...

Die Mythen der Erde können kaum zufällig allesamt von mißglückten Produkten der "Götter" wissen. Auch im Alten Testament erfahren wir von mehr oder weniger fehlgeschlagenen Projekten "Gottes". Beginnend mit Adam und Eva, die sich am Baum der Erkenntnis zu schaffen machten, und von "Gottessöhnen", die Menschenweiber ehelichten. Alles Geschehnisse, die "Gott" nicht in den Kram paßten und ihn zwangen, entsprechende "Gegenmaßnahmen" einzuleiten oder diverse Naturereignisse für sich zu nutzen (Vertreibung aus Eden, Sintflut).

II.7 Adam und Eva - Mythos oder Wahrheit?

In der Mythologie wird teilweise davon berichtet, daß die gesamte Menschheit von einem ersten Paar abstammen soll. Die Bibel erzählt von Adam und Eva in Eden, die sich gegen ihren "Gott" auflehnten und aus dem Paradiese verjagt wurden. Theologen sehen heute in der gesamten Eden-Erzählung eine Art symbolisches Gleichnis. Der Ort oder die Landschaft Eden und dessen Inventar, so will es die kirchliche Auslegung, hat es nie in der Form gegeben, wie es die Genesis berichtet. Adam und Eva, Produkte "Gottes", sind ebenfalls bildliche Symbole. Im Mittelalter wurde diese Schöpfungsüberlieferung wörtlich genommen. "Jahrhundertelang hat man nicht daran gezweifelt, daß die älteste Geschichte der Menschheit so verlaufen sei, wie in diesen ersten elf Kapiteln der Bibel erzählt wird", hält etwa Cool (S. 480) fest. Aber unsere moderne Welt ist weit davon entfernt, die Paradieslegende als Tatsachenbericht zu betrachten.

Natürlich sollte jeder bemerkt haben, daß die Eden-Geschichte kaum so zu verstehen ist, wie es das Alte Testament beschreibt. Die zwei Bäume waren keine Bäume wie in unserem Garten, die Frucht der "Sünde" war kein Apfel oder eine Feigenfrucht, und Eva ist nie aus einer Rippe Adams geformt worden. Sie stammt aus seiner Lebenskraft - aus dem in Adam bereits vorhandenem Bauplan des Lebens! Und der Baum der Erkenntnis war mutmaßlich ein Symbol für die Fortpflanzung, sowie auch die Schlange unter phallischen Aspekten interpretiert werden kann.

Das erste Menschenpaar wurde durch eine "Frucht" wissend - reich an Erkenntnis und den "Göttern" gleich. Kain und Seth, unsere Vorfahren, konnten nun geboren werden, die apokryphen Bücher nennen noch 60 weitere Kinder (plus den ermordeten Abel). Sumerische und babylonische Mythen berichten von "Menschenpaaren", von Adams und Evas, die von "Geburtengöttinen" erschaffen wurden.

Naturwissenschaftler lehren heute die Theorie der Evolution, der Entstehung des intelligenten Menschen durch natürliche Mutation und Selektion. Zwar ist der Übergang vom Tier zum eigentlichen Menschen bis heute - entgegen vieler Behauptungen - immer noch ein Rätsel des Darwinismus, aber irgendwie muß er ja einst geschehen sein. Mit Aufkommen der Lehre von Charles Darwin über die tierische Abstammung des Menschen wurde die Adam und Eva-Überlieferung als "Erfindung", als eine religiöse Geschichte widerlegt. Zum Beispiel glaubte man früher anhand biblischer Aussagen, daß zwischen Adam und Jesus Christus 5.000 Jahre vergangen sind (Cools, S. 480). Heute haben unsere Archäologen Funde vorzuweisen, die Millionen Jahre alt sind, und der Homo Erectus wanderte vor ca. zwei Millionen Jahren durch die Lande (laut einer N3-TV-Dokumentation vom 11. September 1996).

Überlieferungen, wie etwa aus Mesopotamien, in denen es heißt, der Mensch sei aus einem existierenden Erdenwesen durch künstliche Verfeinerung seitens der "Götter" entstanden, oder die Adam- und Eva-Erzählung, werden von der Naturwissenschaft nicht besonders ernst genommen. Sicher sind die Natirwissenschaftler auch froh, wenn einige Exegeten alles zu Symbolismen erklären. Theologie und moderne Evolutionsforschung gehen oft weit auseinander, anstatt zu kooperieren. Der *Konkordismus*, die These der biblischen und naturwissenschaftlichen Übereinstimmung, ist längst Vergangenheit.

Der Mensch stammt vom Affen ab... nein der Mensch ist ein Produkt "Gottes". Eine scheinbar aussichtslose Situation.

Nehmen wir die Mythen des Zweistromlandes wörtlich, entwickelte sich auf der Erde ein Lebewesen, ein Urmensch, der von himmlischen "Göttern" mit ihrem Bilde belegt wurde, woraus der moderne Mensch entstand. Wenn man so will, ist das ein Hinweis auf die *natürliche* Evolution des Homo sapiens. Die heute gesuchte *fehlende Verbindung*, das Übergangsglied von Tier zum Menschen, das waren demnach die "Götter" - Außerirdische. Ein *Spekulation*, die schon lange zirkuliert, aber dennoch einiges für sich hat.

Als das biblische Menschenpaar in Eden arbeitete, traf es dort auch seinen "Gott". Adam zum Beispiel bekam von ihm Verbote erteilt und nach dem Sündenfall stellte der "Herr" seine Kreaturen zu Rede. Die ersten Menschen hatten folgerichtig Kontakt zu ihrem Schöpfer, sie konnten seine Worte hören und er ihre verstehen.

Vor Jahren schildert der US-Psychologe Julian Jaynes in seinem Buch "Die Entstehung des Bewußtseins durch den Zusammenbruch des zweikämmrigen Verstandes", daß die "Stimme des Herrn", die Adam und Eva in Eden vernahmen, keine Stimme war, sondern "hörbare Befehle" zwischen den Gehirnhälften! Hierbei hätte angeblich vor 3.000 Jahren, als die Paradiesgeschichte aufgeschrieben worden sein soll, das Gehirn eine neue Funktion erhalten. Zuvor arbeiteten die linke und die rechte Gehirnhälfte recht unterschiedlich und unabhängig voneinander; die rechte Hälfte verbarg die "praktische Intelligenz" und teilte der linken Seite Befehle mit, die der Mensch "hören" konnte.

Diese "Anweisungen" des Gehirns waren, so Jaynes, dafür verantwortlich, daß der Mensch die Stimme "Gottes" vernehmen konnte. Als einst die biblische Eden-Überlieferung notiert wurde, soll dieses "Zweikammern-Bewußtsein" ("bicameral mind" genannt) zusammengebrochen sein, und somit enthält die "erfundene" Adam und Eva-Legende einen versteckten Hinweis auf dieses Geschehen vor Jahrtausenden (PM-Magazin, Nr. 3/1980).

Die These von Jaynes mag hier und da vielleicht recht interessant klingen, aber kann sie tatsächlich die Paradiesgeschehnisse befriedigend erklären? War die Stimme "Gottes" schlichtweg "seine Befehle" im menschlichen Gehirn?

Mit dieser Theorie lassen sich andere Ereignisse in dieser Überlieferung nicht erklären. So etwa der Sündenfall, "Gottes" Niederkunft in Eden, Evas Schöpfung oder die Vertreibung aus dem Paradiese und die Einsetzung des Wächters am Edentor, damit der Mensch nicht zurückkehre, und die Bäume sowieso nicht. Vielmehr haben wir es bei der paradiesischen Erzählung mit einem Bericht zu tun, der tatsächliche Geschehnisse schildert! Adam und Eva, Eden und der "Sündenfall", die Erlangung der Erkenntnis und die eigentliche Menschwerdung sind reale Berichte.

Wir dürfen sie ganz sicher nicht wörtlich nehmen, aber grundsätzlich stimmen sie. Adams und Evas, Prototypen der Menschheit, gab es. Sie wurden künstlich, in der Genesis durch die intelligente "Schlange", dem Wesen, "das entziffern kann" - bei den Sumerern durch den weisen "Gott" *Enki* - aus dem Stand der Unwissenheit zu moderne Menschen gemacht!

Die Behauptungen der Mythologie unserer Vorfahren, wir würden von verschiedenen ersten Menschenpaaren bzw. von Adam und Eva abstammen, ist heute dank moderner Molekulargenetik tatsächlich bestätigt worden. Ja, es gab Adams und Evas; einst lebte auf der Erde eine kleine Gruppe von Urmenschen (Adam und Eva in der Bibel), von denen die gesamte Weltbevölkerung abstammt! "Und die Bibel hat doch recht", wie es ein weltbekannter Buchtitel treffend ausdrückt.

Das übliche Werkzeug, um den Stammbaum des Menschen zu rekonstruieren, war für den Naturwissenschaftler lange Zeit die Schaufel und der Pinsel. Natürlich sind in unserer Zeit hochtechnologisierte Verfahren hinzugekommen, so daß die Erforschung des menschlichen Ursprungs mehr und mehr in den Aufgabenbereich von Technikern wie auch Genetikern fällt.

Einer von ihnen ist Dougles C. Wallace von der Emory-Universität, Atlanta, USA (Buttler, Planet, S. 46ff), der sich auf die Suche nach der genetischen Abstammung des Menschen machte. Die im Zellkern befindliche DNA von Mann und Frau kann über Generationen hinweg in die Vergangenheit verglichen werden und so eventuelle Verwandschaftsbeziehungen aufdecken. Neuere Forschungen haben ergeben, daß es außerhalb des Zellkerns noch eine weitere DNA gibt ("Mitochondrien" genannt), die nur von der Frau vererbt wird und sich nicht mit dem Erbgut des Vaters vermischt.

Wallace verglich nun diese DNA von über 800 Frauen und kam zu dem Ergebnis, daß aufgrund der deutlichen Ähnlichkeit der Mitochondrien-DNA alle Frauen eine gemeinsame Urmutter besessen haben müssen!

Nach Bekanntgabe des sensationellen Resultates im Juli 1986 nahm sich der Wissenschaftler Wesley Brown, Universität Michigan (USA), der Ergebnisse an, um diese Urmutter, die Eva, zu datieren. Anhand der natürlichen Mutationsspanne der "mtDNA" bediente er sich 21 Frauen aus verschiedenen Weltgebieten und unterschiedlichen Rassen. Nach Auswertung seiner Analysereihen kam er zu dem Schluß, daß die gemeinsame Vorfahrin der untersuchten Frauen vor 300.000 bis 180.000 Jahren in Afrika gelebt haben muß.

Die biblische Eva nimmt reale Dimensionen an! Weltweite "Frauen-DNA" mit einer gemeinsamen Abstammung?

Diese Untersuchungen wurden von Rebecca Cann von der Universität Kalifornien in Berkeley an 147 Frauen unterschiedlichster Rassen und Heimatländer fortgeführt. Ähnlich wie Brown kam sie zu dem Resultat, daß diese Ur-Eva tatsächlich vor ca. 150.000 bis etwa 300.000 Jahren gelebt hat. Am wahrscheinlichsten betrachtete Miss Cann, ausgehend von einer DNA-Mutationsspanne von zwei bis vier Prozent in einer Millionen Jahren, daß "Eva" vor 250.000 Jahren auf der Erde lebte.

Die Wissenschaftlerin Cann wollte ihre gewonnenen Ergebnisse noch weiter ausbauen. Zu diesem Zweck tat sie sich mit ihren Forscherkollegen Stoneking und Wilson zusammen und begann mit dem Projekt "Die Eva-Hypothese". Sie nahmen die DNA von 150 Frauen aus den USA, deren Vorfahren aus Afrika, Europa, Asien und dem Nahen Osten kamen. Um ganz sicher zu gehen, untersuchten sie zusätzlich noch DNA-Proben von Eingeborenenfrauen aus Neuguinea und Australien.

Das bis dahin einzigartige Projekt lieferte erstaunliche Resultate! Demnach stammen sämtliche Frauen, oder besser deren "mtDNA", von einer Urmutter ab, die vor 140.000 bis 290.000 Jahren in Afrika gelebt haben muß. Die afrikanische DNA war dabei eindeutig die älteste der untersuchten Proben.

"Eva" gab es nach diesen erstaunlichen Versuchsreihen mit modernster Genetik tatsächlich! Alle Frauen tragen ein bald (max.) 300.000 Jahre altes DNA - das *Mitochondrien* - in sich, das von dieser "Eva" abstammt...

Solche Experimente scheinen die Eva-Überlieferung der Genesis naturwissenschaftlich zu bestätigen. Wie wir bereits gesehen haben, beschreibt die alttestamentarische "Mythe" die Erschaffung der Eva in Eden. Dieser Garten wird meist in Unter-Mesopotamien angesiedelt, da einige Hinweise dafür in der Genesis zu finden sind (s. I.8). Die moderne Wissenschaft nennt Afrika als einstigen Lebensraum dieser Urmutter - ein offensichtliches Problem. Bevor wir aber alte Quellentexte zur Hilfe nehmen, um möglicherweise hier eine Lösung zu finden, stellt sich noch eine weitere Frage: Was ist mit Adam, Evas Mann, der laut Bibel unser aller Urvater ist? Hat auch er gelebt, und wenn, wo?

Ähnlich wie das Mitochondrien, welches nur von der Frau an ihre Nachkommen übertragen wird, wird das sogenannte "Y-Chromosom" nur vom Vater an den Sohn weitergegeben. Der Genwissenschaftler Michael Hammer von der Universität Tucson, Arizona, USA, erbrachte den Beweis, daß nicht nur einst eine Ur-Eva lebte (AP-Meldung vom 24. November 1995). Er untersuchte Teile des Y-Chromosoms von fünfzehn Männern der ganzen Welt, sowie von vier Schimpansen in ihrem genauen Aufbau.

Das Ergebnis seiner Studie, die er 1995 in der renomierten *Nature* veröffentlichte, lieferte Erstaunliches: Alle der aus Europa (zwei), Afrika (acht), Australien (zwei) und Japan (drei) ausgewählten Männer stammen von einem Mann ab, tragen also seine genetischen Merkmale noch heute in sich! Hammers Forschungsresultate lassen den Schluß zu, daß dieser "Adam" vor etwa 188.000 Jahren gelebt haben muß. Wo? In Afrika - wie die "Ur-Eva", die *ebenfalls* in dieser Zeit gelebt hat (vor 300.000 bis 150.000 Jahren).

Das Y-Chromosom der heutigen Männer hat einen gemeinsamen Stammvater. Hammer räumte jedoch ein:

"*Zwar gab es in der Vorzeit bestimmt noch andere männliche Wesen. Aber zu dieser Zeit lebte ein farbiger Mann, dessen Erbgut sich bis heute behaupten konnte.*" (Bildzeitung, 24. Nov. 1995)

Adam war also, nach diesen genetischen Untersuchungen, ein Schwarzer - ein "Farbiger". Babylonisch/sumerische Schöpfungsmythen nennen den frisch erschaffenen Menschen und seine Nachkommen "Schwarzköpfe" oder "schwarzköpfige Menschen" (*Enuma Elisch*, VI. Tafel). Ist dies ein deutlicher Hinweis, daß bereits die mesopotamischen Mythen wußten, daß "Adam", der erste Mann, eine Schwarzer war?

Die moderne Evolutionswissenschaft vermutet den Ursprung des Menschen in Südost-Afrika. Auch die Untersuchungen, die uns die Bestätigung von einer Ur-Eva und einem Ur-Adam lieferten, verlegen dieses Stammpaar nach Afrika.

Nach den Berichten der Genesis schuf "Gott" den Adam nach seinem Bilde. Nach dieser großartigen Tat "pflanzte er einen Garten, im Osten", wie es die Bibel beschreibt. Im Osten von Adams Geburtsstätte wurde Eden erbaut, wobei darauf hingewiesen werden muß, daß auch von himmlischen Menschen oder einem himmlischen Eden zu erfahren ist. Folgerichtig wurde der erste Mann westlich vom Paradies von "Gott" geschaffen. Und Afrika liegt (süd)westlich von Mesopotamien.

II.8 Problematische Überlieferungen

Schuf "Gott" den Menschen in Afrika?

Wie aus der Bibel deutlich zu erfahren ist, wurden Adam und Eva von den Engeln des "Herrn" aus Eden verjagt. "Gott" stellte bekanntlich daraufhin am "östlichen Paradiestor" einen oder mehrere Wächter und ein ominöses "Schwert" auf, damit der "sündige" Mensch den Baum des Lebens nicht erreichen konnte. Ein direkter Hinweise, wo sich der Mensch nun niederließ, ist der alttestamentarischen Überlieferung nicht zu entnehmen. Zwar können wir *vermuten*, daß er gen Osten zog, da das entsprechende Tor von "Gott" verschlossen wurde, aber mehr auch nicht.

Im apokryphen Buch der Jubiläen lesen wir eine bemerkenswerte Einzelheit über die Verbannung des ersten Menschen. Auch in dieser Schrift sind der Sündenfall und die nachfolgenden Geschehnisse beschrieben, jedoch mit einer sonderbaren Bemerkung:

"*Am Neumond des vierten Monats verließen Adam und sein Weib den Garten Eden und wohnten im Lande Elda* (?), *dem Land ihrer Erschaffung*". (Jubi. 3,32)

Da "Gott" Adam östlich seiner Geburtsstätte einen Garten pflanzte, ist die Annahme gerechtfertigt, daß er in den Westen ging - dort, wo er das Licht der Welt erblickte. Zwar nennt der Vers das unbekannte Land *Elda* als Schöpfungsgegend Adams und Evas, obwohl Eva vom "Herrn" eindeutig in Eden geformt sein soll, dennoch ist der Vers sehr aufschlußreich.

Das Apokryph über das Leben Adams und Evas widerspricht jedoch diesem Hinweis. In AuE. 22 treffen wir auf folgende Behauptung:

"*Und Adam nahm die Eva und den Knaben und führte sie gen Osten.*"

Der gestrafte Mann und sein Weib gingen zurück zu Adams Urheimat, die er bewohnte, bevor "Gott" ihm den Garten Eden übergab. Erst hier, nach der Vertreibung aus Eden, bekam Eva Kinder, und die Menschen vermehrten sich; so wie es die Genesis weiß. Die oben wiedergegebene Aussage der Apokryphe nennt jedoch auch einen Sohn des Paares, was durch keine andere Schrift bestätigt wird. Und in AuE. 16 begegnen wir wieder dem Problem des himmlischen Paradieses, da es dort heißt, daß Adam und Eva "auf die Erde hier verstoßen" wurden.

Wie wir bereits gesehen haben, wird durch die moderne Genforschungen tatsächlich bestätigt, daß es Adam(s) und Eva(s) gab. Beide sollen in Afrika, westlich von Eden, gelebt haben. Auch ist den Schöpfungsmythen der Sumerer zu entnehmen, daß der erste Mensch ein Schwarzer war - wie es die Genetik (Michael Hammer) heute nachgewiesen hat!

Die sumerische Überlieferung ist aber noch in anderer Hinsicht interessant. Da beim Studium der Paradiestexte immer wieder etwas von einem himmlischen Paradies zu erfahren ist, werden natürlich diverse Himmelsrichtungen (östlich von Eden oder im Osten) belanglos. Die Sumerer haben uns in ihrer Mythologie von einer "Schöpfungskammer" - der *Duku* - im Himmel berichtet, aus der "Kulturheroen", ein "göttlicher"/himmlischer Adam und eine "göttliche"/ himmlische Eva, hernieder kamen. Auch andere Legenden wissen von der himmlischen Abstammung des Menschen, und die Apokryphen und der *Koran* verlegen teilweise ganz Eden in den Himmel.

Allem Anschein nach ist der Mensch von "Gott", den *Elohim*, im Himmel erschaffen worden, dann auf die Erde gelangt und später nach Eden gebracht worden. Nach der Austreibung aus dem "glückseligen" Garten, zog er wieder in das Land seiner Erschaffung, dem Land *Elda*. Wobei hier eher von dem Land seiner irdischen Abstammung gesprochen werden muß. War dies Afrika?

Entweder gab es einen Menschen aus dem Himmel *und* einen irdischen, wie es auch im ersten Brief an die Korinther (1. Kor. 15,47) zu erfahren ist (s. II.2), oder aber der Mensch wurde einst in Afrika eingesetzt. Erst später brachten die Himmlischen ihn nach Eden, wie es auch in den Überlieferungen zu erfahren ist, denn auch in der Genesis lebte Adam bereits, bevor es den rätselhaften Garten gab.

Die Sumerer haben uns einen sehr interessanten Text hinterlassen, der die Vermutung, daß die ersten Menschen einst in Afrika, dann in Eden, und dann wieder "im Land ihrer Erschaffung" lebten, zu stützen scheint. In I.5 habe ich die Mythe zitiert, in der die "Schwarzköpfe" (= Menschen) durch die sumerischen "Götter" in den *E.DIN* gesetzt wurden. Woher aber kamen diese "Schwarzköpfe"?

In der breitgefächerten Schöpfungsmythologie aus Mesopotamien (etwa dem *Enuma Elisch*) ist von einem Aufstand der niederen "Götter" die Rede, da sie persönlich schwere Arbeit verrichteten. Dies war der Grund, weshalb der Mensch, der "Diener" und "Arbeiter", von den *Anunnaki* erschaffen wurde. Er sollte "im Dienst der Götter stehen, damit sie es leichter haben." (s. II.1)

Der Mythos über die Rebellion in den Reihen der "Götter" beschreibt, wie der "Gott" *Enlil* "Schwarzköpfe" an sich reißen wollte, um die Arbeit *seiner* untergebenen "Götterschar" ein Ende zu bereiten. Sein Halbbruder *Enki*, der erste Sohn des "Gottes" *An*, war tatkräftig an der Erschaffung der Menschheit beteiligt, und er scheint anfangs auch die Gewalt über seine Wesen besessen zu haben.

Im (nach Sitchin) "Mythos von der Breitaxt" (Fischinger, Zeiten, S. 65ff.) erfahren wir, wie *Enlil* zu "dem Ort, wo Fleisch entsproß" vordrang, damit "die Erschaffenen heraufkommen konnten". Erst dann setzte er den Menschen in das Gebiet *E.DIN* (s. auch II.1), damit er fortan hier arbeite.

Das sonderbare Land, wo, nach diesen Legenden, der Mensch erschaffen worden sein soll, oder er dort zumindest vor seinem Leben in Eden/Edin wohnte, wird oft *Ab.zu* (= "Tiefe Lagerstätte", akkadisch "*absu*") genannt. *Ab.zu* ist nach der landläufigen Interpretation der Geschichtsforscher eine Art Reich der Toten, wobei inzwischen erhebliche Zweifel an dieser Auslegung existieren. *Ab.zu* gilt in babylonischen Überlieferungen auch als eine Art "Urmeer", aus dem das Leben entstand. Ein Verbindung zum Geburtsort der ersten Menschen liegt auf der Hand.

Der Paläo-SETI-Autor und Altertumsforscher Zecharia Sitchin, ein Experte nahöstlicher Sprachen, versuchte in seinem Buch "Der zwölfte Planet" (S. 318ff.) nachzuweisen, daß *Ab.zu* einst die Küste des südöstlichen Afrikas gewesen ist, nicht aber ein Totenreich, sondern eher das Gegenteil. Einige Mythen des babylonischen und sumerischen Volkes berichten, wie verschiedene "Götter" über das Meer nach *Ab.zu* reisten. Normalerweise wird dies als eine Reise in das Reich der Toten betrachtet - also ein endgültiger Abschied.

Auch Entfernungsstrecken, die gleichfalls auch Zeitangaben über die Reisedauer sein können, werden in den Tontexten erwähnt, so daß dieses Land in der Tat in Afrika gelegen haben kann ("Der zwölfte Planet", v. Sitchin). Ein leider sehr beschädigter Text aus Mesopotamien enthält den Bericht eines Streites zwischen den "Götterbrüdern" *Ira* und *Marduk*, dem babylonische Stadtgott. *Marduk* will, nach der babylonischen Legende, "zum Abzu (...) hinabsteigen, und zwar "über die Wasser, die sich erhoben". *Ab.zu* lag "in der fernen See, 100 beru Wasser (weg)", und diese einhundert "beru" entsprechen nach Sitchin 200 Segelstunden - etwa zwei bis dreitausend Meilen.

Diese Streckenangabe paßt mit der Entfernung zur westlich von Mesopotamien gelegenen Ostküste Afrikas überein! "Der Ort, wo Fleisch entsproß" - Afrika!?

Und wo lebten die ersten Menschen nach der Verbannung durch den zornigen "Schöpfer" der Bibel? Im Lande ihrer Erschaffung (*Elda*), wie es das Jubiläenbuch beschreibt (Jubi. 3,32). Also westlich von Eden. Erst hier, nachdem Adam und Eva Eden für immer den Rücken kehrten, vermehrte sich die Menschheit. Auch die moderne Forschung bestätigt diese Vermutung, da die genetischen und archäologischen "Spuren" unserer Urahnen zweifelsfrei nach Afrika führen.

Allerdings weist der alttestamentarische Schöpfungsbericht den Adam als ein irdisches Wesen aus - aus dem Staube der Erde, wenn man so will. Dennoch haben die Texte der außerbiblischen Schriften, die Mythen diverser anderer Volksgruppen und der *Koran* die Erschaffung des Menschen in den Himmel verlegt. Die Überlieferungen lassen durchaus den Schluß zu, daß es zwei unterschiedliche "Adams" gab. Einen des Himmel, der nach dem Sündenfall auf die Erde kam, da auch das Paradies irgendwo dort oben gelegen haben soll, und einen irdischen Adam, der nach der Verbannung aus dem Garten im Lande seiner Erschaffung lebte.

Auch haben wir deutlich gesehen, daß es in den Überlieferungen zwei unterschiedliche Paradiese gab, ebenfalls ein irdisches, sowie eines in den "göttlichen"

Sphären und der Engelwelt, wie es etwa im slawischen Buch Henoch (s. VII) beschrieben wird.

Es ist also heute definitiv *nicht mehr* genau möglich, die Teile der biblischen Überlieferung der Genesis über den Paradiesgarten und Adams Urheimat genau und geschichtlich zu deuten. Analysieren wir weitere Schriften und Mythen, wobei die Apokryphen durchaus als biblisch angesehen werden können, ist es schlicht *nicht* möglich, Eden und Adams Geburtsstätte genau zu lokalisieren.

Kapitel III

Als die Sintflut kam

III.1 Zeit der himmlischen Sünde - Sex mit den Gottessöhnen

Im Buch Genesis folgt nach der Geschichte über Adam, Eva und ihren Kinder eine Auflistung von zehn vorsintflutlichen Patriachen (ab Gen. 5,1), an deren letzter Stelle Noah zu finden ist. Allesamt ist ihnen zu eigen, daß sie wahrhaft "göttliche" Lebensalter erreichten, denn der älteste von Adams Nachkommen war Methusalem mit angeblichen 969 Jahren! Selbst die babylonisch/sumerischen "Königslisten" *WB 444* nennen zehn Herrscher mit "biblischen Altern" vor der Flut (Däniken, Jüngster Tag, S. 144f.), von denen der letzte *Ziusudra* heißt - er war der Held der Sintfluterzählung des sumerischen Volkes! Hier liegen bereits Parallelen zum biblischen Geschehen vor. Die Bibelexegeten streiten auch keineswegs ab, daß die zehn alttestamentarischen Patriachen starke Ähnlichkeiten mit den Königen der Sumerer vor der Flut aufweisen. Dasselbe gilt für Sintflutüberlieferungen an sich (Cools, S. 478f.).

Am Ende des 5. Kapitels (Gen. 5,28+), treffen wir auf den "gottgefälligen" Noah und seine Familie. Die Umstände seiner Geburt habe ich bereits weiter oben diskutiert, denn dieser Mann war ein Mensch, der mit "Gott" gerne Umgang pflegte. In den unterschiedlichen Bibelübersetzungen wird er als "gerechter und ordentlicher Mann", als "untadelhaft" oder Mann mit "ordentlicher Lebensweise" beschrieben und gelobt - eben ein Mensch, ganz nach "Gottes" Willen.

Noah alleine sollte mit seiner Verwandtschaft die angeblich von "Gott" zur Bestrafung aller Menschen herbeigeführte, katastrophale Sintflut überleben. So wollen es die Kanzelprediger in der Kirche. Aber es ist durchaus seltsam, daß der "gütige Herr" seine Geschöpfe allesamt vom Erdboden vernichten wollte - konnte er nicht ahnen oder wissen, daß sich die Menschheit so entwickeln würde? Die Sünde, die Bosheit der Menschen, sah "Gott" als Anlaß, allesamt zu töten, außer Noah natürlich, da er mit ihm Kontakt pflegte (Gen. 6,9). Zumal haben wir in II.3 bereits gesehen, daß der alttestamentarische Sintflutbericht (und Schöpfungsbericht) globale Parallelen besitzt, was durchaus ein reales Geschehen vermuten läßt.

Wie auch immer, der allmächtige "Herr" sah die Entwicklung auf Erden - und sie paßte ihm nicht. Denn, so die Genesis, Abkömmlinge aus seinem *eigenen* Reich, die "Göttersöhne", machten sich über die irdischen Frauen her, zeugten Kinder und gingen Mischehen mit ihnen ein.

Der knappe Teil der Genesis, der uns diese Geschehnisse als stark kompakte Überlieferung berichtet, ist schon lange ein "theologischer Dorn im Auge", denn wie kann das Alte Testament behaupten, "Söhne Gottes" - "*bene Elohim*", "Söhne der Götter" im Hebräischen - stiegen einst vom Himmel hernieder, um Sex mit Menschenfrauen zu haben und sie zu schwängern?

In Kapitel sechs der Genesis ist diese berühmte Überlieferung der Sintflut zu finden. Generationen von Theologen, gläubigen Bibellesern, Abenteurern und Archäologen sind fasziniert von der biblischen Erzählung. Besonders bemerkenswert an dieser "göttlichen" Todesstrafe für den Menschen ist die Tatsache, daß in der Mythologie unzähliger Kulturen von einer großen Flut berichtet wird - weltweit, überall. Nur die Japaner, Ägypter und einige Völker aus dem afrikanischen Busch kennen in ihren Mythen offenbar keine Sintflut (Barthel, S. 50).

Und die Vermutung, daß der "Herr" die Zwitter aus Menschen und Himmelssöhnen, also "unreine", abnorme Wesen, von der Erde vertilgen wollte, findet sich sogar in einem Mythos der Wyot aus dem weit entfernen Kalifornien:

"*Als die ersten Menschen geboren waren, konnten sie nicht richtig sprechen. Es war gar nicht richtig, was sie sprachen. Auch waren sie behaart. Da hörte er sie, der Alte-Mann-Droben. Er dachte: Wie kann ich sie wieder loswerden? Schließlich wußte er es. (...) Wasser würde kommen.*" (Sproul, westlich, S. 147)

Auch bei den Wyot überlebte natürlich jemand die Katastrophe. Zwar wird vermutet, daß hier christliches Glaubensgut durch Missionare eingebracht wurde, aber dies ist eine reine Vermutung.

Die alttestamentarische Sintflut-Überlieferung hat praktisch zwei "Einleitungen" zur eigentlichen Fluterzählung. Hierbei ist die erste ganz besonders interessant:

"*Als die Menschen anfingen, sich auf der Erde zu vermehren, und ihnen Töchter geboren wurden, sahen die Göttersöhne* ("*bene Elohim*", L.A.F.), *daß die Menschentöchter zu ihnen paßten, und sie nahmen sich Frauen aus allen, die ihnen gefielen.*" (Gen. 6,1-2)

Diese zwei unliebsamen Verse sind mitunter die umstrittensten der gesamten Heiligen Schrift. Wer um alles in der Welt waren diese "Göttersöhne", "Söhne der Götter", "Kinder der Götter" oder, wie in Jubi. 5,1, "Gottes Engel"? Konnten tatsächlich zu "Gottes Zeiten" auf der Erde Wesen aus dem Himmel Kinder mit Menschen zeugen? Glauben wir der biblischen Überlieferung, dann war es so.

"Gott" sah die Entwicklung mit äußerstem Mißfallen, so daß er eine harte Strafe aussprach. Nicht die Sintflut, sondern etwas anderes war geplant:

"*Da sprach der Herr: Ich lasse meinen Lebensgeist nur eine Zeitlang im Menschen wohnen, denn der Mensch ist schwach und anfällig für das Böse. Ich begrenze seine Lebenszeit auf 120 Jahre.*" (Gen. 6,3)

Der biblische "Herr" verkürzte die Lebensspanne des Menschen auf 120 Jahre, da sie sündige Geschöpfe geworden waren. Konnte "Gott" diese unliebsame Entwicklung nicht früher erkennen und entsprechend handeln? War er nicht allwissend und zeitlos, so daß er eigentlich bereits bei der Erschaffung des Adam über diese Geschehnisse unterrichtet gewesen sein sollte?

Die menschliche Lebenszeit soll von nun an 120 Jahre betragen. Die Patriarchen vor der Flut erreichten, jeder kann es nachlesen, ein Alter von fast 1.000 Jahren (Adam zum Beispiel 930), aber auch nach dem Urteil des "Herrn" lebten einige Menschen noch beachtlich lange! Noah lebte insgesamt 950 Jahre, und in Kapitel elf, ab Vers 10, sind "Die Patriarchen nach der Sintflut" aufgelistet, die allesamt biblische Alter erreichten. Der Vater Abrams (Abrahams), Terach, der letzte der nachsintflutlichen Patriarchenfolge, wurde zum Beispiel 205 Jahre alt - älter als "Gott" es erlaubte. Das Alter Noahs wird im *Koran* allerdings anders angegeben, denn dort erfahren wir (29. Sure, "*Die Spinne*", Vers 15), daß er 950 Jahre alt war, als die Flut hereinbrach.

Dennoch, "Gott" wollte die Menschen für ihre verderbliche Lebensweise strafen. Er setzte die maximale Lebensdauer auf 120 Jahre an, wobei aber nachfolgende Patriarchen seine Wort ignorierten und um einiges länger lebten. Jedoch sind die hohen Alter der vorsintflutlichen Stammväter nicht wieder erreicht worden.

Der Bericht fährt weiter fort, daß die Kinder der "Göttersöhne", die von irdischen Weibern geboren wurden, ganz "besondere" Wesen waren (nicht unbedingt im Guten):

"*Die Nephilim lebten damals auf Erden und auch später noch, als die Göttersöhne mit den Menschentöchtern verkehrten und diese ihnen Kinder gebaren. Jene Helden der Vorzeit, die berühmten.*" (Gen. 6,4)

Noch einmal wird uns deutlich gemacht, daß himmlische Wesen auf der Erde weilten und Sex mit Menschen hatten. Die Kinder waren "Helden", "Tyrannen" oder die "Riesen" der Vorzeit, wie es in den Bibelsübersetzungen heißt. Die entsprechende Stelle ist sehr vieldeutig, denn das sonderbare Wort *Nephilim* (oder *Nefilim*) ist kaum zu deuten. In einer mir vorliegenden Bibel (Herder Bücherei 1965) war es der Übersetzer sogar leid, sich damit auseinanderzusetzen, und ließ das hebräische Wort *Nephilim* einfach stehen. Daß die Überlieferungen über "himmlischen Sex" in der modernen Theologie gerne ignoriert werden, zeigt auch das umfangreiche "Handbuch der Bibelkunde" (Mertens). In diesem Werk ist nichts von diesen Geschehnissen zu erfahren, und Gen. 6,2 wird erst gar nicht erwähnt! Und die "Herder-Laien-Bibel" (1938) läßt diese Verse einfach *komplett* aus, und beginnt erst mit Vers fünf...

Das Wort *Nephilim* leitet sich ethymologisch aus dem semitischen "*NFL*" ab, und kann als "Hinabgeworfene" übersetzt werden. Auch eine Ableitung vom Hebräischen *Nephal* ("fallen") ist denkbar, wobei *Nephilim* letzlich auch als "die Gefallenen" übersetzt werden könnte (Fowler, S. 177), was jedoch von der jeweiligen Aussage her praktisch identisch ist.

Der aus der ehemaligen Sowjetunion stammende Physiker und Fachmann für Hebräisch, Professor Matest M. Agrest, übersetzte eine Stelle dieser rätselhaften Verse sogar mit:

"*Die Herniedergestiegenen waren menschenähnlich und viel größer als Menschen.*"

Der Orientalist Zecharia Sitchin setzt diese *Nefilim* mit den *Anunnaki*-"Göttern" des babylonisch/sumerischen Kulturraums gleich. *Anunnaki* heißt ebenfalls "die, die vom Himmel auf die Erde kamen". Zum Beispiel nennt auch das *Gilgamesch-Epos* (XI. Tafel) diese "Götter". Und der Autor Werner Papke, ebenfalls eine Orientalist, der das Epos astronomisch deutet, hält auf Seite 58 seines Buches fest:

"*Die Anunnaki-Götter, deren Zahl öfters mit 600 angegeben wird, sind Geistwesen, die zwischen Himmel und Erde (und Unterwelt) pendeln, im Unterschied zu den 300 Igigi-Göttern, den höheren Geistwesen, die sich ständig im Himmel aufhalten.*"

Und auch im weltberühmten Schöpfungsepos *Enuma Elisch* (Sproul, östlich, S. 93 bis 132) lesen wir auf der VI. Tafel:

"*Marduk, der König der Götter, teilte darauf die Götter: Eine Schar oben, die andere unten. 300 oben als Wächter des Himmels, Hüter von Anus Befehl, fünf mal sechzig unten als Wächter der Erde: 600 Götter zwischen Himmel und Erde.*" (Sproul, östlich, S. 121)

Im *Enuma Elisch* liegt noch eine weitere Parallele zu den "hinabgeworfenen" *Nephilim* und den *Anunnaki* verborgen. Die VI. Tafel bemerkt nach den oben wiedergegeben Aussagen, daß "die *Anunnaki*, die einst Gefallenen" sind. Ein Vergleich bzw. eine Gleichsetzung der *Anunnaki* und der *Nephilim* liegt demnach durchaus nahe.

Wer aber stieg vom Himmel hernieder, wen lüstete es nach Sex mit Menschentöchtern? Waren es tatsächlich "Söhne Gottes" oder Engel aus seinem himmlischen Reich, wie die Bibel behauptet? Oder "Wächter", wie sie in Mesopotamien, den *Qumran*-Texten (s. II.5) und bei Henoch genannt werden? Band 9 des katholischen "Lexikon für Theologie und Kirche" von Michael Buchberger erklärt sogar den Begriff "Söhne Gottes" damit, daß "Sohn auch lediglich das einzelne Individuum einer Gattung meinen" könnte, was laut Buchberger gar "ursprünglich einfach ‚Götter' bedeuten" würde!"

Eine sehr interessante Bestätigung liegt in den Psalmen verborgen. Da wir in I.2 bereits diskutierten, daß die Genesis von pluralistischen Aussagen durchzogen ist, ist folgende Behauptung der Bibel erstaunlich:

"*Wohl habe ich gesagt: Ihr seid Götter, / ihr alle seid Söhne des Höchsten.*" (Ps 82,6)

Deutlich haben wir hier einen Hinweis vorliegen, daß die "Söhne Gottes" *auch* als "Götter" angesehen wurden! Nach dem entsprechenden Verskommentar handelt es sich bei diesen Söhnen eindeutig um die Mitglieder des himmlischen Hofstaates. Waren also die herniedergestiegenen Wesen Außerirdische - Abkömmlinge aus einer anderen Welt, die hier ihre sexuellen Begierden befriedigten?

Ich halte in diesem Zusammenhang eine klare Parallele zu den Ufo-Entführungen von Betty (Andreasson) und Bob Luca für bedeutend. Dieser weltberühmte Ufo-Fall wurde zum Beispiel von Raymond E. Fowler konkret analysiert ("Die Wächter I und II") und zeigt auf, daß sich die Ufo-Piloten in Gegenwart ihrer irdischen "Opfer" als "Wächter" bezeichneten - ebenso wie die Wesen in den alten Überlieferungen!

Auch Engel sind nun einmal außerirdisch, aber an dieser Stelle ist mit dieser Bezeichnung konkret "fremde Intelligenz von anderen Sternen" gemeint. Und fast unglaublicherweise stimmt mir die *Deutsche Bischofskonferenz* da zu: Nach der sensationellen Indizien-Entdeckung von einstigem Leben auf dem Planeten Mars druckte der "Spiegel" (Nr. 34/1996) einen Bericht, in dem der NASA-Sprecher der *Deutschen Bischofskonferenz*, Rudof Hammerschmidt, zu Wort kam, und mitteilte, daß "die Erde (...) nicht der Mittelpunkt des Weltalls" ist. Unter anderem meint der Autor des Beitrages im sonst so zynischen "Spiegel" auch noch:

"*Im 6. Kapitel des Buches Genesis, der Schöpfungsgeschichte, ist von ,Gottessöhnen' die Rede, ,die mit den Menschentöchtern verkehrten' - nach Ansicht der Bibeldeuter sind mit den Gottessöhnen Abgesandte aus einer anderen Welt gemeint* (!!)."

Kommentar - überflüssig!

Auch Professor Herbert Haag, der Herausgeber eines sehr umfangreichen Bibellexikons, stellt deutlich fest:

"*Im Alten Testament bedeutet Söhne Gottes immer* (!) *die Wesen, die zum Hof oder Heer Jahwes gehören, ihm dienen und seine Boten sind.*" (Haag, S. 1610)

In der Tat lehrt die Theologie eine Art "Revolte" im Reich des "Herrn", denn diverse Engel sollen einstmals von dort verbannt worden sein. Der Anführer, oder Oberbösewicht, der es wagte, sich im glückseligen Reich "Gottes" gegen seinen Meister aufzulehnen, war Luzifer. Er wird uns von der Kirche als Teufel, Satan oder *Beelzebub* ("Herr der Fliegen") verkauft, der gerade im Mittelalter, der Zeit des vernarrten Hexen- und Teufelswahn, für sämtliche Bosheiten der Menschen verantwortlich gemacht wurde. Nach üblicher Vorstellung ist er ein rotes Wesen mit Hörnern, einem Schwanz und Tierbeinen - schlicht das Böse pur.

Auch die in diesem Text erwähnten "Söhne" sollen zu den abgefallenen Engeln gehören:

"(...) *auch die von Gott abgefallenen Engel, die sich - ihre himmlische Herkunft vergessend - mit den ,Töchtern der Menschen' verbanden.* (...) *Der als Widersacher und Ankläger innerhalb des göttlichen Hofstaates auftretende Satan er-*

scheint ebenfalls unter den ‚Gottessöhnen' (Ijob 1,6)." (Lurker, Wörterbuch, S. 294)

Der "Fall der Engel" ist auch in den apokryphen Büchern oft überliefert worden. Der Prophet Henoch, der enge Beziehungen zu "Gott" und seiner Engelschar pflegte, hat massenweise Informationen über diese Zeit niedergeschrieben und zwar detaillierte Angaben über die Niederkunft und Absichten der außerirdischen "Himmelssöhne", die er oftmals als "Wächter" bezeichnet. Auch Bibelkommentatoren plagen sich ab, die entsprechenden Verse in der Genesis (Gen. 6,1-6) zu kommentieren. Jedoch haben die meisten Kommentare der Exegeten eines gemeinsam: Sie gestehen ein, daß die Überlieferung dieser Engelsbeziehungen starken, teilweise unverständlichen Kürzungen unterlegen waren und auf steinaltes Sagengut zurückzuführen sind. Dies erklärt auch, warum diese Überlieferung scheinbar zusammenhangslos und "sinnlos" im laufenden Bibeltext steht.

Auch soll durch die Aufnahme dieser unheiligen Berichte in das Alte Testament lediglich der Sittenverfall des Menschen verdeutlicht werden, der letzten Endes angeblich Grund für die Flut war.

Im nichtkanonisierten äthiopischen Buch Henoch stoßen wir auf die sehr interessante Aussage über den Fall der Engel oder über den Abstieg der "Söhne Gottes" zwecks Sex mit den Menschen. Auch die ebenfalls außerbiblische slawische Henochschrift macht da keine Ausnahme. Detailliert hat er es für uns niedergeschrieben, so daß selbst Namen und genaue Absichten dieser himmlischen Wächter zu erfahren sind! "Wächter" werden die Engel "Gottes" aber nicht nur in den Schriften des Prophet Henochs genannt, sondern auch im Alten Testament:

"*Während ich auf meinem Lager noch das Traumbild sah, stieg ein Wächter, ein Heiliger, vom Himmel herab.*" (Dan. 4,10)

Im Kapitel über den Propheten Henoch (VII) werde ich ausführlich auf diese bemerkenswerten Überlieferungen eingehen, da sie wertvolle Ergänzungen liefern und den Text der Genesis erheblich aufhellen...

III.2 Der "Herr" greift ein

Der Sittenverfall, die Lossagung des Menschen von "Gott", konnte natürlich nicht ungesühnt bleiben. Schlechte Menschen, Kinder von "Engeln" und "Gottessöhne" lebten auf Erden und machten unseren Planeten zu einem einzigen "Sündenbabel". Hier beginnt die Geschichte des gütigen Helden Noah, den letzten der vorsintflutlichen Patriarchen. Die zweite Einleitung zum Sintflutbericht beginnt damit, daß "Gott" es bereute, daß er einst den Menschen schuf. Seine mit "Liebe" und "Güte" geformten Geschöpfe sind schlecht und boshaft geworden:

"(...) *da reute es den Herrn, daß er die Menschen auf Erden geschaffen hatte, und er grämte sich in seinem Herzen.*" (Gen. 6,6)

Noch einmal die Frage: Konnte "Gott" die Entwicklung der Menschheit nicht voraussehen? Der biblische "Gott" bereute es, den Menschen geformt zu haben -

er sah ein, einen Fehler begannen zu haben! Eine Entscheidung war schnell getroffen: Alle Menschen müssen sterben. "Gott" verschonte nicht etwa die Guten, die es mit Sicherheit auch neben Noah gab, sondern er ist radikal: alle werden umkommen, ohne Ausnahme:

"*Und Gott sprach: Ich will die Menschen, die ich auf Erden geschaffen habe, vom Erdboden hinweg vertilgen, die Menschen samt dem Vieh, dem Gewürm und den Vögeln des Himmels. Denn es reut mich, daß ich sie gemacht habe.*" (Gen. 6,7)

Der "Herr" plante einen gigantischen Massenmord! Selbst die Tiere, die für die schlechte Menschheit sicher nichts konnten, wurden nicht verschont. Und noch einmal erfahren wir in der Genesis, daß "Gott" einen Fehler eingestehen muß, denn "es reut mich, daß ich sie gemacht habe".

Wie aber kann der "gütige Gott" eine derart barbarische Entscheidung treffen? Wieso diese *Selektion*, denn nur Noah "hatte in den Augen Gottes Gnade gefunden" (Gen. 6,8)? Im weiteren Verlauf dieser Erzählung wird immer wieder betont, wie schlecht und verdorben die Erde wegen der Menschen ist. Dann aber wandte sich "Gott" direkt an seinen auserwählten Schützling Noah und unterrichtete ihn über seinen Plan, die Menschheit zu vernichten:

"*Das Ende allen Fleisches ist bei mir beschlossen; denn die Erde ist voller Gewalttat wegen der Menschen. So will ich sie denn von der Erde vernichten.*" (Gen. 6,13)

Nachdem der auserwählte Noah in die Pläne der himmlischen Wesen eingeweiht wurde, erteilte Jahwe ihm den Auftrag, ein Schiff zu bauen, um Tiere und einige Menschen zu retten. Die genauen Bauanweisungen der "Arche Noe" finden sich im 6. Kapitel der Genesis ab Vers 14. Ich möchte an dieser Stelle nicht den gesamten Text wiedergeben, jeder Interessierte kann ihn dort nachlesen.

Die Maße der Arche wurden von "Gott" wie folgt festgelegt: 300 Ellen lang, 50 Ellen Breite und 30 Ellen in der Höhe. Es ist äußerst schwierig, die genannten biblischen Ellenangaben in heute geläufige Meter oder Zentimeter umzurechnen. Eine Elle ist die Länge zwischen der Spitze des Ellenbogens und der Mittelfingerkuppel, also etwa 45 bis 46 Zentimeter. Die sogenannte "Königselle" entspricht sogar 52½ Zentimetern. Folglich könnte die Arche zwischen ca. 137 Metern und rund 157 Metern lang gewesen sein. Ihre Breite betrug runde 25 Meter und die Höhe etwa sechs Meter. Alle genannten Angaben sind sehr zweifelhaft, aber wir können uns so eine ungefähre Vorstellung von den Proportionen der Arche machen.

Das von "Gott" geplante Schiff war gigantisch! Bis zu 150 (?) Meter lang - ein riesiger Kahn. Innen und außen, so wurde es Noah aufgetragen, soll er die Arche mit Pech beschichten. Eine logische, und auch heute noch recht gebräuchliche Methode (natürlich nicht in der "professionellen" Seefahrt!), um ein Boot abzudichten. "Gott" hatte mit der Arche einen ganz besonderen Plan, denn sie soll die

Menschheit vor dem von ihm gewollten Untergang bewahren. Und selbst die Tiere, die er ebenfalls töten will, sollten durch die Arche Rettung finden.

Es ist verwirrend, erst machte "Gott" seine Absichten, daß er Mensch und Tier "von der Erde vertilgen" will, überdeutlich, dann aber sollen sie in der Arche Noah doch noch überleben, um die Erde neu zu bevölkern. Quasi ein zweiter Versuch des "Projektes Mensch" - vielleicht ist die von "Gott" selektierte, neue Menschheit mit Noah, einem Mann mit "göttlichen" Merkmalen (s. II.5) als Stammvater, besser zu beherrschen, als die sündige erste.

Was mag "Gott" dazu bewogen haben, diese Flut kommen zu lassen? Der Theologe Walter-Jörg Langbein nennt in seinem Buch "Das Sphinx Syndrom" (S. 24f.) die Sintflut "Stufe II der Labortests" (der Außerirdischen) und bezieht sich dabei auf die in I.3 angesprochene "Kuppel" *unter* dem Meer. Schlechte Menschen, wenn man so will, "Fehlprodukte", wurden ausgelöscht, und der gemischte Noah begründete eine neue, aber dennoch nicht bessere Welt.

III.3 Die Arche des Helden Noah - ein unmögliches Projekt

Die Arche konstruierte "Gott" zu einem ganz bestimmten Zweck: Als Rettungsboot des irdischen Lebens, einschließlich der Menschheit. Wir haben gesehen, daß die exakte Bestimmung der Proportionen der Arche ein schwieriges Unterfangen ist. Aber dennoch war sie ein gewaltiger Pott, mit weit über 130 Metern Länge sowie fast 30 Metern Breite.

Die Geschichte der "Sündenflut" ist eine der beliebtesten der Genesis oder des Alten Testamentes schlechthin. Religionslehrer erzählen ihren wachen (?) Schülern, wie böse die Menschen waren, und "Gott" in seiner Allmacht einfach alle Menschen jämmerlich ertrinken ließ.

Es mutet vielleicht verlockend an, "Sintflut" als "Sünd- bzw. Sündenflut" zu bezeichnen (s. Herder-Laien-Bibel 1938), aber mit Sünde hat sie wenig zu tun. Nur in der deutschsprachigen Bibel findet sich diese Bezeichnung, englische Übersetzungen zum Beispiel nennen sie schlicht "the flood" - "Die Flut". Die Vorsilbe "Sint" hat nichts, aber auch gar nichts mit "Sünde" gemeinsam! Sie stammt aus dem Althochdeutschen ("sinvluot") und heißt einfach "weite" oder "große Flut" (Barthel, S. 47).

Das Rettungsschiff Arche, vom Lateinischen "*arca*", "Kasten", schreibt sich im Hebräischen "*tebah*", was ebenfalls "Kasten" bedeutet. Als die Sintflut über die Welt hereinbrach, hatte dieser Kasten allerlei Tiere an Bord, da "Gott" höchstpersönlich Noah den Auftrag gab, die Tiere in sein Schiff zu treiben:

"*Von allen lebenden Wesen, von allem Fleisch, sollst du zwei von allen in die Arche aufnehmen, damit sie mit dir am Leben bleiben, ein Männchen und ein Weibchen soll es sein. Von jeder Art der Vögel, von jeder Art des Viehs und von jeder*

Art des Gewürms am Boden sollen je zwei von allem mit dir hineingehen, damit sie am Leben bleiben." (Gen. 6,19-20)

Eine sehr bemerkenswerte Leistung, die "Gott" seinem Schützling hier zumutete! Seine Familie und alle Tiere der Welt sollten in der Arche Schutz und Rettung finden. Jeder kennt sicherlich die niedlich/kitschigen Bilder, die den Einzug der Tiere in Noahs Arche veranschaulichen sollen. Eine schier endlose Schlange von Tierpaaren steht brav am Eingang der Arche und wartet darauf, eingelassen zu werden.

Daß die Beschreibung des alttestamentarischen Sintflutberichtes nie und nimmer stimmen kann, sieht wohl jeder ein. Alleine die Maße der Arche Noah lassen ein derartiges Projekt nicht zu. Und Noah wird kaum mit seiner Familie auf die Jagd gegangen sein, um Tiere zu fangen und Würmer zu sammeln.

In Kapitel 7, Vers 3 und 3, wird die Anzahl der zu rettenden Tiere sogar von "Gott" weiter erhöht. Noah soll eine unvorstellbare Anzahl von Lebewesen einfangen:

"*Von allen reinen Tieren nimm dir je sieben, Männchen und Weibchen, und von den unreinen Tieren zwei, Männchen und Weibchen auch von den Vögeln je sieben, Männchen und Weibchen, damit Nachwuchs auf der ganzen Erde am Leben bleibt.*" (Gen. 7,2-3)

Spätestens jetzt wird der aufmerksame Bibelleser erkennen, daß die Überlieferung so nicht wahr sein kann! Theologische Deutungen sehen auch in diesen Tieren reine Nahrungsmittel für die Familie Noahs während der Flut. Auch Opfergaben werden hier erwähnt. Es ist allerdings kaum vorstellbar, daß "Gott" Noah exakte Anweisungen gab, welche Tiere in welcher Anzahl er zu retten hat, und diese dann nur Opfergaben und Nahrungsmittel waren. Er sagt auch deutlich, daß die Nachkommen die Erde wieder bevölkern sollen. Die Flut darf folgerichtig nicht als vollkommene Vernichtung allen Lebens betrachtet werden, denn, so will es die Bibel, "Gott" selber bemühte sich um den Fortbestand des Lebens.

Kurzum, die biblische Erzählung vom tierischen "Inventar" der Arche ist eine reine Erfindung. Es ist schlicht und einfach unmöglich, was uns der Bericht da glauben machen will.

Die Geschichte der Bibel ist jedoch eine Nacherzählung viel älterer Berichte oder Berichtelemente aus Mesopotamien. Das Gilgamesch-Epos zum Beispiel enthält ebenfalls eine Sintflutgeschichte, die der Bibel auffallend ähnlich ist, jedoch auch deutliche Unterschiede zeigt.

III.4 Sintflut in mesopotamischen Mythen - die Urquellen

Kein Theologe der Welt bestreitet heute ernsthaft, daß die mesopotamischen Völker Sintflut-Epen besaßen, die teilweise der biblische Geschichte ähneln. Auch die Griechen zum Beispiel kannten eine solche Mythe: Sie erzählten sich die Überlieferung von *Deukalion* und *Pyrrha*, die dank der Warnung des bekannten *Prometheus* die Flut als einzige überlebten. *Prometheus* hatte sie angewiesen, einen Kasten zu bauen, mit dem sie nach Rückgang der Flut am *Parnaß* strandeten (Lurker, Wörterbuch, S. 29).

Heute liegt uns ein sumerisches Epos auf einer Fragmenttafel aus Nippur (Süd-Mesopotamien) vor (Cornfeld, S. 1283ff.), das bereits im 2. Jahrtausend v. Chr. niedergeschrieben wurde. Hier wird der Überlebende der Flut *Ziusudra* genannt, der in einem Schiff die Sintflut überlebte. Und auch dieser Held opferte nach der Katastrophe seinem Erretter, dem "Gott" *Utu*, ein Tier - ähnliche Aspekte wie bei der Noah-Überlieferung im alttestamentarischen Bericht.

Ein etwas älteres Epos als das über *Gilgamesch*, jedoch nicht so alt wie die sumerische Fassung, nennt sich "*Atrachasis-Epos*" und wurde vor nicht allzu langer Zeit erst entdeckt. Auch in dieser Schrift wird die Menschheit von den "Göttern" vernichtet, da diese angeblich den Schlaf des "Gottes" *Enlil* störten.

Zu guter Letzt besitzen wir heute das zwölftafelige Epos des "Gottmenschen" *Gilgamesch*, das vor etwa 4.000 Jahren niedergeschrieben wurde. Der babylonische Noah wird hier auf der XI. Tafel des Gilgamesch-Textes *Utnapaischtim* genannt, auch er war Held und Überlebender der "göttlichen" Katastrophe.

Auf dieser Tafel des *Gilgamesch-Epos* erfahren wir die Geschichte der Sintflut, die stark an die biblische Noah-Erzählung anklingt:

"*Reiß nieder dein Haus, bau dir ein Schiff! Laß fahren alle deine Habe, dein Leben suche zu retten! Schwör ab dem Besitz und gewinne das Leben!*" (XI. Tafel 24-26)

Utnapaischtim wurde von dem "Gott" *Enki/Ea* vor der Flut gewarnt. Das Epos weiß davon, daß inmitten der Stadt Schuruppak die "Götter" *Anu*, *Enlil*, *Ninurta*, *Ennugi* und *Enki* zu einer wichtigen Besprechung zusammenkamen (XI. Tafel 10+). Sie trafen auf dieser Versammlung die folgenschwere Entscheidung, daß eine Sintflut kommen soll, um mit ihrer Hilfe die Menschheit zu vertilgen.

Der genaue Bauhergang dieses Schiffes ist im *Gilgamesch-Epos* bemerkenswert detailliert beschrieben. Jedoch findet sich darin ein Detail, das, wörtlich genommen, die Frage nach den eingeladenen Tiere in die biblische Arche klären könnte:

"*Nimm allerlei lebend´gen Samen* (!) *in dein Schiff hinein!*" (XI. Tafel 27)

Von Tieren, die brav als Pärchen in die Arche einziehen, ist nichts zu erfahren! *Samen* soll an Bord genommen werden. Auch wenn der Gedanke, daß *Utnapischtim* sein Schiff mit tierischen Samen belud, recht sonderbar anmuten mag, so ist er doch weitaus sinnvoller, als die biblische Überlieferung von Tierpaaren. Auch wäre ein derartiges Unterfangen möglich gewesen, wohingegen alleine der Platz im Inneren der alttestamentarischen Sintflutdarstellung über die Arche dies nicht zuläßt! Woher er den Samen bekam, ist nicht überliefert. Es könnte sein, daß er ihn von den "Göttern" erhielt und dieser nicht unbedingt nur tierischer Natur gewesen ist, da das Epos lediglich von "lebend´gen Samen" spricht.

Die mesopotamische Sintflutlegende ist von den Schreibern der Genesis übernommen worden, was verschiedene, charakteristische Aussagen belegen. Die im *Gilgamesch-Epos* erwähnten "Götter" haben die Genesisautoren ignoriert. Sie "verpackten" sie in einen "Gott", was aber nichts an der Tatsache ändert, daß die Flutsage in gewissen Teilen "geklaut" ist.

Eine ganz erstaunliche Ähnlichkeit läßt z. B. der Flutbericht über *Ziusudra* erkennen: Der Held und König *Ziusudra* gehörte der zehnten (und letzten) Generation vor der Flut an; so wie Noah in der Bibel. Nach dem Epos regierte der König angeblich 36.000 Jahre, bis die Überschwemmung hereinbrach. Diese 36.000 Jahre sind 600 *nâr* "in der Schreibweise mesopotamischer Zahlen" (Cornfeld, S. 1288), was wiederum dem angeblichen Alter Noahs von 600 Jahren zu Beginn der großen Sintflut in Gen. 7,6 entspricht.

Über die Ursachen der einstigen Flut, und ob sie tatsächlich geschehen ist, soll an dieser Stelle nicht spekuliert werden. Das faszinierende Thema Sintflut ist so breit gefächert, daß eine genaue Analyse der *weltweiten* Berichte den Rahmen des vorliegenden Buches sprengen würde. Inzwischen ist es aber wissenschaftlich beweisbar, daß die Mythen reale Geschehnisse beschreiben könnten. Die Autoren Edith und Alexander Tollmann analysieren in ihren Buch "Und die Sintflut gab es doch" die weltweiten Sagen. Ihre bemerkenswerten Ergebnisse füllen einen über 550 Seiten starken Wälzer und zeigen, daß auch heute noch die Sintflut nachgewiesen werden kann. Auch wenn der Bibelexperte Robin Lane Fox (Fox, S. 286) über die mesopotamischen Sintflutberichte schlicht schreibt: "Sie sind Dichtung, nicht Geschichte."

Als Beispiel für die teilweise globale Ähnlichkeit diverser Sintflut-Mythen sei hier der indische Bericht über den "Gott" *Vishnu* angeführt, der sich im *Satapatha-Brahmana*, einer alten (um 100 v. Chr.) Schrift aus Indien findet. Da Parallelen zwischen den Überlieferungen des Nahen Osten aufgrund der sich berührenden Kulturgebiete geradezu erwartet werden dürfen, ist der indische Mythos sehr bedeutend; auch aus dem Grunde, da hier wiederum verbindende Ähnlichkeiten herausklingen.

Die Überlieferung über *Vishnu* und die Flut begint damit, daß sich ein "Manu" die Hände waschen wollte. Im Wasser jedoch traf er einen Fisch, der *Vishnu* verkörpern soll (König, S. 201) und der den *Manu* aufforderte, ihn aufzuziehen, da er so gerettet werde würde. Auf die Frage, wovor er gerettet werde soll, bekam er die Antwort:

"*Eine Flut wird alle diese Wesen fortreißen, davor will ich dich retten.* (...) *In dem und dem Jahr wird die Flut kommen. Du mußt dann auf mich hören und ein Schiff bauen, und wenn die Flut gestiegen ist, sollst du in das Schiff gehen, und ich will dich vor ihr retten.* " (König, S. 202)

Manu tat, wie ihm geheißen "und baute ein Schiff", mit dem er im "nördlichen Gebirge" strandete.

Auch der eigentliche Name des Helden ist erstaunlich: "Manu" = "Wasser-Noah", zusammengesetzt aus "*Me*" ("*Ma*") und "*Nu*", "*Noah*" (Papke, S. 213f.). Das "nördliche Gebirge", auf dem *Manu* strandete, wird in dem altindischen Mythos als "Manus Niedergang" bezeichnet, was deutlich mit dem *Ararat*, dem biblischen Rettungsberg des Noah, übereinstimmt, da dieser als "Berg des Abstiegs" (hebräisch "*Har Jored*") bezeichnet wird. Und im *Gilgamesch-Epos* der Babylonier heißt der Berg der Rettung "*Urartu*", der identisch mit dem *Ararat* ist! Bezeichnend ist auch die Tatsache, daß der indische *Manu* und der biblische Noah beide als Stammväter der Menschheit betrachtet wurden oder werden.

Es gibt noch weitere Ähnlichkeiten dieser Berichte: Der "Gott" *Vishnu* warnte den Erdling *Manu* in Gestalt eines Fisches vor der kommenden Katastrophe. Im *Gilgamesch-Epos* (XI. Tafel 19+) ist es der "Gott" *Enki* bzw. *Ea*, der die nahende Flut indirekt einem Mann namens *Utnapischtim* verkündet. Die Parallelen zwischen diesem Epos und der Bibel sind deutlich. Eine Verbindung zu dem *Vishnu*-Bericht klingt hingegen nicht direkt heraus. Wenn wir jedoch einigen Vermutungen der Geschichtsforscher beipflichten, so ist *Enki/Ea* identisch mit der "Gottheit" *Oannes*, die heute vor allem durch den Geschichtsschreiber *Berossus* (um 250 v. Chr.) bekannt ist (Sproul, östlich, S. 143ff./Temple, S. 187 & S. 418ff.) und einst aus dem Meer gekommen sein soll. Diesen (oder diese) *Oannes* stellten sich etwa die Babylonier als "Fischmenschen" vor, was heute durch zahlreiche Siegelabrollungen und andere Darstellungen hinreichend belegt ist. Ist die Gestalt des *Vishnu* als Fisch bei der Sintflut also vergleichbar mit *Enki/Oannes*? Vielleicht.

Der "Gott" *Enki* ist in der mesopotamischen Mythologie oft mit dem Symbol der Schlange identifiziert worden, was mit Blick auf den Sündenfall in Eden bereits von Interesse war (s. I.6) Ebenfalls bemerkenswert sind Überlieferungen diverser Indianervölker Amerikas (Tollmann, S. 154ff.). Etwa die Azteken aus Mexiko glaubten, daß die schlangengestaltige "Wassergöttin" für die Flut verantwortlich war.

Ganz erstaunlich ist ein Mythos der *Walam-Olum-Chronik* der Delawaren (1836 publiziert), der von einem Algonkin-Stamm vom Atlantik stammt und hier noch in Kürze erwähnt werden soll. Dort heißt es, daß sich die "große Schlange entschloß, (...) die Menschen zu vernichten". Mit viel rauschendem Wasser brach daraufhin die Flut herein. Auf einer Bilderserie des Stammes der Delawaren, die 1820 von dem französischen Wissenschaftler Rafinesque gefunde wurde, ist dieses Ereignis bis heute zu sehen. So etwa zeigten diese Zeichnungen wie die "Himmelsschlange" mit dem "Sonnengott" kämpft, dann die Flut losbricht und am Ende die letzten Menschen wieder das Festland betreten können.

Nach dieser Erzählung war eine "Schlange" ausschlaggebener Bestandteil der verheerenden Sintflut. Diese Tatsache verbindet den Mythos durchaus mit *Enki* - der mesopotamischen Schlange, die im *Gilgamesch-Epos* den Menschen warnt. Auch die Spekulation ist beachtlich, daß dieser "Gott" - zweifellos in diversen Überlieferungen auch als (Menschen)Schöpfer identifiziert - einst Adam und Eva

“Erkenntnis” bzw. “Weisheit” verliehen haben könnte. Denn auch bei den Delawaren läßt sich die Schlange als “Menschenbeschützer” erkennen, da im Rumpf der Arche dieses Volkes (bei ihnen eine Schildkröte) eine Schlange abgebildet wurde. Der einstige “Gott”, der die Menschen “erleuchtete”, schützte sie auch während der Sintflut.

Flutmythen, bei denen eine Familie oder ein Mann und seine Frau die Katastrophe überlebten, sind uns auch aus dem mittelamerikanischen Raum hinlänglich bekannt (Berlitz, S. 46ff.). Selbst dort liegen phantastische Parallelen zu den biblischen, den im *Gilgamesch-Epos* oder griechischen Überlieferungen offen zutage! Auch die Ansicht, die Flut sei eine “Strafe”, ist in dieser weit entfernten Mythologie zu finden.

Kommen wir aber zurück zur Bibel: Im Alten Testament wird die große Flut als Strafgericht “Gottes” angesehen. Mythen vieler anderer Völker sehen in der Flut ebenfalls eine Art Strafe für den Menschen. Hätten sich die Erdlinge mehr nach “Gottes” Willen gerichtet, wäre die Flut nie gekommen, so die theologische Bibelinterpretation. Aber die Bosheit der Menschen als Grund für die Flut zu betrachten, wie es die Theologen gerne sehen würden, ist schlichtweg falsch.

Der biblische “Gott” oder auch andere Wesen sahen die Flut kommen, sie waren aber nicht in der Lage, sie aufzuhalten. Bevor es jedoch zu diesem Schreckensereignis kommen sollte, wurden ausgesuchte, vielleicht auch eigens für diese “Mission” erschaffene Menschen auf die Rettung vorbereitet.

Spekulationen, die sich auf geologische, botanische und andere Funde berufen, besagen, daß aller Wahrscheinlichkeit nach vor rund 10.000 Jahren ein Komet mit der Erde kollidierte und so die Flut auslöste. (Dieses Szenario kann jederzeit wieder eintreffen.) Tollmann und Tollmann haben diese Geschehnisse detailliert geschildert. In der Theologie hingegen ist die Deutung der Ereignisse im Zusammenhang mit der Flut die leichteste überhaupt: Es gibt keinen Zweifel, daß “Gott” alleine Ursache dieser Katastrophe war. Gegenteilige Meinungen galten oder gelten als Blasphemie, und die Menschen, die es wagten, den “göttlichen” Ursprung der Sintflut zu bezweifeln, wurden als Ketzer angesehen. Die Kirche hatte weder Grund noch Interesse daran, die Flutsage des Alten Testamentes durch naturwissenschaftliche Analysen der Ereignisse zu untermauern. Alleine der biblischen Erzählung wurde geglaubt.

Es soll nicht Aufgabe dieses Buches sein, die Sintflut wissenschaftlich zu untermauern. Folgen wir also der Bibel weiter, was alles im Verlaufe der Flut geschah.

III.5 Die Welt trocknet

Die kindlichen Erzählungen der Bibel über die Abläufe bei der Flut sind größtenteils erfunden. Dennoch wollen wir uns die weiteren Geschehnisse ansehen. Schließlich stehen sie im Alten Testament und sind somit “Gottes Wort”.

Im 7. und 8. Genesiskapitel findet sich die entsprechende Überlieferung. Wie auch bei der Schöpfungslegende sind hier offensichtlich zwei Flutlegenden ineinander verschachtelt worden, so daß der aufmerksame Leser hier ebenfalls einen verwirrenden Bericht vorfindet. So erfahren wir etwa in Gen. 7,17, daß "die Flut vierzig Tage lang über die Erde" kam. In Gen. 7,24 wird aber von 150 Tagen berichtet...

Noah war 600 Jahre alt, als die Sintflut hereinbrach (Gen. 7,6). Seine ganze Familie überlebte nur dank "Gottes" Hilfe die Katastrophe und verließ das Schiff wieder, als die Erde endlich getrocknet war:

"*Im zweiten Monat, am siebenundzwanzigsten Tag des Monats, war die Erde trocken.*" (Gen. 8,14)

Noah und sein Geschlecht verließen das rettende Schiff nun, und "Gott" gab ihnen das Gebot, fruchtbar zu sein und die Erde neu zu bevölkern. Die Flut ließ der "Herr" nach kirchlicher Deutung als Strafe kommen, aber der Mensch wurde auch nach der Überschwemmung wieder ein sündiges Wesen! "Gott" sah die Entwicklung offensichtlich *nicht* voraus; wie er auch bei der Erschaffung Adams nicht wußte, daß der Mensch einst schlecht werde würde.

Noah war glücklich, daß "Gott" gerade ihn auserwählt hatte, die Sintflut heil zu überstehen. Dankbar baute er einen Altar, um so seinem "Gott" ein Brandopfer darzubringen. Interessanterweise soll Noah hierbei "von allen reinen Tieren und von allen reinen Vögeln" (Gen. 8,20) genommen haben. Wenn wir uns aber noch einmal ins Gedächtnis rufen, daß er von den "reinen" Tieren je sieben mit in die Arche nahm, so stellt sich die Frage, wieviele Tiere er opferte. Etwa alle?

Das dankbare Brandopfer von Noah "roch" "Gott", so daß er die Bestrafung der Menschen bereute. Der "liebliche" oder "beruhigende" Duft, je nach Übersetzung, soll ihn milde gestimmt haben. Im Buch Exodus und im Buch Levitikus ist an verschiedenen Stellen ebenfalls zu erfahren, daß "Gott" durch den Duft von "Brandopfern" "beruhigt" werden konnte (zum Beispiel: Ex. 29,18/Ex. 29,41 oder Lev. 1,9/Lev. 1,13/Lev. 1,17).

Bibelkommentare sehen in diesem Opfer Noahs ein "vorausweisendes Schattenbild" auf die Opferung Jesu Christi, was wiederum bedeuten soll, daß Jahwe Noahs Gabe als ein "Schattenbild" gelten gelassen haben soll. Ich weiß nicht, wie Theologen auf eine solche Interpretation kommen können. Und was soll ein *Schattenbild* sein?

Da aber bekanntlich die Sintfluterzählung des *Gilgamesch-Epos* (oder anderer Texte) mit der in der Genesis Ähnlichkeiten aufweist, ist es nicht allzu verwunderlich, wenn auch hier der Sintflutheld ein Brandopfer darbringt:

"*Ich brachte ein Räucheropfer auf dem Gipfel des Berges* (wo die Arche strandete, L.A.F.) *dar* (...) *Die Götter rochen den Duft, Die Götter rochen den süßen Duft, Die Götter versammelten wie Fliegen sich über dem Opfernden.*" (XI. Tafel 156-161)

Hier läßt sich unzweideutig erkennen, daß Teile des Alten Testaments aus älteren mesopotamischen Quellen stammen. Die Schreiber der Bibel und des *Gilgamesch-Epos* haben dabei die Urüberlieferung ihrer Glaubensrichtung einfach angepaßt. Diese Vermutung bestätigen auch namhafte Mitglieder der "Biblischen Arbeitsgemeinschaft Sankt Hieronymos" in einem von ihnen herausgegebenen Werk ("Die biblische Welt") zum Alten Testament:

"*Es läßt sich kaum leugnen, daß beide Erzählungen* (der Flut, L.A.F.) *aus einer gemeinsamen literarischen Überlieferung stammen, die jedoch jeweils auf besondere Weise ausgelegt wurde.*" (Cools, S. 291)

Zurück zu Noah: "Gott" wollte nach diesem Opfer die Erde nicht wieder verfluchen, heißt es in der Genesis weiter. Auch wird er in Zukunft alle Lebewesen der Erde am Leben lassen und nicht wieder wegen der Menschen "vertilgen" (Gen. 8,21). Die Verse der Genesis machen deutlich, *warum* der allwissende "Herr" fortan die Menschen verschonen wollte: Er hatte nach der Sintflut endlich eingesehen, daß der Mensch nun einmal schlecht ist und auch die fast vollständige Ermordung der Menschheit daran nichts ändern wird. Unmißverständlich berichtet die Genesis:

"(Jahwe sprach:) *denn das Gedankenbilde des Menschenherzens ist böse von Jugend an.*" (Gen. 8,21)

Erst jetzt, nach der Erschaffung des Menschen, nach dem "Sündenfall", den "ungöttlichen" Mischehen und der Sintflut, sah "Gott" ein, daß der Mensch schlecht (böse) ist. Zuvor wußte er augenscheinlich nichts von der zukünftigen Entwicklung seiner Geschöpfe, die auch noch nach seinem Bilde gestaltet sein sollen!

Die Familie Noah wurde von "Gott" gesegnet. Alles, die gesamte Welt, sollte ihnen fortan unterworfen sein. Der Mensch wird deutlich als Herrscher über die Erde genannt. Lesen wir "Die neue Ordnung der Welt", wie das entsprechende Kapitel meist genannt wird, aufmerksam durch, erfahren wir dort noch eine ganz erstaunliche Bemerkung "Gottes" gegenüber Noah: Er forderte Menschenblut:

"*Auch euer Blut, das Blut eures Lebens, werde ich fordern; ich werde es fordern von jedem Tier und von dem Menschen. Von einem jeden, selbst von seinem Bruder, werde ich das Leben des Menschen fordern. Wer Menschenblut vergießt, durch Menschen soll sein Blut vergossen werden.*" (Gen. 9,5-6)

Ein wahrhaft "ungöttliche" Bestimmung des gütigen "Herrn". Selbst die Blutrache, die Ahndung für einen Mord durch einen "Bluträcher" (hebräisch "*go'el*"), wird hier von "Gott" erlaubt! In Num. 35,19+ ist dieses Gesetz detailliert beschrieben, wo es etwa heißt, "der Bluträcher darf den Mörder töten".

"Gott" schloß nach dem Ende der Katastrophe mit Noah einen Bund, den bekannten "Noe-Bund". Von nun an soll der Mensch mit "Gott" verbündet sein. Um diesen Bund symbolisch zu verdeutlichen, wird im Alten Testament der Regenbogen, das metaphorische Zeichen für ein beendetes Unwetter, genannt. Also wird eine völlig natürliche Erscheinung zum "Gottessymbol" erhoben.

Noah pflanze daraufhin Weinreben an, von deren Wein er sich betrank. Er lag nackt in seinem Zelt, und sein Sohn Cham, der angebliche Stammvater Kanaans, sah ihn dort. Als seine Söhne ihm einen Mantel überlegten, um so seine Blöße zu bedecken, wachte er schließlich auf. Unverständlicherweise war Noah sehr zornig über die Hilfsbereitschaft seines Sohnes Cham; er wurde sogar von ihm verflucht und sollte fortan der "niedrigste Knecht" seiner Brüder sein! Eine vollkommen unverständliche Tat des von "Gott" auserwählten Noah.

Noah starb angeblich im Alter von 950 Jahren, und seine Söhne bevölkerten die Erde. Das 10. Kapitel nennt die Stammfolge von Sem, Cham und Japhet. Cham, der von seinem Vater verflucht wurde, zeugte Kusch, und dieser wiederum den bekannten Nimrod, den "ersten Machthaber auf Erden". Nimrod wird als Herrscher über Babel (Babylon), Akkad und Erech genannt, alles Städte in Sumer (Schinear), wie es die Bibel richtig weiß (Gen. 10,8+). Einige Forscher vergleichen diesen König mit Sargon von Akkad (ca. 2300 v. Chr.), der als großer Krieger gilt (Drechsel, S. 300).

Der biblische Ort Babylon (= "Tor der Götter" oder "Götterpforte") ist noch in anderer Hinsicht interessant, denn dort soll sich die große "Sprachverwirrung" ereignet haben, die der "Herr" vollbrachte, weil die Menschen wieder einmal nicht nach seinem Willen handelten.

III.6 Turmbau zu Babel - ein neuer Anfang, der "Gott" mißfällt

"*Überall im Land sprach man damals nur eine Sprache und brauchte einerlei Worte.*" (Gen. 11,1)

So beginnt die Überlieferung vom Babel-Turm. Die Menschen sollen auf der Erde eine Sprache besessen haben, wobei sich die Bibel schon bei dieser Aussage widerspricht. In der Generationsfolge der Söhne Noahs erfahren wir, daß die Menschen sehr wohl unterschiedliche Sprachen nutzten. So heißt es bei den Nachkommen Chams (Gen. 10,20), daß sie nach ihren "Stämmen und Sprachen" aufgelistet worden sind. Aber gleich zu Anfang des nächsten Kapitels sollen alle Menschen die gleichen Worte benutzt haben.

Babylon, dort wo der nachsintflutliche Mensch einen Turm errichtete, ist ein geschichtlich exakt belegbarer Ort. Er liegt, wie es die alttestamentarische Überlieferung richtig weiß, im Lande *Schinear* (= Sumer) in Mesopotamien, am Ostufer des Euphrat, nordwestlich von Kisch.

Die Geschichtsforschung rätselt schon lange, von wo einst die Menschen nach Mesopotamien kamen. Die Sumerer, die bisher älteste Hochkultur der Erde, blühten vor Jahrtausenden recht plötzlich auf, und nach den aktuellen Vermutungen kamen sie aus dem Osten in das Zweistromland. Die Bibel ist mit ihren Angaben hier wieder erstaunlich genau:

“*Als sie von Osten aufbrachen, fanden sie eine Ebene im Lande Schinear und ließen sich dort nieder.*” (Gen. 11,2)

In dieser Ebene, dem fruchtbaren Gebiet zwischen Euphrat und Tigris, wollten sie “Backsteine backen und brandhart brennen”, um eine Stadt zu errichten. Der Mensch hatte sich Großes vorgenommen. Sie planten eine Stadt mit einem Turm, dessen “Spitze bis an den Himmel reicht”, in Mesopotamien zu errichten. Der Grund für ihr Vorhaben war recht einfach, denn sie wollten zusammenhalten und berühmt werden, da sie befürchteten, daß sie “zerstreut werden über alle Lande”, so Gen. 11,5.

Auch das außerbiblische Buch Philo hat uns ab dem 6. Kapitel den “Turmbau zu Babel” geschildert; jedoch sind zwei Kapitel detaillierter als die Genesis-Überlieferung. Auch der Bericht der Philo-Schrift nennt einen recht friedlichen Grund für die Stadtgründung und ihr gigantisches Bauvorhaben.

Zu Beginn der Babel-Erzählung im Buch Philo heißt es, daß die Menschen einst “alle getrennt ihr eigenes Land” bewohnten, und erst dann zusammen nach Babel, “von Osten”, zogen (Philo 6,1). Als nun die neuen Einwohner Mesopotamiens einen günstigen Platz “im Lande Babel” für ihren Plan gefunden hatten, fürchteten sie sich vor der Zukunft, denn sie “sprachen zueinander”:

“*Wir werden noch, jeder vom anderen, losgetrennt werden und uns in den letzten Zeiten bekämpfen.*” (Philo 6,1)

Und in der Genesis:

“*Wir wollen uns einen Namen machen, damit wir uns nicht über die ganze Erde zerstreuen.*” (Gen. 11,4)

Um dieses zu vermeiden, sollte der Turm gebaut werden, durch ihn wollten sich die Bewohner “Ruhm auf Erden verschaffen”. Die Ziegel des Turmes, so plante es das Volk, sollte jeder mit seinem Namen beschreiben, um so ihren Zusammenhalt symbolisch zu festigen.

Die Schrift Philo erzählt nun von weiteren Geschehnissen im Zusammenhang mit ihrem Plan, einen Turm in den Himmel zu bauen. Zwölf namentlich genannte Männer (Philo 6,3) des Volkes wollten sich nicht an dem Bau beteiligen. Sie wurden eingesperrt und sollten nach sieben Tagen im Ziegelofen verbrannt werden. Ein hoher und mächtiger Fürst jedoch ließ elf von ihnen frei und log seinem Volk vor, sie hätten aus dem Kerker fliehen können.

Der bekannte Abrahm (= Abraham) war angeblich ebenfalls unter den Eingesperrten. Allerdings ist sein Name in der Genesis erst *nach* dem Turmbau als Sohn Terachs erwähnt (Gen. 11,26). Nach diesem Apokryph jedenfalls blieb er in der Stadt, um sich nach Ablauf der sieben Tage freiwillig in den Ofen schleudern zu lassen.

Ein “großes Erdbeben”, ausgelöst von “Gott”, so der Apokryph, brach los, als “Stammvater” Abraham in den Ofen geworfen wurde. Der Ofen wurde zerstört oder beschädigt, so daß sich das Feuer rasend schnell ausbreiten konnte. Bei dieser katastrophalen Feuersbrunst sollen, so der Text, 83.500(!) Menschen umgekommen sein, die "um den Ofen herum" (Philo 6,17) standen!

Abraham aber stieg unbeschadet wieder aus den Flammen heraus und zog in ein anderes Land.

Wie konnte Abraham ein Ofenfeuer, das weit über 80.000 Menschen getötet hatte, unbeschadet überstehen? Der fromme Abraham war kein gewöhnlicher Mann, denn er war von den Himmlischen auserwählt worden. Er stammte aus dem Geschlecht von Sem, einem Sohn Noahs, und hatte durch "Gott" ganz besondere Eigenschaften erlangt - er war ein Schützling des "Herrn". Durch die Hilfe seines "Herrn" überlebte er den Zorn der Bevölkerung - wie genau, können wir leider anhand der wenigen Informationen nicht mehr erkennen.

Auch nach dieser Katastrophe, die in der alttestamentarischen Erzählung keine Erwähnung findet, ließ das Volk nicht von seinem Vorhaben ab. Im nichtkanonisierten Buch der Jubiläen finden wir ebenfalls den Babelturmbau (Jubi. 10). Die Menschen sollen sogar 40 Jahre an ihm gebaut haben, bis er 5.433 Ellen in den Himmel ragte (Jubi. 10,21)!

Die "*griechische Apokalypse des Baruch*" (entspricht "AB."), ebenfalls ein Apokryph, enthält auch einen Bericht über den Turmbau. Dort erfahren wir, daß der Turm 363 Ellen in der Höhe maß, und "Gott" die Menschen mit Blindheit und Sprachverwirrung strafte (AB. 3,6-8).

Diesen gewaltigen Turm (der sicherlich weder 363 Ellen noch 5.433 Ellen hoch war) sah natürlich "Gott" im Himmel, wie es auch die Genesis berichtet. Er stieg hinab, um das Werk des Menschen in Augenschein zu nehmen:

"*Da stieg Gott herab, um die Stadt und den Turm anzusehen, den die Menschen gebaut hatten.*" (Gen. 11,5)

"Gott" persönlich mußte sich aus dem Himmel bemühen, da er die Geschehnisse auf Erden scheinbar nicht von dort sehen konnte. Er begutachtete die Aktivitäten seiner Geschöpfe, und stellt fest:

"*Sieh da, das ist einerlei Volk, und eine Sprache sprechen alle; was sie da tun, ist bloß der Anfang; nichts wäre ihnen weiter unmöglich, was immer sie planen würden. Wohlan, lassen wir uns hernieder und verwirren wir dort ihre Sprache, daß kein Mensch mehr des anderen Sprache versteht!*" (Gen. 11,6-7)

Der "Herr" steigt mit einigen anderen außerirdischen Wesen ("lassen *wir uns*") vom Himmel, um die einheitliche Sprache der Menschheit zu verwirren. Fortan durfte niemand mehr des anderen Worte verstehen. Hätte "Gott" nach der Sintflut nicht Noah versprochen, nie wieder alles Leben der Erde vernichten zu wollen, hätte er wohl auch in diesem Fall eine weitere Flut geschickt. Allerdings war ein solches Vorhaben nicht möglich, da die Sintflut ein natürliches Ereignis war.

Der Zorn des gütigen "Gottes" scheint doch recht unverständlich. Die Menschen erbauten sich ihre Stadt und den Turm, um, wie weiter oben schon erwähnt, berühmt zu werden, sich nicht zu trennen und keine Kriege gegeneinander zu führen. "Gott" aber verwirrte ihre Sprache, so daß "kein Mensch mehr des anderen Sprache versteht." Das einheitliche Volk zerbrach und wurde so über die ganze Erde zerstreut.

Im Buch Philo sind noch einige weitere Einzelheiten über die "Große Sprachverwirrung" oder "Völkerzerstreuung" zu erfahren. Laut Genesis wird von Jahwe die "Zunge" der Menschen verwirrt, aber gemäß der nichtbiblischen Schrift änderte er ebenfalls das Aussehen des Babel-Volkes:

"*Und Gott teilte die Zungen der Völker, die das Land bewohnten,* (...) *und änderte ihr Aussehen. Und keiner erkannte mehr seinen Bruder.*" (Philo 7,5)

Manipulierte "Gott" tatsächlich an der Gestalt des Menschen herum? Warum sollte er dem Volk derartiges antun und so sein unausweichliches Auseinanderbrechen in Kauf nehmen? Die apokryphe Schrift weiß in ihrer Überlieferung auch davon, daß er den Menschen durch seine recht unverständliche Tat auf den Stand von "Primitiven" zurückschlagen *wollte*! Im 7. Kapitel erfahren wir ab dem dritten Vers, daß die Einwohner von nun an "Hütten aus Stoppeln von Stroh erbauen" müssen und "sich Höhlen graben und darin wie wilde Tiere hausen" sollen. Für "alle Zeiten" wird dies so bleiben, so will es der "Herr"...

Es wird immer verwirrender. Die ersichtlichen Anfänge einer Zivilisation nach der großen Flutkatastrophe (Städtebau) wurden von "Gott" nicht geduldet! Er wollte seine Menschenkinder, so lassen es die Aussagen vermuten, primitiv lassen. Und im gleichen Vers (drei), betrachtet "Gott" die Menschen sogar mit Abscheu:

"*Ich werde sie wie Wassertropfen erachten und sie mit Speichel vergleichen. Für die einen kommt das Ende im Wasser, und die anderen werden durch Durst ausgetrocknet.*"

Kann so der tatsächliche Schöpfer des Universums, der unfaßbare *Gott* sprechen? Aus diesen Textstellen klingt klar *Haß* heraus, Haß auf die Menschen, die sich eine Stadt errichten wollten, was dem biblischen "Gott" zuwiderlief.

Ich zweifele an der theologischen Deutung, daß die Überlieferung vom Turm zu Babel nur ein Symbol für die steigende "Überheblichkeit" des Menschen ist. Die Verwirrung ihrer einheitlichen Sprache muß auch nicht unbedingt wörtlich verstanden werden. Es ist durchaus denkbar, daß mit "Sprache" eine gemeinsame Politik gemeint gewesen ist. Politische Verständigung ist für den Zusammenhalt eines Volkes, das laut dem Buch Philo, ein Zusammenschluß aus verschiedenen Völkern war (Philo 6,1), unverzichtbar.

Selbst wenn wir annehmen, daß tatsächlich Politik und Religion im Alten Testament mit dieser gemeinsamen "Sprache" gemeint sein sollten (Trutwin, S. 70), ist die Vorstellung vom Eingreifen "Gottes" recht sonderbar. Hat "Gott" tatsächlich Interesse an politisch/sozialen Veränderungen auf der Erde?

Die Schrift Genesis geht nach der Erzählung von Babel zum zweiten Teil über. Erst folgt eine Zusammenstellung der nachsintflutlichen Patriarchen und dann die

Überlieferung über Abraham. Abraham alias Abrahm soll, so berichtet das Buch Philo, ebenfalls in Babel zur Zeit des Turmbaus gelebt haben. Durch seine Entscheidung, sich nicht an dem ehrgeizigen Vorhaben der Bevölkerung zu beteiligen, wurde er von "Gott" auserwählt. Seine Nachkommen wurden vom "Herrn" gesegnet und ein Bund geschlossen. Auch entschied der "Herr", von nun an Abrahams "Schutzgott" zu sein, so Philo 7,4.

Abraham durfte, so der Plan der Himmlischen, der Stammvater des großen Volkes Israel werden. Er alleine wurde aus den sicherlich auch zu dieser Zeit zahllosen Menschen auserwählt. Und wieder: Der "Herr" wählte, er *selektierte* einen Menschen aus den Reihen vieler Erdlinge aus! Abraham wird als Stammvater angesehen. Die Theologen betrachten ihn übrigens als Stammvater der Jahwe-Religion, nicht aber unbedingt als den Grundstein eines großen Volkes - obwohl "Gott" dies so wollte.

Kapitel IV

Die Abraham-Apokryphe

IV. 1 Abraham der Nomade

Die Geschichte des (*religiösen*) Stammvaters der Hebräer, dem späteren "auserwählten" Volk Israel, zeigt durch ihre Plazierung direkt nach den Schöpfungsmythen, daß die Genesis-Autoren ihr besondere Bedeutung beimaßen und sie zeitlich weit zurück in der Vergangenheit ansiedelten. Abraham, Stammvater und treuer Diener seines "Gottes", ist eine der interessantesten Personen der Bibel. Auch wenn heute kaum ein Hinweis existiert, daß er tatsächlich gelebt hat und sein Leben so, wie geschildert, ablief (Barthel, S. 63).

Die Überlieferung über Abraham beginnt bereits am Schluß der nachsintflutlichen Generationsfolge (Gen. 11,10+). Die Genesis erzählt uns, daß er der Sohn eines Mannes namens Terach war und in der süd-mesopotamischen Stadt Ur lebte. Ur wurde durch den archäologischen Forschungsdrang von J. E. Taylor, britischer Konsul in der Stadt Basra, im Jahr 1854 gefunden. Taylor fand auf einigen Tonzylindern eindeutig den Namen "Ur". Dieser biblische Ort war einst sogar eines der bedeutendsten Zentren des Zweistromlandes.

Von hier soll der Stammvater fortgezogen sein. Den Grund für den Exodus der Familie des Terach erfahren wir leider nicht. Auf jeden Fall hatte die Gruppe den Plan, "nach Kanaan auszuwandern" (Gen. 11,31). Die Familie ließ sich auf ihrem Weg nach Kanaan in Haran (auch Charan) nieder, und hier "starb" auch der Vater Abrahams (eigentlich wurde er vom "Herrn" *getötet*). Die Umsiedlung der Terach-Familie könnte durchaus darauf zurückzuführen sein, daß um 1950 v. Chr. die sumerische Stadt Ur von vordringenden Semiten bedroht wurde. Diese übernahmen später die sumerische Kultur und bildeten die neue Bevölkerung dieser Gegend. Vielleicht floh die Gruppe aus diesem Grund.

Als Abraham nun bereits gesegnete 75 Jahre alt war, nahm er seine Habe und zog auf Befehl "Gottes" in die Ferne - nach Kanaan (laut Cools, S. 491 geschah dies um 1900 v. Chr., nach der Neuen Jerusalemer Bibel, S. 1811, ca. 1850 v. Chr.). Hier brach eine Hungersnot aus, die seine Familie zwang, in das reiche Ägypten auszuwandern. Nach einiger Zeit aber verließen sie das Land der Pyramiden wieder, und der fromme Abraham ging - inzwischen sehr reich geworden - in die Gegend "zwischen Betel und Aj", trennte sich von seinem Neffen Lot, da er ebenfalls - wie Abraham - ein reicher Hirte geworden war. Um Streitigkeiten zu vermeiden, siedelte er sich in/bei Sodom an.

Nach diesem kleinen Einblick in die biblische Vorgeschichte des rätselhaften Stammvaters wollen wir uns die Überlieferungen über ihn etwas näher ansehen. Bereits zu Beginn der Geschichte Abrahams (Gen. 12,1) wird deutlich, daß er mit "Gott" Umgang gehabt haben muß, denn im ersten Vers spricht "Gott" ihn direkt an.

Abraham gilt als einer der bedeutendsten Männer des Alten Testamentes, dessen biblische Lebensgeschichte sogar in der Neuzeit noch verfilmt wird. Trotzdem finden sich in der Genesis mangelhafte Informationen über ihn und seine Vorgeschichte, zumindest im Vergleich zu den nichtkanonisierten Schriften. Die detaillierte "*Abraham-Apokalypse*" (entspricht "AA.") bzw. "*Offenbarung des Abraham*" ist ein äußerst aufschlußreiches Werk, in dem sein Leben und seine bemerkenswerten Erlebnisse genauer geschildert werden. Deshalb wollen wir im Folgenden diese beachtenswerte Schrift (vermutlich ca. 100 n. Chr. niedergeschrieben) genauer ansehen.

Abrahams Vater war nach diesem Buch eine Art "Götzenschnitzer". Der junge Abraham aber kam mit dem Vielgötterglauben seiner Umgebung nicht zurecht und bat seinen Vater, er möge seinen Beruf niederlegen. Der heilige Abraham war also von Haus aus *kein* Monotheist, sondern er wuchs im Viel-Götter-Glauben Mesopotamiens auf. Die religiösen Zweifel des Abraham wurden von "Gott" erhört, und der "Herr" wandte sich mit starker Stimme vertrauensvoll an ihn:

"(...), *da fiel die Stimme eines Starken vom Himmel in einem Feuerwolkenbruch und rief: Abraham! Abraham!*" (AA. 8,2)

Diese sonderbare Stimme aus einem "Feuerwolkenbruch" gab sich dem verschüchterten Abraham gegenüber als "Gott der Götter" (AA. 8,4) aus, und forderte ihn auf, seinen Vater zu verlassen. Dies war der Auftakt zu einer mittelschweren Katastrophe, denn dieser fremde "Gott" wollte das Haus seines Vaters Terach (auch *Therach*) strafen und vernichten. Der fromme Abraham hingegen sollte der Zerstörung entgehen, damit er nicht sterbe. Dann kam das "Strafgericht" unerbittlich über Terach, obwohl Abraham noch nicht einmal ganz in Sicherheit war:

"*Noch war ich* (Abraham, L.A.F.) *nicht zur Tür des Hofes gekommen, kam eines großen Donners Schall, und Feuer fiel vom Himmel, und die verbrannte ihn* (Terach, L.A.F.), *sein Haus und alles darin bis auf den Grund an vierzig Ellen.*" (AA. 8,7)

Das Feuer "vom Himmel" - vielleicht aus dem seltsamen "Feuerwolkenbruch"? - verzehrte seinen Vater, und Abraham zog fort. Der Himmlische aber nahm schnell wieder Kontakt zu ihm auf, denn er sollte ein Opfer darbringen und 40 Tage fasten. Würde er die Gebote seines Herrn befolgen, dann, aber nur dann, würde er auserwählt, "Großes" zu schauen, was er "bisher nicht geschaut" (AA. 9,6). "Gott" sprach zu Abraham deutliche Worte: Erst das Opfer und die enthaltsamen 40 Tage, dann erst die "Erwählung" zu Höherem (AA. 14).

Auch Professor Dr. Josef Scharbert, ein mehrfach studierter Theologe, bemerkt in seinem Buch (S. 229f.), daß es "keinen Zweifel" gibt,

"*daß Gott von dem Erwählten den bedingungslosen Gehorsam als Voraussetzung für die enge Gottesgemeinschaft und für die Verheißung erwartet. (...) Und dieser Gott kann auch den von ihm Erwählten auf härteste Proben stellen, in denen sich seine bedingungslose Treue zu bewähren hat.*"

Was sollte die auf den ersten Blick vielleicht nicht sehr sonderbar anmutende Probe des "Herrn"? Wieso mußte Abraham erst einmal opfern und fasten, bis "Gott" ihm nie geschaute Dinge zeigt? Möglicherweise könnte "Gott" ihn hier tatsächlich auf die Probe gestellt haben um festzustellen, ob er der "richtige" Auserwählte ist. Sollte "Gott", so wie Professor Dr. J. Scharbert meint, wirklich einen Menschen erproben müssen, um seine Bereitschaft zum Gehorsam zu "testen"? Nein, *Gott* wüßte dies auch so, ohne irgendwelchen Schnickschnack. Dieses Wesen war aber nicht *Gott* - wir werden seine Herkunft bald erkennen...

IV.2 Engelkontakte

Als Abraham von der "himmlischen" Stimme belehrt wurde, daß er ausgesucht sei, in Zukunft einer der bedeutendsten Männer der Erde zu werden, blickte er sich schließlich um, um zu sehen, wer denn eigentlich mit ihm sprach. Aber das, was er sah, erschreckte ihn zutiefst:

"*Als ich die Stimme hörte, die solche Worte zu mir sprach, sah ich bald hierhin und bald dorthin. Nicht eines Menschen Atem war's, und so erschrak mein Geist, und meine Seele floh aus mir. Ich wurde wie ein Stein und fiel zu Boden, weil ich nicht mehr zum Stehen die Kraft besaß.*" (AA. 10,1-2)

Abraham sah um sich, um zu erkennen, wer sich da an ihn wandte. Scheinbar zweifelte er daran, daß es tatsächlich der "Gott der Götter" war. Das, was er nun sehen konnte, erschreckte ihn derart, daß er geschockt zu Boden fiel. Er konnte sich nicht erklären, wer oder was da geschah. Wieso aber konnte sich "Gott" bei seiner Erscheinung nicht etwas menschlicher, weniger erschreckend präsentieren, so daß Abraham nicht gleich umfällt?

Der Bericht der Abraham-Apokalypse fährt weiter fort, daß dieser außerirdische "Gott" ("Gott" wird nicht genannt) den Javel - einen Engel - damit beauftragte, Abraham wieder auf die Beine zu helfen. Abraham berichtet - in der Ichform -, daß dieser Engel kein Mensch war, aber "eines Mannes Ähnlichkeit" besaß (AA. 10,5). Dieser himmlische Abgesandte erläuterte dem immer noch verängstigten Abraham, daß "Gott" ihn "liebgewonnen" habe. Abraham war also in "Gottes" Augen etwas Besonderes, obwohl unzählige Menschen die Erde bevölkerten; aber Abraham hatte er besonders ins Herz geschlossen - er zog ihn anderen Menschen ganz klar vor.

Javel unterrichtete Abraham über seine Aufgaben, die er von "Gott" zugeteilt bekam, und daß er sich aufraffen solle, denn er muß fortan stark und mutig sein. In diesem Augenblick sah der verschüchterte "Stammvater" den Engel genauer, und er beschreibt ihn im elften Kapitel der Apokalypse als eine sehr ungewöhnliche Gestalt:

"*Sein Leib glich einem Saphir* (also bläulich, L.A.F.), *sein Antlitz einem Chrysolithe* (grünlich, L.A.F.) *und seines Hauptes Haar dem Schnee und seines Hauptes Diadem dem Regenbogen und sein Gewand dem Purpur; ein goldenes Zepter war in seiner Rechten.*" (AA. 11,2)

Ein für Abraham äußerst fremdartiges Wesen trat demnach auf ihn zu. Die bunten Beschreibungen seines Aussehens können heute kaum sonderlich "ernst" genommen werden. Jedoch wird durch sie deutlich, daß der Engel "Gottes" besonders weiße, auffallende Haare besaß (wie Noah, der Abkömmling der *Nefilim*!) und einen leuchtenden Anzug trug. Vielleicht reflektierte die Kleidung des Himmelsabkömmlings auch nur das Sonnenlicht (vergl. Teil III.5)... Auch irgendeine Art von Helm oder Kopfschmuk (Diadem) scheint der Besucher getragen zu haben.

Javel hatte den Auftrag, Abraham in den kommenden Tagen zu begleiten. Vierzig Tage lang (in denen er fasten mußte), bis zu dem Ort, an dem er das Opfer an die starke Stimme darbringen sollte. Javel mußte ihn praktisch bei der korrekten Durchführung seiner Aufgaben *überwachen* - mehr nicht! Deutlich wird diese Engelsmission in Vers fünf (AA. 11,5), indem der Engel sagt, daß er nach der Opferung der Tiere "unsichtbar für immer" sein wird, er also Abraham für immer wieder verlassen würde. Hat "Gott" tatsächlich Abraham erst prüfen müssen - noch dazu mit einem Engel zur Überwachung -, um sicher zu gehen, er sei der Richtige für seine zukünftigen Pläne? Nein, aber für fremde, außerirdische Wesen, die nichts mit *Gott* gemeinsam haben, kann ein derartiger "Test" durchaus wichtig sein!

Das Apokryph läßt uns im Dunkeln, was aus der Stimme, die den Engel zu Abraham schickte, geworden ist, denn Javel ging mit Abraham alleine fort: "So gingen wir, wir zwei zusammen (...)" (AA. 12,1). Bei den Geschehnissen, die ich im Vorangegangenen beschrieb, sah er nie den Urheber der Stimme, die zu ihm sprach - nur den Engel.

Wie auch immer, Abraham erreichte den auserwählten Berg nach vierzig Tagen, und brachte die aufgetragenen Opferungen dar. Ganz zum Willen "Gottes", denn nun war er endgültig sein auserwählter Schützling (AA. 14). Die himmlische Gestalt wußte jetzt, daß dieser Mensch der richtige ist.

Die Erzählung von Abraham wird von diesem Moment an erst so richtig spannend, denn Kapitel 15 überliefert uns die "Luftreise", wie es der Übersetzer Paul Rießler nannte: Der erwählte Mann war bereit für die "Schauung" "göttlicher" Geheimnisse und himmlischer Orte!

IV.3 "...bis an der Feuerflammen Grenzen"

"Und es geschah bei Sonnenuntergang", so beginnt die Abraham-Apokalypse mit den nun folgenden Ereignissen. "Gott" wollte sein Versprechen, Abraham nie Geschautes sehen zu lassen, erfüllen. Deshalb schickte er ein "Fahrzeug" zur Erde, um ihn abzuholen und in den sonst unerreichbaren Himmel zu erheben:

"(...) *da gab es Rauch, wie Rauch aus einem Ofen. Die Engel* (...) *stiegen von des rauchenden Ofens Spitze auf. Mich nahm der Engel an der rechten Hand und setzte mich der Taube auf den rechten Flügel; er selber setzte sich der Turteltaube auf den linken.*" (AA. 15,1-3)

Abraham wurde rauchend in das Reich seines "Gottes" emporgehoben. Der apokryphe Text erklärt die Tauben, die ihn und den Engel als Fortbewegungsmittel dienten, als jene Tiere, die er bei seiner vorangegangenen Opferzeremonie verschont hatte. Jeder sollte sich aber vorstellen können, daß er nie und nimmer auf einem Taubenflügel rauchend umhergeflogen ist. Hier handelt es sich vielmehr um einen metaphorischen Symbolismus, der im Alten Testament und natürlich in den außerbiblischen Büchern keine Seltenheit ist (Stichworte Ezechiel und Henoch): Taubenflügel = *Symbol des Fliegens*!

Taube hin, Taube her, Abraham wurde auf jeden Fall von "Gott" in den Himmel gebracht, und das Apokryph beschreibt dies so:

"*So trug er mich bis an der Feuerflammen Grenzen. Dann stiegen wir hinauf so, wie mit vielen Winden*(!), *zum Himmel, der da ob dem Firmament befestigt war.*" (AA. 15,4-5)

Abraham berichtet mit erstaunlichen Worten, wie er gen Himmel erhoben wurde. Die in dem Vers erwähnten "Winde" sind derart oft in den heiligen Texten im Zusammenhang mit "Luftreisen" oder "Gotteserscheinungen" zu finden, daß hier eine deutliche Parallele zu erkennen ist (s. auch I.9 oder IX.2). Auch handelt es sich mit Sicherheit nicht um natürliche Winde, denn er wurde "*wie* mit vielen Winden" emporgehoben - nicht aber "von" Winden.

Penibel genau vermerkt Abraham - falls er der Autor ist -, daß sich der Ort, zu dem er gelangte, über dem Firmament, dem von der Erde sichtbaren Teil des Himmels, befand: Also im All, bei den himmlischen Wesen.

Als Abraham nun seinen Bestimmungsort, den Bereich "Gottes", erreichte, sah er ein gewaltiges Leuchten. Ihm fehlten die Worte, um seine Eindrücke exakt zu beschreiben, und er hielt fest:

"*Ich sehe in der Luft, nicht zu beschreiben, und in dem Licht ein mächtig Feuer, darin eine Schar, ja eine große Schar von mächtigen Gestalten, die alle sich an Aussehen und Gestalt beständig ändern, die laufen, sich verändern, anbeten und Worte rufen, wie ich sie nicht kannte.*" (AA. 15,6)

Der irdische Erwählte wurde von seinem Engel in das All gebracht. Hier erblickte er Dinge, die logischerweise seinem "beschränkten" - aus heutiger Sicht! - Geist vollkommen unerklärlich waren. Irgendwo über dem Firmament sah Abraham ein gewaltiges Licht, in dem sich eine "Schar" sonderbarer Gestalten aufhielt, die sogar miteinander "sprachen". Allerdings in einer ihm unbekannten Sprache. Paul Rießler, der Übersetzer der mir vorliegenden Abraham-Schrift, sieht in dieser Schar *Engel*, also himmlische Wesen, oder, wenn man so will, die Diener des "Herrn" bzw. seine "Untergötter" (vergl. I.2).

Alles, was er im folgenden sah, hielt er aus seiner Sicht für "göttlich", für ein Werk seines "Herrn", das ihm in keiner Weise auch nur annähernd vertraut war. Rießler erklärt dies in seinem Anhang so: "Der Sterbliche ist blind für das himmlische Licht". Natürlich ist er "blind", denn er kann die gesehenen Dinge in seinem Verstand mit nichts vergleichen. Sie stammen von den außerirdischen Engel und waren technischer Natur und wirkten wie "Magie". Derartige Verhaltensweisen finden in den interessanten *Cargo-Kulten* unserer Zeit stützende Belege!

Aber auch der Prophet Henoch gelangte einst in den "siebten Himmel" bei seiner All-Reise in die Sphären "Gottes", zu einem großen Licht mit Bildern wie etwa "feurigen Schein", den er als "leuchtenden Ort der Ophannim" bezeichnete (Hen/s. 20,1+). Und auch er traf dort auf "Gott", den Engel-Chef, so wie es Abraham noch bevorsteht.

Abraham erkannte, daß die vor ihm liegenden Objekte, die er für Erscheinungen, zumindest aber Randerscheinungen "Gottes" hielt, nicht verstehen konnte, denn er fragte seinen Engel:

"*Warum hast du mich jetzt hierher gebracht? Ich kann ja gar nichts sehen; denn ich bin schwach geworden; mein Geist ist von mir fort.*" (AA. 16,1)

Ein klares Geständnis (auf diesen Vers bezog sich Paul Rießler) des Erdlings. Die Dinge im Himmel konnte er einfach nicht verstehen, sie sind "göttliche Magie" - technisch, magisch. Der Engel an seiner Seite forderte ihn auf, er möge keine Angst haben und er solle bei ihm bleiben, denn der "Herr" wird zu ihm kommen:

"*Und der, den du jetzt schaust, wie er gerade auf uns zu kommt, mit lauter Stimme rufend: Der Herr ist heilig, heilig, heilig, das ist der Ewige, der dich so liebgewonnen.*" (AA. 16,2)

Einer aus der himmlischen Schar näherte sich Abraham. Der Vers scheint deutlich auszusagen, daß der "Ewige" nicht *direkt* zu erkennen war, denn der Engel mußte ihn erst genauer beschreiben. Doch nun folgt etwas Ungewöhnliches, denn der "Herr" ist nicht zu sehen, aber dennoch anwesend:

"*Ihn selber siehst du nicht. Doch laß nicht deinem Geist durch jenes laute Rufen Schwäche zukommen!*" (AA. 16,4)

Wie soll das gehen? "Gott" kam aus der Schar auf Abraham und den andern Himmlischen zu (zumindest ist dies zu vermuten), aber ihn selber sah er nicht persönlich oder leibhaftig. Peter Krassa aus Wien setzte sich ebenfalls mit der Abraham-Apokalypse auseinander und deutet diese sonderbaren Verse als ein "plastisches Fernsehbild", welches Abraham von seinem angeblichen "Gott" zu sehen bekam (Krassa, Gott, S. 54). Natürlich ist dies eine "gottlose" Interpretation, aber vollkommen logisch. Dennoch, betrachten wir die nun folgenden Geschehnisse genauer (AA. 17+), so bietet sich noch eine zweite Erklärung an:

"*Und während er noch sprach, da kam ein Feuer gegen uns ringsum, und eine Stimme war in diesem Feuer, der Stimme vieler Wasser ähnlich, gleich wie des Meeres Tosen in der Brandung.*" (AA. 17,1)

Lassen wir die Ereignisse bis zu dem oben zitierten Vers noch einmal Revue passieren: Abraham wird auf der Erde von einer "Stimme" kontaktiert, die aus einem "Feuerwolkenbruch" kommt. Den eigentlichen Sprecher sieht er nicht. Dann wird er in das All erhoben, wo er eine Schar himmlischer Gestalten sieht, die landläufig als Engel gedeutet werden. Aus dieser Schar heraus bewegt sich jemand auf ihn zu, den der Engel als "Gott" ankündigt, der von Abraham aber wiederum nicht gesehen werden kann. Dieser "Gott" erscheint Abraham gegenüber in einem "Feuer" - von dem er später sogar erhoben wird (AA. 18,1) - und mit Getöse, das der Erdling sinnbildlich mit Wassermassen vergleicht (wie oft bei derartigen Begegnungen im Alten Testament). Aus diesen "Feuer" wiederum spricht "Gott" mit ihm.

Sah Abraham also ein Fluggerät, aus dem sich der "Ewige" an ihn wandte? Somit kann er den Sprecher nicht gesehen haben, und die Ankündigung des Engels ("wie er gerade auf uns zukommt") ist dennoch richtig.

Aber gleich der nächste Vers birgt wieder etwas Erstaunliches! Abraham hielt sich tatsächlich im Himmel/All auf und visionierte nicht etwa irgendwo auf der Erde. Und jener Ort, an dem er sich aufhielt, drehte sich:

"*Ich aber wünschte, auf die Erde niederwärts zu fallen*(!); *der hohe Ort, worauf wir standen, bald stand er aufrecht da; bald aber drehte er sich abwärts.* (...) *Es war ja keine Erde mehr vorhanden, um darauf zu fallen.*" (AA. 17,3-4)

Der auserwählte Mann befand sich im All und wollte am liebsten wieder auf seine heimatliche Erde zurück. Er hielt sich an oder in einem Ort auf, der sich drehte - mal stand er oben, mal unten. Die Erde konnte Abraham nicht sehen, denn sie war nicht mehr vorhanden; folglich muß sie vorher von ihm gesehen worden sein, aber durch die Rotation des himmlischen Gebildes verschwand sie aus seinem Blickwinkel.

Theologische Auslegungen dieses bemerkenswerten Buches sehen in dieser Beschreibung eine Erscheinung, die durch die donnernde Stimme "Gottes" verursacht wurde; nämlich die Erschütterung des Himmels. Sollte aber der Himmel erschüttert worden sein - und sei es durch ein natürliches Gewitter -, wird Abraham kaum die Erde vermissen. Auch ist es äußerst zweifelhaft, daß er mal "aufrecht" stand, sich dann aber wieder "abwärts" "drehte"! Ein klarer Hinweis auf die *Rotation* des sonderbaren Ortes.

Was aber befindet sich im All ("ob dem Firmament", s. oben), wird von einem sonderbaren Himmelswagen angeflogen und rotiert, wenn nicht eine *Raumstation* der himmlischen Besucher? Auch der Prophet Henoch, ebenfalls ein Autor nichtbiblischer Bücher, berichtet uns von diesem Ort. Wir werden später diese

Beschreibungen ausführlicher betrachten (s. VII). Raumstationen, die um ihre eigene Achse rotieren, sind nötig, um im Inneren eine Schwerkraft zu erzeugen. Das kennen wir aus Film und Fernsehen. Noch ist dies Zukunft, aber wo sollte sich der fromme Abraham, dem fremde Dinge offenbart werden sollten, sonst aufgehalten haben?

Die Kirche wird kaum die moderne Sichtweise gutheißen, dennoch, sei sie auch noch so phantastisch, ist sie logisch. Das erstaunliche Buch fährt mit einem Gebet ("Lied") des Abraham fort, das uns aber nicht weiter interessieren soll. Aber schon das nächste Kapitel (AA. 18) hält wieder Verse für uns bereits, denn der "Stammvater" beschreibt den "Gottesthron", das ominöse Vehikel, mit dem "Gott" umherflog (s. auch Ezechiel und Teil III.1).

IV.4 Der Thron "Gottes"

Noch sang Abraham sein Lied zu Ehren des "Ewigen". Während er dies tat, konnte er beobachten, wie das Fluggerät "Gottes" - das bisher nur auf ihn zuflog - sich wieder erhob:

"(es) *hebt sich empor das Feuer, das auf der Feste war. Ich hörte eine Stimme gleich dem Meeresbrausen, und durch des Feuers reiche Fülle hört sie nicht auf. Und wie das Feuer, in die Höhe steigend, sich erhebt, erblick ich unterm Feuer einen Feuerthron und rings um ihn Vieläugige, die jenes Lied vortragen, und unterm Thron vier Feuerlebewesen singen.*" (AA. 18,1-3)

Eine scheinbar völlig verworrene Beschreibung, die uns hier überliefert wird. Sichtweisen der Exegeten bezeichnen derartige Ereignisse als eine Art "Vision, "Gesicht" oder "Schauung", also eine Beschreibung, die nicht *real* gewesen ist, sondern den Propheten *inspirativ* von "Gott" gegeben wurde. Hierbei sei natürlich angemerkt, daß diese Apokalypse nicht in den Kanon der Bibel aufgenommen wurde und somit überhaupt nichts Reales oder von "Gott" Gegebenes enthalten soll (vergl. IX.3).

Dennoch lassen sich hier interessante Details erkennen: Abraham schildert, wie sich ein "Feuer" mit lautem Getöse, das er wieder mit Meeresbrausen vergleicht, von seinem ursprünglichen Platz erhob. Der Schreiber hält penibel fest, daß der Krach ("Stimme") mit dem Feuer einher ging, nein, daß das Feuer sogar der *Ursprung* davon war! Unterhalb der feurigen Erscheinung glaubte er einen "Feuerthron" zu erkennen, der irgendwie mit den vier "Feuerlebewesen" zusammenhing. Die erwähnten "Vieläugigen" setzt übrigens der Übersetzer mit den *Cherube* gleich. Diese Gestalten sind fast immer Begleiter solcher Erscheinungen.

Deutliche Parallelen zum Ezechiel-Buch liegen klar auf der Hand. Sah auch Abraham das Raumschiff, das der Prophet in seiner Schrift so exakt beschrieb? Die nächsten Verse der Abraham-Apokalypse haben ebenfalls bestechende Ähnlichkeit mit dem Bericht des Ezechiel. Auch der "auserwählte" Abraham (Ezechiel war übrigens auch auserwählt, besondere "Dinge" zu schauen!) beschreibt die "vier Gesichter" - Löwe, Stier, Adler und Mensch - und er notierte, daß die vier "Wesen" sechs Flügel besaßen:

"*Die beiden Flügel an den Schultern bedeckten ihre Angesichter, die beiden Flügel an den Lenden ihre Füße; die beiden Mittelflügel breiten sie beim Vorwärtsfliegen aus*(!)." (AA. 18,7)

Ignorieren wir die kirchliche Deutung als Vision oder Einbildung des Abraham, kann hier deutlich ein technischer Vorgang beschrieben sein. Abraham sieht den Antrieb des "Feuerthrons" (die Flügel) und bemerkt, daß nur die Mittelflügel arbeiteten. Der Prophet Ezechiel, dessen "Schauung" vom Ex-NASA-Ingenieur J. F. Blumrich erfolgreich technisch rekonstruiert werden konnte, beschreibt vier Flügel (Ez. 1,6) je "Lebewesen" (bei Abraham "Feuerlebewesen"), die ebenfalls der Fortbewegung dienten. In Ez. 1,11 ist in erstaunlicher Übereinstimmung zum Abraham-Text sogar zu erfahren, daß die Wesen mit zwei Flügeln ihre Leiber bedeckten. Da die Abraham-Apokalypse von sechs Flügeln spricht, halte ich dieses Fahrzeug nicht für eine baugleiche Konstruktion wie im Buch Ezechiel, sondern für den "*Seraph-Typ*", den uns zum Beispiel der biblische Prophet Jesaja beschreibt (IX.2 und Teil III.1).

Auch im weiteren Verlauf der Abraham-Überlieferung sind bemerkenswerte Beschreibungen zu finden. Der irdische Beobachter spricht von den Geräuschen des Antriebes und auch von einem "Lied". Sobald dieses *Lied*, laut wie Meeresbrausen, verstummte, hielten auch die Flügel still. Heute eine verständliche Tatsache:

"*Als sie das Lied beendigt, da blicken sie einander an und drohten sich.*" (AA. 18,8)

Irgendwie lief bei der Herniederkunft des Gefährtes nicht alles planmäßig, denn der Engel, der Abraham ständig beiseite stand, mußte eingreifen, um die vier - nennen wie sie mal vorsichtig "Flügelwesen" - zu "beruhigen". Er lief ihnen entgegen und nahm sich der Wesen an:

"(...) *und* (der Engel) *wendete das Antlitz eines jeden Lebewesens vom gegenüberstehenden Gesicht, daß sie nicht ihre drohenden Gesichter gegenseitig sähen. Er lehrte sie das Lied des Friedens, der in dem Ewigen seinen Ursprung hat.*" (AA. 18,9-10)

Der Engel machte etwas mit oder an den Lebewesen, aber *was* konkret, können wir nicht mehr genau erkennen. Jedoch läßt sich vermuten, daß er sie aufgrund eines Fehlers manuell abschalten mußte, denn von nun an herrschte das "Lied des Friedens" - es wurde ruhig, die Maschinen stoppten.

Abrahams Augenmerk richtete sich nun auf den eigentlichen Wagen, den Zentralkörper der Erscheinung. Er besaß "Feuerräder" mit "Augen ringsum" (AA. 18,11), wie sie natürlich auch Ezechiel beschrieb. Anhand der ausführlichen Textanalysen von J. F. Blumrich, für jeden in seinem Buch "Da tat sich der Himmel auf" nachzulesen, kennen wir die Räder ebenfalls. Sie dienten der Fortbewegung auf festem Untergrund und waren deshalb, wie kaum anders zu erwarten, unter dem eigentlichen, feurigen Gefährt angebracht. Abrahams Schrift beschreibt die so:

"(...) *und auf den Rädern war ein Thron, den ich erblickt, und dieser war bedeckt mit Feuer, und Feuer floß ringsher um ihn; es war ein unbeschreiblich Feuer auch um eine Feuerschar*(?)" (AA. 18,12)

Deutlich gibt Abraham zu Protokoll, daß er das geschaute Feuer "unbeschreiblich" findet. Er sah also offensichtlich *kein* ihm bekanntes Feuer! Hätte er eine Art "Naturerscheinung" beschrieben, wäre auch das entsprechende Feuer von ihm erkannt und zugeordnet worden. Nein, dies kannte er nicht. Theologische Deutungen der gesamten "Thronschau" lehne ich ab. Aus ganz einfachen Gründen: Sah Abraham eine natürliche Erscheinung, kann es nicht *Gott* gewesen sein, den er da erblickte. Visionierte er das gesamte Geschehen, war es genauso wenig *Gott*. Möglichkeit drei ist, daß er tatsächlich *Gott* begegnete.

Die erste und zweite Interpretation lassen den biblischen "Gott" nicht zu - den realen sowieso nicht. Abraham sah ihn nicht, er war also nicht existent. Die dritte Erklärung wirft weitere Fragen auf: Braucht *Gott* tatsächlich "Fortbewegungsmittel", "feurige Wesen" und viel Tamtam, um Abraham zu erscheinen? Mußte er Abraham erst in den Himmel holen, ihm dort sehr sonderbar erscheinen, um ihn so verborgene Dinge sehen zu lassen? Nein!

Was bleibt übrig? Genau das, was der außerbiblische Text beschreibt: Nichtirdische Wesen entrückten Abraham in den Himmel.

Wir haben bereits gesehen, daß "Gott", einer dieser Außerirdischen (Jahwe stammt ja auch nicht von der Erde...), seinem Auserwählten unbekannte "Dinge" offenbaren wollte. Abraham befand sich nun im All, sein Herr war inzwischen bei ihm angekommen und die große "Schau" konnte beginnen.

IV.5 Abraham sah "Verborgenes"

Es wurde ernst, wenn man so sagen kann. Abraham wurden von "Gott" im Himmel die geheimen, den Erdlingen unsichtbaren Dinge gezeigt. Er war schließlich ein Liebling "Gottes". Aus der Mitte des Feuers rief irgendeine unbekannte Stimme Abraham zu. Hier sei noch einmal darauf hingewiesen, daß die Abraham-Apokalypse an keiner Stelle "Gott" erwähnt. Immer trägt er das Pseudonym "Stimme", "Ewiger" etc.

Abraham bekam von seinem "Meister" genau gezeigt, daß er sich nicht mehr auf der Erde befand:

"*Er sprach: Beschaue jetzt die Fläche unterm Firmament, worauf du stehst! Sieh, wie auf keiner einzigen Fläche, noch irgendwo ein anderer ist, als Er, den du gesucht oder der dich liebgewonnen!*" (AA. 19,3)

Klar erkennen wir, was "Gott" seinem Auserwählten da offenbaren wollte: Abraham soll nach unten sehen, denn er steht auf oder über dem Firmament und unter ihm ist nichts! Nur "Gott" hält sich in der himmlischen Gegend auf. Mit ihm natürlich sein Hofstaat bestehend aus Engeln, was dieser Vers allerdings nicht aussagt. Aber auf Grund der vorangegangenen Geschehnisse können wir dieses annehmen.

Die "Himmelsschau", wie dieses Kapitel heißt, nimmt ihren Verlauf. Der irdische Abraham hielt sich im "siebenten Firmament" auf, wie er es selber beschreibt. Auch der von "Gott" entrückte Prophet Henoch beschreibt im 20. Kapitel seines (slawischen) Buches einen siebten Himmel, zu dem er von Engeln gebracht wurde. Im Siebten lebte "Gott" und "feurige Scharen", und Henoch sah dort bei seiner Ankunft ebenfalls "ein großes Licht" (Hen/s. 20,1). Wie wir bereits gesehen haben (I.3), weiß auch der *Koran* (71. Sure, "*Noah*", Vers 16) von sieben Himmeln zu erzählen (vielleicht ist deshalb die Zahl sieben eine heilige Zahl).

Selbst in unserer heutigen Moderne ist die Redensart vom "im siebten Himmel schweben" noch bekannt - uralte Erinnerungen an die "Luftreisen" unserer Vorfahren?

Aber zurück zu Abraham und seinen Erlebnissen im All. Immer noch von den gigantischen Eindrücken des Gesehenen beeindruckt, versuchte er diesen Himmel (Firmament) sehr detailliert zu beschreiben:

"*Wie er noch spricht, tun sich die Flächen auf und unter mir der Himmel. Und auf dem Firmament, worauf ich stand*(!), *sah ich ein Feuer ausgebreitet und Licht und Tau und eine Menge Engel und eine Pracht von unsichtbarer Herrlichkeit war über jenen Lebewesen, die ich sah; doch irgend jemand andern sah ich nicht daselbst*(!)." (AA. 19,4-5)

Die "Botschaft" dieser Verse ist offenkundig. Abraham schaute in den leeren Raum, in dem sich *niemand* befand. Nur die Engel, lichte Lebewesen von großer Herrlichkeit, bewegten sich dort. Wer oder was diese Engelwesen waren, können wir heute nicht mehr genau erkennen. Entweder er beschrieb Fluggeräte, die im Alten Testament oftmals als engelhaft bezeichnet wurden oder zumindest mit ihnen in direkte Verbindung gebracht wurden, oder er schaute himmlische "Menschen" aus dem Staate "Gottes". Vielleicht deutete er auch die zahllosen Sterne im All als "Engel". Dies ist allerdings weniger wahrscheinlich, da Sterne auch von der Erde aus gesehen werden können, Abraham sie also sicher kannte.

Wie dem auch sei, Abraham schwebte hoch über dem "Himmel" und sah Dinge, die einem Normalsterblichen ansonsten verborgen waren. Aber damit sind seine bemerkenswerten Beschreibungen noch lange nicht am Ende. Von diesem "siebten Firmament", auf dem er sich befand, schaute er nun herunter auf die "sechste Fläche". Auch hier hielten sich "Engelgestalten" auf, jedoch mit dem Unterschied, daß diese zweifelsfrei einer niederen Kategorie angehörten:

"(...) *und sah dort eine Menge Engel, Geister ohne Leiber, die den Befehl der Feuerengel im siebten Firmament vollzogen, auf dem ich, über ihnen schwebend*(!), *stand.*" (AA. 19,6)

Der Patriarch betont genau, daß er *schwebend* das ganze Szenario beobachten konnte! Er selber stand *über* diesen Engeln, in einem höher gelegenen "Himmel" oder Ort, den er auch als “Berg” bezeichnet. Er weiß aber auch, daß diese Engel die Befehle der höheren Engel ausführen. “Gottes” Reich ist also streng organisiert.

Der faszinierte Beobachter berichtet weiter, daß an jenem Ort “keine anderen Kräfte von irgendeiner anderen Gestalt” vorhanden waren. Einzig allein die “Kräfte” der “Geisterengel” würden hier herrschen. Was mag der Autor des Apokryph hier beschrieben haben? Vielleicht das Fehlen von Gravitationskräften? Möglich, aber dies ist eine reine Vermutung! Und wenn dem so ist, hielt er sich nicht mehr in der rotierenden Raumstation (AA. 17,3-4) auf, in der Schwerkraft durch die Rotation vorhanden gewesen sein dürfte. Dennoch könnte er auch mit den fehlenden Kräften Winde oder Luft gemeint haben, da Henoch ebenfalls darauf aufmerksam machte.

Während Abraham auf die “göttlichen” Offenbarungen blickte, wandte sich “der Ewige, der Starke” wieder an ihn. Er forderte seinen auserwählten Patriarchen auf, sich die Sterne anzusehen - von oben, als wollte er ihm verdeutlichen, wo er ist:

“*Beschau von oben*(!) *doch die Sterne, die unter dir sich finden*(!)*! Zähle sie für mich und künd mir ihre Zahl!*” (AA. 20,3)

“Gott” forderte Abraham auf, er möge für ihn die Sterne unter ihm zählen. Eigentlich müßte der “Starke” deren Anzahl wissen, aber der “Herr” will seinem Liebling damit lediglich zeigen, daß seine Nachkommen so “zahllos” wie die Sterne am Himmel werden. Warum “Gott” sich gerade diesen Patriarchen aus einer polytheistischen Familie aussuchte und dabei alle anderen Menschen ignorierte, ist eine nicht zu beantwortende Frage.

Die von ihm beobachteten Sterne erweckten aber nur den Eindruck, als seien sie unter ihm. Jeder, der einmal am TV Aufnahmen unserer Astronauten gesehen hat, weiß, daß tatsächlich die Sterne unter den Füßen unserer Raumfahrer stehen können. Von der Erde aus ist diese Beobachtung nicht möglich.

Stammvater Abraham wurde bis hierher bereits ein enormes Wissen vermittelt. Er ist in die Gegend seines “Herrn” erhoben worden, sah Engel- und Feuerwesen und begegnete dem “Thronwagen” seines “Gottes”. Nun durfte er, sich selber hoch im All befindend, einen “Blick auf die Erde” werfen.

IV.6 Die Erde aus dem All

Abraham hielt sich an einem Ort über dem sichtbaren Himmel auf, der sich - wir haben die entsprechenden Verse bereits gesehen - drehte. Die pseudobiblische Schrift hat bereits deutlich überliefert, daß Abraham tatsächlich im All war und nicht etwa auf der Erde. Daß er hoch oben im Reich “Gottes” nicht auch die Erde genauer betrachtet haben soll, ist unwahrscheinlich. Wie also nicht anders zu erwarten, gestattete “Gott” ihm, oder besser er forderte ihn dazu auf, die unten liegende Erde zu bestaunen. Der Übersetzer dieses Buches nannte das entsprechende Kapitel (AA. 21) "Der Blick auf die Erde", gab dem also eine völlig richtige Überschrift:

"*Schau unter deine Füße auf das Firmament! Erkenn auf dieser Fläche jetzt die dargestellte Schöpfung, die Kreaturen, die in ihr, und die für sie bereitgestellte Welt!*" (AA. 21,1)

Abraham tat, wie es ihm gesagt wurde. Er schaute nieder auf seinen Heimatplaneten:

"*Ich schau hinab und seh sechs Himmel, und alles, was darin, daselbst die Erde und ihre Früchte und alles, was sich darauf bewegt* (...) *Ich sah daselbst das Meer und seine Inseln* (...) *Dort sah ich Ströme, ihre Quellen, ihre Kreise* (vermutlich der Flußverlauf, L.A.F.)." (AA. 21,2-5)

Der Stammvater beschreibt die Erde, wie er sie von seiner "göttlichen" Position aus sah. Die Aufzählung des Gesehenen ist in diesem Apokryph sehr ausführlich. Ich habe sie nicht vollkommen wiedergegeben, da die oben zitierten Verse schon alleine den außergewöhnlichen Charakter von Abrahams Sichtung widerspiegeln. Es sei jedoch angemerkt, daß ab Vers sechs der Garten Eden auf der Erde erwähnt wird, wie ihn der Patriarch gesehen haben will. Also wieder ein Hinweis auf einen irdischen Garten Eden.

Die folgenden Kapitel der aufschlußreichen Apokryphe enthalten zahlreiche Angaben über verschiedene Ereignisse. So zum Beispiel zeigte "Gott" ihm ein "Bild" vom Sündenfall in Eden (AA. 23). Oder auch ein zukunftsweisendes "Bild", das "das auserwählte Volk" zeigen soll (AA. 22).

IV.7 Weitere Offenbarungen "Gottes"

Abraham schaute ein "Bild" des längst vergangenen Sündenfalls im Garten Eden. "Gott" forderte ihn auf, dies reproduzierte Geschehen zu betrachten, und falls er etwas nicht versteht, wird der "Herr" ihm dies erklären (AA. 23,1-2):

"*Ich schaute wieder auf das Bild, und meine Augen liefen zu dem Garten Eden.*" (AA. 23,3)

Irgendwie war es dem himmlischen Wesen möglich, längst vergangene Ereignisse wiederzubeleben, so daß Abraham sie mit eigenen Augen sehen konnte. Der Wiener Erfolgsautor Peter Krassa vermutet wiederum, daß Abraham das gesamte Szenario mit Adam und Eva zwar tatsächlich sah, es aber dennoch nicht reale Ereignisse waren. Wie das? Krassa deutet diese Textstellen als einen "Fernsehschirm", ein *TV-Gerät*, auf dem der Patriarch die entsprechenden Bilder vorgeführt bekam (Krassa, Gott, S. 59f.).

Ignorieren wir die theologische Interpretation als "Vision" durch "Gottes" Macht und rufen uns die in den vorangegangenen Kapiteln der Apokalypse beschriebenen, "modernen" Ereignisse ins Gedächtnis, so ist Krassas Lösungsvorschlag phantastisch, aber verständlich.

Eine "Zwischenlösung" von kirchlicher Deutung von Visionen oder von "Gott" stammenden *Inspirationen* und der Krassa-These mag eine *Suggestion* sein, also eine seelische Beeinflussung Abrahams durch "Gott" oder seiner Engelschar, so daß er die Eden-Bilder tatsächlich in seinem Kopf sah - nicht aber real vor seinen Augen. (Nebenbei: Auch heute berichten ernstzunehmende Ufo-Entführungszeugen von *suggerierten Szenerien* durch Außerirdische. Vielleicht sind die Engel und "Götter" der Vergangenheit die Ufo-Piloten von heute. In meinem Buch "Göttliche Zeiten", Tebbert 1996, habe ich in Kapitel IX darüber berichtet.)

Wie Abraham die nun folgenden "Bilder" tatsächlich sah, darüber mag man sich streiten. Er selber jedenfalls sah sie! So wie auch Johannes seine endgerichtliche Vision im Himmel real gesehen haben will (s. Teil III. 7). Adam und Eva konnte er ebenfalls klar erkennen, und er beschreibt sie recht befremdlich:

"*Ich sah dort einen Mann, sehr groß und furchtbar breit und unvergleichlich aussehend, wie er ein Weib umarmte, an Aussehen und Wuchs dem Mann gleich.*" (AA. 23,4)

Das absonderliche Paar - von der Beschreibung her ungewöhnlich groß (Riesen?) - stand unter einem Baum, dessen Früchte Weintrauben glichen, nicht aber waren. Auch die "Schlange", die "entziffern kann", sah er an diesem Baum. Über das Wesen, welches den Menschen verführt haben soll, habe ich bereits in I.6 geschrieben und dabei festgestellt, daß es keine "Schlange" nach unseren Vorstellungen gewesen sein kann. Nichts anderes hat uns der Patriarch Abraham überliefert:

"(...) *und hinterm Baume stand ein schlangenartiges Wesen, das Hände und Füße wie ein Mensch besaß und an den Schultern Flügel, an seiner Rechten sechs und sechs an seiner Linken.*" (AA. 23,5)

Von einer Schlange kann hier keine Rede sein. Die Beschreibung erinnert eher an die uralten Darstellungen von "Flügelwesen" aus Mesopotamien. Jedoch ist die Anzahl der Flügel bei diesen geringer (meist zwei oder zwei Paare). Vielleicht war es auch ein schlangartiges *Fluggerät*, da auch Satan laut Scha. 4,5 mit der Schlange aus Eden umhergeflogen sein soll (s. I.6).

Das Geschöpf in Eden, das Adam und Eva "verführte", war ein Widersacher "Gottes" aus den Reihen seiner eigenen Engelschar. Später als Luzifer oder Satan verteufelt, gilt er als das Abbild des Bösen schlechthin. Abraham bekam nun diesen abtrünnigen Engel des Himmel zu sehen und auch gleich gesagt, daß dieser "gottlos" ist (AA. 23,9). Somit wurde Abraham, der von "Gott" erwählt wurde, Stammvater *seines* "auserwählten Volkes" zu werden, indirekt dazu "erzogen", nur ihm zu gehorchen.

Es ist zwar schwerlich, oder besser unmöglich, sich vorzustellen, daß ein Engel "Gottes" sich gegen ihn auflehnte, aber glauben wir den theologischen Lehren, dann war es so. Der spätere Teufel schien nicht mit "Gottes" Machenschaften einverstanden zu sein, so daß er schlicht ins "Exil" geschickt wurde, um "Gott" nicht wieder zu widersprechen. So wie es auch das hebräische Wort "*ha-Satan*" besagt, denn es bedeutet schlicht "Widersacher"...

Die oben analysierte Abraham-Apokalypse ist um 100 n. Chr., also mehr als 1.500 Jahre nach Abrahams angenommener Lebenszeit, niedergeschrieben worden. Zwar sind die ursprünglichen Quellen dieses Textes unbekannt, aber Abraham wird dieses Buch kaum geschrieben haben. Teilweise sind hier vielleicht tatsächliche Schriften von ihm, oder mündliche Überlieferungen über ihn, eingeflossen, aber der Redakteur des Buchs lebte lange nach ihm. Diese Tatsache, daß Abraham nicht der Autor ist, ändert jedoch nichts an dem textlichen Inhalt. Und auf diesen kommt es an! Egal wer nun diese Dinge sah, irgend jemand sah sie...

Kapitel V

Vernichtender Zorn „Gottes“

V.1 Spione der Zerstörung

Ein weiteres Ereignis zu Abrahams Zeiten, ein von den alten Kirchenvätern beliebtes Vorzeigesymbol der menschlichen Sünde, ist die Vernichtung der Städte Sodom und Gomorrha durch Jahwe. Diese zwei Orte sind wie keine anderen von der Kirche derart verachtenswert betrachtet worden. Wie die symbolische Schlange in Eden, sind sie ein Sinnbild des Bösen und der zügellosen Schande der Menschheit; alle erdenklichen Sünden sollen in diesen Orten zusammengekommen sein: Götzendienst, sexuelle Ausschweifungen, Ehebruch, Perversion etc.

Wie bereits in IV.1 geschildert, war Lot der Neffe des Abraham. Beide zogen gemeinsam mit ihren Schafherden durch die Lande, bis es zum Streit um Weideflächen kam. Lot und Abraham trennten sich. Abraham ließ sich, so können wir der Genesis entnehmen (Gen. 13,12), in Kanaan nieder, und sein Neffe Lot entschied sich für die „Jordangegend“ (Gen. 13,11), da sie ein fruchtbares Gebiet gewesen ist. Hier, vor den Toren der Stadt Sodom, schlug er seine Zelte auf.

Die fruchtbare Gegend am südlichen *Toten Meer* - *Salzmeer* in der Bibel - war für Lot „ein Garten des Herrn, wie das Land Ägypten“ (Gen. 13,10). Fünf Städte lagen, so die Genesis, in diesem „Paradies“: Sodom, Gomorrha, Adama, Zeboim (oder *Zebojim*) und Zoar. Und zwei dieser Orte haben ihre Zukunft bereits vertan: „Gott“ wird sie vernichten, die sündigen Menschen für ihre „Gottlosigkeit“ töten und die Städte für immer dem Erdboden gleichmachen.

Als Abraham eines schönen Tages vor seinem Zelt saß, kamen drei Männer auf ihn zu. Einer von ihnen, dies erkannte er sofort, war „Gott“ persönlich. Ganz im Zeichen nomadischer Gastfreundschaft lud er die drei Männer in sein Zelt ein. Nachdem Abraham seine himmlischen Gäste bewirtet hatte, machten sie sich auf den Weg nach Sodom, jedoch nicht ohne Abraham zuvor in „Gottes“ zukünftiges Vorhaben einzuweihen. Abraham erfuhr von ihm, daß er nach Sodom ziehen möchte, da er viel von ihren sündigen Lebensweisen erfahren habe und sich nun selber überzeugen wolle:

„*Ich will hinabgehen und sehen, ob ihr Tun wirklich dem Klagegeschrei entspricht, das zu mir gedrungen ist. Ich will es wissen. Die Männer wandten sich von dort ab und gingen auf Sodom zu. Abraham aber stand noch immer vor dem Herrn.*“ (Gen. 18,21-22)

Eine doch recht erstaunliche Aussage des „Herrn". Er wollte tatsächlich selber nachsehen, ob die Gerüchte über diese Stadt zutreffen. Deshalb schickte er seine zwei Helfer, die erst in Gen. 19,1 eindeutig als Engel bezeichnet werden, nach Sodom, um die Berichte überprüfen zu lassen. Wieso „Gott" derart menschliche Pläne pflegte, ist nirgends zu erfahren. Er mußte zwei untertänige Boten nach Sodom entsenden, um so den Umfang der sündhaften Taten der Städter zu erfahren...

Übrigens haben emsige Schreiber der Genesis den letzten Satz („Abraham aber stand noch immer vor dem Herrn.") bewußt verdreht, denn eigentlich stand der „Herr" vor Abraham. Die alten Genesistexter hielten den Vers ursprünglich aber für „anstößig" und wollten „eine anstößige Aussage über Gott" vermeiden (Neue Jerusalemer Bibel, S. 35).

Abraham hielt von den Plänen des Himmlischen nicht sonderlich viel und versuchte „Gott" dieses Vorhaben ausreden:

„Das kannst du doch nicht tun, die Gerechten zusammen mit den Ruchlosen umbringen (...) Das kannst du doch nicht tun." (Gen. 18,25)

Er informierte sich bei seinem „Herrn", ob denn tatsächlich alle Bewohner der Stadt umkommen sollten, auch wenn unter ihnen noch „Gerechte" leben. Der Patriarch fragte „Gott", ob nicht schon alleine fünfzig gerechte, gute Menschen ausreichen, daß er von seinem todbringenden Plan abläßt und Sodom verschont. Abraham erweist sich in den folgenden Versen als sehr hartnäckiger Redner „Gott" gegenüber. Er schaffte es tatsächlich, „Gott" zu überzeugen, die Stadt nicht nur wegen der fünfzig Gerechten willen, sondern alleine wegen zehn Menschen zu verschonen. Der Schafhirte war mutig genug, die fünfzig immer weiter (45...40...30...20...10) zu drücken, bis sich letztlich der „Allmächtige" bereit erklärt, Sodom zu verschonen, wenn er auch nur zehn ehrfürchtige Menschen dort vorfindet.

Es ist schon eine beachtliche Leistung von Abraham, mit seinem „Gott" so unverblümt zu sprechen (Gen. 18,23-33). Dennoch ist es ebenso beachtlich, daß „Gott" sich überhaupt von ihm überreden ließ.

Der „Herr" sandte trotzdem seine zwei treuen Gefolgs-„Männer" nach Sodom aus. Eine genaue Prüfung der sündigen Berichte über seine Einwohner war ihre Mission.

V.2 Himmlische Reize

„Die beiden Engel kamen am Abend nach Sodom", so beginnt eine der vielleicht sonderbarsten Überlieferungen des Alten Testaments. Hier (Gen. 19,1) werden die zwei Begleiter „Gottes", die zuvor bei Abraham Halt machten, erstmals eindeutig als *Engel* identifiziert. Theologische Interpretationen der drei Männer, die Abraham an seinem Zelt traf, wollen in diesen eine Ankündigung der *Trinität* (= Dreifaltigkeit) „Gottes" sehen. Somit wären die drei Besucher, die von Abraham bewirtet wurden, „Gott“, sein Sohn und sein „Heiliger Geist“ gewesen. Daß die Bibel sie als Engel, himmlische Helfer „Gottes“ identifiziert, scheint vergessen worden zu sein.

Wie dem auch sei:
„Lot saß im Stadttor von Sodom. Als er sie sah, erhob er sich, trat auf sie zu, warf sich mit dem Gesicht auf die Erde nieder (...)“ (Gen. 19,1)

Lot erkannte die Engel schon von weitem. Irgendwie müssen sie äußerliche Erkennungsmerkmale besessen haben, so daß er sie - zuvor noch Männer genannt - als Engel „Gottes“ erkennen konnte. Wahrscheinlich trugen sie fremdartige Kleidung, da die alten Überlieferungen über Engel sie oftmals recht „bunt“ beschreiben. Auch ist die Übersetzung „Engel“ nicht völlig richtig, denn die Männer werden im Text „*Malachim*“ (oder „*Mal'achim*“) genannt, was wörtlich „Gesandte“ bedeutet. Aber auch das Wort *Engel*, vom griechischen „*angelos*“, bedeutet „Bote“.

Lot lud die fremden Gestalten selbstverständlich in sein Haus ein. Sie sollten sich dort ausruhen, etwas essen und erst am nächsten Tag ihren Weg fortsetzen. Die Engel lehnten zwar sein freundliches Angebot ab (sie wollten im Freien nächtigen), aber Lot schaffte es schließlich doch, sie mit in sein Heim zu nehmen und dort zu bewirten.

Noch bevor die Engel sich zur Ruhe begeben konnten, hatte bereits die (*männliche*) Bevölkerung von Sodom und Umgebung von Lots sonderbarem Besuch Wind bekommen. Sie machte sich auf, Lots Haus zu umstellen und die Herausgabe seiner Gäste zu fordern:

„*Sie* (die Engel, L.A.F.) *waren noch nicht schlafen gegangen, da umstellten die Einwohner der Stadt das Haus, die Männer von Sodom, jung und alt, alles Volk von weit und breit. Sie riefen nach Lot und fragten ihn: Wo sind die Männer, die heute abend zu dir gekommen sind? Heraus mit ihnen, damit wir sie erkennen* (oder „wir wollen mit ihnen verkehren.“, L.A.F.).“ (Gen. 19,4-5)

Lot befand sich in einer sehr unangenehmen Situation: Er lud freundlich die Engel zu ihm nach Hause ein, und nun umzingelten die homosexuellen Männer von Sodom sein Heim mit dem deutlichen Ziel, Sex mit seinen Gästen zu haben. Die Bibeltexter tun sich mit diesem Vers recht schwer, denn die Übersetzungen reichen von „erkennen“ bis „verkehren“. In der Ausgabe „Die Gute Nachricht im heutigen Deutsch“ (s. Quelle) findet sich die deutlichste Übersetzung.

Die Engel erfuhren nun direkt - fast am eigenen Leib - die Schlechtheit der Sodomiten. Lot aber trat vor die versammelten Einwohner und bot ihnen seine eigenen, jungfräulichen Töchter an, wenn sie dafür von seinen Gästen ablassen. Diese vielleicht etwas unverständliche Aussage erklärt sich dadurch, daß die Ehre einer Frau in jenen Zeiten weniger galt, als die der Männer. Auch war es heilige Pflicht, seine Gäste zu beschützen - Gastfreundschaft ging vor.

Die rasende Menge lehnte ab und drohte Lot, auch mit ihm - nur um einiges schlimmer - zu verkehren. Als es für Lot immer aussichtsloser wurde, bemerkten dies auch sein Gäste und zerrten ihn wieder in sein Haus. Zur Abschreckung mußten die „Gesandten" etwas härtere Maßnahmen ergreifen, denn sie „schlugen" die Menschen vor Lots Tür mit „Blindheit, so daß sie sich vergebens bemühten, den Eingang zu finden", so Gen. 19,11.

Die Ereignisse, die die Genesis hier überliefert, werden von frommen Theologen gerne ignoriert. Männer, auch wenn es Sodomiten waren, denen es nach Geschlechtsverkehr mit den Engeln „Gottes" (zweifelsfrei männliche!) gelüstete, sind auch für sie zu „gottlos". Dennoch enthält die Überlieferung einige wertvolle Einzelheiten, die vielleicht nicht sofort zu erkennen sind.

Die zwei Engel, die nach Sodom zogen und von Lot gastfreundlich eingeladen wurden, werden in den entsprechenden Genesisversen unzweideutig als *Männer* bezeichnet. Auch alle weiteren Engel der Bibel oder des Henochbuches sind männlich, oder haben zumindest männliche Namen. Betrachten wir aber die niedlich/kitschigen Engeldarstellungen unserer Zeit oder älterer Gemälde, habe wir oft Mühe, in ihnen überhaupt ein Geschlecht zu erkennen. Bibeleifrige Künstler stellten sich die Engelschar „Gottes" geschlechtslos vor - mit Harfe, Flügeln, goldenen Haaren und schmucken Gewändern. Warum dies so ist, kann wohl niemand mit Gewißheit sagen. Die Ereignisse in Sodom und im Buch Henoch sprechen aber eine deutliche Sprache: Die Engel waren Menschen/Männer - zumindest ihrem Aussehen nach.

Lot bewirtete seine zwei himmlischen Besucher, wie es zuvor auch Abraham und seine Frau in ihrem Zelt getan hatten (Gen. 18,5-8). Sie aßen und tranken - eben wie Menschen. Auch mußten sie offensichtlich ruhen oder schlafen, um sich von ihrem langen Fußmarsch zu erholen. Ein ganz besonderes Kapitel der Genesis und der (Henoch-) Apokryphen räumt fristlos mit der Vorstellung der brav singenden Engelscharen auf. Die Überlieferung berichtet von „Söhnen der Götter", die unerlaubten Sex mit Menschentöchtern pflegten, worüber in Kapitel III.1 bereits berichtet wurde. Alles dies sind Eigenschaften, die eigentlich bei himmlischen Abgesandten „Gottes" völlig fehl am Platze sind; genau wie die Verbannung des aufrührerischen Engels Luzifer (= Teufel)!

Die wahre himmlische Abstammung der Engel in Sodom wird erst deutlich, als sie - mit einer uns unbekannten „Waffe" - die Bevölkerung vor Lots Haus „mit Blindheit" schlugen. Ob die Sodomiten tatsächlich „blind" wurden, ist zu bezweifeln. Der Bibelvers berichtet uns, daß sie nicht mehr in der Lage waren, die Tür von Lots Haus zu finden. Und das, obwohl sie schon dabei waren, „die Tür aufzubrechen" (Gen. 19,9), also direkt davor standen.

Vielleicht ist diese „Blindheit" der Sodomiten mit einem Geschehen im biblischen Buch Richter zu vergleichen. Dort wird beschrieben (Ri. 4), wie „Gott" persönlich entscheidend in einen Kampf der Menschen eingriff! Das aus seiner Sicht feindliche Heer wurde von ihm mit „großer Verwirrung" geschlagen, so daß selbst der Feldherr Sisera zu Fuß fliehen mußte (Ri. 4,15).

Auch wenn die „Sodom-Blindheit" irgendwie mit der „Verwirrung" im Buch der Richter verwandt sein sollte, kann heute die eigentliche „Waffe" nicht mehr erkannt werden. Etwas ähnliches ist übrigens auch im Buch Exodus bei dem sogenannten Meerwunder zu finden, wo Jahwe die Ägypter „verwirrte", um den Israeliten zu helfen (Ex. 14,24-25 u. VI.6).

Und im zweiten Buch der Könige steht ebenfalls ein solcher Bericht. Dort heißt es, als der Prophet Elischa, der Nachfolger Elijas, gegen die Aramäer kämpfte:

„*Als dann die Aramäer anrückten, betete Elischa zum Herrn und rief: Schlag doch diese Leute mit Verblendung! Und der Herr schlug sie auf das Wort Elischas hin mit Verblendung.*" (2. Kön. 6,18)

Nachdem der Prophet schließlich die Aramäer gefangen nehmen konnte, brachte er sie in die Stadt Samaria, wo der „Herr" ihnen wieder die Augen öffnete (2. Kön. 6,19-20).

Interessant ist an diesem Bericht auch, daß Elischa zuvor den „Herrn" anbetete und direkt darauf „feurige Pferde und Wagen" um ihn erschienen (2. Kön. 6,17). Einer dieser ominösen „Wagen" hatte einst auch seinen Meister Elija (= „Gott ist Jahwe", Drechsel, S. 97) im „Sturmwind" in den Himmel entrückt (s. VIII.5 u. 2. Kön. 2,11) Dies sei nur am Rande bemerkt.

Es ist also keine Seltenheit, daß Engel oder „Gott" in der Lage waren, unliebsame Menschen mit Blindheit oder ähnlichem zu schlagen. Aber folgen wir der Überlieferung über Sodom und Gomorrha in der Genesis weiter. Denn falls die Engel an Lots Haus eine unbekannte Waffe benutzten, war diese nichts gegen die kommende Vernichtung der sündigen Ortschaften.

V.3 Der count-down der Zerstörung läuft

Nach den unangenehmen Erlebnissen mit den Sodomiten war die Lage für die Engel klar: Sodom muß vom Erdboden vertilgt werden! Die Geschichte nimmt nun eine krasse Wende.

Die himmlischen Gesandten fragten Lot, ob er noch weitere Verwandte habe, die in diesem Ort der Sünde leben. Anscheinend wissen die Engel selber nicht sehr viel über Lot und seine Familie. Lot bekam den Auftrag, sämtliche Mitglieder seiner Familie vor der zukünftigen Zerstörung Sodoms zu warnen und sie schleunigst aus der Stadt zu führen. Die zwei Engel schlossen, das läßt die Erzählung vermuten, aus dem gastfreundlichen Verhalten Lots, daß auch die anderen seines Geschlechtes es wert sein müßten, dem Tode zu entgehen, denn nun offenbarten sie ihrem unwissenden Gastgeber ihre eigentliche Mission, die sie nach Sodom führte:

„*Wir wollen nämlich diesen Ort vernichten; denn schwer ist die Klage, die über die Leute zum Herrn gedrungen ist. Der Herr hat uns geschickt, die Stadt zu vernichten.*" (Gen. 19,13)

Lot kannte jetzt die Pläne der Engel - wenn man so will „Todesengel". Sie kamen im Auftrag „Gottes", der die Stadt nicht länger „sehen" wollte. Eigentlich doch recht fragwürdig, daß der „Herr" es nötig hatte, zwei seiner Untergebenen damit zu beauftragen, Sodom zu eliminieren. Der letzte Satz sagt dies aber sehr deutlich. Nach anderen Bibelübersetzungen (Herder-Laien-Bibel 1938) wollten die „göttlichen" Helfer „dieser Gegend Verderben" bringen, sie also nicht unbedingt zerstören. An den nun beschriebenen Ereignissen erkennen wir aber auch, daß die Zerstörung der Stadt schon längst beschlossene Sache war.

Ihr auserwählter Schützling eilte - wer will es ihm verübeln? - zu seinen zukünftigen Schwiegersöhnen, um ihnen (es waren zwei) die dunkle Zukunft ihrer Heimatstadt zu berichten. Sie jedoch schenkten Lot keinen Glauben und, so die Genesis, dachten, er mache einen Spaß mit ihnen. Dann geht die Genesis übergangslos zum nächsten Morgen über, ohne uns über die Art und Weise zu informieren, wie Lot seine Schwiegersöhne doch noch überzeugen konnte.

Die Ereignisse überschlugen sich! Es ist, und das Verhalten der Engel beweist uns dies, höchste Zeit, daß Lot und seine Angehörigen Sodom verlassen:

„Als die Morgenröte aufstieg, drängten die Engel Lot zu Eile: Auf, nimm deine Frau und deine beiden Töchter, die hier sind, damit du nicht wegen der Schuld der Stadt hinweggerafft wirst." (Gen. 19,15)

Der „Zeit der Vernichtung" ist bereits angelaufen, und sie läßt sich auch durch die Engel nicht mehr stoppen. Scheinbar zögerte Lot noch, seine Wahlheimatstadt so plötzlich verlassen zu müssen, denn die Engel trieben ihn zur Eile an. Ihnen war vollkommen bewußt, wer in Sodom (und Gomorrha) bleibt, wird hinweggerafft.

Lot traute den Worten seiner Retter immer noch nicht, da er weiterhin zögerte. Vielleicht waren auch seine zukünftigen Schwiegersöhne nicht bereit, Sodom Hals über Kopf zu verlassen. Die Engel jedenfalls mußten selber handgreiflich werden und ihn aus der Stadt zerren:

„Da er noch zögerte, faßten die Männer ihn, seine Frau und seine beiden Töchter an der Hand, weil der Herr mit ihm Mitleid hatte, führten ihn hinaus und ließen ihn erst draußen vor der Stadt los." (Gen. 19,16)

Bis vor die Tore Sodoms wurde Lot von den Engeln *persönlich* gebracht. Sie wollten sicher gehen, daß er nicht umkommt, da „der Herr mit ihm Mittleid hatte". Kaum vorstellbar, daß „Gott" einen Menschen bemitleidete, während andere sterben sollten. Aber der Vers läßt dennoch die Dringlichkeit der Evakuierung sehr klar erkennen. So, als müßten sie einen exakten Zeitplan befolgen, wurde die Zeit bis zur Katastrophe knapp! Lots Schwiegersöhne, die seinen Worten nicht trauten, wurden offensichtlich zurückgelassen, denn der Vers erwähnt sie nicht.

Die endgültige Vernichtung von Sodom stand kurz bevor. Lot, auserwählt, die gesamte Zerstörung zu überleben, wurde von den Gesandten vor das Stadttor gebracht. Dabei befolgten sie einen genau festgelegten Plan, oder hatten zumindest einen exakten Auftrag, denn auch der Zufluchtsort von Lots Familie war von den himmlischen Engel bereits bestimmt:

„Als sie mit ihnen hinaus gelangt waren, sprach einer: Rette dich, es gilt dein Leben; blicke nicht zurück, bleibe nirgends stehen in der ganzen Gegend; rette dich bis in die Berge, daß du nicht hinweggerafft werdest!“ (Gen. 19,17)

Das Ausmaß der kommenden Vernichtung würde furchtbar sein. Bis in die Berge mußte Lot laufen, sich nicht umsehen und nirgends stehenbleiben - die Zeit drängte, was zweifellos zu erkennen ist.

Lot hatte weiterhin Bedenken an den Plänen der Engel. Er widersprach ihnen, oder seinem „Gott“ - die Verse sind hier im Singular. Entweder war „Gott“ selber anwesend, oder er sprach nur mit einem Engelwesen. Wie auch immer, eine Flucht in die Berge kam für Lot nicht in Frage. Es hat den Anschein, daß er über die Art oder den Umfang der Zerstörung Bescheid wußte, da er sonst seinen Rettern kaum folgendes entgegnet hätte:

„Lot sprach zu ihnen: Ach nein, mein Gebieter! Hat ja doch dein Diener vor deinen Augen Gnade gefunden; große Barmherzigkeit hast du mir erwiesen, mich am Leben zu erhalten; aber bis in die Berge kann ich mich nicht retten, ohne daß mich das Unheil dabei erreicht und ich doch noch sterbe.“ (Gen. 19,18-19)

Woher soll Lot gewußt haben, daß er auch im Gebirge umkommen wird? Die Bibel schweigt sich aus, und auch die entsprechenden Verskommentare bewahren Stillschweigen.

Nun wird die biblische Überlieferung besonders interessant:

„Siehe, da ist eine Stadt, nah genug, hinzufliehen, und sie macht sich so kleine (auch: „sie ist doch klein“/„und sie ist winzig“, L.A.F.) *Daß ich mich doch dorthin retten dürfte, da sie sich so klein macht, und ich am Leben bleibe. Er sprach zu ihm: Nun wohl, auch darin will ich gnädig auf dich sehn, daß ich die Stadt, von der du sprichst, nicht zerstöre. Rette dich eilends dorthin, denn ich kann nichts tun, bist du hineinkommst.*“ (Gen. 19,21-22)

Die Aussage der zwei Verse ist bemerkenswert! Lot bat „Gott“ in einer kleinen Stadt (*Zoar*, „die Kleine“, genannt) Zuflucht suchen zu dürfen, da sie so winzig ist, daß er dort sicher überleben kann. Woher Lot dies gewußt haben soll, ist schleierhaft, aber „Gott“ willigte ein. Eilends soll er dorthin laufen, denn „Gott“ kann nichts machen, solange Lot nicht in Zoar angekommen ist. Sollten dem „Allmächtigen“ die Hände gebunden gewesen sein? Erst wenn sein Schützling die rettende Stadt erreicht hat, kann „Gott“ Sodom vernichten - wieso?

Es sieht nicht so aus, als sei „Gott“ - das Wesen, daß die Zerstörung verursachte - allmächtig. Der tatsächliche *Gott* hat es nicht nötig, mit seinen Plänen auf einen Menschen zu warten, der noch dazu diese über den Haufen wirft, wie es Lot tat. „Gott“ *wartete*, bis die Familie des Lot in Zoar angekommen war. So schnell wie irgend möglich mußten sie dorthin gelangen, denn vorher kann „Gott“ nichts weiter unternehmen.

Wie es kaum anders zu erwarten war, schaffte Lot es noch rechtzeitig, Zoar zu erreichen. Oder er kam nur bis kurz vor die Stadttore, als das große, „göttliche" Strafgericht über die „sündigen" Städte Sodom und Gomorrha hereinbrach.

V.4 Atomare Vernichtung vor Jahrtausenden?

Der unaufhaltsame Zeitplan der Vernichtung Sodom und Gomorrhas lief langsam ab. Auch „Gott" konnte „nichts tun", bis Lot in Sicherheit war. Fast beginnt die Kernüberlieferung über Sodom und Gomorrha romantisch, denn erst bei Sonnenaufgang des nächsten Tages (als sich Lot bereits in Zoar befand), begann „Gott" mit seinem schrecklichen Plan:

„*Die Sonne ging auf über die Erde, da kam Lot nach Zoar. Da ließ der Herr auf Sodom und Gomorrha Schwefel und Feuer regnen vom Himmel herab, von dem Herrn, und vernichtete diese Städte und die ganze Gegend* („Au" genannt, L.A.F.), *alle Bewohner der Städte und das Gewächs auf der Ackerflur. Und auch sein Weib hat damals zurückgeblickt und ist zur Salzsäule geworden.*" (Gen. 19,23-26)

Diese drei Verse sind bei den Moralaposteln aller Zeiten beliebte Vorzeigewarnungen, um „bösen" Menschen den richtigen Weg zu weisen. Schwefel und Feuer direkt aus dem Himmel von „Gott" persönlich geschickt, um widerwillige und sündige Menschen zu vernichten! Mit erhobenem Zeigefinger wird so „Gottesfurcht" gelehrt.

Aber folgen wir den Genesisversen weiter:

„*Frühmorgens aber begab sich Abraham an die Stätte, wo er vor dem Herrn gestanden hatte; er schaute hinab auf die Ebene von Sodom und Gomorrha, auf die ganze Fläche der Gegend, und sah da: ein Qualm stieg auf von der Erde wie eines Schmelzofens Qualm. So geschah`s, als Gott die Städte der Gegend verdarb; da gedachte Gott Abrahams, und vor der Zerstörung ließ er Lot gehen, als er die Städte, in denen Lot gewohnt hatte, von Grund auf zerstörte.*" (Gen. 19,27-29)

Die Diskussionen und Spekulationen über Sodom und Gomorrha reißen bis heute nicht ab. Wie wurden diese Ort vom Erdboden vertilgt? War es ein Vulkanausbruch, ein gewaltiger Erdeinbruch, eine Atombombe fremder Wesen oder schlichte, symbolische Erfindungen? Oder gab es diese Orte überhaupt nicht?

Machen wir uns noch einmal klar: Die Vernichtung kam *vom Himmel* mit Rauch und Schwefel. Alles, die Städte und die Natur, wurde durch die Hand „Gottes" zerstört, und am nächsten Tag stieg immer noch ein gewaltiger Qualm oder Rauch von der Ebene auf. Einen Vulkanausbruch als Lösung heranzuziehen, scheint etwas voreilig. Denn stimmt diese Deutung, wären sicherlich nicht nur Lot und seine Familie dem Tod entkommen, sondern ebenfalls zahlreiche andere Bewohner, die die Vorzeichen der Katastrophe genauso erkannten - einschließlich Lots zukünftiger Schwiegersöhne. Auch ist es undenkbar, daß die gewaltige „Explosion" praktisch gesteuert oder kontrolliert werden konnte. „Gott" weist

Lot klipp und klar darauf hin, daß er Zoar verschonen will, *wenn* er dort Zuflucht sucht!

Die sensationellen Schriftrollen aus *Qumran* am Toten Meer enthalten ebenfalls detaillierte Berichte über die einstige Vernichtung. Hier denkt man eher, sofern man bereit ist, alle „göttlichen" Einflüsse auszuschließen, an eine künstliche Vernichtung. Es sei aber angemerkt, daß es mir trotz eingehender Nachforschungen nicht gelungen ist, die genaue Herkunft (Rolle, Kapitel, Verse) des folgenden Textes zu ermitteln:

„*Eine Säule aus Rauch und Staub erhob sich, gleich einer Rauchsäule, die aus dem Herzen der Erde kommt. Sie überschüttete Sodom und Gomorrha mit einem Schwefel- und Feuerregen und zerstörte die Stadt, die ganze Ebene, alle Bewohner und alle Pflanzen. Und die Frau Lots wandte sich um und verwandelte sich in eine Staude aus Salz. Und Lot lebte in Zoar, dann siedelte er sich in den Bergen an, denn er fürchtete sich, in Zoar zu bleiben. Die Menschen wurden angewiesen, die Städte der künftigen Explosionen zu verlassen, sich nicht an ungeschützten Orten aufzuhalten, die Explosionen nicht anzusehen und sich unter der Erde zu verbergen.*" (Krassa, Gott, S. 159)

Unglaublich, was uns die Qumrantexte hier schildern. An eine natürliche Katastrophe ist hier beim besten Willen *nicht* zu denken! Land und Leute würden getötet werden, sollten sie nicht die Gebote „Gottes" - an geschützten Orten zu bleiben - befolgen. Selbst Lot, der Angst hatte, in die Berge zu gehen, flieht schließlich doch aus Zoar dorthin. Auch die Genesis weiß dies zu berichten (Gen. 19,30), und daß er „lieber mit seinen beiden Töchter in einer Höhle wohnen" wollte.

Heute wissen wir, daß Höhlen oder unterirdische Grotten bestmöglichen, natürlichen Schutz gegen *atomare Verseuchung* bieten. Sollten Sodom und Gomorrha durch Atombomben oder ähnliches vernichtete worden sein? „Gott" bzw. seine Engelshelfer wiesen die Menschen exakt an, wie sie sich verhalten sollten: Nicht die Detonationen ansehen, die Städte verlassen und unter der Erde Zuflucht suchen - in der Tat alles Punkte, die für die „Atombomben-These" sprechen.

Nach der Explosion von nuklearen Sprengkörpern wird - das ist heute durch Versuche „leider" ausreichend bekannt - das Erdreich in nicht unerheblichem Umfang unfruchtbar und verödet. Da ist es um so erstaunlicher, was uns in der „Schlußrede" des 5. Buch Mose berichtet wird. Lassen wir die Bibel aber selber sprechen:

„*Schwefel und Salz bedecken es; seine Fläche ist eine einzige Brandstätte; es kann nicht besäet werden und läßt nichts aufkeimen; kein Hälmchen kann wachsen; alles ist wie nach der Zerstörung von Sodom und Gomorrha, Adma und Zebojim, die der Herr in seinem glühenden Zorn zerstört hat.*" (Deut. 29,22)

Die Erde ist nach der Vernichtung öde und unfruchtbar geworden. Auch spricht der Vers offenkundig davon, daß „Gott" nicht nur sehr zornig war, sondern sogar vor Zorn glühte - raste. War dies tatsächlich *Gott*, der hier seinen Zorn an vier

Städten mit „primitiven“ Menschen ausließ? Wie kann dies mit der kirchlichen Lehre vom überaus „gütigen Herrn“ vereinbart werden? Auch ist dem Vers zu entnehmen, daß insgesamt vier Ortschaften zerstört wurden, die wahrscheinlich mit den „Städten der künftigen Explosionen“ in dem Qumrantext gemeint sind. Im Buch Jerimia (Jer. 50,40) werden auch mehrere Städte erwähnt. Dort heißt es, daß der „Herr“ „Sodom und Gomorra / und ihre Nachbarstädte zerstört hat (...)“.

Das Buch Deuteronomium berichtet weiter, daß „Gott“ sich nicht (nur) wegen der sexuellen Sünden der Städter zu diesem vernichtenden Plan hinreißen ließ, sondern dies ganz andere Gründe hatte:

„*Warum entbrannte dieser gewaltige Zorn? Und man wird antworten: Weil sie den Bund verlassen haben* (...), *weil sie angefangen haben, anderen Göttern zu dienen und sich vor ihnen niederzuwerfen, Göttern, die ihnen unbekannt waren, und die er ihnen nicht bestimmt hatte, darum entbrannte Gottes Zorn gegen jenes Land* (...) *und darum riß sie Gott in gewaltigem Zorn, Grimm und Groll aus ihrem Lande und schleuderte sie in ein anderes Land* (...)“ (Deut. 29,23-27)

Die von „Gott“ zu seinem „Eigentum“ ernannten Menschen (mit denen er sogar einen Bund abschloß!) begannen damit, andere „Götter“ zu verehren. Und diese „Götter“, die zweifellos neben dem biblischen, einzigen „Gott“ existierten, wollte er ihnen vorenthalten („die er ihnen nicht bestimmt hatte“)! Er wußte also genau, daß es noch andere „Götter“ gab, mit denen er allerdings, so läßt es der Text zu, konkurrierte!

Sollte der biblische „Gott“ eifersüchtig gewesen sein, daß die Menschen ihn verließen und sich anderen „Göttern“ zuwandten?! Das 5. Buch Mose deutet ausdrücklich darauf hin, daß „Gott“ voller Zorn, Grimm und Groll sich zu diesem vernichtenden Plan entschlossen hatte. Kann dies tatsächlich auf den gütigen „Herrn“ im Himmel zutreffen, den uns die Kirche lehrt? Kann der tatsächliche *Gott* wirklich in derart rasende Eifersucht geraten, daß er zahllose Menschen dahinraffen läßt...?

Über „göttlichen“ Zorn ist an zahllosen Stellen des Alten Testamentes etwas zu erfahren. Als Beispiel sei hier das Buch Nahum genannt, in dem es direkt zu Anfang heißt:

„*Ein eifernder und rächender Gott ist der Herr. / Der Herr übt Rache und ist voll Zorn. Der übt Rache an seinen Gegnern / und hält fest am Zorn gegen seine Feinde. Der Herr ist langmütig und von großer Macht; / doch läßt der Herr gewiß keinen ungestraft.* (...) *Sein Grimm greift um sich wie Feuer, / und die Felsen bersten vor ihm.*“ (Nah. 1,2-6)

Wir sehen, „Gott“ wird in der Tat als sehr menschliches Wesen dargestellt. Auch im Buch Habakuk (Hab. 3,12-14) sind ähnliche Äußerungen zu finden.

Die im Buch Genesis (Gen. 19,5) deutlich betonte Homosexualität - die bis heute in der Kirche verteufelt wird - der Sodomiten, kann nicht der alleinige Grund für den Entschluß „Gottes“ gewesen sein, die Stadt vollkommen zu vertilgen. Der Brief von Judas aus dem Neuen Testament vergleicht sogar die Lust der Sodomiten, mit den Engeln bei Lot Sex zu haben, mit den „Gottessöhnen“, die ebenfalls „mit Wesen anderer Art geschlechtlich verkehren“ wollten, so Jud. 7. Ein weiterer, wenn nicht sogar der wesentliche Grund (im Deuteronomium werden sexuelle Ausschweifungen nicht erwähnt) für die Zerstörung war neben den lüsternen Sünden, daß die Menschen der südlichen Gegend vom Toten Meer (dort lagen vermutlich Sodom und Gommorrha) sich anderen „Göttern“ zuwandten.

Wie aber wurden die vier Ortschaften vernichtet? Die lapidare Lösung in Form von Vulkanausbrüchen kann nicht stimmen, denn selbst die Bibelverse widersprechen dieser Deutung. Wir haben gesehen, daß der Zeitpunkt der Katastrophe exakt (unaufhaltsam) festgelegt war, so daß sich die Bevölkerung, laut Qumranschrift, in Sicherheit bringen konnte. Der Qumrantext nennt außerdem Städte der „künftigen Explosionen“; berichtet also von einem genau vorherbestimmten Gebiet der Vernichtung. Nach dem Untergang von Sodom und Gomorrha blickte Abraham in die Ebene und sah Rauch aufsteigen. Die Qumranrolle vergleicht die eigentliche Detonation mit einer „Rauchsäule“, „die aus dem Herzen der Erde kommt“.

Heute sehen Geologen den Grund für den einstigen Untergang der blühenden Orte in einer Absenkung des Erdbodens, so daß die Orte vom „Salzmeer“ überschwemmt wurden. Vermutlich geschah dies um das Jahr 2000 v. Chr., was geologisch recht genau nachgewiesen werden kann. In der biblischen Beschreibung sehen diese Wissenschaftler eine Erinnerung an den Einbruch einer gigantischen Landmasse, der von entzündeten Erdgaseruptionen begleitet wurde (Keller, S. 84 bis 87). Auch Bibelkommentatoren, wenn sie denn die Überlieferung überhaupt deuten wollen, vermuten ein Erdbeben als Grund (Neue Jerusalemer Bibel, S. 36). Der alttestamentarische Genesisautor hätte eine natürliche Talsenke sicher auch als solche identifiziert und beschrieben - er tat es aber definitiv nicht.

Dem Alten Testament sind einige Details zu entnehmen, die dieser Interpretation widersprechen. In Gen. 19,22 sehen wir klar, daß die Katastrophe erst losbrechen konnte, wenn Lot und seine Familie in Sicherheit sind. Durch die vorausgegangenen Ereignisse in Abrahams Zelt wissen wir auch, daß „Gott“ erst prüfen mußte, ob die Anschuldigungen gegen Sodom und Gomorrha zutreffen. Ist dies nicht der Fall, wäre es also nicht soweit gekommen (Gen. 18,20-22). Auch wurden nicht alle vier Städte gleichzeitig vernichtet, sondern nach und nach, was der Text aus Qumran belegt. Und sollte das „Salzmeer“ tatsächlich sofort die Stadt überschwemmt haben, so daß sich nur die gewarnte Familie des Lot retten konnte, wäre es Abraham nicht möglich gewesen, am darauffolgenden Morgen „auf das ganze Gebiet im Umkreis“ zu blicken und eine qualmende Ebene vor sich zu sehen (Gen. 19,27-29). Auch kam der Auslöser der Vernichtung in Form von Feuer und Schwefel vom *Himmel* hernieder.

Ich bin der Meinung, die Katastrophe war von „Gott“ geplant. Zecharia Sitchin schreibt dazu in seinem Buch „Die Kriege der Menschen und der Götter“ (S. 374), in dem sich der Autor ausführlich mit derartigen Überlieferungen auseinandersetzt:

„Man muß sie (Die Vernichtung, L.A.F.) *ein ‚vorsätzliches' Ereignis nennen: der Herr enthüllt Abraham im voraus, was geschehen wird und warum. Es hätte also vermieden werden können, es ist keine von unabwendbaren Naturgewalten verursachte Katastrophe und soll nur soweit kommen, wenn sich der „Aufschrei" gegen Sodom und Gomorrha als berechtigt erweist.*"

Auch der populäre US-Astronom und Physiker Professor Carl Sagan beschäftigte sich bereits vor Jahren (1966) mit der These von einer atomaren Zerstörung der biblischen Städte (Langbein, Syndrom, S. 109). Sagan war auf dem Gebiet der Astronomie und Planetenforschung eine der berühmtesten Kapazitäten unserer Zeit, da ist es mehr als bemerkenswert, daß Sagen sich mit diesen Themen auseinandersetzte. Er nahm sich der Atombomben-These des russischen Ethnologen Professor Modest M. Agrest an und kam zu dem Ergebnis, daß sie „völlig vernünftig und sorgfältiger Analysen wert" sei! Es sei noch bemerkt, daß Carl Sagan an Untersuchungen teilnahm, die die Langzeitfolgen eines globalen Atomkrieges untersuchten. Der Begriff „nuklearer Winter" stammt aus diesen Untersuchungen.

Es spricht in der Tat einiges dafür, daß die biblischen Orte von einer „modernen" Waffe zerstört wurden. Daß bibeltreue Exegeten eine solche Deutung schlicht ignorieren oder als „ungöttlich" verteufeln, ist verständlich. Aber die Vorgehensweise „Gottes" war hierbei nicht gerade das, was ich als „göttlich" verstehe.

V.5 Hinweise moderner Waffen in anderen Quellen

Um die Vermutung zu erhärten, daß in alttestamentarischen Epochen tatsächlich schreckliche - überflüssige - Waffen eingesetzt wurden, ist ein Blick in einige weitere, religiöse Schriften erforderlich. Es ist erstaunlich, daß im Buch Genesis von Ereignissen erzählt wird, die bei näherer Betrachtung die schlichte, priesterliche Auslegung („Gott" straft Sünder) unwahrscheinlich erscheinen läßt.

In dem vorliegenden Buch sollen keine vorgefertigten religiösen Auslegungen krampfhaft in die biblischen Verse gezwängt werden, sondern das Alte Testament „modern" und neu betrachtet werden. Die heiligen Schriften anderer Religionen, die ebenso wie die Bibel ein Recht darauf haben, als „wahr" angesehen zu werden, haben uns noch weitere Berichte über „göttliche Waffen" überliefert. Es sind wahre Sensationen, wenn man sie so liest, wie sie einst niedergeschrieben wurden.

Indien, das „Land der tausend Götter", wie es aus gutem Grund gerne genannt wird, bewahrt eine kaum faßbare Flut von religiösem Schriftgut auf. Ein Thema, das in den indischen Bücher oftmals anzutreffen ist, stützt die These der nuklearen Katastrophe von Sodom und den anderen Orten: Die Anwendung von „Götterwaffen".

Ich habe in meinem Buch „Göttliche Zeiten" bereits diese wertvollen Schriften behandelt. An dieser Stelle soll deshalb nur kurz darauf eingegangen werden.

Auch in der indischen Vedenliteratur gab es „Sodom und Gomorrha", auch hier stoßen wir auf „göttlichen" Zorn vom Himmel:

„*Da der Weise Vertrauen zu ihm hat, enthüllte er ihm alle Geheimnisse ihrer Handhabung. Es sind Waffen höchster Wirksamkeit, die den Gegner in Betäubung versinken lassen. Sie verbreiten einen tiefen Schlaf. Eine andere Waffe strahlt Feuer aus, das das ganze Herr des Kumbhakarn in einen Aschehaufen verwandeln kann.*" (Fischinger, Zeiten, S. 150)

Diese sehr modernen Waffen werden uns in dem Buch *Mahaviracarit* beschrieben. Was aber waren das für Todesbringer?

In der Tat wissen die alten Bücher Indiens von einer solchen Fülle an vernichtenden Waffen zu berichten, daß man nicht glauben mag, daß die Beschreibungen meist einige Jahrtausende alt sind! Kamen bereits vor Tausenden von Jahren Atomwaffen in Indien zum Einsatz? Oder haben sich zumindest Berichte über diese schrecklichen Waffen vor allem in der Sanskrit-Literatur des alten Indien erhalten? Von einem ganz erstaunlichen Ereignis weiß das Buch *Mausola Parva* zu erzählen. Hier klingt eine „moderne" Nukleardetonation geradezu heraus:

„*Es war eine unbekannte Waffe, ein eherner Blitzstrahl, ein gigantischer Todesbote, der alle Angehörigen der Rassen Vrishnis* (= Dämonen, L.A.F.) *Andhakes in Asche auflöste. Die verbrannten Leichen waren unkenntlich, Haare und Nägel fielen aus, das Geschirr zerbrach ohne offensichtlichen Grund, die Vögel wurden weiß. Im Verlauf einer Stunde wurden alle Speisen ungenießbar.*" (Sachmann, Weltkriege, S. 210)

Irgendwelche Schlachten zwischen verfeindeten Menschen oder Naturerscheinungen für solche Berichte verantwortlich zu machen, ist schlichtweg falsch. Welche Waffe aber kann die verheerenden Folgen ausgelöst haben, von denen das *Mausola Parava* spricht - Atombomben? Die Wirkungen einer Atomwaffe sind für einen neutralen Betrachter offensichtlich zu erkennen.

Eine Überlieferung der *Thai* kennt eine doppelköpfige Himmelsschlange namens „Thien-she", die einst Chaos auf der Erde auslöste:

„*Die Himmelsschlange verfinsterte den Himmel; dort, wo sie ihre Bahn zog, wurde den Menschen unter ihr das Atmen fast unmöglich. Ständig rieselte von ihrer Hülle weißer Staub zur Erde, führte nicht nur zu Atembeschwerden, sondern verursachte auch einen unheilbaren Ausschlag, der die Kräfte der Menschen verzehrte, bis sie elendig dahinstarben. Der weiße Staub der Thie-she erstickte aber auch alle Pflanzen und kleineren Tiere.*(!)" (Sachmann, Weltkriege, S. 211)

Unfaßbar, was hier aus der Sagenwelt der *Thai* überliefert wird. Weißer Staub rieselt vom Himmel - verursacht durch eine Schlange - und läßt den Menschen tödliche Geschwüre wachsen, sie bekommen Ausschlag und die Pflanzen verenden. Heute nennen wir diesen Staub „atomaren Niederschlag", der tatsächlich weiß ist und für den Menschen katastrophale Folgen hat!

Über schreckliche Nachwirkungen von Waffen der „Götter" ist auch in Mesopotamien (Sumer) zu erfahren. Die Sumerer, die älteste Zivilisation unseres Planeten, berichten uns über einen „Wind", der den Tod brachte. Wir alle kennen die Bilder der US-Atomversuche vergangener Jahre. Gewaltige Winde, ständige Begleiter von atomaren Detonationen, decken Häuser ab und verseuchen riesige Gebiete. Was sagen die sumerischen Schriften über die „Zerstörung von Ur" dazu?

„Husten und Schleim schwächten die Brust, der Mund füllte sich mit Spuke und Schaum, Benommenheit überkamen sie, ein ungesundes taubes Gefühl, Kopfschmerzen und Übelkeit: Ihr Geist verließ den Körper (...) *Die erschrockenen Menschen konnten kaum atmen, der böse Wind verkrampfte sie, ließ ihnen keinen Tag mehr. Münder waren von Blut erfüllt, Köpfe schwammen in Blut. Das Gesicht erbleicht in dem bösen Wind.*" (Sitchin, Kriege, S. 404f.)

Der Bericht ist zu klar, um als bloße Phantasie einiger Schreiber angesehen zu werden. Ein „böser Wind" verseuchte das Land, die Menschen gingen elendig zu Grunde. Und was, wenn nicht eine Atombombe, war der Grund dieser Katastrophe? Ein Vulkanausbruch vermischt mit Giftgaswolken? Nein, wie bei der Vernichtung Sodoms kann kein Vulkan dafür verantwortlich gewesen sein. Die Chronisten hätten einen Vulkanausbruch sehr wohl erkennen und entsprechend beschreiben können. Dies Geschehen war hingegen „ein Unglück, das der Mensch nicht kannte, eines, das er noch nie erlebt hatte" (Sitchin, Kriege, S. 404).

Im alten Indien findet sich im *Mahaviracarita* (Charroux, S. 168f.) eine Überlieferung, die ganz erstaunliche, ja erschreckende Parallelen zu dem oben genannten Bericht aus Mesopotamien zeigt. Jedoch ist diese Erzählung *nicht* von einer Atombombendetonation, wie wir sie kennen, zu unterscheiden! Vielleicht sind hier auch die gleichen Katastrophen geschildert. Dies kann aber heute niemand mehr mit Gewißheit sagen. Der Text weist ausdrücklich darauf hin, daß eine Waffe für die schrecklichen Folgen verantwortlich war. (In der Paläo-SETI-Literatur finden sich verschiedene, jedoch ähnliche Zitate dieses Berichtes.):

„Das Feuer dieser Waffe(!) *zerstörte die Städte, indem es ein Licht verbreitete, das heller war als hunderttausend Sonnen*(!).

Dann erhob sich ein Wind, und das Feuer der furchtbaren Waffe verbrannte die Elefanten, die Soldaten, die Kampfwagen und die Pferde, ohne daß man es sehen konnte, denn es war unsichtbar(!). *Dieses Feuer bewirkte es auch, daß den Menschen die Haare und die Nägel an den Händen und Füßen ausfielen. Es bleichte das Gefieder der Vögel, färbte ihre verkrampften Krallen rot.*

Um diesem Feuer zu entfliehen, warfen sich die Soldaten in die Flüsse, um sich selbst darin zu waschen und alles, was sie berühren mußten(!)."

Woher konnten die Inder vor Jahrtausenden diese exakten Beschreibungen haben? Selbst, daß sich die Soldaten in die Flüsse warfen, um sich und ihre

„Ausrüstung“ zu waschen, ist nach dem heutigen Erkenntnisstand vollkommen richtig.

Heute nennt man diesen Vorgang „Dekontamination“, und jeder Soldat bei der Bundeswehr muß mehr oder weniger interessanten Unterricht und Übungen zu diesem Thema über sich ergehen lassen. Ich selber habe in meiner Wehrdienstzeit zahllose Videoaufzeichnungen über Art und Folgen von nuklearen Explosionen zu sehen bekommen. Daß die alten Inder von einem „unsichtbaren Feuer“ sprechen, ist um so erstaunlicher, wenn man feststellt, daß Puppen und Militärfahrzeuge, die zu Versuchszwecken im Umfeld des Explosionsherdes positioniert wurden, plötzlich zu brennen begannen, *ohne* daß man ein Feuer sah, das dies ausgelöst hat! Moderne Schreckenswaffen in alten Schriften.

Auch in zahlreichen anderen altindischen Texten sind bedeutende Berichte über himmlische Schlachten und todbringende Waffen zu finden. Professor Dr. Dileep Kumra Kanjilal aus Kalkutta, Indien, Mitglied und Ehrenmitglied zahlreicher Sanskrit-Gesellschaften und Experte und Lehrer der Sanskritliteratur, der zum Beispiel am *Calcutta Sanskrit College* oder *Scottish Church College* aktiv lehrte, hat in zahlreichen Publikationen auf die „modernen“ Berichte in dem uralten Schriftgut aufmerksam gemacht. So aus dem *Dronarparvan* (Kanjilal, Weltraumstätte, S. 135), einem Buch des *Mahabharata*, indem ein „Geschoß, in sich bergend die Krafte der Sonne“ der „Gottheit“ *Schiva* (indischer Kriegsgott), beschrieben ist, das eine Stadt in Brand schoß:

„*Qualm stieg auf, loderte grell in die Höhe, zehntausend Sonnen gleich.*“

Hier könnten sogar direkte Ähnlichkeiten zum biblischen Ereignis vorliegen.

Der Physiker Dr. Robert Oppenheimer war in den Kriegsjahren 1943 bis 1945 Versuchsleiter in Los Alamos, USA, dort, wo einst die US-Atombomben entwikkelt wurden. Er beschäftigte sich auch mit altindischer Sanskritliteratur und kommentierte die erste Bombenzündung mit den Worten:

„*Ich habe die Gewalt des Universums entfesselt. Nun bin ich zum Zerstörer der Welten geworden.*“ (Langbein, Syndrom, S. 154)

Dies ist ein Zitat aus dem Sanskrit-Buch *Mahabharata*! Dr. Oppenheimer behauptete sogar auf einer Vorlesung an der Universität von Ronchester, daß die erste Atombombe der Welt in Alamogordo nur die erste „in moderner Zeit“ gewesen ist.

Es ist erstaunlich, wie detailfreudig alte Schreiber in Indien oder anderswo (auch griechische Überlieferungen kennen diese Waffen) grausame Mordinstrumente beschrieben haben. Die Mythen der Weltgeschichte sind voll davon. Aber an dieser Stelle sollen diese Beispiele reichen, da die Flut derartiger „Mythen“ erdrükkend ist. Was aber, auch mit Blick auf Sodom und Gomorrha, interessant ist, ist die Frage, ob die Anwendung von Atomwaffen in grauer Vorzeit heute archäologisch nachgewiesen werden kann. Wir alle wissen, daß radioaktiver Abfall - unsere ach so sauberen Atomkraftwerke - bis in die fernste Zukunft strahlender

Müll bleiben wird. Folgerichtig müssen auch heute noch die Spuren vergangener Katastrophen zu finden sein.

V.6 Archäologische Indizien

Wir haben gesehen wie „ungöttlich" „Gott" seine abtrünnigen Menschen in Sodom und Gomorrha vernichtete, da sie andere „Gottheiten" anbeteten. Auch weiß Indien offenbar über schreckliche Atomwaffen bestens Bescheid (oben nur wenige Zitate). Zwar enthält der alttestamentarische Sodombericht nur spärliche Hinweise auf einen Atombombenschlag gegen die Bewohner der Ebene, aber auch diese sind schon recht erstaunlich. Um die Überlieferung der biblischen Ortschaften im Alten Testament „modern" zu deuten, ist es unumgänglich, auf die im vorherigen Thema zitierten Überlieferungen andere Völker einzugehen.

Weitaus rätselhafter aber ist die Tatsache, daß die Vermutung über solche Waffen vor Tausenden von Jahren in der Archäologie weitere Indizien finden *könnte*. Auch die Archäologie ist hilfreich, die These zu unterstützen.

Die Hitze, die bei der Detonation eines Nuklearsprengkörpers entsteht, reicht bekanntlich völlig aus, um Sand und Felsen zu schmelzen. Dabei bleiben sogenannten „Steinverglasungen" über, wie sie in den Testgebieten der USA zu finden sind und die mindestens 1200 °C erfordern.

Im Industal blühte bereits vor 5000 Jahren die Handelsmetropole *Mohenjo Daro* - die gewaltigste Stadt der Induskultur. Warum der Ort einst von der Bildfläche indischer Geschichte verschwand, ist in der heutigen Wissenschaft nicht bekannt. David W. Davenport, Autor und unvoreingenommener Forscher, hat eine erstaunliche Lösung für den Untergang der Metropole angeboten: Atomare Vernichtung (Fischinger, Zeiten, 151f.)!

In den Ruinen der Stadt wiesen einige Funde Indizien für seine Behauptung auf. Nach genauen Analysen der Ruinenstätte kam man(?) zu dem Resultat, daß einstmals gewaltige Temperaturen an dem Untergang der Stadt beteiligt waren. Nach Davenport bis zu 2000°C! Lava wurde nirgends gefunden, so daß ein natürlicher Vulkanausbruch ausscheidet. Im Zentrum, dort wo die Zerstörung am größten ist, lagen tausende von schwärzlichen Klumpen herum, die sich nach genauen Betrachtungen als Tonbehältnisse erwiesen, die allerdings zusammengeschmolzen waren! Glühende Hitze mußte hier einst am Werk gewesen sein.

Der Untergang von *Mohenjo Daro* kam ohne Vorzeichen, die Bewohner wußten nichts von einer bevorstehenden Katastrophe. Vulkanausbrüche künden sich meist lange Zeit vorher an. Dennoch, die Städter starben, wo sie sich gerade befanden: Mindestens 30.000 völlig entstellte Skelette lagen am Boden. Und das ganze Szenario soll eine ca. 20fach erhöhte Radioaktivität aufgewiesen haben. Wie ich bereits weiter oben zitierte, weiß auch das Buch *Mausola Parva* von „unkenntlichen" Leichen zu berichten.

Ebenfalls eine erhöhte radioaktive Strahlung (50fach) soll ein Skelett aufgewiesen haben, das zwischen dem Ganges und den Bergen von Rajmahal gefunden wurde. Der Forscher de Camp berichtet, daß im Umfeld der Leiche Trümmer gefunden wurden, die durch irgendeine Hitzeeinwirkung zusammengebacken waren und Blasen aufwiesen (Fischinger, Zeiten, S. 151).

Selbst weit weg von Indien, im fernen Schottland, liegen Ruinenstätte, die eindeutige Verschmelzungen zeigen, die teilweise sogar in Steinverglasungen übergehen! Laut Professor Hans Schindler Bellamy muß die 28 x 45 Meter große Fläche auf dem Berghügel Tap O´Noth einst einer „Hitze von weit mehr als 1000°C" ausgesetzt gewesen sein (Langbein, Verglasungen, S. 73). Auch in Südamerika, in den „Sieben Städten" von *Sete Cidades* in Brasilien, finden sich rätselhafte Verglasungen mit Hitzebläschen. Wie mögen diese entstanden sein? In Peru liegen die sensationellen Ruinen von *Sacsayhuaman*, die heute nichts als ein gigantisches Trümmerfeld sind. Der Autor Hans-Werner Sachmann berichtet ebenfalls davon, daß auch hier Spuren von Verglasungen zu finden sind. Auch anormale Radioaktivität konnte hier angeblich nachgewiesen werden (Sachmann, Schutt, S. 38/Mitteilung). Lokale Legenden erzählen, daß die „Götter" den Ort vernichteten, als sie ihn in die Luft hoben, drehten und fallen ließen - auch hier Spuren „göttlicher" Gewalt?

Aber auch nicht ganz so weit weg von Indien, in der Wüste Gobi, China und Mongolei, existieren Sandverglasungen, die unglaubliche Ähnlichkeit mit den modernen Verglasungen durch Atombombentests in der Sierra Nevada haben (Hausdorf, S. 58f.). Ein 1800 Meter tiefer Schacht in der Ruinenstadt Khara-Khota (Charachoto), der auf 12.000 Jahre datiert worden sein soll, weist angeblich ebenfalls bläulich schimmernde, glasierte Wände auf, die durch das Zusammenschmelzen von Gestein entstanden sein könnten (Hausdorf, S. 59). Lokalmythen berichten u.a. davon, daß einst ein „Feuerblitz vom Himmel" kam und diesen Schacht schmolz (Collington).War er etwa für die Verglasungen verantwortlich?

Sodom und die umliegenden Städte könnten von Atomwaffen zerstört worden sein. Überlieferungen und archäologische Funde sprechen eine überdeutliche Sprache. Auch anderswo setzten „Götter" ihre technische Macht bitterhart ein - wie Jahwe im Alten Testament.

Kapitel VI

Mose, ein Mann Gottes

VI.1 Ein Kind namens Mose

Die alttestamentarische Person Mose ist eine der bekanntesten der Bibel. Jeder, sei er auch noch so bibelscheu, kennt ihn, weiß in etwa, wie er die versklavten Israeliten aus Ägypten befreite, das Rote Meer(?) trockenen Fußes durchquerte und die zehn Gebote verkündete. Sein gesamtes Leben und sein Exodus sind außergewöhnlich beliebt. Mose hat sich natürlich auch damit einen Namen gemacht, daß er als namentlicher Autor der ersten fünf Bibelbücher gilt - der sogenannten „Pentateuch“ (griechisch = „fünf Rollen“) -, die eigentlich nur ein Buch darstellen. Ob er nun, was vor allen durch die fundierten Thesen von Graf und Wellhausen stark in Frage steht, tatsächlich der Autor ist, sei dahingestellt. Es ändert jedoch nichts am textlichen Inhalt, der uns an dieser Stelle interessiert. Nach Wellhausen und Graf ist der gesamte Pentateuch aus vier Urquellen zusammengesetzt und um die Zeit des Exils entstanden (vergl. auch Fox: „Im Anfang war das Wort“). Zwar nehmen Historiker wie Robin Lane Fox an, daß diese vier Ursprungsquellen den Inhalt der heutigen „Mosebücher“ enthielten, diese aber fast vollständig unwahr waren...

Beginnen wir aber mit Mose und seiner „phantastischen“ Kindheit: Mose stammte aus einer levitischen Familie und wurde in trübe Zeiten hineingeboren, denn die Israeliten verrichteten in Ägypten Frondienste. Sie mußten unter den unmenschlichsten Bedingungen für den Pharao Tempel, Paläste und Städte wie Ramses und Pitom hochziehen - immer die Peitsche im Rücken und hoffend, ihr „Gott“ würde sie bald erlösen. Irgendwann aber sah der ägyptische Pharao mit argen Bedenken auf die Entwicklung des israelitischen Volkes, denn das Haus Israel wuchs derart an, daß Ägyptens Führung einen verheerenden Aufstand befürchtete.

Der ägyptische König befahl den israelitischen Hebammen Pua und Schifra, sie mögen alle Knaben sterben lassen, sobald sie geboren werden. Da sie den königlichen Befehl nicht befolgten und sich die Israeliten weiter vermehrten und „sehr stark“ wurden, entschloß der Pharao, alle Knaben in den Nil werfen zu lassen. Nur die Mädchen wollte er am Leben lassen, um so „sein“ Sklavenvolk zu dezimieren (Ex. 1,15-22) und die vermeintliche Gefahr zu beseitigen. Der Befehl des ägyptischen Herrschers, alle Knabe zu töten, paßt eigentlich nicht zu seinem vorherigen Befehl, die Arbeit der Hebräer zu verschärfen. Logischerweise sinkt auch die Arbeitsleistung der Sklaven, wenn der männliche Nachwuchs ausbleibt. Es ist deshalb nicht undenkbar, daß dieser Befehl nur als Einleitung für die spätere Mosegeschichte eingefügt wurde, was auch die Kommentatoren der Neuen Jerusalemer Bibel vermuten. Auch daß nur Pua und Schifra als Hebammen erwähnt werden, es aber kaum nur zwei gab, könnte hier eine nachträgliche Einleitung vorliegen.

Im zweiten Kapitel des Buches Exodus beginnt die Überlieferung über Mose. Mose war, so die Bibel, ein „schönes Kind", und da der Pharao (möglicherweise Ramses II., angeblich 1391 bis 1234 v. Chr., Keller, S. 115) alle Knaben ermorden lassen wollte, wurde er drei Monate lang vor den „Todesschwadronen" versteckt. Dann aber blieb den Eltern Moses nichts anderes übrig, als ihn in einem Korb dem Nil zu übergeben:

„*Als sie es nicht mehr verborgen halten konnte, nahm sie ein Binsenkästchen, dichtete es mit Pech und Teer ab, legte den Knaben hinein und setzte ihn am Nilufer im Schilf aus.*" (Ex. 2,3)

Eine Verzweifelungstat der Mutter Mose! Würde sie ihren jungen Sproß länger behalten, wäre es nur eine Frage der Zeit, bis die Soldaten des Pharao ihn bei ihr finden und umbringen. Ob sich die Geschichte über die Aussetzung des Moseknaben tatsächlich so zugetragen hat, wie es das Buch Exodus beschreibt, ist fraglich, ja sogar sehr umstritten. Es ist nicht auszuschließen, daß diese Moseüberlieferung seiner Geburt von der des Herrschers Sargon aus Babylon übernommen wurde, wie es der Altertumsforscher George Smith vermutet. Sargon lebte zwar runde 2000 Jahre früher, aber dennoch liegen Parallelen zwischen den zwei Überlieferungen auf der Hand. So zum Beispiel wurde auch Sargon von Agades in einem asphaltversiegelten Binsenkorb im Fluß Euphrat ausgesetzt (Keller, S. 116).

Mag sein, daß hier das babylonische Copyright verletzt wurde. Es ändert aber nichts an der alttestamentarischen Überlieferung, die hier analysiert werden soll.

Daß Moses Mutter ihren gerade drei Monate alten Sohn dem Nil übergab, ist vielleicht sehr unverständlich. Zwar weist die Bibel ausdrücklich darauf hin, daß der besagte Korb wasserdicht gemacht wurde, aber das weitere Schicksal Mose wäre für die Mutter dennoch immer im Dunkeln geblieben. Seine Überlebenschancen waren nicht besonders groß - wer weiß, wer den Binsenkorb entdeckte...

Aber im Buch Exodus findet sich ein kleiner, zugegeben recht spärlichen Hinweis, daß die „Aussetzung" Moses genau geplant und überwacht wurde:

„*Seine* (Moses, L.A.F.) *Schwester blieb in der Nähe stehen, um zu sehen, was mit ihm geschehen würde.*" (Ex. 2,4)

Das Mosebaby wurde demnach nicht einfach seinem Schicksal überlassen, sondern von seiner älteren Schwester *Mirjam* (Timm, S. 71) überwacht. Wir können sogar soweit gehen, daß Moses Eltern (Mutter) wußten, wann und wo die Tochter des Pharao ihr Bad im Nilwasser genießen würde. Auch erfahren wir in der Bibel nichts davon, daß der Korb an das Ufer gerieben wurde - er lag im Schilf und wurde beobachtet.

Das außerbiblische Buch der Jubiläen geht sogar noch einen Schritt weiter. Dort wird berichtet, daß der junge Sohn der Jochabet „sieben Tage lang“ im Gras des Nils verborgen lag. Seine Mutter stillte ihn jede Nacht und Mirjam vertrieb bei Tage die Vögel (Jubi. 47,4). Dies ging solange (die sieben Tage sind mit Sicherheit symbolisch), bis die Pharaonentochter Tarmut (Jubi. 47,5) zum Nil kam und den Jungen an sich nahm.

So auch im Exodus: Die Prinzessin kam zum Baden und sah den Korb:

„*Die Tochter des Pharao kam herab, um im Nil zu baden. Ihre Dienerinnen gingen unterdessen am Nilufer auf und ab. Auf einmal sah sie im Schilf das Kästchen und ließ es sich durch ihre Magd holen. Als sie es öffnete und hinein sah, lag ein weinendes Kind darin.*“ (Ex. 2,5-6)

Tarmut erkannte sofort, daß der Knabe das Kind einer Hebräerfrau sein mußte, aber sie „bekam Mitleid mit ihm“ (Ex. 2,6-7). In Vers sieben haben wir einen zweiten Hinweis, daß Mose, der von seiner leiblichen Mutter - laut dem apokryphen Buch Philo 9,16 - *Melchiel* genannt wurde, nach seiner „Wasserung“ beobachtet wurde: Seine Schwester war immer noch anwesend, als die Tochter des Pharao den Knaben aus dem Nil zog. Moses Schwester fragte die Prinzessin, ob sie eine hebräische Hebamme rufen soll, um den Sproß zu stillen. Und wie sollte es anders sein, sie holte Moses leibliche Mutter, die ihn - gegen Entlohnung - aufzog (Ex. 2,7-10).

Als er erwachsen wurde, oder nicht mehr gestillt werden mußte, brachte Moses Mutter, Jochabet/Jochebet laut Philo 9,12, ihn wieder zur Königstocher, wo er seinen Namen Mose erhielt, da sie ihn aus dem Wasser gezogen hat.

Sehen wir uns kurz den Namen *Mose* an: Mose (hebräisch „*mosche*“) ist vom Verb *mascha*, „herausziehen“ abgeleitet, wodurch sich sein Name erklärt (Barthel, S. 94). Aber, daß die Pharaonentochter Hebräisch konnte, ist unwahrscheinlich. Vielmehr ist Mose ein ägyptischer Kurzname, der auch im Zusammenhang mit anderen Wörtern vorkommt. Zum Beispiel *Thutmosis*, „Gott Thut ist geboren“ („Geboren von Thut“), oder *Achmoses*, „Ach ist geboren“ („Geboren von Ach“). Selbst im ägyptischen Namen des Unterdrückers der Hebräer, „Ramses“, *Ramesse*, kommt diese Wurzel vor (Toynbee, S. 104).

Mose ist wie sein Vorgänger Abraham (Kapitel IV) eine historisch nicht belegte Gestalt, jedoch „im Geschichtsbewußtsein des jüdischen Volkes unauslöschbar verankert“ (Konzelmann, Aufbruch, S. 57). Aus Ägypten, wo Mose Jahrzehnte gelebt haben soll, sind uns heute jedoch zwei Personen namens Mose bekannt (Toynbee, S. 103). Da Mose, wie wir später sehen werden, von einem „Gott“, Jahwe, berufen wurde, er aber in polytheistischer Umgebung aufwuchs, ist es nicht unwahrscheinlich, daß er in Ägypten den „Gott“ *Aton* verehrte. Der Atonkult war im Land der Pyramiden der einzige monotheistische Kult, den wir heute kennen (Toynbee, S. 104). Wenn dem so ist, und er nicht an mehrere „Götter" glaubte, könnte sein ägyptischer Name *Aton-Mose* gewesen sein.

Der junge Knabe wuchs am königlichen Hof von Ägypten auf. Ihm war nicht die schändliche Arbeit seines Volkes in den Ziegeleien der Ägypter bestimmt. Zwar wird er in der Bibel als Hebräer bezeichnet, und auch die Königstochter erkannte ihn als „Sklavensohn", aber dennoch hatte er das Privileg, in der Umgebung des mächtigsten Herrscherhauses seiner Zeit zu leben und zu lernen.

Die Jahre vergingen. Das Buch Exodus schweigt sich leider völlig über Mose und sein Leben am königlichen Hof aus. „Die Jahre vergingen, und Mose wuchs heran", erfahren wir in Ex. 2,11. Eigentlich eine geradezu lächerliche Berichterstattung, der wir hier begegnen.

Jedenfalls ging Mose eines Tages zu den hebräischen Sklaven, um ihnen bei der Fronarbeit zuzusehen. Die Apostelgeschichte im Neuen Testament behauptet, daß Mose vierzig Jahre alt war, als er sich die qualvolle Arbeit der Israeliten ansah (Apg. 7,23). Was er in den vierzig Jahren am Hofe alles tat, liegt völlig im Dunkel der Vergangenheit verborgen. Wiederum berichtet die Apostelgeschichte, daß er von den Ägyptern sehr gut ausgebildet wurde. Da Mose am Hofe des ägyptischen Königs als „Adoptivenkel" des Pharao lebte, können wir nur erahnen, welches Wissen ihm dort vermittelt wurde. Es ist nicht unrealistisch zu vermuten, daß er, wie alle königlichen Familienmitglieder, in allerlei Kenntnissen über Medizin, Zauberei und allen anderen „Wissenschaften" erzogen wurde. Auch die Apostelgeschichte bestätigt diese Vermutung:

„*Mose wurde in aller Weisheit der Ägypter unterwiesen und war mächtig in Wort und Tat.*" (Apg. 7,22)

Vierzig Jahre lebte und lernte er in Ägypten, was ihn zu einem mächtigen Weisen machte. Inwieweit wir diese Altersangabe für bare Münze nehmen können, ist ungewiß. Bekanntlich zog er später mit seinem Volk ebenso lange durch die Wüste, so daß hier eine unbekannte Symbolzahl gemeint sein könnte. Nehmen wir diese Behauptung als Tatsache, so starb Mose mit mindestens 80 Jahren.

Daß die ägyptische Kultur grandioses Wissen besaß, habe ich in meinem Buch „Göttliche Zeiten" gezeigt. Man denke hier nur an die *Dendera-Reliefs*, die Peter Krassa und Reinhard Habeck in ihrem ausgezeichneten Buch „Das Licht der Pharaonen" analysierten. Was mag Mose von alledem gewußt haben? Als Mose zum Beispiel seinen Stab vor den Pharao warf und der sich in eine Schlange verwandelte, rief der König seine „Beschwörungspriester", die „mit Hilfe ihrer Zauberkunst das gleiche" taten (Ex. 7,8-12). Mose und die ägyptischen Priester besaßen gleiche Kenntnisse, und Mose muß sie von ihnen erworben haben (Konzelmann, Aufbruch, S. 58).

VI.2 Mord und Flucht in die Wüste

Als Mose hinausging, um die Sklaven bei der Arbeit zu beobachten, wurde er Zeuge eines Ereignisses, das sein gesamtes Leben radikal ändern sollte. Es ist zwar wahrscheinlich, daß er bereits unzählige Male die Ziegelfelder besuchte (er soll ja schon vierzig Jahre alt gewesen sein), aber dieser Tag sollte ihm zum Verhängnis werden:

„Und er sah, wie ein Ägypter einen Hebräer, einen von seinen Brüdern schlug. Und er drehte sich um und um, und er sah: da war kein Mensch, und er erschlug den Ägypter und verscharrte ihn im Sand." (Ex. 2,11-12)

Heute können wir für die Tat des Mose kein Verständnis mehr aufbringen, denn es war schlichter *Mord.* Einen ägyptischen Aufseher zu erschlagen, „nur" weil er einen Sklaven schlägt, ist vollkommen ungerechtfertigt, denn die Verhältnismäßigkeit stimmt vorne und hinten nicht - aus moderner Sicht natürlich. Auch läßt sich an diesem Ereignis erkennen, daß Mose sich seiner hebräischen Herkunft bewußt war.

In dem Apokryph *„Ezechiel der Tragiker"* (entspricht „EdT.") ist uns gleichfalls dieses Ereignis überliefert. Hier nennt der Schreiber Moses Tat ebenfalls schlicht Mord:

„Ich (Mose, L.A.F.) *sah die beiden ganz allein, sonst keinen anderen. Und da bestreite ich den Bruder; denn jener fiel durch meine Hand und ich verscharrte ihn im Sand, daß niemand diesen Mord vermelde."* („Ezechiel der Tragiker", EdT. 44-48)

Mose, der Mörder, vergewisserte sich zwar, daß niemand seine schändliche Tat beobachten konnte, aber schon einige Tage später - laut EdT. 49 „am anderen Morgen"- sah er zwei prügelnde Hebräer, die bereits von seinem Vergehen wußten:

„Der (der prügelnde Hebräer, L.A.F.) *aber sprach: Wer hat dich zum Gebieter und Richter über uns gesetzt? Willst du mich umbringen, wie du den Ägypter umgebracht hast? Da erschrak Mose und sprach: Also ist die Sache doch bekannt geworden."* (Ex. 2,14)

Bald erfuhr auch der ägyptische König von dem Mord und beschloß, Mose töten zu lassen. Mose blieb nichts anders übrig, als Ägypten Hals über Kopf zu verlassen, um in weiter Ferne der Strafe des Pharaos zu entkommen.

Er zog in das Land *Midian*, wo er an einem Brunnen die sieben(?) Töchter des Rehuel (ein Name von vielen) antraf, die gerade ihre Schafe und Ziegen tränkten. Er verteidigte sie vor einigen widerspenstigen Schafhirten, die sich an der Wasserquelle zu schaffen machten, und gewann so das Vertrauen der Familie.

Mose lebte Jahre mit dem Geschlecht des Rehuel zusammen und nahm sich Zippora, eine seiner Töchter, zum Weib. Er mag mit seinem neuen Leben als Schafhirte(?) zwar zufrieden gewesen sein, aber dem Volk der Hebräer erging es in

Ägypten weiterhin schrecklich. Sie schufteten immer noch schwer in den Ziegelfeldern der Ägypter und hofften auf die Erlösung durch ihren namenlosen „Gott“.

Nach all den Jahren harter, mühseliger und tödlicher Arbeit der Hebräer als Sklaven erhörte „Gott“ dann doch endlich ihre Klagen. *Warum* er sein Volk, das durch den Bund mit Abrahams Geschlecht mit ihm verbunden war, erst nach so langer Zeit, nach all den Klagen und Hilferufen (Ex. 2,23) erhörte, ist ein großes Fragezeichen in der Theologie. Sollte der biblische „Gott“ tatsächlich sein auserwähltes Volk jahrelang schuften gelassen haben, ohne auch nur eine Kleinigkeit für ihre Rettung zu tun?

Das Warten der Fronarbeiter hatte ein Ende, denn „Gott“ erhörte ihr Wehgeschrei hoch oben im Himmel:

„*Die Israeliten stöhnten noch unter der Sklavenarbeit; sie klagten, und ihr Hilferuf stieg aus ihrem Sklavendasein zu Gott empor. Gott hörte ihr Stöhnen, und Gott gedachte sich seines Bundes mit Abraham, Isaak und Jakob. Gott blickte auf die Söhne Israels und gab sich ihnen zu erkennen.*“ (Ex. 2,23-25)

„Gott“ erfuhr von der Sklaverei „seines“ Volkes und erinnerte sich an den Bund, den er mit ihren Vorfahren geschlossen hatte. Ja, beinahe hat es in diesen Versen den Anschein, als würde der „Herr“ es bereuen, sie so lange in Ägypten schuften gelassen zu haben. Kurzerhand gab er „sich ihnen zu erkennen“, um den Hebräern die nahende Rettung zu verkünden - vielleicht als eine Art „Zeichen“: Seht her, ich habe euch nicht vergessen; die Hilfe naht.

Einen genauen Plan, wie die Hebräer die Freiheit wiedererlangen könnten, hatte „Gott“ bereits erarbeitet: Mose, der entflohene Mörder, soll sie befreien.

Hier beginnt die biblische Überlieferung des auserwählten Mose, den „Gott“ zum großen Propheten berufen hatte. Er alleine, mit „Gott“ an seiner Seite, sollte die ägyptischen Sklaven in ein neues Land führen. Eine Geschichte voller Wunder und sonderbarer Ereignisse beginnt...

VI.3 Moses Berufung

Mose lebte nach seiner Flucht als Schafhirte mit seiner Frau Zippora in Midian. Noch ahnte er nichts, daß gerade er von „Gott“ dazu auserkoren sei, das Volk der israelitischen Sklaven aus Ägypten in die Freiheit zu führen. Mose, dies sollte außer Frage stehen, betete auch *nicht* zu diesem „Gott“, sondern er wuchs wahrscheinlich - als ägyptischer Adoptiv-Königsenkel - mit dem Vielgötterglauben der ägyptischen Religion auf.

Eines Tages zog Mose wieder mit seinen Tieren aus, um sie grasen zu lassen. Und an diesem Tag wurde er Zeuge eines der bekanntesten „Wunder“ der Bibel: Der brennende Dornbusch.

„*Eine Tages trieb er das Vieh über die Steppe hinaus und kam zu dem Gottesberg Horeb. Dort erschien ihm der Engel des Herrn in einer Flamme, die aus einem Dornbusch emporschlug. Er schaute hin. Da brannte der Dornbusch und ver-*

brannte doch nicht. Mose sagte: Ich will dorthin gehen und mir die außergewöhnliche Erscheinung ansehen. Warum verbrennt denn der Dornbusch nicht?" (Ex. 3,1-3)

Ein Engel „Gottes" zeigte sich Mose am Berg Sinai (= Horeb), und zwar in einer so „bizarren" Form, daß Mose sich diese Erscheinung näher ansehen wollte. „Gott" aber erkannte seine Absicht und wies ihn schleunigst zurecht:

„*Als der Herr sah, daß Mose näher kam, um sich das anzusehen, rief Gott ihm aus dem Dornbusch zu: Mose, Mose! Er antwortete: Hier bin ich. Der Herr sagte: Komm nicht näher heran! Leg deine Schuhe ab; denn der Ort, wo du stehst, ist heiliger Boden. Dann fuhr er fort: Ich bin der Gott deines Vaters, der Gott Abrahams, der Gott Isaaks und der Gott Jakobs. Da verhüllte Mose sein Gesicht; denn er fürchtete sich, Gott anzuschauen.*" (Ex. 3,4-6)

Plötzlich war nicht mehr der Engel in diesem Busch, sondern „Gott" persönlich. Was aus dem Engel inzwischen geworden ist, erfahren wir nicht. „Gott" befahl Mose, nicht näher zu kommen und seine Schuhe auszuziehen, denn er stehe auf heiligem Boden. So konnte er auf Nummer sicher gehen, daß der erschrockene Schafhirte dem „Feuer" des Dornbusches nicht zu nahe kam. Das himmlische Wesen, das Mose gegenüber(?) stand, gab sich als „Gott" seiner Vorfahren aus, um Mose so dienstbar zu machen. Daß dieser „Gott" sich das israelitische Volk aussuchte, um von ihnen als „Gott" anerkannt zu werden, erfahren wir ebenfalls im Buch Exodus:

„*Ich nehme euch als mein Volk an und werde euer Gott sein. Und ihr sollt wissen, daß ich Jahwe bin, euer Gott, der euch aus dem Frondienst in Ägypten herausführt.*" (Ex. 6,7)

Deutlich gibt „Gott" seine Absichten zu erkennen! Er wird die Hebräer aus Ägypten befreien und fortan ihr „Gott" sein. Er suchte sich unter all den Völkern der Erde die Hebräer aus, um ein eigenes Volk unter sich zu haben.

Bevor wir weiter den Bibeltext verfolgen, ist noch eine Frage offen: Ist „Gott" (oder sein Engel) dem Mose tatsächlich in Form eines „brennenden Dornbusches" erschienen?

Dieses „Wunder" des Alten Testamentes erregte schon immer die Gemüter der Theologen und Wissenschaftler. Nach theologischen Ansichten könnte mit diesem Gebüsch das brennende Gewissen oder der Dorn in Moses Herzen gemeint sein (Barthel, S. 96). Also wird hier ein Symbol und kein reales Geschehen beschrieben. Andere wiederum sehen die Ereignisse so, wie sie im Exodus stehen: Ein brennender, aber nicht verbrennender Busch durch das Wirken „Gottes". Oder es wird schlicht als „Zeichen des Feuers" angesehen (Trutwin, S. 97), in dem sich der biblische „Herr" oftmals präsentierte. Wieder andere glauben hier an ein „Erzählmotiv", das „eine dem Elmsfeuer ähnliche elektrische Lichterscheinung" gewesen sein könnte, die auch heute noch in der Wüste beobachtet werden kann (Iber, S. 27).

Natürlich nahmen sich auch Botaniker der sonderbaren Überlieferung an, da ein solches Gewächs schließlich in ihr Fachgebiet fällt. Als wenn die theologischen Deutungsversuche nicht ausreichen würden, haben die Botaniker ihre eigene These. Denn es gibt in der Tat eine Pflanze, die von sich selbst aus brennen kann - die *„Dictamnus albus“* (Barthel, S. 96f.). Diese Pflanze, bei uns als *Spechtwutz* bekannt, ist mit zahllosen Öldrüsen übersät, die bei großer Hitze ein Öl absondern und sich bei starker Sonnenintensität von selbst entzünden kann. Dieser natürliche Vorgang ist aber so kurzzeitig, daß der *Spechtwutz* dabei nicht verbrennt - wie bei Mose (Barthel, S. 97).

Es ist aber dennoch sehr fraglich, ob Mose, der als Schafhirte in dieser Gegend lebte, diese Pflanze unbekannt war, so daß er in dem Phänomen ein „Wunder“ sah. Das Buch Exodus berichtet uns auch, wie Mose sich mit „Gott“ durch diesen Busch eine Zeit lang unterhielt. Und der Engel, den er zuvor in dem Dornbusch sah, „erschien ihm (...) in einer Flamme“, die aus dem Gewächs „emporschlug“. Dies kann kaum mit der kurzzeitigen Entzündung der *Dictamnus albus* übereinstimmen!

Was mag diese wichtige Erscheinung für Ursachen gehabt haben? Da Mose, als er das Feuer des Dornbusches bemerkte, nur einen Engel, nicht aber „Gott“ persönlich sah, stellt sich die *Frage*, ob er möglicherweise dieselbe „Erscheinung“ wie die Propheten Johannes, Ezechiel oder auch Jesaja (= „Jahwe ist Heil“, Drechsel, S. 200) sah. Auch diese biblischen Propheten beschreiben ihre „Gotteserscheinungen“ als ein überaus feuriges Ereignis (Kapitel IX, Teil III.1 und 7). Dennoch, der Exodustext nennt klar einen Dornbusch, der da vor sich hin brannte, und daß Mose als naturkundiger Hirtennomade einen brennenden Busch zum Beispiel nicht von der technischen Apparatur der Ezechielbeschreibung unterscheiden kann, ist unwahrscheinlich. Vorausgesetzt natürlich, die entsprechenden Verse des Alten Testamentes sind in der Form richtig verfaßt.

Mose ist aber in der Vergangenheit nicht der einzige gewesen, der eine „göttliche“ Begegnung in einem brennenden Dornbusch gehabt haben will. Auch die nichtkanonisierten Schriften, genauer gesagt das *„vierte Buch Esdras“* (entspricht „E/4.“), kennen das Phänomen der Offenbarung durch einen Busch:

„(...) und da kam eine Stimme aus dem Dornbusch mir gegenüber; sie ruft: Esdras, Esdras! Ich sagte: Hier bin ich, Herr. Ich stehe auf und stelle mich auf die Füße. Er sprach zu mir: Ich offenbarte mich am Dornbusch schon einmal und sprach mit Moses, als noch mein Volk in Knechtschaft in Ägypten war.“ (Esdras viertes Buch, E/4. 12,2-3)

Es ist dennoch denkbar, daß „Gott“ mit dem so hervorragend im Buch Ezechiel beschriebenen Fluggerät zu Mose gelangte. Mose sah vielleicht nur chemisches Licht, eine phosphoreszierende Chemikalie, die den Busch bedeckte und die er schlicht als „Feuer“ beschrieb. Auch sagen die oben zitierten Verse aus, daß „Gott“ sich *„am* Dornbusch“, nicht aber *„im“* Dornbusch dem Mose präsentierte, vielleicht aus seinen Thronwagen heraus, oder als eine Art *Hologramm.*

Am Anfang seiner Begegnung, so schildert es die Bibel, sah Mose einen Engel in einer Flamme. Ezechiel nennt in seinem Buch *Cherube* (*Kerube*), die den „Gotteswagen" bewegten, und von dem Ingenieur Blumrich als Rotorantriebselemente rekonstruiert werden konnten. Zwischen diesen *Cherube* (Engel) erblickte Ezechiel eine „feurige Kohlenglut", die er als „Fackeln" beschrieb, und die „hellen Schein" verbreiteten. Beobachtete Mose dies ebenfalls?

Als Mose den Engel inmitten des Feuers sah, wollte er näher herangehen. Aber plötzlich war „Gott" zugegen; und er mahnte ihn, sich der „göttlichen" (heiligen) Erscheinung nicht zu nähern - er mußte eine Art „Sicherheitsabstand" einhalten. Warum aber durfte Mose nicht weiter herankommen, war dies „Feuer" etwa ein „Schutzschild" - vielleicht ein elektrisches Feld? -, das das Schiff umgab?

Was genau Mose nun einst auf dem Berg Sinai erblickte, wird wahrscheinlich nie völlig geklärt werden können. Lassen wir uns nicht von religiösen Deutungen verwirren, so scheint ein brennender, aber nicht verbrennender Dornbusch ein recht eigenartiges Phänomen zu sein. Auch wenn die Botaniker eine *Spechtwutz*-Pflanze als Lösung anbieten, ist das Rätsel um die „Moseoffenbarung" damit nicht gelöst.

Folgen wir den Versen des Exodus aufmerksam weiter, verkündet „Gott" schon in Vers sieben Mose seine zukünftigen Pläne. „Gott" gestand ein, daß er das „Elend", „Schreien" und „Leiden" der israelitischen Arbeiter „wohl gesehen" hat; „ja, ich kenne sein Leiden", erzählte er Mose:

„Darum bin ich hinabgestiegen(!), *um es aus der Gewalt der Ägypter zu befreien* (...)" (Ex. 3,8)

„Gott" kam hernieder auf die Erde, um mit Moses Hilfe die Hebräer aus der Gewalt der ägyptischen Sklavenhalter zu befreien. Sie sollen in Zukunft in einem Land, wo „Milch und Honig fließt", ihre neue Heimat finden, mit Jahwe als „Gott". Mose wurde beauftragt, „Gottes" Plan auszuführen, da er selber scheinbar dazu keine Zeit und Gelegenheit hatte:

„So geh nun! Ich will dich zu dem Pharao senden. Führe mein Volk, die Israeliten, aus Ägypten heraus!" (Ex. 3,10)

Warum der allmächtige „Gott" offensichtlich eine menschliche Hilfe für dieses Vorhaben benötigte, ist nirgends zu erfahren. Auch, um der Überlieferung vorwegzugreifen, wieso der „Herr" zahlreiche Plagen über Ägypten und den Pharao kommen lassen mußte, um so die Freiheit der Israeliten zu erzwingen, ist ein ungelöstes Rätsel. Eigentlich sollte ein persönliches Erscheinen von „Gott" beim Pharao, eine „Eingebung" bei Nacht oder die schlichte „Allmacht" des „Herrn" ausreichen, um den ägyptischen König umzustimmen. Nein, er benötigt die Hilfe von Mose. Ohne seine Mission in Ägypten erlangen die Hebräer nicht die Freiheit.

Der Prophet erkannte sofort den Umfang dessen, was „Gott" da von ihm verlangte. Er, ein Schafhirte der Wüste und noch dazu ein entflohener Mörder, soll zum mächtigsten Mann der Erde ziehen, um seine Brüder zu befreien - unvorstellbar

(Ex. 3,11). „Gott“ aber versicherte ihm: „Ich werde mit dir sein“, und wenn Mose die Israeliten herausgeführt hat, sollen sie „Gott an diesem Berg verehren“ (Ex. 3,12).

Hier haben wir einen deutlichen Hinweis, daß der gesamte Exodus des israelitischen Volkes, inklusive der Wanderroute, von „Gott“ geplant wurde. Mose mußte sie wieder zu diesem Berg führen, denn dort wird „Gott“ sein, den sie verehren sollen. Hier erhielt auch Mose unter sehr abenteuerlichen Umständen die Zehn Gebote - die vom „Herrn“ geschriebenen Richtlinien für ein geordnetes Sozialleben des „neuen“ Volkes.

Falls die hebäischen Sklaven in Ägypten den Worten des Mose nicht glauben wollen, sollte er ihnen eine sonderbare Antwort geben:

„So sollst du zu den Israeliten sprechen: Der ICH BIN hat mich zu euch gesandt.“ (Ex. 3,14)

Ein fragwürdiger Auftrag „Gottes“. Was mag er mit seinem sonderbaren Namen gemeint haben? Die unterschiedlichen Bibelfassungen nennen - wie sollte es auch anders sein? - auch verschiedene Varianten des „Gottesnamens“: „Ich bin, der ich bin“, „Ich bin, der ich bin da“, „Ich bin, was ich bin“ oder „Ich bin der, der ist“.

„Gott“ weigerte sich noch Jakob gegenüber, seinen wahren Namen zu nennen (Gen. 32,30), aber an dieser Stelle - in Ex. 3,15 - darf Mose ihn erfahren: Jahwe (*„ehje aschér ehje“*). Wir sehen also, gerade diese Stelle, die zweifelsfrei einer der Höhepunkte in der Bibel ist, hat eine nicht eindeutig geklärte Bedeutung.

Jahwe erläuterte Mose zuvor, daß er den unterdrückten Hebräern sagen soll, daß ihnen der „Gott“ ihrer Väter (Abraham, Isaak und Jakob) erschienen sei, der sie nun endlich von der Qual der Frohndienste erlösen wollte. Da Mose aber scheinbar immer noch Zweifel an der Identität „Gottes“ hatte, wurde der „Herr“ zornig: „Ich bin, der ich bin“ entgegnete er ihm. Widerworte unerwünscht.

Das fremde Wesen aus dem Dornbusch offenbarte Mose auch den Namen, den „Gott“ von nun an „in allen Generationen“ tragen will. In der Schrift des Alten Testamentes ist dies die erste Stelle, an der „Gott“ zum ersten Mal seinen Namen verkündet - ein unangefochtener Höhepunkt der biblischen Erzählungen! Auch die israelitischen Arbeiter in Ägypten glaubten an diesen „Gott“ ohne Namen. Daß der wahrhaftige, multidimensionale *Gott* einen Namen benötigt, ist durchaus zu bezweifeln, aber eine „Gottheit“, die von seinen Gläubigen nicht persönlich angerufen werden kann, ist ebenfalls etwas Sonderbares.

Im folgenden erhielt Mose von seinem neuen „Gott“ präzise Anweisungen, wie er im fernen Ägypten vorgehen soll. In der Bibel heißt dieser Abschnitt „Anweisungen für die Sendung Mose“. Die entsprechenden Verse klingen tatsächlich wie Hilfestellungen für Moses Mission. Aber lassen wir die Bibel selber sprechen:

„Ich habe sorgsam auf euch geachtet und habe gesehen, was man euch in Ägypten antut. Darum habe ich beschlossen: Ich will euch aus dem Elend in Ägypten

herausführen (...) Wenn sie auf dich hören, so geh' mit den Ältesten Israels zum König von Ägypten; sag' ihm: Jahwe, der Gott der Hebräer, ist uns begegnet." (Ex. 3,16-18)

Noch einmal, wie in Ex. 3,7, berichtet „Gott", daß er das Leiden seines Wahlvolkes durchaus gesehen hat, und - nach Jahrzehnten der Knechtschaft - handeln will. Falls, so der himmlische Fremde „im Dornbusch", die Weisen (Ältesten) des israelitischen Volkes auf Moses Worte hören sollten, soll er mit ihnen um eine Audienz beim mächtigen Pharao bitten. Er mußte dem König von seiner Erscheinung berichten und dieser ihm die „Ausreise" zwecks „Schlachtopfer" gestatten (Ex. 3,18).

Was der „Herr" da von Mose verlangte, ist schon erstaunlich, denn läßt sich der König von seinem einfachen Sklaven derartiges sagen? Von dem vermeintlichen „Gott" der Israeliten wußte der Pharao nichts, er glaubte an eine Vielzahl von „Göttern" und irgendein „Höchster" seiner Sklaven war im egal.

Auch „Gott" war sich im klaren, daß Moses Bitte vom Pharao knallhart abgeschmettert werden würde. Somit bringt sich Mose mit dieser Audienz nur in unnötige Gefahr. Er selber aber sagte sogar zu Mose, daß er folgendes vorsprechen soll:

„Ich weiß, daß euch der König von Ägypten nicht ziehen läßt, es sei denn, er würde von starker Hand dazu gezwungen. Erst wenn ich meine Hand ausstrecke und Ägypten niederschlage mit allen meinen Wundern, die ich in seiner Mitte vollbringe, wird er euch ziehen lassen." (Ex. 3,19-20)

Warum „Gott" Mose *dennoch* diesen Auftrag gab, obwohl der wußte, daß es vergebens sein wird, klären die folgenden Worte des Exodus. Denn erst wenn „Gott" seine Macht und „Wunder" in Ägypten demonstriert, ist der Pharao mürbe und läßt sie ziehen. Mose und die Israeliten erkennen quasi so die „Allmacht" ihres „Herrn", und werden dadurch in ihrem Glauben gestärkt, daß dies himmlische Wesen der „echte Gott" ist. Mose wird umsonst für die Freilassung bitten (was er wußte), und „Gott" hatte es schließlich dennoch bewirkt - mit Voranküdigung!

Der „Herr" sagte Mose später sogar, daß er selber dafür verantwortlich sein wird, daß der ägyptische Pharao die Hebräer nicht freiläßt:

„Der Herr sprach zu Mose: Wenn du gehst und nach Ägypten zurückkehrst, halte dir alle Wunder vor Augen, die ich in deine Hand gelegt habe, und vollbringe sie vor dem Pharao! Ich will sein Herz verhärten, so daß er das Volk nicht ziehen läßt(!)." (Ex. 4,21)

Mose bekam eindeutig zu erfahren, daß sein „Gott" den König „verhärten" wird, um so zu erreichen, daß die Israeliten nicht ziehen dürfen! Moses Audienz ist also von vornherein sinnlos. Aber gleich die folgenden zwei Verse berichten Erstaunliches: Läßt der Pharao das auserwählte Volk nicht frei, bringt „Gott" seinen ältesten Sohn um - obwohl Jahwe selber dafür sorgen wird, daß die Hebräer Ägypten nicht verlassen dürfen:

„*Wenn du dich weigerst, ihn* („Gottes“ erstgeborenen Sohn, wie die Israeliten genannt werden, L.A.F.) *ziehen zu lassen, bringe ich deinen erstgeborenen Sohn um*(!).“ (Ex. 4,23)

Starke Wort, die Mose hier zu hören bekommt. Das Todesurteil für den ägyptischen Prinzen ist bereits gesprochen worden: „Gott“ beeinflußte den König, so daß er „das Volk nicht ziehen läßt“, aber genau deshalb mußte sein erstgeborener Sohn und alle anderen Erstgeborenen in Ägypten sterben (Ex. 13,1-10/Ex. 12,29-34). Unglaublich! Folgen wir aber vorerst den Versen weiter...

Die Aufträge an Mose werden immer seltsamer, denn „Gott“ befahl seinem hörigen Diener die „Plünderung der Ägypter“, wie die entsprechende Stelle von dem Bibeltexter selber tituliert wurde. Das „göttliche“ Wesen aus dem brennenden Dornbusch gab Mose, da besteht nicht der geringste Zweifel, den Auftrag, die ägyptischen Einwohner zu *berauben*. Zuvor jedoch wird er „die Ägypter zugunsten dieses Volkes (der Israeliten) umstimmen“, so daß diese keine Gegenwehr zu erwarten haben:

„(...) *und wenn ihr wegzieht, werdet ihr nicht mit leeren Händen gehen. Jede Frau kann von ihrer Nachbarin oder Hausgenossin silberne und goldene Geräte und Kleidung verlangen. Übergebt sie euren Söhnen und Töchtern, und plündert so die Ägypter aus!*“ (Ex. 3,21-22)

Dieser für einen „Gott“ doch recht sonderbare Befehl mag ein wichtiger Grund gewesen sein, daß der ägyptische König nach der Freilassung seines Sklavenvolkes sie dennoch verfolgen ließ. Welcher Herrscher will schon - nachdem er mit „Plagen“ erpreßt wurde -, daß sein eigenes Volk von den einstigen „Dienern“ ausgeraubt wird?

Mose hingegen plagten immer noch Zweifel an den Befehlen seines „Gottes“. Er befürchtete, daß die Israeliten ihm nicht glauben, sondern ihn als Lügner abstempeln würden. Der „Herr“, nun als Jahwe bekannt, zeigte Mose daraufhin ein „Wunder“, wie er dennoch die israelitischen Sklaven von seiner „göttlichen Mission“ überzeugen kann. Den Stab, den Mose in der Hand hielt, sollte er auf den Boden werfen - und er verwandelt sich in eine Schlange. Es ist aber kaum anzunehmen, daß Mose diese Erscheinung an jenem Tage zum ersten Mal sah, denn die ägyptischen Priester kannten den Trick mit der Schlange ebenfalls (Ex. 7,8-13). Vielmehr hat Jahwe seinem Mose nur auf diesen Zauber aufmerksam gemacht. Auch ist durchaus zu bezweifeln, daß Mose mit diesem schlichten Hirtenstock nach Ägypten zog, denn der Stab, der im Verlauf des Buch Exodus ein äußerst wichtiges Utensil sein wird, wurde Mose vielleicht von dem fremden Wesen persönlich übergeben:

„*Diesen Stab nimm in deine Hand! Mit ihm wirst du die Zeichen vollbringen.*“ (Ex. 4,17)

Und als Mose nach Ägypten zog, um die „göttliche“ Mission zu erfüllen, hatte er den „Gottesstab“ - so nennt ihn die Bibel - in den Händen (Ex. 4,20).

Es ist allgemein bekannt, daß bibeltreue Künstler Mose immer mit einem natürlichen Stab in den Händen abbildeten. Aber, daß der Mosestock tatsächlich ein Ast von einem Baum war, ist nirgends im Exodus zu erfahren. Er wird schlicht als „Stab“ oder „Gottesstab“ bezeichnet und könnte ebenso gut ein *technisches Gerät* gewesen sein.

Mose bekam zwei weitere „Wunder“ von dem Himmlischen gezeigt, die er anwenden sollte, falls die israelitischen Ältesten ihm auch nach dem „Schlangenzauber“ nicht glauben wollten. Trotz dieser „göttlichen“ Hilfen zweifelte Mose weiterhin, daß gerade er der richtige sei, um eine derart große Aufgabe zu meistern. Er wies „Gott“ darauf hin, daß er nie ein redegewandter Sprecher war, seine Zunge und sein Mund „sind nämlich schwerfällig“, und er bat Jahwe: „Aber bitte, Herr, schick doch einen anderen!“ (Ex. 4,13)

Der Fremde wurde über Moses Bedenken langsam recht ungehalten. Wie konnte ein schlichter Erdling es wagen, die Wahl „Gottes“ zu bezweifeln!?

„Da entbrannte der Zorn des Herrn über Mose, und er sprach: Hast du nicht noch einen Bruder, den Leviten Aaron: Ich weiß, er kann reden; außerdem bricht er gerade auf und wird dir begegnen.“ (Ex. 4,14)

Mose ist mit seinen Einwänden gegen den „göttlichen“ Plan einen Schritt zu weit gegangen. Aber dennoch: Er hatte seinen Willen erreicht, und der „Herr“ erklärte sich bereit, daß Aaron ihn auf seiner Mission begleitet und zukünftig für Mose als Redner fungieren wird. Jahwe selber aber wird den zwei Brüdern bei ihrem schweren Auftrag zur Seite stehen, um sie anzuweisen, was sie genau tun sollen. Allerdings ist Aaron, entgegen der Behauptung „Gottes“, noch *nicht* auf dem Weg zu Mose, denn erst später, in Ex. 4,27, wird Aaron von Jahwe zu Mose geschickt.

Bevor sich die beiden Brüder aufmachten, den ägyptischen König zu konsultieren, ereignete sich noch etwas anderes. Bekanntlich hatte der „Herr“ bereits mit Abraham den Bund der Beschneidung geschlossen, aber Mose, gerade als zukünftiger Diener des „Höchsten“, war noch nicht beschnitten. Mit Blick auf seine Vergangenheit am ägyptischen Königshof ist dies anderseits gut zu verstehen. Mose hätte sein Versäumnis beinahe mit seinem Leben bezahlt:

„Unterwegs am Rastplatz trat der Herr dem Mose entgegen und wollte ihn töten(!).“ (Ex. 4,24)

Seine Frau Zippora erkannte die Gefahr und schnitt ihrem Sohn, der also ebenfalls nicht beschnitten war, eiligst die Vorhaut ab und hielt sie an Moses Glied („die Beine“ im Alten Testament), um „Gott“ so eine Beschneidung *vorzutäuschen*: „Da ließ der Herr von ihm ab.“ Die Neue Jerusalemer Bibel kommentiert diese Tat von Zippora sogar damit, daß sie „eine Beschneidung des Mose simuliert hat“ (S. 82). Beachtlich.

Es ist schon etwas sonderbar, daß der allwissende „Gott“ erst später feststellen mußte, daß Mose gar nicht beschnitten war. Ja, es ist noch erstaunlicher, daß er

Mose für diesen „Frevel“ sogar umbringen wollte, aber durch die List seiner Frau davon abgehalten wurde.

Die Verse im Buch Exodus, die uns von diesem Ereignis berichten, sind allerdings sehr schwer zu interpretieren. Sie stehen völlig zusammenhangslos in der fortlaufenden Mose-Überlieferung und sind mehr als nur dürftig verfaßt. Auch nennt der hebräische Text im Zusammenhang mit diesem ungewöhnlichen Geschehen *nicht* den Namen Mose. Jedoch ist zu vermuten, daß er selber damit gemeint war.

Die Brüder waren bereit für die Mission ihres Lebens. Sie zogen ins mächtige Ägypten, um vor dem einflußreichsten Herrscher der Erde die Freilassung ihrer Brüder zu fordern.

VI.4 Ein Pharao wird erpreßt

Wie es Mose und Aaron gelang, als „unwichtige“ Mitmenschen des Pharaos eine Unterredung mit ihm zu bekommen, berichtet die Bibel nicht. Aber das Buch Exodus beginnt seine Überlieferung über Moses Taten in Ägypten direkt mit seiner königlichen Audienz. Als nun die zwei tatsächlich vor dem Pharao vorsprechen durften, redeten sie nicht lange um ihr Anliegen herum:

„Danach gingen Mose und Aaron zum Pharao und sagten: So spricht Jahwe, der Gott Israels: Laß mein Volk ziehen, damit sie mir in der Wüste ein Fest feiern können. Der Pharao erwiderte: Wer ist Jahwe, daß ich auf ihn hören und Israel ziehen lassen sollte? Ich kenne Jahwe nicht und denke auch nicht daran, Israel ziehen zu lassen.“ (Ex. 5,1-2)

Der ägyptische Herrscher ist neugierig geworden, wer dieser Jahwe - eine ihm unbekannten „Gottheit“ - ist. Er kannte keinen „Gott“ mit diesem Namen und ließ somit natürlich auf seinen Befehl hin auch die Israeliten nicht ziehen. Mose und Aaron dürften über diese niederschmetternde Antwort nicht verwundert gewesen sein - sie wußten ja, daß er Jahwe nicht kennt. Auch war Mose vom „Herrn“ darüber informiert worden, daß der König nicht auf deren Bitte eingehen wird.

Die zwei Vermittler baten den Pharao wenigstens um einen sechstägigen Urlaub ihres Volkes, um in der Wüste („drei Tagesmärsche weit“) ihrem „Herrn“ opfern zu können. Um den Pharao zu überzeugen, wandten sie eine List an: Bringen die Israeliten Jahwe kein Schlachtopfer dar, straft Jahwe sie „mit Pest oder Schwert“. Somit würde auch das ägyptische Herrscherhaus mit Nachteilen und Verlusten bei ihren Bauvorhaben zu rechnen haben.

Dem König waren die Worte des israelitischen „Gottes“ egal, denn er schickte Mose und seinen Bruder an die Frondienste. Um aber sicher zu gehen, daß seine Sklaven „sich nicht um leeres Geschwätz“ kümmern (Ex. 5,9), verhärtete er ihre Arbeitsbedingungen. Die Frondienstler sollten von nun an kein Stroh mehr zur Ziegelherstellung von den Ägyptern erhalten, sondern sich dieses selber besorgen - ohne daß die Anzahl der Steine nachläßt. Durch diesen Befehl wurde die Arbeit unerträglich, und die Israeliten schickten ihre „Listenführer", eine Art „Gewerkschaftler", zum Pharao, um zu klagen. Als dieser wieder nicht mit sich reden ließ, bäumte sich die Menge gegen Aaron und Mose auf, da sie angeblich die Verantwortung für ihre harte Arbeit zu tragen haben. Dies traf in gewisser Hinsicht auch zu.

Mose war in einer verzweifelten Situation und wandte sich ratsuchend an „Gott". Jahwe beruhigte ihn und erklärte, daß der König nun „mit starker Hand gezwungen" wird, die Sklaven zu entlassen. Die Vorwürfe, die Mose bei dieser Unterredung gegen seinen „Gott" erhob, klingen recht unverblümt und hart. Er wagte es doch tatsächlich, die Fähigkeiten Jahwes in Frage zu stellen:

„Mein Herr, warum behandelst du dieses Volk so schlecht? Wozu hast du mich denn gesandt? Seit ich zum Pharao gegangen bin, um in deinem Namen zu reden, behandelt er dieses Volk noch schlechter, aber du hast dein Volk nicht gerettet." (Ex. 5,22-23)

Mose machte sich nun abermals auf, den Pharao zu sprechen, diesmal aber mit dem Auftrag von seinem „Meister", das „Wunder" mit der Schlange zu vollbringen. Aaron - offenbar nicht Mose - warf seinen Stab vor Ramses, und er verwandelte sich in eine Schlange - wie es Jahwe Mose am Sinai gezeigt hatte.

Aber auch dieses vermeintliche „Wunder" beeindruckte den Pharao nicht im geringsten, denn seine „Wahrsager" kannten diesen Trick ebenfalls; auch sie verwandelten ihre Stäbe in Schlangen. Wie weiter oben schon erwähnt, ist es wahrscheinlich, daß Mose den Schlangenzauber sogar am ägyptischen Königshof gelernt hatte. Um aber zu zeigen, daß Aarons Zauber mächtiger war, als der der ägyptischen „Beschwörungspriester", wurden ihre Schlangen von der des Aaron gefressen:

„Da rief auch der Pharao Weise und Beschwörungspriester, und sie, die Wahrsager der Ägypter, taten mit Hilfe ihrer Zauberkunst das gleiche. (...) *Doch Aarons Stab verschlang die Stäbe der Wahrsager."* (Ex. 7,11-12)

Mose und sein Bruder beherrschten denselben Zauber wie die ägyptischen Magier. Was aber war dieser? Eine alttestamentarische Symbolisme? Nein, denn dieses so „göttlich" wirkende Ereignis ist eine völlig natürliche Tatsache, die auch heute noch von Gauklern auf indischen oder marokkanischen Märkten gezeigt wird (Barthel, S. 98). Sie fassen die Schlange geschickt an einer ganz bestimmten Stelle zwischen Körper und Kopf, um so den Blutkreislauf des Tieres zu unterbrechen. Das Resultat kennen wir aus dem Exodus: Die Schlange wird steif und zu einem „Stab". Löst man den Griff oder Druck, der die Sauerstoffzufuhr des Gehirns unterbricht - meinetwegen, indem man sie auf den Boden wirft -, windet sich die Schlange wie sonst auch.

Daß gerade Aarons Tier die Schlangen der Ägypter fraß, hat mit Sicherheit auch symbolische Bedeutung. Bekanntlich war einst die Schlange ein stark verehrtes „göttliches" Tier im Land der Pyramiden und wurde mit verschiedenen „Göttern" in Verbindung gebracht, wie zum Beispiel *Atum*, *Re*, *Tefnut* etc. (Lurker, Lexikon, S. 53/345/396). Daß aber nun das Tier der israelitischen Bittsprecher die der Ägypter verschlang, soll hier aufzeigen, daß Jahwe über den „Göttern" der Ägypter steht. Heute, genau wie zur Zeit des Mose, aber leben Schlangen, die tatsächlich die ihren fressen. Wenn da Aarons Tier ein ausgehungertes, größeres Exemplar gewesen sein mag, ist das Geschehen kein Wunder.

Wie dem auch sei, verständlicherweise blieb das Herz von König Ramses auch nach der erneuten Visite hart. Mose kontaktierte also wiederum Jahwe, um mit ihm die nächsten Schritte zu besprechen. Nun sollte Mose mit dem Stab das Wasser des Nils in Blut verwandeln. Der Nil, die Lebensader der Ägypter, wird „stinken, so daß sich die Ägypter davor ekeln, Nilwasser zu trinken" (Ex. 7,18).

Mose tat, wie ihm geheißen. Er ging morgens zum Pharao und forderte erneut die Freilassung seines Volkes. Als der König - keinen wird es wundern - immer noch nicht bereit war, seine wichtigen (billigen) Arbeitskräfte in die Wüste ziehen zu lassen, schlug Mose auf das Nilwasser: Die Fische starben und kein Mensch konnte mehr das stinkende Wasser trinken.

Ramses war von der zweiten „Zaubershow" des Mose wenig beeindruckt. Wie bei dem Trick mit der Schlange, rief er seine Zauberer herbei, die das „Wunder" mit dem Wasser ebenfalls kannten und auch ausführen konnten:

„*Doch die Wahrsager der Ägypter taten mit Hilfe ihrer Zauberkunst das gleiche.*" (Ex. 7,22)

Auch diese Machtdemonstration durch das vermeintliche Wirken „Gottes" war für die ägyptischen Eingeweihten nichts besonders. Auch der König ignorierte den verzweifelten Versuch von Mose und Aaron, ihn umzustimmen, und „kehrte nach Hause zurück und nahm die Sache nicht ernst" (Ex. 7,23).

Die scheinbare Verwandlung des lebenswichtigen Nilwassers in „Blut" soll, so die alttestamentarische Überlieferung, die erste von insgesamt zehn „Plagen" gewesen sein, mit denen Ramses erpreßt wurde, das Haus Israel zu entlassen. Es ist aber nicht von der Hand zu weisen, daß neun der zehn „Plagen" ohne Mühe naturwissenschaftlich erklärt werden können (Keller, S. 117f.). Einzig allein die letzte (der Tod der Neugeborenen) nicht, die wir uns aber später näher ansehen wollen. Interessant ist auch, daß die ersten neun Plagen im Alten Testament nicht Plagen, sondern „Zeichen" bzw. „Wunder" genannt werden. Nur Nummer zehn ist tatsächlich eine „Plage" - sie ist auch von den ägyptischen Wahrsagern nicht zu erklären gewesen, und zwang letztlich den Pharao in die Knie.

Die „Zeichen", die einst Ägypten heimsuchten (roter Nil, Frösche, Stechmücken, Ungeziefer, Viehpest, Geschwüre, Hagel, Heuschrecken und Finsternis), sind nichts Außergewöhnliches.

Zersetzt sich die *Burgunda-Alge*, färbt sich das Nilwasser - wenn man so will - blutrot (Barthel, S. 99). Und Stickstoffe aus abessinischen Seen verleihen dem Wasser eine dunkelrote bis braune Farbe, die ebenfalls mit „Blut" verglichen werden kann (Keller, S. 117). Auch die anderen „Plagen" können durchaus gedeutet werden (Barthel, S. 99):

Die zweite und dritte „Plage", die über die Ägypter herfiel, waren Frösche und Stechmücken. Bekanntlich breiten sich diese Tiere in der Zeit der Nilüberschwemmungen derart massiv aus, daß sie wahrhaftig zu einer Plage werden. Auch das Ungeziefer (Plage vier) kann erklärt werden, denn die sogenannte „Hundsfliege" überfällt in riesigen Schwärmen große Landstriche, verursacht schmerzende Stiche und fliegt in Ohren, Nasen und Augen. Als fünfter und sechster Erpressungsversuch breitete sich nun eine Viehpest oder Viehseuche und Geschwüre an den Einwohnern Ägyptens aus, die wahrscheinlich durch „Blattern" ausgelöst worden ist. Sie breiten sich an Menschen und Tieren aus, verursachen einen juckenden Ausschlag und können sich im schlimmsten Fall zu wuchernden Geschwüren entwickeln.

Das „Hagelwunder" ist zwar im heißen Ägypten eine Seltenheit, aber nicht unbekannt. Hagelschläge gab und gibt es auch in diesem sonnendurchglühten Land; vor allem im Januar und Februar. Die alles niederfressenden Heuschreckenschwärme, die Mose als achten Versuch ankündigte, sind in den Ländern der orientalischen Gebiete sogar recht häufige Laster der Natur. Dieses Phänomen ist sogar *gerade* in diesen Ländern zu finden.

Auch die Finsternis könnte heute erklärt werden: Der Glutsturm oder Glutwind „Simun" (oder „Chamsin") wirbelt Unmengen von Wüstensand auf und schiebt ihn vor sich her. Am sonnigsten Tag wird die Sonne verdunkelt und es wird „Nacht" (Keller, S. 118).

All die neun Zeichen, die den ägyptischen Pharao von der „göttlichen" Macht Jahwes überzeugen sollten, sind also rein naturwissenschaftlich zu erklären. Besonders interessant ist auch, daß Moses „Gott" nach jedem dieser Zeichen mit ansah, wie der Pharao sein Herz weiter „verhärtete". Teilweise soll er sogar - wie in Ex. 9,12, Ex. 10,1 oder Ex. 10,27 - den König *persönlich* beeinflußt haben, „so daß er nicht auf sie hört". Sollte der „Herr" tatsächlich zu so etwas fähig gewesen sein? Warum ließ er all die natürlichen Erscheinungen über den Pharao einbrechen, um dann doch dafür zu sorgen, daß er die Israeliten nicht frei läßt?

Die qualvollen „Plagen" in Ägypten ließen auch im Hause des Ramses langsam Widerstand erwachen (Ex. 10,7), und selbst seine Dienerschaft bat ihn, daß er doch endlich die Sklaven ziehen läßt.

Jahwe war bald am Ende mit seinem sonderbaren Plan, da er immer wieder das Herz des Pharao „verstockte" oder „verhärtete". Es liegt auf der Hand, daß Moses „Gott" (laut Exodus) dafür verantwortlich war, daß die Ägypter - schuldige wie unschuldige - von den heimtückischen Plagen gequält wurden. Jahwe wollte seine „Macht" beweisen, indem er den Pharao irgendwie gegen die Hebräer aufhetzte und so den Exodus *hinauszögerte*.

Neun natürliche Plagen waren bereits über Ägypten hereingebrochen und hatten dem Land schweren Schaden zugeführt. Leider wissen wir nicht, in welchem Zeitraum sich die Ereignisse abspielten oder wie lange Mose den Pharao konsultieren mußte, sonst könnte vielleicht sogar die *Reihenfolge* der „Wunder" bestätigt werden.

Nun war die zehnte und letzte Plagen an der Reihe: Der Tod der Erstgeborenen. Jahwe hatte den Pharao immer wieder „manipuliert", so daß er nun eine todbringende „Pest" schicken konnte. Es scheint, daß Jahwe nur darauf hinaus wollte, diese Todesnacht kommen zu lassen. Erst jetzt gab der ägyptische Herrscher nach.

Jahwe erteilte Mose den genauen Auftrag, die schreckliche Tat anzukündigen. Er sollte sein Volk „eindringlich" dazu auffordern, daß

„*Männer und Frauen* (...) *von ihren Nachbarn und Nachbarinnen Silbersachen und Goldsachen verlangen.*" (Ex. 11,2)

Die Israeliten durften und sollten die Ägypter mehr oder weniger ausplündern! „Gott" wollte sie nicht als armes, verstoßenes Volk aus Ägypten herausziehen lassen. Nein, zuvor konnten sie sich an der Habe ihrer Nachbarn bereichern.

Mose versprach zwar dem ägyptischen Pharao, ihm nie wieder unter die Augen zu treten (Ex. 10,29). Aber er ging dennoch ein weiteres Mal zu Ramses und verkündete ihm hierbei den Tod aller Erstgeborenen in ganz Ägypten; ob Prinz, Magdkind oder sogar die Erstgeburt des Viehs (Ex. 11,5):

„*Dann wird sich ein großes Wehklagen in ganz Ägypten erheben, wie es noch nie war und nie sein wird.*" (Ex. 11,6)

So zitierte Mose seinen allmächtigen „Gott" vor dem Pharao. Jahwe *wollte*, daß die Menschen in Ägypten, denen er bereits durch die Beeinflussung ihres Herrschers Leid und Elend beschert hatte, in tiefe Trauer und Schmerz fallen. Er ging im wahrsten Sinne des Wortes über Leichen. Sein persönlich auserwähltes Volk aber würde von dem zukünftigen Ereignis vollkommen verschont bleiben. Kein Hund würde auch nur knurren, denn so soll die ägyptische Bevölkerung erkennen, „daß Jahwe einen Unterschied macht zwischen Ägypten und Israel" (Ex. 11,7)! Die Hebräer waren für ihn etwas Besseres. Und auch im Buch der Jubiläen lesen wir, daß Jahwe sich ein Volk von vielen aussuchte, um sie zu *seinem* Volke zu machen:

„*Ich will mir ein Volk aus allen Völkern aussondern; sie werden den Sabbat halten, und ich werde sie zu meinem Volke weihen und sie segnen.* (...) *sie werden mir mein Volk sein und ich ihnen Gott. Ich erwähle mir Jakobs Stamm aus all dem, was ich sah* (...)" (Jubi. 2,19-20)

Kann der ach so gütige „Herr" aber tatsächlich einen Unterschied zwischen zwei Völkern machen, die trotz allem seine Geschöpfe sind - oder sein sollen?! Wieso diese Aussage Jahwes? Es ist kaum vorstellbar, daß der alttestamentarische „Gott" irgendwelche Menschen als zweitrangig ansah, da der Glaube der Kirche uns lehrt, daß alle Menschen „vor Gott" gleich sind; ob Sünder, „Heide" oder Papst.

„Rot vor Zorn", so das Buch Exodus (Ex. 11,8), verließ Mose seine Unterredung mit den Pharao Ramses, um gleich wieder seinen Meister zu treffen. Dieser sprach zu Mose, daß der König erneut nicht hören würde, und er noch „viele

Wunder in Ägypten vollbringen“ wird. (Ex. 11,9) Auch hier waren es Mose und Aaron, die diese Wunder vor dem Pharao präsentierten:

„Mose und Aaron vollbrachten alle diese Wunder vor den Augen des Pharao, aber der Herr verhärtete das Herz des Pharao, so daß er die Israeliten nicht aus seinem Land fortziehen ließ(!).“ (Ex. 11,10)

Die Israeliten mußten nun das sogenannte *Passafest*, das Fest des ungesäuerten Brotes, feiern, und in dieser Nacht sollte der „Herr“ mordend durch Ägypten ziehen:

„In dieser Nacht gehe ich durch Ägypten und erschlage in Ägypten jeden Erstgeborenen bei Mensch und Vieh. Über alle Götter Ägyptens halte ich Gericht, ich, der Herr.“ (Ex. 12,12)

Harte, strafende und richtende Worte, die uns dieser Vers überliefert. Jedoch ist hier ersichtlich, daß auch Jahwe - der einzige „Gott“ - wußte, daß neben ihm noch weitere „Götter“ existierten. Wie sonst soll er über die „Götter“ Ägyptens richten - wie immer das gemeint ist? Und sagt nicht sogar eines der weltbekannten Zehn Gebote: „Du sollst keine anderen Götter neben mir haben“...? Eine etwas andere Fassung des Gebotes finden wir im 34. Kapitel des Buches Exodus, in der wir auch gleich einen Grund für den befohlenen Monotheismus erhalten:

„Du darfst dich nicht vor einen anderen Gott niederwerfen. Denn Jahwe trägt den Namen ‚der Eifersüchtige'; ein eifersüchtiger Gott ist er.“ (Ex. 34,14)

Aber auch 14 Kapitel früher gesteht Jahwe seine Eifersucht ein:

„Du sollst dich nicht vor anderen Götter niederwerfen und dich nicht verpflichten, ihnen zu dienen. Denn ich, der Herr, dein Gott, bin ein eifersüchtiger Gott.“ (Ex. 20,5)

„Ein eifersüchtiger Gott“? Kaum vorstellbar! Doch noch ein Beispiel „zu Jahwes „göttlicher“ Vormachtstellung: Im Buch Deuteronomium ist das monotheistische Gebot des „Herrn“ ebenfalls beschrieben, jedoch etwas ausführlicher:

„Ihr sollt nicht anderen Göttern nachfolgen, keinem Gott eines Volkes, das in eurer Nachbarschaft wohnt. Denn der Herr, dein Gott, ist ein eifersüchtiger Gott in deiner Mitte. Der Zorn des Herrn, deines Gottes, könnte gegen dich entbrennen, er könnte dich im ganzen Land vernichten. Ihr sollt den Herrn, euren Gott, nicht auf die Probe stellen, wie ihr ihn bei Massa auf die Probe gestellt habt.“ (Deut. 6,14-16)

Jahwe wußte also offensichtlich, daß er nicht der *alleinige* „Gott“ in der Welt ist... Und wie der „Zorn des Herrn“ gegen die Israeliten aussieht, ist auf grausamster Weise in Ez. 8+ beschrieben, wo „Gott“ brutale, tödliche Strafen verkündet und ausführt! Auch das Buch Habakuk, (Hab. 3,12-14) oder das Buch Nahum (Nah. 1,2+) mit der Überschrift „Der Zorn Jahwes“, kennt „Gottes“ ungezügelte Natur.

„Gott“ plante, wir haben es bereits gesehen, in dieser Nacht natürlich die israelitischen Sklaven zu verschonen. Aber entgegen jeder Erwartung mußten die Häuser der Israeliten speziell gekennzeichnet werden, damit der Tod an ihnen vorüber geht:

„*Das Blut an den Häusern, in denen ihr wohnt, soll ein Zeichen zu eurem Schutz sein. Wenn ich das Blut sehe, werde ich an euch vorübergehen, es wird euch nicht der Schlag des Vernichtens treffen, wenn ich in Ägypten dreinschlage.*“ (Ex. 12,13)

Oder an anderer Stelle im Exodus:

„*Der Herr geht umher, um die Ägypter mit Unheil zu schlagen. Wenn er das Blut am Türsturz sieht, wird er an der Tür vorübergehen und dem Vernichter nicht erlauben, in eure Häuser einzudringen und euch zu schlagen. Haltet euch an diese Anordnung!*“ (Ex. 12,23-24)

Jeder, das wird aus den Versen deutlich, der sich nicht an diese Anordnung hält, wird sterben. „Gott“ konnte die Israeliten nur verschonen, wenn sie dieses Gebot beachteten! Auch gab er ihnen eine Frist, die unbedingt eingehalten werden mußte, bevor sie ihr schützenden Haus wieder verlassen durften:

„*Bis zum Morgen darf niemand von euch das Haus verlassen.*“ (Ex. 12,22)

Erst nach dem Verstreichen einer bestimmten Zeit ist die tödliche Gefahr vorüber und das Land der Pyramiden wieder wie früher. Warum „Gott“ bei seiner grausamen Tat auch noch ein Sicherheitsspanne von mehreren Stunden (die Todesnacht soll um Mitternacht begonnen haben, Ex. 12,29) einplante, ist genauso rätselhaft, wie dieses „göttliche“ Ereignis an sich.

Es muß eine furchtbare Nacht gewesen sein, denn „großes Wehgeschrei erhob sich bei den Ägyptern“ (Ex. 12,30), so daß der Pharao noch in der gleichen Nacht Aaron und Mose zu sich rufen ließ. Obwohl „Gott“ befohlen hatte, daß *niemand* bis zum nächsten Morgen das Haus verlassen durfte, gingen die Brüder zu Ramses. Der Pharao war endgültig bereit, sein Sklavenvolk in die ersehnte Freiheit zu entlassen: „Auf, verlaßt mein Volk, ihr beide und die Israeliten“ (Ex. 12,31). Endlich hörten Aaron und Mose die lang ersehnten Worte - sie waren frei.

VI.5 Der Auszug - Die Israeliten plündern Ägypten

Wie Mose es von „Gott“ gesagt bekam, verlangten die Israeliten von den trauernden Ägyptern Silber, Gold und Kleidung. „Auf diese Weise plünderten sie die Ägypter aus“, so Ex. 12,36.

Ägypen war durch die Macht des himmlischen Wesens Jahwe geschlagen und seine Bewohner teilweise sogar ermordet worden. Eine gute Gelegenheit also, um von ihren früheren Unterdrückern alles zu verlangen, was sie wollten. Auch die unterschiedlichen Bibeln nennen diesen Teil unverblümt „Plünderung der Ägypter“. Was sich nun genau in dieser Schreckensnacht abspielte, ist aber kaum noch zu rekonstruieren.

Im allgemeinen stellt man sich die zehnte Plage als umherziehenden Pestilenznebel vor (zum Beispiel in Ps 78,49-51), aber von einem solchen ist im Exodus nichts zu erfahren. Vielmehr berichtet uns die alttestamentarische Überlieferung, daß der „Herr“ in Begleitung eines „Vernichters“ von Haus zu Haus durch die Straßen ging. Es ist auch wenig wahrscheinlich, daß „nur“ die Erstgeburten der Ägypter in dieser Nacht umkamen. Vielmehr werden diese schon in den ältesten Gesetzessammlungen der Israeliten als „Gottes“ Eigentum betrachtet (etwa Ex. 22,28-29 oder Ex. 34,19-20). Aber, daß ägyptische Einwohner umkamen und Israel so gehen konnte, ist nicht von der Hand zu weisen. „Es müssen tatsächlich außerordentliche Dinge geschehen sein“, hält Cools treffend fest (Cools, S. 504).

Ob „Gott“, meinetwegen mit Helfern, tatsächlich durch die Straßen zog und in jedem Haus einen Ägypter tötete oder vielleicht sogar *vergiftete*, wird wohl nie zufriedenstellend geklärt werden können. Aber, und dies ist das Wichtigste, das Ziel war erreicht. Israel war frei und der eigentliche Exodus konnte beginnen. Dies geschah etwa um das Jahr 1250 v. Chr. (Neue Jerusalemer Bibel, S. 1812).

Von der Stadt Ramses, die sie ironischerweise einst selber erbauten und in dessen Name die Wurzel von „Mose“ zu finden ist, zogen die Israeliten in die Freiheit:

„*Es waren 600.000* (!?) *Mann zu Fuß, nicht gerechnet die Kinder. Auch ein großer Haufen anderer Leute zog mit, dazu Schafe, Ziegen und Rinder, eine sehr große Menge Vieh.*“ (Ex. 12,37-38)

Ein unglaubliches Heer an Menschen und Tieren verließ ihre einstige Sklavenheimat. Die Angabe im Buch Exodus, daß weit *mehr* als 600.000 Israeliten mit Sack und Pack loszogen, ist mit ziemlicher Sicherheit maßlos übertrieben. Selbst die Bibelkommentatoren bestreiten dieses nicht, sondern vermuten, daß hiermit vielleicht das gesamte israelitische Volk „aus der Zeit der jahwistischen Quellenschrift wiedergeben“ sein könnte (Neue Jerusalemer Bibel, S. 92).

Andere Verserläuterungen scheuen sich nicht anzunehmen, daß diese 600.000 Männer mit ihren Familien insgesamt etwa drei Millionen Menschen ausmachen würden. Die Pattloch Bibel (S. 66) sieht darin eine „symbolische Zahl, deren Bedeutung uns nicht mehr bekannt ist.“

Die Vermutung, es handele sich bei der biblischen Angabe um einen reinen Symbolismus, könnte durch das Buch Numeri (Num. 1,46) bestätigt werden. Dort erfahren wir, daß 603.550 Menschen die Wüste durchquerten, wobei 3550 „andere Leute“ sein könnten, die ebenfalls mit den Israeliten aus Ägypten fortzogen.

Dennoch kann hier auch eine Zahlenspielerei vorliegen, der wir bereits kurz im Zusammenhang mit der Eden-Schlange begegnet sind (s. I.6). Denn nehmen wir (von 603.551 ausgehend) für jede einzelne Zahl den entsprechenden Buchstaben des hebräischen Alphabets (a = 1, b = 2 etc./j = 10, k = 20 etc./kh = 100, r = 200 etc.) und übertragen dies auf die Zahlenangabe, so erhalten wir „Die Summe aller Söhne Israels“ als Übersetzung (Mertens, S. 58).

Der britische Bibelkundler Sir Flinders Petrie vermutete, daß das hebräische Wort „*elaf*“ (oder „*aleph*“), welches in Ex. 12,37 als Tausend übersetzt worden ist, auch „Familie“ oder „Sippe“ bedeuten könnte. Somit sind nicht „600tausend“ israelitische Männer aus Ägypten fortgezogen, sondern „600 Familien/Sippen“. In der Tat ist diese Zahl weitaus realistischer, aber, ob die Annahme nun tatsächlich die richtige ist, darüber läßt sich streiten. Cool (Cool, S. 504) hingegen nimmt 598 Sippen mit insgesamt 5550 Fußgängern an. Auch bietet die Sinaihalbinsel für ein Volk von 600.000 Männern, sprich Soldaten, die noch dazu von Frauen, Kinder und einigen anderen Leuten begleitet wurden, nicht ausreichend viel Nahrung und Wasser (Barthel, S. 100).

Wie viele Menschen nun einst Ägypten verließen, ist letzten Endes auch nicht von allzu „großer“ Bedeutung.

Im Buch Exodus lesen wir, daß die Israeliten 430 Jahre von ihren ägyptischen Herren unterdrückt wurden und exakt an diesem Tag das Land wieder verließen (Ex. 12,40). Ob diese Jahresangabe absolut zutrifft, ist recht umstritten. Um 1700 v. Chr. hat wahrscheinlich der israelitische Aufenthalt in Ägypten begonnen, und heute nehmen viele Geschichtsforscher an, daß sie tatsächlich rund 430 Jahre dort blieben.

„Gott“ war selbstverständlich an diesem wichtigen Tag mit dabei, und, das läßt sich zumindest vermuten, er hatte beim Auszug eine schlaflose Nacht:

„*Eine Nacht des Wachens war es für den Herrn, als er sie aus Ägypten herausführte.*“ (Ex. 12,42)

Natürlich könnte man hier auch annehmen, daß der „Herr“ nicht *wach* blieb, sondern sein Volk *bewachte*. Viele Bibeln nennen diese Versstelle auch „er wachte über sie“ oder ähnlich. Aber eigentlich sind beide Versionen recht sonderbar: Würde „Gott“ wach bleiben müssen, kann dieses Wesen kaum *der Gott* gewesen sein (was er auch nicht war). Ein *Gott,* der sich die Nacht um die Ohren schlägt?! Hätte er aber in dieser Nacht über sein Volk gewacht, dann frage ich, was er wohl vor dieser Nacht getan hat? Beschützte er sein Volk in dieser Zeit etwa nicht, oder warum hebt Ex. 12,42 dieses Verhalten so hervor?

Wie dem auch sei, wir wollen uns hier nicht in „Lappalien“ verlieren. Folgen wir dem Buch Exodus also weiter, wie „Gott“ „mit starker Hand“, wie es verschiedentlich im Exodus heißt, sein Volk rettete.

Der Aufbruch der Israeliten und der „Haufen andere Leute“ (Ex. 12,38), die sie begleiteten, war von ihrem „Gott“ exakt geplant worden. Auch die Wanderroute durch die Wüste war von Jahwe schon im voraus bestimmt, denn gleich beim Auszug meidet er den Weg durch das Land der Philister, „obwohl er der kürzeste war“, wie es Ex. 13,17 weiß. Jahwe befürchtete, daß sein auserwähltes Volk dort auf erheblichen Widerstand stoßen könnte:

„*Wenn das Volk dort auf Widerstand stößt und kämpfen muß, ändert es seine Meinung und kehrt wieder nach Ägypten zurück. So ließ Gott sie einen Umweg machen, der durch die Wüste zum Schilfmeer führte. Geordnet zogen die Israeliten aus Ägypten hinaus.*“ (Ex. 13,17-18)

„Wenn" Israel auf Widerstand stoßen sollte, *könnte* es sein, daß sie wieder in die Sklaverei zurück möchten. Jahwe war sich also nicht sicher, ob das Philisterland gefahrlos zu durchqueren sei. Um Probleme zu vermeiden und somit sein Volk wieder zu verlieren, mied er einfach dieses Land und zog zum *Schilfmeer.*

In „Etam am Rande der Wüste", so Ex. 13,20, schlugen sie ihr Lager auf. Es war kein friedlicher Zeltplatz einer umherziehenden Nomadenhorde, sondern wahrscheinlich eine Art „Heerlager". Stellen wir uns vor (Spielfilme), wie einst der Auszug der Israeliten angelaufen sein soll, so ist der folgende Vers doch etwas verwirrend:

„Vollbewaffnet zogen die Israeliten aus Ägypten" (Ex. 13,18)

Es ist also nicht abwegig anzunehmen, daß die Israeliten den Ägyptern Kriegswaffen stahlen. Denn als einstige Sklaven werden sie wohl kaum Waffen besessen haben.

Das Volk „Gottes" betrat nun ein fremdes und gefahrvolles Land. Um seinen Auserwählten den richtigen Weg zu weisen, reiste „Gott" persönlich mit. In seinem Fluggerät flog er vor ihnen her und führte sie so durch die Wüste:

„Der Herr zog vor ihnen her, bei Tage in einer Wolkensäule, um ihnen den Weg zu zeigen, bei Nacht in einer Feuersäule, um ihnen zu leuchten. So konnten sie Tag und Nacht unterwegs sein. Die Wolkensäule wich bei Tage nicht von der Spitze des Volkes, und die Feuersäule nicht bei Nacht." (Ex. 13,21-22)

Daß hier nicht eine natürliche Wolke oder auch Gewitterwolke gemeint sein kann, ist offensichtlich. Wir finden in der Bibel sehr oft die Beschreibung einer Wolke im Zusammenhang mit „Gotteserscheinungen". Zum Beispiel lesen wir in Ps 78,14:

„Er leitete sie bei Tag mit der Wolke / und die ganze Nacht mit leuchtendem Feuer."

Eine ähnliche Beschreibung gibt auch Ps 105,39. Bei der Erscheinung „Gottes" auf dem Berg Sinai spielen Wolken gleichfalls eine wichtige Rolle. Aber dazu später mehr.

Im Exodus ist an einer Stelle ein bemerkenswertes Detail dieser „Wolkensäule" zu erfahren:

„Immer, wenn die Wolke sich von der Wohnstätte erhob, brachen die Israeliten auf, solange ihre Wanderung dauerte. Wenn sich aber die Wolke nicht erhob, brachen sie nicht auf, bis zu dem Tag, an dem sie sich erhob. Bei Tag schwebte über der Wohnstätte die Wolke des Herrn, bei Nacht aber war an ihr Feuer vor den Augen des ganzen Hauses Israel, solange ihre Wanderung dauerte." (Ex. 40,36-38)

Eine sehr umfangreiche Beschreibung dieser Wolke enthält das Buch Numeri. Sie wird dort (Num. 9,15-23) verslang als uneingeschränktes Führungssignal beschrieben, dem unbedingt gefolgt werden mußte. Ob Jahwe mit seinem Fluggerät nun eine Nacht oder mehr als ein Monat verweilte, erst wenn sich die Wolke bewegte, ging der Marsch weiter. Professor Dr. Herbert Haag stellt in seinem theologischen Bibellexikon (Haag, S. 1895) ebenfalls fest, daß die Wolke auch genau das war, was der Bibeltext beschreibt: „Die Wolke ist Jahwes Wagen."

Auch Num. 12,4-5 berichtet über dieses Phänomen, denn hier wird unmißverständlich gesagt, daß Jahwe mit ihr umherflog:

„*Kurz darauf sprach der Herr zu Mose, Aaron und Mirjam: Geht ihr drei hinaus zum Offenbarungszelt! Da gingen die drei hinaus. Der Herr kam in der Wolkensäule herab, blieb am Zelteingang stehen und rief Aaron und Mirjam.*"

Als „Gott" von dem oben zitierten Treffen wieder in den Himmel entschwand, kam es zu einem Unfall, denn Mirjam kam dem Antrieb zu nahe:

„*Kaum hatte die Wolke das Zelt verlassen, da war Mirjam weiß wie Schnee vor Aussatz.*" (Num. 12,10)

Spätestes an dieser Stelle ist der Gedanke, daß die „Gotteswolke" einen *natürlichen* Ursprung hat, falsch. Vielmehr erfahren wir, daß sich diese vom Boden abheben und auch wieder landen konnte! Ist hier vielleicht dieselbe Erscheinung beschrieben, wie bei Ezechiel oder auch Henoch? Also das Flugschiff des himmlischen Jahwe? Auch als Elija mit einem „feurigen Wagen" in den Himmel entrückt wurde, standen einige (viele) Menschen zu nahe an diesem „Wagen" und wurden ebenfalls mit einer weißen Schicht bedeckt, die Schnee (Steinen) geglichen haben soll (s. VIII.5).

Die Deutung, daß es sich hierbei um eine vom (natürlichen) Wind aufgewirbelte *Sandsäule* gehandelt haben könnte oder daß das beschriebene Feuer durch brennende Ölquellen in der Ferne verursacht wurde, läßt sich nicht mit der biblischen Beschreibung in Einklang bringen (Barthel, S. 103). Theologen sehen oftmals auch hier nur ein Symbol „Gottes", da Wolken häufig mit „Gott" einhergingen. Sie soll durch ihren Platz am Himmel ein Symbol Jahwes sein, und Feuer und Wolken deuten Theologen als Zeichen für „Gottes" Nähe und Anwesenheit (Mertens, S. 192).

Symbole hin, Symbole her, es ändert nichts an der biblischen Tatsache, daß der „Herr" durch sie die Israeliten führte. Auch können schlichte „Zeichen" oder Attribute Jahwes nicht auf der Erde landen (Num. 9,15-23), oder, wie in Ex. 40,34-35 beschrieben, über einem Zelt (Offenbarungszelt) niedergehen und so Mose am Betreten hindern, da „die Herrlichkeit des Herrn" den Platz erfüllte. Das Wort „Herrlichkeit" bedeutet im Alten Testament ebenso „Schwere" oder „Gewicht" und soll sich auch auf die Wolke des Exodus beziehen (Drechsel, S. 172). Nach diesem Synonym war die Säule Jahwes ein *schwerer* bzw. *gewichtiger* Gegenstand, was einem Flugschiff ohne weites entspricht...

Diese ominösen „Wolken" waren Fluggeräte, die möglicherweise durch - wenn wir an die Blumrich-Arbeit denken - den *Rotoren-* und/oder *Düsenantrieb* den Wüstensand zu einer „Wolkensäule" aufwirbelten. Nachts, in der Dunkelheit, sahen die Israeliten das Feuer der Düsen oder den glühenden Kühler des Antriebes, der sich im Zentrum des (Ezechiel-) Schiffes befand. Die Wolkensäule verkörperte auch nicht „Gott“ *selber*, sondern er befand sich *in* dieser (s. Ex. 14,24)! Auch erfahren wir in Ex. 14,19, wie bei Ezechiel, Henoch oder Elija, daß die sonderbare Erscheinung in direktem Zusammenhang mit Engelwesen stand, und bei einer Bewegung des Engels sich auch die Säule bewegte. Ein klare Parallele zum Thronwagen Ezechiels und anderer Propheten, die auch durch den *Talmud* bestätigt wird. Dort lesen wir, daß Jahwe am *Schilfmeer* von seinem „Thron“ aus zu Israel sprach (Timm, S. 88). Später komme ich darauf zurück.

An anderer Stelle im Exodus erfahren wir etwas über die Tatsache, daß die Israeliten von einer „himmlischen Macht“ geführt wurden, etwas Erstaunliches. Jahwe hatte bei der Befreiung der einstigen Ägyptersklaven mehrmals seine Macht demonstriert. Wir sehen weiter unten noch, daß auch die Sinai-Erscheinung diesem Zweck diente - nämlich Jahwes Volk fest an ihn zu binden - und noch heute die entsprechenden Aspekte erkannt werden können. Zwar sagt die Bibel selber, daß „Gott“ persönlich den Zug angeführt hat (Ex. 13,21-22), aber an anderer Stelle lesen wir:

„*Ich sende einen Engel, der dir vorangeht, und ich vertreibe die Kanaaniter, Amoniter, Hetiter, Perser, Hiwiter und Jebusiter. (...) Ich selbst ziehe nicht in deiner Mitte hinauf, denn du bist ein störrisches Volk. Es könnte sonst geschehen, daß ich dich unterwegs vertilge. Als das Volk diese Drohung hörte, trauerten sie, und keiner legte seinen Schmuck an.*“ (Ex. 33,2-4)

Jahwe zog (laut dieser Bibelstelle) also nicht selber mit, sondern beauftragte einen seiner Engel mit dieser Mission. Warum er es nicht persönlich erledigte, ist ebenfalls deutlich zu entnehmen: Er befürchtete, daß das „störrische“ Volk von ihm beim Exodus „vertilgt“ werden könnte! Befürchtete er vielleicht einen unkontrollierten Gewaltausbruch von seiner Seite, der die Israeliten vernichten würde? Es ist aber so, daß „Gott“ auf sein Volk „sauer“ war, als er diese Worte sprach, da er diese nach dem Vorfall mit dem Goldenen Kalb äußerte (s. VI.8).

Provokant? Sicherlich, aber wie könnten, wenn wir religiöse Interpretationen weglassen, diese Wolken-Phänome sonst gedeutet werden? Auch in den alttestamentarischen Überlieferungen der Sinai-Erscheinung (VI.7) finden sich deutliche Indizien, daß der „Herr“ sich in einem sonderbaren Luftfahrzeug bewegte.

VI.6 Marsch der „Wunder“

Als das Haus Israel in Etam sein Lager aufgeschlagen hatte, wandte sich „Gott“ erneut an Mose. Wie wir gesehen haben, hatte Jahwe durch die „zehn Plagen“ bereits versucht, den Ägyptern seine Macht zu demonstrieren. Immer wieder ist zu erfahren, daß er den Pharao verhärtete, um so letzten Endes den Auszug seinen Volkes zu verzögen.

Nun waren die einstigen Sklaven frei und hatten das Land der Pyramiden hinter sich gelassen; da entschied sich „Gott“ für eine weitere, unverständliche Tat. Moses „Herr“ versuchte erneut seine Stärke unter Beweis stellen und gab Mose den

Befehl, umzukehren und am Meer zu lagern (Ex. 14,1-2). Warum das himmlische Wesen Jahwe plötzlich seinen Plan änderte, berichtet uns die Bibel deutlich:

„*Dann denkt der Pharao: Die Israeliten haben sich im Land verlaufen, die Wüste hat sie eingeschlossen. Ich will das Herz des Pharao verhärten, so daß er ihnen nachjagt. Dann will ich an ihm und seinem ganzen Heer durch einen vernichtenden Schlag meine ganze Macht erweisen Die Ägypter sollen erkennen, daß ich der Herr bin. Und so taten sie es.*“ (Ex. 14,3-4)

Man muß die Verse ganz unverblümt so betrachten, wie sie nun einmal im Buch Exodus stehen: „Gott“ plante einen Massenmord, um seine Stellung als Herrscher zu festigen! Durch eine geschickte Änderung der Marschroute soll der ägyptische Herrscher glauben, seine ehemaligen Sklaven hätten sich verlaufen. Und als dem Pharao dies gemeldet wurde, rief er seine Streitmacht zusammen, um die Israeliten zu verfolgen (Ex. 14,5-9). So hatte es „Gott“ geplant, und in Vers acht erfahren wir ebenfalls wieder, daß Jahwe den Pharao verhärtete, „so daß er den Israeliten nachjagte“. Wenn nun der König mit seinem Heer am Meer eintrifft, will „Gott“ sie töten, um so seine Macht zu beweisen. Was für ein „Gott“ soll hierfür verantwortlich sein?

Auch im 5. Buch Mose, dem Deuteronomium, steht ein deutlicher Hinweis, daß die Machtdemonstrationen Jahwes nur dem Zweck dienten, um von den Israeliten als „einziger Gott“ anerkannt zu werden. Der wahre *Gott* wird sich kaum solcher Mittel bedienen müssen. Auch heißt es, daß all die „Wunder“ lediglich Hilfsmittel Jahwes waren, um sich die Israeliten anzueignen:

„*Oder hat je ein Gott es ebenso versucht, zu einer Nation zu kommen und sie mitten aus einer anderen herauszuholen unter Prüfungen, unter Zeichen, Wundern und Krieg, mit starker Hand und hoch erhobenem Arm und unter großen Schrecken, wie es der Herr, euer Gott, in Ägypten mit euch getan hat, vor deinen Augen? Das hast du sehen dürfen, damit du erkennst: Jahwe ist der Gott, kein anderer ist außer ihn. Vom Himmel herab ließ er dich seinen Donner hören, um dich zu erziehen. Auf der Erde ließ er dich sein großes Feuer sehen, und mitten aus dem Feuer hast du seine Worte gehört* (gemeint ist die Sinai-Begegnung, s. VI.7, L.A.F.).“ (Deut. 4,34-36)

Das israelitische Volk sah die Soldaten der Ägypter schon von weitem und geriet in Panik. Mose mußte sich die Vorwürfe seiner Schützlinge anhören, daß sie lieber als Sklaven in Ägypten arbeiten würden, als in der Wüste zu sterben. Natürlich war Mose über die Pläne seines „Gottes“ informiert, und er versuchte sein Volk zu beruhigen:

„*Fürchtet euch nicht! Bleibt stehen und schaut zu, wie der Herr euch heute rettet. Wie ihr die Ägypter heute seht, so seht ihr sie niemals wieder. Der Herr kämpft für euch, ihr aber könnt ruhig abwarten.*“ (Ex. 14,13-14)

Es sind in der Tat sonderbare Ereignisse, die das Alte Testament hier schildert. „Gott“ selber sorgte dafür, daß die Ägypter sie in der Wüste finden, um dann persönlich die vermeintlichen „Feinde“ zu bekämpfen! Das Haus Israel hatte damit nichts zu tun, sie sehen sich das „Spektakel“ aus sicherer Distanz an. Hier ist nicht von einer „Rettung“ die Rede, sondern von einem geplanten, grausamen Schauspiel.

Die Zeit für die Durchquerung des Meeres war allem Anschein nach noch nicht gekommen, denn die ägyptischen Streitwagen mußten zuvor noch einige Zeit aufgehalten werden. Der Engel in der Wolkensäule „Gottes“ stellte sich zwischen die Israeliten und die ägyptischen Streiter, um so sicher zu gehen, daß das auserwählte Volk genügend Schutz hatte, bis sie das Meer durchqueren konnten:

„Der Engel Gottes, der den Zug der Israeliten anführte, erhob sich und ging an das Ende des Zuges, und die Wolkensäule vor ihnen erhob sich und trat an das Ende. Sie kam zwischen das Lager der Ägypter und das Lager der Israeliten. So kamen sie die ganze Nacht einander nicht näher.“ (Ex. 14,19-20)

Kein Zweifel, die Wolkensäule und der „Engel Gottes“ gehörten *zusammen*! Es ist aber fraglich, warum „Gott“ (oder sein Engel) die ägyptischen Krieger eine Nacht lang aufhielt, indem er sich mit seinem Luftschiff zwischen sie stellte. Vielleicht, und diese Vermutung liegt durchaus nahe, warteten Mose und sein „Herr“ den richtigen Zeitpunkt einer natürlichen Erscheinung ab, die den Israeliten die Durchquerung des Meeres erst erlaubte.

Leider ist heute nicht mit absoluter Sicherheit zu sagen, wo dieses „göttliche“ Meerwunder geschah. Die Spekulationen über eine exakte Lokalisierung dieses Ereignisses gehen recht weit auseinander. Gerhard Konzelmann (Konzelmann, Aufbruch, S. 62) hingegen vermutet in der Erzählung einen „propagandistischen Zweck“, der die Moral der Israeliten im (späteren) babylonischen Exil stärken sollte. Er spekuliert, daß die mündliche Erzählung von der „göttlichen“ Errettung am Meer die Deportierten in Babylon quasi „aufmuntern“ sollte. Dies sei dahingestellt.

Wo all dies geschah, ist vergessen. Im Buch Exodus lesen wir oft die Übersetzungen des hebräischen Wortes „*Yam suph*“ als „Ried-Meer“, *Schilfmeer*, und als „Rotes Meer“. Schilf wächst aber nicht an den Ufern des Roten Meers. Im Neuen Testament findet sich nur noch die Übersetzung als Rotes Meer. „Schilfmeer“ aber taucht noch in der Schrift des Propheten Jeremia auf.

Tatsächlich liegt das *Schilfmeer* nördlich vom Roten Meer, aber die Geologie dieser Gegend ist durch den Bau des wichtigen Suez-Kanals sehr stark verändert worden. Durch dieses ehrgeizige Bauvorhaben sind einige Seen für immer verschwunden, jedoch war in der Zeit des Exodus der Golf von Suez mit den Bitterseen verbunden, und hier lag ein Schilfmeer.

Am Nordufer des Roten Meeres, bei dem Ort es-suwes, könnte der Durchzug stattgefunden haben. Hier drücken Nordwinde das Wasser dann und wann soweit zurück, daß man tatsächlich durchlaufen kann. In der Bibel (Ex. 14,21) findet sich der deutliche Hinweis auf einen „Ostwind“. Dennoch ist die Überlieferung des zweiten Buches Mose wahrscheinlich eine Zusammenfassung zweier Berichte, wie es auch die Bibelkommentatoren vermuten (Neue Jerusalemer Bibel).

Jos. 3-4 überliefert die Erzählung von der Jordandurchquerung, in der zu lesen ist, daß das Wasser wie „ein Wall“ stand. In einer arabischen Chronik ist zu erfahren, daß im Jahre 1267 n. Chr. dies ebenfalls geschah. Der Grund waren Erdaufschwemmungen in der gleichen Gegend (bei Adama-Damieh), die für zehn Stunden den Lauf des Jordans unterbrachen (Neue Jerusalemer Bibel, S. 273).

Noch eine Auslegung ist interessant: Die Kirchenväter sahen zum Teil in dem Meerwunder eine reine symbolische Überlieferung, die als „Vorausdarstellung“ der Taufe galt. Selbst der „Braus der Götter“, der nach Gen. 1,2 über der Urflut am Anfang der Welt schwebte und sogar die Sintflut wurden als solche „Ankündigungen“ verstanden (Lurker, Sysmbole, S. 264).

Aber zurück zu Mose und dem nun unmittelbar bevorstehenden „Meerwunder“. Während der „Engel Gottes“ das ägyptische Streitheer in Schach hielt, teilte ein starker Wind die Wassermassen. Die beliebte Darstellung, daß Mose nur seinen Stab erhob, um so einen Weg durch das Meer zu öffnen, ist eigentlich nicht korrekt. Zwar hob er tatsächlich seinen Stab (oder seine Hand), aber noch im gleichen Vers (Ex. 14,21) erfahren wir, daß der „Herr“ „die ganze Nacht“ den Wind schickte, um das Wasser zu teilen.

Nun überschlugen sich die Ereignisse. Das unverständliche Vorhaben Jahwes, alle ägyptischen Soldaten zu ermorden, rückte näher. Die Israeliten befanden sich bereits im Meer - die Ägypter im Nacken:

„*Um die Zeit der Morgenwache* (zwischen zwei und sechs Uhr früh, L.A.F.) *blickte der Herr aus der Feuer- und Wolkensäule auf das Lager der Ägypter und brachte es in Verwirrung. Er hemmte die Räder an ihren Wagen und ließ sie nur schwer vorankommen.*“ (Ex. 14,24-25)

„Gott“ schicke „Verwirrung“ über das feindliche Heer und „hemmte“ - eigentlich: „Er nahm weg“ - die Räder ihrer Streitwagen. Wer aber dafür verantwortlich war, daß die Ägypter überhaupt hinter den Israeliten herjagten, berichtet Vers 17:

„*Ich aber will das Herz der Ägypter verhärten, damit*(!) *sie hinter ihnen hineinziehen.*“ (Ex. 14,17)

Deutliche Worte aus dem Buch Exodus. Um ein Haar wären die Pläne der Himmlischen mißlungen, aber sie manipulierten an den Rädern der ägyptischen Wagen herum, damit diese nur langsam weiterkamen. Jahwe selber, der zitierte Vers betont dies klipp und klar, sorgte dafür, daß die Ägypter mit in das Meer zogen; jedoch erst, nachdem der „Engel Gottes“ sie eine gewisse Zeit zurückgehalten hatte, um den israelitischen Flüchtlingen einen Vorsprung zu sichern. Als der Pharao erkannte, daß die Lage für ihn und seine Soldaten aussichtslos geworden war, befahl er den Rückzug:

„*Da sagte der Ägypter: Ich muß vor Israel fliehen, denn Jahwe kämpft auf ihrer Seite gegen Ägypten.*“ (Ex. 14,25)

Das Kriegsheer der Ägypter war schon im Begriff, von den Israeliten abzulassen, aber der „gütige Gott“ hielt an seinem schrecklichen Plan fest. Er ließ die Wassermassen zurückfließen, damit es „den Ägypter, seine Wagen und Reiter zudeckte“: *„So trieb der Herr die Ägypter mitten ins Meer* (...) *Nicht ein einziger von ihnen blieb übrig.*“ (Ex. 14,27-28)

Trotz bereits begonnener Flucht mußten sie sterben, und die Bibel bemerkt noch stolz: *„So rettete der Herr an jenem Tag Israel aus der Hand der Ägypter. Israel sah die Ägypter tot am Strand liegen.*“ (Ex. 14,30)

Der alttestamentarische „Gott“ und seine Helfer gingen im wahrsten Sinne des Wortes über Leichen. Jahwe wollte mit diesem Exempel der Welt endgültig zeigen, daß die Israeliten sein ganz persönliches Schutzvolk sind. Widersacher oder Menschen, die ihnen zur Gefahr werden könnten, werden nicht geduldet. Dies berichtet auch der Vers Ex. 33,2, in dem wir erfahren, daß Jahwe einige Völker auf der Marschroute der Israeliten einfach vertreiben will!

Der „göttliche“ Plan brachte die erwünschten Resultate; auch wenn die Ägypter eigentlich schon flohen. Von nun an *„fürchtete das Volk den Herrn*“, und *„sie glaubten an den Herrn und Mose*“. (Ex. 14,31) Auch im jüdischen *Talmud*, einer bibelähnlichen Schrift, ist uns das Geschehen am Meer überliefert (Timm, S. 88), wo es heißt, daß nach dem Ereignis „die Seraphim und die Ophanim“ durch „alle sieben Himmel“ flogen, als sie das Ende der Ägypter sahen. Jedoch ist im *Talmud* zu lesen, daß Jahwe den Tod der Ägypter nicht unbedingt wollte:

„Doch der Schöpfer (...) *sprach von seinem Throne herab: Meine Kinder ertrinken im Meer und ihr singt und tanzt? Denn der Pharao und sein ganzes Herr sind Gottes Geschöpfe* (...) *Und der Herr erbarmte sich seiner Schöpfung.*“ (Timm, S. 88)

So wie ich es weiter oben bereits vermutete, war sich Jahwe sehr wohl darüber bewußt, daß Israel nur ein Volk unter vielen ist. Glauben wir aber dem *Talmud*, dessen Aussage nicht mit der Bibel übereinstimmt, so war die Vernichtung der ägyptischen Verfolger ein *Unfall.*

Die Israeliten waren nun aber bereit, Jahwe zu dienen und Mose durch die Wüste zu folgen. Wie kaum anders zu erwarten, dauerte es nicht lange, bis es wieder zu Konflikten kam. Als der Zug drei Tage ohne Wasser in der Wüste umherirrte, lehnten sie sich gegen Mose auf. Zwar fanden sie in der Oase *Mara* das ersehnte Naß, aber dies war bitter und nicht zum Trinken geeignet (Ex. 15,23). Mose wandte sich bittend an seinen „Herrn“, er möge seinem Volke Wasser geben, denn selbst er konnte ihnen nicht mehr helfen. Und siehe da,

„(...) *der Herr zeigte ihm ein Stück Holz. Als er es in Wasser warf, wurde das Wasser süß.*“ (Ex. 15,24)

Ein schlichtes Stückchen Holz, das in der Lage ist, bitteres Wasser trinkbar zu machen? Ein Wunder „Gottes“? Nein, sondern eine natürliche Tatsache (Hirten und Wanderer aus der Gegend der Oase Mara nutzen auch heute noch die Eigenschaften des *Berberitzenholzes*, um salzig-bitteres Wasser trinkfertig zu machen, denn diese Pflanze hat die Eigenschaft, dem Wasser alle Bitterstoffe zu entziehen und es wird süß. Dies behauptet zumindest Manfred Barthel in seinem Buch (S.

103f.). Dahingegen erklärt eine TV-Sendung (*Terra X*), die sich mit dem Mosewunder auseinandersetzte, daß dieses Gehölz nicht in besagter Gegend zu finden ist.

Dennoch war das scheinbar so „göttliche" Wasserwunder nur ein natürliches Phänomen: „Gott" zeigte Mose, wie es der Exodus auch beschreibt, welche Äste er dafür nehmen mußte. Mose könnte sie ebenso gut von Jahwe erhalten haben. Oder kam hier gar ein von „Gott" selber entwickelter Wirkstoff zum Einsatz?

Der außerirdische „Herr" führte seine Schar weiter durch die Wüste. Nach einer Zwischenstation in Elim „murrte die ganze Gemeinde der Israeliten gegen Mose und Aaron" erneut. Scheinbar hatten sie immer noch nicht begriffen, daß „Gott" für sie sorgte, denn sie klagten nun nach etwas Eßbarem und sehnten sich nach Ägypten zurück. Hier (Ex. 16,3+) beginnt eines der bemerkenswertesten „Wunder" der gesamten Exodus-Erzählung: Manna vom Himmel. Das „Brot des Himmels", wie es hier und dort genannt wird, ist schon lange eine Herausforderung an die Botaniker. Es wurde vermutet, daß dieses Manna eine Absonderung eines *Tamariskenbaumes* gewesen sei, die sich nach Stichen einer bestimmten Schildlausspezies bildet.

Professor Avinoam Denin (Universität Jerusalem) hat inzwischen herausgefunden (Barthel, S. 104f.), daß eine Pflanze namens *Hamada salicornica* nach Insektenpieksern eine klebrige, weiße und süße Substanz abgibt, die für die Mannafunde der Israeliten verantwortlich sein könnte. Alles in allem will Professor Denin acht derartige Gewächse im Sinaigebiet entdeckt haben, die ebenfalls eine solche Masse abgeben.

So einfach ist das Manna-Phänomen aber nicht zu erklären! Schon zu Beginn der biblischen Erzählung über die himmlische Nahrung finden sich Hinweise, die kaum auf pflanzliche Absonderungen zutreffen können:

„Der Herr sprach zu Mose: Wohlan, ich will euch Brot vom Himmel regnen lassen. Das Volk soll dann hinausgehen, aber sich nur den täglichen Bedarf sammeln. Damit will ich es prüfen (noch ein Prüfung, L.A.F.), *ob es nach meiner Weisung wandeln will oder nicht. Wenn sie aber am sechsten Tag das Heimgebrachte zubereiten, so wird es doppelt so viel sein, als sie sonst täglich sammeln.*" (Ex. 16,4-5)

Die Israeliten erhielten von Mose die genaue Anweisung, nur eine bestimmte Menge zu sammeln:

„Jeder von euch lese davon nach seinem Bedarf auf, einen Omer (oder *Gomer*, L.A.F.) *auf den Kopf, nach der Zahl eurer Personen! Jeder hole davon nur für seine Zeltgenossen.*" (Ex. 16,16)

Das Brot, das Jahwe seinen Kindern „vom Himmel" schickte, war streng portioniert. Einen Omer pro Kopf durften die Israeliten sammeln, und - so Ex. 16,22 - am sechsten Tag die doppelte Ration, da es am siebenten nichts gab.

Schon hier ist es sehr unwahrscheinlich, daß das Manna eine rein pflanzliche Substanz gewesen ist, die in der Umgebung des Zeltlagers der Israeliten gefunden werden konnte. Denn wieso sollte über sechs Tage hinweg genug zu finden sein, aber am siebten nichts? Auch wissen wir aus verschiedenen biblischen und apokryphen Schriften (zum Beispiel Philo 10,7 oder Ex. 16,35), daß „Gott“ sein Volk über die gesamte Dauer des Exodus, immerhin angeblich vierzig Jahre, mit diesem Himmelsbrot versorgte.

Stellen wir mal eine einfache Rechnung an: Die alttestamentarische Maßeinheit Omer oder Gomer ist „der zehnte Teil eines Efa“ (Ex. 16,36), etwa - da ein *Efa* ca. vierzig Litern entspricht - rund vier Liter (Neue Jerusalemer Bibel, S. 1830). Gehen wir davon aus, daß 600 Familien, nicht 600.000 Menschen, wie ich in VI.5 beschrieben habe, aus Ägypten fortzogen und sich von diesem Manna ernährten. Angenommen jede Familie bestand aus vier Personen, dann hätten die Israeliten pro Tag 9.600 Liter Manna finden müssen, um der biblischen Angabe gerecht zu werden. Auf eine Woche übertragen, da sie am sechsten Tag das doppelte sammelten, würde das heißen, daß 67.200 Liter (16.800 Gomer) Manna je Woche zur Verfügung standen! Vierzig Jahre lang, „bis sie die Grenze von Kanaan erreichten“ (Ex. 16,35). Der Einzug in Kanaan geschah vermutlich irgendwann vor 1200 v. Chr.

Die Rechnung ist soweit korrekt, nur die angenommene Anzahl der Familienmitglieder (vier) könnte im Durchschnitt weitaus höher liegen. Auch soll mit den Israeliten ein „Haufen anderer Leute“ mitgezogen sein, deren Stärke aber nicht mehr sicher zu erfahren ist.

Daß Manna durchaus einen „natürlichen“ Ursprung gehabt haben könnte, haben die Naturwissenschaftler Rodney Dale und George Sassoon bereits vor Jahren entdeckt. Anhand biblischer und ähnlicher Schriften wie der „geheimen“, jüdischen *Kabbala* (hebräisch = „Tradition“) haben die zwei qualifizierten Wissenschaftler eine *Maschine* entwickelt, die Manna *produzieren* konnte! Dale und Sassoon gehen von einer Art Algen aus, die den Grundstoff der israelitischen Nahrung lieferte und in der „Manna-Maschine“ (so auch ihr deutscher Buchtitel) zu einer mehr oder weniger schmackhaften Nahrung wurde, die alle wichtigen Nährstoffe enthielt.

Natürlich war die Nahrung dieser Maschine alles andere als abwechslungsreich, denn die Bibel (Num. 11,4+) berichtet, daß die Israeliten ihr Himmelsbrot nicht immer mit Freude aßen.

Eine Maschine, die sechs Tage hindurch arbeitete, mußte natürlich auch gewartet oder gereinigt werden. War dies der Grund, weshalb das israelitische Volk am sechsten Tag die Ration für den nächsten Tag (Sabbat) mitbekam? Würde Manna tatsächlich eine pflanzliche Essenz gewesen sein, wäre es definitiv auch am Sabbat zu finden. Aber das Buch Exodus weist ausdrücklich darauf hin, daß dies nicht der Fall war! Am siebten Tag konnte ruhig danach gesucht werden, es gab keines:

„Eßt es heute, denn heute ist Sabbat zur Ehre des Herrn. Heute findet ihr draußen nichts. Sechs Tage dürft ihr es sammeln, am siebten Tag ist Sabbat; da findet ihr nichts. Am siebten Tag gingen trotzdem einige vom Volk hinaus, um zu sammeln, fanden aber nichts(!).“ (Ex. 16,27)

Die Aussage ist klar: Es kann kein *Tamariskenbaum* oder ähnliches gewesen sein. Auch ist die Absondeung dieser Pflanze nur im Sommer zu finden und nur nach regenreichen Perioden (Terra X-Sendung vom 2. Februar 1997, 3sat-TV).

Dale und Sassoon haben mit ihrer Analyse umfangreicher Originaltexte (verfaßt in Aramäisch und Hebräisch), die für jedermann in ihrem Buch nachzulesen sind, ein bemerkenswertes Indiz geliefert, daß das Manna *außerirdischen* Ursprungs war. Eine Nahrung von „Gott“ aus dem Himmel. Auch der Gedanke, daß die Verteilung von Manna an die Israeliten eine Art „Experiment“ der Außerirdischen gewesen sei (Langbein, Syndrom, S. 51 bis 58), ist eine Überlegung wert. Da Manna zweifelsfrei nicht in der Natur zu finden ist/war und die Maschine zu ihrer Erzeugung sowieso nicht, die Israeliten es aber vierzig Jahre lang aßen, stellt sich die Frage, ob „Gott“ diese Nahrung testen wollte. Quasi ein Langzeitversuch an Menschen, wie sie auf derartige Speise reagieren.

Als die Israeliten ihren Zug durch die Wüste fortsetzten, hatten sie schon einiges an „Wundern“ miterlebt. Mose und in gewisser Weise auch sein Bruder Aaron nutzten ihre „Wunderkraft“ und „Gottes“ Hilfe immer wieder dazu, um bei ihrem Volk Respekt zu gewinnen. Ein Volk, das bis vor kurzem noch unter der Peitsche der ägyptischen Aufseher leiden mußte, war sicherlich froh über die erlangte Freiheit. Trotzdem ist es nicht auszuschließen, daß viele der Israeliten andere Pläne hatten, als zusammen unter der harten Führung von Mose durch die Wüste zu wandern. Mose wußte geschickt seine Kenntnisse über natürliche Phänome und seine innige Beziehung zu „Gott“ zu nutzen, um seinen Zug „gefügig“ zu machen.

Versetzen wir uns einmal in die Lage der israelitischen Nomaden: Hunderte Familien zogen durch unbekannte, öde Landstriche. Ein „Gott“, der sich Jahwe nennen ließ, bestimmte Mose und seinen Bruder als uneingeschränkte Führer dieses Zuges. Demokratisch wurde keiner von ihnen gewählt. Und immer, wenn das Volk zu „murren“ begann, präsentierte „Gott“ wieder sein Macht, um zu zeigen, „Ich bin der Herr“. Im Buch Exodus finden sich an verschiedenen Stellen Verse, die eindeutig besagen, daß die Israeliten lieber wieder nach Ägypten in die Sklaverei wollten, als mit Mose durch die Lande zu ziehen.

Als Mose mit seinem Gefolge in Rephidim lagerte, bekamen sie ungebetenen Besuch von den Amalekitern - es kam zum Kampf (Ex. 17,8+). Josua erhielt den Befehl, Krieger aus den Reihen der Israeliten zusammenzutrommeln, um gegen die Feinde zu kämpfen. Obwohl Mose nicht direkt an der Schlacht teilnahm, so nennt doch das Buch Exodus ihn als Grund für den Sieg über die Amalekiten. Ab Ex. 17,10 beschreibt die Bibel, wie Mose, Aaron und Hur auf den Gipfel eines Hügels stiegen, um von dort sicher den Kampf zu beobachten und ein weiteres „Wunder“ zu vollbringen:

„Solange Mose seine Arme erhob, behielten die Israeliten die Oberhand; wenn er die Arme sinken ließ, gewannen die Amalekiter die Oberhand.“ (Ex. 17,11)

Was soll das bedeuten? Durch einfaches Anheben der Arme konnte der Schlachthergang beeinflußt werden? Deutlich weist das Alte Testament darauf hin, daß Moses Arme später sogar von Aaron und Hur gestützt werden mußten, da sie ihm zu schwer wurden (Ex. 17,12). Es war also unbedingt vonnöten, daß er seine Arme erhob, da sonst die Israeliten hätten geschlagen werden können. Ob Mose seine Krieger durch dieses Verhalten „motivierte“, etwa nach dem Motto: „Seht her, Gott wacht über euch“, oder er sogar eine Art „Waffe“ in der Hand hielt, ist heute nicht mehr befriedigend zu klären.

Das Buch Exodus berichtet nicht, daß Stammvater Mose irgend etwas in der Hand hielt. Wir können aber mit ziemlicher Sicherheit *annehmen*, daß er auch hier seinen „Stab“ bei sich hatte. Dieser Stab war, wie ich weiter oben schon beschrieb, kein natürlicher Ast, sondern ein Geschenk seines „Gottes“. Vielleicht war er sogar irgendwie als „Waffe“ verwendbar, die er gegen das feindliche Heer richtete. Auch die Engel des Alten Testamentes besaßen oftmals (zum Beispiel in Ri. 6,21) Stäbe oder Schwerter, mit denen sie allerlei anrichten konnten.

Die Israeliten gewannen die Schlacht, und „Gott“ befahl Mose, daß die Erinnerungen an die Amalekiter für immer vertilgt werden sollen (Ex. 17,14). Und als das von „Gott“ ausgesuchte Volk sich von Rephidim aufmachte, um weiter durch die Wüste von Sinai zu wandern, war ihr Ziel bereits klar: Der Berg Horeb.

VI.7 Sinai - wichtige Ereignisse am heiligen Berg

Die Erscheinung „Gottes“ auf dem Berg Sinai gehört zweifellos zu einer der längsten und bedeutendsten Berichte der Bibel. Hier offenbarte Jahwe seinen Kindern die Zehn Gebote, um den Israeliten die ersten Gesetze zu übergeben. Hier machte „Gott“ auch deutlich, daß die Israeliten sein eigenes, durch einen Bund gebundenes Volk sein würden.

Heute ist nicht mehr mit definitiver Sicherheit zu sagen, wo der Berg Sinai liegt. Vielleicht, so wird spekuliert, war es der *„Djebel Musa“* („Berg Mose“), doch die Hinweise auf diesen Gipfel stammen aus der Zeit nach 300 n. Chr. (Fox, S. 64). Niemand will aber bestreiten, daß die Sinai-Gebote durch und durch vernünftige und zivilisierte Vorschriften sind. Wir wollen uns nicht mit dem Inhalt der Zehn Gebote, sondern mit den Umständen ihrer Herkunft und den weiteren Ereignissen im Sinaigebirge befassen.

Schon zu Beginn der fundamentalen Sinai-Erzählung, die mit Sicherheit einen Kern aus mosaischer Zeit enthält (vergl. Neue Jerusalemer Bibel, S. 3ff.), ist zu vermuten, daß Mose darüber informiert war, daß sein „Gott“ dort auf ihn wartete. Im dritten Vers (Ex. 19,3) heißt es dann auch direkt: „Mose stieg zu Gott hinauf“. Ohne irgendeine Einleitung wird er zu seinem „Herrn“ bestellt, der ihm eine wichtige Entscheidung mitzuteilen hatte. Die Israeliten sind von nun an sein Volk:

„Jetzt aber, wenn ihr auf meine Stimme hört und meinen Bund haltet, werdet ihr unter allen Völkern mein besonderes Eigentum sein. Mir gehört die ganze Erde, ihr aber sollt mir als ein Reich von Priestern und als ein heiliges Volk gehören.“ (Ex. 19,5-6)

Während Jahwe bereits mit Abraham einen Bund beschloß, deren einzige Auflage die Beschneidung war, verpflichtete „Gott“ nun das ganze Volk. Der Vers berichtet deutlich, daß der „Allmächtige“ ein Volk „unter allen Völkern“ zu seinem Eigentum erklärte! Warum er dies tat, ist eine berechtigte Frage. Zumal erfahren wir im Alten Testament, daß Jahwe unliebsame Völker, die auf dem Weg des israelitischen Exodus lagen, vertrieb oder vernichtete, damit seine Schützlinge keine Schwierigkeiten bekamen, sondern diese unbeschadet ihr Land stehlen konnten. Sehen wir uns kurz einige biblische Aussagen dazu an:

„Um bei deinem (der Israeliten, L.A.F.) *Angriff Völker zu vertreiben, die größer und mächtiger sind als du, um dich in ihr Land zu führen und es dir als Erbbesitz zu geben, wie es jetzt geschieht.“* (Deut. 4,38)

Einige Verse weiter wird diese Aussage im Deuteronomium wiederholt, jedoch umfangreicher und härter. Wie Jahwe einst das (bereits flüchtende) ägyptische Streitwagenheer bei der Meerdurchquerung absichtlich umbrachte (s. VI.6), so ähnlich soll es auch mit allen anderen Völkern geschehen, die auf ihrer Marschroute liegen:

„Du wirst alle Völker verzehren, die der Herr, dein Gott, für dich bestimmt. Du sollst kein Mitleid mit ihnen aufsteigen lassen. (...) Wenn du überlegst: Diese Völker sind größer als ich - wie sollt ich sie vertreiben können?, dann sollst du vor ihnen keine Furcht haben. Du sollst an das denken, was der Herr, dein Gott, mit dem Pharao und mit ganz Ägypten gemacht hat: an die schweren Prüfungen, die du mit eigenen Augen gesehen hast, an die Zeichen und Wunder, an die starke Hand und an den hoch erhobenen Arm, mit denen der Herr, dein Gott, dich herausgeführt hat. So wird es der Herr, dein Gott, mit allen Völkern machen, vor denen du Furcht hast(!). *Außerdem wird der Herr, dein Gott, Panik unter ihnen ausbrechen lassen, so lange bis auch die ausgetilgt sind, die überleben konnten und sich versteckt haben*(!). *(...) Doch der Herr, dein Gott, wird diese Völker nur nach und nach aus dem Weg räumen* (...).“ (Deut. 7,16-22)

Sollen diese Worte tatsächlich *göttliche* sein? Sind solche Pläne wirklich mit der Lehre der Kirche zu vereinbaren? Aber hören wir uns noch einige der folgenden Verse an, die die Vermutung, daß Jahwe keine fremden Völker („Götter“) im Bereich seines Volkes duldete, stützen:

„Doch wird der Herr, dein Gott, dir diese Völker ausliefern. Er wird sie in ausweglose Verwirrung stürzen, bis sie vernichtet sind. Er wird ihre Könige in deine Gewalt geben. Du wirst ihren Namen unter dem Himmel austilgen. Keiner wird deinem Angriff standhalten können, bis du sie schließlich vernichtet hast.“ (Deut. 7,23-24)

Eine Auflistung dieser „unliebsamen“ Völker findet sich übrigens in Ex. 33,2.

Von der „göttlichen“ Vormachtstellung der Israeliten zurück zu den Ereignissen am Sinai: Mose alleine konnte nicht bestimmen, ob nun die Israeliten zukünftig auf Jahwe hören sollen und wollen. Deshalb legte er den Ältesten des Volkes das Angebot „Gottes“ vor, und sie entschieden sich, es anzunehmen. Nachdem Jahwe von seinem treuen Erdendiener den Entschluß des israelitischen Ältestenrates überbracht bekam, kündete er seine Herniederkunft im Sinai an:

„*Ich werde zu dir in einer dichten Wolke kommen; das Volk soll es hören, wenn ich mit dir rede, damit sie auch an dich immer glauben.*“ (Ex. 19,9)

„Gott“ war bestens zufrieden, daß das Volk mit ihm den Bund eingehen wollte. Um endgültig seine Vormachtstellung zu behaupten und gleichzeitig Mose uneingeschränkte Achtung zu verschaffen, verkündet er seine Landung. Die israelitischen Nomaden sollten Jahwe am Sinai niedersteigen sehen. Auch sollten sie hören, wie er und Mose sich unterhielten, um zukünftig uneingeschränkt an Mose zu glauben, denn anscheinend hatte er immer noch - trotz der mehrmaligen Demonstrationen von Jahwes Macht - Probleme, sein Volk zu führen. Diese Vermutung bestätigt auch eine andere Stelle im Buch Exodus:

„*Die Furcht vor ihm* (Jahwe, L.A.F.) *soll über euch kommen, damit ihr nicht sündigt.*“ (Ex. 20,20)

Daß „Gott“ die einstigen Sklaven durch die Demonstration seiner technischen Macht zu seinem Volk erhob, erfahren wir mehr als deutlich auch im Buch Deuteronomium:

„*Du sollst an den ganzen Weg denken, den der Herr, dein Gott, dich während dieser vierzig Jahre in der Wüste geführt hat, um dich gefügig zu machen und dich zu prüfen*(!). *Er wollte erkennen, wie du dich entscheiden würdest: ob du seine Gebote achtest oder nicht. Durch Hunger hat er dich gefügig gemacht, und hat dich dann mit Manna gespeist, das du nicht kanntest, und das auch deine Väter nicht kannten.*“ (Deut. 8,2-3)

Warum sonst wollte „Gott“, daß alle seine Erscheinung bestaunen? Hatte er nicht zuvor schon seine Macht aus dem gleichen Grund demonstriert? Ja selbst die lange Zeit des Exodus (vierzig Jahre!) soll, so will es die obige Bibelstelle, dazu gedient haben, die Israeliten „gefügig“ zu machen, damit „Gott“ *erkennt*, ob sie ihm dienen wollen! Ein durch und durch strenger Herrscher war dieser Jahwe. Noch dazu sagt die Bibel, daß er „ein eifersüchtiger Gott ist“ (Ex. 34,14).

Aber gehen wir weiter in den Texten. Jahwe vermied es, sich „seinem“ Volk plötzlich und ohne Vorankündigung zu zeigen. Es ist anzunehmen, daß eine unvermutete Landung vor dem Volk zu einer Panik geführt hätte. Durch diese Ankündigung aber wußten alle, daß „Gott“ für die bevorstehende sonderbare Erscheinung verantwortlich sein würde.

Schon zwei Tage vor der eigentlichen Niederkunft gab Jahwe seinem Schützling Mose den Auftrag, daß sich alle Israeliten waschen müssen, um sich in dieser Zeit angemessen vorzubereiten (Ex. 19,10+). Ganz erstaunlich scheint mir der Befehl „Gottes“ zu sein, daß der Ort seiner Landung durch einen Zaun oder besser eine „Grenze“ abgeschirmt werden mußte. Jeder, egal ob Mensch oder Tier, der diese Sperrlinie bis zur Entwarnung („wenn das Horn ertönt“) überschreitet, verwirkte sein Leben. Ist hier tatsächlich *Gott* vom Himmel gestiegen?

„*Zieh um das Volk eine Grenze, und sag: Hütet euch, auf den Berg zu steigen oder auch nur seinen Fuß zu berühren. Jeder, der den Berg berührt, wird mit dem Tode bestraft. Keine Hand soll den Berg berühren. Wer es aber tut, soll gesteinigt oder mit Pfeilen*(?) *erschossen werden; ob Tier oder Mensch, niemand darf am Leben bleiben. Erst wenn das Horn ertönt, dürften sie auf den Berg steigen.*“ (Ex. 19,12-13)

Die „göttlichen“ Anweisungen oder besser Schutzvorkehrungen sind klar. Seine Landung war mit tödlichen Gefahren verbunden, wobei diese *nicht* zwischen Tier oder Mensch unterschieden! Jahwe hatte zwar den Plan, daß die Israeliten seine „Herrlichkeit“ oder „Schwere“ sehen, aber ein nahes Herankommen an sein Fluggefährt wäre tödlich.

Um ganz sicher zu gehen, drohte der „Herr“ sogar, jeden Eindringling zu „erschießen“. Die oben zitierten „Pfeile“, mit denen überneugierige Israeliten erschossen werden sollten, sind eine *nachträgliche* Einfügung der Übersetzer. Im Originaltext findet sich an dieser Stelle nur das Verb „*jrh*“ („schießen“ oder „werfen“), und nirgendwo werden tatsächlich Pfeile erwähnt. Wie mir der Theologe und Autor Walter-Jörg Langbein mitteilte, stehen die Verben in Ex. 19,13 sogar doppelt: „...vielmehr werde gesteinigt, ja gesteinigt oder erschossen, ja erschossen, Tier wie Mensch nicht darf leben“, so die wörtliche Übersetzung.

Die Frage ist also legitim, wie Jahwe eventuelle Eindringlinge hätte erschießen wollen. Pfeile waren es definitiv nicht, und ein „Gott“ mit Pfeil und Bogen ist auch schwerlich vorstellbar. Wie wir gleich sehen werden, war es anscheinend auch nötig, diese Sicherheitsgrenze zu errichten, denn der „Herr“ sorgte mit seinem Flugschiff für greifbare Gefahren. Erst wenn „Gott“ die Antriebsaggregate seines Schiffes abgestellt hatte, und dieses sicher auf dem Berg stand, wurde das „Horn“ (auch „Widderhorn“) geblasen und der Berg war wieder begehbar.

Als nun der Tag der Herniederkunft angebrochen war, wollte „Gott“ keine Zeit verschwenden und kam gleich im Morgengrauen auf den Berg. Die Bibel beschreibt dies so:

„*Am dritten Tag, im Morgengrauen, begann es zu donnern und zu blitzen. Schwere Wolken lagen über dem Berg, und gewaltiger Hörnerschall* (oder „Posaunenschall“, L.A.F.) *erklang. Das ganze Volk im Lager begann zu zittern. Mose führte es aus dem Lager hinaus Gott entgegen. Unten am Berg blieben sie stehen. Der ganze Sinai war in Rauch gehüllt, denn der Herr war im Feuer auf ihn herabgestiegen. Der Rauch stieg vom Berg auf wie Rauch aus einem Schmelzofen. Der ganze Berg bebte gewaltig, und der Hörnerschall wurde immer lauter. Mose redete, und Gott antwortete ihm im Donner. Der Herr war auf den Sinai, auf den Gipfel des Berges, herabgestiegen.*“ (Ex. 19,16-20)

Mit gewaltigem Getöse und Tamtam fuhr der „Herr“ zu seinen Schützlingen nieder. Die lapidare Deutung dieser Erscheinung als Vulkanausbruch, wie sie meist vertreten wird, teile ich nicht. Auch die Vermutung, daß Mose bereits Schießpulver kannte und das ganze Geschehen selber inszenierte, halte ich für unglaubhaft, zumal sich Mose zu Beginn des Schauspiels selber im Lager der Israeliten aufhielt.

Nachdem das Fluggerät Jahwes ruhig auf dem Berg stand, wurde Mose zu ihm beordert. Dies geschah nur aus einem Grund: Er mußte den Israeliten noch einmal einschärfen, daß die tödliche Gefahr beim Betreten des Berges immer noch bestand:

„Der Herr sprach zu Mose: Steig hinab und ermahne das Volk, daß sie nicht schaulustig zu dem Herrn durchbrechen, um ihn zu sehen, denn viele von ihnen würden umkommen. Auch die Priester, die sonst Jahwe nahen dürfen, sollen sich heiligen, damit Jahwe nicht gegen sie losbricht.“ (Ex. 19,21-22)

Unzweideutig berichten diese Verse, daß die „Gotteserscheinung“ - oder vielleicht besser deren Randerscheinungen - *tödliche* Gefahren verbarg. Auch die israelitische Priesterschaft war von diesen nicht ausgeschlossen, und der „Herr“ forderte von ihnen, daß diese sich „heiligen“ - ansonsten werden auch sie umkommen. Einige Bibeln nennen diese Stelle auch: „damit der Herr in ihre Reihe keine Bresche reißt“ (Neue Jerusalemer Bibel).

Wir wissen, daß Mose die Erscheinung „Gottes“ beobachtet hat. Einige Kapitel weiter erfahren wir auch, wie er dies Ereignis unbeschadet überstehen konnte, obwohl „Gott“ ankündigte, daß das Betreten des Sinais tödlich enden wird. Jahwe befahl Mose, sich einfach in einer Felsspalte zu verbergen, bis er und sein Fluggerät vorüber gezogen sind:

„Ich will meine ganze Schönheit an dir vorüberziehenlassen und den Namen des Herrn vor dir ausrufen. (...) *Weiter sprach er: Du kannst mein Angesicht nicht sehen; denn kein Mensch kann mich sehen und am Leben bleiben. Dann sprach der Herr: Hier, diese Stelle da! Stell dich an diesen Felsen! Wenn meine Herrlichkeit vorüberzieht, stelle ich dich in den Felsspalt und halte meine Hand über dich, bis ich vorüber bin. Dann ziehe ich meine Hand zurück, und du wirst meinen Rücken sehen. Mein Angesicht aber kann niemand sehen.*“ (Ex. 33,19-23)

Der Leser wird sich erinnern, daß Mose auf Geheiß seines „Gottes“ hin eine Art Absperrung um den zukünftigen Landeplatz Jahwes errichten ließ. Dies diente, wie weiter oben bereits zitiert, dem Schutz des israelitischen Volkes. Das Erstaunliche jedoch ist die biblische Aussage, daß „Gott“ selber seinen vorherigen Befehl an sein Volk vergessen hatte, denn Mose selber mußte ihn daran erinnern:

„Da sprach Mose zu Jahwe: Das Volk kann nicht auf den Berg Sinai hinaufsteigen, denn du selber hast uns ermahnt: Grenze den Berg ein und erkläre ihn heilig (Ex. 19,12, L.A.F.).“ (Ex. 19,23)

Dieser Dialog ist in der Tat sehr interessant. Als Mose Jahwe wieder an seine Worte erinnerte, die ihm leider entfallen waren, beendete „Gott“ abrupt das Gespräch. Man könnte hier natürlich spekulieren, daß der „Herr" über Moses Worte etwas ungehalten war, aber dies ist heute nicht mehr zu überprüfen.

Wie dem auch sei, Mose mußte wieder herabsteigen und mit seinem Bruder Aaron erneut zu ihm zurückkommen. Jahwe versäumte es aber zuvor nicht, Mose noch einmal einzuschärfen, daß der Berg auf keinen Fall betreten werden durfte. Auch von den Priestern nicht, da er „sie sonst vernichten" würde (Ex. 19,24).

Nun folgt in der alttestamentarischen Überlieferung die Übergabe der Zehn Gebote. Hierzu sei nur kurz angemerkt, daß die Kirche praktisch ständig gegen eine der ersten Aussagen „Gottes" verstößt, in der es heißt:

„*Du sollst dir kein Gottesbild machen und keine Darstellung von irgend etwas am Himmel droben, auf der Erde unten oder im Wasser unter der Erde.*" (Ex. 20,4)

Gehen wir aber einmal in eine Kirche oder Kapelle, oder schlagen illustrierte Bibeln auf, so finden wir zahllose Darstellungen „Gottes". Ex. 20,4 (auch Deut. 4,15+) wird von der Kirche nicht beachtet...

Mose wurde von „Gott" erneut gerufen. Er mußte mit Josua, seinem Heerführer, wieder zum Gipfel des Berges hinaufsteigen und die „Gesetzestafeln" empfangen (Ex. 24,12-13). Auch soll Mose dort das Wissen über Adam und Eva erfahren haben, wenn wir der nichtkanonisierten Schrift Apokalypse des Mose glauben wollen, in der es heißt:

„*Dies ist die Geschichte und das Leben der Erstgeschaffenen, Adam und Eva. Sie ward von Gott seinem Diener Moses geoffenbart, als er die Gesetzestafeln aus der Hand des Herrn empfing.*" (AM. 1)

Ob Mose tatsächlich das Wissen über das besagte Buch dort erhielt, ist fraglich. Aaron und Hur wurden jedenfalls für die Zeit seiner Abwesenheit als Führer der Israeliten bestimmt, so daß jeder mit seinen Problemen zu ihnen kommen konnte (Ex. 24,14).

Als Mose nun den „Gottesberg" wieder bestieg, kam Jahwe noch einmal auf den Sinai nieder, um mit seinem Erdling zu sprechen:

„*Dann stieg Mose auf den Berg, und die Wolke bedeckte den Berg. Die Herrlichkeit des Herrn ließ sich auf den Sinai herab, und die Wolke bedeckte den Berg sechs Tage lang. Am siebenten Tag rief der Herr mitten aus der Wolke Mose herbei. Die Erscheinung der Herrlichkeit des Herrn auf dem Gipfel des Berges zeigte sich vor den Augen der Israeliten wie verzehrendes Feuer.*" (Ex. 24,15-17)

Der außerirdische Jahwe kam im „Feuer" auf den Berg herab. Ob Mose tatsächlich am siebten Tag erst vom „Herrn" herbeigerufen wurde, ist stark zu bezweifeln. Ebenso wie zum Beispiel die vierzig Jahre des Exodus können sie auch symbolische Bedeutung haben.

VI.8 Israels Rückfall zum Götzendienst

Die Bibel behauptet, daß Mose „Vierzig Tage und vierzig Nächte (...) auf dem Berg“ blieb (Ex. 24,18), ohne etwas von sich hören oder sehen zu lassen. Niemand der Israeliten am Fuße des Sinai wußte, was mit Mose geschehen war - vielleicht war er gar tot...? Aaron jedenfalls, der von Mose persönlich die Befehlsgewalt für der Zeit seiner Abwesenheit übertragen bekam, zweifelte offenbar inzwischen selbst, daß er seinen Bruder je wiedersehen würde. Und an dieser Stelle beginnt das Alte Testament mit einer interessanten Überlieferung: Das „Goldene Kalb“ wird gefertigt.

Während das Haus Israel bislang die „Herrlichkeit des Herrn“ auf dem Sinai verehrte (Wolke, Feuer etc.) oder die „Säule“ an ihrer Zugspitze, sieht es nun so aus, als brauchten sie ein neues „Gottesbild“. So versammelten sie sich um Aaron - ihren Führer in Vertretung - und forderten:

„Komm, mach uns Götter, die vor uns herziehen. Denn dieser Mose, der Mann, der uns aus Ägypten heraufgebracht hat - wir wissen nicht, was mit ihm geschehen ist.“ (Ex. 32,1)

Aaron ging auf die Bitte des Volkes ein und goß aus den Ohrringen der Israeliten ein Kalb aus Gold, *eine* „Gottheit“, die die Israeliten anbeten konnten. In verschiedenen Bibeln steht auch „mach uns einen Gott“/„mach uns eine Gottheit“, und da nur von einem Kalb die Rede ist, ist es denkbar, daß Israel nur nach einem „Gott“ verlangte. Ein anderer Gedanke mag vielleicht recht interessant sein: Wenn die Israeliten „Götter“ forderten - zweifellos ein Überbleibsel an ihre Zeit in Ägypten -, warum hat Aaron nur eine Götze gefertigt? War der Monotheismus in ihm doch stärker als die Bitte des Volkes...?

Da das nun aufmüpfige Volk nach einem Objekt verlangte, das es anbeten konnte, stellt sich natürlich die wichtige Frage: Wo war die „Gotteserscheinung“ vom Sinai, das sichtbare Zeichen Jahwes Anwesenheit, geblieben? War der Berg möglicherweise „von Gott verlassen“? Schließlich gilt ja das Phänomen der „Wolke“ als Symbol für seine Gegenwart. Es ist durchaus möglich, daß das Fluggerät fort war, denn wir wissen, daß Mose vierzig Tage lang nicht mehr unter den Israeliten weilte. Er könnte also von Jahwe in dieser Zeit „entrückt“ worden sein.

Auch in Mertens „Handbuch der Bibelkunde“ (S. 192) stellt der Autor fest:

„Wäre die Wolken- und Feuersäule eine wirklich sichtbare Erscheinung gewesen, so hätte es niemals zu dem Abfall Israels in der Verehrung des Goldenen Kalbes kommen können. So aber sind die Säulen nur erzählerische Bilder für die Gegenwart Gottes, die der spätere Erzähler als Motiv einführte.“

Mertens hat recht, wenn er feststellt, daß die Feuer- und Wolkensäule - „Jahwes Wagen“ nach Haag (S. 1895) - die Gegenwart Jahwes verkündete. Aber wenn diese Erscheinungen nicht real zu sehen gewesen wären, so wie es die Bibel an verschiedenen Stellen behauptet, hätte es schon lange zu diesem Zwischenfall kommen müssen. Ich halte die Israeliten auch nicht für so naiv, einem *unsichtba-*

ren Bildnis gefolgt zu sein. Es ist realistischer anzunehmen, daß die „Säule" *tatsächlich* von Israel gesehen werden konnte. Als Mose aber vierzig Tage auf dem Sinai verschwand, verschwand *auch* die „Säule", und die Israeliten hatten kein sichtbares „Gottesbild" mehr. Ich vermute deshalb, daß Mose während der Zeit seiner Abwesenheit von Jahwe „entführt" wurde, wie einst auch Henoch, Abraham, Baruch, Elijas, Johannes oder Ezechiel. Natürlich würde bei dieser „Himmelfahrt" auch das Fluggerät „Gottes" vom Sinai verschwinden, mit ihm die Rauch- und Feuererscheinungen. Israel war ohne „Gott".

In der bereits zitierten apokryphen Schrift „Ezechiel der Tragiker" lesen wir einen Bericht, der tatsächlich bestätigt, daß Mose entrückt wurde. Ebenfalls erfahren wir dort, daß auf dem Sinai - der nicht wörtlich genannt wird - der Thron oder besser Thronwagen Jahwes stand. Diesen Wagen werden wir in dem Kapitel über Ezechiel noch genauer kennenlernen:

„*Auf einer Bergspitze sah ich* (Moses, L.A.F.) *einen großen Thron, der bis zum Himmel reichte. Darauf saß ein Mann, dem edelsten Geschlecht entsprossen. Ein Diadem auf seinem Haupt* (...) *Ich stellte mich vor seinen Thron. Da reichte er mir das Zepter dar und ließ mich seinen großen Thron besteigen. Auch gab er mir sein königliches Diadem; er selber stieg herab.*" (EdT. 68-76)

Mose sah einen edlen „Mann" auf einem Thron, der von einem Leuchten, einem Diadem, umgeben war. Wie bei Ezechiel und anderen könnte dies die beleuchtete Kanzel gewesen sein, denn als Mose den Thron bestieg, erhielt er dies Diadem ebenfalls.

Dann stieg er tatsächlich gen Himmel auf:

„*Darauf erblickte ich der Erde ganze Rundung*(!), *zugleich der Erde Tiefen und des Himmels Höhen.*" (EdT. 77-78)

Die Rauch- und Feuersäule war also wirklich für die Israeliten am Fuß des Berges verschwunden. Mose indes betrachtete „der Erde ganze Rundung". Und wurde er nicht emporgehoben, woher wußte er, daß die Erde *rund* ist - vor Jahrtausenden!? So wie es auch die vorchristlichen Überlieferungen des *Ovid* (s. II.3) wissen, die von einer Erde in „Form einer riesigen Kugel" sprechen (Sproul, westlich, S. 99). Oder der biblische Ps 77,19 (nach Lurker, Wörterbuch, S. 244), der von einer hellen, donnernden Erscheinung spricht, die das „Erdrund" erhellt.

Auf jeden Fall erfuhr Mose wahrscheinlich bei seinem vierzigtägigen Aufenthalt in Jahwes Gegenwart die genauen Beschreibungen der heiligen Bundeslade. Das erstaunliche, stark verehrte Heiligtum erhielt Mose, so sagt es Ex. 25,9 aus, auch (wahrscheinlich im Zusammenhang mit dem Berg Sinai) als „Modell" gezeigt. Selbst andere heilige Einrichtungen (Zelt der Lade etc.) sah er zuvor als Modell (Ex. 26,30). Und als Mose wieder zu den Israeliten herabstieg, war er mit dem Wissen über diese geheimnisvolle Lade bestens vertraut. Wir sehen uns in VI.9 und 10 diese geheimnisumwitterte Lade und deren sonderbare Funktion noch genauer an.

Mose bekam von den Geschehnissen am Fuße des Berges nichts mit. Er befand sich in Jahwes Obhut und hatte keine Ahnung, was sein Volk in der Zwischenzeit so trieb. „Gott" sah natürlich, daß die Israeliten ein Götzenbildnis anbeteten und ihm Opfer darbrachten. Umgehend wurde Mose darüber unterrichtet, und Jahwe offenbarte ihm auch gleich seine geplante Strafe für diesen Frevel:

„Nun laß mich, daß mein Zorn gegen sie entbrenne und ich sie vertilge. Dich aber will ich zu einem großen Volke machen." (Ex. 32,10)

Jahwe sah genau, daß „sein" Volk gegen seine Gebote (nicht die Zehn Gebote, die besaßen sie noch nicht) verstieß. Er war darüber derart ungehalten, daß er alle, bis auf Mose, umbringen wollte. Hier haben wir es quasi mit einem weiteren Versuch „Gottes" zu tun, denn er will nun Mose zu einem großen Volke machen, so als sei der Versuch mit dem Hause Israel gescheitert!

Mose aber war ein kluger Mann, da er umgehend versuchte, seinem „Gott" diesen Plan auszureden:

„Mose suchte Jahwe, seinen Gott, zu begütigen und sprach: Warum, Jahwe, soll dein Zorn wider dein Volk entbrennen, das du mit großer Kraft und mit starkem Arm aus Ägypten herausgeführt hast? Sollen denn die Ägypter sagen dürfen: In schlimmer Absicht hat er sie herausgeführt, um sie im Gebirge umzubringen und sie vom Erdboden zu vertilgen? Laß ab von deinem glühenden Zorn und lasse dich das Unheil greulen, das du über dein Volk verhängen willst." (Ex. 32,11-12)

Mit viel Geschick redete Mose auf Jahwe ein. Er war dabei derart wortgewandt, daß „Gott" eigentlich kein anderer Ausweg blieb, als von seinem mörderischen Plan abzusehen. Als Mose „Gott" dann noch an Isaak und Abraham erinnerte, dessen Nachkommen er zahllos machen wollte, „ließ sich Jahwe das Unheil greulen, daß er seinem Volk angedroht hatte" (Ex. 32,14).

Wir sehen, Jahwe ist eine „Gottheit", die durchaus mir sich reden läßt! Schon Abraham gelang es, mit „Gott" zu feilschen, als dieser seine Engel gen Sodom sandte (s. V.1 und Gen. 18,23+), um dort die Menschen zu töten.

Mose hatte seine vorläufige Mission auf dem Sinai beendet und stieg wieder mit Josua, der wahrscheinlich irgendwo auf ihn wartete, zu den Israeliten hinunter. Unten am Fuß des heiligen Berges wurde inzwischen ein ausgelassenes Fest zu Ehren des goldenen Kalbes gefeiert, dem die Israeliten nun die Befreiung aus Ägypten zusprachen. Es ist vielleicht auch denkbar, daß hier eine Art „Mondkult" oder „Sinkult" betrieben wurden (Haag, S. 1594), denn *Sin* ist der babylonische „Gott" des Mondes und *Sin* wurde auch „als Stier, dessen Gehörn die Mondsichel bildet" verehrt (Lurker, Lexikon, S. 378f.). Natürlich findet sich *Sin* auch in *Sinai.*

Als Mose diese „Gotteslästerung" sah - ein eindeutiges Vergehen seines Volkes -, zerbrach er eine der „göttlichen" Gesetzestafeln. Es ist allerdings fragwürdig, daß die Steintafeln von Jahwe persönlich (Ex. 32,16) beschrieben wurden. Die kitschige Verfilmung in dem Monumentalstreifen „Die Zehn Gebote", in dem die Zeilen der Gesetze von einem Blitz in die Tafeln geschrieben werden, ist nichts weiter als reine Erfindung. Ich habe nichts gegen Bibelverfilmungen, aber derartige Szenen machen die Bibel vollkommen unglaubwürdig.

Mose nahm das Kalb, „verbrannte es, zerstieß es zu Staub, streute ihn auf das Wasser und ließ es die Israeliten trinken" (Ex. 32,20). Ich möchte nicht bestreiten, daß Mose das Kalb zerstörte, aber die alttestamentarische Schilderung ist schlicht nicht möglich. Nehmen wir an, das Kalb war aus Holz gefertigt und nur mit einer Goldschicht überzogen (ist auch wahrscheinlicher). Dennoch kann Gold nicht einfach zu „Staub" zermahlen werden. Noch weniger ist es möglich, das edle Metall mit Wasser zu vermengen und dies dann zu trinken. Die Israeliten würden in einem solchen Fall einfach das Gold vom Boden ihrer Trinkgefäße aufgelesen haben.

Aaron, der letzten Endes die Hauptschuld an diesem Vergehen hatte, verteidigte sich Mose gegenüber, daß das Volk von ihm verlangt hätte, eine „Gottheit" anzufertigen (Ex. 32,21-23). Da niemand wußte, was mit Mose geschehen war, warf er ihr Gold ins Feuer, und das Kalb kam zufällig heraus. Aarons Verteidigung ist zwar zum Teil korrekt, aber daß die Götze „zufällig" entstand (Ex. 32,24), kann kaum zweifelhafter sein.

Es ist möglich, daß Israel sich an die Sklavenzeit in Ägypten erinnerte, wo der Stier ein „göttliches" Tier war. Mehrere ägyptische „Götter" wurden mit ihm in Zusammenhang gebracht, vor allem *Apis* (ägyptisch *Hapi*, „Gott" der Fruchtbarkeit) und *Epaphus* (nach griechischer Überlieferung der Stammvater der Ägypter) waren Eigentümer der irdischen Stiere. Das Alte Testament behauptet, daß mit den Israeliten „ein großer Haufen anderer Leute" (Ex. 12,37-38) aus Ägypten fortzog. Daher ist es nicht abwegig anzunehmen, daß es Ägypter waren und sie in Moses Abwesenheit eine Gelegenheit sahen, ihre Religion wiederzubeleben.

Ob nun das rätselhafte Kalb tatsächlich von Aaron angefertigt wurde, kann nicht bewiesen werden. Jedoch zeigt die alttestamentarische Erzählung, daß die Israeliten auch noch am Berg Sinai größtenteils polytheistisch dachten. Zumindest könnte hier ein *Henotheismus* vorliegen, das heißt, daß sie mehrere „Götter" anerkannten, aber nur einen „Hauptgott", in diesem Fall Jahwe, hatten.

„Eifer der Leviten" nennt die Bibel die nun folgende Strafe, die Mose für den Götzendienst seines Volkes forderte. Mose befahl, daß alle, die an Jahwe glauben, sich um ihn versammeln sollten. Dies waren alle Leviten, die Tempeldiener aus dem Stamme Levi, wie es Ex. 32,25-26 dokumentiert. Ihnen erteilte Mose, mit Berufung auf Jahwes Worte, einen tödlichen Befehl:

„So spricht Jahwe, der Gott Israels: Jeder gürte sein Schwert um die Hüfte! Geht im Lager hin und her von einem Tor zum anderen und tötet auch den eigenen Bruder, Freund und Anverwandten! Die Leviten taten nach dem Befehl Mose, und es fielen von dem Volk an jenem Tag an die dreitausend Mann." (Ex. 32,27-28)

War dies ein Befehl Jahwes, wie Mose es behauptete? War dies eine eindeutige und grausame Strafe, damit die Israeliten von nun an ausschließlich Jahwe verehren sollten? Das Alte Testament überliefert in der Tat, daß Jahwe ein

„eifersüchtiger Gott" (Hebräisch „*El qanna*'") war (s. oben), und wir lesen sogar, daß er beim Weitermarsch vom Sinai nicht mitging, „weil du ein halsstarriges Volk bist, damit ich dich nicht auf dem Weg vernichte" (Ex. 33,3). Bekanntlich schickte Jahwe auch einen „Engel", der Israel führen sollte (zum Beispiel Ex. 33,2), wie ich es weiter oben schon ausgeführt habe.

Als das Volk Israel, eingeschüchtert durch die grausame Bestrafung durch Mose und die Leviten, die Sinaigegend wieder verließ, um weiter in Richtung des „gelobten Landes" zu ziehen, besaßen sie einen Gegenstand, der einer der heiligsten der Bibel überhaupt ist: Die Bundeslade.

VI.9 Die Lade Jahwes - eine bemerkenswerte Konstruktion

Über die geheimnisumwitterte Konstruktion aus der Zeit des Exodus - eben die heilige Lade - ist bereits eine Fülle von Material veröffentlicht worden. Immer wieder versuchen gläubige Bibelleser oder auch Techniker, die Bundeslade zu rekonstruieren, um so den Beweis anzutreten: seht her, so war es.

Um es vorweg zu sagen: Berichte, daß es Collegeschülern aus Minnesota (USA) gelungen ist, die Lade nachzubauen, und diese lebensgefährliche Spannungen erzeugte, sind bereits vor Jahren als „Bluff" entlarvt worden. Es steht mir aber an dieser Stelle nicht zu, irgendeinen „Verantwortlichen" zu kritisieren.

Da die Lade Jahwes das heiligste Relikt des Exodus war, wollen wir uns in den nächsten zwei Abschnitten dieses Buches diese Reliquie etwas näher ansehen. Natürlich habe ich im folgenden nicht sämtliche Berichte und Überlieferungen über die Bundeslade übernommen, da sonst der Umfang dieses Buches nicht abzuschätzen wäre. Die Überlieferungen aus dem Alten Testament reichen aber völlig aus, um diesen Gegenstand als „wunderbares" Gerät zu identifizieren.

Schlagen wir also wieder die Bibel auf, um zu erfahren, was über dieses Heiligtum zu erfahren ist. In dem alttestamentarischen Pentateuch finden sich zwei recht ähnliche Bauanweisungen der Lade „Gottes" an Mose.

Wo aber hat die Lade in den alttestamentarischen Versen ihren Ursprung? Im Buch Exodus fordert Jahwe seine israelitischen Diener auf:

„Macht mir ein Heiligtum! Dann werde ich in ihrer Mitte wohnen." (Ex. 25,8)

Dies „Heiligtum" war die Bundeslade, und dessen Zubehör etwas wie zum Beispiel ein Zelt. „Gott" verlangte, eigentlich nur von Mose, da dieser Vers mit „Mach mir" beginnt, daß ihm eine Residenz errichtet werden soll, so daß er immer unter seinem Volke weilen kann. Mose erhielt diesen „göttlichen" Auftrag laut biblischer Überlieferung am Berge Sinai, aber es ist durchaus anzunehmen, daß die Lade schon *vor* der „Gottesbegegnung" am Sinai im Besitz Israels war. Denn einst stellte Aaron eine gewisse Menge (ein Omer) des rätselhaften, himmlischen Nahrungsmittels Manna in die Bundeslade oder „vor die Bundesurkunde, damit es dort aufbewahrt werden würde" (Ex. 16,34). Die Neue Jerusalemer Bibel nimmt an, daß hier erstmalig die Lade Jahwes erwähnt wird, da im Register dieser Bibel unter dem Stichwort „Bundeslade" der Vers Ex. 16,34 zu finden ist.

Die Bibelausgabe der Deutschen Bibelgesellschaft (Stuttgart 1982) nennt in diesem Vers konkret die „Lade mit dem Bundesgesetz" und setzt somit die Anwesenheit des Schreins bereits vor den wichtigen Sinai-Ereignissen als gegeben voraus.

Ob nun die flüchtenden Israeliten die Bundeslade bereits in der Wüste Sinai besaßen, dort, wo sie einst mit Wachteln und Manna gespeist wurden, sei dahingestellt. Wenn dem so ist, haben sie diese höchstwahrscheinlich aus Ägypten mitgebracht, da die Bibel festhält, daß Israel noch keine drei Monate aus dem Land der Pyramiden fort war (Ex. 16,1). Ägyptische „Laden" mit geflügelten Wesen sind dank unserer Archäologen hinlänglich bekannt. Es gab sie also tatsächlich in Ägypten, und sie waren nicht einmal selten. Auch geflügelte Wesen, laut Bibel *Cherube*, trugen die ägypptischen Gegenstücke bzw. sie wurden in diese eingearbeitet.

Der erste, eindeutige und *unmißverständliche* Hinweis auf die Lade Jahwes taucht erst bei der Sinai-Überlieferung auf. Jedoch ist heute hinreichend bekannt, daß das Buch Exodus - gerade der Sinai-Bericht - von späteren Priestergeschlechtern ergänzt und geändert wurde. So stammt der Exodus-Text mit den Bauanweisungen der Lade aus einer sogenannten „Priesterschrift" aus der Zeit des babylonischen Exils, also nach 586 v. Chr. Andere wiederum nehmen an, daß bereits in der Zeit des Herrschers Joschija (638/640 bis 608/609 v. Chr.) dieser Text entstanden sein könnte (Mertens, S. 104), was aber immer noch Jahrhunderte nach Moses Lebzeiten entspricht. Wann also genau der Schrein in die Hand der Israeliten kam, ist und bleibt ungewiß. Wie ich im vorherigen Thema bereits ansprach, erhielt Mose die Konstruktionsanleitung des Heiligtums erst am Berg Sinai von „Gott" überreicht. So sagt es das Buch Exodus. Aber auch in Mertens „Handbuch der Bibelkunde" stellt der Autor fest, daß

„*(...) nicht daran zu zweifeln* (ist), *daß die Bundeslade viel älter ist als der Text, in dem ihre Anfertigung von Gott befohlen wird (Ex. 25,10-22).*" (S. 660)

Es liegt also durchaus auf der Hand, daß die Israeliten tatsächlich eine heilige „Kiste" bei ihrem Exodus aus Ägypten mitführten, die „auf der Wanderung ihr Heiligtum war" (Mertens, S. 662). Der Text über die Gesetzgebung am Sinai, somit auch die „göttliche" Herkunft der Lade, enthält zwar ein klar erkennbares Durcheinander unterschiedlicher Einfügungen und Veränderungen, aber dennoch lassen sich auch geschichtliche Tatsachen erkennen. Es darf als sicher angenommen werden, daß Israel zwischen 1280 bis 1180 an einem (unbekannten) „Gottesberg" die gesetzlichen Grundlagen seiner Religion erhalten hat. Ebenso sicher ist, daß das Volk bei diesem Ereignis auch mit Gott als *Partner* (das ist das Besondere) einen Bund schloß.

Wann die Lade nun definitiv in Israels Besitz gelangte, kann bisher nicht befriedigend geklärt werden. Die erste, exakte namentliche Erwähnung der Bundeslade findet sich aber erst im 25. Kapitel des Buches Exodus. Wir können aber anhand der alttestamentarischen Tatsachen, nämlich, daß die Lade „Gottes Werk“ ist und geheimnisvolle „Kräfte“ besaß, feststellen, daß sie ein ungemein wichtiger Gegenstand der Israeliten war! Da im Alten Testament diese Konstruktion von geradezu tödlichen Nebenerscheinungen begleitet war, wie wir es noch sehen werden, scheint es hinreichend gesichert zu sein, daß sie keine „normale“ Holzkiste war. Dabei spielt es keine Rolle, wann sie in israelitischen Besitz gelangte.

Trotz der Zweifel an der Herkunft werde ich im folgenden die Lade als „Geschenk“ Jahwes am Sinai betrachten - der Einfachheit halber.

Durch die im Buch Exodus an zwei Stellen erhalten gebliebene Anleitung zum Bau des Ladenheiligtums ist diese natürlich ein begehrtes Objekt für jegliche Art von Spekulationen geworden. In der Paläo-SETI ist schon lange die These bekannt, der Schrein diente einst den Exodus-Führern Mose und Aaron als Kommunikationsmittel mit Jahwe. Lesen wir den Exodusbericht genau, stellen wir klipp und klar fest, daß dies auch der Fall war...

Die genauen Bauanweisungen finden wir im Exodus an zwei Stellen:

„Macht eine Lade aus Akazienholz, zweieinhalb Ellen lang, anderthalb Ellen breit und eineinhalb Ellen hoch!“ (Ex. 25,10)

Schon im ersten Vers der Ladenbeschreibung sind strittige Angaben zu finden, die jedoch nicht vom Schreiber verursacht wurden. Die genannten Ellenmaße sind heute nicht hundertprozentig in geläufige Meter- oder Zentimeterangaben umzurechnen. Die Bibelexegeten oder Verskommentatoren geben in den unterschiedlichen Bibelfassungen auch untereinander teilweise enorm abweichende Ellenmaße wieder. In der Neuen Jerusalemer Bibel nennt die entspreche Fußnote 44 Zentimeter für eine *gewöhnliche Elle*. Die Pattloch-Bibel legt eine gewöhnliche Elle mit 45,8 Zentimetern und eine königliche mit 52½ Zentimetern fest, und Mertens bibelkundiges Handbuch (S. 707) gibt eine Elle „nach altem Maß“ mit „etwa 52 Zentimeter“ an. In der „Bibel in heutigem Deutsch“ wurde die Angabe als Ellenmaß bewußt weggelassen und als Meter wiedergegeben (1,25 x 075), woraus sich eine Ellen mit exakt 50 Zentimetern (1,25 Meter: 2,5 Ellen) ableitet.

Die Lade ist nach diesen Längenmaßen also maximal ein Kasten von rund 1,30 Meter Länge und fast 80 Zentimeter Breite und Höhe gewesen.

Auch über das „Akazienholz“ läßt sich streiten, da die Akazie als „Gummilieferant“ genutzt wurde und wird (Denffer, S. 795). In unserem modernen Wohnzimmer wird dieses Gewächs heute auch gerne als Zierpflanze aufgestellt. Die Tatsache, daß die Akazie Gummi liefert, wie es auch jedes Lexikon weiß, könnte für spätere Überlegungen aber von Interesse sein.

Da die Gattung *Acacia* viele hundert Arten beherbergt, ist natürlich nicht bekannt, welche davon im biblischen Bericht gemeint ist. Zahlreiche Autoren bezweifeln sogar völlig, daß diese Pflanze als Baumaterial diente oder dienen konnte. Diese Frage stellte ich einem Botaniker: Am 14. November 1996 erhielt ich bezüglich einer Anfrage an den Botaniker Professor Dr. Friedrich Ehrendorfer (Österreichische Akademie der Wissenschaften), Mitherausgeber eines

„Lehrbuchs der Botanik" (Universität Wien), ob vor 3.000 Jahren eine Akazie auf der Südsinaihalbinsel wuchs, aus der die Bundeslade gebaut werden konnte, u. a. folgende Antwort:

„ (...) *Die Akazien auf der Sinai-Halbinsel wachsen zu recht beachtlichen Bäumen heran. Aus dem Holz könnte also ohne weiteres ein Behältnis (Sie beziehen sich wohl auf die jüdische Bundeslade) gebaut werden.* (...)" (Ehrendorfer)

Es ist also tatsächlich möglich, die Akazie als Baumaterial zu nutzen (und ihr Gummi ebenfalls!). Folgen wir der biblischen Bauanweisung aber weiter.

„*Überziehe sie mit reinem Gold - innen und außen sollst du sie überziehen - und bringe einen ringsum laufenden Kranz an ihr an. Dazu gieße vier goldene Ringe und befestige sie an ihren vier Füßen, und zwar zwei Ringe auf ihrer einen und zwei Ringe auf ihrer anderen Seite.*" (Ex. 25,11-12)

Diese Beschreibung ist in sich logisch. Hier erfahren wir, daß die Lade vier gegossene „Goldfüße" besaß (die allerdings nirgends näher beschrieben werden), an denen auch die Tragestangen befestigt wurden. Das Problem ist hier aber, an welchen Seiten sie angebracht wurden; an der Längs- oder der Querseite. Mertens Bibelhandbuch (S. 661) geht ohne jeglichen Hinweis davon aus, daß sie an der Längsseite befestigt wurden, was aber im Grunde genommen auch belanglos ist.

Innen und außen wurde sie mit Gold überzogen oder mit Blattgold beschlagen. Wenn wir auch den Deckel (Ex. 25,21) mit einbeziehen, der laut Ex. 25,17 ebenfalls 2½ Ellen lang und 1½ Ellen breit war (und aus massiven Gold bestand!), dann hätte die Lade 8,58 Quadratmeter (bei einer Elle = 44 Zentimetern) bis 10,24 Quadratmeter (bei einer Elle = 52½ Zentimeter) Außenfäche besessen. Rein theoretisch mußten die Israeliten einst zu ihrem Bau etwa 17,16 bis 20,48 Quadratmeter Gold an ihr anbringen!

Natürlich ist dies eine reine Zahlenspielerei, denn weder die goldenen Tragestangen, noch die Füße, der umgebende Goldkranz, die Trageringe oder die *Cherube* sind in der Rechnung enthalten. Deren Maße sind nicht angegeben. Die Bibel erlaubt auch keine Rückschlüsse darauf, wie *dick* der Goldbezug gewesen ist. Und die Deckplatte war sogar massiv Gold. Auch weiß jeder, daß die äußere Fläche eines Kastens immer größer ist als die innere. Jedoch zeigt diese Rechnung, daß alleine der Goldwert der Bundeslade nicht unerheblich gewesen sein muß. Wahrscheinlich wußten dies auch die Philister, als sie in einer Schlacht das Heiligtum erbeuteten.

Auch die Stangen mußten, so wollte es Jahwe, aus Akazienholz gefertigt und mit Gold überzogen werden. Laut Exodus wurden diese Stangen als Tragehilfe benutzt und durften *nie* aus den dafür vorgesehenen Ösen herausgenommen werden:

„*Diese Stangen stecke in die Ringe an den Seiten der Lade, damit man mit ihnen die Lade tragen kann. Die Stangen sollen in den Ringen der Lade bleiben; sie dürfen nicht daraus entfernt werden.*" (Ex. 25,14-15)

Es ist verständlich, daß die Lade mit Tragestangen versehen wurde, um den Transport zu erleichtern. Auch das erste Buch der Chronik bestätigt, daß die Gesetzeslade tatsächlich mit Hilfe der Stangen auf den Schultern getragen wurde (1. Chr. 15,15). Die Ägyptische Kultur besaß ebenfalls „Kultschreine", die an Stangen, die unterhalb der Laden befestigt wurden, getragen werden konnten (gefunden zum Beispiel im Grab von Tutenchamun). Auch ein apokrypher Text, die syrische Baruchapokalypse (AB. 6,7), nennt ein „Schulterleid", was der Übersetzer Paul Rießler als unmißverständliche Bezeichnung für die Bundeslade ansieht (Rießler, S. 1270), da diese auf den Schultern transportiert wurde. Unverständlich ist es jedoch, *warum* „Gott" seinen Dienern verbot, diese jemals zu entfernen. Dazu später aber mehr.

An der Lade, und zwar *an* (nicht auf!) der Abdeckung, der sogenannten „Versöhnungsplatte" oder ähnlich, wurden zwei *Kerube* bzw. *Cherube* angebracht. Sie sollten ihre Flügel ausstrecken und die Bundeslade überspannen,

„(...) *so daß sie die Versöhnungsplatte mit ihren Flügeln überdecken, während ihre Gesichter einander zugekehrt sind; gegen die Versöhnungsplatte sollen die Gesichter der Kerube gerichtet sein.*" (Ex. 25,20)

Cherube sind langläufig Zwitterwesen, die vor allem im mesopotamischen Kulturraum weite Verbreitung fanden. Meistens sind es geflügelte Menschen mit Tierköpfen, aber auch den Typ der ägyptischen Sphinx trifft man hier und da. Sie sind also - und kein Theologe wird dies ernsthaft bestreiten - „Kultwesen" älterer Religionen. Diese wurden von den Israeliten übernommen. Aber auch das heutige Christentum - und das ist interessant! - schmückt seine Kirchen (Fenster) manchmal mit diesen Zwittern aus „heidnischen" Religionskulten (zu finden in meiner Dorfkirche über einem „Marienaltar")!

Wie bereits vorher erwähnt, gibt es ernsthafte Zweifel, daß die Bauanweisung der Lade von Jahwe am Sinai verkündet wurde. Viele Theologen wollen die Bundeslade viel früher datieren, so daß sie also am Sinai bereits in den Händen der Israeliten war. Die in Ex. 25,20 erwähnten *Cherube*, die oben an der Seite der Lade befestigt werden sollten, finden sich an keiner anderen Stelle des Alten Testamentes, mit Ausnahme der Wiederholung in Ex. 37,1-9 natürlich.

Es ist demnach durchaus zu bezweifeln, daß die heilige Reliquie tatsächlich geflügelte Wesen als „Verzierung" trug. Als König Salomo (970 bis 931 v. Chr.), der Nachfolger von König David (1010 bis 970 v. Chr.), die Gesetzeslade feierlich in seinen Tempel in Jerusalem bringen ließ, befanden sich die *Cherube neben* der Lade, wie es das erste Buch der Könige beschreibt:

„*Darauf stellten die Priester die Bundeslade des Herrn an ihren Platz, in die Gotteswohnung des Hauses, in das Allerheiligste, unter die Flügel der Kerube. Denn die Kerube breiteten ihre Flügel über den Ort, wo die Lade stand, und bedeckten sie und ihre Stangen von oben her.*" (1. Kön. 8,6-7)

Es ist also fraglich, ob die Lade tatsächlich geflügelte *Cherube* als Verzierung trug. Die Wissenschaftler Rodney Dale und George Sassoon leiten aus derartigen

Widersprüchen ab, daß es zwei verschiedene Laden im alten Israel gab. Eine davon war, so die Wissenschaftler, die Manna-Maschine, vielleicht aber auch nur ein Teil von ihr. Möglicherweise ging die Lade auch verloren, und die aus Salomons Palast war eine Rekonstruktion. Oder die Philister beschädigten die Bundeslade, so daß beim Bau des salomonischen Tempels zwei *Cherube* angefertigt wurden, die die Lade überspannen sollten - so wie sie es beim Exodus taten.

Aber weichen wir an dieser Stelle nicht von der Überlieferung des Alten Testamentes ab. Ich komme an anderer Stelle noch auf die Zeit der Gesetzeslade in der Hand der Philister zurück (s. nächsten Abschnitt).

Die Tatsache, daß die Akazie bekanntlich auch Gummi liefert, stützt die Annahme, daß die Lade möglicherweise eine technische Gerätschaft war, die eine gewisse Isolierung erforderte. Da die Bibel aber eindeutig Akazienholz als einen der Baustoffe (neben Gold) nennt, könnte das Gummi der Pflanze zur Isolierung gegen elektrische Spannung gedient haben, die irgendwie für die Funktion der Lade gebraucht wurde. Was aber war ihr Zweck? Am Ende der „göttlichen" Bauanweisung erfahren darüber etwas:

„*Dort will ich dir begegnen und mit dir von der Versöhnungsplatte herab zwischen den beiden Keruben, die auf der Gesetzeslade sind, alles reden, was ich dir an die Israeliten auftragen werde.*" (Ex. 25,22)

Schon an dieser Stelle ist zu vermuten, daß die „Gotteslade" eine *technische* Apparatur gewesen sein könnte, da die Beschreibungen diesen Schluß ohne weiteres zulassen. Jahwe war in der Lage, mit Hilfe der Bundeslade jederzeit Kontakt zu Mose aufzunehmen und ihm neue Anweisungen zu erteilen. Jedoch sind es meist Menschen, die in den biblischen Berichten mit Hilfe der Lade zu Jahwe sprachen. Doch das apokryphe Buch Philo bestätigt, daß auch „Gott" durch die Lade im Offenbarungszelt mit Mose sprechen konnte:

„*Dann rief Mose zum Herrn, und Gott sprach mit ihm vom Zelt* (dort wurde der Schrein beim Exodus verwahrt, L.A.F.) *aus* (...)" (Philo 13,2)

Oder noch deutlicher in Buch Numeri:

„*Und wenn Mose in das Offenbarungszelt ging, um mit ihm* (= Jahwe, L.A.F.) *zu reden, hörte er die Stimme, die zu ihm sprach von der Stelle über der Versöhnungsplatte her, welche auf der Lade des Zeugnisses liegt, von der Stelle zwischen den beiden Cherube; und er redete zu ihm.*" (Num. 7,89)

Auch im Buch Jesaja und dem zweiten Buch der Könige finden sich derartige Hinweise, daß die Lade der Kommunikation gedient hat. Im Jahr 701 v. Chr. belagerte der assyrische Herrscher Sanherib (704 bis 681 v. Chr. König) die Stadt Jerusalem, um sie zu erobern. Dem Jerusalemer König Heskija oder Hiskia (716 bis 687 v. Chr.) wurde von Sanherib eine Drohschrift zugeschickt (2. Kön. 19,9+/ Jes. 37,14-20), die Heskija „Gott" vorlegte:

„*Heskija nahm das Schreiben von dem Boten in Empfang und las es. Dann ging er zum Haus des Herrn hinauf, breitete das Schreiben vor dem Herrn aus und betete vor dem Herrn; er sagte: Herr, Gott Israels, der über den Cherube thront, du allein bist der Gott aller Reiche der Erde.(...) Wende mir dein Ohr zu, Herr, und höre!*“ (2. Kön. 19,14-16)

Ein fast wortgleicher Bericht findet sich in Jes. 37,14-20. Und wir erfahren, daß Jahwe tatsächlich das Hilfegesuch an ihn von König Heskija erhörte und einen Engel zur Rettung Jerusalems kommen ließ:

„*In jener Nacht zog der Engel des Herrn aus und erschlug im Lager der Assyrer hundertfünfundachtzigtausend Mann. Als man am nächsten Morgen aufstand, fand man sie alle als Leichen.*“ (2. Kön. 19,35)

Dieser schreckliche Massenmord, der von Jahwes Engel verursacht wurde, führte zur Befreiung von Jerusalem, da sich der assyrische König wieder nach Ninive zurückzog (2. Kön. 19,36/ Jes. 37,37). Das Beispiel macht aber deutlich, daß Heskija durch die Bundeslade, die hier *nicht* namentlich erwähnt wird, aber dennoch anhand der *Cherube* (ob an oder neben dem Schrein) und des Hauses des Herrn (= Allerheiligsten des Tempels) identifiziert werden kann, mit seinem „Gott“ sprechen konnte. Auch erhörte Jahwe sein Flehen, denn die assyrische Niederlage und der plötzliche Rückzug der Armee bei Jerusalem ist geschichtliche Tatsache.

Sehen wir uns andere Prophetenbücher der heiligen Schrift an, so erfolgten dort die Kontaktaufnahmen, sprich die Berufungen, immer auf sehr sonderbare Art und Weise. Etwa durch „Visionen“ oder den himmlischen Thronwagen. Mose aber hatte dies durch seine Lade nicht unbedingt nötig, da sie ihm als Sprachrohr diente.

Dies alles stützt die Vermutung - die schon von zahlreichen Autoren aufgestellt wurde -, daß die Bundeslade eine „Sendestation“ gewesen ist. Denn die Lade hatte eindeutig eine „Funktion als Stätte, wo Jahwe sich offenbart“ (Haag, S. 1009). Wenn wir uns klarmachen, daß Akazienholz (Gummi) auch in den Tragestangen verarbeitet wurde, liegt der Gedanke auf der Hand, daß die Stangen von *außen* mit Gummi *überzogen* waren, um so die Träger vor einer eventuellen elektrischen Entladung zu schützen. Die Träger würden sonst beim Berühren des Schreins eine elektrische Brücke zwischen Erdreich und Lade bilden und einen „Schlag“ bekommen.

Der französische Schriftsteller Robert Charroux spekulierte bereits vor Jahren in seinen Büchern, daß die ominösen Tragestangen nur zu dem Zweck an der Lade befestigt wurden, um die Spannung ins Erdreich zu leiten. Er sieht also in diesen zwei „Stangen“ *Erder*, wie sie heute bei mobilen Radar-, TV- und Funkwagen benutzt werden. In der von „Gott“ übergebenen Bauanweisung dieser Konstruktion ist aber an keiner Stelle zu erfahren, daß diese tatsächlich den Boden berührten. Zwar hält Ex. 25,12-14 fest, daß die Stangen in Goldösen an den „Füßen“, also nahe dem Boden, eingesetzt wurden, aber ein *direkter* Hinweis auf Bodenkontakt ist nicht zu finden. Auch wurden die Tragehilfen waagerecht unter der Lade befestigt, denn die gegossenen Halteringe befanden sich links und rechts an den Standfüßen, und es darf davon ausgegangen werden, daß die „Beine“ an den

Ecken der Lade angebracht wurden. Jedoch ist uns in Num. 4,6 ein eindeutiger Hinweis erhalten geblieben, daß sie tatsächlich auch aus den Ösen herausgenommen wurden.

Wenn die Lade „Gottes" eine technische (*elektrische*) Apparatur gewesen ist, sind wahrscheinlich auch die Tragestangen mit Gummi überzogen worden, um, wie schon erwähnt, die Träger zu schützen. Da „Gott" es verbot, die Stangen aus ihrer Halterung zu entfernen, kann dies nur bedeuten, daß sie nicht allein die Funktion einer Tragehilfe hatten. Würde die Bundeslade erst einmal sicher an ihrem Platz im Offenbarungszelt stehen, könnten auch die Tragestangen entfernt werden, da sie nicht mehr benötigt wurden.

Wenn nun die Gesetzeslade tatsächlich eine Art „Funkanlage" gewesen ist, liegt selbstverständlich die Vermutung nahe, daß die Stangen die dazugehörigen „Antennen" waren. Eine jede von ihnen würde leitend an zwei Stellen (den Goldösen) mit dem heiligen Schrein verbunden sein. An diesen Kontakten war dann die Isolierung aufgehoben, um so die Übertragung zu gewährleisten. Würden aber gegen „Gottes" Verbot doch die „Antennen" herausgezogen, so hätten sie „Gottes Stimme" unterbrochen.

Aber dieser Gedanke der „Antennenstangen" hat auch einen Schwachpunkt: Jeder, der ein Radio sein eigen nennt, *kann* die Antenne ohne jegliche Gefahr berühren (dies stört oder verbessert höchstens den Empfang). Eine Antenne benötigt keine Isolierung. Jedoch können Antennen oder ähnliches in der Elektronik und Elektrotechnik ohne weiteres isoliert werden, ohne daß die Funktion beeinträchtigt wird (wie ich es aus eigener Berufserfahrung weiß) - diese Maßnahme ist aber überflüssig.

Sollte sich jedoch, um bei der Spekulation der Sendeanlage zu bleiben, Jahwe in seinem Fluggerät (der „Wolkensäule") nie weit von seinen Israeliten entfernen, könnte die gesamte Lade auch nur eine Sendestation gewesen sein, um „Gott" zu kontaktieren. Die hypothetischen „Sendestangen" *müßten* dann zwangsläufig isoliert gewesen sein! Zwar ist es unbekannt, mit welcher Leistung diese Anlage arbeitete, aber Sendeantennen können nicht ohne weiteres berührt werden. Aber weiter oben haben wir gesehen, daß Jahwe Mose - nicht umgekehrt - durch die Lade Befehle erteilen will. Mose (oder anderen Personen) konnten ebenfalls so mit ihrem Befehlshaber sprechen. Mir ist aber kein Bericht bekannt, in dem ausdrücklich darauf hingewiesen wird, daß „Gott" durch die Lade sprach - Etwa wie: „Jahwe sprach zu Mose durch die Lade: Mose, geht hin...". Immer sprachen Menschen in Gegenwart des Schreins und wurden auch erhört, wobei Num. 7,89 dennoch verdeutlich, daß Jahwes Worte zu hören waren.

Auch wenn Jahwes seinem Volke auftrug, die Stangen nicht zu entfernen, erfahren wir im Buch Numeri eine interessante Einzelheit. Trotz des Verbotes lesen wir dort, was alles getan werden mußte, um die Lade transportfertig zu machen. Unter anderem heißt es:

„*Darüber* (über die Lade, L.A.F.) *legen sie eine Decke aus Tahaschhaut, breiten darüber ein Tuch, ganz aus violetten Purpur, und bringen an der Lade die Stangen an*(!).“ (Num. 4,6)

Ganz klar wurde hier gegen die Anweisung Jahwes in Ex. 25,15 verstoßen, weil sich die Stangen nicht in den dazugehörigen Halterungen befanden! Wurden sie vielleicht sogar doch senkrecht aufgestellt? Oder dienten selbst die in Ex. 26,37 beschriebenen Säulen des Zeltes als „Antenne“? Auch sie waren aus Akazie und Gold gefertigt und sollen zudem noch „fünf kupferne Sockel“ bessen haben.

Ein weiteres „Bauteil“ des Schreins könnte neben den Stangen ebenfalls als „Antenne“ gedient haben: Der Goldkranz. Eine Antenne muß nicht zwangsläufig gerade sein, sondern kann durchaus auch andere Formen besitzen. Da der Goldkranz nicht im Zusammenhang mit der Akazie erwähnt wird, also an eine Isolierung nicht gedacht werden kann, könnten wir es hier mit der „Empfangsantenne“ zu tun haben. Die gummiisolierten Stangen hingegen dienten als „Sendeantennen“, die vor direktem Berühren geschützt werden mußten.

Leider ist bei noch so detailliertem Studium des Exodus keine Angabe zu finden, wie *lang* die vermeintlichen „Antennen“ einst waren. Schon alleine aus diesem Grund ist es unmöglich, die heilige Bundeslade heute anhand des Exodus zu rekonstruieren. Aber wir finden im ersten Buch der Könige einen bemerkenswerten Bericht über die Lade und deren Stangen, der bisher übersehen wurde. Dort stehen tatsächlich indirekte Angaben über die Länge der Trägerstangen, die wir uns an dieser Stelle genauer ansehen wollen.

Ab dem 6. Kapitel des ersten Buches der Könige sind uns die genauen Beschreibungen über den Tempelbau des Königs Salomo (ca. 970 bis 931 v. Chr.) überliefert. In dem sogenannten „Allerheiligsten“, einem Raum, der eigens für die Lade errichtet wurde (1. Kön. 6,19), wurde die Bundeslade aufbewahrt, und dort standen auch mitten im Raum die *Cherube* (1. Kön. 6,23-28), wie weiter oben schon berichtet:

„*Er stellte die Kerube mitten in den innersten Raum. Ihre Flügel waren so ausgespannt, daß der Flügel des einen Kerub die andere Wand, die Flügel des zweiten Kerub die andere Wand, die Flügel in der Mitte des Raums aber einander berührten.*“ (1. Kön. 6,27)

Die heiligen *Cherube* standen also *mitten* im Allerheiligsten, und die Bundeslade wurde *unter* ihren Flügel aufgestellt, wie es 1. Kön. 8,6-7 beschreibt. Sie befand sich also im Zentrum des Allerheiligsten. Das Allerheiligste oder „Haus Gottes“ (auch „Gotteswohnung“) war ein würfelartiger Raum, der sich hinter dem „Heiligtum“ mit den Zeremonialgegenständen befand und einfache Maße besaß:

„*Die Wohnung war zwanzig Ellen lang, zwanzig Ellen breit und zwanzig Ellen hoch* (...)“ (1. Kön. 6,20)

Der Raum hatte also 9,16 Meter bis 10½ Meter Kantenlänge und war ebenso hoch; je nachdem, ob wir für eine („gewöhnliche“) Elle den Wert 45,8 Zentimeter oder 52½ Zentimeter (königliche Elle) annehmen. Es wird mir wohl keiner verübeln, wenn ich den Raum der Einfachheit halber als mit zehn Metern Kantenlänge gebaut annehme (vergl. Jerusalem, S. 52).

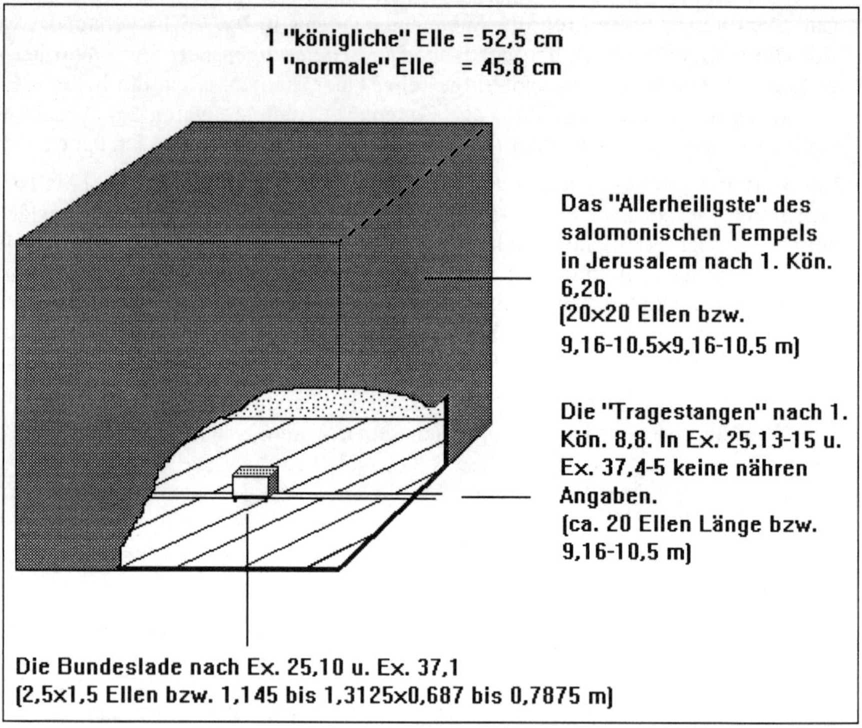

Abbildung 7: Mögliche Maße der Bundeslade

Wenn die Lade Jahwes nun im Zentrum des Allerheiligsten stand, ist folgende Aussage der Bibel erstaunlich, denn als die Priester die Lade in die „Gotteswohnung" des Tempels brachten (1. Kön. 8,1-9), hält der Schreiber fest:

„*Die Stangen waren so lang, daß man ihre Spitzen im Heiligtum vor der Gotteswohnung sehen konnte*(!); *draußen aber waren sie nicht zu sehen. Sie blieben dort bis zum heutigen Tag.*" (1. Kön. 8,8)

Da die Stangen bis ins Heiligtum *vor* dem Allerheiligsten hineinreichten, so daß man sie sehen konnte, müssen die runde *zehn Meter* lang gewesen sein, da der Raum für die Lade zehn Meter Kantenlänge hatte und die Lade Jahwes sich im Zentrum befand. Das 1. Buch der Könige hält penibel fest, daß sie aber außerhalb des Heiligtums nicht zu sehen waren, als wenn der Schreiber nicht wollte, daß die Länge der Stangen falsch verstanden wird. Sie waren auch nicht etwa *vom* Heiligtum aus zu sehen, sondern *im* Heiligtum selber. Auch die Erwähnung im 1. Kön. 8,7, daß die Cherubeflügel die Lade und die Stangen überspannten, ist sehr aufschlußreich und läßt darauf schließen, daß die Stangen ein besonderer Augenmerk waren.

Die Abb. 7 gibt das Allerheiligste mit Bundeslade wieder. Hierbei sind die Stangen an der Längsseite eingezeichnet, was jedoch auf deren theoretische Länge keinen Einfluß hat.

Wenn nun die Tragehilfen tatsächlich Antennen gewesen waren, mit denen Jahwe seine Befehle an Mose übermittelte - und daß Jahwe durch die Lade sprach, wird durch Ex. 25,22 bestätigt -, erhält auch die völlig *übertriebene* Länge einen Sinn. Etwas anderes ist ebenfalls nicht zu verachten, denn wenn die Lade gefährliche Spannungen erzeugte, wie es zum Beispiel der Vorfall im 2. Sam. 6,1+ und im 1. Chr. 13,5+ vermuten läßt, dann wären ihre Träger, die Kehatiter (Num. 4,15), durch die langen „Antennenstangen" weit von der eigentlichen Lade (Gefahr) entfernt und in Sicherheit. Auch die Kommentatoren der Neuen Jerusalemer Bibel bemerken in der Anmerkung zu 2. Sam. 6,7, daß die Berührung der Lade tödlich war und sie deshalb an Stangen getragen werden mußte! Selbst in der Beschreibung des Bundesladenzeltes im Buch Exodus erfahren wir, daß sämtliche Zeltwände des Offenbarungszeltes mit Brettern aus Akazie umrahmt werden sollten, so wie Mose es als „Muster (...) auf dem Berg gezeigt worden war" (Ex. 26,15-30). Auch hier eine Isolierung?

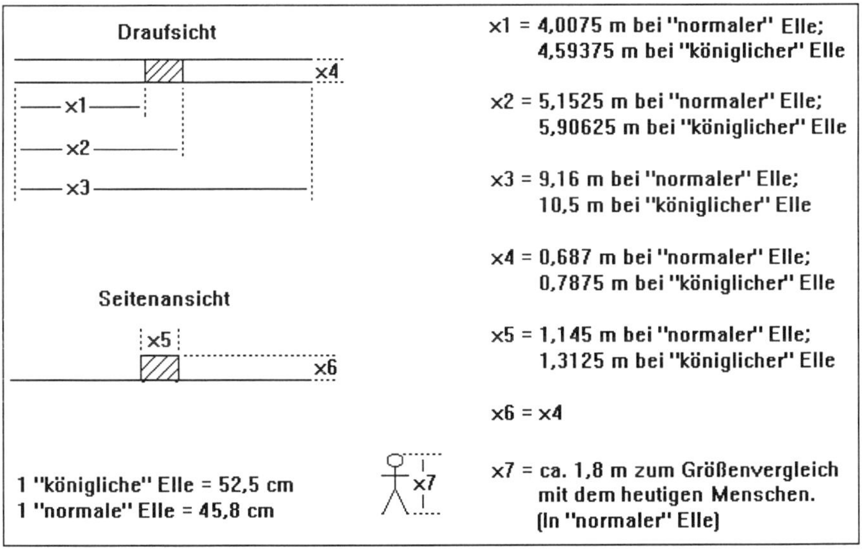

Abbildung 8: Mögliche Proportionen des „Heiligen Schreins"

Es ist vollkommen unsinnig, eine grob gesagt 1,30 x 0,80 x 0,80 Meter große Kiste in einem Raum zu stellen, der rund zehnmal so groß ist. Noch unverständlicher ist es, daß die Gesetzeslade an zwei derart langen Stangen getragen wurde, daß sie links und rechts mehr als 4½ Meter (bei der „königlichen" Elle) überstanden! Und wurden die Stangen an der kurzen Seite befestigt, reichten sie sogar fast fünf Meter über. War also die Länge eine Schutz- und Verstärkermaßnahme?

Anhand der Abb. 8 können die Proportionen des heiligen Schreins gut erkannt werden. Der Autor hat die „königliche" und „normale" Elle bei dieser Skizze berücksichtigt und die Stangen an der Längsseite angenommen.

Die Leistung der theoretischen Sende- und Empfangslade mußte auch nicht „überirdisch" stark gewesen sein. Zwar lassen die extrem langen „Antennen" vermuten, daß eine gewisse Leistung und Reichweite erforderlich war, aber im Exodus heißt es, daß sich „Gott" (sein Fluggerät) nie weit von der Lade und ihrem Aufbewahrungsort in der „Wohnstätte" entfernte:

„Bei Tag schwebte über den Wohnstätten (Bundeslade) *die Wolke des Herrn, bei Nacht aber war ihr Feuer vor den Augen des ganzen Hauses Israel, solange ihre Wanderung dauerte."* (Ex. 40,38, s. auch VI.5)

In der Tat muß das größte Heiligtum Israels eine geheimnisvolle Apparatur gewesen sein. Alleine die verworrene Konstruktion des Schreins ist interessant, und wir wollen nun einen Blick auf die Eigenschaften und Geschichte der Bundeslade werfen.

VI.10 Eigenschaften und Geschichte der Bundeslade

Ich habe oben versucht, die Bundeslade etwas näher zu analysieren und zu beschreiben. Dabei ist eindeutig festzustellen, daß die Tragestangen übertrieben lang angefertigt wurden, was die These einer elektrisch geladenen Einrichtung - vielleicht sogar Funkeinrichtung - stützen könnte. Daß die Lade „Gottes" bei unsachgemäßem Gebrauch eine fiktive und tödliche Gefahr für jeden Menschen darstellte, ist uns in den alttestamentarischen Schrift ebenfalls überliefert. Hierbei ist es völlig belanglos, ob die Ladenpriester Israels oder feindliche Völker wie etwa die Philister den Schrein falsch handhabten, denn der Tod machte keine Ausnahme. Ein „Gottesgegenstand", der seine eigenen „Untertanen" vernichtete, ist aber kaum vorstellbar.

Nach der üblichen Auslegung der Kirche war die heilige Lade ein schlichter Behälter zur Aufbewahrung verschiedener Reliquien, u. a. Gesetzestafeln vom Sinai, wie es Ex. 40,20-21 beschreibt. Daß Israel in der Vergangenheit in der Gesetzeslade einen äußerst heiligen Gegenstand sah, beweist der eigens für sie errichtete Tempel des Salomo in Jerusalem. Er diente nur der Aufbewahrung der Lade Jahwes. Hier verliert sich aber auch die geschichtlich nachweisbare Spur des Heiligtums. Denn als der Tempel zerstört wurde, findet sich auch kein Hinweis auf die Bundeslade mehr. Nicht einmal die Spur einer Klage über ihren Verlust ist in den Schriften zu entdecken - was bei einem solchen heiligen Gegenstand eigentlich zu erwarten wäre. An keiner Stelle hielten die einstigen Schreiber eine Aussage im Sinne von „Und da verschwand die Lade Gottes aus den Reihen Israels; bis heute ist sie verschwunden" fest.

Aber bevor wir uns mit dem möglichen Verbleib des jüdisch/christlichen Heiligtums beschäftigen, wollen wir natürlich nicht die unangenehmen Wirkungen der Bundeslade übergehen. Tatsächlich halten die Schriften des Alten Testamentes Ereignisse fest, bei denen selbst Menschen getötet wurden - alles im Zusammenhang mit der Gesetzeslade.

Wenn wir die oben aufgestellte Behauptung, daß die Lade *elektrisches Potential* enthielt, als Tatsache ansehen, gäbe es für den folgenden Zwischenfall eine logische Erklärung. Als der heilige Schrein aus Baala wieder zurück nach Jerusalem gebracht werden sollte, versammelte König David (ca. 1010 bis 970 v. Chr.) 30.000 junge Krieger, um sie von dort sicher zu holen (2. Sam. 6,1-2). Eigens für diese Mission wurde ein Wagen angefertigt, der das kostbare Heiligtum transportieren sollte (1. Sam. 6,7-8/ 2. Sam. 6,3/ 1. Chr. 13,5+). „Usa und Achjo, die Söhne Abinadabs, lenkten den neuen Wagen", hält die alttestamentarische Überlieferung fest (2. Sam. 6,3 und auch 1. Chr. 13,7).

Das Volk Israel feierte verständlicherweise die Überführung des heiligsten aller Relikte mit viel Freude. Die Bibel hält fest, daß alle Israeliten tanzten, sangen und mit „Zithern, Harfen und Pauken, mit Rasseln und Zimbeln" (2. Sam. 6,5/ 1. Chr. 13,9) diesen glücklichen Moment feierten. Doch dann das Unglück:

„*Als sie zur Tenne Nachons kamen, brachen die Rinder aus, und Usa streckte seine Hand nach der Lade Gottes aus und faßte sie an. Da entbrannte der Zorn des Herrn gegen Usa, und Gott erschlug ihn auf der Stelle wegen dieser Vermessenheit, so daß er neben der Lade Gottes starb.*" (2. Sam. 6,6-7)

Was war dies für eine „Vermessenheit", die Usas Leben forderte? Was hatte er getan? Wenn wir uns einmal vorstellen, daß Israel mit 30.000 Kriegern unterwegs war, um die Lade Jahwes sicher zu überführen, diese auch noch einen gewaltigen Krach mit ihren Instrumenten machten, ist es nur verständlich, daß die Kühe durchgingen. Usa war einer der Wagenlenker und hatte somit sicher einen hohen Stellenwert in den Reihen der Israeliten. Als nun die Rinder ausbrachen, handelte Usa völlig korrekt, als er zu verhindern versuchte, daß das kostbare Relikt zu Boden fällt und womöglich beschädigt wird. Dafür wurde er von „Gott" mit dem Tode bestraft!

Der sonderbare Vorfall an der Tenne des Nachons ist uns auch im 1. Buch der Chronik überliefert. Hier ist ebenfalls zu erfahren, daß David und die Israeliten mit viel Tamtam vor der Lade hertanzten und letztlich die Rinder durchgingen (1. Chr. 13,5-9). Auch findet sich hier die deutliche Bestätigung, daß Usa nur deshalb vor der Lade („vor Gott", da Jahwe für Israel in der Lade „wohnte") starb, weil er sie berührte:

„*Als sie zur Tenne Kidons* (= Nachons?, L.A.F.) *kamen, brachen die Rinder aus, und Usa streckte seine Hand aus, um die Lade festzuhalten. Da entbrannte der Zorn des Herrn gegen Usa, und er erschlug ihn, weil er seine Hand nach der Lade ausgestreckt hatte, so daß er dort vor Gott starb.*" (1. Chr. 13,9-10)

Wenn verschiedentlich Bibelkommentatoren annehmen (Neue Jerusalemer Bibel, S. 386), daß die Lade zu „heilig" sei, um sie zu berühren, so ist dies *unzutreffend.* Selbst die israelitischen Priester, die den heiligsten aller Dienste an der Bundeslade verrichteten, durften das Heiligtum nicht antasten, da auch sie sonst sterben mußten.

Glauben wir dem Buch Numeri (Num. 4,5-6), so haben Aaron und seine Söhne die Lade vor jedem Weitertransport mit allerlei Tüchern bedeckt. Auch eine sonderbare „Tahaschhaut" wird hier erwähnt, deren Bedeutung bis heute unklar ist. Die Bibel in heutigem Deutsch (Stuttgart 1982) nennt an der entsprechenden Stelle „Delphinhaut", wobei der Sinn dieser Übersetzung fraglich ist. Der *Sohar*, ein Buch der jüdischen *Kabbala*, gibt in II. fol. 147a-148b eine interessante Feststellung über diese „Haut" (Müller, S. 218): Demnach handelt es sich bei *Tahasch*, *Tachasch* im *Sohar*, um „Wesen, die auf der heiligen Seite stehen und doch nicht die vollendete Eignung haben". Noch dazu soll Abraham mit seiner „Kebsfrau" einen Knaben gezeugt haben, den er „Tachasch" nannte. Zwar ist die Information aus dem *Sohar* wenig aufschlußreich, aber sie läßt diese Haut - laut *Sohar*: „Fell" - himmlisch, also von „Gott", erscheinen.

Wenn der Schrein Jahwes mit einer unbekannten „Haut", abgedeckt werden mußte, war diese vielleicht eine weitere Isolierung? Leder ist in der Tat ein nicht leitendes Material, und über diese *Tahaschhaut* kam, so Num. 4,6, noch ein Tuch aus Purpur, was möglicherweise als Feuchtigkeitsschutz diente?

Die alttestamentarischen Berichte über die Gesetzeslade überliefern eindeutig, daß alleine das Berühren der Lade tödlich war - auch für die Träger:

„*Erst wenn Aaron und seine Söhne beim Aufbruch des Lagers mit dem Verhüllen des Heiligtums und aller heiligen Geräte fertig sind, kommen die Kehatiter und übernehmen den Trägerdienst. Sie dürfen aber das Heilige nicht berühren, sonst müssen sie sterben.*" (Num. 4,15)

Auch einige Verse weiter wird vor der Lade gewarnt. Jahwe persönlich gab Aaron und Mose Anweisungen, wie sich die Träger schützen sollten, „damit die Sippe der Kehatiter nicht aus dem Kreis der Leviten ausgerottet werden", so Num. 4,18. Aaron und seine Nachkommen, mußten die Ladenträger anweisen, wie sie sich zu verhalten hatten:

„*Damit sie am Leben bleiben und nicht wegen Berührung des Hochheiligen sterben* (...)" (Num. 4,19)

„Gott" verlangt sogar, daß sie nicht einmal die Lade ansehen durften, da selbst dieser „Frevel" tödlich enden könnte (Num. 4,20). Wenn das Geschlecht von Aaron bei jedem Aufbruch der Israeliten die heilige Bundeslade (aber auch anderes Inventar des Offenbarungszeltes) unter mehreren Schichten „Tüchern" vor den Augen Israels verbarg, warum taten sie dies? Wie ich bereits mehrmals erwähnte, war die Gesetzeslade der kostbarste Gegenstand Israels. Worin mag dann der Sinn gelegen haben, sie dem Volk nicht öffentlich zu präsentieren? Auch wenn sie als *sichtbares* Zeichen von Jahwes Anwesenheit sein Fluggerät sahen, ist es unverständlich, die Lade zu verbergen.

Im 1. Buch Samuel lesen wir, daß der Schrein „Gottes" Israeliten tötete, wenn sie den Kasten auch nur ansahen. Der entsprechende Bericht ist eng mit der Erzählung über den Unfall Usas im 2. Buch Samuel verknüpft, stammt aber von einem anderen Schreiber. Der Texter des 2. Buches Samuels hat die „Rücksendung der Lade" nach Jerusalem mit dem Bericht im sechsten Kapitel im 1. Samuelbuch kombiniert. Dort steht, daß die Bundeslade nach Bet-Schemesch gebracht wurde (1. Sam. 6,14). Doch auch die israelitischen Einwohner hatten kein Glück mit „ihrem" Heiligtum, denn:

„*Der Herr aber strafte die Leute von Bet-Schemesch, weil sie die Lade des Herrn angeschaut hatten. Er erschlug aus dem Volk siebzig Mann. Da trauerte das Volk, weil der Herr einen so schweren Schlag gegen das Volk geführt hatte.*" (1. Sam. 6,19)

Es gab aber bereits früher - vor Usa und den Einwohnern von Bet-Schemesch - „Unfälle", die im Zusammenhang mit der Bundeslade standen. Eine sehr bekannte Überlieferung des Alten Testamentes ist die biblische Erzählung vom Raub der Lade durch das Philistervolk. Da die Philister selbstverständlich nicht über die Handhabung des Schreins informiert gewesen sein konnten, blieben *Verseuchungen* durch sie nicht aus. Auch Professor Dr. Herbert Haag, der Herausgeber eines Bibel-Lexikons, stellt in seinem umfangreichen Werk (S. 1007) im Zusammenhang mit der Lade bei den Philistern die Frage: „Seuche?".

Die Gesetzeslade wird in den alten Überlieferungen, auch außerhalb der Bibel wie etwa im Talmud, als ein schlichtes „Wundergerät" beschrieben. Wir wollen nicht abstreiten, daß diese Aussage bis zu einem gewissen Punkt korrekt ist. Aber dennoch war sie nicht in der Lage, tatsächliche „Wunder" zu vollbringen, wie etwa Regen und Erdbeben kommen zu lassen.

Als einst König Samuel (um 1040 v. Chr.) die Israeliten zum Kampf gegen die Philister aufrief, erlitten sie eine Niederlage (1. Sam. 4,1+). Das Volk hatte Zweifel an der tatsächlichen Macht „Gottes", und sie wollten die Bundeslade in den Kampf führen, um so die Philister zu besiegen (1. Sam. 4,3-4). Die Philister erfuhren von der Ankunft der Lade im Lager ihrer israelitischen Feinde und befürchteten eine große Katastrophe. Es kam aber ganz anders, denn Israel wurde geschlagen, und das verehrte, allerheiligste Relikt gelang in die Hände ihre Feinde, den Philistern (1. Sam. 4,11).

Die Nachricht verbreitete sich durch einen geflüchteten Kämpfer schnell bis nach Schilo, von wo Israels Soldaten zuvor die Lade geholt hatten, um sie im Kampf einzusetzen. Schilos Bevölkerung trauerte sehr um den Verlust ihres Heiligtums.

Den Philistern ging es später nicht anders, denn sie bereuten, die Bundeslade je erbeutet zu haben. Laut 1. Sam. 5,1-2 stellten die siegreichen Eroberer die „Lade Gottes (...) in den Tempel Dagons" in Aschod, neben ihr „Gottesbild". Doch bereits hier begann der „Zorn Jahwes" gegen die Philister zu entbrennen, denn die

Statue ihrer „Gottheit“ fiel zwei Nächte hintereinander zu Boden, was, laut Bibel, von der Lade verursacht worden war.

Ob dieser Bericht nun Tatsache ist, kann heute nicht mehr nachgeprüft werden. Vielleicht stürzte die Statue einfach aus ihrer Verankerung und wurde nicht wieder richtig montiert. Vielleicht drangen auch israelitische Gläubige in den Tempel, um das Dagonbildnis umzuwerfen.

Die Einwohner Aschdods aber hatten unter ganz anderen Wirkungen der Lade zu leiden, denn „die Hand des Herrn lastete schwer auf den Einwohnern“, so 1. Sam. 5,6. Der biblische Bericht erzählt, daß ganz Aschdod und Umgebung mit „Beulenpest“ und „Schrecken“ geschlagen wurde. Die griechische Übersetzung des 1. Buches Samuel fügt zusätzlich noch eine „Mäuseplage“ hinzu, die den Einwohnern zu schaffen machte.

Was mögen dies für Beulen oder Geschwüre gewesen sein, die die Lade an den Philistern aufbrechen ließ? Gingen sie tatsächlich von der Bundeslade aus, oder strafte sie Jahwe von *oben* aus seiner „Wolke“ (Luftschiff) heraus mit unbekannten Giften, ähnlich der zehnten Plage in Ägypten?

Die Philister riefen sämtliche Fürsten ihres Landes zu einer Beratung zusammen, was den Umfang dieser „Plage“ beweist (1. Sam. 5,8). Sie entschieden, die Gesetzeslade aus der Stadt Aschdod zu entfernen und sie statt dessen nach Gat zu überführen. Aber auch dieser Entschluß nützte wenig, denn die Einwohner Gats erlitten das gleiche Schicksal wie die in Aschdod, „vom Kleinsten bis zum Größten“ (1. Sam. 5,9).

Die dritte Station war, oder besser sollte die philistische Stadt Ekron sein, aber die Einwohner protestierten energisch gegen den Beschluß der Fürsten und fürchteten um ihr Leben (1. Sam. 5,10). Den Herrschern der Philister blieb also nichts anderes übrig, als die Lade wieder in die Hände Israels zu geben, da sie um ihr Volk bangten:

„Denn ein tödlicher Schrecken lag über der ganzen Stadt; die Hand Gottes lastete schwer auf ihr. Die Leute, die nicht starben, waren mit Pestbeulen geschlagen, und der Hilfeschrei der Stadt stieg zum Himmel empor.“ (1. Sam. 5,11-12)

Sieben Monate befand sich die heilige Lade im Besitz der Philister, bis ihre Fürsten und Wahrsager sich trafen, um deren Zukunft zu bestimmen. Der Beschluß dieser Versammlung ist einmalig in der Geschichte, denn es wurde entschieden, die Gesetzeslade *plus* zusätzlicher Goldgaben als Sühne an Israel zurückzugeben (verg. 1. Sam. 6,1-6)! Wenn wir uns vorstellen, daß ein Volk die kostbarste und heiligste Kostbarkeit seiner Feinde eroberte und diese freiwillig wieder abgeben wollte, so wird uns die Macht der Lade Jahwes deutlich.

Als nun die Israeliten endlich ihr Heiligtum wieder in Empfang nahmen, geschah der bereits weiter oben erwähnte Unfall des Usa und die Katastrophe in der Stadt Bet-Schemesch.

Aber auch Aarons Geschlecht, das als Diener der Lade auserwählt wurde, war natürlich nicht vor den Gefahren der Lade geschützt. Im dritten Buch Mose, dem Levetikus, wird ein weiterer Unfall dokumentiert. Ab Lev. 10,1+ wird über den Tod von Nadab und Abihu, den Söhnen Aarons berichtet, den verschiedene Bibeln als „Strafe für unrechtmäßiges Opfern" oder „Schwere von Amtsanmaßungen" bezeichnen:

„*Die Söhne Aarons, Nadab und Abihu, nahmen jeder ihre Räucherpfannen. Sie legten Feuer auf, taten Räucherwerk darauf und brachten vor dem Herrn ein unerlaubtes Feuer dar, eines, das er ihnen nicht befohlen hatte. Da ging vom Herrn ein Feuer aus, das sie verzehrte, und sie kamen vor dem Herrn um.*" (Lev. 10,1-2)

Aarons Söhne befanden sich offensichtlich unerlaubt an der Bundeslade. Zwar wollten sie ihrem „Gott" lediglich ein Opfer darbringen, aber diese Lappalie allein reichte Jahwe aus, um sie zu töten. Den Verskommentatoren der Pattloch-Bibel (1983) ist dieses Ereignis ebenfalls unverständlich, denn sie schreiben schlicht:

„*Worin die Unrechtmäßigkeit des Opfers bestand, wird uns nicht klar.*" (S. 104)

Ich glaube, daß Aarons Söhne nicht ausreichend über die Gefahren informiert waren. Sie gingen heimlich opfern und wurden durch das Potential der Lade versehentlich getötet. Nicht aber „wegen falscher Opferweise" (Mertens, S. 652). Auch das tödliche „Feuer" muß nicht unbedingt wörtlich genommen werden. In Lev. 10,4-5 erfahren wir, daß Mose die Leichen aus dem Heiligtum bergen wollte, und Nadab und Abihu wurden „in ihren Gewändern" (Lev. 10,5) heraus gebracht. Die Kleidung war also unversehrt, obwohl die Gewänder jener Epoche überhaupt nicht feuerfest waren.

Der Schrein „Gottes" scheint in der Tat ein bemerkenswertes Gerät gewesen zu sein. All die Ereignisse und Beschaffenheiten der Lade des Bundes lassen auf ein technisches Gerät unbekannter Natur schließen. Es existieren in den biblischen Schriften aber noch zahlreiche weitere Hinweise, die diese Annahme stützen.

So berichtet uns das Buch Josua vom Durchzug der kriegerischen Israeliten durch den Fluß Jordan, nördlich des Toten Meeres, um das Land Palästina einzunehmen (um 1210 vor). Wie ich in VI.6 bereits erwähnt habe, könnte die Überlieferung von der Jordandurchquerung durchaus mit dem Bericht vom Durchzug durch das Schilfmeer zusammenhängen. An dieser Stelle interessieren uns aber die Anweisungen, die die Schreiber Josuas den Israeliten für die bevorstehende Durchquerung überbrachten:

„*Wenn ihr die Lade des Bundes Jahwe, eures Gottes, seht und die levitischen Priester, die sie tragen, dann sollt ihr von dem Ort, an dem ihr steht, aufbrechen und ihr folgen, damit ihr wißt, welchen Weg ihr nehmen sollt, denn noch nie seid ihr auf diesem Weg gezogen. Nur muß zwischen euch und der Lade ein Abstand von etwa zweitausend Ellen bleiben: Kommt ihr nicht nahe!*" (Jos. 3,3-4)

Die Träger der Lade zeigten den Israeliten den trockenen Weg durch den Jordan. Aber deutlich ist die Anweisung, daß sie nur ca. 2.000 Ellen (rund einen Kilometer) an sie herantreten durften. „Kommt ihr nicht nahe“, hält das Buch Josua drohend fest. Vielleicht diente diese Distanz auch dazu, daß die nachfolgenden Israeliten nicht bemerkten, daß ihnen ihre Führung einen *natürlichen* Weg durch den Jordan wies.

Auch soll die Lade bei der brutalen Eroberung der Stadt und Festung Jericho wertvolle Dienste geleistet haben. Jericho wurde, einen solchen Eindruck vermittelt jedenfalls die Erzählung (Jos. 6,1-25), alleine durch die Macht der Bundeslade eingenommen. Es liegt aber auf der Hand, daß Jahwe seinem Volk hilfreich zur Seite stand. „Gott“ gab auch den Befehl, die Stadt zu erobern. Israel plünderte sie völlig aus (Jos. 6,24) und tötete die gesamte Bevölkerung, „Mann und Weib, jung und alt, bis zu Ochs und Schaf und Esel mit der Schärfe des Schwertes“ (Jos. 6,21). Die Schätze wurden verschleppt, und das alles im Namen „Gottes“.

Übrigens beschreibt der Autor Gerhard Konzelmann in seinem Werk „Aufbruch der Hebräer“ die Israeliten bei ihrer Landnahme als sehr kriegerisches Heer mit strategischer Taktik. Der Autor hält aber den Inhalt praktisch aller alttestamentarischen Überlieferungen, die sich auf solche Geschehnisse beziehen, für „Propaganda“ oder „Propagandastorys“ (zum Beispiel: Jerichos Eroberung, S. 77ff.) der Gläubigen.

Aber zurück zur rätselhaften Gesetzeslade: Rund einen Kilometer Abstand mußte das israelitische Volk von den Leviten und der Lade halten. Ein Sicherheitsabstand? Wir haben gesehen, daß die Tragestangen (Antennen) des Schreins Jahwes auch die Träger schützten. Die levitische Trägerschaft wurde aber zusätzlich noch durch ihre Kleidung vor den unangenehmen Nebenwirkungen des Heiligtums geschützt.

Im Buch Exodus finden sich äußerst detaillierte Angaben Jahwes, wie die Kleidung der Priester, die im Offenbarungszelt ihren Dienst verrichteten, angefertigt werden mußte (ab Ex. 28). Außerdem wurden sogar die Priester selber nach nicht näher beschriebenen Kriterien aus den Reihen der Israeliten ausgesucht. Jahwe unterwies scheinbar auch einige Eingeweihte aus dem Hause Israel, die über die Beschaffenheit und Anfertigung der Priesterkleidung besser informiert waren als andere:

„*Rede mit allen Sachverständigen, die ich mit dem Geist der Weisheit erfüllt habe; sie sollen Aarons Gewänder anfertigen, damit er geheiligt sei und mir als Priester dient.*“ (Ex. 28,3)

Die gesamte Vorschrift für die priesterliche Bekleidung zieht sich über 43 Verse hin (eine Wiederholung findet sich ab Ex. 39,1). Der komplette Körper der „Ladendiener“ mußte bedeckt werden, wobei selbst der Kopf mit einem „Turban“ verhüllt wurde (Ex. 28,4/ Ex. 28,40/ Ex. 39,28). Die Stirn bedurfte eines besonderen Schutzes, denn sie wurde hinter einem goldenen Diadem, Schild oder einer Rosette, je nach verwendeter Übersetzung, verborgen. Diese wurde an einer Schnur am Turban befestigt, so daß er immer über der Stirn hing. Jahwe ermahnte, daß die Priesterschaft (Aaron) diesen Schutz nie ablegen dürfe, „damit sie dem Herrn genehm sind“ (Ex. 28,38). War das Diadem also ein Kopfschutz gegen die

Auswirkungen der Lade? Der entsprechende Verskommentar der Neuen Jerusalemer Bibel trifft den Nagel auf den Kopf:

„Der Hohepriester (...) wehrte mit seiner Person und seiner Amtstracht Gefahren ab, die aus unfreiwilligen Verstößen gegen die rituellen Vorschriften entstehen konnten.“

Dem ist eigentlich nichts mehr hinzuzufügen!

Auch entnehmen wir dem Exodus, daß die Priester des Heiligtums gesalbt werden mußten, und zwar ebenfalls am Kopf (Ex. 29,7/ Lev. 8,10-12). Es steht zwar nirgends, ob dieser Ritus bei jedem Betreten des Allerheiligsten wiederholt werden mußte, aber es ist fraglich, ob diese Zeremonie alleine als Zeichen des Priestertums gedient haben soll - zumal alles im Offenbarungszelt mit Öl eingerieben werden mußte, wie es die Bibel sehr deutlich beschreibt (Ex. 40,9-11). Sogar die Herstellung und die zu benutzenden Zutaten des Öls werden von Jahwe selber bestimmt (Ex. 30,22+), und er ermahnte, daß es niemandem erlaubt sei, das Öl selber anzufertigen (Ex. 30,32-33).

Offenbar war ein besonders intensiver Kopf- und Gesichtsschutz unbedingt vonnöten. Der Leser wird sich erinnern, daß Mose von „Jahwe“ die Gesetzestafeln auf dem Sinai überreicht bekam (Ex. 31,18). Als er aber nach seinem vierzigtägigen Aufenthalt wieder zu den Israeliten zurückkehrte, beteten diese das goldenen Kalb an, und er zerbrach wütend die Tafeln (Ex. 32,1-19). Die Bibel aber erzählt deutlich, daß Mose die Tafeln von „Gott“ *persönlich* bekam, sie waren absolute Heiligtümer! Wieso - sei er auch noch so zornig gewesen - zerstörte er sie dann am Fuß des Berges Sinai?

Ab Ex. 34,1 wird Mose von Jahwe aufgetragen, er soll sich erneut auf den Sinai begeben, um neue Tafel zu empfangen. Und als er mit diesen neuen Tafeln wieder herunter kam, hatte er sich sonderbar verändert:

„Als Mose vom Sinai herunterstieg, hatte er die beiden Tafeln der Bundesurkunde in der Hand. Während Mose vom Berg herunterstieg, wußte er nicht, daß die Haut seines Gesichtes Licht ausstrahlte, weil er mit dem Herrn geredet hatte.“ (Ex. 34,29)

Moses Gesicht „strahlte“, weil er mit „Gott“ sprach? Kaum, denn er hatte bereits mehrmals, angefangen am brennenden Dornbusch, Kontakt mit seinem „Herrn“, und an keiner Stelle wird diese Erscheinung erwähnt! Erst als er die neuen Gesetzestafeln von „Gott“ übergeben bekam, trat dieses Phänomen in Erscheinung. Deshalb kann die oftmals ausgesprochene Vermutung nicht stimmen, daß dies mit dem Flugschiff (der Erscheinung) Jahwes zusammenhing. Auch weiß Ex. 34,30-31, daß Aaron und die Israeliten sich vor Mose fürchteten, als sie sein sonderbares Gesicht sahen. Da kann die Aussage erst recht nicht zutreffen, daß dies von einer Unterredung mit Jahwe herrührte. Vielmehr sieht es so aus, als hinge dies mit den Tafeln vom Sinai zusammen, die Moses Gesicht *verbrannten*.

Auch im apokryphen Buch Philo ist ein Hinweis zu finden, daß diese Tafeln Mose irgendwie veränderten:

„Und Mose stieg herab. Und weil er mit unsichtbarem Licht übergossen war, war er ja an den Ort gekommen, wo das Sonnen- und Mondlicht ist, so übertraf seines Angesichtes Licht den Glanz der Sonne und des Mondes, er selber aber wußte nichts davon. Als er nun zu den Israeliten hinabstieg, sahen sie ihn zwar, aber erkannten ihn nicht. Erst, als er mit ihnen redete, erkannten sie ihn.“ (Philo 12,1)

Da die Bibel berichtet, daß Jahwe von Mose verlangte, die Tafeln in die Bundeslade zu legen, liegt die Vermutung nahe, es handelte sich hierbei um die *Energiequelle* des Schreins. In Ex. 34,33+ ist eindeutig zu lesen, daß Mose immer dies „Licht“ ausstrahlte, wenn er sich an der Lade aufhielt. Außerhalb des Offenbarungszeltes bedeckte er sein Gesicht fortan mit einem Schleier, um sein Volk nicht zu verängstigen (Ex. 34,35). Eine „göttliche Lichtausstrahlung“, eine Aura, wenn man so will, würde Israel sicher nicht verängstigen. Diese Verbrennungen waren vielleicht auch für den bereits zitierten Zwischenfall mit den Söhnen Aarons verantwortlich, die vor der Lade „verbrannt“ wurden (Lev. 10,1-5).

Schriften wie dem Talmud und Midrasch (hebräisch „Forschung“, seit dem 5. Jahrhundert intensiv zusammengetragen) beschreiben die Gesetzestafeln auch als alles andere als schlichte Steine. Dort erfahren wir (Hancock, S. 347), daß sie durchsichtig waren, äußerst massiv und fest, aber dennoch biegsam, „sechs Hände lang und ebenso breit“ und sie sollen aus einem saphirähnlichen Stein bestanden haben.

Laut dieser Größenangabe waren sie also ca. ½ x ½ Meter groß, da eine Handbreite 7,6 („gewöhnlich“) bis 8,7 („königlich“) Zentimetern entspricht (Neue Jerusalemer Bibel, S. 1830). Tatsächliche Steine mit diesen Proportionen hätte Mose auch kaum tragen können. Waren sie also die Energiequelle der Lade Jahwes?

Es war nötig, daß die Priester ihr Gesicht besonders schützten, um vielleicht auch diesen Verbrennungen vorzubeugen. Sie wurden von Jahwe aber auch angewiesen, einen ganz besonderen Mantel, den Efodmantel, zu tragen, den man sich landläufig wie in Abb. 9 vorstellt. Das Besondere an diesem Kleidungsstück waren Glöckchen, die rings um den unteren Saum des Mantels angebracht werden mußten (Ex. 28,33-34). Hier könnte man an eine schlichte Verschönerung denken, aber Jahwe verlangte diese „Verzierung“ aus einem ganz bestimmten Grund, denn er wollte wissen (*hören*), wann sich jemand der heiligen Lade näherte, um mit ihm Kontakt aufzunehmen:

„Aaron soll ihn (den Mantel, L.A.F.) *beim Dienst tragen; sein Ton soll zu hören sein, wenn er in das Heiligtum vor den Herrn eintritt und wenn er wieder herauskommt; sonst muß er sterben.*“ (Ex. 28,35)

Die Glöckchen dienten also ebenfalls als Sicherheitsvorkehrung, denn falls Aaron nicht zu „hören“ ist, wenn er das Heiligtum betritt, „muß er sterben“. Waren die Glocken ein akustisches Signal für Jahwe, um die Lade zu „entsichern“, damit sich ihr gefahrlos genähert werden konnte? Oder war „Gott“ in der Lage, durch die Lade die Geräusche im Offenbarungszelt zu überwachen und anhand der Glöckchen zu wissen, daß jemand mit ihm sprechen möchte? Beides ist denkbar.

Abbildung 9: Efodmantel

Die heilige Bundeslade ist in allen Schriften der Bibel der einzige Gegenstand, der „Wunder“ vollbringen konnte. Auch ist es offenkundig, daß sie das bestgehüteste Relikt der Juden war, was alleine schon durch die Schriften des Alten Testamentes belegt wird. Dennoch ist die Lade heute verschollen, und die unterschiedlichsten Archäologen und Abenteurer haben sich aufgemacht, sie wiederzufinden. Die Möglichkeiten reichen von einem „Verließ“ im Inneren des Tempelberges (dort standen die einstigen Laden-Tempel) bis nach Äthiopien. Auch der Berg Nebo, 80 Kilometer östlich von Jerusalem, wird im 2. Buch der Makkabäer (2. Makk. 1,35-2,8) als Aufbewahrungsort des Schreins genannt. Dort soll der Prophet Jeremia die Bundeslade in einer gut versteckten Höhle verborgen haben. Jedoch ist diese Schrift einige Jahrhunderte nach Jeremias Tod verfaßt, und stellt wahrscheinlich keinen geschichtlichen Wert da. Auch erfahren wir in 2. Makk. 2,4+, daß der Prophet ebenfalls das Mosezelt (Offenbarungszelt) des Exodus dort versteckt haben soll. Das Zelt aber existierte seit der Errichtung des salomonischen Tempels in Jerusalem nicht mehr (Neue Jerusalemer Bibel, S. 685), der etwa um 962 v. Chr. eingeweiht wurde.

Der Schriftsteller und Abenteurer Graham Hancock hat vor einigen Jahren ein bemerkenswertes, spannendes Buch veröffentlicht, in dem er zu beweisen versucht, daß die Bundeslade bis zum heutigen Tag in der äthiopischen Stadt Axum (Akum) verwahrt wird. In der Tat liefern die detaillierten Nachforschungen Hancocks plausible Indizien, Hinweise und Beweise für diese Annahme. Den unumstößlichen Beweis für seine These muß er aber leider trotz engagierten Einsatzes schuldig bleiben.

Die Nachforschungen Hancocks können von jeden in seinem Buch nachgelesen werden. Eine genaue Analyse seiner umfangreichen Indizienkette würde die Möglichkeiten dieses Buches sprengen.

Einen ganz anderen Grund über das Verschwinden der Bundeslade ist uns in der nichtkanonisierten Schrift *„syrische Apokalypse des Baruch*" (entspricht „AB/s.") überliefert. Dort steht, daß Engel vom Himmel kamen, um Jerusalem in Brand zu setzen. Einer dieser Engel machte sich vor der von „Gott" angeordneten Brandlegung daran, die Bundeslade und dessen Zubehör aus dem Tempel zu holen:

„Ich (Baruch, L.A.F.) *sah ihn* (den Engel , L.A.F.) *dann zum Allerheiligsten herniedersteigen und dort den Vorhang an sich nehmen, das heilige Schulterleid, den Sühnedeckel, die beiden Tafeln, der Priester heilige Gewänder, den Rauchaltar und achtundvierzig Edelsteine, die der Priester an sich trug, und alle heiligen Gefäße in dem Zelt.*" (syrische Apokalypse des Baruch, AB/s. 6,7)

Dieses „Schulterleid", das im Allerheiligsten verwahrt wurde, war die Lade Jahwes. Schulterleid deshalb, da es bekanntlich auf den Schultern umhergetragen wurde. Auch der Verskommentar der mir vorliegenden Rießler-Apokrypenhensammlung setzt diesen Gegenstand mit der Lade „Gottes" gleich (Rießler, S. 1270). Der Engel nahm die heiligen Gegenstände aber nicht mit in „sein" Himmelreich, sondern verbarg sie in der Erde. Laut der Anmerkung von Paul Rießler soll diese Überlieferung eine „ähnliche Tradition" (Rießler, S. 1270) sein, wie der oben erwähnte Bericht über Jeremia in 2. Makk. 2,4+. Die Propheten Baruch und Jeremia waren auch Zeitgenossen und gingen ihrer prophetischen Tätigkeit teilweise zusammen nach.

Es bleibt also abzuwarten, ob in Zukunft eine archäologische Spurensuche neue Hinweise zum Verbleib der phantastischen Lade liefern könnte.

Teil II

Propheten und himmlische Erscheinungen

Wir haben im Teil I dieses Buches einen Ausflug von der Erschaffung der Welt und Adam und Eva über die Sintflut bis zum salomonischen Tempel in Jerusalem unternommen. In Kapitel III habe ich über die bemerkenswerten Überlieferungen im Buch Genesis berichtet, die sich auf sonderbare Wesen aus dem Himmel beziehen, die Sex mit irdischen Frauen gehabt haben sollen. Da auch die Bücher der Bibel nicht unbedingt in chronologischer Reihenfolge zu finden sind, werde ich im folgenden Teil auf einige der Propheten Jahwes eingehen. In der Tat haben die Prophetenbücher ihren Platz in der heiligen Schrift erst nach den Büchern Mose, den Geschichtsbüchern, den Lehrbüchern und Psalmen am Ende des Alten Testamentes.

Teil II soll sich auf die interessantesten prophetischen Aussagen und himmlische Erscheinungen konzentrieren.

In Teil III, „Weitere Geschehnisse“, werde ich ebenfalls Propheten sprechen lassen, da weitere „große und kleine“ Überlieferungen existieren, die hier von Interesse sind.

Es ist unumgänglich, daß das nichtkanonisierte Buch Henoch hier an erster Stelle seine Erwähnung findet, da sich der Inhalt auf die biblische Urzeit bezieht und die Person Henoch vor der Sintflut gelebt haben soll. So machen wir wieder eine Reise in die alttestamentarischen Berichte der vorsintflutlichen Epochen und lassen die unglaublichen Schriften der Propheten sprechen.

Kapitel VII

Die unverstandenen Worte Henochs

VII.1 Henoch - kein Prophet der Bibel

Jeder, der schon einmal auch nur *etwas* intensiver den Kanon des Alten Testamentes studiert hat, weiß, daß die Schriften des vorsintflutlichen Patriarchen Henoch hier leider nicht zu finden sind. Seine Bücher gehören, genau wie das Abraham-Apokryph und andere, zu den außerbiblischen Texten der altjüdischen Literatur.

Da Henoch aber im Alten und Neuen Testament eindeutig namentlich erwähnt wird, sehe ich keinen Grund, seine Werke zu übergehen, zumal hier erstaunliche Ergänzungen zu den schwierigen Überlieferungen in Gen. 6,1+ zu finden sind, die im Buch Genesis scheinbar sinnlos und zusammenhangslos eingefügt worden sind.

Diese Berichte aus dem Buch Henoch - die auf den folgenden Seiten genauer analysiert werden sollen - machen mehr als deutlich, warum seine Bücher nicht in den Kanon des Alten Testamentes eingegliedert wurden. Die endgültige Festlegung des Kanons der katholischen Bibel geschah erst durch das Konzil von Trient (Weidinger, S. 10/Scharbert, S. 117) im Jahre 1546 n. Chr., wodurch deutlich wird, daß Henochs Bücher ebenso „heilig" sind, wie der eigentliche alttestamentarische Kanon. Der uns heute vorliegende Kanon darf auch nicht als global gültig betrachtet werden, denn zum Beispiel erkennt die Syrisch-Orthodoxe Kirche bis heute nur 22 unserer insgesamt 27 Schriften des Neuen Testamentes an, und die Jahrhunderte der kanonischen Streitereien sprechen Bände (Fox, S. 195ff.).

Das erste vatikanische Konzil war am 24. April 1870 von den damals beschlossenen Geboten über die kanonische Identität verschiedener Texte derart überzeugt, daß jegliche Kritik direkt ausgemerzt wurde, um so jeden Zweifel an der Unfehlbarkeit des Kanons zu eliminieren:

„*Wenn einer die Bücher der Heiligen Schrift, vollständig mit all ihren Teilen, wie sie die heilige Kirchenversammlung von Trient aufgezählt hat, als heilig und kanonisch nicht annimmt, oder wenn er leugnet, daß sie göttlich inspiriert sind (divinitus inspiratos esse), so sei er im Banne!*" (EB 79, Scharbert, S. 117)

Solche Bestimmungen der hohen Kirchenväter sagen schon alles über die Streitigkeiten, die es auch heute noch um die Festlegung des Kanons gibt.

Ungeachtet der biblischen Ausgliederung der Henoch-Texte genossen sie in der Vergangenheit sehr großes Ansehen in der Bevölkerung (Mertens, S. 24). Auch ist die Schrift des äthiopischen Henochbuches sehr alt, denn die ältesten Teile entstanden bereits vor 167 und die jüngsten vor 64 v. Chr.. Als ziemlich sicher darf angenommen werden, daß die gesamte Schrift aus Palästina stammt und um 70 v. Chr. ihre endgültige Gliederung bekam (Rießler, S. 1291 f.).

Henoch wird in der vorsintflutlichen Patriarchenchronologie im Buch Genesis erstmalig erwähnt. Dort erfahren wir, daß er der Sohn Jareds war und dieser ihn mit 162 Jahren zeugte (Gen. 5,18). Auch Henoch selber hatte einen Sohn, der durch sein wahrhaft „biblisches Alter" bekannt wurde: Metuschelach, der als Hochbetagter mit 969 Jahren das Zeitliche segnete (Gen. 5,27).

In den Reihen der Patriarchen vor der Flut nimmt Henoch eine ganz besondere Stellung ein, da er als einziger *nicht* (auf der Erde) starb! Das Buch Genesis erzählt lediglich, daß er Umgang mit „Gott" pflegte und im „jungen" Alter von 365 Jahren die Erde verließ:

„*Nach der Geburt Metuschelach ging Henoch seinen Weg mit Gott noch dreihundert Jahre lang und zeugte Söhne und Töchter. Die gesamte Lebenszeit Henochs betrug dreihundertfünfundsechzig Jahre. Henoch war seinen Weg mit Gott gegangen, dann war er nicht mehr da; denn Gott hatte ihn aufgenommen.*" (Gen. 5,22-24)

Wie später der Prophet Elija (2. Kön. 2,11) wird Henoch in den Himmel aufgenommen. Und so wie Stammvater Noah „seinen Weg mit Gott" ging (Gen. 6,9), war auch Henoch ein besonderer „Schützling Gottes". Auch im biblischen Buch Jesus Sirach wird lobend festgehalten:

„*Henoch ging seinen Weg mit dem Herrn und wurde entrückt: / ein Beispiel der Gotteserkenntnis für alle Zeiten.*" (Sir. 44,16)

Oder an andere Stelle der Jesus Sirach-Schrift:

„*Kaum einer auf Erden kommt Henoch gleich, / darum wurde er auch lebend entrückt.*" (Sir. 49,14)

Und auch der Brief an die Hebräer im Neuen Testament widmet dem frommen Henoch einige huldigende Worte:

„*Aufgrund des Glaubens wurde Henoch entrückt und mußte nicht sterben; er wurde nicht mehr gefunden, weil Gott ihn entrückt hatte; vor der Entrückung erhielt er das Zeugnis, daß er Gott gefiel.*" (Hebr. 11,5)

Zwar haben die Schreiber der Bibel Henoch großen Respekt entgegengebracht - auch, oder gerade weil er von „Gott entrückt" wurde -, aber seine Bücher sind nicht in der Bibel. Die oben zitierten Textstellen beweisen aber, daß Henoch ein sehr gottesfürchtiger Mensch war, der ganz zum Willen seines „Herrn" lebte und handelte. Anhand der Bibel können die Lobpreisungen an den Patriachen allerdings nicht verstanden werden, da er sonst nirgends umfangreich namentlich erwähnt wird. Aber selbst Zitate des Propheten sind in der Bibel enthalten. Die Offenbarung des Johannes enthält insgesamt 21 Zitate aus den Henoch-Schriften und selbst in den Evangelien findet sich noch ein Dutzend Henoch-Zitate (Laine, S. 104). Aus diesem Grund *müssen* die Verfasser der biblischen Bücher und Schriften Henochs Werke und Taten zumindest durch mündliche Überlieferungen gekannt haben. Auch die kirchliche Lehre von den Engeln, die einst aus dem Himmel geworfen wurden, hat ihre *geheimen* Quellen in diesen Texten. Das Alte Testament nennt insgesamt nur drei Engel mit Namen (Thompson, S. 220f.), und die Erzählungen über den eigentlichen „Fall" dieser Himmlischen ist uns in mindestens sieben *widersprüchlichen* Berichten erhalten geblieben (Thompson, S. 221).

Vor mir liegt nun eine umfangreiche Übersetzung der apokryphen Henoch-Schriften (slawisch und äthiopisch), die Paul Rießler Anfang dieses Jahrhunderts ins Deutsche übertrug. Zusätzlich existiert noch ein drittes Buch Henoch, das als hebräisches Buch betrachtet wird. Auch in diesem Werk ist dieses „Durcheinander" zu finden, wie auch eindeutige Ähnlichkeiten, so daß wahrscheinlich alle Schriften derselben Quelle entstammen (Laine, S. 103ff.). Schlagen wir also die Henoch-Texte auf, um mehr über diese mythische Person zu erfahren.

VII.2 Der Fall der Engel - wertvolle Ergänzungen zur Genesis!

Das aus Äthiopien stammende Henochbuch ist in fünf Hauptteile unterteilt, die vom „Weltgericht" über ein „Astronomisches Buch" bis zu Henochs Abschiedsrede reichen. Da diese Schrift nicht chronologisch gegliedert ist, fällt es schwer, die genauen Abläufe seines Werkes zu ordnen. Wir wollen uns hier vorerst mit Teil I (ab Kapitel sechs) beschäftigen, da dieser eine wahre Fundgrube an Informationen zu vorsintflutlichen Geschehnissen im Buch Genesis darstellt.

Daß sonderbare „Söhne der Götter" (*bene Elohim* auf Hebräisch) einst vom Himmel stiegen, um Kinder zu zeugen, habe ich im Verlauf dieses Buches bereits erwähnt (s. III.1 und III.2). In der hebräischen Bibel werden sie auch *Nefilim* (*Nephilim*) genannt, und die mesopotamischen Kulturen kannten *Anunnaki*-„Götter" („Die, die vom Himmel auf die Erde/das Unten kamen"), die zwischen Himmel und Erde pendelten. Sämtliche Bibelkommentatoren stimmen darin überein, daß diese Erzählungen in der Genesis starken Kürzungen unterlegen sind und einzig allein als Sinnbild der wachsenden Verderbnis der Menschheit eingeführt wurden, um die „göttliche" Sintflut zu rechtfertigen.

„Als sich die Menschenkinder vermehrten, wurden ihnen damals schöne und liebliche Töchter geboren. Als die Engel, die Himmelssöhne, sie erblickten, gelüstete es sie nach ihnen, und sie sprachen zueinander: Wir wollen uns Weiber aus den Menschenkindern wählen und uns Kinder erzeugen!" (Hen. 6,1-2)

Der Beginn des „Engelsbuches" von Henoch klingt der Überlieferung in der Genesis (Gen. 6,1+) recht ähnlich. Schon an dieser Stelle wird sehr deutlich, daß die kirchliche Interpretation von Engelwesen als kindliche, geschlechtslose Trompetenbläser mit Flügeln nicht stimmt und auch nicht stimmen kann. Warum die Kirche und die gläubigen Ikonenmaler des Mittelalters den Engelstaat (Hofstaat) „Gottes" mit derartigen Attributen versehen hat, ist mir schleierhaft, da es auch andere Beschreibungen dieser Wesen gibt.

Die Erzählung des Henochbuches hält exakt fest, daß sich die Engel von den Menschentöchtern sexuell angezogen fühlten. Tatsächliche Diener des tatsächlichen *Gottes* werden kaum solch menschlichen Gefühlen und Verlangen erlegen sein - wenn der *reale Gott* überhaupt Helfer benötigt. Einen derartiger Plan - Kinder mit Menschen - konnte der oberste Anführer der Engelschar, Semjasa genannt, natürlich nicht gutheißen, da er eine schwere Strafe befürchtete (Hen. 6,3). Aber seine „Untergebenen" waren von ihrem Vorhaben überzeugt und sie schworen, „diesen Plan nicht aufzugeben, sondern ihn auszuführen" (Hen. 6,4) und ihr sündiges Vergehen für sich zu behalten.

Nun war es soweit:

„*Es waren in allem zweihundert, die in Jareds Tagen zum Gipfel des Hermonsberges herabstiegen.*" (Hen. 6,6)

Der Patriarch Henoch hält penibel genau fest, was sich in diesen Tagen abspielte. Eindeutig besagt die apokryphe Überlieferung, daß diese Wesen vom Himmel kamen, da sie auf einem Berg niedergingen. Der obige Vers läßt aber auch vermuten, daß Henoch die Herniederkunft der Engel nicht selber miterlebt hat, da sich diese zur Zeit seines Vaters Jared ereignete. Vielleicht war Henoch in diesen Tagen zwar schon geboren, aber noch ein Kleinkind. Erst später, wie wir weiter unten noch sehen werden, war Henoch direkt in die Geschehnisse im Himmel und auf der Erde verwickelt.

Laut Hen. 6,7 wurde der zweihundert Engel starke Haufen von neunzehn namentlich genannten Anführern befehligt, wobei sich ihnen auch „Semjasa, ihr Oberster" trotz anfänglicher Bedenken anschloß. Natürlich stiegen nicht alle Engel auf die Erde, da einige im Himmel blieben. Interessanterweise wissen mesopotamische Mythen ebenfalls, daß die *Anunnaki* zur Erde stiegen (ihre Anzahl wird aber öfters mit 600 angegeben) und die sogenannten *Igigi*-„Götter" in ihrem himmlischen Bereich blieben.

„*So hießen ihre Anführer:*

Semjasa, ihr Oberster, Urakiba, Arameel, Akibeel, Tamiel, Ramuel, Danjal, Ezekeel, Saraqujal, Asael, Armaros, Batarel, Ananel, Gakiel, Samsaueel, Satarel, Turel, Jomajael und Gariel. Dies sind ihre Vorsteher über zehn." (Hen. 6,7-8)

Wir sehen, dem Buch Henoch sind detaillierte Informationen zu entnehmen. In Kapitel 69 findet sich eine weitere Auflistung der „Befehlshaber", die ich aber weiter unten noch genauer behandele.

Wie nicht anders zu erwarten, und die Genesis überliefert dies ebenfalls, machten sich die Himmelssöhne über die irdischen Frauen her. Dies war schließlich auch ihre Absicht:

„*Alle anderen bei ihnen nahmen sich Weiber, und jeder von ihnen wählte sich eine aus. Dann begann sie, zu ihnen zu gehen und sich an ihnen zu verunreinigen.* (...) *Sie wurden schwanger und gebaren Riesen, die 3.000 Ellen groß waren. Diese verzehrten alle Vorräte der anderen Menschen. Als aber die Leute ihnen nichts mehr geben konnten, wandten sich die Riesen gegen diese und fraßen sie auf.*" (Hen. 7,1-4)

Das Buch der Jubiläen dokumentiert ebenfalls, daß es den Wächtern des Himmels tatsächlich gelang, die Kinder der Menschen zu schwängern:

„*Er* (= Henoch, L.A.F.) *zeugte gegen die Wächter, die mit den Menschentöchtern sündigten. Denn jene begannen, den Menschentöchtern beizuwohnen, so daß sie befleckt wurden, und Henoch zeugte gegen sie alle.*" (Jubi. 4,22)

Der Plan der Engel war also geglückt, denn es war ihnen gelungen, Kinder zu zeugen. Diese gemischten Nachkommen aber wurden zu einer Plage auf der Erde, und die Menschheit hatte unter ihnen zu leiden. Ob und inwieweit die Angabe Henochs über die Größe der Riesenkinder stimmt, kann heute nicht mehr mit Sicherheit überprüft werden. Trotz häufiger Übertreibungen der altjüdischen Schriften und der Bibel bei gewissen Zahlenangaben (zum Beispiel der Turm zu Babel in Jubi. 10,21), können wir ruhig annehmen, daß sich diese Sprößlinge in der Tat durch ihren Körperwuchs von den Menschen in ihrer Umgebung unterschieden. Auch im Buch Deuteronomium (Deut. 1,28) werden riesenhafte Wesen erwähnt.

Die Wächter, die vom Himmel kamen, hatten aber nicht nur Sex im Sinn, sondern sie unterrichteten, belehrten die Menschen auch in allerlei verschiedenen Künsten und Wissenschaften! Alles, was heute aus dem Menschen ein mehr oder weniger intelligentes Wesen macht, wurde, so überliefern es verschiedene Stellen der Henochschrift, von den Engeln überbracht. Der Engel Asrael zum Beispiel lehrte den Menschenkindern eine ganze Palette an Wissenschaften, die wir in Hen. 8,1 nachlesen können. Diese sind: Metallverarbeitung, die Herstellung von Schwertern, Messern, Schilden, Brustpanzern und Schmuck („Armspangen"), „den Gebrauch der Augenschminke und das Verschönern der Augenlider, alle Arten von Edelsteinen und allerhand Färbemittel."

Selbst ihr Anführer Semjasa sowie diverse andere Engel vermittelten den Erdlingen verschiedene Künste: Beschwörungen, Astronomie, Sternbildkunde, Meteorologie („Erdzeichen"), „die Zeichen der Sonne", den Mondumlauf, Wurzelschneiden etc.

Auch in Kapitel 69 sind erstaunliche Überlieferungen über die „gefallenen Engel" zu finden. So ist dort von dem Himmelssohn Jerel die Rede, „der alle Kinder der Engel verführte" (Hen. 69,4). „Der dritte hieß Gadreel", fährt der Bericht fort, und dieser soll den Menschen „überhaupt alle Mordwaffen" gelehrt haben.

Das Wissen über „Schreiben mit Tinte und auf Papier" (Hen. 69,9) bekamen die Erdlinge von dem Engel Penemue überbracht, was aber scheinbar eine Sünde gewesen ist, da es heißt:

„*Denn die Menschen sind nicht dazu geschaffen, daß sie in dieser Weise durch Feder und Tinte ihre Ehrlichkeit bekräftigen.*" (Hen. 69,10)

Der Mensch durfte also seine „Gottestreue" oder Verehrung nicht schriftlich festhalten. Unglaublich!

Kasdeja, der von Henoch an fünfter Stelle erwähnt wird, war ein Mediziner der Himmelssöhne, denn er zeigte den Menschen medizinische Geheimnisse - einschließlich der Abtreibung, die nach der Übersetzung in Weidingers Apokryphensammlung allerdings als „die Schläge des Embryo im Mutterleib" (Weidinger, S. 333) bezeichnet wird; Kasdeja lehrte:

„(...) *allerlei böse Schläge der Geister und Dämonen, ebenso die Schläge gegen die Frucht im Mutterleib zum Abgehen, ferner die Schläge gegen die Seele, den Schlangenbiß, die Hitzeschläge und den Schlangensohn namens Tabet.*" (Hen. 69,12)

Es ist interessant zu erfahren, was diese Himmelssöhne „Gottes" auf der Erde so alles verrichteten. Offenbar lüstete es ihnen nicht nur nach Sex mit den schönen Menschenweibern, sondern sie hatten auch ehrenvollere Absichten. Ob wir uns aber für das Wissen über Mordwaffen bedanken sollten, ist sehr zweifelhaft.

Auch die Bibel der *Mormonen*, daß Buch *Mormon*, kennt diese Überlieferungen der sexuellen Beziehungen der Engel und der Menschen. So weiß dies Buch ebenfalls, daß die Himmlischen den Menschen allerlei Dinge lehrten. So etwa heißt es im Buch *Alma* (Al. 12,28), daß „Gott" den Menschen „Kenntnis" vermitteln wollte. Aber *wie* er dieses Wissen übermittelte, ist sehr interessant:

„(...) *darum sandte er Engel aus, um mit den Menschen zu verkehren*(!!), *und sie ließen die Menschen von seiner Herrlichkeit schauen.*" (Al. 12,29)

Jahwe schickte nach diesem Vers seine Engel selber zur Erde, um mit den Menschen „zu verkehren"! Der nächste Vers (Al. 12,30) geht sogar soweit, zu behaupten: „darum verkehrte Gott mit den Menschen"...

Aber zurück zu unserem Propheten Henoch: Das Buch Henoch erzählt uns auch, warum es den Engeln überhaupt möglich war, Kinder mit Erdlingen zu zeugen. Wir haben zwar bereits in den Schöpfungsberichten erfahren, daß wir das Abbild „Gottes" sind - was verschiedentlich in den alttestamentarischen Überlieferungen erwähnt wird -, aber Henoch hält zusätzlich fest:

„*Es wurden ja die Menschen ganz gleich wie die Engel geschaffen* (...)" (Hen. 69,11)

Auch wenn die Engel den Menschen allerlei Wissen offenbarten, so hatte die Menschheit dennoch unter ihrer Anwesenheit auf Erden zu leiden. „Da klagte die Erde wider die Unholde", berichtet uns Hen. 7,6. Da nicht alle Engel „Gottes" diese sündigen Sexbeziehungen eingegangen sind, sondern einige im Himmel blieben, blieb es nicht aus, daß auch sie von den schändlichen Geschehnissen auf der Erde erfuhren. Die Engel Michael, Uriel, Raphael und Gabriel „sahen das viele Blut, das auf der Erde vergossen ward, und all das Unrecht" (Hen. 9,1). Diese vier Wächter beschlossen deshalb, die Klage der Menschen vor den Höchsten zu bringen, um dem Leid ein Ende zu bereiten (Hen. 9,3). Der „Höchste", „Gott" wird nicht erwähnt, war folgerichtig nicht über die Ereignisse auf Erden informiert, da erst die Engel ihm dies berichten mußten!

Der oberste Herrscher über die Engelschar vernahm sicherlich mit Empörung, daß seine 200 herabgestiegenen Engelwesen der Menschheit „die ewigen Geheimnisse des Himmels" offenbarten, „die kennenzulernen die Menschen bestrebt waren" (Hen. 9,6). Auch überbrachten die Engel ihrem Chef die Nachricht, daß die herniedergestiegenen Engel geschlechtlichen Umgang mit den Menschen hatten:

„*Sie gingen zu den Menschentöchtern auf der Erde, schliefen bei den Weibern und verunreinigten sich; dann machten sie sie mit allen Arten von Sünden bekannt. Die Weiber gebaren Kinder und dadurch ward die ganze Erde von Blut und Ungerechtigkeit erfüllt.*" (Hen. 9,8-9)

Auch Gen. 6,5-6 dokumentiert, daß durch diese herabgekommenen Wächter die Erde von Bosheit überrannt wurde und „Gott" es bereute, die Menschen je erschaffen zu haben. Aber eigentlich hätte es „Gott" längst wissen müssen, daß ein Teil seiner „Söhne" sich derart versündigte. Nicht nur, da er bekanntlich „allwissend" sein soll, sondern auch, weil er selber *nicht* einmal Vertrauen zu seinen Engel hatte, und so normalerweise mit allem rechnen mußte. Im Alten Testament wird dieses so beschrieben:

„*Selbst seinen Dienern traut er nicht*(!), *zieht seinen Engeln noch des Irrtums.*" (Ijob 4,18)

„Gottes" *Diener*, die von den Bibelkommentatoren mit den Engeln gleichgesetzt werden, sind auch nur beinahe Engel, so wie wir sie aus unserer Kindheit her kennen.

Im folgenden wird nun die Strafe für die verunreinigten Wächter angekündigt. Da aber das Buch Henoch leider keinen chronologischen Ablauf aufweist, müssen wir zuvor die Ereignisse vor der großen Flut etwas durchleuchten.

Wie es das Buch Genesis überliefert, wurde Henoch im Alter von 365 Jahren in den Himmel aufgenommen, wo ihm allerlei „göttliche" Geheimnisse gelehrt wurden. Dort weilte er unter den Engeln, wie es zahlreiche Textstelle belegen, so zum Beispiel das apokryphe Buch der Jubiläen, in dem wir lesen:

„*Er war ja bei den Engeln Gottes sechs Jahrjubiläen, und sie zeigten ihm alles auf Erden und im Himmel, die Herrschaft der Sonne und er schrieb alles auf.*" (Jubi. 4,21)

Nun, da eine Gruppe von Himmelssöhnen auf der Erde einigen Schaden anrichtete, wurden Henochs Dienste benötigt. Er mußte fortan als Vermittler zwischen

Himmel und Erde fungieren, um den herniedergestiegenden „Göttersöhnen" ihr Ende anzukündigen.

VII.3 Diplomat zwischen Himmel und Erde

„Henochs Traum über die Bestrafung der Engel" (Hen. 12,1+) beginnt mit der Feststellung, daß sich der Patriarch in den Gegenden der Engelswelt aufhielt, „und niemand von den Menschenkindern wußte, wo er verborgen war, wo er sich aufhielt, und was aus ihm geworden war" (Hen. 12,1).

Diese Beschreibungen, daß Henoch unter Engeln lebte, finden sich detailliert im slawischen Buch des Patriarchen. Der alttestamentarischen Überlieferung der Genesis (Gen. 5,23-24) entnehmen wir, daß Henoch mit 365 Jahren in den Himmel entrückt wurde; und genau mit dieser Feststellung beginnt das slawische Buch und berrichtet, was er dort alles erlebte, bis er wieder auf die Erde kam, um seine endgültige Aufnahme vorzubereiten. Zum slawischen Buch werde ich in VII.4 zurückkommen. Zuerst sollen aber die Überlieferungen über die gefallenen Engel weiter verfolgt werden:

„*Was er tat, das tat er mit den Wächtern* (= Engel, Himmelssöhne, L.A.F.), *und seine Tage verbrachte er mit den Heiligen.*" (Hen. 12,2)

Der Prophet Henoch verbrachte gerade seine Zeit damit, den „Herrn der Majestät" zu preisen, als er von den himmlischen Wächtern gerufen wurde. In Hen. 12,3 haben wir eine besonders bemerkenswerte Textstelle, da sie Henoch als Urheber der Schrift identifiziert. Dort heißt es zum Beispiel: „*Ich*, Henoch, erhob *mich*", oder „Da riefen die Wächter *mich*, Henoch, den Schreiber, an und sagten zu *mir*". Auch in einigen weiteren Textpassagen finden sich ähnliche Ausdrucksweisen. Allerdings steht mit ziemlicher Sicherheit fest, daß die Überlieferungen der Sintflut und über Noah aus einem unbekannten „Noah-Buch" stammen. Und es ist nicht ausgeschlossen, daß hier auch zahlreiche spätere Abschnitte eingefügt wurden, was das „Durcheinander" des zeitlichen Ablaufs erklären könnte.

Wie auch immer, der Patriarch wurde während seines Gebetes von den Engeln, die im Himmel blieben und den „Höchsten" über die Vorkommnisse auf der Erde unterrichtet hatten, als Bote berufen:

„*Henoch, du Schreiber der Gerechtigkeit, geh hin und verkünde den Himmelswächtern, die den hohen Himmel, die heilige ewige Stätte verließen, sich mit Weibern nach Menschenart verunreinigten, sich Weiber nahmen und so großes Verderben auf die Erde brachten: Sie werden weder Frieden noch Verzeihung finden. So oft sie sich über ihre Kinder freuen, werden sie die Ermordung ihrer Lieblinge erleben und über den Untergang ihrer Kinder seufzen; sie werden immerdar bitten, aber weder Gnade noch Frieden erlangen!*" (Hen. 12,4)

Die Strafe des „Höchsten" ist hart und unbarmherzig! Selbst wenn sie ihre Kinder lieben, so werden doch alle ihre Nachkommen umgebracht werden und die Wächter selber keine Gnade in „Gottes" Augen finden. Auch wenn Kirche und

Theologie oftmals von der unendlichen Gnade des „Herrn" sprechen, so ist in diesem Vers nichts davon zu spüren.

Henoch nahm natürlich die ihm anvertraute Mission an und machte sich auf den Weg zu den Wächtern auf der Erde. Der Engel Assel war der erste, den Henoch die Bestrafung verkündete. Zwar war Assel nicht der Anführer der lüsternen Himmelssöhne, aber im Buch Henoch wird er als einer der größten „Sündenböcke" bezeichnet, da er den Menschen die Mordwaffen zeigte. Ihn wird „keine Nachricht noch Fürbitte" retten können, denn Assel wird nie Frieden finden, da er der Menschheit die Gewalt gebracht haben soll (Hen. 12,1-2), was Hen. 8,1 bestätigt. Zwar gab es bereits im Garten Eden Gewalttätigkeiten, nämlich zwischen Kain und seinem Bruder Abel (Gen. 4,8), aber der Himmelssohn Assel hat die Situation scheinbar um einiges verschlimmert.

Dann ging der Bote Henoch zu allen Engel, um ihnen ihre bereits festgelegte Strafe für ihre Taten zu verkünden. Nun aber bekamen die „desertierten" Wächter Schuldgefühle, bereuten ihren „ungöttlichen" Plan und wollten alles rückgängig machen. Henoch sollte sie dabei als diplomatischer Bote unterstützen. Warum nicht einer aus ihren eigenen Reihen diese Botschaft dem „Herrn" überbrachte, erfahren wir ebenfalls, denn sie konnten nicht wieder in den Himmel bzw. mit „Gott" sprechen:

„*Sie baten mich* (Henoch, L.A.F.), *für sie eine Bittschrift zu schreiben, damit ihnen Verzeihung zuteil würde, und ihre Bittschrift vor dem Herrn des Himmels vorzulesen. Denn sie konnten von da an nicht mehr mit ihm reden und ihre Augen zum Himmel erheben aus Scham über ihre Sünden, deretwegen sie gestraft wurden. So verfaßte ich ihre Bitt- und Flehschrift* (...)." (Hen. 13,4-6)

Die Kommunikationsverbindung zwischen den „irdischen" Engeln und den himmlischen Wesen einschließlich „Gott" war unterbrochen. Der kleine Vers, der uns dies überliefert hat, ist erstaunlich, denn es ist interessant zu erfahren, daß zahllose Kulturen der Vergangenheit von einem solchen Bruch zwischen Himmel und Erde zu berichten wissen. So zum Beispiel der Mythos vom „Salz der Erde" (Niederhäuser, S. 220), der in verschiedenen Gegenden Afrikas erzählt wird, oder die Überlieferungen aus Mesopotamien, in denen der „Gott" *Enlil* („Herr über das Wort") die „Verbindung Himmel-Erde" („*Duranki*") unterbrach. Auch in China, Japan, Tibet, der Mongolei oder Indonesien existieren ähnliche Überlieferungen über einen Abriß des himmlischen Kontaktes. Ich habe in meinem Buch „Göttliche Zeiten" einige dieser Mythen kurz beschrieben. Jedoch stimmt die zeitliche Einordnung nicht unbedingt mit der Henocherzählung überein.

Aber zurück zu den spannenden Ereignissen im Buch Henoch. Mit der Bittbotschaft der gefallenen Engel machte sich Henoch auf, um sie „Gott" zu übergeben. Es ist natürlich verwunderlich, daß der *Mensch* Henoch mit dieser Aufgabe betraut wurde, denn wenn wir den kirchlichen Dogmen glauben, war „Gott" schließlich allwissend und überall zugleich etc. Aber dennoch: In Hen. 14,4-7 ist eine kurze Zusammenfassung der Antwort „Gottes" auf die Bitte der Himmelssöhne zu finden. Nie wieder wird es ihnen möglich sein, in den Himmel aufzusteigen, sondern sie müssen „die Vernichtung (ihrer) geliebten Söhne ansehen" (Hen. 14,5). Keiner ihrer Nachkommen wird überleben, sondern „sie fallen vielmehr vor euren Augen durch das Schwert" (Hen. 14,6).

Wie und auf welche Art und Weise Henoch die Antwort erhielt, wird etwas später beschrieben. Dort wird berichtet, daß er an dem Gewässer von Dan im Land Dan(?), westlich von Hermos, die Bitte der Wächter verlas und in den Himmel entrückt wurde, um vor „Gott" persönlich zu sprechen! Der Bericht über diese Entrückung Henochs in den Himmel (All) ist ein bemerkenswertes Beispiel alttestamentarischer oder apokrypher Überlieferungen über Himmelsreisen. Ich möchte ihn vollständig wiedergeben:

„Mir ward im Gesicht folgende Erscheinung zuteil: Wolken luden mich im Gesichte ein, und ein Nebel forderte mich auf; der Lauf der Sterne und der Blitze trieb und drängte mich, und Winde gaben mir Flügel und hoben mich empor in jenem Gesicht. Sie trugen mich in den Himmel. Ich ging hinein, bis ich mich einer Mauer nährte, die aus Kristall gebaut und von Feuerzungen umgeben war; sie begann, mir Furcht einzuflößen. Ich trat in die Feuerzungen hinein und näherte mich einem großen, aus Kristall erbauten Haus. Die Hauswände glichen einem mit Kristall eingelegten Fußboden: sein Unterbau war von Kristall. Seine Decke glich der Bahn der Sterne und der Blitze, dazwischen feurige Kerube (Cherube, L.A.F.); *ihr Himmel war so klar wie Wasser. Ein Flammenmeer umgab seine Wände und seine Türen brannten von Feuer. Und ich trat ein in jenes Haus, das heiß wie Feuer und kalt wie Schnee war; darin war keine Lebensluft vorhanden*(!!); *mich umwehte Furcht, und Zittern packte mich. Ich ward erschüttert, und zitternd fiel ich auf mein Angesicht; da schaute ich im Gesichte folgendes: Da stand ein anderes Haus, noch größer als das erste; alle seine Türen standen vor mir offen; es war aus Feuerzungen gebaut. In jeder Weise zeichnete es sich durch Herrlichkeit, Pracht und Größe so aus, daß ich euch keine Beschreibung seiner Herrlichkeit und Größe geben kann. Sein Boden bestand aus Feuer; seine oberen Teile bildeten Blitze und Sternenbahnen, und seine Decke war loderndes Feuer. Ich schaute hin und sah darin einen hohen Thron. Sein Aussehen war wie Reif, und die Räder daran glichen der leuchtenden Sonne; das war das Gesicht der Kerube. Unterhalb des Thrones kamen Ströme lodernden Feuers hervor; ich konnte nicht hinsehen. Die große Herrlichkeit saß darauf; sein Gewand war glänzender als die Sonne und weißer als Schnee. Keiner der Engel konnte eintreten; noch vermochte er, sein Antlitz vor Herrlichkeit und Majestät zu schauen. Kein Fleisch konnte ihn anschauen. Loderndes Feuer war rings um ihn; ein großes Feuer stand vor ihm und niemand ringsum konnte sich ihm nähern. Rings im Kreise standen Zehntausende mal Zehntausende vor ihm: er aber bedurfte keines Beraters.* (...) *Bis dahin lag ich auf meinem Angesicht und zitterte. Da rief mich der Herr mit seinem eigenen Mund und sprach zu mir: Komm hierher, Henoch! Vernimm mein Wort!*" (Hen. 14,8-24)

Henoch wurde von einem unbekannten Flugobjekt in den Himmel gehoben. Dort sah er „Häuser", die er nicht beschreiben konnte und die so groß und herrlich waren, daß es ihm an Worten fehlte. Immer wieder benutzt er den Vergleich mit aus

Kristall erbauten Häusern, was wahrscheinlich darauf zurückzuführen ist, daß diese extrem „leuchteten“ oder „schimmerten“. Auch die Offenbarung des Johannes kennt ähnliche Schilderungen (Off. 4,5-6). Feuer ist ebenfalls, wie in zahllosen Überlieferungen dieser Art, oft anzutreffen. Aber wir können getrost annehmen, daß dies zum Teil kein reales Feuer war, da sonst Henoch niemals in jenes ominöse Bauwerk eintreten konnte, in dem er den „Herrn“ traf. Der Patriarch war von dem, was er im Himmel sah, derart überwältigt, daß er sich sogar fürchtete und zitternd zu Boden fiel. Geradezu unglaublich klingt die Feststellung Henochs (Hen. 14,13), daß an dem Ort, zu dem er gebracht wurde „keine Lebensluft vorhanden“ (bei Rießler allerdings „Annehmlichkeit“) war! Wie, um alles in der Welt, konnte der Schreiber vor Jahrtausenden wissen, daß es im All *luftleer* ist?!

Es ist aber nicht nur Henoch, der wußte, daß es im All keine Lebensluft gibt, sondern der biblische und außerbiblische Prophet Baruch hat dies einst ebenfalls erwähnt. Auch er wurde von einem Engel in den Himmel entrückt und berichtet:

„*Und er nahm mich und brachte mich dahin, wo der Himmel befestigt ist, und wo ein Strom war, den niemand zu durchschreiten wagt, wo nicht der fernste Windhauch ist, von allen gottgeschaffenen Winden.*“ (griechische Apokalypse des Baruch, AB. 2,1)

Wir können den uralten Berichterstatter Henoch natürlich nicht verübeln, daß er sich vor dem Geschauten fürchtete, da er mit einer ihm unbekannten Technologie konfrontiert wurde. Seltsam ist auch, daß „Gott“ (oder besser: „der Herr“) seinen Boten in den Himmel kommen lassen mußte, um mit ihm durch seinen „eigenen Mund“ zu sprechen.

Auch der in der Überlieferung beschriebene „Thron“ war kein Thron, wie wir ihn kennen. Denn welcher Thron besitzt Räder, die wie die Sonne leuchten? Sehr wohl aber beschreibt der Prophet Ezechiel im Alten Testament einen „Thronwagen Gottes“, der ebenfalls mit Rädern versehen war, und der als außerirdisches Raumschiff identifiziert werden kann (s. IX.2). Weiter unten werden wir noch einige Beispiele sehen, die von Henochs Himmelsreisen zeugen.

Als Henoch in seiner Funktion als Botschafter der gefallenen Engel nun vor dem Höchsten der Himmelssöhne stand, wurde er von einem Engel (Heiligen) auf die Beine gestellt. Verständlicherweise lag er immer noch auf seinem Angesicht, als er den Thron „Gottes“ kommen sah. Nun aber wandte sich der Höchste des Himmels persönlich an den Erdling, um die Strafe für die herniedergestiegen Wächter zu verkünden:

„*Fürchte dich nicht, Henoch, du gerechter Mann und Schreiber der Gerechtigkeit! Tritt herzu und hör meine Rede: Geh hin und sprich zu den Himmelswächtern, die dich als ihren Fürsprecher absandten: Ihr solltet eigentlich für Menschen bitten und nicht die Menschen für euch!* (Dies bezieht sich zweifellos darauf, daß Henoch zum „Höchsten“ gesandt wurde. L.A.F.) *Warum verließet ihr den hohen, heiligen und ewigen Himmel, verunreinigtet euch mit den Menschentöchtern, nahmt euch Weiber, tatet wie die Erdenkinder und zeugtet Riesensöhne?*“ (Hen. 15,1-3)

Der „Höchste des Himmels“ beruhigte Henoch, da er immer noch recht verängstigt war. Anscheinend kann es der „Herr“ noch nicht fassen, daß ein Teil seiner Engel sich mit den Menschentöchtern einließ. Zumindest läßt die Art, wie „Gott“ das Gespräch mit Henoch beginnt, diesen Schluß zu.

Die Vorwürfe, die der „Herr“ seinen gefallenen Himmelssöhnen machte, gehen aber noch weiter. Deutlich erfahren wir, daß tatsächlich diese „Gottessöhne“ herniederstiegen, und ihre Tat eine unverzeihliche Sünde im Himmel war:

„Ihr waret heilige, geistige und ewig lebende, und dennoch beflecktet ihr euch durch Weiberblut und zeugtet mit dem Blut des Fleisches Kinder, indem ihr nach der Menschen Blut begehrtet und also Fleisch und Blut hervorbrachtet, wie jene, die sterblich und vergänglich sind.“ (Hen. 15,4)

Die Wächter, die sich mit den Menschenblut verunreinigten, hatten ihre Wohnung im Himmel. Die folgenden Verse (Hen. 15,5-12) besagen, daß „Gott“ seine einstigen Untertanen hauptsächlich ihrer Kinder wegen strafen wollte. Diese Kinder, die Riesen oder auch „böse Geister“, wie es bei Henoch ebenfalls heißt, brachten der Erde nur Verderben und Trauer, weshalb sich der „Herr“ veranlaßt sah, ein großes „Engelsgericht“ (Hen. 16,1) kommen zu lassen. Auch waren sie Zwitter, Gemischte der Erdlinge und der außerirdischen Wächter; also fremde Geschöpfe. Henoch stieg wieder vom Himmel zu den Wächtern nieder, um ihnen auszurichten, daß sie „keinen Frieden haben“ würden (Hen. 16,2-4). Ihre Bitte wurde abgelehnt.

Es ging wild zu bei unseren Vorfahren! Engel (vielleicht besser *Nefilim* - „Die Herniedergestiegen“/„Hinabgeworfenen“) kamen vom Himmel, um mit den (weiblichen) Menschen Sex zu haben, Henoch - ganz klar ein Mensch - wird zum „Höchsten“, quasi dem Befehlshaber der Engelschar, gesandt, um ein Gnadengesuch vorzulegen. Der „Höchste“ ist durchaus bereit, sich dieses anzuhören, schickt Henoch aber mit der Botschaft zurück, daß die sündigen Himmelssöhne keine Gnade finden werden.

Es klingt fast utopisch, wenn wir vergessen würden, daß dies alles *vor* der berüchtigten Sintflut geschehen sein soll, wie es auch das Buch Genesis berichtet. Die Sintflut ist nach der theologischen Auslegung der Bibel und der Apokryphen schließlich nur deshalb gekommen, um die Engel, und die durch sie versündigten Menschen vernichtend zu strafen. Warum aber auch die unschuldigen Tiere umkommen mußten, weiß niemand. Daß die Flut vielmehr eine unausweichliche Naturkatastrophe gewesen ist, die zwar vom „Höchsten“ rechtzeitig erkannt, aber nicht vom ihm verhindert werden konnte, ist viel wahrscheinlicher.

VII.4 Von Himmel zu Himmel zum „Herrn“

Abraham, Henoch, Mose und einige weitere Personen biblischer Überlieferungen (zum Beispiel Elija und Johannes) hatten eines gemeinsam: Sie sahen „Gotteserscheinungen“ und wurden teilweise in den Himmel entrückt. Wir haben oben bereits die interessante Erzählung über Henochs diplomatische Reise zum

„Höchsten“ der Himmelssöhne gesehen. Es ist aber nicht der einzige Bericht über derartige Kontakte im Buch Henoch.

An einigen anderen Stellen der apokryphen Schrift stoßen wir ebenfalls auf Erzählungen solcher Reisen in den Himmel und in unbekannte Sphären der Engelwelt. Auch aus anderen religiösen Kulturräumen sind solche erstaunliche Überlieferungen bekannt. In VIII.6 werde ich darauf zurückkommen.

So ist im 57. Kapitel der außerbiblischen Henochtexte eine interessante Erscheinung beschrieben. In den mir vorliegenden Übersetzungen der Henoch-Bücher wird dieses Kapitel „Heimkehr der Diaspora“ genannt. Also die Rückkehr einer konfessionellen Minderheit (nach Jerusalem, laut Kapitel 56). Es wird zwar klar von „Menschen“ gesprochen, aber irgendwie ist dieser Bericht nicht ganz eindeutig:

„Danach sah ich eine Schar Wagen, worin Menschen fuhren, und sie kamen auf Windesflügeln von Osten und Westen zum Süden. Man hörte den Lärm ihrer Wagen, und als dieses Getümmel entstand, bemerkten es die Heiligen vom Himmel her und die Grundpfeiler der Erde wurden von ihren Stätten bewegt; ja man hörte den Lärm von einem Ende des Himmels bis zum anderen einen ganzen Tag lang. Sie werden alle niederfallen und den Herrn der Geister anbeten.“ (Hen. 57,1-3)

Es liegt auf der Hand, daß der oben wiedergegebene Text Ähnlichkeiten mit „Gotteserscheinungen“ anderer Textbeispiele aufweist. So ist zum Beispiel ein Wagen mit „Windesflügeln“ ein geradezu charakteristisches Merkmal des Thronwagen „Gottes“. Auch der beschriebene Lärm ist eine derartige Randerscheinung in den alten Beschreibungen der „Gotteswagen“. Der Schreiber konnte aber mit dem Wort „Menschen“ durchaus „Engel“ gemeint haben, da im slawischen Buch Henoch der Prophet von Engeln mit in den Himmel genommen wurde und er diese schlicht als „Männer“ bezeichnete.

Henoch - und seine Schrift betont dies immer wieder - ist einst von den Himmelssöhnen persönlich in allerlei himmlische Geheimnisse eingeweiht worden. So lesen wir etwa im 59. Kapitel etwas über „Blitz und Donner“, wie dieser Teil genannt wird. Henoch überliefert hier „die Geheimnisse des Donners und wie der Schall davon unten gehört wird, wenn er oben im Himmel ertönt“ (Hen. 59,2). Auch ist dort zu lesen, daß er „alle Geheimnisse der Lichter und Blitze gezeigt“ bekam, die „zum Segen und zur Sättigung der Erde blitzen“ (Hen. 59,3).

Blättern wir einige Kapitel der Reisen des Henochs zurück, so stoßen wir auf das 23. Kapitel. Da der Patriarch etliche Reisen unternahm, die etwa ab Hen. 17,1+ beginnen, und diese keine besondere Gliederung erkennen lassen, ist es völlig legitim, wenn ich diesen Texte nicht in der heutigen Reihenfolge nachgehe. Daß Henoch im All, wie Abraham später ebenfalls, gewesen ist, scheinen die Schriften zu belegen. Sah er aber auch die Sonne aus nächster Nähe?

„Von da ging ich zu einem anderen Ort gegen Westen bis zu den Enden der Erde.“ (Hen. 23,1)

Auch wenn dieser Vers vielleicht den Eindruck erweckt, daß der Prophet auf der Erde umherreiste, so sagt dieser lediglich aus, daß er gen Westen zog. Er kann aber nie in den Westen gegangen sein, um dort dem Ende der Welt zu begegnen, da es dieses nun einmal nicht gibt. Aber folgen wir den Versen weiter, um zu erfahren, was er an diesem „Ende der Welt" erblickte:

„Ich sah ein loderndes Feuer, das rastlos hin und her lief und von seinem regelmäßigen Laufe weder bei Tag noch bei Nacht abließ, sondern sich gleichblieb. Ich fragte: Was ist dieses ruhelose Ding? Darauf antwortete mir Reguel, einer von den heiligen Engeln, der bei mir war, und sagte zu mir: Dieses rotierende Feuer, das du in Richtung nach Westen gesehen hast, ist das Feuer, das alle Himmelslichter versorgt (oder: „das alle Lichter des Himmels in Bewegung setzt", L.A.F.)." (Hen. 23,2-4)

Was sah Henoch - die Sonne? Die in einfachen Worten erfolgte Beschreibung kann tatsächlich auf unser Zentralgestirn zutreffen: Ein rotierendes Feuer mit regelmäßigem Lauf - Tag und Nacht -, das immer gleichbleibt und die anderen Himmelslichter versorgt. Könnte unsere Sonne einfacher beschrieben werden?! Auch fragte Henoch nicht, „was ist das für ein ruheloses *Feuer*", sondern „was ist das für ein ruheloses *Ding*" - er wird kaum ein gewöhnliches „Feuer" einfach mit „Ding" bezeichnen, wenn es nicht auf die ein oder andere Art *fest* gewesen ist.

Auch das slawische Buch Henoch enthält interessante Berichte. Das slawische Buch ist zwar nicht so umfangreich wie sein äthiopischer Bruder, aber es zeichnet sich durch seine gute Übersicht und kurze Kapitel (teilweise nur ein Vers) aus. Die Überlieferungen in dieser apokryphen Schrift spielen sicherlich in dem Zeitraum *vor* den bereits weiter oben durchleuchteten Erzählungen über die gefallenen Himmelssöhne. Denn in Hen. 12,1-2, noch bevor er als Bote der Himmelssöhne eingesetzt wurde, erfahren wird, daß er sich zu diesem Zeitpunkt bereits im Himmel befand:

„Vorher war Henoch verborgen worden, und niemand von den Menschenkindern wußte, wo er verborgen war (...) Was er tat, das tat er mit den Wächtern, und seine Tage verbrachte er mit den Heiligen." (Hen. 12,1-2)

Erst nach dieser Aussage wird er mit der eigentlich Mission eines Vermittlers betraut. Das slawische Buch Henoch könnte also zeitlich, so glaube ich, vor der äthiopischen Schrift eingeordnet werden - auch wenn es als eindeutig gilt, daß beide Schriften auf ein und derselben Quelle beruhen.

Dennoch soll der Inhalt des slawischen Textes an dieser Stelle genauer betrachtet werden - zumal dieses Buch auch „zweiter Henoch" genannt wird. Schon zu Beginn des ersten Kapitels des bemerkenswerten Apokryphs werden sonderbare Ereignisse geschildert:

„Als ich 365 Jahre alt geworden war, war ich an einem Tag des zweiten Monats alleine zuhause. Ich war in großer Kümmernis und weinte; dann schlief ich ein. Da erschienen mir zwei sehr große Männer, wie ich nie auf Erden gesehen. Ihr Antlitz leuchtete wie die Sonne, ihre Augen wie brennende Fackeln; aus ihrem

Munde sprühte Feuer: ihre Kleidung und ihr Gesang waren herrlich, ihre Arme wie goldene Flügel. Sie standen zu Häupten meines Bettes und riefen mich mit Namen." (slavisches Henochbuch, Hen/s. 1,1-5)

Als Henoch traurig in den Schlaf versank, erschienen ihm äußerst fremdartige Wesen, die nicht von der Erde stammten, wie es Henoch selber vermerkte. Nun könnte man sicherlich einwenden, all dies war nur ein *Traum* des Patriarchen, den er später niederschrieb. Dies ist sicherlich vollkommen richtig, aber auch *nachdem* sie Henoch mit Namen riefen und er *erwachte*, standen diese Wesen oder Engel immer noch an seinem Bett:

„*Ich erwachte*(!) *vom Schlaf und stand von meinem Lager auf; dann verneigte ich mich vor ihnen, mein Antlitz bleich vor Schrecken. Da sprachen die zwei Männer zu mir: Sei getrost, Henoch! Fürchte dich nicht! Der ewige Herr hat uns zu dir gesandt. Du sollst mit uns heute in den Himmel gehen. Gib deinen Söhnen und deinem Gesinde Anweisung für das, was sie in deinem Haus tun sollen! Keiner soll dich suchen, bis der Herr dich ihnen wieder zuführt!*" (Hen/s. 1,6-9)

Hier beginnt die Überlieferung über Henochs erste Engelkontakte, durch die er die Geheimnisse des Himmels und der Erde erfahren haben will. Von diesen Offenbarungen leitet sich auch der Untertitel dieses Apokryphs ab: „Das Buch der Geheimnisse Gottes - Die Offenbarungen Gottes". Henoch war ein gelehriger und friedlicher Schüler der Himmelssöhne, da er später sogar mit der Aufgabe eines Botschafters beauftragt wurde, was zweifelsohne für die Person Henoch spricht.

Die zwei fremden Männer kamen als Boten „Gottes" zu unserem Patriarchen, da sie ihn aufforderten, alles für eine längere Abwesenheit zu organisieren. Wie die Himmelssöhne wieder verschwanden, ist leider nicht zu erfahren, aber Henoch war natürlich einverstanden, mit ihnen in den Himmel zu reisen. Er unterrichtete seine Söhne Methusalem (auch Metusala) und Regim über seine längere Reise und gab ihnen entsprechende Anweisungen (Hen/s. 1,10). Wohin die Reise aber gehen sollte, das wußte er selber nicht:

„*Meine Kinder! Ich weiß nicht, wohin ich gehe, oder was mir zustößt.*" (Hen/s. 2,1)

Er mahnte seine Kinder, daß sie weder „falsche Götter" (Hen/s. 2,2) anbeten dürften noch ihn suchen sollten, bis er wieder zurückkehrte (Hen/s. 2,4). Alles in allem eine gut organisierte Abreise. Die Engel bzw. „Gott" wollten Henoch nicht einfach aus seinem Leben reißen, sondern ihm die Möglichkeit geben, wichtige Anweisungen an seine Söhne zu übertragen. Auch wurde er nicht, wie es die Genesis behauptet, mit 365 Jahren *für immer* in den Himmel gehoben, sondern nur bis „Gott" ihn wieder zurückbrachte. Dies beweist zum Beispiel der Vers Hen/s. 2,4, indem es heißt, Henochs Kinder sollen ihn nicht suchen, „bis mich der Herr zu euch zurückbringt". Mindestens einmal kehrte er zu seinen Söhnen zurück, aber diesmal, um seine endgültige Himmelfahrt vorzubereiten.

Henoch hatte den Kindern alles erklärt und war bereit, die Himmelsreise in das All anzutreten. Mit knappen und deutlichen Worten schildert uns die Schrift dieses wichtige Ereignis in Henochs Leben:

„*Nachdem ich so zu meinen Söhnen gesprochen, riefen mich die zwei Männer, setzten mich auf ihre Flügel, trugen mich in den Himmel empor und setzten mich hier ab.*“ (Hen/s. 3,1)

Als sich Henoch nun endlich im All befand, bekam er als erstes die Umlaufbahnen der Gestirne gezeigt:

„*Dann brachten sie mich vor das Antlitz des Alten, des Regenten der Sternenreihen. Und er zeigte mir all ihre Läufe und Gänge jedjährlich; und ein sehr großes Meer, größer als das Meer der Erde, und Engel flogen mit ihren Flügeln.*“ (Hen/s. 4,1)

Das große Meer, welches Henoch beschreibt, könnte durchaus eine schlichte Umschreibung für das All sein. Auch heute noch verwenden Astronomen dann und wann den Ausdruck „Sternenmeer“ („Meer der Sterne“) oder ähnliches. Eines sollte an den bis hierher betrachteten Versstellen des slawischen Henochbuches bereits deutlich geworden sein: Henoch wurde eigens dafür in den Himmel zu „Gott“ entrückt, damit er derartige Geheimnisse gezeigt bekommt! Die Henochschriften besagen an unterschiedlichen Stellen auch, daß er den Auftrag von seinem „Herrn“ bekam, all diese Erlebnisse und die Offenbarungen für sich und die Nachwelt zu notieren (zum Beispiel Hen/s. 22,11-23,23). Auch der alttestamentarische Prophet Ezechiel wurde einst nur aus diesem Grund von „Gott“ entrückt (Ez. 40,4), und Johannes erging es genauso (Off. 1,19).

Weiter wurden dem Patriarchen noch allerlei andere Dinge gezeigt, wie etwa „die Kammern der Wolken“ oder „die Kammer des Taus“ (Hen/s. 5,1 und Hen/s. 6,1).

Aber die „Erlebnistour“ des Propheten war noch lange nicht zu Ende, denn seine Reise ging weiter in den sogenannten „zweiten Himmel“. In I.3 dieses Buches habe ich bereits darauf hingewiesen, daß es offensichtlich sieben verschiedene Himmel oder Himmelsgegenden gab. Auch der *Koran* überliefert dies, und die richtige Übersetzung von Gen. 1,1 nennt ebenfalls „die Himmel“. Jedenfalls wurde Henoch nach und nach - Himmel für Himmel - immer weiter, in immer andere Gebiete gebracht, und dort wurde ihm alles gezeigt.

Der zweite Himmel läßt sich durch seine Beschreibung durchaus als „Strafkolonie“ für diejenigen, die sich dem „Herrn“ widersetzten, erkennen:

„*Da ergriffen mich die beiden Männer und führten mich in den zweiten Himmel. Hier zeigten sie mir Gefangene, die für das maßlose Gericht aufbewahrt sind. Ich sah die Verdammten weinen* (...)“ (Hen/s. 7,1-2)

Henoch war neugierig geworden und wollte von den Engeln wissen, weshalb „diese gepeinigt werden“. Er konnte sicher nicht verstehen, daß im Reich der „ewigen Glückseligkeit“ eine Art Gefängnis existiert. Die Antwort seine beider Reisebegleiter ist aber nicht weniger überraschend:

„Die Männer sagten zu mir: Dies sind die vom Herrn Abgefallenen; sie hörten nicht auf des Herrn Stimme, sondern folgten ihrem Eigenwillen(!).“ (Hen/s. 7,3)

Diesen Vers muß man sich auf der Zunge zergehen lassen: „Gott“, der „Herr“, läßt keine Widerworte, *keinen* „Eigenwillen“ zu. Und die, die es dennoch wagen, sich gegen ihren Höchsten zu stellen, werden an diesen schrecklichen Ort deportiert! Natürlich, es war die Hölle der verdammten, menschlichen Seelen, die Henoch hier erblickte, könnte man nun denken. Aber dies stimmt klipp und klar nicht, denn die Hölle wird eindeutig in Kapitel zehn des Apokryphs beschrieben - und auch der Übersetzer nennt Kapitel zehn „Die Hölle“. Kapitel sieben ist aber schlicht die „Reise in den zweiten Himmel“.

In den folgenden Versen - Hen/s. 7,4-5 - fallen die zwei Engel, die Henoch begleiteten, sogar vor ihm nieder, um ihn zu bitten, daß er für sie vor „Gott“ betet. Sie fürchteten sich selber vor diesem Ort des Leids.

Das dritte Ziel der zwei Engelwesen mit Henoch war natürlich auch der „dritte Himmel“. Dieser wird uns in Hen/s. 8,1-8 beschrieben und ist durch sein Inventar („Baum des Lebens“ etc.) klar als *Paradies* zu erkennen. So wie auch 2. Kor. 12,2+ das Paradies in den dritten Himmel verlegt. Und hier sind wir wieder bei den widersprüchlichen Überlieferungen über den Garten Eden, die ich in I.9 und II.8 bereits erläutert habe. Möglich ist natürlich, daß Henoch in der Tat im Paradies *im Himmel* war, möglich ist auch, daß es zwei Paradiese gab - es läßt sich heute nicht zufriedenstellend beantworten.

Nachdem sich Henoch noch am Anblick des Paradieses erfreuen konnte, so war seine nächste Station ein Schock für ihn: Die Hölle. Ohne jeden Zweifel besteht ein enormer Unterschied zwischen der Hölle und dem oben erwähnten „zweiten Himmel“, der nur eine „Strafkolonie“ für Engelwesen war. Diese Hölle aber kann in Kapitel zehn auch klar als solche erkannt werden. Die Engel bestätigen Henoch ebenfalls, daß dieser Ort für die „gottlosen“ Menschenseelen der Erde ist - etwa:

„Dieser Ort ist für die Unehrlichen bereitet, die auf Erden(!) *Gottloses tun.*“ (Hen/s. 10,4)

Als Henoch von dort den vierten Himmel erreichte, wurden ihm zahlreiche astronomische Geheimnisse gezeigt. Hier werden wir über die Bahnen der Sonne und des Mondes sowie deren verschiedene Lichtintensitäten aufgeklärt. Auch die Maße dieser Himmelskörper will Henoch dort erfahren haben; dies behauptet zumindest Hen/s. 11,1. Immer wieder werden in diesem Teil dieses Apokryphs (Kapitel 11 bis 16) verschiedene „Tore“ erwähnt, durch die Sonne und Mond zu ihren festgelegten Jahreszeiten hindurchziehen. Alles in allem hat dieser Teil aber keinen sehr bedeutsamen, wissenschaftlichen Wert - wie auch das „Astronomische Buch“ des äthiopischen Apokryphs (Hen. 72-82). Dennoch sind die Offenbarungen, die sich mit der Himmelsmechanik befassen, sehr aufschlußreich zu lesen. Und wir sollten uns fragen, woher der Patriarch all dieses himmlische Wissen hatte. Bemerkenswert scheint mir jedoch eine Aussage des 17. Kapitels zu sein:

„Inmitten des Himmels sah ich bewaffnete Scharen, die dem Herrn mit Pauken und Zimbeln fortwährend Lob sangen. Ich ergötzte mich an ihnen.“ (Hen/s. 17,1)

Bewaffnete Scharen im Reich „Gottes? Kaum vorstellbar, aber Henoch hat sie angeblich selber gesehen. Vielleicht war sogar der Engel Michael ihr Befehlshaber, da er in Hen/s. 33,10 als „Heerführer“ bezeichnet wird.

Über Himmel Nummer fünf ist praktisch nichts zu erfahren. Lediglich „viele Scharen Wächter; ihr Aussehen glich den Menschen; sie waren größer als die größten Riesen“ (Hen/s. 18,1).

Eine Station weiter war es ähnlich. Auch hier schaute er leuchtende, herrliche Engel und „sieben Cherube und sieben Sechsflügelige; sie singen und jubilieren miteinander; ihr Gesang war unbeschreiblich“. Was diesen Vers jedoch sehr beachtenswert erscheinen läßt, ist der nächste Satz. Nämlich die Tatsache, daß „Gott“ sich an „seinem Schemel“ „ergötzte“: „und der Herr ergötzt sich an seinem Schemel“ (Hen/s. 19,6)! *Ich* kann mir keinen *realen Gott* vorstellen, der sich freudig an seinem Schemel ergötzt. Aber warum stehen im gleichen Satz die bekannten *Cherube* und die „Sechsflügeligen“ beschrieben, die in den alten Schriften meistens mit dem Fluggerät „Gottes“ in Verbindung stehen? Sollte der Schemel des „Herrn“ sein Thronwagen gewesen sein?

Sechs verschiedene Station im All hatte Henoch bereits besucht, und wie sich der Leser sicherlich erinnern kann, wird oft von sieben gesprochen. So auch hier, denn dieser war auch der letzte Halt seiner Reise, hier lebte „Gott“:

„Da nahmen mich die beiden vor dort hinweg und brachten mich in den siebenten Himmel. Dort sah ich ein großes Licht und alle feurigen Scharen der körperlosen Erzengel und den leuchtenden Ort der Ophammim. Da ward ich ängstlich und begann zu zittern.“ (Hen/s. 20,1)

Dieser Vers ist nichts neues! Auch in der Apokalypse des Abraham (AA. 15,6) wird dieser Ort beschrieben. Auch Abraham sah dort dieses große Licht und „eine große Schar“ mächtiger Gestalten. Offenbar sind Abraham und Henoch einst an den gleichen Ort, nur zu verschiedenen Zeiten, gebracht worden.

Aus weiter Ferne konnte Henoch den „Herrn“ sehen (Hen/s. 20,3) und er beschreibt, daß die „Glorreichen“ nicht von „Gottes“ Seite wichen. Diese Glorreichen und die bekannten *Cherube* sind aber zwei unterschiedliche „Wesen“, denn im gleichen Vers heißt es:

„Auch alle Scharen der Cherube und Seraphim waren bei ihm um seinen Thron und sangen vor dem Angesicht des Herrn.“ (Hen/s. 21,1)

Abraham schildert gleichfalls in seiner Apokalypse (AA. 18,1+) ominöse „Feuerlebewesen“ im Zusammenhang mit dem Thron „Gottes“. Bei Henoch werden sie schlicht *Cherube* genannt, die ebenfalls zum Thron des „Herrn“ gehören. Die Propheten Jesaja und Ezechiel machten ebenfalls keine Ausnahme, wenn sie von diesen Wesen am „Thronwagen Gottes“ berichten. Henoch scheint hingegen mehrere Wagen gesehen zu haben, was jedoch verständlich ist, da Ps 68,18 festhält: „die Wagen Gottes sind zahllos, tausendmal tausend“. Wir dürfen also annehmen, daß Jahwe nicht nur einen Wagen besaß, was bei der (unbekannten) Anzahl seiner Engel auch verständlich ist.

Die zwei Männer, die Henoch bis hierher ständig begleiteten, verschwanden, als der Prophet nun bei seinem „Gott“ war. Henoch bekam erneut Angst und fühlte sich allein. Daran ändert sich auch nicht viel, als der „Herr“ „einen von seinen Gerechten“ zu Henoch schickt. Henoch hingegen wollte lieber wieder „seine“ zwei Männer zurückhaben, da er nur ihnen vertraute (Hen/s. 21,4). Dem „Glorreichen“ Gabriel, den der Höchste zu ihm schickte, vertraute er nicht.

Als er immer noch nicht mit Gabriel mitgehen wollte, um vor den „Herrn“ zu treten, mußte der Glorreiche sogar handgreiflich werden, wie es Hen/s. 21,5 deutlich beschreibt. Körperlose Geistwesen, wie üblicherweise die Engel des himmlischen Staates interpretiert werden, können Henoch aber sicher nicht anfassen, genauso, wie es die zwei Engel mit Lot bei der Evakuierung von Sodom taten (s. V.3).

Nachdem Henoch gesalbt und in himmlische Kleider gehüllt worden war (Hen/s. 22,4-9), machte er eine sehr aufschlußreiche Feststellung:

„*Als ich mich beschaute, war ich wie einer der Glorreichen ohne Unterschied. Furcht und Zittern viel von mir ab.*“ (Hen/s 22,10)

Dieses ist ein äußerst wichtiger Vers: Die Wesen des Himmels sind wie Menschen, sie unterscheiden sich lediglich durch ihr Äußeres (Kleidung) und durch ihre Größe! So wie es die Genesis behauptet, wenn sie z. B. berichtet: „Am Tag, da Gott den Menschen erschuf, machte er ihn gottähnlich.“ (Gen. 5,1) Oder auch der Prophet Henoch, wenn er feststellt: „Es wurden ja die Menschen ganz gleich wie die Engel geschaffen (...)“ (Hen. 69,11). Im Alten Testament finden wir ebenfalls zahlreiche Hinweise, daß die Engel des Himmels sich nicht von den Menschen unterschieden. Das Buch Tobit zum Beispiel, das sich in der Vergangenheit außerordentlicher Beliebtheit erfreute, berichtet mehrfach von Engeln:

„*Tobias ging auf die Suche nach einem Begleiter und traf dabei Rafael; Rafael war ein Engel, aber Tobias wußte es nicht.*“ (Tob. 5,4)

Selbst als der Engel Rafael dem Tobit, Tobias Vater, sein (ausgedachtes) Herkunftsgeschlecht erklärte, erkannten sie immer noch nicht, daß er vom Himmel kam (Tob. 5,13+).

Auch an anderer Stelle des Buches (Teil elf), das bei Martin Luther noch als Apokryph geführt wurde, findet sich die Bestätigung, daß wenigstens einige Engelwesen nicht von Menschen zu unterscheiden waren (Tob. 12,14+).

Die neue Kleidung und die Ölung für Henoch waren sehr wahrscheinlich auch ein Hilfsmittel, um ihn zu beruhigen. Wie wir oben gesehen haben, war er ängstlich und zitterte. Nach dieser Prozedur jedoch konnte er vom „Oberführer Michael“ nun endlich vor „Gott“ gebracht werden, um den eigentlichen Sinn zu erfahren, warum er hierher gebracht worden war. Und dieser Grund sollte uns staunen lassen:

„Da rief der Herr den Bretil, einen seiner Erzengel, ihn, der weise ist und alle Worte des Herrn aufschreibt. Und der Herr sprach zu Bretil: Nimm die Bücher aus den Behältern! Gib Henoch eine Feder und diktiere ihm die Bücher an! Da brachte mir Bretil eilends die Bücher, die nach Myrrhen duften, und gab mit seine Feder.

Und er beschrieb mir alle Dinge im Himmel, auf Erden und im Meer, die Läufe und Orte aller Elemente, die Jahreszeiten, der Tage Läufe und Änderungen, die Gebote und die Lehren. Und Bretil sprach zu mir dreißig Tage und Nächte; seine Lippen redeten unaufhörlich. Auch ich schrieb, ohne auszuruhen, den ganzen Inhalt nieder. Als ich fertig war, hatte ich 360 Bücher geschrieben.“ (Hen/s. 22,11-23,6)

Henoch bekam einen eigenen Engel abkommandiert, der mit ihm die nächsten dreißig Tage alles himmlische Wissen in 360 Büchern notierte! Die Offenbarungen reichten von Informationen über Planeten („Dinge im Himmel“) bis zu schlichten Gesetzen und Geboten. *Nur* aus diesem Grund wurde er von den zwei Männern zum „Herrn“ geführt! Das allein war sein Auftrag; das Weitergeben von Wissen. Esdra (E/4. 14,41+), Ezechiel (Ez. 40,4) und Johannes (Off. 1,11 und Off. 1,19) hatten diese Mission ebenfalls.

Nicht nur, daß Henoch eine dreißigtägige Non-stop-Arbeitsleistung vollbrachte, nein, die dabei entstandenen 360 Werke sollten auch der Nachwelt übermittelt werden. Wie nun der Prophet Henoch dreißig Tage ohne Pause durcharbeiten konnte, ist fraglich. Vielleicht bekam er eine Art „Droge“ verabreicht, oder er wurde in einen hypnotischen Zustand versetzt...vielleicht.

Da Henoch normalerweise nicht dreißig Tage ununterbrochen schreiben konnte, ist ein Bericht aus dem 4. Buch Esdras bemerkenswert. Diese Schrift ist ebenfalls nicht kanonisiert und gehört zu einer Reihe von Esdra-Apokryphen (Esdras´Apokalypse, Esdras´ Gesicht, 3. bis 6. Buch Esdras), in der wir aber ein auffallendes Detail finden. Auch Esdras hatte einst Bücher mit himmlischen Offenbarungen niedergeschrieben, die ihm von einem außerirdischen Wesen gezeigt wurden:

„Am anderen Morgen rief mir eine Stimme zu: Tu deinen Mund auf, Esdras! Trink, was ich dir zu trinken gebe! Ich öffnete meinen Mund; da ward ein voller Kelch mir dargereicht. Er schien von Wasser voll zu sein; doch seine Farbe glich dem Feuer. Ich nahm ihn an und trank. Als ich daraus getrunken, entströmte meinem Herzen Einsicht und meine Brust schwoll an von Weisheit; mein Geist jedoch bewahrte die Erinnerung.“ (E/4. 12,38-40)

Durch diesen sonderbaren Trank gelang es Esdras, in vierzig Tagen vierundneunzig Bücher zu schreiben (E/4. 12,41+). Was also war in diesem Kelch? Ein *Rauschmittel*, welches einst auch Henoch zu seiner Arbeitsleistung verhalf?

Zurück zu Henoch: Als nun das emsige Schreiberduo mit seiner Arbeit fertig war, rief „Gott" Henoch zu sich, um ihn noch einmal den Wert dieser Geheimnisse und von nun an auch Henochs Person einzuschärfen (Hen/s. 24,1-25,5). Die endgültige *Bestätigung*, daß Henoch einzig allein nur diese Bücher schreiben mußte, finden wir im 33. Kapitel, mit der treffenden Überschrift „Henochs Auftrag":

„*Henoch! Ich habe dir alles gesagt, und du hast alles auf Erden gesehen, und alles hast du in diese Bücher geschrieben. Ich habe die Erschaffung von all dem ersonnen; ich schuf vom Höchsten bis zum Niedrigsten. Mein Ratgeber war dabei*(!) (...) *Nimm dich zusammen, Henoch, und erkenne den, der mit dir spricht! Nimm die Bücher, die du geschrieben! Ich gebe dir die Engel Semiel und Rafael und den, der dich zu mir gebracht. Seh auf die Erde hinab*(!) *und sag deinen Söhnen alles, was ich dir erzählte, und alles, was du gesehen vom unteren Himmel bis zu meinem Thron!*" (Hen/s. 33,3-6)

Die Worte des „Höchsten" besagen klipp und klar, daß Henoch sich *nicht* auf der Erde befand, sondern *darüber*. Gleichzeitig sollte der Prophet aber auch den erkennen, der mit ihm sprach, so als wolle „Gott" dem Erdling über seine wahre Identität aufklären.

Nun bekam Henoch von „Gott" Engel zugeteilt, die ihn wieder zur Erde bringen sollten, und es wurde ihm geboten, alles, was er erlebt und erfahren hatte, an seine Kinder weitergeben:

„*Gib ihnen die Bücher mit deiner Handschrift, und die Kinder sollen sie den Kindern geben, die Verwandten den Verwandten, das Geschlecht dem Geschlecht! Henoch! Sei der Mittler meines Heerführers*(!) *Michael! Denn deine Handschrift und die deiner Väter Adam und Seth werden nicht vernichtet bis zum Ende der Zeiten.*" (Hen/s. 33,8-11)

Hier wird tatsächlich den Anschein erweckt, als befürchtete „Gott", daß Henochs Handschriften mit der Zeit verlorengehen würden. Und wenn wir heute in die Bibel oder auch die Apokryphen blicken, stellen wir fest, daß der „Herr" auch Recht behalten hat. Die guten Worte, die er seinem Propheten mit auf den Weg gab, haben leider nichts genützt.

Da dies vor der mörderischen Sintflut geschah, fürchtete „Gott" natürlich auch, daß sie „in der Sintflut untergehen". Noah war u. a. nicht nur dazu bestimmt, die Menschheit zu retten, sondern, dies offenbarte er Henoch ebenfalls, seine Bücher und die seiner Vorfahren zu erhalten (Hen/s. 35,1-3).

Wie der Reisende Henoch wieder zu seinen Söhnen auf die Erde gelangte, ist leider nicht beschrieben. Dennoch überliefert das Buch, daß ein Engel namens Tartarus gerufen wurde:

„*Dieser Engel sah aus wie Schnee, und seine Hände waren wie Eis, und er fühlte mein Antlitz ab; denn ich konnte die große Hitze nicht ertragen und nicht den Schrecken.*" (Hen/s. 37,1)

Es ist durchaus möglich, daß diese sonderbare Engelsgestalt das *Fluggerät* (oder ein Teil von diesem) war, mit dem der Patriarch wieder zur Erde kam. Denn ein Engel mit Hitzeausstrahlung, vor dem sich Henoch derart erschrak, ist sehr unwahrscheinlich.

Wie dem auch sei, nach der Begegnung mit diesem „Engel" war der Prophet wieder zu Hause bei seinen zwei Söhnen. Und so wie „Gott" es ihm aufgetragen hatte, berichtete er ihnen alles, damit sie es weitergeben und seine Bücher weite Verbreitung finden würden:

„*Und die Bücher, die ich euch von Gott gab, verberget sie nicht! Sprechet davon zu allen, die es wünschen, daß sie dadurch des Herrn Werke kennen lernen!*" (Hen/s 54,1)

Leider ist dieser Herzensauftrag, die Verbreitung seines Wissen, kläglich gescheitert.

VII.5 Henoch starb nicht auf Erden

Wir können aus den Büchern Henochs erfahren, daß er ein ganz besonderer Mensch in der Reihe der vorsintflutlichen Patriarchen war. „Gott", die Engel des Himmels und selbst die meuternden Himmelssöhne auf Erden hatten Vertrauen zu ihm, was seine Einsetzung als Botschafter beweist. All die oben analysierten Überlieferungen über diesen Mann finden sich nicht einmal zu einem kleinen Teil im Alten Testament. Lediglich der völlig zerstückelte und zusammenhangslose Bericht in Gen. 6,1+ gibt uns eine mehr als knappe Auskunft über diese Engel und ihren Sex, wobei Henoch in diesem Zusammenhang nicht erwähnt wird.

Auch in der patriarchalischen Ahnenreihe ist Henoch kurz erwähnt - jedoch mit dem großen Unterschied, daß der „Herr" ihn mit „vollkommenen" 365 Jahren von der Erde hinweggenommen hatte, da er „seinen Weg mit Gott gegangen" war (Gen. 5,24). Nach dieser alttestamentarischen Aussage muß es also auch bei Henoch eine der Himmelfahrten gegeben haben. Diese Aufnahme in das Reich „Gottes" ist trotz dieser klaren Andeutung ebenfalls nicht in der Bibel zu finden, sondern in den nichtkanonisierten Henochbüchern.

Bereits als Henoch von den „zwei Männern" durch die sechs himmlischen Gegenden bis zum siebenten Himmel geführt wurde, kündigte „Gott" dort seine endgültige Aufnahme in den Himmel an. Und als er dann eine unbekannte Zeit dort verbracht hatte, wurde er als Bote der gefallenen Engel berufen (s. VII.3).

„*Ich gebe dir, Henoch, jetzt eine Frist von dreißig Tagen, um dein Haus zu bestellen. Sag deinen Söhnen alles, was dein Herz erfüllt! Sie sollen es lesen und sich merken, daß es keinen Gott gibt, außer mir. Nach dreißig Tagen sende ich meine Engel zu dir, und sie holen dich von der Erde und von deinen Söhnen, wie es mein Wille ist.*" (Hen/s. 36,1-2)

Genau wie bei Henochs „Bildungsreise“ wurde er auch bei seiner endgültigen Aufnahme in das Reich „Gottes“ nicht einfach von der Erde geholt - obwohl er bereits bei „Gott“ weilte - sondern für dreißig Tage wieder nach Hause geschickt.

In dieser Zeit unterrichtete Henoch seine Söhne über alles, was er mit den Engeln erlebte, und vertraute ihnen seine Handschriften an (Hen/s. 39,1+). Nachdem der Prophet seine 360 geschriebenen Bücher übergeben hatte (Hen/s. 54,1), verkündete er ihnen seine Entrückung:

„Meine Kinder! Der Tag meines Endes hat sich genaht; die Engel kommen vom Herrn Gott und drängen zur festbestimmten Zeit; sie stehen bei mir. Ich gehe morgen in den obersten Himmel in mein ewiges Erbteil. Deshalb gebiete ich euch, Kinder: Tut nur das dem Herrn Wohlgefällige!“ (Hen/s. 55,1-3)

Nachdem er seinen Söhnen dieses mitgeteilt hatte, ließ er alle seine Kinder (Regim, Rim, Azuchan und Ehermion) und die Ältesten des Volkes von Methusalem zusammenrufen. Nach einer kleinen „Abschiedsrede“ (Hen/s. 57,1+) war die Zeit gekommen:

„Da hörte alles Volk und alle seine Nächsten, wie der Herr Gott den Henoch rief. Sie berieten sich zusammen und sprachen: Kommt! Laßt uns Henoch küssen“ So kamen sie bis zu 4.000 Mann und gelangten zu Achuzans Platz, wo Henoch mit seinen Söhnen war.“ (Hen/s 64,1-2)

Eine ungeheure Menge von 4.000 Menschen kam herbei, um Henoch einen ehrenvollen Abschied zu bereiten. Warum sie überhaupt Zeugen dieses Ereignisses werden konnten, ist gleichfalls zu erfahren. Sie *hörten*, wie „Gott“ Henoch rief. Die Himmelfahrt des Patriachen war also alles andere als ein stilles, zurückgezogenes Ereignis. Auch als die Menschenmenge bei Henoch angekommen war, versäumte er es natürlich nicht, sie zu einem Leben ganz nach dem Willen „Gottes“ zu ermuntern und die uneingeschränkte Herrschaft „Gottes“ zu preisen (Hen/s. 65,1-66,1). Die eigentliche Himmelfahrt wird in der Henoch-Schrift geradezu ungewöhnlich knapp in drei Versen erzählt.

„So sprach Henoch zu dem Volk; da sandte der Herr Dunkel auf die Erde, und es ward eine Finsternis. Es hüllte alle Männer bei Henoch ein. Da nahmen die Engel eilends Henoch und trugen ihn in den obersten Himmel. Und er nahm ihn auf und stellte ihn vor sein Angesicht in Ewigkeit. Dann wich die Finsternis von der Erde und es ward Licht. Und alles Volk sah, wußte aber nicht, wie Henoch hinweggenommen ward, und pries Gott. Sie gingen heim, sie, die solches gesehen hatten. Ehre sei unserem Gott in Ewigkeit! Amen.“ (Hen/s. 67,1-3)

Der Wiener Autor Peter Krassa hat im Zusammenhang der Himmelfahrt Henochs auf einige ergänzende Überlieferungen hingewiesen (Krassa, Gott, S. 272f.). Jüdische Sagen, die von Micha Josef Bin Gorion zusammengetragen wurden, dokumentieren, daß eine unglaubliche Anzahl von 800.000 Menschen Henoch zu seinem Platz der Entrückung begleiteten. Der Patriarch warnte diese sogar, daß sie umkehren sollten, da die Herniederkunft von „Gottes“ Fluggerät zweifellos Gefahren mit sich bringen würde.

Durch Henochs Warnungen alarmiert, setzten sich offensichtlich viele Menschen ab, so daß nicht alle 800.000 Männer Zeugen von Henochs Himmelfahrt wurden. Und wenn, so haben sie es nicht überlebt, denn die Männer, die dieses Ereignis selber beobachten wollten, ließen nichts mehr von sich hören. Als dann eine Mannschaft ausgesandt wurde, um ihr Schicksal zu ergründen, fanden sie am Ort der Himmelfahrt Henochs nur noch ihre Leichen:

„Sie gingen nach dem Ort, von dem aus Henoch in den Himmel gefahren war, und fanden die Erde daselbst voll Schnee, und auf dem Schnee waren große Steine von der Art der Schneesteine. Sie sprachen zueinander: Laßt uns den Schnee wegscharren, wir wollen sehen, ob nicht die Menschen, die mit Henoch gegangen sind, unter dem Schnee liegen. Sie scharrten den Schnee weg und fanden die Menschen, die mit Henoch waren, tot daliegen." (Krassa, Gott, S. 273)

Eine Himmelfahrt mit tödlichem Ausgang für die Schaulustigen! Hätte der „Herr" dieses tragische Ende nicht verhindern können, um so Tausenden unschuldiger Menschen das Leben zu retten? Auch Num. 12,10 enthält einen ähnlichen Vorfall, den ich in VI.5 bereits zitiert habe. Dort heißt es, daß sich Jahwe in seiner „Wolkensäule" in den Himmel erhob und Mirjam danach „weißen" Aussatz hatte.

Was aber mag dieser „Schnee" gewesen sein, unter dem die Leichen lagen? Rückstände der Antriebsaggregate von „Gottes" Luftschiff? Schnee, der im Winter vom Himmel fällt, wird es gewiß nicht gewesen sein, da sonst niemals eine solche Menschenmenge umgekommen wäre. Auch die ominösen Steine, die *aussahen wie* Schneesteine, also keine waren, sind rätselhaft. Leider ist es heute unmöglich, festzustellen, was dies für Steine waren, auch deshalb, da meines Wissens ein „Schneestein" heute nicht bekannt ist.

Die „Sagen der Juden" könnten tatsächlich die Bestätigung für die Vermutung enthalten, daß Henoch mit einem Fluggerät des außerirdischen „Herrn" entrückt wurde. Auch deshalb, da laut diesen Schriften Henoch „auf feurigen Rossen in feurigen Wagen" erhoben wurde, was durchaus als „Thronwagen Gottes" (oder ähnlich) identifiziert werden kann; zumal die Beschreibung der Himmelfahrt nicht wörtlich genommen werden darf, da hier der Beobachter bekannte Attribute assoziierte.

Die „feurigen Rosse" hat es kaum in der niedergeschriebenen Form gegeben. Da die anwesenden Zeugen - zweifellos haben welche überlebt - Jahwes Fluggerät sahen, das „feurig" über den Himmel fuhr, konnten sie sich natürlich nicht vorstellen, wie dieses angetrieben wurde. In der Zeit der Niederschrift war das Fortbewegungsmittel „Wagen" *immer* mit Pferden (oder Rindern) verknüpft, die den Antrieb darstellten. Wenn die Anwesenden also „Gottes" feurigen Wagen sahen, konnten sie sich den Antrieb nicht erklären, was spätere Schreiber mit „feurigen Rossen" illustrierten bzw. versinnbildlichten.

Henoch war „von den Menschenkindern hinweggenommen", wie es das Buch der Jubiläen formuliert (Jubi. 4,23), und lebte fortan an der Seite des „Herrn". Daß Henoch nie wieder zur Erde zurückgekommen ist, läßt sich nicht mit unbedingter Sicherheit zu sagen. Weiter oben habe ich bereits erwähnt, daß die Henoch-

Schriften keinem chronologischen Muster zu folgen scheinen. Dennoch halte ich es nach dem Studium der Henochtexte für sehr wahrscheinlich, daß er erst nach seiner Himmelfahrt als Botschafter der gefallenen Engel eingesetzt wurde.

Die erste Reise des Patriarchen in den Himmel ging über sechs Stationen bis zum Himmel Nummer sieben. Als er dann wieder auf die Erde kam, gab ihm „Gott" eine Frist von dreißig Tagen, in denen er alles für seine endgültige Himmelsreise organisieren sollte. Erst dann wurde er mit der Aufgabe des Vermittlers betraut. Vielleicht sind die Kapitel der beiden Henochbücher aber auch derart durcheinander, daß heute die exakte Gliederung überhaupt nicht mehr möglich ist.

Dieser textliche „Wirrwarr" könnte auch dafür verantwortlich sein, daß der Himmelfahrtsbericht im äthiopischen Buch Henoch bereits in Kapitel 70 von insgesamt 108 zu finden ist. Dort ist aber lediglich zu erfahren, daß sein Name aus den Reihen der Menschen erhoben wurde und er „auf den Wegen des Geistes erhoben (wurde) und sein Name verschwand bei ihnen." (Hen. 70,2)

Es ist aber sehr deutlich geworden, daß die außerbiblischen Henochbücher wahrhaftige Fundgruben für sonderbare und außerirdische Ereignisse sind! Auch heute noch sind sie nicht ohne einen gewissen Reiz zu lesen.

Der Patriarch Henoch ist selbstverständlich nicht der einzige Prophet, der von „Gott" persönlich entrückt wurde. Es gibt in den alttestamentarischen Überlieferungen mehrere Personen, die ebenfalls dieses Privileg genossen.

Kapitel VIII

Elija, ein treuer Diener Jahwes

VIII.1 Elija, der wundersame Prophet ohne Vorleben

Der biblische und apokryphe Prophet Elija ist, grobgenommen, eine recht „unbedeutende" Persönlichkeit in den Reihen der alttestamentarischen Propheten. Wir kennen heute zwar eine nichtkanonisierte Apokalypse, die seinen Namen trägt, aber im Alten Testament ist er nicht mit einer eigenen Schrift vertreten. Der apokryphe Text enthält einiges an Mahnreden und Aufforderungen zur Treue vor „Gott" an das Volk Israel (ähnlich wie bei Henoch).

Elija begegnet uns in den alttestamentarischen Bücher im ersten Buch der Könige das erste Mal. Dort erfahren wir, daß der israelische Herrscher Ahab (874 oder 873 bis 853 v. Chr. an der Macht), der Herrscher zur Zeit der Propheten Elija und Elischa, einen Tempel für den „Gott" *Baal* errichtete, was selbstverständlich die treuen Jahweanhänger zutiefst verärgerte. Dann betrat Elija die Bühne der Überlieferungen: „Aus Tischbe in Gileda", so 1. Kön. 17,1, einem Ort, der rund dreizehn Kilometern von Jabbok entfernt lag, soll er gekommen sein (Drechsel, S. 97). Von dort ging er direkt zum König Ahab, um ihm eine schreckliche Dürre anzukündigen, die erst auf das Wort Elijas hin wieder ein Ende finden würde (1. Kön. 17,1).

Da die Bibel in der Tat berichtet (1. Kön. 18,41+), daß Elija diese Dürre durch seine „Macht" beendete, stellt sich natürlich die Frage, woher er von ihr gewußt haben könnte. Daß diese Trockenperiode einst tatsächlich eintrat, wird durch die phönizische Geschichtsschreibung bestätigt. Es liegt vielmehr auf der Hand, daß der Prophet die ersten Anzeichen der Katastrophe erkannte und richtig zu deuten wußte. Auch erzählt das erste Buch der Könige, daß Elija Beziehungen zu „Gott" pflegte, der den Propheten gleich nach seiner Audienz beim König anrief (1. Kön. 17,2). Vielleicht wurden Elija durch diese wahrhaft himmlische Beziehung auch die Informationen über die nahende Trockenzeit zugespielt.

Dieses Wissen nutzte Elija gekonnt für seine Zwecke aus. Da der Prophet als bitterer Bekämpfer des Baalkultes galt und gilt - was vor allem durch 1. Kön. 18,20+ bestätigt wird -, nahm er die Dürre zum Anlaß, König Ahab zur Aufgabe dieses „Heidenkultes" zu zwingen. Die „Götter" *Baal* und *Ascherá*, deren Verehrung von Ahab zugelassen wurde, waren „Götter" der Vegetation und Fruchtbarkeit. Sollte dennoch die Dürre eintreten, so mußte auch der König wissen, daß die

Anbetung dieser „Fruchtbarkeitsgötter" „sinnlos" ist. Die kurze Ankündigung dieses *natürlichen* Ereignisses hatte also eine große Wirkung.

Durch seine Offenbarung an König Ahab brachte sich Elija nun selber in Gefahr. Der königliche Herrscher war davon überzeugt, daß Elija der alleinige Verursacher der Naturkatastrophe war - dies war sicherlich auch die Absicht des Propheten. Diese Gefahr erkannte auch „Gott", denn er forderte seinen Diener auf, die Gegend zu verlassen, um sich zu verstecken:

„Danach erging das Wort des Herrn an Elija: Geh weg von hier, wende dich nach Osten, und verbirg dich am Bach Kerit östlich des Jordan!" (1. Kön. 17,2-3)

„Gott" gab Elija klare Fluchtanweisungen, die in den folgenden Versen noch etwas präziser werden (1. Kön. 17,4+). Als nun aber der Bach an seinem Versteck vertrocknet war, „erging das Wort des Herrn" erneut an den Propheten, um ihn zu der Stadt Serepta in Sidon zu führen (1. Kön. 17,8-9). So wie „Gott" Elija am Bach Kerit durch einen wundersamen „Raben" mit Fleisch und Brot versorgte, so hatte Jahwe auch in der Stadt Serepta alles für ihn vorbereitet:

„Ich habe dort einer Witwe befohlen, dich zu versorgen." (1. Kön. 17,9)

Diese anonyme Witwe wußte, dies läßt die Erzählung vermuten, nichts davon, daß sie den Propheten versorgen sollte. Als Elija in der ausgewählten Stadt ankam, die ebenfalls von der Dürre heimgesucht wurde, traf er am Ortseingang die besagte Frau beim Holzsammeln. Wie und woher Elija wußte, daß genau diese Frau angeblich von „Gott" beauftragt wurde, ihm Speise und Trank zu bringen, ist im ersten Buch der Könige nicht zu erfahren. Er ging einfach auf sie zu, um von ihr ein bescheidenes Mahl zu fordern, so 1. Kön. 17,10-11.

Da die Witwe Elija erklärte, daß sie arm sei und sie und ihr Sohn sich bald zum Sterben zurückziehen wollten, vollbrachte der Prophet sein erstes Wunder: Der Mehltopf und der Ölkrug der Frau würden sich solange nicht leeren, bis die Dürre eine Ende hat. Laut 1. Kön. 17,16 traf die Prophezeiung Elijas auch zu, denn „der Mehltopf wurde nicht leer, und der Ölkrug versiegte nicht".

Wie es dem Propheten gelang, der Frau gesund und sicher durch die Trockenzeit zu helfen, sprich ihre Nahrung für eine gewissen Zeit nicht versiegen zu lassen, ist fraglich. Jedoch ist zu vermuten, daß nicht er, sondern Jahwe für dieses Wunder verantwortlich war. Denn in 1. Kön. 17,14 heißt es, daß dies der Wille „Gottes" war. Elija erhielt also erkennbare Unterstützung von seinem himmlischen Auftraggeber. Und später wird sogar berichtet (s. VIII.3), daß dieser außerirdische Auftraggeber teilweise sogar Elija mit tödlichen Mitteln zur Seite stand!

VIII.2 Ein Mann mit himmlischen Verbindungen

Die Wunder, die unser anonymer Prophet der Witwe in der Stadt Sarepta bescherte, waren mit der „Nahrungsvermehrung" noch nicht beendet. Offenbar lebte Elija für eine unbekannte Zeitspanne im Haus der Frau; mit ihm ihr Sohn, dem das Haus gehörte. Daß Elija sich diesen Wohnsitz auf „Gottes“ Geheiß hin für einige Zeit erwählen sollte, liegt nicht nur daran, daß der Bach, an dem er zuvor lebte, versiegt war, sondern sicher auch daran, da diese Stadt im Gebiet von Tyrus und Sidon lag.

Diese Gegend wurde von einem König regiert, der mit Ahab, der den Propheten wahrscheinlich aufgrund der Dürre suchen ließ, verschwägert war. Hier würde man ihn am wenigsten vermuten, weshalb er auch nicht nach Juda ging. Der König von Juda, Joschafat (ca. 870 bis 848 v. Chr.), der Sohn von Asa (911 bis 870 v. Chr.) und der israelische Herrscher Ahab verstanden sich in der damaligen Zeit hervorragend (zum Beispiel 1. Kön. 22,45), was auch Elija hätte gefährlich werden können. Zwar beschreibt 1. Kön. 22,43 den König von Juda als einen Mann, der „tat, was dem Herrn gefiel“, aber sein Reich war zu unsicher.

Da war der Unterschlupf bei der Frau in Sarepta ein weitaus sicherer Platz. Nach einiger Zeit aber gab es zwischen Elija und der Witwe ernsthafte Streitigkeiten, da ihr Sohn sehr schwer erkrankte:

„*Nach einiger Zeit erkrankte der Sohn der Witwe, dem das Haus gehörte. Die Krankheit verschlimmerte sich so, daß zuletzt kein Atem mehr in ihm war.*“ (1. Kön. 17,17)

Und wie sollte es anders kommen? Die Frau machte Elija für die Erkrankung ihres Sohnes verantwortlich. Sie warf dem Propheten sogar vor, er sei nur wegen ihrer Sünden gekommen und um ihren Sohn zu töten (1. Kön. 17,18). Elija nahm sich jedoch ihres Kindes an und verschwand im Obergemach des Hauses, um ihn durch „Gottes“ Hilfe zu heilen:

„*Der Herr erhörte das Gebet Elijas. Das Leben kehrte in den Knaben zurück, und er lebte wieder auf.*“ (1. Kön. 17,22)

Man könnte vermuten, der Prophet habe den bereits toten Knaben wieder zu Leben erweckt. Dies ist auch bis zu einem gewissen Grad richtig, aber der Sohn war gar nicht tot. Der zwanzigste Vers sagt dies klar aus:

„*Dann rief er zum Herrn und sagte: Herr, mein Gott, willst du denn auch über die Witwe, in deren Haus ich wohne, Unheil bringen und ihren Sohn sterben lassen?*“ (1. Kön. 17,20) Er hatte offensichtlich noch nicht das Zeitliche gesegnet, sondern war lediglich schwer krank. Vielleicht war der Atem des Kranken nicht mehr wahrnehmbar, so daß er wie „tot“ erschien. Dieses vermutet auch Heinrich Mertens in seinem Handbuch (S. 234). Wie der Knabe letztlich doch geheilt wurde, ist nicht überliefert. Jedoch liegt die Vermutung nahe, daß Elija ihm ein Medikament verabreichte, wie es der folgende Vers bestätigen könnte:

„*Hierauf streckte er sich dreimal über den Knaben hin, rief zum Herrn und flehte: Herr, mein Gott, laß doch das Leben in diesen Knaben zurückkehren!*“ (1. Kön. 17,21) Was er bei diesem „Ausstrecken“ tat, kann heute nicht mehr nachgeprüft werden. Da aber der Knabe offenkundig *nicht* tot war, müssen dem Propheten medizinische Kenntnisse zur Verfügung gestanden haben, die seiner Zeit voraus waren.

Lange Zeit später, nach 1. Kön. 18,1 „im dritten Jahr erging das Wort des Herrn an Elija". „Gott" forderte seinen Diener auf, daß er sich wieder dem Ahab zeigen sollte. Das Reich des Königs Ahab wurde aufgrund der Dürre zu dieser Zeit von einer großen Hungersnot heimgesucht, so daß er seinen Palastvorsteher Obadja aussandte, im ganzen Land nach Gras für die Pferde und Maultiere zu suchen (1. Kön. 18,2-6). Anhand dieser königlichen Notmaßnahme wird der Umfang der Hungersnot im Land Samaria mehr als deutlich. Deutlich wird auch, daß Elija sich durch den Befehl seines „Gottes" in große Gefahr begab, wenn er nun wieder zu König Ahab reiste. Selbst Obadja hatte Angst um sein Leben, als Elija von ihm verlangte, daß er ihn seinem König melden sollte (1. Kön. 18,14).

Der Prophet Elija und „Gott" hatten einen todsicheren Plan, um die Priester des „Gottes" *Baal* endgültig zu vernichten. Elija wollte Ahab aber auch das Ende der Dürre verkünden, was bedeutete, daß er wußte, daß die Trockenperiode dem Ende entgegenging.- so wie er auch deren Beginn kannte, ob nun durch einen Hinweis von Jahwe oder aber durch eigene Naturbeobachtungen, sei dahingestellt. Bei Mertens (S. 236) findet sich der Hinweis, daß Elija das Ende der Dürre nicht von „Gott" erfuhr, sondern vielleicht durch eigene Beobachtungen:

„*Er ruft also nicht den Regen, sondern er wußte: es wird bald regnen. Vielleicht wußte er es aus den Anzeichen der Natur. Vielleicht fühlte er es in seinen Knochen, an seinem Rheuma. Das soll kein Witz sein; denn Gott spricht ja durch Tatsachen, durch Gegebenheiten.*"

Ob nun durch Tatsachen, „Gott" oder sein Rheuma, er wußte von dem kommenden Regen. Dieses Wissen nutzte er auch für seine geplante Demonstration der Macht Jahwes.

Bei seiner Audienz forderte Elija Ahab ohne viel herumzureden auf, er solle alle Israeliten, „die vierhundertfünfzig Propheten des Baal und die vierhundert Propheten der Aschera, die vom Tisch Isebels essen", versammeln (1. Kön. 18,16-19). Die vierhundert Propheten, die vom Tisch Isebels aßen, waren übrigens Propheten des *tyrischen Baal*, die die Königin Isebel nach Israel brachte und dort für sie sorgte.

Als alle auf dem Berg Karmel versammelt waren, begann Elija mit seinem geschickten Plan:

„*Und Elija trat vor das Volk und rief: Wie lange noch schwankt ihr nach zwei Seiten* (Jahwe und *Baal*, L.A.F.)? *Wenn Jahwe der wahre Gott ist, dann folgt diesem! Doch das Volk gab ihm keine Antwort. Da sagte Elija zum Volk: Ich allein bin als Prophet des Herrn übriggeblieben* (Isebel ließ alle töten, 1 Kön. 18,4/1. Kön. 18,13, L.A.F.); *die Propheten des Baal aber sind vierhundertfünfzig.*" (1. Kön. 18,21-22)

Mit deutlichen Worten stellte sich der Prophet vor das Volk und machte sie gleich zu Beginn auf seine (zahlenmäßige) Unterlegenheit gegenüber den Baalpropheten aufmerksam. So konnte er sicher sein, daß sich die Diener des *Baal* auf seinen nun folgenden Vorschlag einließen:

„Man gebe uns zwei Stiere. Sie sollen sich einen auswählen, ihn zerteilen und auf das Holz legen, aber kein Feuer anzünden. Ich werde den anderen zubereiten, auf das Holz legen und kein Feuer anzünden. Dann sollt ihr den Namen eures Gottes anrufen. Der Gott, der mit Feuer antwortet, ist der wahre Gott. Da rief das ganze Volk: Der Vorschlag ist gut." (1. Kön. 18,23-24)

Elija hatte ganz klar das Interesse des Volkes an dieser einmaligen „Götterprobe" geweckt. Aber folgen wir den Versen weiter, denn nun wird es spannend: Die Baalpropheten taten alles so, wie Elija es ihnen erklärte. Sie bahrten den Stier auf und tanzten um den Altar und riefen den Namen ihres „Gottes" *Baal* an, „vom Morgen bis zum Mittag", so 1. Kön. 18,25-26.

Als „um die Mittagszeit" immer noch kein Feuer von *Baal* herniederkam, begann Elija die Propheten zu verspotten, um wahrscheinlich ihre Laune noch weiter zu verschlechtern. Dies gelang auch für die Baalspropheten auf schmerzhafte Weise:

„Sie schrien nun mit lauter Stimme. Nach ihrem Brauch ritzten sie sich mit Schwertern und Lanzen wund, bis das Blut an ihnen herabfloß. Als der Mittag vorüber war, verfielen sie in Raserei, und das dauerte bis zu der Zeit, da man das Speiseopfer darzubringen pflegte. Doch es kam kein Laut, keine Antwort, keine Erhörung." (1. Kön. 18,28-29)

Die sehr bizarr anmutende Selbstgeißelung der Baalpropheten ist ein geschichtlich sehr bekanntes Brauchtum. Auch die Christen haben zum Beispiel in Geißelungsprozessionen derartige Riten praktiziert, wobei der Sinn für solch schmerzhaftes Verhalten allerdings strittig ist. Vielleicht wollten sie durch das Vergießen ihres Blutes ein eigenes, persönliches Opfer bringen. Möglich ist auch, daß die Tänzer die Würde der Erbarmung auf sich ziehen wollten, um so von der jeweiligen „Gottheit" erhört zu werden.

Auf jeden Fall nützte es nichts, da kein „Baalfeuer" vom Himmel ihr Opfer entzündete. Weil Elijas wußte, daß Jahwe ihm „Feuer vom Himmel" schicken wird, war er sich sicher, daß seine Opferung erfolgreich angenommen wird. Ansonsten wäre der Jahweprophet nicht so siegessicher gewesen und hätte wahrscheinlich auch nicht über die Baalpriester gespottet und so Leib und Leben gefährdet.

Nun war Elija an der Reihe, die Überlegenheit seiner „Gottheit" Jahwe unter Beweis zu stellen:

„Er fügte die Steine zu einem Altar für den Namen des Herrn, zog rings um den Altar einen Graben und grenzte eine Fläche ab, die zwei Sea Saat hätten aufnehmen können. Sodann schichtete er das Holz auf, zerteilte den Stier und legte ihn auf das Holz. Nun befahl er: Füllt vier Krüge mit Wasser und gießt es über das Brandopfer und das Holz! Hierauf sagte er: Tut es noch einmal! Und sie wiederholten es. Dann sagte er: Tut es zum drittenmal! Und sie taten es zum drittenmal. Das Wasser lief rings um den Altar. Auch den Graben füllte er mit Wasser." (1. Kön. 18,32-35) Die Brandopferung des Elija wurde zusätzlich mit Wasser dramatisch untermauert. Dreimal hintereinander ließ er Wasser auf seine Opfergabe gießen, bis sich auch der umherlaufende Graben gefüllt hatte. Die

Baalpriester beobachteten gewiß mit Erstaunen diese Aktion, aber Elija war sich sicher: „Gott“ wird ihn erhören! Als die Zeit gekommen war, rief der Prophet Jahwes laut zum Himmel, damit das Volk den wahren „Gott“ kennenlernt:

„*Da kam das Feuer des Herrn herab und verzehrte das Brandopfer, das Holz, die Steine und die Erde. Auch das Wasser im Graben leckte er auf. Das ganze Volk sah es, warf sich auf das Angesicht nieder und rief: Jahwe ist Gott, Jahwe ist Gott!*“ (1. Kön. 18,38-39) Das Opfer wurde nach Plan angenommen. Wie aber gelang es Elija, „Feuer vom Himmel“ zu holen? War es ein Blitz, der von dem Wasser im Graben angezogen wurde, wie dieser Bericht verschiedentlich gedeutet wird? Oder war es überhaupt kein Wasser, das der Prophet über seinen Opferaltar gießen ließ, sondern Erdöl. Dies wollte zumindest ein israelischer Gymnasialdozent für Bibelkunde (Tenach) wissen (Mertens, S. 235). Die Interpretation dieses Feuers als schlichter Blitz klingt sehr plausibel. Aber sollte es Elija tatsächlich gelungen sein, kurz nach Beginn seiner Zeremonie einen Blitz vom Himmel zu holen - quasi wie auf „Bestellung“ und an einen exakten Platz?

Dieses „Feuer Gottes“, oder wie wir es nennen wollen, taucht an verschiedenen Stelle im Alten Testament und auch im *Sohar* auf. Ein Beispiel findet sich im Buch der Richter. Dort wird berichtet, wie Gideon, der Sohn des Abiesriter Joasch, sich bei Ofra (unbekannt) aufhielt, um Weizen zu dreschen (Ri. 6,11). Da Israel zu dieser Zeit von den Midianitern unterjocht wurde, war Gideon darüber sehr bedrückt. Aber ein Engel Jahwes erschien, um Gideon die himmlische Macht zu beweisen. Gideon legte auf Verlangen des Engels Fleisch und Brot auf einen Felsen, damit er Zeuge der „göttlichen“ Tatkraft wurde:

„*Der Engel des Herrn streckte seinen Stab aus, den er in der Hand hatte, und berührte mit seiner Spitze das Fleisch und die Brote. Da stieg Feuer von dem Felsblock auf und verzehrte das Fleisch und die Brote. Der Engel des Herrn aber war Gideons Augen entschwunden.*“ (Ri. 6,21)

Was war dieser Stab, eine *Waffe* des Engels, die auch bei Elijas Brandopfer Anwendung fand? Auch im Buch Numeri stoßen wir auf ominöses Feuer von „Gott“: Hier wandten Mose und Jahwe einen heimtückischen Trick an, um unliebsame Aufrührer (Korach, Datan und Abiram) „mit ihren Frauen, Söhnen und kleinen Kindern“ (Num. 16,27) umzubringen! „Gott“ erteilte Mose und seinem Bruder und Stellvertreter Aaron den Befehl, sich bei einer Opferzeremonie von den Menschen, die sterben sollen, abzusondern und in Sicherheit zu bringen (Num. 16,20+), denn:

„*Vom Herrn ging Feuer aus und fraß die zweihundertfünfzig Männer, die den Weihrauch dargebracht haben*(!).“ (Num. 16,35)

Unglaublich, was „Gott“ hier tat, um diese unliebsamen Familien zu töten (ich habe hier nur eine Kurzversion wiedergegeben)!

Aber auch einige Kapitel zuvor findet sich eine derart „ungöttliche“ Überlieferung. Dort ist geschildert, daß das Volk „dem Herrn mit schweren Vorwürfen in den Ohren“ lag (Num. 11,1). Als Jahwe dieses vernahm, „entbrannte sein Zorn;

das Feuer des Herrn brach bei ihnen aus und griff am Rande des Lagers um sich" (ebenfalls Num. 11,1).

Dies ist natürlich auch eine Methode, um das Haus Israel wieder „gefügig" zu machen; ich erinnere nur an Nah. 1,2-8, wo der Zorn und Grimm Jahwes beschrieben wird. Aber auch in Hab. 3,12 steht ein derartiger Hinweis. Es heißt:

„Voll Zorn schreitest du über die Erde, / in deinem Groll zerstampfst du die Völker."

Anhand solcher Aussagen in den alttestamentarischen Texten glaube ich, daß auch das Feuer des Elijas wortwörtlich „vom Himmel" kam - durch eine „göttliche" Waffe. Es ist aber müßig zu spekulieren, was für eine Waffe es gewesen sein mag. Vielleicht kam hier eine Art Laser zum Einsatz. Vielleicht war es aber auch nur ein schlichter Flammenwerfer. Für die Laserthese könnte jedoch der *Sohar* einen Hinweis enthalten, denn dort (I. fol. 51a-b) wird „das verzehrende Himmelslicht" beschrieben, das blau oder bläulich gewesen sein soll (Müller, S. 213f.), was natürlich nicht mit einem gewöhnlichen Blitz bzw. Feuer übereinstimmt.

Es ist eigentlich auch recht belanglos zu versuchen, die Urspungsquelle dieses Feuers zu bestimmen, da einzig allein dessen Wirkung von Interesse ist. Dem Propheten Elija gelang es durch diese spektakuläre Demonstration, die Baalpropheten vor dem versammelten Volk auf das Tiefste zu blamieren. Nun war *er* der Prophet „Gottes", und das Volk hörte nun auch auf ihn. Selbst, als er befahl, alle Baalpropheten abzuschlachten, standen sie ihm fortan zur Seite:

„Elija aber befahl ihnen: Ergreift die Propheten des Baal! Keiner von ihnen soll entkommen. Man ergriff sie, und Elija ließ sie zum Bach Kischon hinabschaffen und dort abschlachten." (1. Kön. 18,40)

Der Diener „Gottes" organisierte einen gewaltigen Massenmord, der 450 Tote forderte! Die Wortwahl der hebräischen Bibel - „abschlachten" - soll, so die theologische Auslegung, eine nachträgliche Kritik an Elijas Befehl sein. Wenn diese Interpretation zutrifft, dann frage ich mich, warum nur in zwei der mir vorliegenden Bibelausgaben „abschlachten" (Herder-Bücherei 1965) bzw. „niedermetzeln" (Laien-Bibel 1938) steht?! Alle anderen haben dort das „menschlicher" klingende Wort „töten" eingefügt, somit also diese angebliche „Kritik" zurückgenommen.

Dennoch muß man diese Tat Elijas so betrachten, wie sie überliefert ist; nämlich als schlichten Mord.

VIII.3 Flucht in die Berge - Begegnung mit Jahwe

Der Mörder im Namen „Gottes", eben Elija, hatte seine Tat am Bach Kischon zuvor sicher nicht richtig überdacht, denn nun war die Gemahlin Ahabs, Königin Isebel, die bekanntermaßen die Baalpropheten in ihr Land holte (Drechsel, S. 186), hinter ihm her (1. Kön. 19,1+).

Bei Beerscheba in Juda, wo der Prophet seinen Diener zurückließ, ging er „eine Tagesreise weit in die Wüste hinein" und legte sich dort unter einen Ginsterstrauch, um zu sterben (1. Kön. 19,3-5). Wahrscheinlich sah er keinen anderen Ausweg mehr, um der königlichen Rache zu entgehen. Seine Zeit war jedoch noch nicht gekommen, denn „Gott" wollte nicht, daß sein Leben schon zu Ende ging und schickte einen Boten zu ihm. Zweimal stellte der Himmelssohn dem Elija Brot und Wasser hin, um ihn so wieder zu ermuntern (1. Kön. 19,5-7). Ob Elija tatsächlich schlichtes Brot und einfaches Wasser von diesem außerirdischen Engel vorgesetzt bekam, ist fraglich, da er durch diese Nahrung „vierzig Tage und vierzig Nächte bis zum Gottesberg Horeb" (Sinai) wandern konnte (1. Kön. 19,8):

„Dort ging er in die Höhle, um darin zu übernachten. Doch das Wort des Herrn erging an ihn: Was willst du hier Elija?" (1. Kön. 19,9) Entweder war „Gott" von seinem Engel, der dem Propheten mit Speis und Trank versorgte, nicht darüber informiert worden, daß Elija am Sinai auftauchen würde, oder Jahwe hatte es vergessen. Auf jeden Fall mußte er Jahwe erklären, daß er sich um sein Leben fürchtete, da alle Jahwepropheten durch das Schwert starben (1. Kön. 19,10). Nun kam „Gott" mit seinem Fluggerät auf den Sinai nieder, ähnlich, wie zu Moses Zeiten:

„Der Herr antwortete: Komm heraus, und stell dich auf den Berg vor den Herrn! Da zog der Herr vorüber: Ein starker, heftiger Sturm, der die Berge zerriß und die Felsen zerbrach, ging dem Herrn voraus. Doch der Herr war nicht im Sturm. Nach dem Sturm kam ein Erdbeben. Doch der Herr war nicht im Erdbeben. Nach dem Beben kam ein Feuer. Doch der Herr war nicht im Feuer. Nach dem Feuer kam ein sanftes, leises Säuseln (oder *Hauch*, L.A.F.). *Als Elija es hörte, hüllte er sein Gesicht in den Mantel, trat hinaus und stellte sich an den Eingang der Höhle. Da vernahm er eine Stimme, die ihm zurief: Was willst du hier, Elija?"* (1. Kön. 19,11-13)

Die hier überlieferte Erscheinung „Gottes" ist interessant, da diese bestätigt, daß der Berg Sinai tatsächlich ein beliebter (Lande-)Platz Jahwes war. Auch soll, dies behaupten zumindest die Bibelkommentatoren der Neuen Jerusalemer Bibel, „die Höhle", in der sich der Prophet vor der Erscheinung verbarg, jene Höhle gewesen sein, in der Mose sich einst aufhielt. Mose wurde dieses Versteck von Jahwe persönlich gezeigt, damit er die Niederkunft seines Fluggerätes unbeschadet überstehen konnte. War Elija also tatsächlich in diesem Schlupfwinkel, so konne auch er sicher seinen „Gott" beobachten.

Auch das Nahen des Fluggerätes an sich ist bemerkenswert beschrieben. Deutlich betont der Schreiber, daß Beben, Sturm und Feuer nur *Begleiterscheinungen* „Gottes" waren, *nicht* aber Jahwe selber! Auch Mose sah auf dem Sinai diese Erscheinungen (Rauch, Beben etc.), die ich in VI.7 beschrieben habe (Ex. 19,16-20). Zuerst erblickte Elija einen Sturm, der als Wind der Antriebsrotoren gedeutet werden kann - wenn wir uns die Blumrich-Rekonstruktion vor Augen halten. Donnernd, wie in einem Erdbeben, setzte das Fluggerät Jahwes auf dem Sinai auf, und das Feuer (oder Rauch, wie bei Moses Sichtung) könnten Abgase, Bremsraketen und/oder der zentrale Kühler des Reaktors gewesen sein.

Der alttestamentarische Prophet Ezechiel, auf dessen Buch sich die vielbeachtete Blumrich-Arbeit stützt, beschreibt dieses Feuer folgendermaßen:

„*Inmitten der Lebewesen sah es aus wie feurige Kohlenglut, wie wenn Fackeln zwischen den Wesen hin und her gehen, und hellen Schein verbreitet das Feuer, und von dem Feuer gingen Blitze aus. Und die Wesen schossen gleich Blitzen hin und her.*" (Ez. 1,13-14)

Nach dieser Feuererscheinung konnte der Prophet nur noch ein „leises Säuseln" hören, welches von den abgeschalteten Antriebsaggregaten oder den auslaufenden Rotorenblättern herrührte. Eine in sich stimmige Beschreibung.

VIII.4 Der Mörder im Namen „Gottes"

Das brutale Vorgehen Elijas am Berg Karmel, welches noch dazu von Jahwe tatkräftig unterstützt wurde, war nicht die einzige Schandtat, die sich der Prophet leistete. Nach dem Tode Königs Ahab übernahm sein Sohn Ahasja die Macht (Regierungszeit von 853 bis 852 v. Chr.) im Land Israel. Zu seiner Amtszeit lebte Elija noch, und das zweite Buch der Könige überliefert, daß sich Ahasja bei einem Sturz in seinem Obergemach schwer verletzte (2. Kön. 1,1-2). In seiner Verzweiflung sandte er Boten zum „Gott" von Ekron, den bekannten *Beelzebul* (auch *Beelzebub* oder *Baal-Sabul*), um von diesem eine Antwort auf die Frage zu erhalten, ob er je wieder gesund werden würde. Dieser *Beelzebul* wird in Mt. 12,22+ mit Satan, dem Führer der Dämonen, gleichgesetzt, und bekanntlich war es dann auch er, der Eva einst die Frucht der Sünde andrehte...

Da der König Ahasja es versäumt hatte, Jahwe, den „Gott" Israels, zuvor um Rat und Hilfe anzurufen, kontaktierte der Engel Jahwes wieder Elija. Der Prophet mußte die Boten des Herrschers abfangen. Sie sollten ihrem Auftraggeber ausrichten, daß er nie wieder aufstehen würde, weil er sich nicht an Jahwe gewandt hatte (2. Kön. 1,3-4).

Ahasja vernahm die Todesbotschaft seiner Kundschafter sicherlich mit Schrekken. Und als sie ihm den Mann, von dem sie die Nachricht erhalten hatten, näher beschrieben, erkannte er, daß es sich nur um den Propheten Elija handeln konnte, den Ahasja sicher noch aus der Regierungszeit seines Vaters unangenehm im Gedächtnis behalten hatte:

„*Er sandte nun den Hauptmann über Fünfzig und seine Leute zu ihm. Dieser stieg zu Elija hinauf, der auf dem Gipfel des Berges saß, und rief ihm zu: Mann Gottes, der König befiehlt dir herabzukommen. Doch Elija antwortete dem Hauptmann der Fünfzig: Wenn ich ein Mann Gottes bin, so falle Feuer vom Himmel und verzehre dich und deine Fünfzig. Sogleich fiel Feuer vom Himmel und verzehrte ihn und seine Leute.*" (2. Kön. 1,9-10)

Ein völlig unerklärliches Verhalten von Elijas Seite. Nicht nur, daß der Hauptmann und seine Soldaten lediglich einen Befehl ihres Königs ausführten, sondern der Engel des „Herrn“ gab Elija die Anweisung, dem König seine Todesbotschaft zu übermitteln. Da Engel als Diener und Boten „Gottes“ gelten, muß dieser Engel seinen Auftrag von „Gott“ erhalten haben, somit war es abzusehen, daß der Herrscher Ahasja Soldaten zu Elija schicken wird! Oder war dies ebenfalls Teil eines schrecklichen Plans?

Der Hauptmann und sein Gefolge überlebten die Begegnung mit dem Propheten nicht, denn sie wurden von „Gott“ getötet. Auch hier war Jahwe wieder auf der Seite seines Erdendieners und ließ sein Feuer vom Himmel fallen, um die vermeintlichen „Feinde“ unschädlich zu machen. Wahrscheinlich darf angenommen werden, daß dieses Feuer aber von einen Engel Jahwes kam und daß dieser, so 2. Kön. 1,15, bei Elija weilte, als er die Soldaten bekämpfte.

König Ahasja wollte auch nach dieser Niederlage nicht aufgeben. Letzten Endes ging es ja um sein Leben. Er schickte einen zweiten Soldatentrupp, aber auch dieser machte die gleiche tödliche Erfahrung:

„Darauf sandte der König einen anderen Hauptmann über Fünfzig und seine Leute zu ihm. Auch dieser ergriff das Wort und rief Elijas zu: Mann Gottes, so spricht der König: Komm sofort herab! Doch Elija antwortete ihnen: Wenn ich ein Mann Gottes bin, so falle Feuer vom Himmel und verzehre dich und deine Fünfzig. Sogleich fiel das Feuer Gottes vom Himmel und verzehrte ihn und seine Leute.“ (2. Kön. 1,11-12)

Wieder schleuderte „Gott“ sein verzehrendes Feuer auf die vermeintliche Bedrohung. Und wieder mußten einundfünfzig Menschen sterben. Bibelexegeten sehen den Sinn dieser Massenmord-Erzählung als ein Beispiel, daß den Dienern „Gottes“ - in diesem Fall Elija - Ehrfurcht und Unterwerfung entgegengebracht werden mußte. Ohne Rücksicht auf moralische Überlegungen (Neue Jerusalemer Bibel, S. 449). Andere Theologen erkennen darin einen Bericht, daß Jahwe nicht über sich spotten ließ, also wenn man Beelzebul „Gott“ vorzieht (Mertens, S. 91).

Ich teile diese Auffassung nicht! Denn sollten diese Interpretationen tatsächlich zutreffen, so dürften wir erwarten, daß dem mächtigen Jahwe andere Mittel zur Verfügung gestanden hätten. Sofort die über hundert *unschuldigen* Männer des Königs zu töten, nur weil ihr Herrscher den „Gott“ Ekrons anrief, ist keine akzeptable Lösung. Warum hat Jahwe mit seiner „Allmacht“ nicht einfach einen Sturm kommen lassen oder Elija schlicht einige Meter über den Boden gehoben? Konnte er das nicht? Dieser Effekt wäre sicher derselbe gewesen, und die Soldaten hätten ihren Plan fallen gelassen. Auch beweist diese Geschichte, daß die zwei Hauptmänner Elija *Respekt* entgegenbrachten, und ihn als Propheten Jahwes anerkannten, da sie ihn mit „Mann Gottes“ ansprachen.

Erst die dritte Truppe Soldaten schaffte es, Elija vom Berg herunterzuholen, da ihr Hauptmann sich Elija mehr oder weniger unterwarf:

„Nun schickte der König einen dritten Hauptmann über Fünfzig und seine Leute. Dieser kam hinauf, kniete vor Elija nieder und flehte ihn an: Mann Gottes, möchte doch mein Leben und das Leben deiner fünfzig Knechte kostbar sein in deinen Augen. Feuer ist vom Himmel gefallen und hat die ersten zwei Hauptleute und ihre fünfzig Mann verzehrt. Möchte nun mein Leben kostbar sein in deinen Augen.“ (2. Kön. 1,13-14)

Der dritte Hauptmann verhielt sich in den Augen des Engels, der bei dem Propheten weilte, richtig, denn mit ihm durfte Elija zum König gehen (2. Kön. 1,15). Das Opfer von über einhundert Soldaten hatte Königs Ahasja trotzdem nichts genützt, denn Elija prophezeite ihm seinen Tod, da er einen anderen „Gott“ anrief:

„So starb Ahasja nach dem Worte des Herrn, das Elija verkündet hatte.“ (2. Kön. 1,17) Wahrscheinlich erkannte Elija anhand der Verletzungen durch den königlichen Sturz, daß er so oder so keine Überlebenschance hatte. Nun übernahm sein Bruder Joram die Macht im Lande, wobei allerdings das „Bibel Lexikon“ (Drechsel, S. 19) behauptet, daß der König „ermordet“ wurde.

VIII.5 Elijas Auftrag ist beendet - die Himmelfahrt

Nach dem Tode des Königs Ahasja beginnt im 2. Buch der Könige der sogenannte *Elischa-Zyklus*. Der Teil des Königbuches, in dem es um die Taten Elijas ging, wird *Elija-Zyklus* genannt. Elischa war der Prophetenschüler des „einsamen“ Propheten Elija, und so ist natürlich verständlich, daß er nun an der Reihe ist.

Die Anfänge dieses Zyklus beginnen aber immer noch mit Elijas Leben, oder besser dessen irdischer Beendigung. Wenn wir uns noch einmal die Taten des Propheten vor Augen führen, wird deutlich, daß er ein harter und grausamer Verfolger des Baalkultes war. Dafür ist der Prophet auch in den Kreisen der Bibelforscher bekannt. Und wie sollte es anders sein, er hatte es in den Augen Jahwes verdient, nach dem Ende seiner Mission in den Himmel entrückt zu werden.

Berichte über Himmelfahrten sind uns in der Bibel und anderen religiösen Schriften in beachtlichem Umfang erhalten geblieben. Sie berichten von verschiedenen Personen, die dieses Privileg genossen, und der Art und Weise ihrer Aufnahme in das Himmelreich. So etwa Henoch, Esdra und natürlich Jesus Christus. Aber auch der griechische „Gott“ *Herakles*, der Sohn von *Leto* und *Zeus*, genoß einst diese Ehre (Mertens, S. 416), und *Romulus*, der legendäre Stadtgründer Roms, wurde ebenfalls in den Himmel erhoben (Dendel, Himmelfahrten, s. auch VIII.6).

Elijas Entrückung ist heute ein viel diskutierter Bericht. Zumal sich aus den Elija-Überlieferungen eine Art Heilsglaube entwickelt hat, der besagt, daß der Prophet am Ende der Tage, das heißt, in der Zeit des „Jüngsten Gerichts“, wiederkehren wird (Nigg, 79ff.). Auch wenn theologische Bücher Elijas Aufnahme in das himmlische Reich als nicht deutbar und als „reine mythische Berichterstattung“ (Nigg, S. 77) betrachten, so ist die Überlieferung dennoch völlig klar.

Elijas Himmelfahrt fand nicht lange nach der Machtübernahme durch Joram statt. Wir finden den Bericht über seine Entrückung in das Reich „Gottes" am Anfang des zweiten Kapitels des 2. Buchs der Könige. Dort erfahren wir gleich zu Beginn:

„*An dem Tag, da der Herr Elija im Wirbelsturm in den Himmel aufnehmen wollte, ging Elija mit Elischa von Gilgal weg. Er sagte zu Elischa: Bleib hier; denn der Herr hat mich nach Bet-El gesandt.*" (2. Kön. 2,1-2)

Der Prophet hatte offenbar in der Zwischenzeit Kontakt zu seinem „Gott" aufgenommen und so den Termin seiner Entrückung erfahren. Wann und wo er von Jahwe dies mitgeteilt bekam, ist uns in den Schriften nicht überliefert. Es hat aber den Anschein, daß er seinen treuen Diener Elischa nicht zu diesem Ereignis mitnehmen wollte, da er in Gilgal, nördlich von Bet-El, bleiben sollte. Da Elischa natürlich nicht von der Seite seines Prophetenmeisters weichen wollte, begleitete er ihn schließlich dennoch in die besagte Stadt (2. Kön. 2,2). Warum er nicht daran dachte, Elija zu verlassen, wird deutlich, als sie in Bet-El ankamen. Hier trafen sie nämlich auf eine Reihe von „Prophetenjüngern" (wörtlich: „Söhne der Propheten"), die Elischa auf die kommende Himmelfahrt seines Meisters ansprachen, ob er ebenfalls wüßte, daß „der Herr heute deinen Meister über dein Haupt hinweg aufnehmen wird"?

Elischas war dieses Ereignis natürlich nicht verborgen gewesen, aber er duldet eindeutig nicht, daß sich dieses herumspricht:

„*Er antwortete: Auch ich weiß es. Seid still!*" (2. Kön. 2,3)

Es ist durchaus möglich, daß „Gott" bei Elijas Himmelfahrt keine Zeugen haben wollte. Zumindest läßt die biblische Tatsache dies vermuten, da Elija Elischa nicht mitnehmen wollte, und weil Elischa die Prophetenjünger von Bet-El zum Schweigen aufforderte. Die folgenden Ereignisse stützen diese Ansicht ebenfalls.

Auch hier, in Bet-El, forderte Elija seinen Schüler auf, nicht weiter mit ihm zu gehen, sondern hier zu bleiben, da „Gott" ihn nach Jericho beordert hatte (2. Kön. 2,4). Elija stand also während der Wanderung zu seinem „Abholplatz" weiterhin mit dem „Herrn" in Verbindung.

In Jericho angekommen, trafen die zwei wiederum auf die städtischen Prophetenjünger, die ebenfalls von Elias Ehre, in den Himmel aufgenommen zu werden, wußten. Hier wiederholt sich die Begegnung wortwörtlich wie in Bet-El, denn Elischa forderte die Söhne der Propheten wiederum auf: „Seid still"!

Von Jericho aus ging die Route auf Befehl „Gottes" weiter zum Fluß Jordan. Auch in Jericho muß Elija also immer noch Kontakt zu seinem himmlischen „Entrücker" gehabt haben. Da der Prophet Elischa erneut aufforderte, zurückzubleiben, wird immer klarer, daß tatsächlich diese Himmelfahrt in aller Stille stattfinden sollte. Sein Schüler ließ aber nicht von seinem Vorhaben ab, ihn zu begleiten und ging mit (2. Kön. 2,6). „Fünfzig Prophetenjünger folgten ihnen", hält 2. Kön. 2,7 fest. Woher diese kamen, ist ungewiß. Es ist nicht unwahrscheinlich, daß sich ihnen bereits in Bet-El eine Gruppe Neugieriger anschloß - sicher gegen den Willen Elijas. Natürlich hätten diese fünfzig Mann auch aus Jericho stammen können; die Bibel gibt keine Auskunft darüber. Als ziemlich sicher sehe ich aber an, daß die Angabe von genau fünfzig Personen symbolischen Charakter besitzt, ebenso aber auch, daß den beiden tatsächlich eine Gruppe von Propheten folgte, um Zeuge dieses einmaligen Geschehens zu werden.

Am Jordan angekommen, sah sich Elija veranlaßt, quasi zum Abschied noch ein Wunder zu vollbringen:

„*Hier nahm Elija seinen Mantel, rollte ihn zusammen und schlug mit ihm auf das Wasser. Dieses teilte sich nach beiden Seiten, und sie schritten trockenen Fußes hindurch.*“ (2. Kön. 2,8)

Wie es Elija und Elischa (die fünfzig anderen blieben „in einiger Entfernung stehen“, 2. Kön. 2,7) gelang, den Jordan trocken zu durchqueren, ist fraglich. Solche „Wunder“ finden sich bekanntlich auch im Buch Josua (Jordandurchquerung, Jos. 3-4) und natürlich im Buch Exodus (Meerwunder, Ex. 14,21+). Einen „normalen“ Mantel wird der Prophet Elija aber nicht benutzt haben, um die Wasser des Jordans zu teilen. Vielmehr gilt der Mantel des Elija als ein ganz besonderes Kleidungsstück. Und auch Elischa, der den Mantel später von seinem Meister übernahm, war in der Lage, mit ihm das gleiche zu vollbringen (2. Kön. 2,14). Jedoch könnte der Diener „Gottes“ - wie kurz darauf Elischa - bei diesem „Wunder“ bereits Hilfe *von oben* erhalten haben, denn der „feurige Wagen“ des „Herrn“ war nicht mehr weit:

„*Während sie miteinander gingen und redeten, erschien ein feuriger Wagen mit feurigen Pferden und trennte beide voneinander. Elija fuhr im Wirbelsturm zum Himmel empor. Elischa sah es und rief laut; Mein Vater, mein Vater! Wagen Israels und sein Lenker! Als er ihn nicht mehr sah, faßte er sein Gewand und riß es mitten entzwei.*“ (2. Kön. 2,11-12) Plötzlich erschien das Fluggerät Jahwes und nahm Elija so unverhofft und sicherlich auch so schnell weg, daß er sogar seinen Mantel verlor. Der feurige Wagen, der von ebenso feurigen Pferden gezogen wurde, ist eine gute und vor allem einfache Beschreibung des himmlischen Gefährtes. Hier möchte ich nur an die Indianer der USA erinnern, die einst die sich ausbreitende Eisenbahn „Feuerroß“ nannten, was nicht im geringsten mit dem Äußeren eines Zuges übereinstimmt. Da sie von den „Eingeweiden“ dieser Technologie nichts verstanden, wandten sie einen Vergleich aus ihrer Umgebung an (Bewegen = Pferd; Qualm = Feuer).

Bei dem Bericht im 2. Buch der Könige ist es nicht viel anders. Ein „Wagen Israels“, der sich am Himmel durch seinen „Lenker“ bewegte und dazu feurige „Strahlen“ seines Antriebs abgab, muß anhand dieser Attribute ein „feuriger Wagen“ sein. Und ein solcher Wagen kann nur von „feurigen Rossen“ gezogen (angetrieben) werden, denn welcher der Beobachter vor Jahrtausenden konnte sich vorstellen, daß nicht jeder „Wagen“ von Pferden bewegt werden muß? In ihrem kulturellen Umfeld wurden Wagen von Pferden oder anderen Nutztieren gezogen, der flammende Wagen des „Herrn“ hingegen von feurigen Pferden.

Später, als Elija bereits lange nicht mehr auf der Erde war, tauchte dieser „Feuerwagen" übrigens erneut auf, und diesmal sogar in Begleitung einer nicht näher genannten Anzahl weiterer Wagen. In 2. Kön. 6,8+ ist beschrieben, wie Elischas gegen die Aramäer kämpfte. Während er kurz vor einer bevorstehenden Schlacht zu „Gott" betete, erschienen „feurige Pferde und Wagen" um ihn herum, die seine Feinde mit „Verblendung" schlugen, so daß er sie mühelos gefangen nehmen konnte (2. Kön. 6,17+).

Die Entrückung von Elija wird auch im 1. Buch der Makkabäer erwähnt. Hier jedoch lediglich in einem Vers (1. Makk. 2,58), indem es heißt, er „wurde in den Himmel aufgenommen".

Etwas detaillierter sind da die Lobpreisungen an den Propheten im Buch Jesus Sirach: „*Du wurdest im Wirbelsturm nach oben entrückt, / in Feuermassen himmelwärts. (...) Elija ist im Wirbelwind entschwunden.*" (Sir. 48,9-12)

Hier ist sogar von „Feuermassen" die Rede, die, wie bereits erwähnt, die Antriebsdüse des Fluggerätes war. Der Wirbelwind, den die Texte beschreiben, ist folglich eine logische Nebenerscheinung dieses gewaltigen Feuerstrahls. Und wer weiß, wenn nun tatsächlich auch hier das gleiche Fluggerät wie bei Ezechiel beschrieben wurde, kann der Sturm durchaus als Rotorenwind bezeichnet werden. Ab einer gewissen Höhe wurde dann das zentrale Düsentriebwerk gezündet, und so entschwand es in Feuermassen.

Die „Bibel im heutigen Deutsch" der Deutschen Bibelgesellschaft (1982) macht es sich bei Elijas Himmelfahrt recht einfach. In dieser Ausgabe heißt es wenig dramatisch: „*Während sie so im Gehen miteinander redeten, kam plötzlich ein Streitwagen aus Feuer mit Pferden aus Feuer (...) und Elija fuhr in einem gewaltigen Sturm in den Himmel.*"

Als Anmerkung zu dem Wort „Streitwagen" erklärt diese Ausgabe in ihrem Anhang dem Leser exakt einen typisch ägyptischen Kriegswagen, mit zwei Männern besetzt - Lenker und Schütze, oder zusätzlich noch einen Schildhalter - und dann und wann mit Sicheln an den Radnaben, womit diese „die Gegner zerfetzen" (S. 330) sollten. Wenn sich jemand diese lächerliche Interpretation des Wagens, der Elija zu „Gott" entrückte, ansieht, so müssen zwangsläufig Zweifel an dem Wahrheitsgehalt des Alten Testaments aufkommen. Oder wer glaubt, daß der „Herr" seinen Propheten mit einer feurigen Version eines solchen Gefährtes in den Himmel erhob!?

Auch im alttestamentarischen Buch Habakuk ist die Erscheinung eines Wagens *Jahwes* überliefert, der allerdings nicht ausdrücklich als „feurig" bezeichnet wird (hier in Kurzform):

„*Seine Hoheit überstrahlt den Himmel, / sein Ruhm erfüllt die Erde. Er leuchtet wie das Licht der Sonne, / ein Kranz von Strahlen umgibt ihn, / in ihnen verbirgt sich seine Macht. (...) Da zerbarsten die ewigen Berge, / versinken die uralten Hügel. (...) daß du mit deinem Rossen heranstürmst / und mit deinen siegreichen*

Wagen? (...) *Du spaltest die Erde, / und es brechen Ströme hervor; dich sehen Berge zittern, / tosender Regen prasselt nieder*; (...)" (Hab. 3,3-10)

Der Beobachter diese Erscheinung hält sogar ängstlich fest: „*Ich zitterte am ganzen Leib, als ich es hörte, / ich vernahm den Lärm, und ich schrie.*" (Hab. 3,16)

Im Verlauf dieses Buches haben wir bereits mehrere Berichte über Himmelfahrten und Reisen in den Himmel durchleuchtet. Da diese Überlieferungen zu den interessantesten der heiligen Texte zählen - man denke nur an Abraham -, möchte ich unten noch einen kleinen Blick auf andere „Mythen" anderer Kulturkreise werfen. Diese stehen zwar nicht im Zusammenhang mit denen der Bibel oder Apokryphen, aber auch sie sind bemerkenswert.

VIII.6 Abstecher zu anderen Himmelfahrtsberichten

Vier kurze Beispiele von Reisen in den Himmel möchte ich an dieser Stelle anfügen, die beweisen, daß nicht nur die Bibel solche Berichte kennt.

Die oben durchleuchtete Himmelfahrt des Propheten Elija hat in der Mythologie der Römer ein interessantes Gegenstück (Dendl, Himmelfahten): *Romulus*, der angebliche Gründer Roms, war natürlich, wie alle Himmelreisenden, auch kein gewöhnlicher Mensch. Denn er war ein Zwitter zwischen der Menschenfrau *Vestalin Rhea Silvia* und des bekannten „Gottes" *Mars*. (Lurker, Lexikon, S. 348).

Der Chronist *Titus Livius* hat uns seine Entrückung in das Reich seines Vater wie folgt überliefert: „*Als er* (...) *gerade zur Musterung des Heeres eine Volksversammlung auf dem Felde beim Ziegensumpf abhielt, brach plötzlich ein Unwetter los, hüllte den König in eine so dichte Wolke, daß diese ihn den Blicken der Versammlung entzog; und danach befand sich Romulus nicht mehr auf Erden.*" (Dendel, Himmelfahrten) Das „Lexikon der Götter und Dämonen" hält sogar fest (S. 348), daß er „in einem feurigen Wagen gen Himmel gefahren" ist. Wenn das nicht an Elija erinnert...

Eine mehr als deutliche Überlieferung, daß die Berichte über Himmelfahrten nicht immer nur aus einem rein mythischen und metaphorischen Winkel betrachtet werden können, ist uns aus dem altbabylonischen sowie mittel- und neuassyrischen Kulturraum (Mesopotamien) erhalten geblieben (Schmökel, S. 217): Das sogenannte *Etana-Epos*, dessen Ursprung uns 5.000 Jahre in die Vergangenheit führt. Heute ist dieses Epos auch als „Etana und der Adler" bekannt, und es stammt aus der riesigen Bibliothek des assyrischen Königs Assurbanipal (883 bis 859 v. Chr. an der Macht) in Ninive, in der rund 25.000 Tontafeln mit dem Wissen und den Dichtungen seiner Zeit verwahrt wurden. Im Jahr 612 v. Chr. fiel die Stadt durch die Meder unter Führung von König Kyaxares.

Das Epos schildert uns eindrucksvoll (Skaja, S. 180f.), wie der König *Etana* für seine Frau ein sogenanntes „Kraut des Gebärens" suchte, da sie keine Kinder bekommen konnte. Bei seiner Suche gelangte er eines Tages zu einer Grube, in die ein „Adler" von seinem ehemaligen Bündnispartner, einer Schlange, zum Sterben hinein geworfen worden war. Etana päppelte ihn acht Monate lang wieder auf. Als Dank für diese lebensrettende Hilfe wollte ihm der Adler bei seiner Suche unterstützen und flog mit ihm in das All:

„*(...) Als der achte Monat vorüber war, verließ der*
Adler die Grube: Der Adler hatte Nahrung; gleich
einem brüllenden Löwen hatte er Kräfte.
Der Adler sagte zu ihm, zu Etana:
Mein Freund, ich will dich tragen zum Himmel Anus,
Auf meine Brust lege deine Brust,
Auf die Schwungfedern meiner Flügel lege deine Hände,
Auf meine Seiten lege deine Seiten!“

Nach dem geglückten Start mit diesem „Adler“ beginnt nun die Überlieferung *äußerst* interessant zu werden:

„(...) *Als er ihn eine Weile emporgetragen hatte,*
sagte der Adler zu ihm, zu Etana:
Schau, mein Freund, wie das Land geworden ist,
Blick auf das Meer zu Seiten des Weltberges!
Das Land da sieht aus wie ein Berg,
Das Meer ist geworden zu einem Wasserlauf!
Als er ihn die zweite Weile emporgetragen hatte,
Sagte der Adler zu ihm, zu Etana:
Schau, mein Freund, wie das Land geworden ist!
Die Erde da sieht aus wie eine Baumpflanzung!
Als er ihn eine dritte Weile emporgetragen hatte,
Sagte der Adler zu ihm, zu Etana:
Schau, mein Freund, wie das Land geworden ist!
Das Meer ist zum Graben eines Gärtners geworden!
Als sie hinaufstiegen zum Himmel Anus,
Und zum Tore Anus, Enlils und Eas gelangt waren,
Warfen sich der Adler und Etana zugleich demütig nieder.
Das Kraut des Gebärens befindet sich aber nicht
in diesen Himmel.“

Eine unbekannte Zeit lang reiste *Etana* bereits mit dem Adler hoch in den Himmel. Es ist kaum zu glauben, was *Etana* bei diesem Flug sah: Die Erde verkleinerte sich immer mehr! Aber der Bericht ist noch nicht zu Ende, denn die Himmelsreise ging noch weiter:

„*Sie müssen sich noch höher erheben, bis zum*
Himmel der Ischtar,
der Muttergöttin.
Das Adler sagte zu ihm, zu Etana:
Wohlan, mein Freund, ich will dich tragen zum Himmel der Ischtar;
Bei Ischtar, unserer Herrin, ist das Kraut des Gebärens (...)
Als er ihn eine Weile emporgetragen hatte, sagte der Adler:

Mein Freund, blicke hin, wie das Land geworden ist!
Vom Land ist nur soviel zu sehen wie eine Hütte,
und das weite Meer ist so groß wie ein Hof.
Als er ihn die zweite Weile emporgehoben hatte,
sagte der Adler:
Mein Freund, blicke hin, wie das Land geworden ist!
Das Land ist geworden zu einem Kuchen,
Und das weite Meer ist so groß wie ein Brotkorb.
Als er ihn die dritte Weile emporgetragen hatte,
sagte der Adler:
Mein Freund, blicke hin, wie das Land verschwunden ist!
Ich blickte hin, wie die Erde verschwunden ist,
Und am weiten Meere sättigten sich meine Augen nicht!
Mein Freund, ich will nicht zum Himmel aufsteigen,
Mach halt, daß ich zur Erde zurückkehre!"

Woher wußten die Menschen, die einst diese Überlieferung niederschrieben, daß bei einem Flug ins All sich Land und Meer immer weiter verkleinern? Bei einer gewissen Höhe (oder besser Entfernung zur Erde) ist die Erde dann schließlich nicht mehr mit bloßem Auge zu erkennen. So wie es auch die Apokalypse des Abraham aussagt, wenn Abraham bei seiner Himmelsreise feststellt: „*Es war ja keine Erde mehr vorhanden, um darauf zu fallen*" (AA. 17,4).

Ganze sechs Mal bat der Pilot seinen Freund, hinunter auf die Erde zu sehen, die zusehends verschwand. So, als wollte er *Etana* diese Eindrücke vermitteln. Bei einer Zwischenstation im Gebiet des „Gottes" *An* erfuhr Etana, daß sein gesuchtes „Kraut des Gebärens" (auch „Pflanze der Geburt") höher im Himmel zu suchen sei. So wurde er auf die babylonisch-akkadische Muttergöttin *Ischtar* (die sumerische *Inanna*) verwiesen, die das gesuchte Gewächs angeblich besitzen sollte.

Etana suchte bekanntlich bereits auf der Erde vergebens nach diesem „Wunderkraut", und so flog er selbstverständlich mit dem „Adler" weiter. Doch plötzlich, kurz vor seinen Ziel, entschwand die Erde völlig aus seinem Blickfeld. Dies ängstigte ihn derart, daß er schnellstmöglich wieder zurück wollte.

Der Ausgang der Überlieferung ist uns heute leider nicht mehr bekannt. Da wir aber den sumerischen Königslisten entnehmen können, daß *Etanas* Frau einen Sohn als Erben bekam, hat er sein gesuchtes Kraut wahrscheinlich doch gefunden. Laut diesen Listen war *Etana* übrigens der dreizehnte König von Kisch, was um etwa 3.100 v. Chr. datiert werden kann (Fischinger, Zeiten, S. 103).

Auch über den legendären König Salomo (um 965 v. Chr.) erfahren wir aus dem *Kebar Negest* („Ruhm der Könige"), die Nationalschrift von Äthiopien, daß er fliegen konnte. Dieses Privileg erhielt er nur deshalb, da er einen Wagen nach „Gottes" Anweisungen baute, den er der Königin von Äthiopien schenkte: „*Salomon schenkte ihr alle wünschenswerten Herrlichkeiten und Reichtümer* (...), *Gefährte, in denen man auf dem Lande fuhr, und einen Wagen, der durch die*

Lüfte fuhr, den er gemäß der ihm von Gott verliehenden Weisheit angefertigt hatte(!)“ (*Kebar Negest*, Kapitel 30).

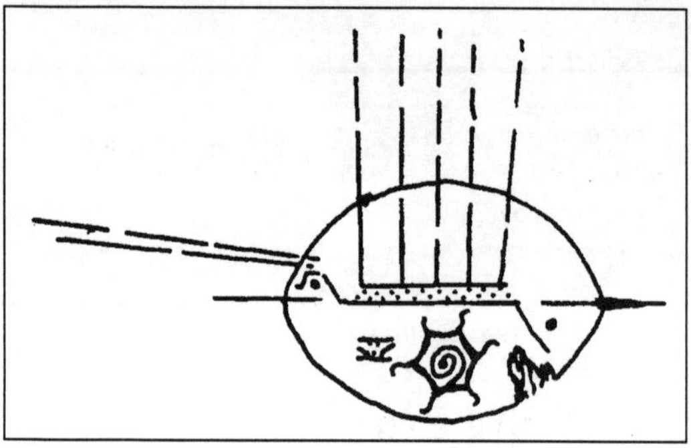

Abbildung 10: Indische Luftschiffdarstellung

Auch in Indien, dort, wo es an fliegenden Wagen, den *Vimaanas* (*Vimanas, Vimánas*) verschiedenster Ausführungen nur so wimmelte (die uns sogar bildlich überliefert sind, siehe Abb. 10), ist ein beeindrukkender Bericht über den mythischen Helden *Ardjuna* oder *Ardschuna* erhalten geblieben. Die heilige Schrift *Mahabharata* erzählt davon, wie der vedische Held zur „Göttin“ *Indra* in den Himmel reiste. *Ardjuna* hielt sich gerade bei einem „Weltenhüter“ auf, verabschiedete sich von ihm und wünschte sich einen himmlischen Wagen der „Göttin“ *Indra* herbei. Wie kaum anders zu erwarten, wurde sein Wunsch erfüllt, und mit „Getöse“, „Donner“ und „die Finsternis aus der Luft scheuchend“ landete dieser bei ihm. Die Nebenerscheinungen dieses Wagens sind uns hinlänglich aus dem Alten Testament bekannt. Und selbst „Feuerwirkungen“ sind hier beschrieben, da dieses Gefährt die Dunkelheit vertrieb. Nun bestieg *Ardjuna* den Wagen und reiste hoch in eine himmlische Gegend: „*Als er nun dem Bezirke nahte, der unsichtbar*(!) *den Sterblichen, Erdenwandlern, sah Himmelswagen er zu Tausenden. Dort scheint die Sonne nicht, Mond nicht, dort glänzt das Feuer nicht, sondern im eigenen Glanz leuchtet da, durch edler Tatkraft, was als Sterngestalt unten auf der Erde gesehen wird, ob großer Ferne gleich Lampen, obwohl es große Körper sind*(!).“ (Skaja, S. 184)

Diese kleine Überlieferung ist aus heutiger Sicht vollkommen *exakt*! *Ardjuna* reiste mit einem tosenden, feurigen Wagen in das All, und dort gibt es erwiesenermaßen „keinen“ Sauerstoff, denn „dort glänzt das Feuer nicht“. Und schließlich weiß die „Mythe“ noch, daß die Sterne, die von der Erde aus „Lampen“ gleichen, „große Körper sind“! Die indischen Überlieferungen über Flugwagen und „Götterkriege“ sind in der Tat sensationell. Hier können sie aber nicht ausführlich behandelt werden (s. aber Gentes: „Die Wirklichkeit der Götter“).

Woher kannten die indischen Schreiber vor Jahrtausenden diese zutreffenden Tatsachen, wenn nicht einer von ihnen tatsächlich im All war? Auch der Leser wird sich erinnern, daß der Prophet Henoch im Himmel umherreiste und dort Scharen von Wagen sah. Der Reisebericht in Hen. 14,8-24 (s. VII.3) hält ebenfalls - wie der *Ardjunas* - fest, daß dort „keine Lebensluft vorhanden“ war! Alles nur symbolische und visionäre Aussagen religiös motivierter Schreiber, oder Augenzeugenberichte und Tatsachen?

Kapitel IX

Der perfekte Berichterstatter: Ezechiel

IX.1 Historische Daten und ihre Probleme

Der Priester und Prophet Ezechiel, eine historisch datierbare Person des Alten Testamentes, wurde im Laufe des vorliegenden Buches bereits mehrmals erwähnt. Ezechiel ist vor Jahren zu einer alttestamentarischen Berühmtheit geworden, als der Raumfahrtexperte und ehemalige Leiter der Abteilungen Konstruktionsforschung und Projektkonstruktion bei der NASA, Ingenieur Josef F. Blumrich, sich dieses Berichtes annahm.

Erich von Däniken, „Feindbild" jedes bibeltreuen Theologen, hat in seinem vor vielen Jahren veröffentlichten Buch „Erinnerungen an die Zukunft" behauptet, der Mann „Gottes" sah ein Raumfahrzeug, dessen Beschreibung sich in seinem Buch befindet. Heute sind diese Thesen nicht neu und bereits Jahre vor von Däniken wurden diese Gedanken konkret geäußert. Aber J. F. Blumrich verfolgte diesen Gedanken, und es gelang ihm, dieses Fahrzeug technisch zu rekonstruieren.

Da der Prophet Ezechiel praktisch in jedem Buch über Bibel-Paläo-SETI und ähnliches als Paradeindiz zitiert wird, möchte ich an dieser Stelle den Propheten natürlich nicht auslassen. Gleichzeitig aber werde ich nur das Wichtigste analysieren. Ich halte es für unnötig, in diesem Buch umfangreiche Verszitate der Ezechielschrift einzufügen, da meinen Lesern der Prophet und seine „Visionen" hinlänglich bekannt sein dürften. Natürlich werden bei der folgenden Betrachtung die Blumrich- und später die Beier-Arbeit immer im Auge behalten. Denn es ist kaum möglich, beide Rekonstruktionen (Tempel und Raumschiff) bis in das kleinste Detail hier wiederzugeben und zu durchleuchten.

Die zitierten Verse entnehme ich größtenteils wegen der schöneren Ausdrucksweise und dem ursprünglicheren Text der „Tausend-Bilder-Bibel" (Band II, vermutlich 1908) und der „Herder-Laien-Bibel" (1938).

Die Einleitung des Buches beginnt mit der Feststellung, daß sich der Prophet im Exil in Babel befand, was heute geschichtlich nachgewiesen werden kann:

„Im dreißigsten Jahr, am fünften Tage des vierten Monats, da ich war unter den Gefangenen am Wasser Chebar, tat sich der Himmel auf, und Gott zeigte mir

Gesichte. Derselbe fünfte Tag des Monats war eben im fünften Jahr, nachdem Jojachin, der König Judas, war gefangen weggeführt." (Ez. 1,1-2)

Der genannte judäische Herrscher Jojachin übernahm die Macht nach dem Tode seines Vaters Jojakim im Jahr 598 v. Chr. (Mertens, S. 262). Auch gehörte er zu der ersten Gruppe von Deportierten, die nach Babel verschleppt wurden (2. Kön. 24,10-17). Ezechiel hielt sich demzufolge etwa 593 oder 592 v. Chr. am Fluß Chebar im Exil auf, was die Zeittafel und Anmerkungen der unterschiedlichen Bibeln bestätigen.

Dennoch sind in den ersten drei Versen, vermutlich, ja sogar sicher, zwei unterschiedliche Einleitungen zusammengefügt worden. Eine in der Ichform (Ez. 1,1), die als Einleitung zu der folgenden „Vision" des Propheten gezählt wird, und eine nachträglich eingefügte, die den Propheten in der dritten Person beschreibt:

„*Da geschah des Herrn Wort zu Hezechiel, dem Sohn Busis, dem Priester, im Lande der Chaldäer, am Wasser Chebar; daselbst kam die Hand des Herrn über ihn.*" (Ez. 1,3)

Ezechiels Bericht über seinen ersten Kontakt zu dem himmlischen „Herrn" fällt also in eine geschichtlich abgesicherte Epoche. Es ist Tatsache, daß „die Truppen Nebukadnezars, des Königs von Babel, gegen Jerusalem" zogen, wie es in 2. Kön. 24,10 beschrieben ist.

Wenn wir das in Ez. 1,1 erwähnte „dreißigste Jahr" als dreißigstes Jahr *nach* der Deportation betrachten, erlebte Ezechiel seine Schauung im Jahr 567 v. Chr.. Denn: In 2. Kön. 24,12 ist deutlich zu erfahren, daß der König Nebukadnezars seinen Amtskollegen Jojachin „im achten Jahr seiner Regierung" festnehmen ließ. Dies entspricht, auch nach babylonischen Chroniken, dem 16. März des Jahres 597 v. Chr. (s. auch Jer. 52,28).

Die Neue Jerusalemer Bibel bietet als Lösung an, die dreißig in „dreizehn" zu ändern, um diese Angabe mit der bereits vergangenen Zeit Jojachins im Exil anzupassen. So erhalten wir laut dieser Bibel ebenfalls (Sommer) 585 v. Chr..

Da die „Vision" des Propheten in der *Ichform* geschrieben ist, ist es natürlich nicht ausgeschlossen, daß auch die Einleitung in der Ichform zu der folgenden Schauung gehört. Wenn dem so ist, sah Ezechiel den „göttlichen" Flugwagen in Jahr 568/567 v. Chr. Die Einleitung zum Berufungsbericht des Propheten, die in der Ichform abgefaßt ist, nennt eindeutig das „dreißigste Jahr". Die Verse in Ez. 1,2-3, die in der dritten Person vorliegen, datieren Ezechiels Berufung auf das „fünfte Jahr" nach der Deportation des Königs Jojachin. Wenn wir uns jedoch die Überlieferungen aus Ez. 8,1 und Ez. 40,1 ansehen, die beide in der Ichform verfaßt wurden, so heißt es dort einmal „im sechsten Jahr" und „im fünfundzwanzigsten Jahr" nach der ersten Deportation. Diese Angaben entsprechen September/Oktober 592 für Ez. 8,1 und September/Oktober 573 v. Chr. für Ez. 40,1. Mit diesen genauen Datierungen kann Ez. 1,1 nicht in Übereinstimmung gebracht werden. Nur die Einleitung der dritten Person stimmt mit den späteren Zeitangaben der Erscheinungen überein.

Es ist also nicht mit Sicherheit zu sagen, wann Ezechiel seine erste Begegnung mit dem Thronwagen Jawhes hatte.

Wir könnten auch von einer anderen Überlegung ausgehen: Die dreißig Jahre beziehen sich *nicht* auf die erste Deportation, stimmen aber dennoch mit dem fünften Jahr nach der Deportation überein. Andernfalls hätten wir hier eine Lücke von 25 Jahren, und die zwei folgenden „Gotteserscheinungen" fallen ganz aus dem Rahmen. Rechnen wir diese dreißig Jahre zurück, erhalten wir 623 oder 622 v. Chr., was in die Regierungszeit von König Joschija fällt.

Interessanterweise ist das Jahr 622 v. Chr. tatsächlich nicht unbedeutend gewesen, da zu dieser Zeit grundlegende Reformen im Lande durchgeführt wurden. Und nicht nur das, exakt im Jahr 622, im „achtzehnten Jahr" von Joschijas Regierung (2. Kön. 22,3+), wurde ein vergessenes oder verlorenes „Gesetzesbuch" bzw. „Bundebuch" bei Bauarbeiten wiederentdeckt: Das Deuteronomium, oder ein Teil von diesem. Zum Beispiel bemerkt auch 2. Kön. 23,25, daß König Joschija

„(...) *die Worte der des Gesetzes* (ausführte, L.A.F.), *die in dem Buch niedergeschrieben, das der Priester Hilkija im Haus des Herrn gefunden hatte.*"

In diesem Jahr wurde das Buch feierlich dem gesamten Volke vorgelesen (2. Kön. 23,1+) und diese Schrift zur Anleitung der fundamentalen Reformationen benutzt, um „Götzen", „Zeichendeuter", „Hausgötter" etc. (2. Kön. 23,24+) endgültig aus Juda zu vertrieben.

622 v. Chr. war zweifellos ein sehr bedeutendes Jahr im Land Juda. Ob sich die unverständliche Jahresangabe des Ezechielbuches aber konkret auf diesen Buchfund bezieht, bleibt ungeklärt. Die einleitenden Daten von Ezechiel *könnten* so jedoch gedeutet werden, oder aber auch schlicht als Ezechiels Lebensalter bei seiner Berufung (Scharbert, S. 391).

Wenn wir auch Ezechiels Bericht als gutes Beispiel der Paläo-SETI betrachten, so ist er bei jedem Datierungsversuch immer noch jüngeren Datums wie die Schauung des Propheten Jesaja, die deutliche Parallelen zu Ezechiel aufweist, sich aber bereits 740 v. Chr. (Jes. 6,1+) ereignete.

IX.2 „Und ich schaute und sah "den Thronwagen Jahwes"

Die ohne Zweifel widersprüchlichen Jahresangaben der Einleitung aus dem Buch Ezechiel ändern nichts an den folgenden Berichten des Propheten. Auch wenn das Buch zweifellos von späteren Textern bearbeitet und vielleicht ergänzt wurde, so sind die Überlieferungen des „Thronwagen Jahwes" mehr als aufschlußreich:

„*Und ich schaute, und siehe, es kam ein Sturmwind von Norden, eine große Wolke und goldenes Feuer glänzte ringsum; in seiner Mitte aber ein Anblick wie glänzend Erz inmitten eines Feuers, in seiner Mitte also vier lebender Wesen Gestalt; und ihr Aussehen wie die Gestalt eines Menschen.*" (Ez. 1,4-5)

So beginnt die eigentliche Berichterstattung des Propheten. Eine feurige Wolke kam von Norden (Mitternacht) und strahlte helles Licht aus, in dem sich Menschengestalten („Tetramorph" genannt) aufhielten. Diese Wesen befanden sich unterhalb des Hauptkörpers, wie wir später in Ez. 1,22 erfahren können. Der Beginn der Berufung des Ezechiel, dessen Namen übrigens „Gott macht stark" („*jechel`el*") bedeutet, bezeichnet der Autor Heinrich Mertens schlicht als gewaltige dichterische Bilder. Ezechiel ist und bleibt in den Augen der meisten Theologen ein „Visionär" und natürlich auch als eine Art Mahnsprecher „Gottes", da der größte Teil seiner Schrift aus Mahnungen gegen Jerusalem und andere Völker besteht.

Ich glaube, der Prophet erlag nicht einer Sinnestäuschung. Und wenn doch, müßte die Kirche eigentlich einsehen, daß er dann niemals „Gott" gesehen haben kann, da er nur visionierte. Die Beschreibungen der „göttlichen" Erscheinung werden noch detaillierter - etwas später sogar technisch. Aber hören wir uns an, was diese menschlichen Wesen noch so alles verbargen:

„(...) *und ein jegliches hatte vier Angesichter und vier Flügel; und ihre Beine stunden gerade, und ihre Füße waren gleich wie Rinderfüße und glänzten wie ein helles, glattes Erz. Unter den Flügeln hatten sie Menschenhände.*" (Ex. 1,6-8)

Schon hier wird deutlich, daß die „Lebewesen" zweifellos der Fortbewegung der „Feuerwolke" dienten, da sie Flügel besaßen. Zwei Flügelpaare waren an diesen Antriebseinheiten angebracht, was sie von den *Seraphen*, die zum Beispiel im Buch Schatzhöhle beschrieben werden, unterscheidet. *Seraphe* werden immer mit sechs Flügeln, also drei Paaren beschrieben, weshalb die Vermutung nahe liegt, hierbei handelt es sich um einen *anderen* Typ.

Auch die Beine sind interessant. Sie schimmerten wie Erz, waren gerade und hatten Füße wie von Rindviechern. Diese Aussage des Propheten veranlaßte auch J. F. Blumrich, sich die Ezechielschrift genauer anzusehen, denn Landebeine eines Fluggerätes sind gerade *und* aus Metall. Und die Füße, die Landeteller, gleichen in der Tat Rinderfüßen. Jeder, der bereits Aufnahmen unserer Mondraumschiffe oder anderer technischer Fluggeräte sah, wird mir da beipflichten.

Die Übersetzung aus der Herder-Laien-Bibel beschreibt dieses Merkmal der „Lebewesen" auf recht eindrucksvolle Weise:

„(...) *ihre Beine je ein Bein ohne Gelenkbeuge; ihre Sohlen wie eines Jungstieres, Sohlen, funkelnd, wie geschliffenes Kupfer anzublicken* (...)" (Ez. 1,7)

Die Feststellung, daß die Beine keine „Gelenke" besaßen, fand ich in keiner anderen Bibelausgabe. Wie lautet die Übersetzung dieser Stelle also richtig? Vielleicht sind beide Möglichkeiten korrekt, da es meist mehrere gibt. Jedoch ist ein Landebein ohne Gelenk technisch exakter beschrieben als schlichte Beine, die gerade verlaufen, natürlich immer mit Blick auf menschliche Beine, da auch die

Wesen „menschenähnlich" waren. Der Prophet wird sich kaum Beine ohne Gelenke vorstellen können, da diese in der Natur nicht vorkommen!

Der Bericht fährt nun mit Beschreibungen fort, die unschwer als *technische Vorgänge* identifiziert werden können:

„Unter den Flügeln an ihren vier Seiten hatten sie Menschenhände. Auch Gesichter und Flügel hatten die vier. Ihre Flügel berührten einander. Die Lebewesen änderten beim Gehen ihre Richtung nicht: Jedes ging in die Richtung, in die eines seiner Gesichter wies." (Ez. 1,8-9)

Da die vier „Lebewesen" mit ihren Flügeln und geraden Beinen die Antriebs- und Landeeinheit des Fluggerätes waren, ist es verständlich, daß sie nicht die Richtung beim Gehen änderten. Jedes ging dorthin, wo eines ihrer „Gesichter" wies. Daß diese Vermutung tatsächlich zutrifft, erfahren wir etwas später im Ezechieltext:

„Und ich hörte die Flügel rauschen wie große Wassermassen und wie ein Getöse des Allmächtigen, wenn die gingen, und wie ein Getümmel in einem Hehr. Wenn sie aber still stunden, so ließen sie die Flügel nieder." (Ez. 1,24) Es klingt unmißverständlich heraus: die Flügel, die unter sich mechanische Greifer (Hände) hatten, dienten der Fortbewegung.

In der Theologie wird diese Aussage jedoch lapidar als eine Art Sinnbild für die Allmacht „Gottes" in alle vier Himmelsrichtungen verstanden. „Ein Hinweis auf Gottes Weltherrschaft" (Lurker, Wörterbuch, S. 190).

Diese Hände, die an den vier Wesen, an den vier Ecken der Maschine, angebracht waren, konnten auch in das glühende Feuer in der Mitte der Lebewesen greifen, um dort etwas zu entfernen (Ez. 10,6-8)! Ohne Zweifel ein Hilfsbauteil des Thronwagens, dessen Funktion ebenfalls beschrieben ist.

Sobald das Fluggerät sicher auf der Erde stand, wurden die Flügel heruntergeklappt, und, wie wir etwas später sehen werden, bewegte sich das Raumschiff von da an mit Rädern. Auch stoßen wir an anderer Stelle auf Beschreibungen eines Starts des Fluggerätes Jahwes:

„Die Kerube (die Lebewesen, L.A.F.) *bewegten ihre Flügel und hoben sich vor meinen Augen vom Boden empor. Sie gingen hinaus, und die Räder liefen an ihrer Seite mit. Vor dem östlichen Tor am Haus des Herrn blieben sie stehen. Und die Herrlichkeit des Gottes Israel schwebte über ihnen. Es waren die Lebewesen, die ich unter dem Thron Gottes Israel am Fluß Chebar gesehen hatte* (...)" (Ez. 10,18-20)

Oder an noch späterer Stelle:

„Dann hoben die Kerube ihre Flügel. Die Räder bewegten sich zugleich mit den Kerube, und die Herrlichkeit des Gottes Israel war über ihnen. Die Herrlichkeit des Herrn stieg aus der Mitte der Stadt empor (...)" (Ez. 11,22-23)

Doch betrachten wir vorerst weitere Verse, da dort noch einige Hinweise zu finden sind. Die vier Angesichter, die der Priester in seinem Bericht immer erwähnt, beschreibt er uns nun genauer:

„Ihre Angesichter waren vorn gleich einem Menschen, und zur rechten Seite gleich einem Löwen bei allen Vieren, und zur linken Seite gleich einem Ochsen bei allen Vieren, und hinten gleich einem Adler bei allen Vieren. Ihre Flügel waren nach oben ausgespannt. Mit zwei Flügeln berührten sie einander, und mit zwei bedeckten sie ihren Leib." (Ez. 1,10-11)

Die offensichtlich sehr mythisch anmutende Beschreibung der Gesichter dieser sonderbaren Gestalten gibt schon lange zu denken. Aber auch im Buch Daniel sind (*ältere*) Beschreibungen von sonderbaren Erscheinungen, die ebenfalls tiergestaltig gewesen sein sollen, erwähnt. Sie weisen ähnliche Aspekte auf (s. Teil III.5).

In den Ezechiel-Tieren will zum Beispiel *Hieronymus* (347 bis 420 n. Chr.) Metaphern der vier Evangelien erkannt haben. Und diese Interpretation, die der heilige *Hieronymus* wie folgt auslegte, wollen wir uns kurz ansehen (Mertens, S. 266):

Mensch = Matthäus, da er am Anfang seines Evangeliums ein Geschlechtsregister aufführt; die sogenannte „Abstammung Jesu" (Mt. 1,1+);

Löwe = Markus, da er zu Beginn seines Evangeliums angeblich einen „löwenhaften" Ruf besitzt;

(Opfer-) ***Stier*** = Lukas, da mit dem Opfer Sacharjas seine Schrift beginnt (Luk. 1,8+)

und zuletzt natürlich der ***Adler*** = Johannes, da sein Prolog „adlerhaft" sein soll.

Alles in allem eine mehr als strittige Auslegung. Zumal selbst die vier Ströme des Garten Eden als Sinnbilder der vier Evangelien ausgelegt wurden, in I.8 habe ich bereits darauf hingewiesen. Da aber offensichtlich von achtzig bekannten Evangelien nur vier im Neuen Testament zu finden sind, sollte Ezechiel doch wohl mehr als vier Gesichter gesehen haben. Noch dazu wurde das Buch Ezechiel *vor* der Geburt Jesu Christi geschrieben - dies behauptet die Schrift zumindest selbst - und die Evangelien, die ja das Leben des Jesus Christus beschreiben, logischerweise *nach* seiner Geburt.

Da aber zweifellos der Prophet solche Gesichter nicht als reale Erscheinungen im Zusammenhang des Fluggerätes gesehen haben kann, so ist ihre Bedeutung weiterhin unklar. Es ist nicht unwahrscheinlich, daß der Prophet Ezechiel diese Gesichter nur in diese technischen Apparatur „hingesehen" hat. Auch wir, technisch weit fortgeschrittener als er, sehen in Wolken, Bergen, elektronischen Bauteilen oder gar Tapeten nicht selten Gesichter. Ich selber bin ausgebildeter Elektroniker und beschäftigte mich mit der Konstruktion von computerunterstützten Schaltanlagen. Aus diesem Grund kann ich aus eigener Erfahrung bestätigen, daß tatsächlich elektrische, pneumatische oder elektromechanische Bauelemente oder Baugruppen diese Illusion zweifellos erwecken *können*. Je nach Blickwinkel oder Abstand des Betrachters sehen diese dann auch völlig anders aus.

Ob der Prophet ebenfalls einer derartigen Illusion unterlegen war, kann heute niemand mehr nachprüfen. Vielleicht, ja sicher sogar, ließ er nach seiner Begegnung das gesamte Geschehen vor seinem „geistigen Auge" Revue passieren. Einzelne Elemente der Flugmaschine, die er sich nicht im geringsten erklären konnte, holte er immer wieder aus seiner Erinnerung hervor, um sie richtig zu deuten. Der Vergleich zu Tieren liegt dann nicht weit. Wenn der Prophet sogar seine Erscheinung im Bild festgehalten hat (davon ist heute nichts bekannt), mußte er sich zur Realisierung seines Bildes Vergleiche aus *seiner* Umwelt heranziehen. Zum Beispiel sind Attribute denkbar wie: Flügel = Flug = Adler; Lautstärke, Lärm = brüllendes Tier = Löwe; Menschenhände = Mensch; Füße wie Rinder = Stier, Rind.

Der Stier galt u.a. aber auch als Verkörperung von (himmlischer) Kraft, was ebenfalls mit diesen Lebewesen übereinstimmt, da sie den Thronwagen antrieben. So zum Beispiel bedeutet das sumerische Wort für „Stier", „*gud*", synonym auch „mächtig". Im Westsemitischen, das auch in alttestamentarischen Texten anzutreffen ist, wird „Stier" „*abir*" geschrieben, was ebenso als „stark" zu verstehen ist (Lurker, Symbole, S. 295). Der Ausdruck „*abir*" erinnert mich auch an den im ägyptischen Memphis verehrten „*Apis*" („*Hapi*"), dessen irdische Präsenz durch den Stier verkörpert wurde. *Apis* ging auch in den „Gott" *Osiris* ein, der als *Osiris-Apis* bezeichnet *Serapis* genannt wurde und wiederum an die biblischen „*Seraph*", die geflügelten Begleiter des Thronwagen Jahwes, anklingt. Ob jedoch hier irgendwelche Verbindungen bestehen, sei dahingestellt.

„Jedes Lebewesen ging in die Richtung, in das eines ihrer Gesichter wies. Sie gingen, wohin der Geist sie trieb, und änderten beim Gehen ihre Richtung nicht. In der Mitte der Lebewesen war etwas zu sehen wie glühende Kohlen, etwas wie Fackeln, die zwischen den Lebewesen hin- und herzuckten. Das Feuer gab einen hellen Schein, und aus dem Feuer zuckten Blitze. Die Lebewesen liefen vor und zurück, und es sah aus wie Blitze." (Ez. 1,12-14)

Diese Worte aus dem Buch Ezechiel klingen recht verwirrend, sind aber in sich vollkommen schlüssig. Die verschiedenen Gesichter waren bekanntlich vorne, hinten, links und rechts an allen Lebewesen gleich, und natürlich gingen dann auch *alle* in die Richtung, in die eines der Gesichter zeigte. Den Antrieb, bzw. die Quelle der Antriebskraft, erkannte der Prophet nicht - wie sollte er auch? - und er bezeichnete ihn schlicht als einen „Geist". Auch waren die beschriebenen Blitze eindeutig mit den Bewegungen der Lebewesen verknüpft. Da diese Wesen die vier Landeeinheiten des Fluggerätes waren, könnten diese Blitze kleine Düsen gewesen sein, mit denen „Gott" feine Korrekturen beim Aufsetzen durchführen konnte.

Die feurige Erscheinung in der Mitte der Wesen war, laut der Blumrich-Arbeit, ein Kühler und/oder ein Raketenantrieb, dessen Flammen zwischen den Lebewesen hin- und herzuckten. Der Hauptkörper, an dem die vier rotorangetriebenen

Lande- und Antriebseinheiten befestigt waren, wird etwas später genauer beschrieben (Ez. 1,26+)

Nun war der „Thronwagen Gottes" gelandet. Und wenn er nicht mehr flog, brauchte er selbstverständlich auch keine Flügel mehr, was uns Ez. 1,24 deutlich berichtet. Penibel vermerkte Ezechiel, daß er nun Räder sah, die nicht nur mit „Fortbewegung" assoziiert wurden, sondern zweifellos auch dafür dienten:

„*Als ich die Lebewesen so sah, siehe, da stund ein Rad auf der Erde bei den vier Lebewesen, und war anzusehen wie vier Räder. Und dieselbigen Räder waren wie ein Türkis* (auch Chrysolith, L.A.F.), *und waren alle vier ein wie das andere, und sie waren anzusehen, als wäre ein Rad im anderen.*" (Ez. 1,15-16)

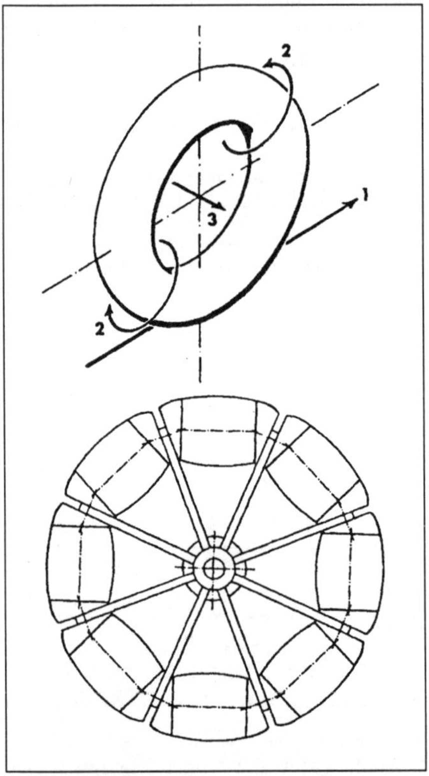

Abbildung 11: Räderentwurf nach Blumrich

Die Räder waren ausgefahren und standen neben jedem der vier Lebewesen; also logischerweise an allen vier Ecken der Flugmaschine. Es waren aber keine gewöhnlichen Räder, wie sie auch der Prophet aus seinem Umfeld her kannte, denn es heißt über sie:

„*Sie konnten nach allen vier Seiten laufen und änderten beim Laufen ihre Richtung nicht. Ihre Felgen waren so hoch, daß ich erschrak; sie waren voll Augen, ringsum bei allen vier Rädern.*" (Ez. 1,17-18)

Was waren das für Räder, die „nach allen vier Seiten laufen" konnten, *ohne* ihre Richtung zu ändern? Eine ähnlich klingende detaillierte Wiederholung findet sich auch in Ez. 10,8-17. J. F. Blumrich machte sich ebenfalls Gedanken zu diesem Problem und entwarf ein Rad, das in verschiedene Segmente unterteilt ist, so daß jedes dieser Einheiten einzeln gesteuert werden konnte. Der Teil, der den Boden berührt, kann so vom Piloten individuell angetrieben werden. Solche Räder, die einen rechten Winkel fahren können, ohne sich vollständig zu bewegen, sind heute also keine Fiktion mehr. J. F. Blumrich hat sie anhand der Beschreibung des Propheten in den USA patentieren lassen (siehe Abb. 11).

Interessant fand ich eine Aussage des bekannten Bibelkenners Manfred Lurker in seinem Wörterbuch über biblische Symbole: Auf Seite 243, unter dem Stichwort „Rad", schreibt er zu den Ezechielrädern:

„Die rätselhafte Aussage, sie drehten sich nicht, wenn sie gingen (Ez. 1,17), weist auf die außerirdische Dimension; es ist ein Himmelswagen, kein von Menschen angefertigter.“

Genauso war es, denn die Räder gehörten zu einem Fortbewegungsmittel der Himmlischen! Diese Antriebsräder waren selbstverständlich fest mit den Lebewesen verbunden, da sie sonst den „Thron“ nicht bewegen konnten. Ezechiel hält dies mehr als exakt und deutlich so fest:

„Gingen die Lebewesen, dann liefen die Räder an ihrer Seite mit. Hoben sich die Lebewesen vom Boden, dann hoben sich auch die Räder. Sie liefen, wohin der Geist sie trieb. Die Räder hoben sich zugleich mit ihnen; denn der Geist der Lebewesen war in den Rädern. Gingen die Lebewesen, dann liefen auch die Räder; blieben sie stehen, dann standen auch sie still. Hoben sich jene vom Boden, dann hoben sich die Räder zugleich mit ihnen; denn der Geist der Lebewesen war in den Rädern.“ (Ez. 1,19-21)

Eine technisch völlig exakte und stimmige Beschreibung, der eigentlich nichts mehr hinzugefügt werden muß!

Nun wird das Augenmerk des Beobachters Ezechiel auf den Hauptkörper des Fluggerätes gelenkt, der von den Wesen getragen wird:

„Über den Köpfen der Lebewesen war etwas wie eine gehämmerte Platte befestigt, furchtbar anzusehen, wie ein strahlender Kristall, oben über ihren Köpfen (oder „sie ruhte auf den Köpfen“, L.A.F.).“ (Ez. 1,22)

Der Zentralkörper war folglich aus glänzendem Metall, da er wie „gehämmert“ aussah. Und die Wesen sind *eindeutig* die Träger der Konstruktion. Die Versanmerkung der Neuen Jerusalemer Bibel sagt hierzu:

„Demnach tragen die Lebewesen mehr den Thron Jahwe, als daß sie ihn ziehen“

Zwar vergleicht der Kommentar diese Tatsache mit der Bundeslade, aber diese war eine völlig andere Konstruktion. Aber sie trugen den „Thron“ tatsächlich - durch die Luft. Die Flügel, also die Rotoren des Antriebes, waren unterhalb des eigentlichen Körpers angebracht, was uns Ez. 1,23 bestätigt und auch aus der Blumrich-Rekonstruktion überdeutlich hervorgeht (Abb. 12).

Auch das heilige Buch *Sohar* enthält verschiedene Beschreibungen eines Thronwagens, die sich konkret auf die Ezechiel-Schauung beziehen. Zum Beispiel überliefert I. fol. 211a:

„Und ober der Himmelswölbung (dem Zentralkörper, L.A.F.) *zu ihren Häuptern, wie die Erscheinungen des Saphirs, das Gebild des Thrones ein Gebild wie die Erscheinung eines Menschen. Und wir haben gelernt, daß dies der Edelstein ist in dem Throne, der auf vier Säulen*(!) *steht, auf diesem Throne das Bild eines Menschen, daß alles sich ihm verbinde und ersegne. Und wenn der Thron dem Menschen zu sich vollendet, soll alles ein Wagen werden für diesen Menschen.“* (Müller, S. 96)

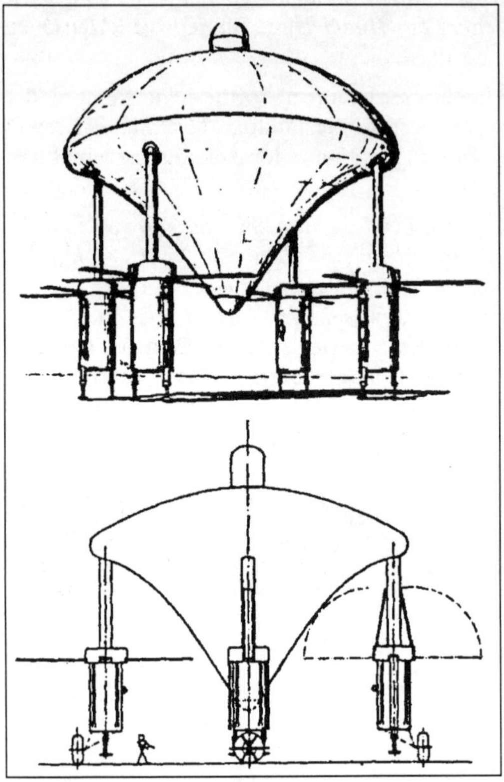

Abbildung 12: Blumrichs Raumschiff-Entwurf

Die Beschreibung ist inhaltlich identisch mit den Ezechiel-Bericht. Besonders interessant erscheint es mir, das der *Sohar* „vier Säulen“ erwähnt. Mit Blick auf die von Blumrich entwickelten Antriebseinheiten ist dieser Vergleich hundertprozentig richtig.

Über die Lärmentwicklung, die nun einmal von Rotoren ausgeht, haben wir bereits in Ez. 1,24 etwas erfahren. Dieser Vers sagt aber auch aus, daß sie „ihre Flügel herabhängen“ ließen, wenn das Raumschiff stand. Dann wurden sie schließlich auch nicht mehr benötigt und waren für eventuelle Manöver auf der Erde sogar eher störend. Von jetzt an übernahmen die Räder den Antrieb auf dem Boden.

Über dem Hauptkörper, an dessen höchstem Punkt, befand sich der Platz Jahwes, des Piloten, wenn man so will, der unmißverständlich *menschlich* aussah:

„*Oberhalb der Platte über ihren Köpfen war etwas, das wie Saphir aussah und einem Thron glich. Auf dem, was einem Thron glich, saß eine Gestalt, die wie ein Mensch aussah.*“ (Ez. 1,26)

Dieser Vers ist dahingehend besonders interessant, da Ezechiel den „Piloten“ nicht als „Gott“ bezeichnet, sondern als eine „Gestalt, die wie ein Mensch aussah“. Aber da wir das Abbild der Engel und der *Elohim* der Schöpfung sein sollen, ist dieser Vers mehr als verständlich. Dennoch bezweifele ich, daß Ezechiel den Piloten in diesem Augenblick seiner Begegnung tatsächlich klar zu Gesicht bekam, da der Thronwagen dafür zu hoch war. Vielmehr gehe ich davon aus, daß er ihn nur schemenhaft sah - bis zu diesem Zeitpunkt jedenfalls.

Jetzt nahm der Fremde aus seinem Fluggerät Kontakt mit dem Propheten auf. Es ist bemerkenswert, daß diese Gestalt den Propheten hierbei nicht mit Namen rief. Auch im weiteren Verlauf des Ezechielbuches wird er von „Gott“ immer wieder mit „Menschensohn“ angesprochen, so als kenne Jahwe seinen Namen nicht.

Jahwe offenbarte dem Propheten, daß sich Israel widerspenstig und nicht reumütig genug verhält. Ezechiel sollte fortan als Sprachrohr „Gottes" dienen und als Wächter Israels eingesetzt werden. Zu diesem Zweck erlebte er nun etwas altbekanntes: Jahwe nahm ihn mit in sein Flugschiff:

„*Da hob mich der Geist* (auch *Wind*, L.A.F.) *empor, und ich hörte hinter mir ein Geräusch, ein gewaltiges Dröhnen, als sich die Herrlichkeit des Herrn von ihrem Ort erhob, das Geräusch von den Flügeln der Lebewesen, die einander berührten, und das Geräusch der Räder neben ihnen, ein lautes, gewaltiges Dröhnen. Der Geist, der mich emporgehoben hatte, trug mich fort. Ich ging dahin, mit bitterem und grollendem Herzen, und die Hand des Herrn lag schwer auf mir.*" (Ez. 3,12-14)

Der Priester Ezechiel erlebte den Start des Schiffes in allen Einzelheiten. Das Donnern des Antriebs, das Rauschen der Flügel der Lebewesen und die Beschleunigungskräfte („Hand des Herrn"), die schwer auf ihm lasteten! Bevor der Prophet aber seine Flugreise nach Tel-Abib (Ez. 3,15) antrat, bekam er von seinem Piloten eine Art „Beruhigungsmedikament" verabreicht.

In der alttestamentarischen Überlieferung wird dies als eine „Buchrolle" beschrieben, die der Prophet auf „Gottes" Anordnung aß. Gläubige Bibelkünstler haben dieses Ereignis in ihren Kunstwerken (zum Beispiel: Tausend-Bilder-Bibel) auch wortwörtlich so nachgebildet. Aber aß er wirklich eine Buchrolle?

„*Er sagte zu mir: Menschensohn, iß , was du vor dir hast. Iß diese Rolle! Dann geh, und rede zum Haus Israel. Ich öffnete meinen Mund, und er ließ mich die Rolle essen. Er sagte zu mir: Menschensohn, gib sie deinem Bauch zu essen, fülle dein Inneres mit dieser Rolle, die ich dir gebe. Ich aß sie, und sie wurde in meinem Mund süß wie Honig.*" (Ez. 3,1-3)

Von einer Buchrolle ist hier, jedoch in den Versen zuvor, keine Rede. Dieser Abschnitt des Ezechielberichtes (Ez. 2,1+) wird zwar als „Vision von der Buchrolle" überschrieben, aber in den allermeisten Bibelausgaben heißt es schlicht „Rolle". Eine Buchrolle wurde dem Propheten aber tatsächlich kurz zuvor gezeigt (Ez. 2,9-10), die er auch essen mußte. Ich kann mir beim besten Willen nicht vorstellen, daß „Gott" seinem irdischen Diener eine Buchrolle übergab, die „süß wie Honig" schmeckte. Auch ist der Sinn einer solchen Handlung mehr als nur verworren. Was brachte es dem Propheten, wurde er dadurch geistig beeinflußt, wie es etwa mit Esdra geschah, als er einen „Trank" von „Gott" bekam (E/4. 14,38-40)?

Ich halte diese Rolle, meinetwegen auch Buchrolle, für ein Beruhigungs- oder Dopingmittel, das dem Propheten verabreicht wurde, um ihm seine bevorstehende Entrückung nach Tel-Abib zu erleichtern. Auch bin ich überzeugt, daß er keine „Vision von der Buchrolle" hatte, da er uns sogar ihren Geschmack überliefert hat.

Mußte aber der Prophet tatsächlich medikamentös oder mit Drogen behandelt werden, um seinen *ersten* Flug mit dem Schiff besser zu überstehen? Ja, denn als er bei den Deportierten in Tel-Abib ankam, hielt er fest:

„*So kam ich zu den Verschleppten, die in Tel-Abib wohnten, und ich saß dort sieben Tage lang verstört mitten unter ihnen.*" (Ez. 3,15)

Ezechiel *war* nach seiner Luftreise verstört, oder wie es andere Bibelausgaben ausdrücken, „starr und stumm" bzw. „regungslos"! Offenbar hatte ihn dieses Erlebnis tatsächlich arg mitgenommen. Oder waren es gar die Nachwirkungen der unbekannten „Rolle"?

Nachdem der Priester seine erste Reise in diesem Fluggerät heil überstanden hatte, verlor er auch die Angst von weiteren Entrückungen. In Ez. 8,1+ und Ez. 40,1+ wird er abermals von der „Hand des Herrn" mit auf eine Reise in den Thronwagen Jahwes genommen, wobei er diese eher mit Freude miterlebte; auch wenn zwischen der ersten Begegnung, die ich oben beschrieben habe, und der zweiten, und zwischen der zweiten und der dritten ein (Ez. 8,1) bzw. neunzehn (Ez. 40,1) Jahre vergangen sind! Er kannte nun diese Reisen und war sich bewußt, daß von ihnen keine Gefahr ausgeht. Von einer weiteren „Rolle" ist auch nichts zu erfahren.

IX.3 „Gott gütiger"...?

In den folgenden Kapiteln, die den eigentlichen ersten Teil des Buches bilden (bis hierher gilt alles als Einleitung) verkündete „Gott" eine grausame Strafe gegen das Volk Israel. „Gott" persönlich, so das Buch, wird mit dem Schwert das Volk niederstrecken und Verwüstung und Pest bringen! Die Kapitel, die sich mit der Ankündigung der „göttlichen" Strafe befassen, sind zu umfangreich, um hier vollständig wiedergegeben zu werden. Ich werde also nur ausgewählte Beispiele betrachten.

Als Strafe für das schändliche Verhalten der Israeliten gegen seine Vorschriften offenbarte der „gütige Herr" zum Beispiel folgendes:

„(...) *darum - so spricht Gott, der Herr: Nun gehe ich gegen dich (Jerusalem) vor. Vor den Augen der Völker werde ich mitten in dir Gericht halten. Wegen all deiner Greultaten werde ich mit dir tun, was ich noch nie getan habe und auch nie wieder tun werde. Dann werden mitten in dir Väter ihre Kinder essen und Kinder ihre Väter. Ich werde ein Strafgericht über dich abhalten und werde die Menschen, die in dir noch übrig sind, in alle Winde zerstreuen.* (...) *Mein Auge wird kein Mitleid zeigen, und ich werde keine Schonung üben*(!) (...) *So tobt sich mein Zorn aus, und ich stille meinen Grimm an ihnen und verschaffe mir Genugtuung. Wenn ich meinen Zorn an ihnen auslasse, dann erkennen sie, daß ich, der Herr, mit leidenschaftlichem Eifer gesprochen habe. Vor den Augen aller, die vorübergehen, mache ich dich zum Trümmerhaufen, zum Gespött für die Völker ringsum.*" (Ez. 5,8-14)

Diese unglaublichen Aussagen, die tatsächlich „Gottes" Mund entsprungen sein sollen, ziehen sich noch über viele weitere Verse weiter. Nicht weniger deutlich und brutal, wie etwa diese Aussage:

„Die Leichen der Israeliten lege ich den Götzen zu Füßen. Eure Gebeine verstreue ich rings um eure Altäre." (Ez. 6,5)

In Kapitel sieben erfahren wir etwas über „Das nahende Ende" der Stadt Jerusalem. Auch hier „spricht Gott, der Herr" in harten Worten zu Ezechiel. Immer wieder wird in den Kapiteln deutlich, daß „Gott" von Zorn erfüllt war. Eigentlich eine viel zu menschliche und völlig ungöttliche Eigenschaft, aber Jahwe gesteht sie selber ein, so etwa bei der Ankündigung des Endes von Jerusalem:

„Bald gieße ich meinen Zorn über dich aus. Ich stille meinen Zorn an dir, ich spreche dir das Urteil, das dein Verhalten verdient, und lasse alle deine Greueltaten auf dich zurückfallen. Mein Auge zeigt kein Mitleid, und ich übe keine Schonung, nach deinem Verhalten vergelte ich dir. (...) Dann werdet ihr erkennen, daß ich der Herr bin und daß ich zuschlage." (Ez. 7,8-9)

Jahwe wollte also, das sagen diese Verse ganz klar aus, *Vergeltung* an dem Haus Israel üben. Er war eine „Gottheit" voller Zorn, Haß, Wut und Vergeltung - unglaublich.

Die weiteren Kapitel und Verse enthalten zahllose „Visionen" des Propheten Ezechiel über die Bestrafung der Jerusalemer Einwohner. Ab Ez. 9,1+ ist die eigentliche Bestrafung beschrieben, die von sechs Engeln ausgeführt wurde. Engel werden diese Helfer von Ezechiel allerdings nicht genannt; die Verskommentatoren der Neuen Jerusalemer Bibel nennen diese so. Der Prophet bezeichnet sie schlicht als „Männer", wie Henoch, und diese sechs „Gotteshelfer" kamen bewaffnet in die Stadt, um ihr Werk zu beginnen:

„Da kamen sechs Männer vom oberen Tor, das im Norden liegt. Jeder hatte sein Werkzeug zum Zertrümmern in der Hand." (Ez. 9,2)

Unter diesen Männer befand sich auch ein Schreiber der Engel, der sein Schreibzeug am Gürtel trug (Ez. 9,3). Dieser himmlische Schreiber mußte alle mit einem „T" („*Taw*", im Hebäischen ähnlich wie ein „x" geschrieben) an der Stirn markieren, die von der Vernichtung verschont werden sollten (Ez. 9,4+). Die anderen fünf Vollstrecker gingen hinter ihm her, um alle - bis auf die Markierten - niederzumetzeln:

„Und ich hörte, wie er zu den anderen sagte: Geht hinter ihm her durch die Stadt und schlagt zu! Euer Auge soll kein Mitleid zeigen, gewährt keine Schonung! Alt und jung, Mädchen, Kinder und Frauen sollt ihr erschlagen und umbringen. (...) Beginnt in meinem Heiligtum! (...) Er sagte zu ihnen: Macht den Tempel unrein, füllt seine Höfe mit Erschlagenen! Dann geht hinaus und schlagt in der Stadt zu!" (Ez. 9,5-7)

Jahwe überwachte die grausige Aktion sicher von seinem Fluggerät aus, von wo er wahrscheinlich auch seinen Helfern die Befehle erteilte (Ez. 9,3). Nachdem diese ihren Auftrag ausgeführt hatten, erstattete der „Schreiber“ seinem Jahwe Bericht, daß alles nach seinem Willen ausgeführt wurde (Ez. 9,11).

Bei dieser Gelegenheit konnte auch der Prophet Jahwes Fluggerät genauer sehen. Offenbar wurde er hierbei Zeuge eines nicht näher zu deutenden, technischen Vorgangs an dieser Maschine, denn irgendwie war der Hauptantrieb, das „Glühen“ in der Mitte der Lebewesen, defekt:

„*Ich sah, und siehe: Oberhalb der gehämmerten Platte über den Köpfen der Cherube war etwas, das wie Saphir aussah und einem Thron glich. Er sagte zu den Mann, der das leinene Gewand anhatte* (der Schreiber, L.A.F.): *Geh zwischen die Räder und den Cherube, nimm zwei Hände voll von den glühenden Kohlen, die zwischen den Cherube sind, und streu sie über die Stadt! Da ging der Mann vor meinen Augen zu den Cherube. Sie standen rechts vom Tempel, als der Mann zu ihnen ging, und die Wolke erfüllte den Innenhof. Die Herrlichkeit des Herrn schwebte von den Cherube hinüber zur Schwelle des Tempels. Der Tempel wurde von der Wolke erfüllt, und der Vorhof war voll vom Glanz der Herrlichkeit des Herrn. Das Rauschen der Flügel der Cherube war bis zum Vorhof zu hören; es war wie die Stimme des allmächtigen Gottes, wenn er spricht.*“ (Ez. 10,1-5)

Nachdem die „Herrlichkeit Jahwes“ erneut gelandet war, wobei „Herrlichkeit“ synonym ohne weiteres auch als „Schwere“ oder „Gewicht“/„Gewichtigkeit“ verstanden werden kann (Drechsel, S. 172) - kein klarer Hinweis auf das „Gewicht“ der Maschine -, trat der Mann zwischen die Rotorenantriebe, „und stellte sich neben das Rad“ (Ez. 10,6). Hier sah Ezechiel zum ersten Mal, wie die weiter oben bereits erwähnte Hand der Lebewesen arbeitete:

„*Und ein Cherub streckte seine Hand aus, nahm von dem Feuer, das zwischen den Cherube war, und legte es in die Hände des Mannes, der das leinene Gewand an hatte. Der Mann nahm das Feuer und ging hinaus. Unter den Flügeln der Cherube wurde etwas sichtbar, das wie eine Menschenhand aussah.*“ (Ez. 10,7-8)

Was das für ein „Feuer“ gewesen sein könnte, das der himmlische Mann in den Händen hielt, ist sehr fraglich. Es steht aber außer Frage, daß der Schreiber nicht selber in die Mitte der Lebewesen, unterhalb des Zentralkörpers (gehämmerte Platte mit Thron) treten konnte, da ihm ein Cherubarm dieses „Feuer“ übergab.

Die Natur dieses „Feuers“ ist mehr als unklar. Tatsächliches Feuer wird es nicht gewesen sein, das der Mann mit seinen Händen berühren konnte. Auch bekam er von „Gott“ den Befehl, dieses über Jerusalem zu verteilen. *Vielleicht* war dies eine Art chemischer, phosphoreszierender Antriebsrückstand, der auch für den „brennenden Dornbusch“ Moses verantwortlich gewesen sein könnte.

Laut Bibelanmerkungen wird hier die „Vernichtung der Stadt“ beschrieben, nachdem bereits ihre Bewohner „ausgerottet“(!) waren. Es ist also möglich, daß dieses „Feuer“ eine Gefahr, eine Verseuchung, für den Menschen bedeutete, was dadurch bestätigt wird, daß sich Mose dem brennenden Dornbusch nicht näheren durfte (Ex. 3,5). Leider ist dem Buch Ezechiel nicht zu entnehmen, ob der Engel

„Gottes“ Befehl ausführte, denn über die Wirkung dieses Feuers ist nichts zu erfahren. So ist es natürlich müßig, über dessen Ursprung zu spekulieren.

Jahwes Mission in Jerusalem war mit diesem Ereignis beendet, denn „die Herrlichkeit Jahwes verläßt den Tempel“, wie Ez. 10,18-22 überschrieben ist. Auch hier dokumentierte Ezechiel die vier Flügel der Lebewesen, ihre Hände und ihre Räder und stellte dabei fest, daß er dieses Fluggerät schon einmal „am Fluß Chebar gesehen hatte“ (Ez. 10,20). Anhand dieser Aussage, daß er auch am Fluß diese *gewichtige* „Herrlichkeit“ sah, kann die vielleicht verlockende Vermutung, daß es sich hier um die Bundeslade gehandelt hat, nicht zutreffen.

Wahrscheinlich wurde Ezechiel hier auch in diesem Zusammenhang erneut entrückt, da er ab Ez. 11,1+ vom „Geist“ erhoben wurde und zu einem Osttor gelangte.

„Gott“ verließ Jerusalem aber noch nicht direkt, da er zuvor einen neuen Bund mit seinem Volk schließen wollte. Erst ab Ez. 11,22+ kehrte Jahwe Jerusalem endgültig den Rücken. Auch hier sind von Ezechiel alle typischen Merkmale der Maschine festgehalten worden.

Darauf folgen im Buch Ezechiel etliche Gleichnisse und Mahnungen gegen das Volk Israel und die Völker der Umgebung, die gegen Israel und somit auch gegen Jahwe selber vorgingen. Vor allem geht es hier themenmäßig um den israelitischen Sittenverfall im babylonischen Exil und den Götzendienst seines auserwählten Volkes. Diese wollen wir uns aber nicht näher ansehen, da im Zusammenhang mit dem Exodus aus Ägypten Jahwes Machtbestrebungen bereits deutlich wurden (s. Kapitel VI).

Es stellt sich nach den oben zitierten Versen vielmehr die Frage: Sind das die Worte „Gottes“ gewesen? Der Prophet Ezechiel gilt bei sämtlichen Bibelexegeten als schlichter Visionär; alle seine Berichte und Erlebnisse, angefangen bei seiner Berufung am Fluß Kebar, sollen in visionären Schauungen wurzeln. Wenn er aber nur *visionierte*, kann er keine *realen* Geschehnisse beschrieben haben. Und wenn dem so ist, kann die von ihm als Mann bezeichnete Gestalt ebenfalls nicht *real* gewesen sein. Von der Kirchenkanzel aus wird uns hingegen immer wieder von dem „leibhaftigen Gott“ berichtet.

„Wort Gottes“ wird von den Theologen aber nicht unbedingt als Worte aus „Gottes“ Mund an den Menschen verstanden. Sie sehen darin Niederschriften, die der Schreiber durch „Gottes“ Hilfe und Eingebung „empfangen“ hat; also eine indirekte Beeinflussung des Propheten durch Jahwe. In diesem Zusammenhang wird in der Theologie von der *Inspiration* der Propheten durch den heiligen Geist „Gottes“ gesprochen (Mertens, S.14 bis 21). Aber selbst in den Kreisen der Exegeten wird heftig diskutiert, was eigentlich unter *Inspiration* der Propheten durch „Gott“ verstanden werden soll (etwa Cools, S. 27 bis 62), und so ziehen sich zahllose Thesen und Gegenthesen durch die theologische Literatur. So etwa wurde im 16. Jahrhundert, im Zeitalter der Reformation, von einigen Christen der extreme Standpunkt vertreten, daß die Bibel das unfehlbare „Gotteswort“ ist. Zum Beispiel bilden Kunstwerke jener Epoche die Evangelisten nicht bloß als

Augenzeugen der Himmelfahrt Jesus Christus ab, sondern legten ihnen gleich Schreibzeug und Bücher in die Hände. Die Evangelisten haben so das unmittelbar Gesehene direkt notiert, wobei ihre Hände teilweise - auf den Gemälden - von einem Engel geleitet wurden (Fox, S. 46).

Erst am 24. April 1870 wurde auf der dritten Sitzung des 1. vatikanischen Konzils ausdrücklich festgelegt, daß nur Schriften, die „unter Eingebung des heiligen Geistes geschrieben, Gott zum Urheber haben und als solche der Kirche übergeben worden sind“ (EB 77), als „heilig“, sprich echt, gelten dürfen (Cools, S. 27/Scharbert, S. 117). Also hat nach diesen Worten auch eine *inspirativ erlangte Erkenntnis*, die sich in den Büchern der Bibel wiederfinden soll, „Gott zum Urheber“.

In diesem Fall müssen, - so, als hätte „Gott“ persönlich gesprochen - die Berichte und Ereignisse dennoch von „Gott“ stammen. Zwar nicht in der Form, wie beschrieben, aber dennoch vom „Herrn“ selbst. Klipp und klar sagt dies auch ein theologisches Handbuch zum Alten Testament:

„Gott ist Verfasser der heiligen Schrift. Die göttliche Urheberschaft macht die heilige Schrift zum Wort Gottes, und die Kirche hat sie immer als solche betrachtet; dieser Aspekt der Bibel ist in letzter Instanz Ursache ihrer absoluten Geltung und unfehlbaren Wahrheit. Es kann daher gesagt werden, daß die heilige Schrift auf die Weise inspiriert ist, daß Gott ihr Verfasser ist (...)“ (Cools, S- 39-40).

Ich kann mir bei aller Liebe nicht vorstellen, daß die Aussagen und Ereignisse aus dem Buch Ezechiel, die ich bis hierher beschrieben habe, in irgendeiner Form von *Gott* kamen oder auch nur vom ihm *inspirativ* den Menschen gegeben wurden.

IX.4 Ein Prophet mit Auftrag

Wir haben gesehen, daß Jahwe offensichtlich dem Menschensohn Ezechiel mehrmals begegnete. Die Beschreibungen des Thronwagens Jahwes habe ich oben in *kompakter Form* erläutert, und der Leser, der die Blumrich-Rekonstruktion detaillierter studieren möchte, sei auf sein Buch „Da tat sich der Himmel auf“ (Ullstein) hingewiesen.

Vermeintliche „Visionen“ sind uns aus dem Buch des Propheten nicht fremd. Auch wenn er alle seine Erlebnisse quasi in „Trance“ erfahren haben soll, so sind sie doch zu stimmig und detailliert, um nicht real gewesen zu sein. Auch wenn Dr. J. Kahmann von der *biblischen Arbeitsgemeinschaft Sankt Hieronymus* schlicht schreibt:

„Ezechiel besitzt eine reiche Phantasie (...). *Er hat eine deutliche Vorliebe für symbolische Handlungen, die bei den früheren Propheten nur selten vorkommen.*“ (Cools, S. 409)

Die größte „Vision“ des Propheten findet sich am Ende seines Buches. Im vierten Teil - „Die Tora des Ezechiel“ genannt. Ab Ez. 40.1+ beschreibt er den

„zukünftigen" Tempel in Jerusalem, den er natürlich auch nicht gegenständlich gesehen haben soll. Über acht Kapitel zieht sich diese Beschreibung hin, und es wird nicht nur der Tempel detailliert behandelt, sondern auch die zukünftigen Vorschriften für Rituale in seinem Inneren und diverse, mehr als fragliche, Landeinteilungen (Ez. 47,13-23/ Ez. 48,1+).

Da sich der Prophet als ausgezeichneter Beobachter bei seinen Kontakten mit Jahwe erwiesen hat, ist es nicht allzu verwunderlich, daß auch der ihm gezeigte Tempel sehr komplex beschrieben wird. Und gleich zu Beginn seines Berichtes wird deutlich, daß er bewußt und mit einer bestimmten Absicht von Jahwe und einem Engel aus „Metall" diesen Gebäudekomplex zu sehen bekam:

„Am zehnten Tag des Monats am Jahresanfang im fünfundzwanzigsten Jahr nach unserer Verschleppung und im vierzigsten Jahr nach der Eroberung der Stadt (Jerusalem, L.A.F.), *genau an diesem Tag legte sich die Hand der Herrn auf mich, und er brachte mich dorthin.*" (Ez. 40,1)

Ezechiel beginnt seinen letzten großen Bericht ähnlich wie den seiner Berufung. Laut entsprechendem Verskommentar begann diese „Vision" im September oder Oktober 573 v. Chr., da das bürgerliche Jahr im ersten Herbstmonat begann. Zwanzig(?) Jahre zuvor hatte er seinen ersten Kontakt mit dem Fluggerät „Gottes" am Fluß Kebar. Auch sein letztes Treffen sollte nicht ohne Folgen für ihn bleiben, denn er wurde von Jahwe durch „göttliche Gesichte" entrückt, und auf „einen sehr hohen Berg" im Land Israel gebracht. Von diesem Berg konnte Ezechiel in südlicher Richtung (oder „gegen Mittag") etwas wie eine Stadt erkennen (Ez. 40,2).

Was der Prophet und Priester von seiner Position gen Süden sehen konnte, ist an dieser Stelle nicht mit Sicherheit zu sagen. In einigen Bibelübersetzungen wird schlicht die Annahme, daß er nach Jerusalem gebracht wurde, als Tatsache eingefügt. In diesen Ausgaben heißt es dann in Ez. 40,1, daß er eben zu dieser Stadt gelangte.

Es ist aber nicht sicher, daß er auch tatsächlich Jerusalem sah. Zumal von einer Stadt keine Rede ist, sondern er nur von *etwas* spricht, das *wie eine Stadt aussah* - Ezechiel hätte ohne Zweifel eine Stadt, gerade Jerusalem, auch als solche identifiziert.

Jahwe dagegen hatte ihn aber nicht „aus einer Laune heraus" entrückt und hierher gebracht. Ezechiels Reise war von Anfang an geplant, denn er wurde bereits vor den Toren dieser Gemäuer erwartet:

„Dorthin brachte er mich. Da sah ich einen Mann, der aussah, als sei er aus Bronze (oder „der wie Bronze glänzte", oder schlicht „Erz", L.A.F.). *Er hatte eine leinene Schnur und eine Maßrute in der Hand und stand im Tor.*" (Ez. 40,3)

Dieser „Mann" war offensichtlich kein gewöhnlicher Zeitgenosse des Propheten. Allein sein ungewöhnliches Aussehen spricht dagegen. Auch die Exegeten sehen in dieser Person einen Engel, und wir haben gesehen, daß Ezechiel die Engel „Gottes" oft als „Männer" bezeichnet. Auch der Prophet Daniel hatte einst eine

Begegnung mit einem himmlischen Wesen, dessen „Beine glänzten wie polierte Bronze“ (Dan. 10,6, s. Teil III.5). Die Schnur und die Meßlatte, die der kupferne Engel bei sich trug, sind für die folgenden Kapitel die wichtigsten Utensilien, da der Prophet vom „Herrn“ nur aus einem Grund hierher gebracht wurde:

„Der Mann sagte zu mir: Menschensohn, öffne deine Augen und Ohren, sieh und höre, und achte auf alles, was ich dir zeige. Denn du bist hierher gebracht worden, damit ich es dir zeige(!). *Berichte alles, was du siehst, dem Hause Israel.*“ (Ez. 40,4)

Die Botschaft dieser Worte an Ezechiel ist deutlich: Der Prophet wurde praktisch nur mit diesem Mann zusammengebracht, damit er die „göttlichen“ Dinge sieht und weitergibt. Hier werden wir an den Propheten Henoch erinnert, der „göttliche“ Dinge schauen durfte und auf Verlangen „Gottes“ hin alles in Büchern niederschrieb. Aber auch im neutestamentarischen Buch Offenbarung des Johannes erfahren wir von solchen Missionen, denn als eine himmlische, außergewöhnliche Gestalt vom Himmel kam, trug diese dem Johannes auf:

„Schreib auf, was du gesehen hast; was ist und was danach geschehen wird.“ (Off. 1,19)

Oder noch klarer an andere Stelle:

„Schreib das, was du siehst, in ein Buch, und schick es an die sieben Gemeinden (...)“ (Off. 1,11)

Laut Ez. 40,5 war die Meßlatte „sechs Ellen, die je eine gewöhnliche Elle und eine Handbreit maßen“ lang. Da es, wie bereits bei den Proportionen der Bundeslade in VI.9 erwähnt, in der Vergangenheit zahlreiche unterschiedliche Ellenmaße gab, ist die Aussage im Ezechiel-Bericht sehr bedeutend. Der Prophet hält penibel genau fest, daß nicht die „gewöhnliche Elle“ (= 45,8 Zentimeter) benutzt wurde, sondern eher die größere, „königliche“ mit 52½ Zentimetern. Die Meßrute ist sechs Ellen lang, wobei jede Elle eine Handbreit länger war, als die „gewöhnliche Elle“. Das Meßwerkzeug des Engels ist demnach ca. 3,3 Meter lang gewesen.

Schon hier erkennen wir, daß Ezechiel die Worte des Engels sehr ernst nahm, als er ihn aufforderte, auf alles zu achten und sich zu merken.

Hier beginnt die eigentliche Mission Ezechiels und seines Führers aus Erz. Der Prophet vermaß mit Hilfe dieses himmlischen Engels die gesamte Gebäudestruktur und notierte sich sämtliche Maße. Alle Maße sind im Buch enthalten oder können aus den dort genannten errechnet werden.

Der österreichische Ingenieur Hans Herbert Beier hat sich vor einigen Jahren die intensive Mühe gemacht, die Angaben Ezechiels zu analysieren. Die dabei von ihm veröffentlichte detaillierte Arbeit ist eine der bemerkenswertesten Studien des alttestamentarischen Buches. Wie bei der ebenso beachtenswerten Rekonstruktion von J. F. Blumrich, so hat auch Beier schlüssig nachgewiesen, daß die Erlebnisse und Beschreibungen in Ezechiels Buch eine *reale* Grundlage haben.

Auch an dieser Stelle gehe ich davon aus, daß meinen Lesern die Beier-Arbeit hinreichend bekannt sein dürfte, so daß ich davon absehe, die Verse hier alle zu zitieren. Zwei wesentliche Schlüsse können aus den Rekonstruktionen der Ingenieure aber klar gezogen werden: Erstens, der Prophet hatte *keine* Visionen, sondern sah das Fluggerät und den Tempel mit eigenen Augen. Zweitens, der Beier-„Tempel“ und die Blumrich-Raumschiffe bestätigen sich gegenseitig.

Das von J. F. Blumrich entworfene Schiff fügt sich problemlos in die Proportionen des von Hans Herbert Beier rekonstruierten Tempels ein. Der Thronwagen und der vermessene Gebäudekomplex ergeben ein stimmiges Ganzes - eine Landebasis.

Auch der Prophet selber bestätigt dies in seiner Dokumentation. Er konnte bei seinem Rundgang einmal beobachten, wie „Gott“ in den Tempel niederging:

„Da sah ich, wie die Herrlichkeit des Gottes Israels aus dem Osten herkam. Ihr Rauschen war wie das Rauschen gewaltiger Wassermassen, und die Erde leuchtete auf von seiner Herrlichkeit. Die Erscheinung, die ich sah, war die Erscheinung, die ich damals sah, als er kam, um die Stadt zu vernichten, und wie die Erscheinung, die ich am Fluß Chebar gesehen hatte. (...) Und die Herrlichkeit des Herrn zog in den Tempel ein durch das Tor, das im Osten lag.“ (Ez. 43,2-4)

„Gott“ kam mit seinem Raumschiff auf Ezechiel zu. Und gleichzeitig haben wir hier die Bestätigung, daß der Prophet bei der Zerstörung Jerusalems die gleiche Maschine sah, wie am Fluß Chebar. Genau diese näherte sich nun der Basis, in der er sich befand:

„Und die Herrlichkeit des Herrn erfüllte den Tempel. (...) Er sagte zu mir: Menschensohn, das ist der Ort, wo mein Thron steht, und der Ort, wo meine Füße ruhen (...)“ (Ez. 43,5-7).

Jahwes Herrlichkeit ist also tatsächlich im Inneren des Gebäudes niedergegangen - so wie es die Rekonstruktionen moderner Köpfe bestätigen. Wir müssen uns aber immer wieder vor Augen führen, daß das Wort „Herrlichkeit“ ebensogut „Schwere“ bedeuten kann, was die gesamte Überlieferung noch glaubwürdiger macht!

Betrachten wir „Gottes“ Aussage gegenüber Ezechiel, daß dort seine „Füße ruhen“, so kann sich dies nur auf die Füße des Thronwagens beziehen. Der „Herr“ selber wird kaum Ruhe benötigt haben.

Bei der Analyse dieser Geschehnisse ist aber auch ein in sich logisches Vorgehen zu erkennen: Zuerst wurde Ezechiel von Jahwe zu diesem Tempel gebracht und dort in die Obhut eines Engels übergeben, der ihm erklärte, sich alles zu merken. Dieser Himmelssohn zeigte dem Propheten den gesamten Komplex - das Innere und das Äußere. Als die beiden ihre „Führung“ beendet hatten, erschien „Gott“ erneut und schärfte seinem Erdling noch einmal ein:

„Du, Menschensohn, berichte dem Haus Israel über den Tempel, damit sie sich wegen ihrer bösen Taten schämen. Sie sollen den Entwurf des Tempels kennenlernen.“ (Ez. 43,10-11)

Der Priester Ezechiel wurde also von Jahwe dazu auserwählt, den Bauplan des Tempels weiterzugeben. Auch wenn ab Ez. 43,18 zahlreiche Vorschriften über die Benutzung des Tempels erfolgen, die zweifellos an den salomonischen Kultbau erinnern, so haben diese doch nicht viel mit der eigentlichen Ezechiel-Belehrung zu tun. In den mir vorliegenden Bibeln werden all diese Vorschriften und Anweisungen (Ez. 44/Ez. 45/Ez. 46/Ez. 47) als spätere Zusätze verschiedener Autoren betrachtet. Sie sind praktisch nur an den eigentlichen Ezechiel-Report angehängt worden und können mit der Beier-Tempel-Rekonstruktion nicht sicher in Verbindung gebracht werden.

Der Versuch, den im Buch Ezechiel beschriebenen Tempel zu rekonstruieren, wurde in der Vergangenheit schon mehrmals unternommen. So findet sich zum Beispiel auch in einer Bibel „in heutigem Deutsch“ (Deutsche Bibelgesellschaft 1982) auf Seite 772 ein Grundriß eines derartigen Versuches. Ähnlichkeiten zu der Ansicht des von Beier erarbeiteten Entwurfes (Beier, Kronzeuge, S. 35, siehe auch Abb. 13) und der in der genannten Bibel liegen zwar auf der Hand, weisen aber auch klare Unterschiede auf. Das Kernstück, dort, wo Jahwe landen konnte - beschrieben in Ez. 41 - und in dessen Zentrum sich das Allerheiligste befand, ist nach Beier ein nach oben hin offenes Gebäude, was natürlich mit Blick auf die Funktion verständlich ist.

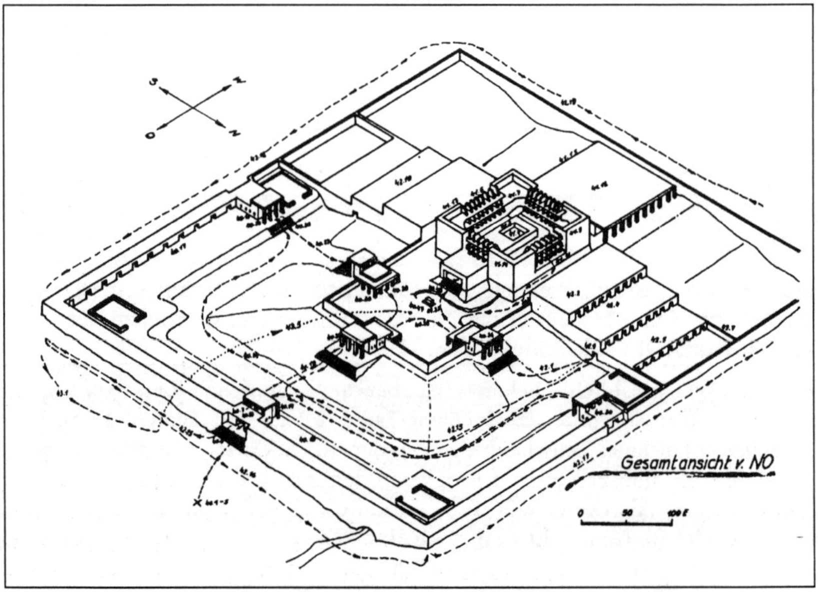

Abbildung 13: Ezechiel-Tempel nach einem Entwurf von Beier

Das im Buch des Propheten beschriebene „Feuer“ im Zentrum der vier Lebewesen, unterhalb des Hauptkörpers, konnte von Blumrich als Reaktor- und Düseneinheit identifiziert werden. Dieser Teil des Schiffes fügt sich exakt in das Allerheiligste des Tempels ein! Dabei ist die Umgebung durch sehr hohe und dicke Mauern (Ez. 41,1-4) von der Hitzeausstrahlung geschützt. Auch Wartungen an den „Lebewesen“, den Rotoreneinheiten der Maschine, konnten problemlos gemeistert werden, da sich die Mauern *zwischen* der Reaktor-Antriebseinheit und den *Cherube* befand. Auch die von J. F. Blumrich errechneten Rotorendurchmesser von je zwölf bis vierzehn Metern passen sich hervorragend in den Tempel ein. Beide Ezechiel-Beschreibungen ergeben eine sich gegenseitig bestätigende *technische* Rekonstruktion, die in dieser Form nicht irdisch sein konnte.

Die von J. F. Blumrich erarbeitete Form des Schiffshauptkörpers ist auch in anderer Hinsicht interessant: Sie ähnelt nicht nur einem sogenannten „Brummkreisel“, sondern auch anderen mythischen Darstellungen aus aller Welt, so etwa Petrogyphen der Hopi-Indianer aus Arizona und Neumexiko (USA), die himmlische „Sternenbläser“ darstellen sollen. Auch eine kleine ägyptische Tonscherbe (*Deir el-Medine*) aus der 19./20. Dynastie (ca. 1321 bis 1075 v. Chr.), die heute im Charlottenburger Ägyptenmuseum in Berlin verwahrt wird, zeigt sonderbare Wesen mit „Ezechiel-Charakter“ (s. Bildteil).

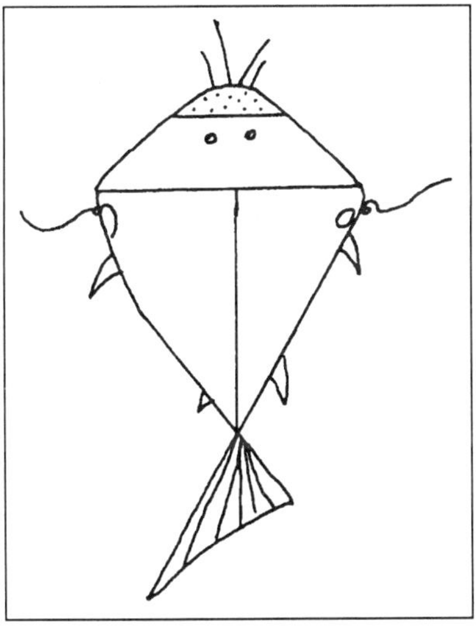

Abbildung 14: Dogon-Zeichnung

Ganz besonders interessant scheint mir eine Parallele zu dem Dogon-Stamm in Südost-Mali zu sein. Ihre „Mythen“ über diverse Wesen, die mit einer Barke vom Himmel kamen, wurden von Robert K. G. Temple bereits vor einigen Jahren intensivst im Sinne der Paläo-SETI analysiert. Die Ergebnisse seiner vielbeachteten Studie lassen den Schluß zu, daß die Dogon tatsächlich Besuch aus dem All hatten, und zwar aus dem Bereich des (Doppel)Sterns Sirius, wobei hier fraglich bleibt, ob diese Wesen den Sirius ihre Heimat nannten/nennen, oder aber tatsächlich „nur gerade“ von dort kamen.

Auch die Dogon hielten die Form des himmlischen Schiffes (auch „*Nommo*“ oder „*Nommo-Arche*“ genannt), mit dem ihre „Götter“ vom Himmel kamen, in Bildern fest, die gewisse Ähnlichkeiten zum Ezechiel-Schiff haben (siehe Abb. 14). Eine umfangreiche zusammenfassende Wiedergabe dieser Überlieferungen können in Sprouls Buch „Schöpfungsmythen der westlichen Welt“, S. 314 bis 344, oder bei Temple, S. 359 bis 384 nachgelesen werden.

Aber zurück zum Tempel: Wo heute der vom Propheten vermessene Tempel liegt, ist nicht bekannt. Anhand der Beschreibungen und der daraus resultierenden Analyse von H. H. Beier ähnelt dieser Tempel den architektonischen Baustilen Mittelamerikas. Ist also der alttestamentarische Prophet von „Gott“ nach Zentralamerika gebracht worden?

Verlängern wir auf einem Globus vom Ausgangspunkt Babylon (wo Ezechiel im Exil lebte) die hypothetische Fluglinien über Jerusalem und Israel (grob) hinaus, gelangen wir in der Tat über Nordwest-Afrika nach Mittel- und Südamerika. Diese Tatsache halte ich jedoch nicht einmal für ein Indiz einer Reise nach Mittelamerika, denn in östliche Richtung verfehlt diese Linie zum Beispiel nur knapp Japan. War er also dort...?

Der Prophet wird sich bei dieser Entrückung bewußt gewesen sein, daß er schnell flog und sicherlich auch, daß er sich Richtung Israel (ca. 800 Kilometer Luftlinie - wenn die Richtung stimmt) bewegte, aber er konnte die *Geschwindigkeit* seiner Reise nicht abschätzen. Die Spekulation liegt also auf der Hand, daß er über den Atlantischen Ozean gebracht wurde. Die Linie gen Osten verlängert, führt uns sogar in den Himalaya, wo es an hohen Bergen nur so wimmelt, wie sie der Prophet beschreibt.

Bei der Suche nach Ezechiels Tempel sind angenommene Flugrichtungen wie Norden, Süden, Südsüdwest, Nordost etc. ebenso zu beachten, wie die Möglichkeit, daß er die „neue Welt“ betrat. Jedoch hält Ez. 40,2 fest, daß er nach Israel gelangte - Israel aber war seine eigene, gut bekannte Heimat, die er meiner Meinung nach auch erkennen würde.

Es bleibt also abzuwarten, ob es der zukünftigen Archäologie gelingt, einen Tempel - egal wo auf der Welt - zu restaurieren, der der Ezechiel-Beschreibung entspricht.

Bild 1: Adam und Eva im Garten Eden

Der „Sündenfall" ist anhand alttestamentarischer Symbolik und anderer Überlieferungen durchaus als sexuell bezogene Überlieferung zu interpretieren. Und auch die Erschaffung der Eva aus einer "Rippe" Adams, wie sie dieses Bild zeigt, kann mit interessanten Überlieferungen älterer Völker als ein "künstlicher" Schöpfungsakt der Götter verstanden werden.

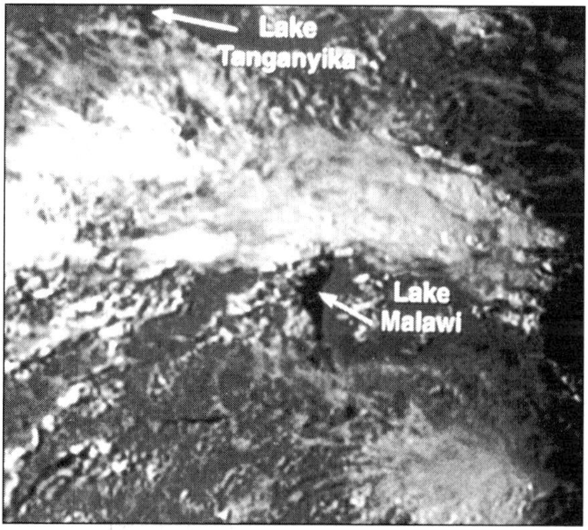

Bild 2: Satellitenaufnahme von Ostafrika

Anthropologische Forschungen siedeln in diesem Gebiet die "Wiege der Menschheit' an, von wo sich der „Schwarze" über die Erde verteilte. Mesopotamische Mythen könnten Hinweise liefern, daß bereits in uralten Zeiten bekannt war, daß der Mensch farbig war und in dieser Gegend "entstand".

Bild 3: Darstellung aus Ur, der Stadt Abrahams

Darstellungen auf einer Leier, die in dem Grabschacht PG 789 in der südmesopotamischen Stadt Ur, der Stadt Abrahams, entdeckt wurde. Zeigten sie einst reale Lebewesen? Hatte auch Abraham sexuellen Kontakt zu einer „Kebsfrau", wie es der Sohar behauptet?

Bild 4: Weitere Darstellung aus Ur

Bild 5: Die Arche des biblischen Helden Noah nach den Vorstellungen mittelalterlicher Künstler

Bild 6: Jakob „sah“ eine Himmelsleiter

Sah Jakob in seiner "Vision" eine schlichte Leiter, oder aber den Wagen Jahwes, an dem Himmelssöhne zu Erde stiegen? Der Prophet Mohammed gelangte einst über eine "Leiter" mit Engeln in den Himmel. Gibt es hier Parallelen?

Bild 7: Sodom und Gomorrah, Sinnbilder der Perversion und Sünde

Die Zerstörung der Orte erfolgte nach einem Plan Jahwes, der jedoch zwei seiner Engel aussandte, um zuvor ausgewählte Menschen zu retten. Altindische Überlieferungen stützen die Vermutung, daß die Städte durch moderne Waffen vernichtet wurden. Grausame Taten des Herrn.

Bild 8: Der heilige Amun-Widder aus Ägypten

Die Ereignisse im Zusammenhang mit dem goldenen Kalb am Fuß des Sinai deuten darauf hin, daß die Israeliten sich nur schwer von Jahwes Macht überzeugen ließen und gleichfalls noch an die ägyptischen Götter glaubten.

Bild 9: Mittelalterliche Darstellung der Bundeslade

Die Bundeslade wird um die Stadt und Festung Jericho getragen, um auf Gottes Befehl alle Einwohner niederzumetzeln.

Bild 10: Der Jerusalemer Tempelberg

Hier soll einst der Tempel des legendären Königs Salomon gestanden haben, in dem die rätselhafte Lade des Herrn verwahrt wurde. Nach der Zerstörung des Tempels verliert sich auch die Spur der Lade. Liegt sie noch immer im Inneren des Berges, oder wurde sie anderswo versteckt?

Bild 11: Die heilige Lade Jahwes

War sie ein Kommunikationsmittel zwischen Gott und seinem Volk?

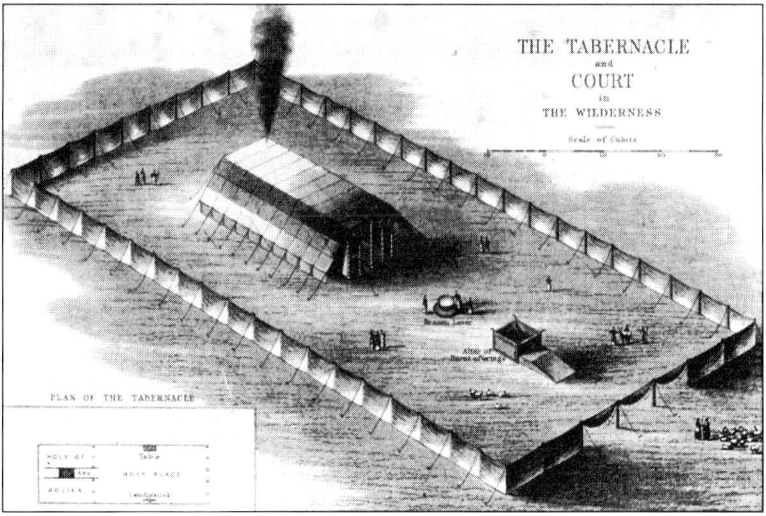

Bild 12: Heiligtum am Berg Sinai

Jahwe verlangte von den Hebräern am Berg Sinai. daß ihm ein „Heiligtum" errichtet werden soll. Kernrelikt dieses mobilen "Tempels“ war die Bundeslade, die nach biblischen Texten erstaunliche Eigenschaften besaß.

Bild 13: Darstellung des „Titusbogens" aus Rom

Das Bild zeigt die Verschleppung der israelitischen Heiligtümer. Die Bundeslade war offenbar nicht dabei.

Bild 14: „Feuriger Wagen“ des Propheten Elija

Im „Sturmwind" und in einem "feurigen Wagen" wurde der fanatische Prophet Elija von seinem Gott in den Himmel erhoben.

Bild 15: Ein weiterer Zeuge der Flugtechnik Jahwes

Bild 16: Eine künstlerische Darstellung der Ezechiel-Vision

Bild 17: Eine weitere künstlerische Darstellung der Ezechiel-Vision

Bild 18: Darstellung der Ezechiel-Vision mit der "Buchrolle"

Der Prophet erhielt die Rolle von seinem Herrn. War diese ein "Beruhigungsmedikament". Textliche Hinweise scheinen dies zu bestätigen.

Bild 19: Biblische Texte überliefern Erscheinungen von "Wagen Gottes"

Diese wurden immer mit identischen bzw. ähnlichen Attributen beschrieben. Nach den Analysen J.F. Blumrichs sah der Prophet Ezechiel ein Raumschiff, dessen Zentralkörper sogar den sonderbaren Gestalten auf dieser Tonscherbe ähnelt.

Bild 20: Entwurf eines Raumschiffes nach Bibeltexten

H.H. Beier und J.F. Blumrich lieferten vor einigen Jahren zwei unabhängige Arbeiten zur „Landestelle“ und zum „Raumschiff“. Wie es dieses Bild deutlich zeigt, passen sie sehr gut zusammen. Beide Analysen der Ezechiel-Texte ergeben damit ein gewichtiges Indiz, daß der Prophet Kontakt zu Außerirdischen hatte.

Bild 21: Feuer und Rauch bei einem Raketenstart

Der ganze Sinai war in Rauch gehüllt, denn der Herr war im Feuer auf ihm herabgestiegen. Der Rauch stieg vom Berg auf wie Rauch aus einem Schmelzofen. Der ganze Berg bebte gewaltig, und der Hörnerschall wurde immer lauter." (Ex. 19,18-19)

Bild 22: Künstlerische Darstellung der Paläo-SETI-These

Außerirdische Technologie wurde vor Jahrtausenden „vergöttlicht".

Bild 23: Der Äthiopier Abimelech

Er wurde einst Zeuge eines phantastischen Phänomens. Er wurde nach einem Plan zwischen seinem Herrn Jeremia und Gott in unbekannte Gegenden entrückt, und erst 66 Jahre später wieder zur Erde gebracht, ohne daß Abimelech auch nur einen Tag alterte!

Bild 24: Der Physiker und Mathematiker Prof. Hawkins

Der „Erbe Einsteins" betrachtet Zeitreisen als "grundsätzlich möglich". Die unglaubliche Behauptung altjüdischer Literatur, daß der Äthiopier Abimelech in die Zukunft reiste, wird heute ernsthaft diskutiert.

Bild 25: Zeitgenössische Engeldarstellungen

Engeldarstellungen, wie sie sich die meisten Menschen heute und vor Jahrhunderten vorstellten. Sämtliche Berichte im Buch Genesis oder den Apokryphen widersprechen der allgemeinen Vorstellung dieser „Gottesboten" auf das schärfste! Die Söhne des Himmels waren alles andere als geschlechtslose Wesen, deren Aufabe lediglich darin bestand, die Ankunft des Herrn zu preisen.

Bild 26: Unfaßbares Universum

Hier eine Aufnahme des *Hubbel-Space-Teleskopes* von der fernen Galaxis ("Milchstraße") M31 mit allein 300.000 Sonnen. Das All als Wiege zahlloser Zivilisationen und Kulturen - was mag uns die Zukunft offenbaren?

Bild 27: Die biblische Erschaffung der Welt

Zeitgenössische Sicht eines französischen Künstlers des frühen 15. Jahrhunderts.

Bild 28: Der "Baum der Erkenntnis des Guten und Bösen"

Darstellung mit den ersten Menschen und der angeblich "teuflischen" Schlage. Sie offenbarte dem Menschen jedoch die Wahrheit. Spanien, 12. Jahrhundert.

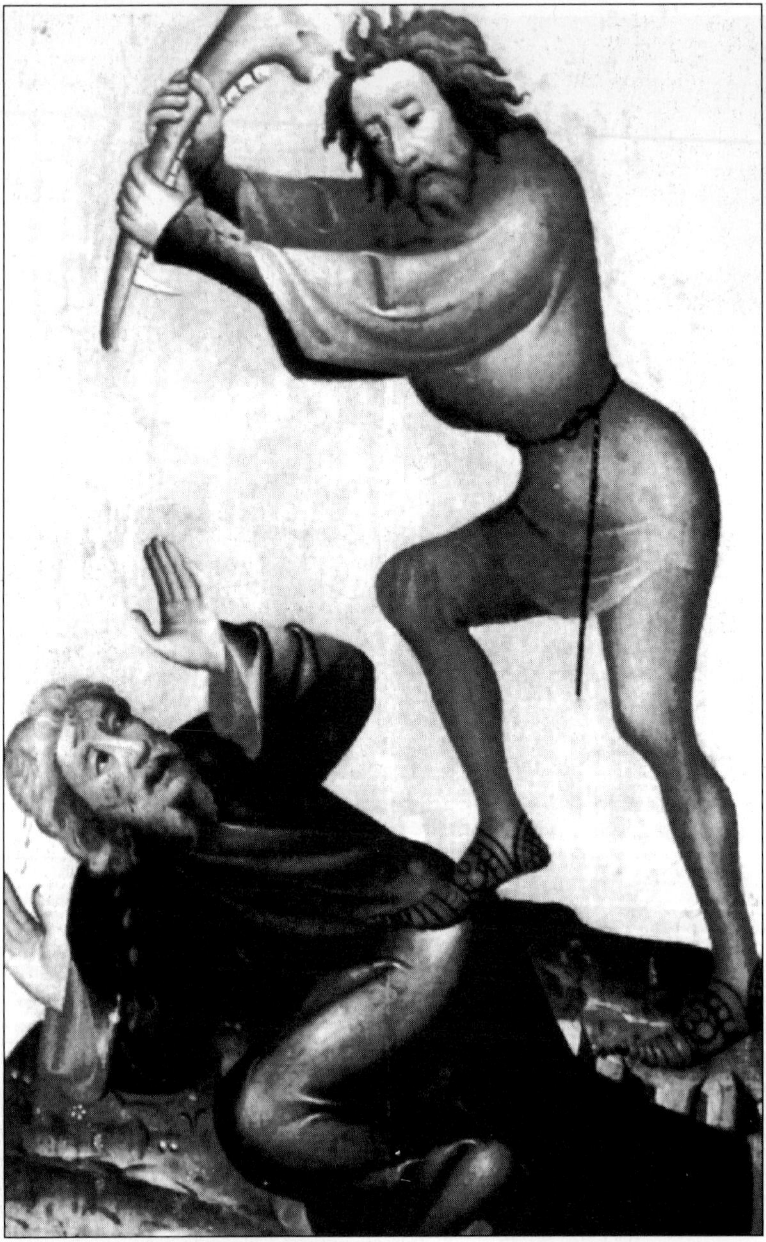

Bild 29: Kain ermordet heimtückisch seinen Bruder Abel
Kain mordete, weil Gott nur Abels Opfer annahm und das seines Bruders Kains verschmähte.

Bild 30: Die Hebräer schufteten für das ägyptische Königshaus

Dabei hofften und warteten sie auf die Erlösung. Später erpreßten Mose und Jahwe den Pharao mit allerlei "Plagen". Spanische Bibelillustration aus dem 14. Jahrhundert.

Bild 31: Gott offenbart sich Mose am brennenden Dornbusch

Eines der bekanntesten Wunder der Bibel, wie es die französische Manuskriptdarstellung von ca. 1210 zeigt. Was dieses "Wunder" war, darüber streiten auch die Theologen.

Bild 32: Plagen in Ägypten

Für die rote Färbung des Nils, eine der „Plagen Ägyptens“, gibt es inzwischen zahlreiche Erklärungen. Jüdische Darstellung, Spanien, frühes 14. Jahrhundert.

Bild 33: Heuschreckenplage

Diese mittelalterliche Illustration aus Deutschland zeigt die sogenannte "Heuschreckenplage". Die angeblich von Gott gesandte Strafe ist ein Phänomen, das gerade im Nahen Osten häufig ist.

Bild 34: Der Pharao verfolgt das Volk Israel

Das Bild, jüdische Illustration aus Spanien um 1350, zeigt, wie der Pharao das Volk Israel verfolgt. Anhand der biblischen Aussagen läßt sich hier ein mörderischer Plan Gottes rekonstruieren, der dazu diente, seine Macht zu beweisen.

Bild 35: Manna, das „Brot vom Himmel"

Hier wird es von den Hebräern eingesammelt. Neben den zahlreichen Hinweisen auf einen natürlichen Ursprung liegen deutliche Aussagen vor, die das Manna als nicht natürliche Speise identifizieren!

Bild 36: Mose und die Gebote Jahwes aus Sicht des Malers Rembrandt

Die Ereignisse am Sinai sind bei detaillierteren Analysen erstaunliche Berichte. Sind die "steinernen Tafeln" der Gebote tatsächlich das gewesen, was die Bibel beschreibt? Oder gibt es andere Hinweise?

Bild 37: Lot und die Engel Jahwes

Lot wird von den Engeln Jahwes vor der zukünftigen geplanten Vernichtung von Sodom gewarnt. Lot hingegen scheint Zweifel an den Worten der Himmlischen gehegt zu haben. Französische Bibelillustration, 13. Jahrhundert.

Bild 38: Himmelwagen mit Leitern

Auch hier wird, wie bereits in Bild 6, die „Vision" des Jakob gezeigt. Wer waren diese Engel, die an einer Leiter vom Himmel kamen?

Bild 39: Die „Engel Gottes" metzeln Assyrer nieder

Grausamkeiten waren für Jahwe und seinen Engel nichts fremdes! Die deutsche Bibelillustration von 1483 zeigt eindrucksvoll, wie die "Engel Gottes" die Assyrer niedermetzeln, wie es das zweite Buch der Könige in Kapitel 19 beschreibt.

Teil III

Weitere Geschehnisse

Wir haben im Verlauf dieses Buches überlieferte Ereignisse gehört, die teils sehr detailliert, teils sehr umfangreich und mal auch rätselhaft erscheinen. In den Büchern des Alten Testaments finden sich zahlreiche interessante Erzählungen, die ich versucht habe, hier teilweise zu analysieren.

Dennoch existieren „kleinere“, aber nicht minder bedeutende Überlieferungen auch in anderen Teilen der heiligen Schriften. Einige von diesen wollen wir uns in diesem Teil des Buches etwas näher ansehen und durchleuchten. Die großen Bücher Henochs oder Ezechiels enthalten genaueste Berichte über „Gott“, seine Engel und seine Fluggeräte. Aber auch andere Bücher der alttestamentarischen und apokryphen Schreiber enthalten gute Beispiel der einstigen Taten Jahwes und seiner Helfer.

Teil III.1 Jesaja schaut den „Thronwagen Gottes“

Der Prophet Jesaja, der Sohn eines nicht näher bekannten Amoz, war etwa zwischen 740 und 700 v. Chr. prophetisch tätig. Um das Jahr 739 v. Chr., im Todesjahr des Königs Usija (Jes. 6,1), wurde er dadurch zum Propheten berufen, daß „Gott“ mit ihm persönlich Kontakt aufnahm.

Jesaja, dessen hebräischer Name *Jeschajahu*, „Hilfe ist Jahwe“, lautet, hat uns eine alttestamentarische Schrift hinterlassen, die sehr deutlich in drei Teile gegliedert ist. Große Teile des Buches enthalten Droh- und Spottworte gegen Völker wie die Assyrer, Philister, Ägypter oder auch Babylonier (Jes. 13-27). Seine alttestamentarische Schrift wird heute wegen seiner sprachlichen Gestaltung von den Theologen als einer der Höhepunkte des Alten Testamentes angesehen.

Wir wollen uns aber an dieser Stelle lediglich die eigentliche Berufung des jungen Jesajas ansehen. Diese findet sich in Kapitel sechs und soll sich um 739 v. Chr. ereignet haben, also vor weit über 2.500 Jahren. Den Text, so wie er heute im Alten Testament zu finden ist, datieren die Bibelexegeten in die Zeit des syroephraimitischen Krieges; also 735/734 v. Chr. (s. auch 2. Kön. 16,5-9). Interessant ist hierbei, daß der Teil der Schrift, in dem sich der Berufungsbericht befindet (Teil I), mit ziemlicher Sicherheit aus Jesajas eigener Feder stammt (Mertens, S. 259), somit einen sehr alten Teil der Bibel ausmacht. Der Prophet schrieb demnach seine Beobachtungen selber nieder! Jes. 40-55 sind jedoch wahrscheinlich nachträglich angefügt worden, was uns aber an dieser Stelle nicht interessieren soll.

Das „Immanuelbuch", die Berufung Jesajas zum Propheten, beginnt mit ähnlichen Elementen, wie sie aus dem Buch Ezechiel bekannt sind:

„*Im Todesjahr des Königs Usija sah ich den Herrn. Er saß auf einem hohen und erhabenen Thron. Der Saum seines Gewandes füllte den Tempel aus. Serafim* (auch *Seraphe = Cherube/Kerube*, L.A.F.) *standen über ihm. Jeder hatte sechs Flügel: Mit zwei Flügeln bedeckten sie ihr Gesicht, mit zwei bedeckten sie ihre Füße, und mit zwei flogen sie.*" (Jes. 6,1-2)

Jesaja eröffnet seinen Bericht mit einer recht genauen Jahresangabe, nämlich 739 v. Chr.. In diesem Jahr sah er Jahwes Thronwagen niedersteigen, der von *Seraphe* einherging. Diese geflügelten *Seraphe* sind uns bereits im apokryphen Buch Schatzhöhle begegnet. Hier begleiten sie - die Rotoren - Adam und Eva, als diese in das himmlische Paradies aufgenommen wurden. *Seraphe* und *Cherube* waren, so dieser Apokryph, bei diesem Flug also ebenfalls dabei (s. I.9).

Diese ominösen, geflügelten Gestalten sind eng mit den *Cherube* verwandt, wenn nicht sogar identisch. *Serafim* bedeutet etymologisch die „Brennenden", und der „Schüler-Duden" zum Thema Religion bemerkt, daß ihr Name wahrscheinlich mit einem „brennenden, strahlenden Lichtglanz" zusammenhängt, der diese umgab. Auch als „Feuerengel" sind diese „Wesen" bekannt (Lurker, Lexikon, S. 368f.).

Jesaja sah also eine überaus „strahlende" und „feurige" Erscheinung „Gottes", wie sie typisch für das Alte Testament ist. Es liegt auf der Hand, daß jeder der *Seraphe* mit sechs Flügeln versehen war, von denen aber nur zwei bei diesem Flugmanöver benötigt wurden. Auch die *Cherube* von Ezechiels Thronwagen besaßen je zwei Flügelpaare. Die Erläuterung des entsprechenden Verskommentars, daß diese „Wesen" mit zwei Flügeln ihre Gesichter „aus Furcht, Jahwe zu schauen", bedeckten, ist kaum eine Hilfe. Vielmehr reichte je ein Paar aus, um sich zu bewegen. Jahwe befand sich schließlich auch im *Landeanflug*, und die anderen Paare wurden vielleicht nur für weite (schnellere) Flüge genutzt.

Natürlich fehlten bei Jahwes Niederkunft auch keine Erschütterungen und Qualm (Rauch) in der näheren Umgebung, denn Jesaja notierte:

„*Die Türschwellen bebten bei ihrem lauten Ruf, und der Tempel füllte sich mit Rauch.*" (Jes. 6,4)

Dieser „Ruf" soll sich, so Jes. 6,3, wie eine Lobpreisung an den „Herrn" angehört haben, da die *Seraphe* ständig „heilig, heilig" etc. brüllten. Bringt aber eine Preisung der Engel die Erde zum Beben und läßt Rauch aufsteigen? Kaum, aber eine starke Antriebsleistung ist dazu imstande.

Das 2. Buch Samuel beinhaltet ebenfalls einen aufschlußreichen, donnernden Bericht über die Herniederkunft Jahwes. Dort wird berichtet, daß König David „Gott" im Himmel anrief, der schließlich zur Erde fuhr:

„Da wankte und schwankte die Erde, / und die Gründe des Himmels erbebten. / Aus seiner Nase quoll Rauch, / aus seinem Munde kam fressendes Feuer, / (...) Er neigte den Himmel und fuhr herab, / und dunkeles Gewölk lag ihm unter den Füßen. Auf einem Cherub saß er und flog dahin, / auf Sturmesflügeln schwebte er einher.“ (2. Sam. 22,8-11)

Bei dieser Erscheinung im Samuelbuch soll „Gott“ sogar im Himmel „Donner rollen“ gelassen haben und mit „dröhnender Stimme“ umhergezogen sein. Noch dazu „schoß er seine Pfeile ab“ und „schleuderte Blitze“ (2. Sam. 22,14-15). Wie anders sollte ein technisch uninformierter Beobachter ein fremdes Fluggerät beschreiben?!

Auch der Prophet Jesaja sah eine ähnliche Erscheinung des Himmlischen, die ihm Angst bereitete. „Weh mir, ich bin verloren“, rief er aus und lag dabei sicher vor Ehrfurcht auf dem Boden. Unreine Lippen haben er und auch das Volk um ihn herum, weswegen er sich um sein Leben fürchtet (Jes. 6,5).

Bevor Jahwe das Wort ergriff, kam ein *Seraph* auf ihn zu und berührte Jesajas Lippen mit einer glühenden Kohle (Jes. 6,6-7). Dadurch, so das Wesen, wäre seine Schuld getilgt, und der „Herr“ richtete das Wort an ihn, um Jesaja zum Propheten zu erheben (Jes. 6,7-13).

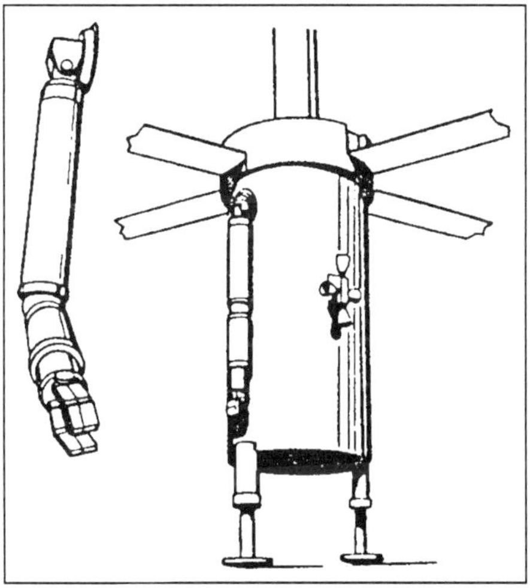

Abbildung 15: „Zange“ oder „Arm“ laut Ezechiel

Es liegt auf der Hand, und der Bericht bestätigt dieses, daß Jesaja den Thronwagen Jahwes äußerst ängstlich bei seiner Herniederkunft beobachtete, so wie es auch von Ezechiel bekannt ist. Hat Jesaja also ein Beruhigungsmittel bekommen, ganz so, wie es durchaus bei Ezechiel geschehen sein könnte, als er die „Rolle“ von Jahwe aß? Oder Daniel, als er am Ufer des Tigris einem Engel begegnete (s. Teil III.5)? Tatsächlich waren es kaum glühende Kohlen (in der Theologie als „Sühneritus“ bezeichnet, Scharbert, S. 358), die der *Seraph* mit einer „Zange“ vom „Altar“ nehmen mußte (Jes. 6,6). Auch könnte diese „Zange“ der „Arm“ gewesen sein, den einst der Priester Ezechiel sah. Dieser war an jedem *Cherub* angebracht (Abb. 15), und da Jesaja seine „Kohlen“ von einem *Seraph* bekam, schlußfolgere ich, daß auch diese Arme hatten.

Jedenfalls sprach nun „Gott“ mit dem Propheten, und von den in Jes. 6,5 erwähnten Bedenken und Ängsten ist nichts mehr zu erfahren! Er war offensichtlich beruhigt.

Aber viele Jahrhunderte zuvor hatte Jakob, der Sohn von Rebekka und Isaak, dem Sohn Abrahams, ebenfalls Kontakt mit himmlischen Wesen. Auch andere, wie zum Beispiel Hiob (Ijob) oder Zecharia (Sacharja), sahen sonderbare Dinge am Himmel herumfliegen. Diese Überlieferungen wollen wir natürlich nicht ignorieren.

Teil III.2 Jakob, Hiob, Sacharja und Jeremia - alles Träumer?

Jakob, von dessen Familie laut Altem Testament das Volk Israel abstammen soll, haben wir bereits in II.5 kennengelernt, wo ich auf die Umstände seiner Geburt aufmerksam gemacht habe. Jakob, dessen Nachkommen im Zwist mit den Nachkommen seines Zwillingsbruders Esau, dem Edomiten, lagen, hatte eines Nachts eine „Vision" von dem Engel „Gottes". Bibeltreue Künstler der Vergangenheit haben diesen „Traum" mehrmals im Bild festgehalten. Zwar ist die Traumerzählung in der Genesis mehr als nur kurz, aber sie erfreute und erfreut sich äußerster Beliebtheit.

Die alttestamentarische Überlieferung beginnt damit, daß Jakob von Beerscheba aus aufbrach und nach Sonnenuntergang in Haran ankam (Gen. 28,10-11). Dort legte er sich schlafen:

„Da hatte er einen Traum: Siehe, eine Leiter war auf der Erde gestellt, deren Spitze den Himmel berührte. Und siehe, Engel Gottes stiegen daran auf und nieder. Und siehe, Jahwe stand über ihr und sprach: Ich bin Jahwe, der Gott deines Vaters Abraham und der Gott Isaaks. Das Land, auf dem du ruhst, will ich dir und deinen Nachkommen geben." (Gen. 28,12-13)

„Gott" offenbarte dem „träumenden" Jakob, daß seine Kinder zahllos wie der Staub der Erde werden sollen und diese die Welt in alle Himmelsrichtungen besiedeln werden (Gen. 28,14+).

Was aber sah er in seinem Traum? Was für eine Leiter oder auch Treppe (hebräisch *„sullâm*") kam vom Himmel herunter; und wieso gingen Engel an ihr auf und nieder? Die Aussage Jahwes, daß Jakobs Nachfahren mehr als zahlreich die Erde besiedeln werden, gab „Gott" zuvor bereits Abraham und Isaak. Theologen sehen hier eine Erneuerung dieser Offenbarung. Ich glaube zwar nicht daran, daß *Gott* es nötig hat, diverse Versprechen mehrmals zu erneuern, aber die wesentliche Frage ist die, was die Engel und die Leiter waren, über denen Jahwe thronte. Hatte er tatsächlich einen Traum? Oder sah er *Jahwes Wagen* am Himmel stehen, dessen niedergelassene Leiter auf der Erde stand und an der Engel herabkletterten?

Die religiöse Exegese hat sich mehrfach der ominösen Jakob-Leiter angenommen (Lurker, Wörterbuch, S. 192f.). So sehen Bibelkenner darin etwa einen Bezug zum Kreuz von Jesus Christus, durch das sich der Mensch einen Eingang in den Himmel sichern könne. Besonders „interessant" ist die „Interpretation", daß die

Himmelstreppe aus dem „Traum" den fünfzehn Tugenden entspricht, da die Treppe des Jerusalemer Tempels fünfzehn Stufen hoch war...

Der englische Schriftsteller Dr. Walter Raymond Drake hält den Bericht nicht für einen Traum. Er meint, daß es ebensogut Außerirdische (= Engel) gewesen sein könnten, die an einer Leiter ihr Fluggerät verließen (Langbein, Syndrom, S. 103). Und da Engel nun einmal nicht von der Erde kommen, stimmt diese Aussage. Bekanntlich sind Engel damals als vollkommen reale Wesen betrachtet worden, und Helfer des *realen Gottes* werden es nicht gewesen sein, da dieser keine benötigt. Es ist auch mehr als zweifelhaft, daß diese an einer ordinären Leiter vom Himmel kamen.

Ganz außergewöhnlich ist, im Zusammenhang mit der Leiter Jakobs, der Bericht aus dem arabischen Buch *Kitab al-Mi'radj*, bekannt als „Himmelfahrt des Propheten" (Mohammed), das übersetzt bezeichnenderweise „Buch von der Leiter" heißt (Moraldi, S. 240ff.)! Es schildert eindrücklich, wie Mohammend von einem Engel an der Hand genommen wird und ins Freie gelangte. Dort befand sich „eine prachtvolle Leiter, die sich vom Himmel zu Erde herabsenkte" (Moraldi, S. 242). An dieser stieg der Prophet, „geleitet von einer Engelschar", „zum Himmel auf"! Ähnlichkeiten zu Jakobs vermeintlicher Vision können sicher auch hier erkannt werden. Mohammed will übrigens in diesem außerirdischen Gebiet Dinge erlebt haben, die aus Texten wie die von Henoch oder Abraham bereits bekannt sind.

Aber nicht allein der Stammvater Jakob will Ominöses am Himmel beobachtet haben. Im Verlauf des vorliegenden Buches kamen immer wieder Textstellen zu Wort, die von himmlischen Geräten und Wesen berichten - auch der alttestamentarische Prophet Ijob (auch Hiob) gehört dazu.

Ijob wird in seinem Buch als sehr rechtschaffener, gottesfürchtiger und kinderreicher Mann aus dem Land Uz beschrieben. Er besaß mehr als nur eine kleine Viehherde und genoß ungeheures Ansehen in seiner Umgebung (Ijob 1,1+). Sein Buch gehört nach theologischer Meinung zu den Weisheitsbüchern und ist „das literarische Meisterwerk der Lehrweisheit" (Neue Jerusalemer Bibel, S. 717).

Die Hauptperson dieses sehr angesehenen Dichterwerkes (vermutlich Anfang des 5. Jahrhunderts v. Chr., nach dem Exil Israels, niedergeschrieben) alttestamentarischer Dichtkunst, eben Ijob, soll „eine Heldengestalt der Vorzeit" sein, die „in der Patriarchenzeit lebte". Irgendwo zwischen Arabien und Edom war er zuhause und soll schlicht den perfekten Menschen verkörpern. Trotz all der Lobpreisungen der Jerusalemer Bibel ist eine Textstelle bemerkenswert.

Da Ijob in der Patriarchenzeit angesiedelt wird, soll das Buch von einem Schreiber stammen, der vermutlich Israelit war und aus Palästina stammte. Dieser unbekannte Autor wird als ein Vertrauter der „Lehren der Weisen" angesehen, der viel in der Welt umher gereist sein muß. Ob nun der anonyme Texter das folgende Ereignis selber beobachtete oder aber auf Ijob zurückzuführen ist, dessen Beschreibung der Schreiber in den „Lehren der Weisen" fand, kann nicht beantwortet werden. Im „Hymnus auf die allmächtige Weisheit" (Ijob 36,22+) finden wir eine Sichtung eines unbekannten Objektes am Himmel. Der Beobachter sah darin

Jahwe, den „sein Donnerhall“ ankündete, „wenn er im Zorn gegen den Frevel eifert“, so Ijob 36,33. Und wieder die Bestätigung, daß „Gott“ zornig sein konnte.

Der unbekannte Zeuge war offenbar über das, was er da sah, sehr aufgeregt:

„*Darum erbebt mein Herz sehr heftig, / pocht erregt an seiner Stelle.*“ (Ijob 37,1)

Dann hört er das Fluggerät Jahwes kommen:

„*Lauscht aufmerksam dem Toben seiner Stimme, / dem Grollen, das aus seinem Mund kommt! Er läßt es unterm ganzen Himmel fahren, / bis zu der Erde Grenzen seinen Strahl. Laut brüllt der Donner hinter ihm; / mit seiner stolzen Stimme donnert er. Und seine Blitze hält er nicht zurück, / sobald man seine Stimme hört.*“ (Ijob 37,2-4)

Sehr aufschlußreiche Beschreibungen sind uns hier erhalten geblieben! Mit dem gewaltigem Lärm des Antriebs zog „Gott“ vorüber. Auch ein Strahl ist beschrieben, der womöglich die Ursache dieses Donners war. Dieser Donner soll die „Stimme“ des „Herrn“ gewesen sein, und wenn er seine Stimme donnern ließ, also der Antrieb arbeitete, hielt er logischerweise auch nicht seinen „Blitz“ zurück - so wie es uns dokumentiert ist.

Das Buch Ijob bezeichnet nicht umsonst, das, was sich um „Gott“ herum befand, als „eine Pracht, die Schrecken bringt“ (Ijob 37,22). Denn auch das Wild in der Umgebung konnte zuvor diese himmlische Erscheinung wahrnehmen, da es sich „zurück in sein Versteck“ zog, so Ijob 37,8.

Auch im Buch Sacharja (Zacharia) ist uns möglicherweise eine interessante Begegnung erhalten geblieben. Die Schrift Sacharja ist klar in zwei Teile unterteilt, und heute gilt es als sicher, daß der Prophet selber den ersten Teil (Sach. 1,1-8,23) seines Buches schrieb. Später wurde dieser jedoch von ihm oder seinen Schülern geringfügig bearbeitet.

Der Beginn seiner acht „Visionen“, die den ersten Teil seines Werkes ausmachen, wird durch Sach. 1,7 exakt auf Mitte Februar 519 v. Chr. festgelegt. Und im November 520 v. Chr. trat der Prophet und Priester Sacharja für einen schnellen Wiederaufbau des Tempels in Jerusalem nach den babylonischen Exil ein.

In seiner sechsten Vision sah der Prophet etwas Sonderbares am Himmel fliegen: „eine fliegende Schriftrolle“. Der Engel, der ihn begleitete, machte ihn genau auf diese Erscheinung aufmerksam:

„*Als ich meine Augen wieder erhob, schaute ich, und siehe, eine Buchrolle flog daher. Der Engel, der zu mir sprach, sagte: Was siehst du? Ich antwortete: Ich sehe eine fliegende Buchrolle, zwanzig Ellen lang und zehn Ellen breit. Da sagte er zu mir: Das ist der Fluch, der über die ganze Erde dahinfliegt.*“ (Sach. 5,1-3)

Sofort fällt auf, daß die Zeitwörter („schaute ich, und siehe“/„der zu mir sprach, sagte“) verdoppelt wurden. In modernen Bibel ist dies allerdings gestrichen worden. Jedoch bestätigt eine solche Schreibweise, daß er die „Rolle“ tatsächlich sah. Diese Wortwahl wurde in der Vergangenheit immer angewandt, um die Realität des Geschauten zu untermauern.

Grob genommen war diese „Buchrolle" zehn Meter lang und fünf Meter breit -, wenn nicht sogar mehr. Eine normale Schriftrolle war es also mit Sicherheit nicht. Auch wenn der Beobachter die Maße von seinem Standpunkt aus nicht exakt bestimmen konnte, so ist die Rolle doch übermäßig groß gewesen. Die Proportionen von zwanzig mal zehn Ellen halte ich aber für eine symbolische Angabe, da diese der Tempelhalle des salomonischen Tempels entspricht (1. Kön. 6,3).

Unbekannte Objekte am Himmel in Form einer „Buchrolle", das heißt mit zylindrischer Gestalt, kennen wir auch aus dem Mittelalter und der Neuzeit. So etwa wurden am Morgen des 14. April 1561 hunderte Einwohner der Stadt Nürnberg Zeugen, wie „zwei große Rohre" und andere ominöse Körper über ihrer Stadt erschienen. Hannes Glaser, Augenzeuge jener Ereignisse, hat ein bis heute vorliegendes Flugblatt (Abb. 16 zeigt einen Ausschnitt) über diesen Morgen im Jahr 1561 angefertigt (Hesemann, S. 228).

Abbildung 16: Flugblatt von 1561 über „Ufos"

Aber selbst die NASA-Astronauten sahen und fotografierten am 2. Juni 1966 von der Gemini IV-Raumkapsel aus *offiziell* eine zylindrisches, unbekanntes Objekt - ein Ufo - im Erdorbit (Fischinger, Zeiten, S. 264). Und der Astronaut James McDivitt bestätigte, daß er bei seinem Flug mit der Gemini ein Objekt fotografierte, daß „zylindrische Form" hatte (Good, S. 433). Und im Zusammenhang mit den Ereignissen beim Exodus (s. VI) haben wir bereits weiter oben gesehen, daß Jahwe mit einer „Wolkensäule" die Hebräer begleitete.

Es ist also nicht ausgeschlossen, daß der Prophet Sacharja keiner Vision erlag, sondern etwas *Reales*, Massives, am Himmel erblickte. Gesetzt den Fall, daß er dennoch einer Vision unterlag, ist es ebenso erstaunlich, daß auch die Tiere diese wahrnahmen! Heute nennen wir solche Objekte „zigarrenförmig", und der Prophet bediente sich dem nächstliegenden Vergleich aus seinem Umfeld - einer Buchrolle.

Vielleicht benutzte auch der Prophet Jeremia, der Zeitgenosse Baruchs, einen solchen Vergleich, um ein sonderbares Objekt am Himmel zu beschreiben. In der Berufungserzählung des Propheten, zwischen 626 bis Juli 587 v. Chr. (Jer. 1,2-3), nahm Jahwe mit ihm Kontakt auf. Dabei machte „Gott" ihn auf eine sonderbare Erscheinung aufmerksam und fragte ihn: „Was siehst du?" (Jer. 1,13), worauf er antwortete:

„Ich sprach: Ich sehe einen dampfenden Kessel; sein Rand neigt sich von Norden her.“ (Jer. 1,13)

Ein Kessel kam von Norden her auf ihn zu? Die wörtliche, sprich bildliche Bedeutung, läßt diesen Schluß zu, da - laut Verskommentar - das eigentliche Versende „sein Angesicht von Norden her“ bedeutet. Und was war dieser Dampf des „Kessels“, etwa ein Synonym für die Abgase des kesselförmigen Fluggerätes?

Teil III.3 Baruch, ein biblischer und apokrypher Prophet

Die Tatsache, daß Henoch in der Bibel namentlich erwähnt wird, seine Bücher aber ausgegliedert wurden (s. Kapitel VII), ist in gewissser Weise auch auf den Propheten Baruch zutreffend. Baruch ist in dem alttestamentarischen Kanon zwar als einer der „kleinen Propheten“ zu finden, aber auch apokryphe Texte mit seinem Namen existieren. Kleiner Prophet hieß er übrigens nur deshalb, weil sein Werk eine Schrift mit wenig textlichem Umfang ist - auf den Inhalt bezieht sich diese Bezeichnung der Exegeten nicht.

Der Prophet Baruch und seine schriftlichen Hinterlassenschaften unterscheiden sich aber in einer Hinsicht grundlegend von den Überlieferungen Henochs und seiner Person: Henoch war einer der Patriarchen aus dem Buch Genesis, die *vor* der Sintflut lebten und sich deshalb einer exakten Datierung völlig entziehen. Auch der inhaltliche Ursprung der Schriften des Patriarchen kann heute nicht mehr datiert werden, wenn wir die Ereignisse so akzeptieren, wie sie dort beschrieben sind. Vielleicht sind sie tatsächlich vor der Flut niedergeschrieben, dann aber verloren gegangen, und später aus mündlichen Überlieferungen neuzusammengestellt worden...wer weiß.

Bei Baruch ist es anders: Er war der Schüler, Freund und Sekretär (Vertrauter) des Propheten Jeremia, der im Jahr 628 (oder 626) v. Chr. zum Propheten berufen wurde. Auch begleitete Baruch seinen Lehrer Jeremia im Jahr 586 v. Chr. nach Ägypten.

Die biblische Schrift selber, dies sei noch kurz angemerkt, liegt uns in ihrer ältesten Fassung auf griechisch vor. Da aber in Bar. 1,14 verlangt wird, das Buch Baruch in den Synagogen und auf Festtagen vorzulesen, gehen einige Bibelforscher davon aus, daß es einst eine hebräische Version gab. Somit ist die Person Baruch in einen „annehmbaren“ geschichtlichen Zeitraum einzuordnen.

Das alttestamentarische Buch Baruch wollen wir uns an dieser Stelle aber nicht genauer ansehen. Die entsprechenden Apokryphen sind da sehr viel aufschlußreicher - wenn sie auch nur kleine Schriften sind. Es ist jedoch sehr interessant, daß das Buch Baruch, wie es heute in der Bibel zu finden ist, in der mir vorliegenden Tausend-Bilder-Bibel (vermutlich 1908) noch als Apokryph geführt wird. Alttestamentarische Bücher wie Judith, Tobias, das erste Buch der Makkabäer oder auch Jesus Sirach werden in der Tausend-Bilder-Bibel allesamt noch als „apokryph“ abgedruckt.

Da es aber auch eine griechische und syrische Apokalypse und eine Art „Restschrift“ (s. Teil III.8) des Baruch gibt, die auch heute noch zum außerbiblischen Schrifttum gezählt werden, sehe ich keinen Grund, diese zu übergehen. Der Inhalt der griechischen Apokalypse ist eine sehr bemerkenswerte Informationsquelle, da auch Baruch, genau wie Henoch, durch verschiedene Himmel reiste, allerdings nur bis zum fünften Himmel (AB. 11-16).

Der Leser wird sich erinnern, daß Henoch zum Propheten berufen wurde, als er weinend auf seinem Bett lag (Hen/s. 1,1-3). Die Berufung Baruchs begann recht ähnlich, denn auch er weinte, als er seine erste Begegnung mit „Gottes“ Engel hatte:

„*Offenbarung des Baruch, der am Flusse Gel* (auch *Kiborn*, laut Weidinger, L.A.F.) *stand und über Jerusalems Gefangenschaft weinte, damals, als auch Abimelech in Agrippas Landgut durch die Hand Gottes errettet ward. (...) Ich, Baruch weinte herzlich über das Volk, weil es von Gott dem König Nebukadnezar gestattet ward, Zerstörung über seine Stadt zu bringen.*“ (AB. 1-1,1)

Schon hier sind die Ereignisse, die im Verlauf des Apokryphs beschrieben werden, exakt datierbar! Jerusalem wurde nach der Belagerung durch Nebukadnezar (auch Nebukadnezzar) erobert, und König Jojachim nach dreimonatiger Amtszeit zwischen 598 bis 597 v. Chr. abgelöst. Die Einwohner der Stadt wurden nach Babel ins Exil deportiert, was eine geschichtliche Tatsache ist. In diesem Exil schrieb auch der Prophet Ezechiel etwa fünf Jahre später seine „Gottesbegegnungen“ nieder (ca. 592 v. Chr.).

Auch die genannte Person Abimelech, ein äthiopischer Freund unseres Propheten, ist eine sehr interessante Gestalt. Die oben erwähnte Errettung dieses Mannes durch „Gottes Hand“ in einem Landgut, findet sich in der Baruch Restschrift. Diese Rettung ist mehr als aufschlußreich und beschreibt, wie Abimelech eine „Zeitverschiebung“ oder „Zeitversetzung“ erlebte (Teil III.8)!

Über diese Deportation, bei der auch sein Freund Jeremia ins Exil gelangte, klagte also Baruch, als er seine Engelerscheinung hatte:

„*Wie ich so weine und solches sage, erblicke ich einen von des Herrn Engeln, wie er herbeikommt und mir sagt: Gib acht, oh Mensch, liebwerter Mann, sorg dich nicht um Jerusalems Errettung! Denn dieses spricht der Herr, Gott, der Allmächtige. Er sandte nämlich mich vor dich, daß ich dir alle Dinge Gottes künde und erkläre. Dein Flehen ward vor ihm erhört und drang in Gottes, des Herrn, Ohren.*“ (AB. 1,3-5)

Baruch und Henoch hatten also die Gemeinsamkeit, daß beide die Geheimnisse und Dinge „Gottes“ sehen durften. Jedoch kann der Beginn von Baruchs Erlebnissen fast auf das Jahr genau bestimmt werden.

Baruch schwieg, bis ihn der Engel aufforderte, nicht weiter den Zorn „Gottes“ zu reizen, denn dann wird er „noch andere Geheimnisse, die größer sind als diese“, gezeigt bekommen (AB. 1,6). Nun bediente sich Baruch einer List, denn er entgegnete dem Engel:

„*Wenn du mir´s zeigen willst, und ich von dir etwas vernehme, red ich nicht weiter mehr.*“ (AB. 1,7)

Der Himmelsbote war mit diesem „Handel“ einverstanden und offenbarte ihm nun „die göttlichen Geheimnisse“. Es ist schon sonderbar genug, daß Baruch so mit einem Engel „Gottes“ sprach, aber er hatte erkennbaren Erfolg, da er umgehend von diesem mit in den „ersten Himmel“ genommen wurde:

„*Da nahm er mich und brachte mich dahin, wo fest der Himmel ist, und wo ein Fluß dahin fließt, den niemand zu durchschreiten wagt, wo nicht der fernste Windhauch ist von allen gottgeschaffenen Winden.*“ (AB. 2,1)

Mit diesen Worten beginnt die spannende Himmelsreise des Propheten Baruch. Er wurde zu einem nicht näher lokalisierbaren, *festen Ort* im Himmel gebracht, an dem es keinen Windhauch gab. Zweifelsfrei war dieser Ort derselbe, zu dem schon Henoch Jahrtausende früher reiste, und vielleicht auch Abraham. Wenn wir zu Beginn der Himmelsreise im slawischen Henochbuch erfahren, daß er dort „ein sehr großes Meer, größer als das Meer der Erde“ (Hen/s. 4,1) sah, könnte dies nicht auch Baruch gesehen haben? Baruch nannte dieses „Meer“ (= All) „Fluß“; aber ein Fluß im Himmel, den niemand überqueren kann...?

Der feste Ort, zu dem Baruch gebracht wurde, war der erste Himmel, den er durch ein gewaltiges Tor betreten konnte:

„*Dann nahm er mich zum ersten Himmel und wies mir ein gewaltig großes Tor. Es sprach zu mir: Wir wollen es betreten. Da gingen wir hinein gleichwie auf Flügeln, an dreissig Tagesreisen weit.*“ (AB. 2,2)

Baruch *flog* „gleichwie auf Flügeln“ in dieses Tor hinein - dreißig Tage lang, wenn der Angabe getraut werden darf. Dort sah er eine Ebene, die von den sonderbarsten Zwitterwesen bevölkert war (AB. 2,3-5). Interessant ist hierbei, daß diese Wesen die Erbauer des „Turms des Gotteskampfes“ gewesen sein sollen, die „der Herr vertrieben“ hat (AB. 2,6-7). Traf Baruch aber tatsächlich auf die ersten nachsintflutlichen Stadtgründer, die den Turm zu Babel bauten? Kaum, aber aus irgendeinem nicht näher erklärbaren Grund wollte der Engel, daß Baruch dieses glaubte. Auch berichtet AB. 2,3, daß die Menschen in dieser Ebene Zwitter waren mit „Hörnern wie die Hirsche und Füße wie die Ziegen und Hüften wie die Lämmer“. Hierbei könnte es sich eher um „Fehlprodukte“ der „göttlichen“ Schöpfungsexperimente handeln (s. II.6), als um nachsintflutliche Menschen. Ist dies der Fall, wäre es auch verständlich, warum der Engel Baruch nicht die Wahrheit sagte.

Der zweite Himmel auf Baruchs Reise war dem ersten recht ähnlich. Auch hier betrat der Prophet die Himmelsgegend durch ein Tor, „dem ersten ähnlich“ (AB. 3,1):

„Da gingen wir hinein, von Flügeln hoch emporgehoben.“ (AB. 3,2)

Wir sehen, der Prophet war immer noch mit seinem Fluggerät unterwegs, als er den zweiten Himmel betrat. Auch in dieser Gegend sah Baruch eine Ebene, die von zwitterhaften Menschen bevölkert war. Und auch diesmal erläuterte ihm sein begleitender Engel, daß diese Menschen ebenfalls am Turmbau zu Babel beteiligt waren und deshalb hier sind. Außer einigen Angaben zum Babelturm ist über Himmel Nummer zwei nichts zu erfahren. Auch läßt sich über den Inhalt der Babel-Offenbarungen durch den Engel streiten, da zum Beispiel die Höhe des „sündigen“ Turms mit 363 Ellen (immerhin ca. 175 bis 190 Meter) angegeben wird (AB. 3,6).

Baruchs nächstes Ziel war die dritte Himmelsgegend. Die Überlieferungen in dem Bericht über dieses Gebiet sind ebenfalls strittigen Inhalts, denn Baruch bekam dort von dem Engel den Sündenfall Adams erläutert. Als „Frucht der Erkenntnis“, die Adam und Eva zwang, Eden zu verlassen, wird hier ein Weinstock erwähnt, der von dem Engel Sammael angepflanzt worden sein soll (AB. 4,8), was wiederum „Gottes“ Zorn erregte. Da Baruch nicht verstand, weshalb es nach diesem Vorfall auch heute noch Weinstöcke gibt, erklärte ihm sein Engel, daß „Gott“ deshalb die Sintflut kommen ließ, um auch den Wein zu vernichten. „Alles Fleisch und auch die 4.090.000 Riesen“ kamen dabei um, so AB. 4,10. Dieser „göttliche“ Plan schlug jedoch fehl, da sich Noah bekanntlich gleich nach der Flut mit selbst angebauten Wein betrank (s. III.5).

Von hier ging es weiter in eine andere Gegend, die in diesem Apokryph jedoch immer noch als dritter Himmel bezeichnet wird:

„Da nahm er mich und brachte mich dorthin, von wo die Sonne sich erhebt.“ (AB. 6,1)

Leider ist dieser sonderbare „Sonnenort“ nicht näher beschrieben. Jedoch geht aus der nun folgenden Berichterstattung hervor, daß mit „Sonne“ kaum unser Zentralgestirn gemeint sein kann. Sicher scheint nur, daß Baruch dort ein Fluggerät beobachten konnte:

„Er zeigte mir einen Wagen mit vier Rädern, worunter Feuer loderte, und auf dem Wagen saß ein Mann, der eine Feuerkrone trug, Den Wagen zogen vierzig Engel. Und sieh, ein Vogel, an neun Ellen groß, lief vor der Sonne her, im Kreis herum.“ (AB. 6,2)

Einen Wagen mit vier Rädern, unter denen Feuer lodert, kennen wir bereits aus dem Ezechiel-Bericht. Und auch das unter diesen Rädern lodernde Feuer paßt hervorragend in die Rekonstruktion der Ezechielschauung nach J. F. Blumrich. Wenn Baruch tatsächlich im All war, ist es natürlich klar, daß nicht die Rotoren, sondern die Antriebsdüse des Fluggerätes arbeitete und dabei loderndes Feuer ausstrahlte.

Auch der Vogel, den Baruch dort gesehen haben will, war kein gewöhnliches Federvieh, und der Engel bezeichnete diesen „Vogel“ als „Weltenwärter“ (AB. 6,3).

Besonders interessant ist die Funktion dieses Weltenwärtervogels, die der Himmelssohn dem Propheten erklärte:

„*Der Engel sprach zu mir: Es läuft der Vogel neben der Sonne her; er breitet seine Flügel dabei aus und fängt so ihre Strahlen auf, die feuerähnlich sind. Und fing er sie nicht auf, so bliebe nicht das menschliche Geschlecht am Leben, noch sonst ein anderes Lebewesen. Doch Gott hat diesen Vogel dazu aufgestellt.*" (AB. 6,5-6)

Was war also dieses „Tier"? Ist es eine Schutzvorkehrung gewesen, die die Strahlen der sonderbaren Sonne abschirmte?

Baruch unterhielt sich gerade mit dem Engel über die Nahrung und den Kot des kosmischen „Vogels", bis er plötzlich von einem gewaltigen Lärm aufgeschreckt wurde:

„*Warte aber noch! Dann schaust du Gottes Herrlichkeit. Und wie er so mit mir noch sprach, gab´s etwas, einem Donnerschlage gleich; der Ort erbebte, wo wir standen. Da fragte ich den Engel: Mein Herr! Was ist das für ein Schall?*" (AB. 6,12-13)

Ja, was war dieser Donnerschlag, der so unvermittelt über ihn hereinbrach? Der Engel machte Baruch deutlich, daß dieser durch die Engel verursacht wird, die die 365 Himmeltore schließen würden. Eine kaum befriedigende Antwort, die der Engel hier von sich gab; zumal 365 meistens eine symbolische Zahl ist (auch bei Henochs „Entrückungsalter"). Es ist wahrscheinlicher, daß der „Wagen mit vier Rädern, worunter Feuer loderte" und der von vierzig Engeln gezogen und von diesem „Vogel" begleitet wurde, an Baruch vorbeirauschte. Nach diesem Donnerschlag hörte der Prophet auch tatsächlich „des Vogels Rauschen" (AB. 6,15).

Auch einige Verse weiter findet sich eine Beschreibung dieses „Vogels", die starke Ähnlichkeiten mit der Sichtung eines Fluggerätes aufweist:

„*Und wie ich so mit ihm rede, seh ich den Vogel. Er zeigte sich von vorn; dann wuchs er nach und nach und schließlich ward er völlig sichtbar. Ich sah, wie hinter ihm die Sonne aufblitzt, mit ihr die Engel, die sie zogen, mit einer Krone auf dem Haupt, ein Anblick, den wir mit den Augen nicht ertragen konnten. Und wie die Sonne aufleuchtet, da breitet auch der Phönix seine Flügel aus. Beim Anblick solcher Herrlichkeit ward ich durch große Angst erschöpft; ich floh hinweg und barg mich in des Engels Flügeln.*" (AB. 7,3-5)

Der Vogel (*Phönix*) kam offenbar wieder zurück. Zuerst sah Baruch ihn nicht klar und groß genug, um irgendwelche Details an ihm auszumachen. Aber als er näher herangekommen war, konnte er deutlich das Antriebsaggregat („die Sonne aufblitzte") und die dazugehörigen Engel (oder besser *Cherube*) erkennen.

Die endgültige Bestätigung, daß es sich bei diesem *Phönix* nicht um einen „göttlichen" Himmelsvogel handelte, sondern um ein *technisches* Gerät, ist ebenfalls in der Baruch-Apokryhe enthalten. Denn als Baruch von seinem Engel weiter gen Westen gebracht wurde, konnte er den Vogel und die Engel erneut sehen:

„Der Vogel aber stand erschöpft mit eingezogenen Flügeln da. Als ich dies schaute, sagte ich: Weshalb, Herr, nehmen sie der Sonne die Krone von dem Haupt? Weswegen ist der Vogel so erschöpft?" (AB. 8,2-3)

Der „Vogel" war also augenscheinlich *erschöpft*, und irgendein Maschinenteil - die *Krone* - wird von ihm entfernt. Sollte es sich hierbei tatsächlich um ein „göttliches" Tier gehandelt haben, frage ich mich, weshalb dies erschöpft sein konnte. Die von den Engeln abgenommene Krone war zweifellos keine Krone, wie sie einstige Könige trugen, denn sie erschien dem Baruch nur so. Auf Baruchs Frage, weshalb die Engel die Vogelkrone entfernten, bekam er eine klare und eindeutige Antwort - sie mußte *gewartet* werden:

„Der Engel sprach zu mir: Durchlief die Sonne ihren Tag, dann nehmen ihre Krone vier der Engel in Empfang und tragen diese in den Himmel, sie zu erneuern, weil sie und ihre Strahlen auf der Erde unrein wurden. So wird sie übrigens an jedem Tag erneuert(!)." (AB. 8,4)

Es ist deutlich: Die „Krone" unterlag Verschleißerscheinungen, die durch den Antrieb (Strahlen) verursacht wurden! Der Engel gab zwar Baruch gegenüber zu verstehen, daß diese Strahlen wegen der menschlichen Sünden „unrein" wurden; was aber nichts an der folgenden Aussage ändert, die einen weiteren Hinweis liefert, daß der „Vogel" eine Art Schutzeinrichtung des „Sonnenfahrzeuges" war:

„Wie kommt´s, daß so der Vogel in Erschöpfung fällt? Er hält die Sonnenstrahlen ab und so wird er durch Feuer und die Hitze den ganzen Tag recht mitgenommen. Denn würden seine Flügel nicht, wie schon gesagt, die Sonnenstrahlen ringsum zudecken, dann könnte keine Seele mehr am Leben bleiben." (AB. 8,6-7)

Hier könnten wir ein weiteres Indiz haben, daß es sich bei dem „Vogel" um eine *Schutzapparatur* handelte. Auf jeden Fall bestätigt dieser Vers, daß er offensichtlich Verschleißerscheinungen unterlag; was man bei einem „göttlichen Tier" eigentlich weniger vermuten würde.

Die nun folgenden Überlieferungen enthalten „Informationen" über den Mond. Hier hielt sich Baruch ebenfalls noch im dritten Himmel auf. Interessant ist bei diesen Überlieferungen lediglich AB. 10,8-10, wo wir erfahren, daß der Engel Baruch erklärte, daß das Regenwasser der Erde tatsächlich „vom Meer und auch von den anderen Gewässern auf der Erde" stammt. Dies ist eine korrekte Aussage, die jedoch dadurch unglaubwürdig erscheint, daß der Engel seinem Schützling offenbarte, daß das Wasser, welches „die Früchte treibt" aus einem speziellen Himmelsmeer kommt.

Die Erzählung über die folgende Himmelsstation enthält wieder einige beachtliche Aussagen. Baruch und der Engel konnten diesen Himmel zuerst nicht betreten, weil die Tore verschlossen waren (AB. 11,1-2). Da Baruch sich wunderte, weshalb er hier nicht eintreten konnte, informierte er sich bei seinem Wächter über den Grund. Der Engel vertöstete ihn, denn er mußte noch warten, bis der Himmelssohn Michael mit seinem Fluggerät gestartet war:

„Wir können nicht hineingehen, bevor nicht Michael, des Himmelreichs Schlüsselwahrer, kommt. Warte nur! Dann schaust du Gottes Herrlichkeit. Und da entstand ein ganz gewaltiges Geräusch, gleich wie ein Donner. Ich fragte: Herr! Was ist das für ein Lärm? Es sprach zu mir: Soeben steigt der Engelfürst Michael hinab, um das Gebet der Menschen in Empfang zu nehmen." (AB. 11,2-4)

Baruch wurde Zeuge, wie der Engel Michael mit lärmendem Donner vom Himmel auf die Erde reiste! Deshalb waren auch die Eingangstore dieses Himmels verschlossen, denn erst, nachdem Michael gestartet war, konnten sie den Bezirk gefahrlos betreten. Zuvor beobachtete der Prophet jedoch, wie die Tore geöffnet wurden, um den Engelfürsten Michael heraus zu lassen:

„Da ließ sich eine Stimme hören: Die Pforten sollen offen stehen! Man öffnete, und da entstand ein Knarren wie ein Donnerschall. Und Michael erschien." (AB. 11,5-6)

Der Wächter Michael und der Himmlische an Baruchs Seite begrüßten sich, und etwas später kamen noch weitere Engel hinzu. Alle beklagten sich über die Schlechtigkeit der sündigen Menschen und wollten nicht wieder auf der Erde zu ihren schlechten Schützlingen zurück.

Die folgen Überlieferungen (AB. 13-16) enthalten Mahnungen an die Menschheit. AB. 14,1-2 bemerkt jedoch, daß Michael mit „Getöse" und „wie ein Donner" zu „Gott" fuhr. Auch über die Rückkehr Baruchs zur Erde ist nicht viel zu erfahren, lediglich in AB. 17,1-2 lesen wir, daß die Tore wieder verschlossen wurden und der Engel ihn wieder an seinen ursprünglichen Platz auf der Erde zurückbrachte.

Teil III.4 Esdras himmlische Gesichte

Der Prophet Esdra (Esra), ebenfalls Zeuge ungewöhnlicher Ereignisse, ist den Bibelexegeten wohl bekannt. Er war in der Zeit des Königs Artaxerxes II. (404 bis ca. 359 v. Chr.) im persischen Babylon am königlichen Hof Priester und Schriftgelehrter. Dort regelte er jüdische Angelegenheiten und führte im Jahr 398 v. Chr. 1.500 Juden von Babylon zurück nach Judäa. Und das biblische Buch Esdra wurde etwa zwischen 400 und 200 v. Chr. aus älteren Schriften und Urkunden von dem Autor der Chronikbücher verfaßt (Mertens, S. 239).

Neben seinem kanonisierten Werk tragen auch einige Apokryphen den Namen des jüdischen Priesters Esdra. Heute liegen uns eine Apokalypse des Esdras, ein Gesicht des Esdras und das dritte bis sechste Buch Esdras vor. Auf das vierte Buch wollen wir kurz unser Augenmerk richten, da es inhaltlich auch mit dem oben analysierten Baruch-Apokryph verwandt sein soll (Rießler, S. 1282).

Dieses Apokryph war im Altertum das am weitesten verbreitete Apokalypse und liegt uns heute in mehreren Sprachen vor. Der ursprüngliche Text stammt wahrscheinlich aus dem Hebräischen und konzentriert sich auf „Geheimwissen" und religiöse Probleme, die in sieben „Visionen" geschildert werden. Um das Jahr

120 n. Chr. erhielt das Werk vermutlich seine heutige Gestalt und sollte vor allem Israel über den Untergang Jerusalems im Jahr 70 n. Chr. vertrösten (Rießler, S. 1282).

In sieben „Gesichten" (= Visionen) beschreibt Esdra Erlebnisse und Ereignisse. So lesen wir etwa im 5. Gesicht - „Der Adler" genannt -, wie ein „Adler" aus dem Meer emporstieg:

„*Und in der zweiten Nacht sah ich ein Traumgesicht: Da stieg vom Meer ein Adler auf; zwölf Flügel hatte er, dazu drei Häupter.*" (E/4. 9,1)

Einen natürlichen Adler sah der Beobachter nicht; dies geht aus der Beschreibung deutlich hervor. Wir kennen aber einen sonderbaren Adler bereits aus dem mesopotamischen *Etana-Epos* (s. VIII.6), mit dem der Held *Etana* in den Himmel reiste. Einen dreiköpfigen Adler mit zwölf Flügeln gibt es nicht. Aber die folgenden Verse beschreiben Vorgänge des Adlers, die an flugtechnische Manöver erinnern. Das „Tier" war dazu in der Lage, Flügel nach Belieben ein- und auszufahren. Auch Winde und Wolken scheinen mit ihm zusammenzuhängen:

„*Ich schaute, wie er die Flügel über die ganze Erde breitete, wie all des Himmels Winde auf ihn bliesen und Wolken sich um ihn zusammenballten. Dann schaute ich, wie aus den Flügeln Unterflügel wuchsen; sie wurden kleine und geringe Flügelchen.*" (E/4 9,2-3)

Aus welchem Adlerflügel können kleinere, geringfügigere Flügel hervorkommen!? Die Aussage ist meiner Meinung nach eher *technisch* zu verstehen: Das Fluggerät besaß kleine, ein- und ausfahrbare Stabilisatoren (insgesamt acht). Diese Vermutung wird auch durch spätere Verse bestätigt.

Edras sah das Fluggerät am Himmel, wie es „mit den Flügeln flog", und stellte dabei fest, daß von den drei Köpfen der mittlere „größer als die beiden anderen" war. (E/4. 9,4-5). Dann beobachtete er die Landung (auf den „Krallen") und einen ungewöhnlichen Vorgang:

„*Dann sah ich, wie der Adler, auf seinen Krallen aufgerichtet, zu seinen Flügeln also sprach: Macht nicht zusammen alle! Schlaft, jegliches an seiner Stätte, wacht nur zu eurer Zeit! (...) Ich sah, daß diese Stimme nicht*(!) *aus seinen Häuptern kam, vielmehr aus seines Leibes Mitte.*" (E/4. 9,7-10)

Die Stimme des „Adlers" kam nicht aus seinen Köpfen, was mit keinem Tier übereinstimmen kann. Und auch nicht alle Flügel sollten zusammengeklappt bzw. eingefahren werden, sondern ein Teil an ihrem Platz „schlafen".

Daraufhin verfolgte er, „wie auf der rechten Seite der erste Flügel aufwachte". Erkennbar wurde dieser eingezogen, denn es ging mit ihm

„(...) *zu Ende, und er verschwand, und seine Stätte war nicht mehr zu sehen.*" (E/4. 9,12-13)

Auch der linke Flügel wurde eingezogen, „und er verschwand ganz wie der vorherige", so E/4. 9,14. Genauestens ist hier überliefert, wie ein Flügel nach dem anderen sich „erhob" und verschwand (E/4. 9,18+):

„Und so erging's den anderen Flügeln allen (...) Da sah ich hin. Verschwunden waren die zwölf Flügel mit zwei Flügelchen. Am ganzen Adlerleib war nichts mehr übrig, als nur drei ruhende Häupter und nur sechs Flügelchen.“ (E/4. 9,19-23)

Als der „Adler“ auf seinen Krallen fest auf dem Boden stand, fuhr er seine Flügel ein, bis sie nicht mehr zu sehen waren. Einem tatsächlichen Adler wird dies nie gelingen. Jedoch brauchte die *Maschine* keine Flügel mehr, da sie gelandet war. Also hat Esdra hier eine korrekte Beschreibung geliefert!

Die Schilderungen, die Esdra „visionell“ geschaut haben will, gehen noch weiter. So etwa berichtet er uns, wie „die vier Unterflügel planten, sich aufzurichten, um das Regiment zu führen“ (E/4. 9,25). Aber auch die Häupter konnten Erstaunliches vollführen: In E/4. 9,29-30 wird beschrieben, wie der mittlere, große Kopf erwachte und „die beiden Häupter mit sich selbst verband“. Später verschwand auch das mittlere Haupt, und die beiden kleineren verbanden sich miteinander (E/4. 9,33-35).

Die übliche Auslegung des fünften Gesichtes, wie sie Rießler in seinem Anmerkungen erläutert (S. 1284), ist die, daß der „Adler“ aus dem „Meer“ für das Römische Reich am Mittelmeer steht. Die zwölf Flügel sollen Symbolismen für zwölf griechische Könige sein, und die acht „Unterflügel“ entsprechen dabei „Gegenkaisern“, die nach Neros Selbstmord (68 n. Chr.) überall ausgerufen wurden. Wobei diese Interpretation aber als unklar oder nicht sicher angesehen wird. Auch die drei Häupter werden mit römischen Herrschern gleichgesetzt (*Titus*, *Domitian* und in der Mitte *Vespasian*), die zwischen Juni 69 bis 96 n. Chr. an der Macht waren.

Auch wenn diese Interpretation (hier nur in Kürze) von seiten der Exegeten durchaus annehmbar ist, so stellt sich doch die Frage, ob nicht auch eine technische Deutung möglich ist. Wenn wir die Beschreibungen aus diesem Apokryph nicht als Symbolismen für Machtkämpfe politischer Größen ansehen, so liegt eine Ähnlichkeit zu flugtechnischen Begebenheiten auf der Hand. Auch wenn der Beobachter nichts davon verstanden hat, sondern versuchte, diese durch seinen Wissensstand zu begreifen.

Auch im sechsten Gesicht unseres Propheten „träumte“ er „einen Traum bei Nacht“ (E/4. 11,1), der heute als Vision des Messias oder die Ankunft des Heilands in der Endzeit angesehen wird:

„Ein ganz gewaltiger Sturm erhob sich von dem Meer und regte alle seine Wogen aus. Ich sah, da führte jener Sturmwind aus des Meers Herzen, was einem Menschen glich. Ich sah und dieser Mensch flog mit den Himmels Wolken. Wohin er nur sein Antlitz wandte und blickte, erbebte alles, was er angeschaut.“ (E/4. 11,2-3)

So wie Esdra zuvor einen nicht natürlichen Adler aus dem Meer aufsteigen sah, so beobachtete er nun erneut, wie sich etwas aus dem Wasser erhebt. Vollkommen verständlich erwähnt er zuerst, daß ein „gewaltiger Sturm“ erschien - und zwar aus „des Meeres Herzen“ - und dabei die Wasseroberfläche aufwühlte. Deutlich konnte er erkennen, daß ein Mensch mit diesem Sturm und mit den Wolken flog. Es darf angenommen werden, daß kein Zeitgenosse Esdras sich in diesem Fluggerät befand, sondern ein Engel oder Himmelssohn, die mit uns ja praktisch identisch sein sollen, wie bereits im Verlauf dieses Buches mehrfach erwähnt.

Wohin dieser „Mensch“ blickte, erbebte die Erde. Dies ist eine altbekannte Begleiterscheinung solcher Flüge und kommt praktisch überall in solchen Zusammenhängen vor.

Den Antrieb des Gefährtes deutete der Zeuge als „Mund“. Wir haben bereits mehrfach gesehen, daß starke Lärmentwicklungen des Antriebes bei solchen Beobachtungen nichts Ungewöhnliches waren. Die jeweiligen Zeugen sahen darin meist die „Stimme Gottes“ oder verglichen sie damit -, was auch bei Esdra vorliegt. Veranschaulicht wird dies im nächsten Vers:

„Wohin die Stimme seines Mundes ging, zerschmolzen all, die seine Stimme hörten, wie Wachs zerfließt, wenn dieses Feuer sprüht.“ (E/4. 11,4)

Hier liegt der sehr klare Hinweis vor, daß die „Stimme“ nie eine normale Stimme gewesen sein konnte, noch weniger die Stimme des Messias! Aber ebenso klar ist, daß die Stimme aus dem Mund „Feuer sprüht“, da es sich gut um die Antriebseinheit handeln könnte. In E/4. 11,10-11 nutzt dieser Mensch sogar seinen Mund und das daraus hervorkommende Feuer als *Waffen*; dazu aber gleich.

„Ein unzählbares Heer von Menschen“, so E/4. 11,5, stürmte nun auf diesen Menschen zu, um ihn zu bekämpfen. Dabei flog er auf einen „Berg“ zu, den er zuvor „losgeschlagen“ hatte. Auch dieser „Berg“ war kein gewöhnlicher, da Esdra exakt festhält:

„Ich aber wünschte, die Gegend oder jenen Ort zu kennen, woraus der Berg war losgeschlagen; doch ich vermocht' es nicht.“ (E/4. 11,7)

Der Prophet versuchte zu ergründen, woher der „Berg“ plötzlich auf/über dem Schlachtfeld erschienen war. Er konnte es sich aber nicht erklären. Warum dieses Fluggerät auf den „Berg“ zuflog, ist nicht beschrieben. In E/4. 11,12 wird uns nur überliefert, daß er von diesem herniederstieg, nachdem er alle Feinde niedergemetzelt hatte.

Als die Menschenmenge den Berg sah, bekam sie zwar Angst, aber dennoch „wagten sie den Kampf“ (E/4. 11,8). Der Prophet Esdra war nun endgültig verwirrt, denn er sah zu seinem Entsetzen, daß dieser Mensch mit seinem Fluggerät keine Hand erhob, kein Schwert benutzte, „noch eine andere Waffe“ (E/4. 11,9), um die Feinde zu bekämpfen. Er nutzte allein den Rückstoß seines Antriebes, um die unliebsamen Angreifer zu *verbrennen*:

„Ich sah nur das, wie er aus seinem Munde etwas ausgestoßen, das einem Feuerstrome glich, von seinen Lippen einen Flammenhauch. Von seiner Zunge läßt er Glutwind strömen, und alles mischt sich ineinander: Der Feuerstrom, der Flam-

menhauch, der große Sturm. Das überfällt im Ansturme das kampfbereite Heer, verbrennt es ganz." (E/4. 11,9-11)

Wie anders soll ein Mensch, der nichts von Antrieben verstand, einen solchen beschreiben!? Esdra konnte diesen sehr genau erkennen und schildert den Rückstoß mit seinen Worten absolut treffend. Für die Angreifer aber war diese „Waffe" absolut tödlich:

„Im selben Augenblick war von dem unzählbaren großen Heer nichts mehr zu sehen, als Aschestaub und Rauchgeruch. Bei diesem Anblick kam ich in Entsetzen." (E/4. 11,11)

Mit einer sehr effektiven „Waffe", dem *Flammenausstoß* des Antriebes, wurde das gesamte Heer ausgelöscht. Selbst den *„Rauchgeruch"* konnte der Prophet wahrnehmen und war entsetzt über das, was er soeben gesehen hatte.

Nach diesem ungleichen Kampf stieg der Mensch siegreich von seinem „Berg" herunter und wurde von zahlreichen menschlichen Gestalten jubelnd empfangen. Andere hingegen, wahrscheinlich die Anhänger des getöteten Heeres, waren „traurig", wie es E/4. 11,13 beschreibt.

Teil III.5 Daniel der visionierende Prophet

Mehrfach haben wir bereits gesehen, daß die prophetischen Lehrinhalte des Alten Testaments interessante und „polyinterpretierbare" Berichte enthalten. Auch das Buch Daniel, eine ausgesprochen gut datierbare Schrift, enthält einige Stellen, die wahrscheinlich von himmlischen Wesen zu berichten wissen.

Durch Dan. 11, „Erste Kriege zwischen Seleukiden und Lagiden", kann das endgültige Buch in die Zeit der Verfolgung Antiochus Epiphanes zwischen 167 bis 164 v. Chr. eindeutig eingeordnet werden. Die Schrift ist somit ein recht „junges" Buch, aber keine Stelle darin widerspricht dieser Datierung, so zumindest die Neue Jerusalemer Bibel. Die älteste Version, die uns heute zur Verfügung steht, ist teils in Hebräisch, teils aber auch in Aramäisch abgefaßt.

Das Buch selber ist nicht von Daniel geschrieben, sondern handelt nur von ihm. Daniel ist etwa 620 v. Chr. geboren und 605 v. Chr. nach Babylon ins Exil deportiert worden. Dort wurde er am Hofe des Königs Nebukadnezzar erzogen und geschult, wo er bis zum Jahr 592 v. Chr. als Page arbeitete. Danach wurde er in den babylonischen Staatsdienst aufgenommen. (Mertens, S. 266f.)

Bis frühestens 300 v. Chr. existierten einzelne Teile der Schrift unabhängig voneinander und wurden teilweise auch mündlich weitergegeben. Somit ist es durchaus möglich, daß die Ereignisse, die wir uns hier ansehen wollen, tatsächlich auf Daniel (= „Mein Richter ist Gott") zurückzuführen sind.

Der zweite Teil (Dan. 7-12) ist prophetischen Inhalts und enthält zu Beginn eine „Vision", also ein wiederum nicht reales Ereignis, die von Jesus Christus handeln soll. Vier seltsame Tiere, so die Überlieferung, beobachtete der Prophet „im ersten Jahr Belschazzars" (babylonischer Mitregent von 550 bis 545 v. Chr.) aus dem Meer aufsteigen:

„Die Winde des Himmels wühlten das Meer auf. Dann stiegen aus dem Meer vier große Tiere heraus; jedes hatte eine andere Gestalt." (Dan. 7,2-3)

Das erste dieser „Tiere" war eine Mischung zwischen Löwe und Adler. Einen Adler, der mehr als nur unnatürliche Körpermerkmale besessen haben soll, kennen wir bereits aus dem 4. apokryphen Buch Esdra (E/4. 9,1, s. Teil III.4). Auch diese Schrift erwähnt, daß dieser aus dem Meer hervorkam.

Die anderen Tiere, wie etwa ein Panther mit vier Flügeln auf den Rücken (Dan. 7,6), erschreckten den Beobachter sehr. Vor allem das vierte Tier, das dem Meer entstieg, war Daniel ein Rätsel. Anders als die Wesen zuvor, nennt das Buch bei diesem *keinen* Vergleich zu realen Tieren, sondern stellt fest, daß dies aus *Metall* bestand:

„Danach sah ich in meinen nächtlichen Visionen ein viertes Tier; es war furchtbar und schrecklich anzusehen und sehr stark; es hatte große Zähne aus Eisen. Es fraß und zermalmte alles, und was übrigblieb, zertrat es mit den Füßen." (Dan. 7,7)

Kein einziger Hinweis, daß dieses Wesen tatsächlich ein sogenanntes „Tetramorph" - wie angeblich bei Ezechiel - war! Jedoch haben wir hier den feinen Unterschied, daß es eindeutig metallische Ursprünge hatte. Die endgültige Bestätigung, daß es kein Zwitter war, sondern eher ein technisches Gerät, findet sich in der vorletzten Aussage von Dan. 7,7: „Von den anderen Tieren war es völlig verschieden". Zehn Hörner soll das Ding ebenfalls besessen haben, und was diese Hörner waren - gewöhnliche Tierhörner gewiß nicht -, können wir heute nur vermuten. Aber, wie die Flügel des Adlers im 4. Buchs Esdras, könnten auch bei Daniel mechanische Vorgänge überliefert sein:

„Als ich die Hörner betrachtete, da wuchs zwischen ihnen ein anderes, kleineres Horn empor, und vor ihm wurden drei von den früheren Hörner ausgerissen; und an diesem Horn waren Augen wie Menschenaugen und ein Maul, das anmaßend redete." (Dan. 7,8)

Würden wir uns diese Beschreibung wörtlich vorstellen, so erhalten wir ein mehr als nur bizarres Ergebnis. Theologen deuten diese Vision Daniels sehr ähnlich wie die im 4. Buch Esdras; nämlich als Herrscher. Zum Beispiel das vierte Tier wird als Symbolisme für das Reich Alexanders gedeutet (gestorben 323 v. Chr. in Babel). Auch die „Deutung der Vision" in Dan. 7,15-28 durch einen Engel bestätigt die theologische Vermutung in gewisser Hinsicht. Jedoch waren diese rätselhaften Wesen, die Daniel erschienen sein sollen, nur die Vorboten einer größeren Vision, die sich direkt an diese anschloß: ein feuriger Thron(wagen):

„Ich sah immer noch hin: da wurden Throne aufgestellt, und ein Hochbetagter nahm Platz. Sein Gewand war weiß wie Schnee, sein Haar wie reine Wolle. Feuerflammen waren sein Thron, und dessen Räder waren loderndes Feuer. Ein Strom von Feuer ging von ihm aus. Tausendmal Tausende dienten ihm, zehntau-

sendmal Zehntausende standen vor ihm. Das Gericht nahm Platz, und es wurden Bücher aufgeschlagen.“ (Dan. 7,9-10)

Ähnlichkeiten dieser Beschreibungen zur Ezechiel-Schauung liegen auf der Hand. Die Schlüsselaussage ist hier aber meiner Meinung nach die Erwähnung von Rädern an diesem Thron. Der Prophet Ezechiel konnte diese einst ebenfalls beobachten, und hat sie uns - wahrscheinlich auch deshalb, weil er an dem Thronwagen lediglich die „Räder“ aus seinem Umfeld her kannte - detaillierter wiedergegeben. „Feurige Räder“ finden wir auch in den Psalmen. In der Lobpreisung in Ps 77,19 heißt es:

„*Dein Donner rollte wie die wirbelnden Räder, Blitze erhellten das Erdrund, es zitterte und bebte der Boden.*“ (*zitiert* nach Lurker, Wörterbuch, S. 244)

Der „Hochbetagte“ kann an seinen körperlichen Merkmalen eindeutig als Wesen aus dem Himmel erkannt werden. Der Leser wird sich erinnern, daß auch Noah recht ähnlich ausgesehen haben soll, da er von den Wächtern des Himmels abstammte (s. II.5).

Dieser Betagte auf seinem feurigen Thron richtete die von Daniel zuvor beschriebenen „Tiere“. Das metallische Wesen erhielt dabei die härteste Strafe, da sein Körper „dem Feuer übergeben und vernichtet“ wurde (Dan. 7,11). Leider ist die Überlieferung dieses Gerichtes sehr dürftig, da sich sonst wahrscheinlich besser rekonstruieren ließe, *wie* das vierte Wesen zerstört wurde. Aber offenbar wurde hier die Zerstörung des Schiffes festgehalten.

Nach der Bestrafung „kam mit den Wolken des Himmel / einer wie ein Menschensohn (...) bis zu dem Hochbetagten“ (Dan. 7,13) vom Himmel. Leider dokumentiert uns das Buch Daniel nicht, was dieser Himmlische dort überhaupt wollte, außer daß er als Herrscher eingesetzt wurde und alle Völker ihm dienen mußten, da er ewig herrschen wird (Dan. 7,14). Für die Kirche ist dieser „Mensch“ (aramäisch „*bar nascha*“) Jesus Christus. Ob diese Auslegung völlig korrekt (Auslegungen sind immer fraglich) ist, sei dahingestellt. Daniel aber war „im Geist bekümmert“, und das, was er gesehen hatte, „erschreckte“ ihn sehr (Dan. 7,15). Ob er sich tatsächlich über eine Begegnung mit dem Messias erschrecken würde, ist fragwürdig.

Auch in einer späteren Vision sah Daniel ein himmlisches Wesen. Der Prophet hielt sich gerade am Ufer des Tigris auf, als ihm plötzlich ein fremdes Wesen gegenüber stand:

„*Ich blickte auf und sah, wie ein Mann vor mit stand, der in Leinen gekleidet war und einen Gürtel aus feinstem Gold um die Hüften trug.*“ (Dan. 10,5)

Bis hierher deutet alles auf einen gut gekleideten Zeitgenossen Daniels hin. Es war aber ein Engel, wie es das Buch weiter zu berichten weiß. Als der Prophet diese Gestalt näher betrachtete, fielen ihm sehr sonderbare Merkmale an ihm auf:

„*Sein Körper glich einem Chrysolith, sein Gesicht leuchtete wie ein Blitz, und die Augen waren wie brennende Fackeln. Seine Arme und Beine glänzten wie polierte*

Bronze. Seine Worte waren wie das Getöse einer großen Menschenmenge.“ (Dan. 10,6)

Nehmen wir diese Erzählung nicht wörtlich, sondern *bildlich*, so könnte dieser Engel eine Art reflektierende Kleidung getragen haben. Trug er dabei noch eine spiegelnde Schutzbrille, könnte Daniel darin durchaus eine „brennende Fackel“ erkannt haben. Diese „polierte Bronze“ konnte sogar von dem Propheten Ezechiel an einem der Fremden festgestellt werden.

Es ist aber ebenso möglich, daß dieser Wächter von einer leuchtenden Aura umgeben war, die ihn in der beschriebenen Weise „leuchten“ ließ. Wenn der Engel von einer unbekannten Aura, einem Energiefeld, eingehüllt gewesen sein sollte, so könnte dies erklären, warum nur Daniel dies Wesen sah (Dan. 10,7). Die Menschen in Daniels Umgebung sahen keinen Engel vor ihm stehen, aber irgend etwas mußten sie *gesehen haben*, denn „ein großer Schrecken befiel sie, so daß sie wegliefen und sich versteckten“, so Dan. 10,7.

Sie konnten den Engel offensichtlich nicht bewußt wahrnehmen, aber sie merkten irgendwie, daß dort etwas „Schreckliches“ oder besser Unbekanntes sein mußte. Nur Daniel, der *sah*, um was es sich hierbei handelte, bewahrte die Ruhe.

Auf den ersten Blick mag diese Überlieferung sehr unglaubwürdig klingen. Aber auch in der heutigen Zeit gibt es immer wieder Erscheinungen von Engeln oder der „Mutter Gottes“, die *nicht* von allen Anwesenden gesehen werden können. Dr. Johannes Fiebag und Dipl.-Hdl. Peter Fiebag haben in einer detaillierten Analyse von derartigen Erscheinungsberichten auf dieses Phänomen und der dahinter verborgenen Intelligenz aufmerksam gemacht (s. Quelle). Aber nicht nur Daniel oder die bekannten Kinder von Fatima wurden Zeugen einer solchen „Vision“, sondern auch Bileam im Buch Numeri (Num. 22).

Dort erfahren wir, daß er mit seinem Esel aus Moab fortzog, um zum Mobiterkönig Balak zu reisen, der ihn rufen ließ, um Israel zu verfluchen (Drechsel, S. 56):

„*Aber Gott wurde zornig, weil Bileam mitging, und der Engel des Herrn trat Bileam in feindlicher Absicht in den Weg.*“ (Num. 22,22)

Diesen Engel konnte Bileam selber nicht sehen. Nur sein Esel war in der Lage, ihn zu erkennen oder zumindest instinktiv zu erahnen, daß er ihnen den Weg versperrte. Immer, wenn der Engel seine Position veränderte, bemerkte es der Esel, und das Tier ging woanders hin (Num. 22,23+). Bileam wußte nicht, warum sein Tier dies tat, da er den Abgesandten Jahwes nicht sehen konnte. Für ihn handelte sein Tier völlig grundlos. Erst als „Gott“ ihm die Augen öffnete, erkannte er das Problem:

„*Nun öffnete der Herr dem Bileam die Augen, und er sah den Engel des Herrn auf dem Weg stehen, mit dem gezückten Schwert in der Hand.*“ (Num. 22,31)

Die Menschen, die mit Daniel am Ufer des Tigris weilten, waren also nicht die einzigen, die Engelerscheinungen, selbst in ihrer direkten Nachbarschaft, nicht sehen konnten. So wie es die Offenbarungen der vermeintlichen Mutter Maria im portugiesischen Fátima, die im Jahr 1917 begannen, belegen, sind auch zu biblischen Zeiten Engel nicht immer und nicht von allen bewußt wahrgenommen worden! Hier eröffnet sich natürlich ein weites Spektrum an Spekulationen, da heute im Zusammenhang mit Ufo-Kontakten Berichte vorliegen, die ähnliche Szenarien schildern. Eine Analyse dieser Vorkommnisse ist aber nicht Aufgabe dieses Buches.

Zurück zu Daniel am Tigirs: Als eine „gewaltige Erscheinung", die ihm die Kräfte schwinden ließ und im wahrsten Sinne des Wortes umwarf, schildert Daniel sein Erlebnis (Dan. 10,8). Und mit dem „Schall seiner Worte" sprach der Engel zu dem verängstigten Erdling. Der Himmlische stellte den Propheten wieder auf die Beine und erklärte ihm, daß er von „Gott" beauftragt wurde, ihn zu besuchen. Es nützte aber nicht viel, denn Daniel zitterte immer noch (Dan. 10,9+). Interessant ist die Aussage des Wächters, daß er von seinem Engelkollegen Michael abgelöst wurde und deshalb Zeit hatte, sich am Tigris zu zeigen (Dan. 10,13-14). Sollte etwa der Hofstaat des „Herrn" unterbesetzt gewesen sein?

Daß Menschen bei ihrem ersten Kontakt mit den kosmischen Engeln oder Jahwe selber große Furcht empfanden, ist durch die alten Schriften belegt. Ezechiel zum Beispiel bekam eine „Rolle" zu essen, die ihn beruhigte (Ez. 3,1-3), und Jesajas Lippen wurden mit glühender „Kohle" berührt (Jes. 6,6-7). Daniel hatte ein ähnliches Erlebnis:

„Da berührte eine Gestalt, die aussah wie ein Mensch, meine Lippen. Nun konnte ich den Mund wieder öffnen und sprechen." (Dan. 10,16)

Himmlische Wesen treffen wir in jeder Ecke des Alten Testamentes. All diese sollen Engel Jahwes sein, die an seiner Seite brav im Himmel sitzen und „Gottes" Befehle ausführen. Ein Engel war, so das Alte Testament, auch bei einer „Racheaktion" Jahwes gegen das Königreich Davids beteiligt. Und das aus einem heute nicht mehr zu verstehenden Grund.

Teil III.6 Politik des Todes

Im zweiten Buch Samuel (2. Sam. 24) und im ersten Buch der Chronik (1. Chr. 21) lesen wir den Bericht über eine Volkszählung, die König David (1010 bis 970 v. Chr.) in Auftrag gab.

Aus heutiger, politischer und staatlicher Sichtweisen ist diese Zählung der Einwohner Israels und Juda durchweg positiv zu bewerten, aber aus alttestamentarischer Sichtweise war sie gar eine *Sünde* gegen „Gott". Vielleicht auch aus dem Grunde, da Jahwe Abrahams, Isaaks und Jakobs Nachkommen so *zahllos* wie den „Staub der Erde" (Gen. 28,14) machen wollte. Eine Zählung der Bevölkerung würde somit bedeuten, „Gott" auf die Finger zu sehen.

Wie dem auch sei, der erste Bericht über die staatspolitisch korrekte Zählung findet sich im 2. Buch Samuel, Kapitel 24. Dort erfahren wir gleich zu Beginn der

Überlieferung, daß der zornige „Herr" selber David dazu ermunterte, Israel und Juda datenmäßig zu erfassen:

„Der Zorn des Herrn entbrannte noch einmal gegen Israel, und er reizte David gegen das Volk auf und sagte: Geh, zähl Israel und Juda!" (2. Sam. 24,1)

König David bekam von „Gott" persönlich den Auftrag, seine Staatsangehörigen zu zählen. Jahwes Befehl jedoch scheint Teil eines Plans gewesen zu sein, um Israel und Juda zu strafen, da er im Zorn David diesen Auftrag gab, quasi als Vorwand. Später sehen wir, daß „Gott" eine Seuche schickte, um diese von ihm verlangte Tat zu rächen.

Das 2. Buch Samuel entstand zwischen 932 und 586 v. Chr.. Im 1. Buch der Chronik findet sich bekanntlich die Volkszählung ebenfalls, jedoch mit einem wesentlichen Unterschied: Nicht *Jahwe*, sondern der *Satan* „reizte David, Israel zu zählen" (1. Chr. 21,1). Aber die Chronikbücher wurden erst Jahrhunderte *nach* der zweiten Samuelschrift verfaßt, und zwar zwischen 400 und 200 v. Chr.. Augenscheinlich haben die alten Schreiber gemerkt, daß es der „Göttlichkeit" Jahwes widerspricht, eine Volkszählung von David zu fordern, um dann als Strafe 70.000 Menschen zu töten (2. Sam. 24,15). Deshalb tauschten sie Jahwe gegen den Satan aus. Dennoch nennt die ältere Schrift den Verursacher Jahwe und einen seiner Engel, nicht aber Satan.

König David rief seinen Heeresbefehlshaber Joab zu sich, um ihn mit der Zählung zu beauftragen (2. Sam. 24,2). Joab jedoch meldete religiöse Bedenken an, da er seinen König darauf hinwies, daß Jahwe für Israels Verbreitung verantwortlich ist. Er konnte nicht verstehen, warum sein Herrscher einen solchen Plan hegte (2. Sam. 24,3).

„Doch der König beharrte gegenüber Joab und den Anführern des Heeres auf seinem Befehl, und Joab und die Anführer des Heeres verließen den König, um das Volk Israel zu mustern." (2. Sam. 24,4)

Natürlich wich David von seinem Befehl nicht ab, da er ihn von Jahwe, seinem „Gott" erhalten hatte.

Die Anzahl der Krieger, die diese Zählung ergab (1,3 Millionen, 2. Sam. 24,9) ist wahrscheinlich weit übertrieben. Sie fällt jedoch in einen sehr realistischen Rahmen, wenn wir - wie bei der Menschenmenge, die aus Ägypten fortzog - nicht Tausend (= „*'eleph*", nach Schedl, S. 293) übersetzen, sondern Sippe.

„Dann aber schlug David das Gewissen, weil er das Volk gezählt hatte", so 2. Sam. 24,10. Er bat Jahwe um Vergebung, hatte aber keinen Erfolg:

„Doch das mißfiel Gott; darum schlug er Israel." (1. Chr. 21,7)

Jahwe gab dem Seher Davids, Gad, den Auftrag, David vor die Wahl zu stellen: Entweder drei Jahre Hungersnot, drei Monate, in denen der König von Feinden verfolgt wird oder drei Tage Pest, durch einen „Engel des Herrn, (der) über alle Gebiete Israels Verderben bringt" (1. Chr. 21,12).

Der König konnte sich offenbar nicht entscheiden, da er verzweifelt „Gottes" Barmherzigkeit anrief. Leider nützte ihm das nichts, da nun der „Herr" seinen „Strafengel" nach Jerusalem sandte:

„Gott sandte einen Engel nach Jerusalem, um es ins Verderben zu stürzen." (1. Chr. 21,15)

70.000 Mann kamen in diesen drei Tagen ums Leben, als die „göttliche" Pest Jerusalem in Angst und Schrecken versetzte. Was dies für ein sonderbarer Engel war, können wir nur raten. Auf jeden Fall lief er nicht mordend durch die Stadt, sondern erledigte seinen Auftrag vom Himmel aus. Denn als sich der Engel „bei der Tenne des Jebusiters Arauna" befand, konnte der König ihn selber sehen:

„Als David aufblickte, sah er den Engel des Herrn zwischen Himmel und Erde stehen. Er hielt das gezückte Schwert in der Hand gegen Jerusalem gerichtet." (1. Chr. 21,16)

Auch wenn das erste Buch der Chronik Satan für die Volkszählung verantwortlich macht, so schreibt dieses Buch die Bestrafung immer noch „Gott" selber zu.

Die Pest kam vom Himmel über die heilige Stadt. Handelt es sich dabei tatsächlich um schlichte Pesterreger, oder aber um eine andere Art von „göttlicher" Strafe? Etwa wie der Tod der ägyptischen Erstgeborenen im Buch Exodus (Ex. 11,1+)?

An der besagten Tenne, von wo David den Unheilsbringer sehen konnte, hörte die Pest auch plötzlich auf, da „Gott" seine Entscheidung bereute. Die Geißel Pest kann aber nicht urplötzlich aufhören:

„Als der Engel seine Hand gegen Jerusalem ausstreckte, um es ins Verderben zu stürzen, reute den Herrn das Unheil, und er sagte zu dem Engel: Es ist jetzt genug, laß deine Hand sinken!" (2. Sam. 24,16)

Da es „Gott" wieder einmal reute, seinem Volk ein derartiges Unheil gebracht zu haben - wie die Sintflut, die er bereute -, beendete er auch diese schreckliche Plage. David war sehr froh über das Ende der Jerusalemer Pest und wollte dem „Herrn" auf Anraten seines Sehers Gad hin einen Altar errichten. So konnte er sicher sein, daß die Seuche auch tatsächlich eine Ende nehmen wird. Genau an der Stelle, wo der König den Engel am Himmel fliegen sah (die Tenne von Araunas), sollte dieser entstehen, und dort wollte er ein Brandopfer darbringen. David kaufte Arauna seine Tenne und sein Vieh ab, opferte es „und die Plage hörte auf in Israel" (2. Sam. 24,25), denn Jahwe hatte es angenommen:

„Dieser antworte ihm durch Feuer, das vom Himmel auf den Altar des Brandopfers niederfiel." (1. Chr. 21,26)

Wie bei Elija fiel auch hier wieder das bekannte Feuer von „Gott" aus dem Himmel nieder. Später soll, so 1. Chr. 22,1+, auf dem Platz von Davids Opfer angeblich der salomonische Tempel errichtet worden sein.

Diese Volkszählung im Auftrag „Gottes" ist sehr interessant; auch wenn spätere Schreiber Satan als Anstifter „verteufeln". Es läßt sich in diesem Berichten *zwei-*

felsfrei der gleiche Aufbau erkennen, der uns auch in der Sintflut-Überlieferung begegnet: Der Zorn „Gottes“ (2. Sam 24,1), die eigentlich Strafe (2. Sam. 24,15), „Gottes“ Reue an seiner Tat (2. Sam. 24,16) und natürlich das Errichten eines Altars für ein Gnaden- und Dankopfer (2. Sam. 24,18+).

Dieses Beispiel zeigt sehr deutlich, daß Jahwe nicht davor zurückschreckte, die Menschen auf grausamste Art und Weise für ihre Frevel zu bestrafen. Im Verlauf dieses Buches haben wir mehrere Beispiele gesehen, die diese Behauptung durchaus stützen.

Teil III.7 Johannes geheimnisvolle Offenbarungen

Über Apokalypsen, sprich Offenbarungen, gibt es viel zu berichten. Die meisten Apokalypsen zählen heute zu den außerbiblischen Schriften, die weiter oben bereits teilweise erwähnt wurden. Anders die Offenbarung des Johannes, die heute fester Bestandteil des Neuen Testamentes und gleichzeitig das letzte Buch der Bibel ist.

Für den gläubigen Christen ist dieses Buch eine Art „Heilsschrift“, ein Buch der christlichen Hoffnung und Botschaft. Auch die Neue Jerusalemer Bibel verkündet stolz:

„*Die kanonische Stellung des Buches kann nicht bezweifelt werden.*“ (S. 1782f.)

Einen triftigen Grund, der diese Aussage erläutert, bleibt sie aber schuldig. Wie dem auch sei, heute nehmen die Exegeten an, daß die Schrift um 95 n. Chr. niedergeschrieben wurde. Auch werden einige Abschnitte auf die Zeit Neros (kurz vor 70 n. Chr.), der im Juni 68 v. Chr. Selbstmord begann, datiert. So könnte sich beispielsweise Off. 11 auf den Jerusalemer Tempel beziehen, der nach dieser Textpassage offenbar noch existierte. Im Jahr 70 n. Chr. wurde dieser aber zerstört, was darauf hindeuten kann, daß Off. 11 vor diesem Ereignis geschrieben wurde. Dies könnte durch eine später folgende Stelle (Off. 17,10) untermauert werden, in der fünf getötete römische Könige erwähnt werden, von denen vier 69 v. Chr. starben.

Der Verfasser der Schrift ist trotz anderslautender Behauptungen wahrscheinlich doch unbekannt. Nach einer alten Tradition, die bis in das 2. Jahrhundert reicht, soll es der Apostel Johannes persönlich gewesen sein, der in der Verbannung durch den römischen Kaiser Domitian (81 bis 96 n. Chr.) auf der Insel Patmos sein Werk niederschrieb (Mertens, S. 469 und S. 583). Dies ist aber mehr als nur fraglich, und die Diskussion über die Urheberschaft ist bis heute noch nicht abgeschlossen. (Kürzlich besuchte ich im Rahmen einer Familienfeier eine Messe, in der der Pastor die Offenbarung ohne Zweifel dem Apostel Johannes zusprach. Dies nur nebenbei.)

Der unbekannte Autor - bei Lurker (Wörterbuch, S. 191) „Seher von Patmos“ genannt - der Offenbarung hält in seiner Einleitung fest, daß der Inhalt seines Buches durch einen Engel Jahwes an ihn übermittelt wurde (Off. 1,1-2). Schon allein zu diesen Versen findet sich in Mertens Handbuch eine sonderbare Bemerkung: Hier soll eine bildlich angedeutete „Redewendung“ vorliegen, damit „die Leser das Geschriebene als Wort Gottes ansehen“ (Mertens, S. 469). Wenn ich das richtig verstehe, mußte der Schreiber eine derartige Einleitung verfassen, um seine Leser zu überzeugen: Das *ist* das „Wort Gottes“. Es könnte sich also ohne diese Einleitung auch *nicht* um das „Wort Gottes“ handeln!? Und wenn es das „Wort Gottes“ ist, warum mußte es Johannes extra erwähnen?

Die Berufung des Johannes als Schreiber verlief sehr ähnlich wie bei vielen anderen Propheten auch. Er mußte all das Gesehene niederschreiben und seinen Mitmenschen übergeben:

„*Am Tag des Herrn wurde ich vom Geist ergriffen und hörte hinter mir eine Stimme, laut wie eine Posaune. Sie sprach: Schreib das, was du siehst, in ein Buch, und schick es an die sieben Gemeinden* (...)“ (Off. 1,10-11)

Wir sind durch Ezechiel, Henoch oder auch Esdras mit dieser Art von „Wissensweitergabe“ auf Jahwes Geheiß hin bestens vertraut. Nicht anders war es bei unserem Johannes, obwohl er zunächst nicht wußte, wer da etwas von ihm wollte:

„*Da wandte ich mich um, weil ich sehen wollte, wer zu mir sprach. Als ich mich umwandte, sah ich sieben goldene Leuchter und mitten unter den Leuchtern einen, der wie ein Mensch aussah* (...) *Sein Haupt und seine Haare waren weiß wie weiße Wolle, leuchtend weiß wie Schnee, und seine Augen wie Feuerflammen; sein Beine glänzten wie Golderz, das im Schmelzofen glüht, und seine Stimme war wie das Rauschen von Wassermassen.*“ (Off. 1,12-15)

Johannes fiel vor Angst „wie tot vor seinen Füßen nieder“, aber der Himmlische mit den altbekannte Attributen beruhigte ihn (Off. 1,17) und schärfte ihm noch einmal ein:

„*Schreib auf, was du gesehen hast; was ist und was danach geschehen wird.*“ (Off. 1,19)

Ab hier, so die Verskommentatoren, soll das Buch Johannes in seine eigentliche, visionäre Form übergehen. Letztlich sind ja alle in dieser Schrift beschriebenen Ereignisse bzw. Offenbarungen keine tatsächlichen Augenzeugenberichte. Dies gilt für sämtliche Apokalypsen. Die konkreten Prophetien der Offenbarung des Johannes beginnen hingegen erst im Zweiten Teil, ab Off. 4,1+.

Wie in vielen „göttlichen“ Offenbarungen findet sich auch zu Beginn der Apokalypse des Johannes der Hinweis, daß er von *Jahwe* entrückt wurde:

„*Danach sah ich: Eine Tür war geöffnet am Himmel und die Stimme, die vorher zu mir gesprochen hatte und die wie eine Posaune klang, sagte: Komm herauf, und ich werde dir zeigen, was dann geschehen muß. Sogleich wurde ich vom Geist ergriffen. Und ich sah: Ein Thron stand im Himmel; auf dem Thron saß einer, der wie ein Jaspis und ein Karneol aussah. Und über dem Thron wölbte sich ein Regenbogen, der wie ein Smaragd aussah.*“ (Off. 4,1-3)

Ich glaube, der Leser wird mir zustimmen, daß Johannes im Himmel nicht vor einen königlichen Thron geführt wurde, auf dem „Gott“ saß. Jedoch ist uns aus anderen Schriften bekannt, wie Propheten immer wieder vom „Geist Gottes“ ergriffen wurden. Selbst der „Regenbogen“, der Schein des Fluggerätes, ist im Buch Ezechiel zu finden (Ez. 1,26-28), was gleichfalls die Randverweise in den jeweiligen Bibel bemerken.

Interessant ist die Anmerkung der Neuen Jerusalemer Bibel, die besagt, daß die gesamte Szene von Ez. 1 und Ez. 10 beeinflußt worden ist (S. 1789). Auch Prof. Robin Lane Fox, einer der herausragendsten Bibelforscher unserer Zeit, vertritt die Meinung, daß Ezechiels Schauungen den Schreiber dieser Offenbarung stark „beeinflußt“ haben, aber dieser auch aus den Texten des Propheten Daniel (Dan. 7,1+) sein Wissen entnommen haben kann (S. 449). Und Jesajas ähnliche Beschreibung macht da keine Ausnahme.

Folgerichtig hat sich der Texter der Apokalypse-Beschreibungen des Propheten Ezechiel bedient, was wiederum bedeutet, daß er diese Erscheinung in dieser Form überhaupt *nicht* hatte. Stimmt dies, sind auch die folgenden Prophezeiungen der Apokalypse stark anzuzweifeln, da sich der Verfasser lediglich dieser alten Texte bediente und sie in seine Arbeit eingefügte!

Die Lösung aber könnte ganz einfach sein: Ezechiel und Johannes sahen *beide* den Thronwagen Jahwes und beschrieben ihn logischerweise auch *beide* ähnlich. Auch Jesaja (Jes. 6,1+) konnte einst im Jahr 739/740 v. Chr. (König Usijas Todesjahr), also mehr als tausend Jahre *vor* der angenommenen Niederschrift der Offenbarung, dieses Fluggerät beobachten (vergl. Teil III.1); oder hat auch er seinen Bericht gestohlen? Wenn ja, von wem?

Das, was Johannes bei seiner „Berufung“ sah, ist sehr erstaunlich. Nicht nur, daß er „Gott“ im Himmel auf seinen Throne sitzend erblickt haben soll, nein, der „Herr“ hatte noch einen „Ältestenrat“ um sich versammelt:

„*Und rings um den Thron standen vierundzwanzig Throne, und auf den Thronen saßen vierundzwanzig Älteste in weißen Gewändern (...) Von dem Thron gingen Blitze, Stimmen und Donner aus. Und sieben lodernde Fackeln brannten vor dem Thron; das sind die Geister Gottes.*“ (Off. 4,4-5)

Man sollte sich dieses einmal bildlich vorstellen: Johannes wird in den Himmel entrückt, dort sitzt „Gott“ auf seinem Thron; umgeben von vierundzwanzig Ältesten, die laut Verskommentar auch noch den „Thronrat“ Jahwes bildeten. Gotteshäuser in aller Welt wimmeln nur von solchen Gemälden, die Jahwe (mit langem Rauschebart) auf einem Thron zeigen, der meist von Engel umgeben ist - Ohje.

Ein Detail dieser Schilderung ist aber nicht zu ignorieren. Die feurige Beschreibung, die Blitze und der Donner kamen „von dem Thron“. Nicht aber von den anderen Thronen, die angeblich darumstanden. Nur an einem Thron waren diese Eigenschaften zu erkennen, und dieser war der Wagen Jahwes. Der Zeuge sah aber noch mehr:

„Und vor dem Thron war etwas wie ein gläsernes Meer, gleich Kristall. Und in der Mitte, rings um den Thron, waren vier Lebewesen voller Augen, vorn und hinten." (Off. 4,6)

Hier fällt das Stichwort: „Lebewesen". Vier Lebewesen stehen rings um den Thron, haben Augen, wie die Räder Ezechiels, und die bildliche Beschreibung von dessen Aussehen (Adler, Löwe, Mensch und Stier) fehlen ebenfalls nicht (Off. 4,7)!

Johannes beobachtete diese Angesichter nicht in allen vier Lebewesen, sondern jedes in einem anderen. Dies könnte ein wichtiger Hinweis sein, daß Ezechiel in den *Cherube* tatsächlich nur diese Abbilder „hineinsah". Ansonsten muß sich entweder Johannes oder Ezechiel irren, da die Beschreibungen definitiv nicht übereinstimmen! Aber dennoch ist es möglich, daß Johannes einen anderen „Typ" Thronwagen sah, da in Off. 4,8 sechs Flügel beschrieben werden, die uns aber wiederum an Jesajas *Serafim* (Jes. 6,2) erinnern.

Dem Entführten wurde auf dieser Versammlung ein zukunftsweisendes Buch mit „sieben Siegeln" gezeigt, die nach und nach geöffnet wurden, wobei dieses immer neue „Katastrophen" auslöste. Posaunenblasende Racheengel gießen Schalen aus, um Plagen über die Welt zu schicken und lauter Schrecken wird die Erde erwarten. Alles im Namen „Gottes". Meinen Lesern wird dieser weltberühmte Teil der Apokalypse gut bekannt sein. Ich werde ihn deshalb nicht zitieren.

Bis hierher lassen sich recht genaue Abläufe erkennen. Johannes wird vom Thronwagen Jahwes (*„Serafim-Typ*") im den Himmel erhoben und zu einem glänzenden (Glas, Kristall) Ort gebracht. Auch Henoch (s. VII.4) wurde einst in den Himmel entrückt, wo er einen Ort betrat, den er mit Worten wie „Blitze", „Feuer", „klar wie Wasser" (was Johannes als Glas beschrieben haben könnte) und immer wieder „Kristall" beschrieb (Hen. 14,8-24). An diesem „göttlichen", zweifellos außerirdischen Ort - da er sich im „Himmel" befand - traf er auf eine Gruppe „Ältester", die auf Stühlen (Thronen) sitzend auf ihn warteten. Dort wurden ihm schließlich zahlreiche schreckliche Ereignisse der Zukunft „visionell" gezeigt.

Als Abraham einst in den Himmel auffuhr (s. Kapitel IV), sah er ebenfalls sonderbare Bilder, wie etwa Adam und Eva in Eden (AA. 23,3), obwohl Abraham lange Zeit nach diesen Ereignissen lebte. Im Zusammenhang mit den Berichten in der Abraham-Apokalypse ist uns auch die Spekulation bekannt, daß er all dies vielleicht auf einer Art TV-Gerät sah. Ich neige zwar eher zu einer bewußten *Suggestion*, aber im Grunde ist dies das Gleiche. Könnte Johannes ebenfalls einer solchen „Prozedur" unterzogen worden sein, als er all die düsteren Bilder unsere Zukunft sah?

Bestsellerautor Erich von Däniken, der immer wieder verblüffende Interpretationen und Lösungen anbietet, sieht die Sache recht ähnlich (Der Jüngste Tag, S. 195). Auch er vermutet, daß einst irgend jemand vor unbekannten Zeiten von den Himmlischen einfach nur Filme gezeigt bekam, die von ihm aus Unverständnis in der Form interpretiert wurden, wie sie heute im Neuen Testament und anderen

Apokalypsen zu lesen sind. Von Däniken weist in diesem Zusammenhang auf die tricktechnischen Effekte der großartigen *Star Wars-Trilogie* und der bekannten *Enterprise-Filme* hin.

Jahwe und sein Engelstaat werden einst aus gutem Grund diese Szenarien ausgewählten Erdenbürgern gezeigt haben, *vielleicht*, um sie zu einem „gläubigen" und vor allem friedlichen Leben zu veranlassen. Schließlich mußten diese „Visionen" an zukünftige Generationen weitergereicht werden. Würden dann die Menschen um diese schreckliche Zukunft wissen, würden sie alles versuchen, ein entsprechendes Leben zu führen, um diesem Ende zu entgehen.

Vielleicht sind sogar die eigentlichen Inhalte dieser Offenbarungen in der Vergangenheit verlorengegangen, die möglicherweise eine „Botschaft" an zukünftige Geschlechter enthielten... Natürlich ist dieses nicht mehr als eine reine Vermutung. Wer will auch wissen, was Jahwe damit bezwecken wollte?

Es liegt jedoch auf der Hand, daß zahlreiche Apokalypsen sehr ähnlichen Inhaltes sind. Daß sie sich dabei auf gemeinsame Urquellen berufen, ist durchaus denkbar. Zum Beispiel könnte die in Off. 12 beschriebene Schlacht zwischen dem Erzengel Michael und einem Drachen dem Fall der Engel im Buch Henoch entsprechen. Jener Drache war angeblich Satan, der Teufel, (Off. 12,9), der mitsamt seiner Anhängerschaft von Engeln aus dem Himmel geworfen wurde. Auch der Anführer der gefallenen Engel aus dem Buch Henoch wird als Teufel interpretiert, und auch er kam mit seinen Engel auf die Erde. Sind also beide Engel-Berichte einer identischen Textquelle entnommen? Oder war es ganz anders; erwartet uns tatsächlich ein strafendes Weltgericht durch Jahwe und seine hilfreichen Engel?

Teil III.8 Fehlende Zeit

„Missing Time", die „Fehlende Zeit", und Zeitversetzungen sind heute feste Begriffe in der Ufo- und PSI-Forschung. Im Zusammenhang mit Entführungen von ahnungslosen Menschen in außerirdische Raumschiffe hat dieses „Syndrom" weltweite Berühmtheit erlangt, aber die einflußreichen Medien ziehen dieses ernste Thema leider nur ins Lächerliche. Ich erinnere mich noch gut an eine Late-Night-Show von Arabella Kiesbauer (PRO 7-TV), in der über „Sex mit Außerirdischen" gesprochen wurde. Dr. Johannes Fiebag war ebenfalls dort und erklärte in kompakter Form die weltberühmte Entführung von Linda Cortile aus New York vom 30. Oktober 1989. Auch wenn Dr. Fiebag die Diskussion auf ein ernstes Thema lenken wollte, so war für die Moderatorin der Fall klar: Die Zeugen dieser Entführung waren betrunken, und das Publikum hatte wieder seinen Gag.

Egal ob das öffentliche Interesse an derartigen Phänomenen als neuzeitliche „Hysterie" oder ähnliches belächelt wird, so sind auch in der Mythologie, der Märchen- und Sagenwelt und den heiligen Schriften der Juden solche Phänomene in Massen bekannt. Es ist klipp und klar falsch anzunehmen, Entführungsopfer leiden an modernen „Zivilisationskrankheiten" oder was auch immer!

Das Phänomen „Zeit“ und ihre Beeinflussung durch fremde Wesen (Engel, Feen, Elfen, „Götter“, Außerirdische etc.) ist in vielen globalen Überlieferungen zu finden. Die mittelalterliche Märchenwelt kennt dieses genauso wie verschiedene andere Mythen oder Begegnungen mit „Geistern“ und ähnlichem, so auch der Prophet Baruch, dessen Apokalypse wir in Teil III.3 bereits besprochen haben. Neben den zwei Versionen dieser Offenbarung existiert aber noch eine „Restschrift“ des Propheten, die „*Reste der Worte Baruchs*“ (entspricht „RdB.“) oder „Nachtrag zum Propheten Jeremias“ genannt wird. Diese jüdische Schrift ist heute in griechischer, armenischer, äthiopischer und slawischer Sprache erhalten und erzählt uns über das Leben des Propheten Jeremia um die Zeit von Jerusalems Zerstörung. Trotz umfangreicher Quellen ist allerdings die Zeit der Entstehung bis heute ungewiß (Rießler, S. 1323).

Baruch und Jeremia waren Freunde und gingen gemeinsam ihren prophetischen Weg (s. auch VI.10 und Teil III.3). Kurz vor der Zerstörung Jerusalems, so heißt es, trafen sie sich auf der Stadtmauer (RdB. 3,1), da sie dort vielleicht auf ein Treffen mit himmlischen Engeln warteten. Denn mit „Trompetenschall“ kamen

„*aus dem Himmel fromme Engel mit Fackeln in den Händen und stellten sich auf die Stadtmauern.*“ (RdB. 3,2)

Baruch und sein Freund Jeremia waren sehr traurig über Jerusalems düstere Zukunft und baten die göttlichen Wesen um eine persönliche Unterredung mit „Gott“ (RdB. 3,3-8). Jahwe gab ihnen bei dieser Besprechung die Anweisung, die Heiligtümer des Tempels vor den Eroberern zu verstecken, was wir bereits kurz in VI.10 erfahren haben.

Jerimia hingegen plagte noch eine weitere Sorge, denn ein äthiopischer Mann namens Abimelech lag ihm sehr am Herzen, und er wollte nicht, daß dieser das Ende der Stadt mit ansehen muß (RdB. 3,9). Der „Herr“ zeigte durchaus Verständnis für die Bitte seines Propheten und erklärte ihm:

„*Schick ihn* (Abimelech, L.A.F.) *zum Weinberg des Agrippa durch den Bergweg! Und ich verberge ihn, bis ich das Volk zur Stadt zurückgeführt.*“ (RdB. 3,10)

Es ist bereits hier zu erkennen, daß Jahwe einen Plan hatte, um den Freund Jeremias zu „verbergen“. Aus diesem Grunde sollte er in die Berge geschickt werden, wo „Gott“ ihn erwarten würde. Nachdem Jeremia mit Jahwe den Plan beschlossen hatte, „ging der Herr von Jeremias in den Himmel“ (RdB. 3,13) zurück, und beide Propheten versteckten die Tempelschätze (Stichwort Bundeslade) in der Erde (RdB. 3,14).

„Am anderen Morgen schickte Jeremias Abimelech fort“, so beginnt die eigentliche Überlieferung, die hier genauer durchleuchtet werden soll. „Durch den Bergweg“ mußte er einen Korb voll Feigen holen, um diesen den armen und kranken Einwohnern von Jerusalem zu geben (RdB. 3,15-16). Ahnungslos „ging er weg, wie er ihn hieß“, denn er wußte nicht, daß er in dieser Bergregion bereits von „Gott“ erwartet wurde.

Abimelech wurde gerade noch rechtzeitig aus der Stadt geschickt, so daß er die Zerstörung nicht miterleben mußte (RdB. 4,1+). Jeremia wurde mit ins Exil verschleppt und Baruch blieb weinend und trauernd in Jerusalem zurück. An dieser Stelle heißt es auch, daß Engel kamen und diese ihm „über alles Kunde" brachten (RdB. 4,11). Mit dieser Feststellung beginnt auch die Überlieferung der griechischen Baruchapokalypse (AB. 1,3-5), in der berichtet wird, daß Abimelech „durch Gottes Hand errettet ward".

Nachdem Abimelech die Feigen gesucht hatte, setzte er sich erschöpft unter einen schattigen Baum, um „ein wenig auszuruhen" (RdB. 5,1). Und dann geschah das Ungewöhnliche: er schlief mehr als ein halbes Jahrhundert:

„*Er legte auf den Korb dabei sein Haupt und schlummerte so sechsundsechzig Jahre*(!!) *und wachte nicht ein einzig Mal aus seinem Schlafe auf.*" (RdB. 5,2)

In der Rießler-Apokryphensammlung findet sich zu dieser außergewöhnlichen Feststellung der Schrift nicht der kleinste Kommentar. Keine Anmerkung versucht zu erklären, wie dieser Schlaf zu interpretieren ist.

An Abimelech jedenfalls waren die 66 Jahre spurlos vorüber gegangen! Er erwachte und wollte noch etwas weiter schlummern, weil er immer noch nicht erholt war (RdB. 5,2). Nebenbei warf er einen Blick auf seine Feigen. Diese waren „noch saftig", und da überlegte er, ob er noch etwas ausruhen könne (RdB. 5,3-4). Jedoch bekam er Angst, daß Jeremia ihn strafen würde, wenn er nicht bald mit den Feigen zurückkäme, da er sie bereits früh morgens holen mußte und der Auftrag somit eilig war (RdB. 5,5).

Also machte er sich auf den Weg und ahnte dabei nicht, daß er 66 Jahre fortgewesen war. An Jerusalmes Mauern angekommen, machte er eine erschreckende Feststellung:

„*Doch kennt er weder diese Stadt, noch ihre Häuser, noch seine eigene Familie.* (...) *Dies ist gar nicht die rechte Stadt.*" (RdB. 5,7-8)

Was sollte er tun? Sicher zweifelte auch Abimelech langsam an seinem Verstand. Wo war Jerusalem?

„*Ich bin verwirrt, weil ich den Bergweg ging. Ich bin gerade aus dem Schlaf erwacht. Der Kopf ist mir noch schwer; ich habe noch nicht genug geschlafen; ich bin verwirrt. Verwunderlich! Wie kann ich nur vor Jeremias sagen, ich sei verwirrt!*" (RdB. 5,9-11)

So wie es wahrscheinlich jeder von uns in diesem Fall getan hätte, ging er vor die Stadtmauern und „schaute nach den Merkmalen der Stadt". Da er sich auskannte, bemerkte er, daß dieser Ort tatsächlich Jerusalem war (RdB. 5,12). Also ging er wieder hinein und suchte seine Angehörigen. Jerusalem hatte er zweifellos an ihren „Merkmalen" identifiziert, er glaubte lediglich, sich „verirrt" zu haben.

Abimelech war verzweifelt! Kein bekanntes Gesicht traf er in Jerusalem, und so ging er erneut vor die Stadt und wartete darauf, daß „der Herr mir diesen Schrekken nimmt" (RdB. 5,13-16). Als ein Mann sich dem traurigen Abimelech nährte, und er den Greis nach dem Namen dieser Stadt und dem Verbleib seiner Einwohner und den Propheten Baruch und Jeremia befragte, begriff er gar nichts mehr (RdB. 5,17+). Denn dieser Mann war über die Fragen sehr verwundert und entgegnete ihm, daß Jeremia und das Volk vor langer Zeit nach Babylon deportiert worden waren (RdB. 5,19-21). Diese Antwort gefiel Abimelech überhaupt nicht, und er mußte sich zügeln, den Mann nicht zu „beschimpfen" und zu „verlachen". Selbst wenn „Wolkenbrüche" auf die Erde gefallen wären, hätte die Zeit seiner Abwesenheit „für einen Marsch nach Babel einfach nicht gereicht", so RdB. 5,23-24.

Abimelech erklärte dem alten Mann, daß er von Jeremia zum Feigenholen geschickt worden war und in der Mittagshitze eingeschlafen sei. Seine Feigen waren aber frisch und saftig, und somit sei nicht genügend Zeit vergangen, um das Volk nach Babel zu deportieren (RdB. 5,25-26)! Als Beweis für seine Behauptung zeigte er dem Greis seinen Korb mit den immer noch saftigen Früchten, und der Mann war mehr als erstaunt:

„Sieh! Heute sind es sechsundsechzig Jahre, seitdem das Volk nach Babylon verschleppt worden ist. Damit du siehst, mein Sohn, daß dieses wahr, schau auf das Ackerland und sieh! Die Samen keimen erst. Die Zeit für Feigen ist noch nicht gekommen. Bedenk es wohl!" (RdB. 5,30-31)

Abimelech hatte nicht bemerkt, was mit ihm geschehen war: Er war vor 66 Jahren mit frischen Feigen unterwegs gewesen und war eingeschlafen. Als er in der neuen Umgebung aufwachte, waren sie immer noch frisch, doch dort, wo er sich befand, waren gerade erst Früchte gepflanzt worden - er war also durch die Zeit gereist!

Dankbar betete er zu „Gott", bis ein Engel kam und ihn zu Baruch, der nicht im babylonischen Exil lebte, brachte. Unter Tränen sahen sie sich wieder und konnten nicht fassen, was da geschehen war (RdB. 6,1-9). Aber auch Jeremia, hunderte Kilometer von Jerusalem entfernt, sollte von diesem großartigen Ereignis erfahren. Baruch wollte seinem Freund im Exil schnell diese Nachricht zukommen lassen. Er wußte aber nicht wie. Da kam erneut „vom Herrn ein Engel", der ihm erklärte, er solle sich darüber keine Gedanken machen. Ein „Adler" würde zu ihm kommen und die Nachricht nach Babylon überbringen. (RdB. 6,11-12). In Kapitel sieben, „Der Adler", ist uns dieser himmlische Botschafter, der „mit Menschenstimme" (RdB. 7,2) sprach, beschrieben. Dieses „Tier" informierte Baruch, daß er hierher gekommen sei, um die Botschaft zu überbringen; was er auch tat.

Der Bericht über diese Zeitanomalie aus dem kleinen Apokryph ist sehr bedeutend. Leider findet sich in den Kommentaren von Paul Rießler keinerlei Erläuterung zu diesem Ereignis, so daß es dem Apokryphenleser überlassen ist, seine Meinung zu bilden. Es steht jedoch außer Frage, daß Überlieferungen über Zeitversetzungen und ähnlichem in der Mythologie uralt sind und auch in der mittelalterlichen Sagenwelt auftauchen. Wenn man so will, enthält auch die Bibel einen Hinweis auf eine andere Zeitdimension „Gottes":

„Denn tausend Jahre sind für dich / wie der Tag, der gestrige, der verging, / wie eine Wache in der Nacht.“ (Ps 90,4)

Abimelech wurde bewußt von Jahwe bei seiner Suche nach Feigen erwartet, da er auch Jeremia auftrug, ihn dort hinzuschicken. Als der Äthiopier sich dann kurz hinsetzte und einschlief, entrückte der „Herr“ ihn von der Erde. Erst 66 Jahre später kam er wieder zurück. Für ihn war kaum Zeit vergangen, er alterte nicht - die Erde hingegen enorm.

All dies - Reisen in der vierten Dimension - sind heute keine Spekulation mehr. Inzwischen vertreten ernstzunehemende Wissenschaftler die Meinung, daß dieses durchaus möglich ist. Auch Albert Einsteins Erbe, der weltberühmte Physiker und Mathematiker Professor Dr. Stephen Hawking (Universität Cambridge), derzeit das größte Genie unserer Zeit, ist von der zukünftigen Machbarkeit von Zeitreisen überzeugt. „Zeitreisen sind grundsätzlich möglich!“, verkündete er im Oktober 1995. Ob auch er das altjüdische Schrifttum kennt? Denn, wie sagt das Buch Ezechiel so treffend: „sie haben Augen um zu sehen, und sehen nichts“ (Ez. 12,2).

Teil IV

Anhang

Epilog: *Gott* nur ein Wunschtraum?

Vieles, was Sie nun in diesem Buch gelesen haben, *ist* Spekulation. Aber vieles ist auch nicht von der Hand zu weisen, denn in den heiligen Texten der Welt steht es nun einmal geschrieben. Entweder, wir nehmen die Schriften wörtlich, die uns von der Herniederkunft der „Herrn" aus dem Himmel berichten, oder wir betrachten sie als schlichte „Vision" der Propheten.

Deuten wir sie als Visionen, als nicht tatsächlich geschehene und gesehene Dinge, dann frage ich mich, wie kann man darauf (auf die Bibel) Weltreligionen aufbauen? Vertreten wir aber den Standpunkt, daß alles so oder zumindest ähnlich ablief, wie es die heiligen Bücher berichteten, dann frage ich: Welch ein „Gott" handelt wie dieser? Weshalb benötigt er „Wagen" zur Fortbewegung und warum erscheint er uns schlicht menschlich?

Und der Leser, der es mir verübelt, daß ich apokryphe Schriften mit denen des Alten Testamentes gleichsetzte oder als Vergleichsmaterial heranzog, den möchte ich auf den Klappentext der von mir hauptsächlich benutzten Rießler-Apokryphensammlung hinweisen, in der es unter anderem heißt:

„*Mit vollem Recht wird heutzutage diesen außerkanonischen Schriften des Judentums weit mehr Beachtung geschenkt als früher; denn sie gewähren vor allem einen Einblick in die Geistesströmungen und Anschauungen der Juden vor und nach Christi Geburt. Sie sind außerordentlich wichtig für das Studium des Alten und Neuen Testamentes, sowie der neutestamentlichen Zeitgeschichte und sind eine große Hilfe für die Bibelexegese.*"

Dem pflichte ich bei.

Ich deute die Schriften nicht als plumpe Visionen geistesgestörter Propheten. Jedoch komme ich - wie viele andere - zu dem Resultat, dieser „Gott", „Herr", „Jahwe", „Elohim" oder „Höchste" war nicht *GOTT*! Der biblisch/apokryphe „Herr", die Elohim, Wächter, Engel und Himmelssöhne der Genesis und Apokryphen und die Wesen anderer Kulturen kamen aus dem All, es waren „Götter der Sterne", Wesen einer hochentwickelten, außerirdischen Zivilisation.

Diese „Sternengötter" kamen auf die Erde, schufen den Menschen und vollbrachten hier noch viele andere Dinge, die wir erst heute zu verstehen beginnen und die in den biblischen und verwandten Schriften nachgelesen werden können. Lassen wir meine Behauptung so stehen, was wird dann aus unserem Glauben, unserer Hoffnung und Verehrung des *realen Gottes*?

Verfolgen wir den Gedanken an außerirdische Wesen einmal rückwärts: Fremde Wesen aus dem All kamen einst auf unsere kleine Erde. Am äußeren Rand der Milchstraße (unserer Galaxis) zieht sie ihre Bahn und kann keineswegs von sich behaupten, die Spitze der gigantischen und unfaßbaren Schöpfung zu sein. Unser Sonnensystem gehört vermutlich der dritten oder vierten Generation des Universums an (der *Big Bang* soll vor 13 bis 18 Milliarden Jahren stattgefunden haben). Vor ca. 4½ Milliarden Jahren entstand es, und zu jener Zeit erloschen bereits andere Systeme, die ebenfalls fünf Milliarden Jahre (oder länger oder kürzer) existierten.

Die Außerirdischen kamen vermutlich von einem älteren Planetensystem auf die Erde. Sie blickten auf eine fortgeschrittene geistige und vor allem technische Evolution zurück und hatten wahrscheinlich ihre „Probleme“ gelöst, als es noch nicht einmal die Erde gab. Sie erreichten unseren Planeten - wie auch immer - und schufen durch Kreuzungen den intelligenten Menschen nach ihrem Bilde. Die technische Macht dieser Raumfahrer kam den Menschen vor Jahrtausenden wie Magie und Wunder vor - sie wurden zu „Göttern“.

War es so, und ist all unser Glaube umsonst? Ist *Gott* nur eine Illusion, ein Wunschtraum der Menschen, um die sonst unfaßbare Schöpfung zu verstehen? Nein. Selbst wenn wir annehmen, diese Außerirdischen seien eine „Züchtung“ von anderen Aliens und diese wiederum von einem anderen Sternenvolk usw., so führt dieser Gedanke irgendwann einmal zum Urknall, zur Entstehung des gesamten Universums. Es soll aus dem Chaos, einem heillosen Durcheinander, entstanden sein und sich so ausgedehnt haben, wie es sich heute zeigt - und es weitet sich immer noch aus.

Noch im 17. Jahrhundert glaubte die (christliche) Menschheit, daß die Erde das Produkt eines „Gottes“ ist. Die Bibel durfte als einziges Buch als wahres Geschichtsbuch betrachtet werden. Noch 1654 ermittelte der englische Theologe John Lightfoot anhand biblischer Zahlenangaben die Erschaffung der Erde am 26. Oktober 4004 v. Chr. um neun Uhr morgens!! Solche Datierungen sind unhaltbar und waren zum Teil auch dafür verantwortlich, daß Fossilien als Probestücke „Gottes“, Nachahmungen des Teufels oder durch die Sintflut getötete Tiere angesehen wurden...

Im Jahr 1927 spekulierte der belgische Astrophysiker Georges Lemaître: Da sich das Universum offensichtlich ausdehnt, wie es 1917 der niederländische Astronom Willem de Sitter theoretisch formulierte, muß es irgendwann einmal in einem einzigen Körper zusammengeballt existiert haben. Diesen „Körper“ nannte er *kosmisches Ei*, und es ist der Grundgedanke des Urknalls. Aber den Ursprung dieses „Es“- das unbekannte „Davor“ - kennt niemand, und die religiöse Vorstellung eines Schöpfers wurde allmählich verdrängt! Bis heute mühen sich die Physiker immer noch damit ab, die Herkunft des Universums zu klären. Die theoretischen Modelle von der chaosartigen Expansion des Kosmos, seien sie auch noch so kompliziert und umfangreich, können meiner Meinung nach nicht - wahrscheinlich sogar nie - ohne einen *realen Gott* auskommen.

All dieses ist kein Chaos, sondern SCHÖPFUNG. Alles, was ist, und alles, was sein wird, ist geschaffen worden. Die Außerirdischen, die uns hypothetisch in der Vergangenheit besuchten und vielleicht(?) heutzutage in Ufos herumfliegen, sind ebenfalls nicht einfach aus dem *Nichts* entstanden - auch wenn sie von anderen Wesen erschaffen wurden. Der „Big Bang" ist ebenfalls nicht einfach dagewesen, auch er muß einen Ursprung haben. Meinetwegen - die Wissenschaftler unserer Tage gehen mit ihren Gedanken unglaublich weit! - ist der Urknall das Resultat eines vorher existierenden Universums, das wieder zusammenfiel. Vielleicht stimmt die These, daß auch unser jetziges Universum sich irgendwann einmal wieder zu einem „Urkern" komprimiert, der sich in einem erneuten Urknall wieder zu einem neuen Kosmos entfaltet. Unsere großartigen Wissenschaftler können die Entstehung des Universums nach dem „Big Bang" auf Bruchteile einer Sekunde nachvollziehen. Aber: Wo ist der Anfang, und warum kam es überhaupt zum „Knall"?

Am Anfang allen Seins und Werdens liegen nicht nur der theoretische Urknall und mathematische Rechenmodelle, sondern der *wahre GOTT*. Es gibt einen multi- und interdimensionalen Schöpfer des Universums, denn sei die Menschheit noch so weit fortgeschritten, in tausend oder hunderttausend Jahren, den Anfang von allem wird sie nie begreifen. Es ist der wahrhaftige *Gott*, der Geist der Schöpfung, den niemand benennen, niemand fassen, keine Formel berechnen, kein Wort beschreiben und keine Dimension erklären kann!

Dieser *Gott*, das Gesetz der scheinbar endlosen Schöpfung, ist nicht zu begreifen, und seine „Taten" sind unmöglich zu interpretieren. Und selbstverständlich kann auch ich ihn nicht begreiflich machen. Aber blicken wir auf die Schöpfung, so ist die Allgegenwart des unfaßbaren, *realen Gottes* offensichtlich. So wie es Napoleon I. vor Jahrhunderten ausdrückte:

„Gott ist überall im Weltall sichtbar, und jene Augen, die ihn nicht wahrnehmen, sind wahrlich blind oder schwach."

Davon bin ich überzeugt - ich glaube an diesen *Schöpfer-Gott*.

Die jahrhundertealte Theologie hat bis heute unzählige Interpretationen von verschiedenen Berichten und Ereignissen anzubieten. Die Bibliotheken sind voll von religiös motivierten Büchern, die die Bibel zu „deuten" versuchen, um ihre „Wahrheit" zu ergründen (dieses Buch gehört dazu). Dabei ändert sich aufgrund neuer textlicher, naturwissenschaftlicher und archäologischer Forschungen die Exegese der heiligen Schrift zuweilen enorm. Hier sei nur auf die Schöpfungsgeschichten und die Adam- und Eva-„Sage" hingewiesen, die wohl bis heute wie keine andere Überlieferung der Bibel derart umfassend neu ausgelegt wurde.

Auch andere Teile des Alten Testamentes wurden und werden immer wieder neu erklärt, wobei sich nicht einmal die studierten Theologen und Exegeten auf ein einheitliches Geschichtsbild der Bibel einigen können. Ich bin bis heute aus persönlichen Gründen Mitglied der katholischen Kirche und habe das Alte Testament in dem vorliegenden Werk ebenfalls neu „interpretiert", und glaube, dabei auf eine Fülle von ungöttlichen Berichten und Aussagen gestoßen zu sein. Aber tagtäglich zerbrechen sich gebildete Theologen ebenfalls den Kopf darüber, wie die Heilige Schrift richtig zu verstehen ist - dabei steht es geschrieben.

Man mag als regelmäßiger (nicht nur zu Weihnachten) und tief religiöser Kirchgänger dieses Buch mit Abscheu betrachten. Das ändert nichts an meinem ganz persönlichen Glauben und an den Textzitaten in diesem Buch.

Der böse Vorwurf, hier wird eine Art „Ersatzreligion" verbreitet, ist nicht stichhaltig. Denn für welche Religion sollte diese ein Ersatz sein? Für das Christentum, welches sich noch in evangelisch und katholisch spaltet, für den islamischen Glauben, oder den Buddhismus (wobei buddhistische Quellen auch im Christentum zu finden sind)? Jeder Moslem könnte einem Christen vorwerfen, er glaube an die falsche Sache, genauso natürlich umgekehrt. Das vorliegende Buch ist keine „Heilige Schrift" einer Ersatzreligion (was immer das sein mag), sondern eine Theorie, eine neue Auslegung religiöser Schriften. Niemand braucht irgend etwas davon zu „glauben". Dieses Buch fordert keine Umstellung der alltäglichen Lebensweise oder finanzielle Unterstützung, wie es typisch für Religionen oder Sekten ist. Hier wird keine Heilsbotschaft oder eine Messiaserwartung verkündet, sondern altes Schriftgut neu analysiert und auslegt. Noch weniger, und dies sei auf das deutlichste betont, wird hier eine Art *Endzeit* prophezeit, die wir unserem falschen Glauben und irdischem Verhalten zu verdanken haben. Die Außerirdischen der Bibel und andere Texte werden uns nicht irgendwann einmal in den Himmel evakuieren, wenn wir unseren Lebensraum Erde zerstört haben. Es werden keine selbsternannten *Sternenbrüder* oder *Sternenpeople* an die Öffentlichkeit gehen, um uns den Weg in die Ufos zu weisen, um uns so in die vermeintlich „göttliche" Obhut ebenso vermeintlicher „Lichtwesen" oder einem „außerirdischen" Jesus Christus, der nun eine Raumflotte von „Strahlenschiffen" kommandiert, zu übergeben...

Lars A. Fischinger, Herbst 1997

Dankesworte

An dieser Stelle möchte ich der sehr angenehmen „Pflicht" nachkommen, den Menschen, die das vorliegende Buch in irgendeiner Form unterstützt haben, meinen Dank auszusprechen:

Als ich im März 1996 beschloß, ein Buch mit Schwerpunkt Altes Testament und nichtkanonisierten Überlieferungen zu schreiben, war der Vertrag zu meinem ersten Buch „Göttliche Zeiten" noch nicht einmal unter Dach und Fach. Aber schon lange Jahre habe ich mich intensiv mit diesem Thema beschäftigt und entsprechendes Quellenmaterial studiert, und so merkte ich bei den handfesten Vorbereitungen zu dem vorliegenden Buch sehr schnell, daß das Thema viel interessanter ist, als ich es zuvor ahnte.

Je intensiver ich mich an die Arbeit machte, meine zahllosen Ideen und Notizen, die sich im Laufe der Jahre ansammelten, zu ordnen, je mehr bereute ich es, in meinem ersten Buch diese Themen nicht ausführlicher behandelt zu haben. Mir wurde aber auch schnell klar, daß ein derart verwobenes und komplexes Thema nur in einem eigenständigen Buch ausführlicher behandelt werden kann und muß.

Natürlich ist das vorliegende Buch nicht meine alleinige Arbeit. Es bedurfte der Unterstützung anderer Menschen, die mir mit Rat, Tat, kritischen Argumenten und einem offenen Ohr zur Seite standen und bei denen ich mich an dieser Stelle bedanken möchte.

Zuerst sei hier natürlich meine Freundin Marion Bayer genannt. Schon bei meiner jahrelangen Arbeit an meinem ersten Buch war sie nicht von meinen - für sie sicherlich nicht immer nachvollziehbaren - Gedanken verschont geblieben. Auch bei der Arbeit an diesem Manuskript konnte ich meine Ideen und Gedanken natürlich nicht alleine für mich behalten, und so kam das Gesprächsthema immer wieder auf Gott und das Alte Testament.

Besonders danken möchte ich natürlich auch dem evangelischen Theologen und Schriftsteller Herrn Walter-Jörg Langbein, dem ich das Vorwort zu diesem Buch zu verdanken habe und der mir inzwischen ein guter Freund geworden ist. Herr Langbein hat im Rahmen seiner Forschungsreisen weit mehr als 300.000 Kilometer auf den Spuren der Außerirdischen auf unseren Globus zurückgelegt und war für mich immer eine wertvolle Hilfe und „Bildquelle". Aufgrund der Tatsache, daß Herr Langbein studierter Theologe ist und die hebräische Bibel selber ins Deutsche übersetzt hat und somit umfangreiche Kenntnisse der Materie besitzt, war er für mich eine unschätzbare Hilfe. Menschen wie er, die auch jungen Interessierten immer zur Seite stehen, sind leider sehr selten.

Auch meinem Schweizer Freund Martin Lehmann sei gedankt. Er war Herausgeber des großartigen Fachmagazins *New Scientific Times* (zuvor *DISCOVER*), in dem ich vor Jahren mein erstes Artikelchen publizieren durfte. Leider mußte trotz großartiger Entwicklung des Heftes die Veröffentlichung eingestellt werden, aber dennoch ist er immer ein guter und hilfreicher Freund.

Das Gleiche gilt natürlich auch für meinen Freund und Kollegen Roland Roth, dem Herausgeber des köstlichen Satiremagazins *It´s a Hoax*. Auch er war Mitarbeiter der *New Scientific Times* und stand mir immer mit gutem Rat unterstützend zur Seite. Gleichzeitig wünsche ich ihm an dieser Stelle auch alles Gute mit seinem neuen Fachmagazin *OMICRON*, zu dem er mich als Mitarbeiter „berufen" hat.

Mario Ringmann (und seine Freundin Sandra Grabow) von der *UIG*, Herausgeber der *Unknown Reality*, Freund und sehr netter Zeitgenosse, darf natürlich nicht vergessen werden. Ich danke ihm sehr, daß er immer für ein sehr informatives Telefongespräch zu haben war und es sicher auch in Zukunft sein wird. Natürlich danke ich auch dafür, daß er in jeder Ausgabe seines Magazins dem Leser immer „frischen Wind“ zu spekulativen Themen bietet - trotz „Nachtarbeit“.

Die Mitherausgeberin des *Magazin 2000* und Kollegin von Herrn Michael Hesemann, Frau Ingrid Schlotterbeck, gebührt ebenfalls mein Dank.

Für die Zurverfügungstellung von wertvollem Bildmaterial für dieses Buch möchte ich natürlich auch dem bekannten Schriftsteller und sehr netten Kollegen Herrn Peter Krassa aus Wien, Österreich, dankend erwähnen.

Des weiteren möchte ich natürlich folgende Menschen und Organisationen nicht vergessen, die mir auf die ein oder andere Art geholfen haben, das vorliegende Buch zu verwirklichen:

„Weltenbummlerin“ Kerstin Scheibe, die immer interessante Gesprächsthemen hat; Herrn Thomas Mehner, ehemaliger Chefredakteur von *Wissenschaft ohne Grenzen* (*WOG*); besonders auch Herrn Dr. Johannes Fiebag, Redakteur der *Ancient Skies*, dem Publikationsorgan der *Ancient Astronaut Society* (*AAS*), der bereits vor Jahren einem Fremden zuvorkommend entgegenkam; Herrn Nicolas „Nico“ Benzin; die *Deutsche Forschungsanstalt für Luft- und Raumfahrt e.V.* (*DLR*); Herrn Diplombibliothekar Ulrich Dopatka von der *Stadt- und Universitätsbibliothek* Bern, Schweiz, für seine Kritik an diesem Buch; Herrn Dipl. Ing. Hans Herbert Beier; Herrn (ehem.) Prof. Dr. Dietrich von Denffer vom *Botanischen Institut der Justus-Liebling-Universität* in Gießen; Herrn Ing. Josef F. Blumrich, ehemaliger Leiter der Abteilung *Projektkonstruktion* bei der US-Raumfahrtbehörde *NASA*, USA, für Bildmaterial; Herrn Dr. h. c. Erich von Däniken; meine künstlerische Schwester Silke; der „rasenden Reporterin“ und Cousine Frauke; Herrn Prof. Dr. Hansgerd Hellenkemper vom *Römisch-Germanischen Museum* in Köln; Herrn Kardinal Joseph Ratzinger und Msgr. Dr. Josef Clemens aus dem Vatikan; Herrn Hans-Werner Sachmann; Herrn (emer.) Univ.-Prof. Dr. Friedrich Ehrendorfer von der *österreichischen Akademie der Wissenschaften/Kommission für Interdisziplinäre Ökologische Studien*; den Mitarbeitern des *Institut für Botanik und Mikrobiologie der Technischen Universität* in München; dem Vandenhoeck & Ruprecht Verlag und nicht zuletzt gilt meine Dankbarkeit natürlich auch Herrn Gerd Kirvel, dem Chefredakteur und Herausgeber der Zeitschrift *JENSEITS DES IRDISCHEN*.

Mein besonderer Dank gilt natürlich auch dem G. Reichel Verlag für die Herausgabe dieser Arbeit.

All ihnen möchte ich danken.

Lars A. Fischinger

Nachwort von Dr. Johannes Fiebag

Gab es einst Besuche außerirdischer Intelligenzen auf der Erde? Und wenn ja - haben sich diese Besuche in fremdartigen Überlieferungen über außergewöhnliche Begegnungen mit dem Unbekannten in den Mythen und Legenden der Völker niedergeschlagen?

Analysiert man die alten, z.T. mündlichen Überlieferungen und Texte unter diesem Blickwinkel, ist eine solche Interpretation ein gangbarer Weg zu ihrem Verständnis. Dies gilt auch für den hebräisch-jüdischen Raum und seine Traditionen, d. h. für die Bibel (insbesondere für das Alte Testament) und die damit in einem Zusammenhang stehenden apokryphen Texte.

Tatsächlich ist es schwer vorstellbar, daß der Schöpfer eines Universums, dessen ganze Fülle, Unermeßlichkeit und Grenzenlosigkeit uns erst in diesem Jahrhundert vollkommen bewußt geworden ist, in gleicher Weise für die schrecklichen und erbarmungslosen Eingriffe wie die Sintflut, die Zerstörung von Sodom und Gomorrah, das Massaker von Jerusalem, über das Ezechiel berichtet, ja letztlich auch die Hinrichtung seines eigenen „Sohnes“ verantwortlich sein soll, nur um die sich entwickelnde Intelligenz auf einem Planeten einer durchschnittlichen Sonne am Rande einer durchschnittlichen Galaxis innerhalb eines durchschnittlichen Galaxienhaufens in vielleicht einem Universum von unendlich vielen zur Räson zu bringen. Gleichfalls ist es schwer vorstellbar, daß dieser Schöpfer sich mit rauchenden, lärmenden, feuerspeienden Fluggeräten zu diesem Planten begibt, dort arme Wüstenbewohner erschreckt und nichts besseres zu tun weiß, als diesen gegenüber durch sein Tun und Handeln beständig die eigene Unwissenheit und Nicht-Allmächtigkeit zu beweisen.

Die alten Texte und eben auch die der Bibel sprechen nicht von Gott. Sie sprechen von mächtigen (aber nicht allmächtigen) Wesen, die fraglos einer höheren Entwicklungsstufe zuzurechnen sind als die damaligen Menschen, die aber nichtsdestotrotz Lebewesen waren ähnlich wie wir auch, Lebewesen mit allen Fehlern (und fraglos auch guten Seiten) eines intelligenten Geschöpfes.

Das vorliegende Buch von Lars A. Fischinger vermag zahlreiche Hinweise auf die wahre Natur „Jahwes“ und seiner „Engel“ zu liefern. Diese Wesen kamen, wie schon Jesaja wußte, „aus fernen Landen, vom Ende des Himmels“, aber gewiß nicht aus dem Himmels selbst. Sie kamen aus dem Weltraum, von den Sternen, und sie benutzten unsere Erde als Experimentierfeld. Ihre wahren Interessen bleiben uns verborgen, auch die Bibel kann uns darüber keine Auskunft geben. Die Motivation ihres Tuns ist für uns ein Rätsel, und ob wir sie in absehbarer Zeit erfahren, sei dahingestellt.

Darum kann es aber noch gar nicht gehen, befinden wir uns doch in der allerersten Phase des Erkennens und der Datenaufnahme. Es gilt, soviel Informationen zusammenzutragen, wie dies unter den gegebenen Umständen möglich ist. Dies ist sicher kein einfaches Unterfangen, wird diese Arbeit doch derzeit weder vom wissenschaftlichen Establishment noch von der Gesellschaft selbst in irgendeiner Weise unterstützt oder honoriert.

Umso größer ist das persönliche Engagement jener einzuschätzen, die diesen Widerständen und Barrieren zum Trotz die Bedeutung einer solchen Arbeit erkannt haben. Damit reiht sich dieses Buch ein in eine inzwischen doch schon erstaunlich umfangreichen Liste von Arbeiten, die das Fundament für eine spätere wissenschaftliche Auseinandersetzung mit den wahren Gegebenheiten unserer Vergangenheit, unserer Gegenwart und damit sicher auch unserer Zukunft bilden werden. Es ist ein kleines, aber wichtiges Mosaiksteinchen in einem Bild, dessen Konturen allmählich sichtbar werden, zu dessen Fertigstellung aber noch viel Detailarbeit notwendig sein wird.

Und das ist die Aufgabe von uns allen.

Dr. Johannes Fiebag

Bad Neustadt, März 1997

Quellennachweis

Bibeln

Auf Grund der variierenden Ausdrucksweisen und Übersetzungen, sowie dem unterschiedlichen Umfang der Verskommentare, habe ich folgende Bibelausgaben herangezogen. Dabei sind die Verszitate hauptsächlich der letztgenannten Bibel entnommen worden.

- *Tausend-Bilder-Bibel,* Bd. II (Deutsche-Verlags-Anstalt vermutlich 1908)
- *Herders Laien-Bibel* (Herder 1938)
- *Die Bibel* (Herderbücherei 1965)
- *Die Gute Nachricht: Die Bibel in heutigen Deutsch* (Deutsche Bibelgesellschaft 1982)
- *Die Bibel - Einheitsübersetzung der Heiligen Schrift* (Pattloch 1983)
- *Die Bibel,* in der Übersetzung von D. Martin Luther 1545 (Weiss Verlag 1986)
- *Neue Jerusalemer Bibel* (Herder 1985)

Allgemeine Quellen:

- Asimov, Isaak: *500.000 Jahre Erfindungen und Entdeckungen* (Bechtermünz 1996)
- Asimov, Isaak: *Wie alles anfing* (Heyne 1990)
- Barthel, Manfred: *Was wirklich in der Bibel steht* (Econ 1980)
- Beier, Hans Herbert: *Kronzeuge Ezechiel* (Ronacher 1985)
- Berlitz, Charles: *Das Atlantis Rätsel* (Knaur 1978)
- *Bibel von A bis Z* (Württembergische Bibelanstalt 1969)
- Blumrich, Josef F.: *Da tat sich der Himmel auf* (Ullstein 1994)
- Bray, Warwick & Trump, David: *Lexikon der Archäologie*, Bd. 2 (Rowohlt 1975)
- Buchberger, Michael: *Lexikon für Theologie und Kirche*, (kath.) Bd. 1-10, Auswahlen (Herder 1957)
- Burrows, Millar: *Die Schriftrollen vom Toten Meer* (C. H. Beck, o. J.)
- Buttler, Johannes von: *Die Methusalem-Formel* (Bettendorf 1994)
- Buttler, Johannes von: *Adams Planet* (Herbig 1991)
- Charroux, Robert: *Phantastische Vergangenheit* (Ullstein 1990)
- *Christlicher Glaube in moderner Gesellschaft*, Bd. 3 (Herder 1981)
- Clemes, Josef & Ratzinger, Josef Kardinal (Vatikan): *Persönliche Mitteilung an den Autor vom 21. November 1996*
- Closen, Gustav E.: *Wege in die Heilige Schrift* (Friedrich Pustet 1955)
- Cools, P.J. (Hrsg.): *Die biblische Welt*, Bd. 1: Das Alte Testament (Walter 1965)

- Cornfeld, G. & Botterweck, G.J. (Hrsg.): *Die Bibel und ihre Welt* (Enzyklopädie, Sammlung Lübbe 1988)
- Daniel, Glyn: *Enzyklopädie der Archäologie* (Nikol 1996)
- Däniken, Erich von: *Prophet der Vergangenheit* (Econ 1979)
- Däniken, Erich von: *Der Jüngste Tag hat längst begonnen* (C. Bertelsmann 1995)
- Däniken, Erich von: *Beweise* (Econ 1977)
- Daumas, François: *Ägyptische Kultur im Zeitalter der Pharaonen* (Büchergilde Gutenberg 1969)
- Denffer, Dietrich von, Ehrendorfer, Friedrich, Mägdefrau, Karl & Ziegler, Hubert: *Lehrbuch der Botanik* (Gustav Fischer 1978)
- *Der Koran*, überarbeitet und übertragen von L. Ullmann (Gondrom 1993)
- Derolez, R. L. M.: *Götter und Mythen der Germanen* (F. Englisch 1976)
- Deutsche Bischofskonferenz vom 3. Juli 1985 (Hrsg.): *Katholischer Erwachsenen-Katechismus* (Verband der Diözesen Deutschlands, 3. Auflage 1985)
- Dittfurth, Hoimar von: *Im Anfang war der Wasserstoff* (Hoffmann & Campe, o. J.)
- Drechsel, Joachim, Meyer-Baltensweiler, Elisabeth & Williams,
- Derek: *Bibel Lexikon* (Brunnen 1994)
- Dreissen, Josef (Hrsg.): *Glaubensverkündigung für Erwachsene* (Herder-Buchgemeinde 1969)
- Ehrendorfer, Friedrich: *Persönliche Mitteilung an den Autor vom 14. November 1996*
- Eisenman, Robert & Wise, Michael: *Jesus und die Urchristen* (Goldmann 1994)
- Farkas, Viktor & Krassa, Peter: *Lasset uns Menschen machen* (Ullstein 1987)
- Fiebag, Johannes & Peter: *Zeichen am Himmel* (Ullstein 1995)
- Fischinger, Lars A.: *Göttliche Zeiten* (Tebbert 1996)
- Fischinger, Lars A.: *Und die Apokryphen haben doch recht* (unveröff. Manuskript)
- Fohrer, Georg: *Vom Werden und Verstehen des Alten Testaments* (Siebenstern 1986)
- Fowler, Raymond E.: *Die Wächter II* (G. Reichel Verlag 1996)
- Fox, Robin Lane: Im *Anfang war das Wort* (C. Bertelsmann 1995)
- Gilgamesch-Epos In: Werner Papke: *Die Geheime Botschaft des Gilgamesch* (Weltbild 1994)
- Gentes, Lutz: *Die Wirklichkeit der Götter* (Bettendorf 1996)
- Good, Timothy: *Jenseits von Top Secre* (Zweitausendeins 1991)
- Grömling, Willi: *Herschergeschlechter - Göttergeschlechter?* In: *Sind wir allein?*, Hrsg. von Ulrich Dopatka (Econ 1996)
- Groth, Klaus-Ulrich: *Präastronautische Aspekte der Qumran-Rollen* In: *Fremde aus dem All*, Hrsg. v. Erich von Däniken (Goldmann 1995)
- Gutbrod, Karl: *Das Buch vom Reich* (Calwer 1958)

- Gutmann, Wolfgang Fr.: *Mußten außerirdische Götter den Menschen erzeugen?* In: *Waren die Götter Astronauten?*, Hrsg. von Ernst von Khun (Econ 1970)
- Haag, Herbert (Hrsg.): *Bibel Lexikon* (Benzinger 1968)
- Hancock, Graham: *Die Wächter des heiligen Siegels* (Lübbe 1992)
- Hausdorf, Hartwig: *Die weiße Pyramide* (Langen Müller 1994)
- Herrlich, Peter: *Was ist Leben? Fakten und Fragen der Biologie* (Ueberreuter 1977)
- Hesemann, Michael: *Geheimsache U.F.O* (Silberschnur 1994)
- Holbe, Reiner: *Neue phantastische Phänomene* (Herbig 1994)
- Holroy, Stuart: *Der Mensch und seine Götter* (Christoph Columbus o. J.)
- *Jerusalem und seine große Zeit*, zahlreiche Autoren (Arena 1978)
- Kanjilal, Dileep Kumar: *Fliegende Maschinen im Alten Indien* In: Erich von Däniken: *Habe ich mich geirrt?* (Goldmann 1988)
- Kanjilal, Dileep Kumar: *Fliegende Maschinen und Weltraumstädte im antiken Indien* In: *Aus den Tiefen des Alls*, Hrsg. von P. & J. Fiebag (Hohenrain 1985)
- *Katechismus der Katholischen Kirche* (Paulusverlag 1993)
- Keller, Werner: *Und die Bibel hat doch recht* (Econ 1955)
- Konzelmann, Gerhard: *Die Hebräer* (Herbig 1990)
- Konzelmann, Gerhard: *Aufbuch der Hebräer* (Desch 1976)
- König, Franz: *Der Glaube der Menschen* (Borromäusverein 1985)
- Krassa, Peter: *Gott kam von den Sternen* (Ullstein 1995)
- Krassa, Peter: *Rätsel im biblischen Schöpfungsbericht* in: *Neue kosmische Spuren*, Hrsg. von Erich von Däniken (Goldmann 1992)
- Krickeberg, Walter: *Altmexikanische Kulturen* (Safari 1971)
- Küng, Hans & Ching, Julia: *Christentum und chinesische Religion* (Piper 1988)
- Langbein, Walter-Jörg: *Astronautengötter* (Ullstein 1995)
- Langbein, Walter-Jörg: *Die biblischen Urtexte* in: *Fremde aus dem All*, Hrsg. von Erich von Däniken (Goldmann 1995)
- Langbein, Walter-Jörg: *Das Sphinx-Syndrom* (Langen Müller 1995)
- Langbein, Walter-Jörg: *Das Rätsel der Steinverglasungen* In: *Kosmische Spuren*, Hrsg. von Erich von Däniken (Goldmann 1989)
- Langbein, Walter-Jörg: *Persönliche Mitteilung an den Autor vom 4. August 1996*
- Laine, Tapio: *Metatron ergänzt Ezechiel* in: *Neue kosmische Spuren* Hrsg. von Erich von Däniken (Goldmann 1992)
- Lurker, Manfred: *Lexikon der Götter und Dämonen* (Kröner 1989)
- Lurker, Manfred: *Wörterbuch biblischer Bilder und Symbole* (Kösel 1973)
- Lurker, Manfred: *Die Botschaft der Symbole* (Kösel 1990)
- Luschin, Immo (Übers.): *Das Buch Mormon* (Kirche Jesu Christi der Heiligen der Letzten Tage 1988)

- Lutz, Hanns-Martin & Timm, Hermann & Hirsch, Eike Christian (Hrsg.): *Das Buch der Bücher - Altes Testament* (R. Piper & Co. 1977)
- Mann, Golo & Heuß, Alfred: *Propyläen Weltgeschichte* (Propyläen 1961, Nachdruck o. J.)
- Markale, Jean: *Die Druiden* (Weltbild 1995)
- Mazière, Francis: *Insel des Schweigens* (Ullstein 1967)
- Meckelburg, Ernst: *Zeittunnel* (Weltbild 1993)
- Meckelburg, Ernst: *Zeitschock* (Langen Müller 1995)
- Mendelssohn, Kurt: *Das Rätsel der Pyramiden* (Weltbild, 1995)
- Mertens, Heinrich A.: *Handbuch der Bibelkunde* (Patmos 1984)
- Moraldi, Luigi: *Nach dem Tode* (Benzinger 1987)
- Müller, Ernst (Hrsg./Übers.): *Der Sohar* (Diederichs, Gelbe Reihe, Bd. 35, 1995)
- Nack, Emil: *Götter, Helden und Dämonen* (Ueberreuter 1980)
- Niederhäuser, H. R.: *Fremde Länder - Fremde Völker* (Freies Geistesleben 1960)
- Nigg, Walter: Drei große Zeichen: *Elias, Hiob, Sophia* (Walter 1972)
- Papst, Walter: *Der Götterbaum* (Herbig 1994)
- Projektgruppe Glaubensinformation: *Schlag nach bei Mose* (Rasch und Röhring 1989)
- *Reich Gottes* (Käsel 1957)- Rießler, Paul (Hrsg./Übers.): *Altjüdisches Schrifttum außerhalb der Bibel* (F.H Kerle 1928, 6. Auflage 1988)
- Pinson, R.W.: *Deutsche Götter- und Heldensagen* (Gondrom 1980)
- Risi, Armin: *Gott und die Götter*, Bd. 1 (Govinda 1995)
- Ritter, Thomas: *Das Rätsel der Marienerscheinungen* (GTT 1995)
- Sachmann, Hans-Werner: *Weltkriege in grauer Vorzeit?* in: *Neue kosmische Spuren*, Hrsg. von Erich von Däniken (Goldmann 1992)
- Sachmann, Hans-Werner: *Persönliche Mitteilung an den Autor vom 17. November 1996*
- Scharbert, Josef: *Sachbuch zum Alten Testament* (Pattloch 1981)
- Schedl, Claus: *Geschichte des Alten Testaments*, Bd. 3: *Das goldene Zeitalter Davids* (Tyrollia 1959)
- Schmökel, Hartmut (Hrsg.): *Kulturgeschichte des Alten Orient* (Weltbild 1995)
- Sitchin, Zecharia: *Der zwölfte Planet* (Knaur 1989)
- Sitchin, Zecharia: *...und die Anunnaki schufen den Menschen* (Bettendorf 1995)
- Sitchin, Zecharia*: Die Kriege der Menschen und der Götter* (Knaur 1991)
- Schipple, Gunnar von: *Biblische Dokumente und die kosmische Astronautentheorie* in: *Waren die Götter Astronauten?*, Hrsg. von Ernst von Khun (Econ 1970)
- Schüler Duden: *Die Religionen* (Duden Verlag 1980)
- Skaja, Peter: *Die ältesten Flugüberlieferungen* in: *Neue kosmische Spuren*, Hrsg. v. Erich von Däniken (Goldmann 1992)

- Sorger, Karlheinz: *Was in der Bibel wichtig ist* (Kösel 1992)
- Sproul, Barbara C.: *Schöpfungsmythen der östlichen Welt* (Diederichs, Gelbe Reihe, Bd. 104, 1993)
- Sproul, Barbara C.: *Schöpfungsmythen der westlichen Welt* (Diederichs, Gelbe Reihe, Bd. 105, 1994)
- Steinhäuser, Gerhard R.: *Heimkehr zu den Göttern* (Ullstein 1997)
- Staimer, Edeltraut: *Bilder vom Anfang* (Pfeiffer 1981)
- Tatford, Frederick A.: *Prophetie und die Zukunft der Welt* (Hermann Schulze Wetzlar 1969)
- Temple, Robert K.G.: *Das Sirius-Rätsel* (Ullstein 1996)
- *Terra X*-TV-Sendung vom 2. Januar 1997 auf „3sat"
- Thompson, Keith: *Engel und andere Außerirdische* (Droemer Knaur 1993)
- Timm, Marianne (Hrsg.): *Ein Weg durch die Bibel* (Vandenhock & Ruprecht 1978)
- Tipler, Frank J.: *Die Physik der Unsterblichkeit* (Kremayr & Scheriau 1994)
- Toynbee, Arnold: *Menschheit und Mutter Erde* (claassen 1979)
- Tollmann, Alexander & Edith: *Und die Sintflut gab es doch* (Knaur 1995)
- Trutwin, Werner: *Gesetz und Propheten* (Patmos 1967)
- Uhlig, Helmut: *Die Sumerer* (Bastei Lübbe 1989)
- Vollmer: *Lexikon der Mythologie* (1874, Nachdruck o. J.)
- Weidinger, Erich: *Die Apokryphen* (Pattloch 1994)
- Westermann, Claus: *Umstrittene Bibel* (KreuzVerlag 1960)
- Willms, Bernhard: *Gott unter Göttern* (Ferdinand Schöningh 1949)

Fachartikel & Zeitungen:

- *Adam und Eva oder wie der moderne Mensch entstand,* in: PM-Magazin Nr. 3/1980
- *Allgemeine Zeitung* (Lokalzeitung des Autors) vom 24. November 1995
- *Apfel vom Mars,* in: Der Spiegel Nr. 34/1996
- Beier, Hans Herbert: *Das Vermächtnis des Hezechiel* In: *G.R.A.L.* Nr. 1/1995
- Bildzeitung vom 24. November 1995
- Birg, Heinz Günter: *Abbilder Gottes?*, Teil I & II In: *JENSEITS DES IRDISCHEN* Nr. 8/1996 & 9/1996
- Collington, Patrick: *Rätsel in der Wüste Gobi - der Beweis?* in: *Ancient Skies* Nr. 3/1991
- Däniken, Cornelia von: *Embryo-Transfer im alten Indien* in: *Ancient Skies* Nr. 3/1991
- Dendel, Jörg: *Die Gestalt der Bundeslade* In: *G.R.A.L.* Nr. 2/1996
- Dendel, Jörg: *Die „Himmelfahrt" des Romulus* In: *Ancient Skies* Nr. 2/1993
- *Der Mythos vom Heiligen Land - Archäologen überprüfen das Alte Testament* (zahlreiche Autoren und Beiträge) In: *Bild der Wissenschaft* Nr. 12/1996

– Eberlein, Gerhard L.: *UFOlogie als Ersatzreligion* (Interview) In: *FOCUS* Nr. 45/1995
– *Fand die Sintflut am Persischen Golf statt?* In: *Bild der Wissenschaft* Nr. 12/1996
– Fischinger Lars A.: *Insel des Schweigens* In: *New Scintific Times* Nr. 3/1996
– Fischinger, Lars A. *Sumer, die Quelle des Lebens* In: *New Scintific Times* Nr. 3/1995
– Fischinger, Lars A.: *Die religiösen Überlieferungen Kapitel sonderbarer Geschehnisse*, Teil I & II In: *JENSEITS DES IRDISCHEN* Nr. 6/1995 & 1/1996
– Fischinger, Lars A.: *Worte Gottes? Einblicke in biblische und apokryphe Überlieferungen*, Teil I & II In: *JENSEITS DES IRDISCHEN* Nr. 8/1996 & 9/1996
– Wolf, U.: *Hallo Erdling* In: *FOCUS* Nr. 45/1995
– Krassa, Peter: *Ezechiel - Der unverstandene Prophet* In: *Ancient Skies* Nr. 1/1995
– Lehmann, Martin: *Henoch zum Zweiten* In: *DISCOVER* Nr. 4/1994
– Meckelburg, Ernst: *Zeitmaschinen - Die Zukunft hat uns eingeholt* In: *G.R.A.L.* Nr. 1/1995
– Pohlke, Annette: *Übersehene Probleme des Hezechiel-Buches* In: *G.R.A.L.* Nr. 1/1995
– Rohrer, Wilfried: *Zeitreisen - bald Realität?* In: *New Scientific Times* Nr. 1/1996
– Sitchin, Zecharia: *Die Sintflut - Hat sie wirklich stattgefunden?* In: *Magazin 2000* Nr. 3/1994
– Thiede, Roger: *Die Wahrheit der Bibel* In: *FOCUS* Nr. 52/1995
– Zick, Michael: *Die verbannte Göttin* In: *Bild der Wissenschaft* Nr. 12/1996

Diskussionen und Gespräche mit religös interessierten Menschen, mit Freunden und Kollegen trugen einen erheblichen Teil zur Realisierung dieses Buches bei.

Themenbezogene Zeitschriften

Ancient Skies
Publikationsorgan der Ancient Astronaut Society.
Hrsg. Dr. J. Fiebag, Riemenschneiderstr. 36, D-97616 Bad Neustadt
Themen aus der Paläo-SETI, UFOs, PSI und anderen grenzwissenschaftlichen Bereichen. „Sprachrohr“ der Paläo-SETI-Gilde.

Challenge
Hrsg. G. Lorbertz, Heideweg 5, D-54614 Heisdorf
Berichte aus der Ufo-Forschung, Paläo-SETI, Archäologie sowie archäologische Rätsel und allgemeinen Themen der Grenzwissenschaft.

G.R.A.L.
Hrsg. Michael Haase, Lepsiusstr. 1, D-12163 Berlin
Themen zur Archäologie, archäologischen Rätseln, Paläo-SETI, Astronomie und Grenzwissenschaften.

Jenseits des Irdischen
Hrsg. Gerd Kirvel, Postfach 1551, D-47715 Krefeld
Berichte aus den Bereichen der Ufo-Forschung, Esoterik, Paläo-SETI und allgemeinen Grenzwissenschaft.

It´s a Hoax
Hrsg. Roland Roth, Rothwestenerstr. 9, D-34233 Fuldatal-Simmershausen
Satiremagazin zu grenzwissenschaftlichen Themen und dem übrigen Leben. Ironische Darstellungen der Erforschung des Ufo-Phänomens und der Paläo-SETI.

Magazin für Grenzwissenschaften
Hrsg. Walter L. Kelch & Stefan E. Rickes, Postfach 1106, D-56631 Plaidt
Themen der Ufo-Forschung, Paläo-SETI, Archäologie, Astronomie und Grenzwissenschaft.

OMICRON
Hrsg. Roland Roth, Rothwestenerstr. 9, D-34233 Fuldatal-Simmershausen
Themen aus der Ufo-Forschung, Paläo-SETI und anderen Bereichen der Grenzwissenschaft.

UFO-Kurier
Hrsg. Jochen Kopp, Hirschauerstr. 10, D-72108 Rottenburg
Themen aus der Ufo-Forschung, Neuigkeiten aus aller Welt und Berichte über Astronomie.

UFO-Report
Hrsg. Wladislaw Raab, Rumfordstr. 20, D-80496 München
Berichte über sämtliche Gebiete der Ufo-Forschung. Neuigkeiten zum Entführungsphänomen und neuen Sichtungen.

Unknown Reality
Hrsg. Mario Ringmann, Hamburgerstr. 11, D-15234 Frankfurt Oder
Berichte aus den Bereichen der Ufo-Forschung und der Paläo-SETI. Themen aus der Astronomie, Archäologie und grenzwissenschaftlichen Bereichen.

Bildnachweis

Abbildungen im Text ©

Archiv Autor: 16
Autor: 7, 8, 10 (nach einem altindischen Papyrus), 14
H.H Beier: Kronzeuge Ezechiel (Ullstein-Verlag): 13
J.F. Blumrich: Da tat sich der Himmel auf (Ullstein-Verlag): 11, 12, 15
M. Timm: Ein Weg durch die Bibel (Vandenhoeck & Ruprecht-Verlag): 1, 9
Z. Sitchin: ...und die Anunnaki schufen den Menschen (Bettendorf-Verlag): 4, 6
M. Hesemann: Bostschaft aus dem Kosmos (Silberschnur-Verlag): 2
Manfred Lurker: Die Botschaf der Symbole (Kösel-Verlag, München 1990): 5
Aus: Manfred Lurker, Götter und Symbole der alten Ägypter © by O.W.Bath Verlag Bern und München: 3

Bildteil ©

© NASA/JPL/RPIF/DLR: 2, 26, Umschlag
Autor: 8, 19
Dr. J. Fiebag: 16, 17, 18
E. & R. Fischinger: 10
E. v. Däniken: 20
G. Kirvel: 21
I. Schlotterbeck/Magazin 2000: 25
M. Lehmann: 24
P. Krassa: 7, 11, 14, 22, 23
W.-J. Langbein:
1, 3, 4, 5, 6, 9, 12, 13, 15, 27, 28, 29, 30, 31, 32, 33, 34, 35, 36, 37, 38, 39

Index

Namen und Sachregister

A

B

C

D

E

F

G

H

I

J

K

L

M

N

O

P

Q

R

S

T

Biblisches Stellenregister

Das Buch Exodus

Das Buch Levetikus

Das Buch Numeri

Das Buch Deuteronomium 143

Das Buch Josua

Das Buch Richter

Das erste Buch Samuel

Das zweite Buch Samuel

Das erste Buch der Könige

Das zweite Buch der Könige

Das erste Buch der Chronik

Apokryphes Stellenregister

Anmerkung: Die im Text und in dem unten stehenden Register verwendeten Abkürzungen der Apokryphen sind keine allgemeingültigen Bezeichnungen. Ich habe sie nur benutzt, um die Stellensuche zu erleichtern. Soweit nicht anders genannt nach der Übersetzung von P. Rießler.

Apokalypse des Abraham (=AA.)

Apokalypse des Baruch (griechisch) (= AB.)

Apokalypse des Baruch (syrisch) (=AB/s)

Reste der Worte Baruchs (= RdB.)

Apokalypse des Mose (= AM.)

Das Buch der Jubiläen (= Jubi.)

Das Buch Henoch (äthiopisch) (= Hen.)

Das Buch Henoch (slawisch) (= Hen/s.)

Das Buch Philo (= Philo)

Esdras viertes Buch (= E/4)

Ezechiel der Tragiker (=EdT.)

Leben Adams und Evas (= AuE.)

Schatzhöhle (=Scha.)

Übriges Stellenregister

Die Wächter II

UFOs und Nahtoderfahrungen

Raymond E. Fowler, Vorwort von Whitley Strieber
400 Seiten, viele Abbildungen, 14,5 x 21 cm

ISBN 3-926388-33-1 DM 36,00

Die Allagash Entführungen

Unwiderlegbare Beweise für das Eingreifen von Außerirdischen

Raymond E. Fowler, Vorwort von Budd Hopkins
372 Seiten, 32 Bilder, 14,5 x 21 cm

ISBN 3-926388-30-7 DM 36,00

Der Fall Andreasson

Dokumentierte Untersuchung von der Entführung einer Frau an Bord eines Ufos

Raymond E. Fowler, Vorwort von Allen Hynek
280 Seiten, 53 Bilder, 14,5 x 21 cm

ISBN 3-926388-31-5 DM 36,00

G. Reichel Verlag, Reifenberg 85, D-91365 Weilersbach, Tel. 09194-8900, Fax 09194-4262

Prophezeiungen zur Zukunft Europas

Eine Analyse von über 250 Quellen

von Stephan Berndt
1. Auflage 1997, 288 S.,
mit vielen Grafiken und Tabellen,
14,5 x 21 cm,

ISBN 3-926388-40-4 DM 29,80

Das Standardwerk zu Voraussagen für die unmittelbare Zukunft, basierend auf einer gründlichen Untersuchung von über 250 seherischen und prophetischen Quellen.

Wiederkehr der Engel

Ein meditatives Praxisbuch für deinen Lichtkörper

von Wolfgang Nothvogel
1. Auflage 1997, 120 Seiten, 14,5 x 21 cm,
Mit farbigen Meditationssiegeln

ISBN 3-926388-42-0 DM 29,00

Der Theologe und Heilpraktiker Wolfgang Nothvogel läßt in diesem Buch die Engel, die uns seit Anbeginn der Schöpfung begleiten, zu Wort kommen. Im praktischen Teil des Buches helfen uns die meditativen Übungen mit den Siegeln der Engel, ihre Liebe zu uns Menschen wahrzunehmen.

G. Reichel Verlag, Reifenberg 85, D-91365 Weilersbach, Tel. 09194-8900, Fax 09194-4262

Das Abenteuer einer Transformation

12 Jahre bei Babaji

von Gora Devi
1. Auflage Dez. 1994, 216 Seiten
zahlreiche Fotos, 14,5 x 21 cm
ISBN 3-926388-28-5 DM 32,--

BABAJI spricht:

Prophezeiungen und Lehren

3. Aufl. 1995, 190 Seiten, 6 Fotos
11,5 x 18,5 cm
ISBN 3-926388-03-X DM 16,80

Babaji - Am Quell der Wahrheit in Haidakhan Vishwa Mahadham

von Shdema Goodmann
2. Aufl. 1991, 144 Seiten, 7 Fotos
11,5 x 18,5 cm, ISBN 3-926388-08-0 DM 16,80

Unergründlich tief wie das Meer: Babaji - 108 Begegnungen

Gertraud Reichel (Hrsg.)
4. Auflage 1992, 130 Seiten, 11,5 x 18,5 cm
ISBN 3-926388-22-6 DM 18,00

G. Reichel Verlag, Reifenberg 85, D-91365 Weilersbach, Tel. 09194-8900, Fax 09194-4262

BABAJI - Pforte zum Licht
Ein Erlebnisbericht

von Gertraud Reichel, 3. Auflage 1995
168 Seiten, 9 Fotos, 14,5 x 21 cm
ISBN 3-926388-12-9 DM 19,80

Auch in Englisch (Babaji - Gateway to the light)
und in Japanisch erschienen, Näheres auf Anfrage.

Leben aus dem Sein
Ein Buch über Babaji

von Radhe Shyam
2. Auflage 1995, 368 Seiten
14 Fotos, 15 x 21 cm,
ISBN 3-926388-17-X DM 32,00

Ich bin Du - BABAJI
Botschaften des Meisters vom Himalaya

Maria Gabriele Wosien (Hrsg.)
4. Auflage 1992, 118 Seiten, 11 Fotos
11,5 x 18,5 cm, ISBN 3-926388-23-4 DM 16,80

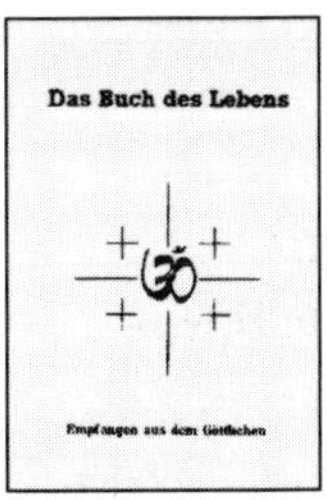

Das Buch des Lebens

v. Radha-Magdalena Bambeck
3. Auflage 1994, 120 Seiten
Leineneinband mit Goldschnitt, Fadenheftung
11 x 15,5 cm, ISBN 3-926388-13-7 DM 19,80

G. Reichel Verlag, Reifenberg 85, D-91365 Weilersbach, Tel. 09194-8900, Fax 09194-4262

Babaji-Von Herz zu Herz

Gertraud Reichel (Hrsg.)
232 Seiten, 15x21 cm
ISBN 3-926388-20-X DM 24,80

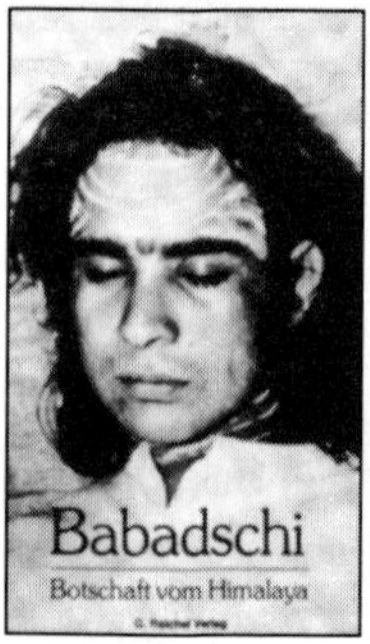

BABADSCHI
Botschaft vom Himalaya

von Maria-Gabriele Wosien, 5. Auflage 1995
mit zahlr. Abbildungen, erweitert um das
Kapitel „Der Weise Vasishta", 135 Seiten
11,5 x 18,5 cm, ISBN 3-926388-00-5 DM 19,80

Der Weg des Tänzers
Selbsterfahrung durch Bewegung
Bernhard Wosien

Maria Gabriele Wosien (Hrsg.)
zahlr. Abb., 17 x 24 cm, 135 Seiten
ISBN 3-926388-29-3 DM 26,00

Mein Freund aus der Unendlichkeit
Begegnungen mit einer kosmischen Intelligenz

von Astrid Rodin
14,5 x 21 cm, 120 Seiten
ISBN 3-926388-34-X DM 21,00

G. Reichel Verlag, Reifenberg 85, D-91365 Weilersbach, Tel. 09194-8900, Fax 09194-4262

Der Armstrong Report

Außerirdische und UFO´s -
Sie brauchen uns, wir sie nicht!

von Virgil Armstrong, 2. Auflage 1996
144 Seiten, 14,5 x 21 cm
ISBN 3-926388-24-2 DM 26,00

Horusauge

Historischer Roman basierend auf Reinkarnationserlebnissen

von Eva Hauser
368 Seiten, 14,5 x 21 cm
ISBN 3-926388-33-1 DM 36,00

Baba Blues

Intensivtraining zum ErfolgReich Glücklich werden
Ein Kursbuch für den „Oelmann-Prozess“

von Ingeborg Oelmann
200 Seiten, 14,5 x 21 cm
ISBN 3-926388-36-6 DM 29,00

Dummheit tut so weh

Die Geschichte einer heranwachsenden Frau

von Ingeborg Oelmann
108 Seiten, gebunden
ISBN 3-926388-39-0 DM 19,80

G. Reichel Verlag, Reifenberg 85, D-91365 Weilersbach, Tel. 09194-8900, Fax 09194-4262

Der Kurs zum Selbst

In Wahrheit und Liebe von Babaji

von Roger G. Lanphear
2. Auflage 1997, 168 Seiten, 14,5 x 21 cm
ISBN 3-926388-35-8 DM 26,00

Dies ist ein Leitfaden zur Entwicklung deiner göttlichen Fähigkeiten durch Einswerdung mit deinem höchsten Selbst.
Der leichtverständliche und wunderbare Kurs geht über 24 Wochen.

Erscheint etwa Anfang 1998

Polsprung und Nostradamus

von Hans J. Andersen
9. überarbeitete Auflage von „Polsprung und Sintflut - Und was Nostradamus uns dazu sagt“
etwa 300 Seiten, 14,5 x 21 cm
ISBN 3-926388-43-9 DM 29,00

Konstruktion eines Solarrennfahrzeuges

von Thomas Jeltsch
160 Seiten, 14 x 24 cm
ISBN 3-926388-15-3 DM 26,00

Beschreibung eines realisierten Solarfahrzeuges. Mit der „Dyname“ aus Kassel wurde 1987 die Weltmeisterschaft der Solarmobile gewonnen (Tour de Sol 87, Schweiz).

Bitte fragen Sie bei Interesse nach weiterer Solarmobil-Literatur.

G. Reichel Verlag, Reifenberg 85, D-91365 Weilersbach, Tel. 09194-8900, Fax 09194-4262